# NOUVEAU DICTIONNAIRE

DES

# SYNONYMES FRANÇAIS

## A LA MÊME LIBRAIRIE

**DICTIONNAIRE GÉNÉRAL DE LA LANGUE FRANÇAISE,** comprenant: 1° Tous les termes littéraires et ceux du langage usuel, avec leur sens propre et leur sens figuré; 2° Un vocabulaire des principaux termes usités dans les sciences et dans les arts (mathématiques, astronomie, physique, chimie, histoire naturelle, botanique, géologie, architecture, etc.); 3° Un dictionnaire biographique et mythologique, ou dictionnaire des noms propres de saints personnages, de divinités fabuleuses, de personnes qui ont marqué dans l'histoire ou qui se sont illustrées dans les lettres, dans les sciences ou dans les arts; 4° Un dictionnaire de géographie ancienne et moderne. — Indiquant : 1° La prononciation figurée, dans les cas exceptionnels ou douteux; Les étymologies propres à déterminer et à rappeler le sens précis des termes scientifiques, et terminé par une liste des citations ou locutions latines, italiennes ou anglaises, le plus fréquemment employées par les Français dans leurs conversations ou dans leurs écrits; par M. *Guérard*, préfet des études au collège Sainte-Barbe, et *Sardou*, professeur de langue française à l'école Ottomane. 1 vol in-16 raisin.

Prix, cartonnage ordinaire . . . . . . . . . . . . 2 60
— — anglais en percaline gaufrée. . . . 3 »

**DICTIONNAIRE ABRÉGÉ DE LA LANGUE FRANÇAISE,** comprenant: 1° Tous les termes littéraires et ceux du langage usuel, avec leur sens propre et leur sens figuré; 2° Un vocabulaire des principaux termes usités dans les sciences et dans les arts; 3° Un dictionnaire biographique et mythologique, ou dictionnaire des noms propres; 4° Un dictionnaire de géographie ancienne et moderne. — Indiquant la prononciation figuré, dans les cas exceptionnels ou douteux, et terminée par une liste des citations ou locutions latines, italiennes ou anglaises, le plus fréquemment employées par les Français dans leurs conversations ou dans leurs écrits; par M. *Guérard*, préfet des études au collège Sainte-Barbe, et *Sardou*, professeur de langue française à l'école Ottomane. 1 vol in-18 carré.

Prix, cartonnage ordinaire . . . . . . . . . . . . 2 »
— — anglais en percaline gaufrée. . . . 2 25

900. — ABBEVILLE. IMPRIMERIE BRIEZ, C. PAILLART ET RETAUX.

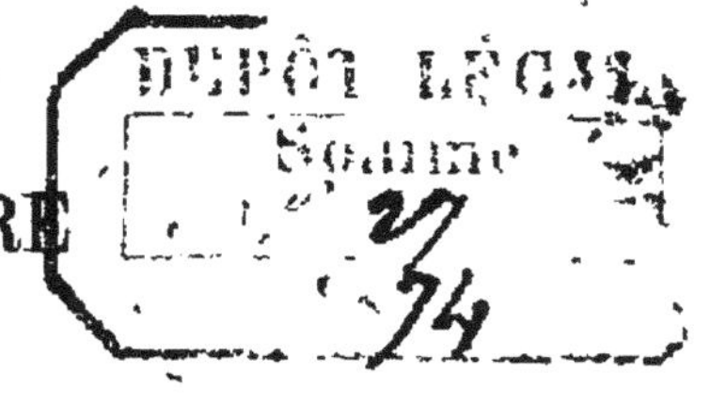


# NOUVEAU DICTIONNAIRE
DES
# SYNONYMES FRANÇAIS

PAR

A.-L. SARDOU

AUTEUR DE DIVERS OUVRAGES CLASSIQUES



Entre toutes les différentes expressions qui peuvent rendre une seule de nos pensées, il n'y en a qu'une qui soit la bonne.

LA BRUYÈRE.

La justesse dans le langage exige que l'on choisisse scrupuleusement les termes propres, c'est à quoi peut servir l'étude des différences délicates qui distinguent les *synonymes*.

BEAUZÉE.

NOUVELLE ÉDITION

PARIS
LIBRAIRIE DE CH. DELAGRAVE
58, RUE DES ÉCOLES, 58

1874

*Tout exemplaire de cet ouvrage non revêtu de ma griffe sera réputé contrefait.*

# AVERTISSEMENT

Dans l'introduction placée en tête de mon livre intitulé *Études et exercices sur les synonymes français*, j'ai exposé l'utilité et l'importance d'un enseignement méthodique concernant cette partie essentielle des études grammaticales et littéraires ; j'ai indiqué la méthode à suivre dans cet enseignement, méthode qui admet deux degrés d'études ; et j'ai dit que je préparais, pour les études du deuxième degré, un Dictionnaire des synonymes, à l'usage des classes.

Voici ce Dictionnaire : je l'ai entrepris et je le publie parce que parmi le petit nombre de ceux qui existent, aucun ne m'a paru satisfaisant, ni au point de vue de la philologie, ni à celui de l'éducation et de l'enseignement. Dans les uns, j'ai trouvé un assez bon nombre d'inexactitudes; dans les autres, une foule de fautes typographiques qui dénaturent le sens et la pensée, et plus d'une fois même de ces discussions, de ces synonymies honteuses, qui prouvent que l'auteur a oublié le premier précepte d'un ouvrage destiné à l'éducation, le respect dû à la jeunesse. Il me serait facile de citer une foule de preuves à l'appui de mes assertions ; j'en ai les mains pleines : mais les maîtres qui connaissent ces dictionnaires apprécieront facilement la vérité de ma critique.

Les ouvrages dont je parle ont encore un autre défaut très-grave aussi au point de vue pratique : ils sont beaucoup trop volumineux, et par conséquent d'un prix trop élevé pour devenir des livres d'école; sans compter que souvent le volume ou les volumes étant grossis par une abondance de minutieuses subtilités, les jeunes intelligences se noieraient dans ces détails qui sont les antipodes du bon enseignement, et même de tout enseignement.

On comprend maintenant les motifs qui m'ont porté à publier un *Nouveau Dictionnaire des Synonymes français*, spécialement destiné à l'enseignement public. Je n'ajouterai plus qu'un mot pour rendre compte de la manière dont j'ai exécuté ce travail.

Comme mes prédécesseurs, j'ai cru devoir profiter des excellents travaux de tous les synonymistes; mais dans les emprunts que j'ai faits à ces auteurs, j'ai éliminé tout ce qui me paraissait déplacé ou inutile. J'ai rédigé moi-même un très-grand nombre d'articles nouveaux; j'en ai refait d'autres qui me paraissaient peu satisfaisants, et partout je me suis efforcé de donner des explications claires et suffisantes. Quant à l'étendue des articles, j'aurais pu, comme l'a fait Boiste, les réduire à quelques lignes et même à quelques mots, et mon livre eût été alors un tout petit volume : mais, comme je l'ai dit ailleurs[1], des articles écourtés et incomplets ont le double tort non-seulement d'apprendre peu de chose au lecteur, mais encore, ce qui est beaucoup plus grave, de lui donner des notions entièrement fausses. J'aurais pu aussi dans beaucoup de cas développer la discussion, ajouter des exemples, allonger en un mot les articles; mais alors le livre serait devenu très-volumineux, autre écueil à éviter. J'ai gardé un juste milieu, et je me suis attaché surtout à fournir au maître assez d'indications exactes pour qu'il pût trouver, dans chaque article, matière à un développement ou à des explications aussi longues qu'il le jugerait nécessaire.

J'engage toute personne qui voudra se servir de mon Dictionnaire, à lire d'abord très-attentivement l'introduction qui le précède, si déjà elle n'a point fait usage de mes *Études et exercices sur les synonymes français*. Avant tout, je l'invite à bien comprendre la véritable signification du mot *synonyme*, comme

1. Études et exercices sur les synonymes français : *Introduction*.

aussi à ne pas s'abuser sur les différences qui distinguent les termes synonymes, jusqu'à croire que ces termes ne puissent jamais être employés indifféremment l'un pour l'autre. J'insiste sur ce double conseil : aussi, bien que j'aie donné en tête de mon introduction au présent Dictionnaire une définition assez claire, suivant moi, du mot *synonyme*, afin de ne laisser à cet égard aucun doute, aucune obscurité dans l'esprit du lecteur, je crois devoir reproduire ici une partie de l'introduction qui précède mes *Études et exercices sur les synonymes français*.

Peu de personnes ont une idée juste de ce que les grammairiens et les philologues appellent *synonymes*. Les uns entendent par cette dénomination certains mots ayant des significations extrêmement rapprochées, mais cependant tellement distinctes que dans aucun cas ces mots ne peuvent être indifféremment substitués l'un à l'autre : quelques-uns, au contraire, prenant le mot *synonyme* dans le sens rigoureux de son étymologie, se figurent que l'on désigne par là des mots qui partout et toujours ont très-exactement la même signification, si bien que dans tous les cas possibles l'un peut être remplacé par l'autre, sans le moindre désavantage. Les premiers répètent hardiment, et sans s'être donné la peine d'en vérifier la justesse, le prétendu axiome qu'*il n'y a point de synonymes dans les langues* : les seconds admettent l'existence des synonymes ; mais ils concluraient comme les premiers, si on leur démontrait que jamais deux mots n'ont un sens parfaitement et complétement identique.

Ces deux opinions contradictoires et qui conduisent à la même conclusion, sont également fausses, parce que chacune d'elles ne contient qu'une moitié de la vérité.

Voici ce que disait l'abbé Girard il y a plus de cent ans : « Il ne « faut point s'imaginer que les mots qu'on nomme *synonymes* le soient « dans toute la rigueur d'une ressemblance parfaite, en sorte que le « sens soit aussi uniforme entre eux que l'est la saveur entre deux « gouttes d'eau de la même source. Car en les considérant de près, on « verra que cette ressemblance n'embrasse pas toute l'étendue et la « force de la signification ; qu'elle ne consiste que dans une idée prin- « cipale que tous énoncent, mais que chacun diversifie à sa manière « par une idée accessoire, qui lui constitue un caractère propre et sin- « gulier. La ressemblance que produit l'idée générale fait donc les « mots synonymes ; et la différence qui vient de l'idée particulière qui

« accompagne la générale, fait qu'ils ne le sont pas parfaitement, et « qu'on les distingue comme les nuances de la même couleur. »

Beauzée, éditeur et continuateur de Girard, a reproduit en peu de mots le sens de cette définition; d'Alembert l'a donnée en termes plus précis encore. « Ce qui constitue, dit-il, deux ou plusieurs mots synonymes, c'est d'abord un sens général qui est commun à ces mots; et ce « qui fait ensuite que ces mots ne sont pas toujours synonymes, ce sont « des nuances souvent délicates et quelquefois presque imperceptibles, « qui modifient ce sens primitif et général. » (*Éléments de philosophie.*)

Ainsi, il n'y a pas de mots *parfaitement* synonymes [1], parce que si cela était, il y aurait, dit Dumarsais, deux langues dans une même langue; et quand on a trouvé le signe exact d'une idée, on n'en cherche pas d'autre.

Et il y a des mots synonymes, parce que toutes les langues possèdent des mots renfermant dans leur signification générale, une idée principale qui leur est commune, mais différant aussi l'un de l'autre par des idées accessoires qui leur donnent à chacun une signification particulière.

Cette double condition est nécessaire; et deux mots renfermant dans leur signification une idée générale, formés, qui plus est, d'un même radical, peuvent fort bien ne pas être synonymes. Ainsi, c'est à tort, suivant moi, que Girard et d'autres auteurs ont traité comme synonymes les mots *affirmer* et *confirmer*. Sans contredit ces mots expriment une même idée générale, celle de *présenter une chose comme vraie*; mais la différence de leur signification propre est telle, que l'idée particulière exprimée par chacun d'eux fait perdre de vue l'idée générale et détruit si bien ce qui aurait constitué leur synonymie, qu'il devient impossible de jamais les confondre. En effet, pour tout le monde, *affirmer*, c'est soutenir, par une simple proposition ou par le serment, qu'une chose *est*, ou qu'elle *est vraie* : *confirmer*, c'est prouver la vérité de la chose, c'est l'appuyer, lui donner une plus grande certitude par de nouvelles preuves ou de nouveaux témoignages. Ces mots ne sont donc pas plus synonymes que *table* et *bureau*; *câble*, *corde* et *ficelle*, qui figurent dans la liste des synonymes que l'abbé Girard se proposait d'expliquer [2].

1. Mais il peut y avoir des locutions composées, des tours de phrases, *parfaitement* synonymes d'autres.

2. Cette raison de la prédominance de l'idée particulière sur l'idée générale m'a fait rejeter un grand nombre de mots traités comme synonymes par de bons auteurs : tels sont *aise*, *aisance*; *annoncer*, *dénoncer*; *brute*, *brutal*; *cosmogra-*

Mais si l'on ne doit pas, en donnant à l'idée générale commune à deux mots une puissance qu'elle n'a point, faire synonymes deux mots qui ne sauraient l'être, d'autre part il faut ne pas exagérer la force des idées accessoires qui distinguent des mots véritablement synonymes, au point de croire qu'il ne puisse jamais se présenter de cas où l'on ait le droit d'employer à son choix l'un ou l'autre de ces deux mots. « Toutes les fois, dit avec raison d'Alembert, que par la nature « du sujet qu'on traite, on n'a point à exprimer les nuances, et qu'on « n'a besoin que du sens général, chacun des synonymes peut être « indifféremment mis en usage. » Ainsi je puis dire : *Après un mois de siége, le gouverneur fut* forcé *de se rendre*, ou avec l'Académie, *Après un mois de siége, le gouverneur fut* obligé *de se rendre;* parce que je n'ai besoin d'énoncer que l'idée générale d'*être contraint :* et cependant la phrase suivante de M. Cousin : *On peut être* forcé *d'obéir au plus fort, on n'y est pas* obligé, démontre bien qu'il y a entre les deux verbes *forcer* et *obliger* une différence établie par les idées accessoires, et tellement marquée que ces deux mots peuvent être mis en opposition.

J'ai essayé, d'après les synonymistes, de déterminer les différences de sens qui distinguent les deux mots *mont* et *montagne*. Conformément aux distinctions établies dans cet article, on doit dire le *mont* Cenis, le *mont* Vésuve, et non la *montagne* Cenis, etc.; une chaîne de *montagnes*, et non une chaîne de *monts*. Mais La Fontaine, qui n'avait à exprimer que l'idée générale d'une masse considérable de terre ou de roche, élevée au-dessus du sol, a dit :

> Une *montagne* en mal d'enfant
> Jetait une clameur si haute, etc.

Et ailleurs :

> La moindre taupinée était *mont* à ses yeux.

*phie, cosmologie, cosmogonie; fausser, falsifier; inclinaison, inclination; laisser, délaisser; montrer, démontrer; mouvoir, émouvoir; part, partage; protester, attester; simuler, dissimuler; temps, température*, etc. J'en ai exclu aussi quelques-uns comme trop techniques ou trop didactiques, parmi lesquels *adjuration* et *conjuration* (termes de liturgie); *attrition, contrition; concept, conception; chirurgique, chirurgical; droit canon, droit canonique; efficace, efficacité; éolien, éolique; érosion, corrosion; lainerie, lainage; mixture, mixtion; prohibition, inhibition*, etc.; d'autres comme peu usités tels que *herbu, herbeux; lignée, lignage; lourdise, lourderie; prosternation, prosternement*, etc.; ou comme trop populaires, par exemple : *finaud, finet; patrouillis, patrouillage; veilleur, veillard* et *veilleux*.

Il aurait très-bien pu dans ces deux phrases substituer l'un des deux mots à l'autre. Les poëtes ont plus souvent que les prosateurs le choix arbitraire d'un ou de plusieurs mots synonymes, parce que les idées générales sont surtout du domaine de la poésie

Je ne répèterai pas ici ce qu'à la suite de la discussion que je viens de rapporter, j'ai dit sur l'utilité et l'importance de l'étude des synonymes. Il est peu d'instituteurs, d'institutrices et de professeurs qui ne sentent combien cette étude peut et doit être féconde en excellents résultats : il suffit d'avoir quelque expérience dans l'enseignement pour comprendre combien il importe que les élèves, dès qu'ils ont acquis en grammaire des connaissances suffisantes, apprennent à s'exprimer avec justesse, à rendre exactement leurs idées. Mais là ne se bornent point les avantages de l'étude des synonymes : « Rien, dit Mme de Maintenon [1], rien « n'ouvre tant l'esprit que la dissertation des mots; c'est un des « moyens qui m'a le mieux réussi pour M. du Maine. »

D'où vient donc qu'une étude aussi utile est à peu près complètement négligée dans les établissements d'instruction publique? De ce que jusqu'à présent la méthode et les livres propres à cet enseignement ont manqué aux maîtres aussi bien qu'aux élèves. J'ai essayé de leur fournir ces moyens indispensables : je m'estimerai heureux, si j'ai réussi dans mon dessein.

Encore un mot pour prévenir la critique pointilleuse. J'ai employé fréquemment dans l'introduction et dans plusieurs articles du dictionnaire le substantif *préfixe,* qui n'est point encore dans les dictionnaires, mais qui y sera bientôt à cause de son utilité incontestable et de son grand usage parmi les philologues et dans l'enseignement public. J'ai fait ce mot du genre féminin, à l'imitation de M. B. Lafaye, auteur d'un très-remarquable travail sur les synonymes à radicaux identiques, et d'après l'avis de plusieurs professeurs. Je n'ignore pas que plusieurs érudits le font du masculin à l'imitation des grammairiens allemands, qui emploient dans ce cas le neutre latin *præfixum.* Mais il me

1. *Lettres historiques et édifiantes*, XVI.

semble que pour nous, Français, ce mot n'est rien autre que l'adjectif *préfixe* pris substantivement ; or, dans notre langue un adjectif ne peut être pris ainsi que par suite de l'ellipse d'un substantif, et ici le substantif sous-entendu est *la particule :* au lieu de dire, par exemple, que *reposer* est formé du radical *poser* et de la *particule* préfixe *re*, nous disons plus simplement *de la* préfixe *re*.

Plusieurs grammairiens ont établi une distinction entre les mots *désinence* et terminaison : en général ils réservent le mot *terminaison* pour désigner la partie variable qui termine les verbes ou bien les noms, les adjectifs et les pronoms dans les langues qui ont des déclinaisons, comme le latin et le grec. J'accepte volontiers cette distinction, sans renoncer cependant au droit d'employer, comme le font l'Académie et de bons écrivains, le mot *terminaison* au lieu du mot *désinence*.

# ABRÉVIATIONS

## EMPLOYÉES DANS LE DICTIONNAIRE

Les articles et les parties d'articles que j'ai empruntés, les citations, en un mot tout ce qui n'est pas de moi est signé d'une des abrévations suivantes :

| | | | |
|---|---|---|---|
| Acad. | Académie. | Enc. | Encyclopédie. |
| B. | Beauzée. | G. | Girard. |
| Bh. | Bouhours. | L. | Laveaux. |
| D'Al. | D'Alembert. | R. | Roubaud. |

# SYNONYMES FRANÇAIS

## INTRODUCTION

### DES MOTS SYNONYMES

#### ET DES MOYENS DE DISTINGUER LE SENS PARTICULIER QUI ÉTABLIT UNE DIFFÉRENCE ENTRE CES MOTS.

1. — Il faut entendre par *synonymes*, non pas des mots qui ont la même signification, absolument et dans tous les cas possibles, mais des mots ou des locutions qui ayant un sens général commun, ce qui les rend synonymes les uns des autres, ont cependant chacun une signification propre, qui permet d'exprimer des nuances d'idées dans les cas particuliers où la pensée l'exige [1].

Ainsi, par exemple, l'idée commune aux trois mots *terrain*, *terroir*, *territoire*, et qui constitue le sens général de ces mots, est celle d'une certaine étendue de sol; mais le *terrain* est un espace de terre considéré par rapport à quelque ouvrage, à quelque construction qu'on pourrait y faire, comme une maison, une fabrique, etc.; le *terroir* est le sol considéré par rapport à l'agriculture : c'est la terre mise en culture, destinée à produire des récoltes; le *territoire* est toute la terre qui forme la circonscription d'une commune, l'étendue d'un département, d'une province, d'un royaume, etc.

Il y a deux sortes de synonymes : les synonymes qui ont des radicaux identiques, et les synonymes qui ont des radicaux différents. Les trois mots *terrain*, *terroir*, *territoire*, sont dans le premier cas : ils ont le même radical, le mot *terre*, qui a servi à les former tous les trois; mais les synonymes *esclavage* et *servitude* n'ont pas le même radical : le premier a été formé directement du mot français *esclave*, le radical du second est le mot latin *servus*.

1. Voyez le § I de l'Introduction qui précède mes *Études et exercices sur les synonymes français*.

**2.** — Dans ces deux sortes de synonymes, pour bien distinguer et marquer les nuances qui différencient des mots ayant une signification générale commune, il faut examiner :

1° L'étymologie de ces mots et leur composition; c'est-à-dire leur origine, et, s'ils ne sont pas simples, les différentes parties qui les composent.

2° Leur emploi consacré par le bon usage et par les écrivains qui font autorité.

L'étymologie est une donnée moins fréquemment utile qu'on ne le croirait d'abord : dans beaucoup de cas elle est insuffisante; dans d'autres elle peut induire en erreur, parce que l'usage a profondément modifié ou même complétement changé l'acception primitive du mot. Ainsi l'étymologie nous apprend qu'*homicide*, se disant de la personne qui a fait l'action, signifie *celui qui a tué un homme* (Acad.); mais *meurtrier* et *assassin*, synonymes d'*homicide*, ont précisément le même sens : l'étymologie du premier mot ne nous donne que l'idée générale commune aux trois expressions ; elle ne nous apprend donc rien de ce qu'il nous faut savoir pour connaître le sens particulier du mot *homicide*, le sens qui le distingue de ses deux synonymes. Les mots *meurtre*, *meurtrier* ont la même origine que *mort*, et la connaissance de cette origine nous laisse dans la même incertitude. Quant au mot *assassin*, on le fait venir d'*haschischin*, nom d'une secte arabe qui avait pour chef le Vieux de la Montagne : ce mot a donc un sens bien différent de celui qu'il devrait avoir en vertu de son étymologie. Autre exemple : un *bourgeois* n'est pas l'habitant d'un *bourg;* c'est pourtant la seule signification que l'étymologie donne à ce mot.

L'examen des différentes parties qui composent le mot, et surtout l'étude de l'emploi qu'en ont fait les bons écrivains, sont des moyens beaucoup plus sûrs.

**3.** — Dans les synonymes à radicaux identiques, l'idée générale et commune est exprimée par le radical; les nuances d'idées qui distinguent les mots synonymes tiennent à une modification de sens produite par une *préfixe*, particule qui précède le radical et fait corps avec lui, ou par la *désinence*, ou enfin par *une cause purement grammaticale.*

Par exemple, le mot simple *traîner* et le composé *entraîner* ont le même radical : l'idée générale qu'ils expriment est celle de *tirer après soi* ou *mener de force;* mais la préfixe *en* donne au mot *entraîner* un sens particulier que n'a pas son synonyme *traîner*. De même dans le mot *règlement* la terminaison *ment* modifie le sens du mot *règle ;* enfin un accident purement grammatical, celui de l'emploi de l'article partitif dans la locution *avoir* de la peine à *faire quelque chose,* suffit pour établir une assez grande différence de sens entre cette locution et son synonyme *avoir* peine à *faire.*

On comprend que les mêmes modifications de sens peuvent, par les mêmes causes, avoir lieu dans des synonymes à radicaux différents.

Quiconque prend les synonymes pour objet de ses recherches ou de ses études, doit donc avant toutes choses connaître la valeur des préfixes, celle des terminaisons et les caractères grammaticaux qui peuvent avoir une influence sur le sens des mots ou des locutions composées : en conséquence posons d'abord ces bases de tout travail sérieux sur les synonymes.

## § I

### MODIFICATION DU SENS DU RADICAL PAR LA PRÉFIXE

**4.** — COM. Cette préfixe est la préposition latine *cum*, qui signifie *avec, ensemble*. La finale *m* disparaît dans certains mots composés, ou se change en *l, r, n,* suivant la première lettre du radical; de sorte que *com* prend la forme *co, col, cor,* etc.; exemples : *cohérence, collection, correspondre, contenir*.

*Com* exprime : 1° simultanéité et réciprocité : c'est le sens premier du mot *cum*. Se *confédérer*, dit l'Académie, c'est se liguer *ensemble* : le sens étymologique de ce mot est *faire une fédération avec* ou *ensemble*. *Cohérence* signifie liaison, connexion d'une chose *avec* une autre.

2° Réunion, assemblage, collection, accumulation, totalité, complétivité. Ce que l'on met ensemble, les objets qui sont avec d'autres, sont en effet réunis à d'autres. La *complainte* est une accumulation de plaintes ou de lamentations; le mot *collection* lui-même signifie choix ou recueil de choses réunies, mises ensemble.

3° Pluralité, multiplicité, complication, idées qui résultent naturellement de l'idée de réunion, d'accumulation. Il y a dans la *contexture* plus de complication que dans la *texture*.

**5.** — RE. Cette préfixe marque ordinairement : 1° *réaction* ou action en sens contraire : *repousser*, pousser en sens contraire. De là le sens adversatif.

2° *Réitération* ou sens itératif : *redire*, dire de nouveau; *refaire*, faire de nouveau.

3° *Intensité* ou sens augmentatif, pour marquer simplement augmentation, ou bien plus d'énergie, plus d'efforts de la part du sujet qui agit, ou enfin pour indiquer que la chose que l'on fait offre plus de difficultés. « *Retentir* indique l'éclat du son; *rembourrer*, l'abondante garniture de bourre; *rétrécir*, signifie rendre plus étroit; *relâcher*, rendre plus lâche, moins gênant » ( Acad. au mot RE ).

Comme conséquence des deux dernières propriétés, la préfixe *re* pourra signifier :

4° Une *action continuée*, par exemple *remplir*, dans cette phrase : *Le réservoir* s'est rempli *d'eau* (Acad.) :

5° *Rénovation* ou rétablissement dans un premier état; exemple : Regagner *ce qu'on avait perdu*.

Remarque. Dans le sens figuré, les composés qui prennent cette préfixe s'emploient plus souvent que leurs simples; on dit : Remplir *l'air de ses cris; les étrangers* remplissent *la ville* (Acad.), plutôt que *emplir* l'air de ses cris, les étrangers *emplissent* la ville.

**6.** — IN et EN. La préfixe *in* est la préposition latine *in*, qui signifie *dans, en :* elle exprime la même idée que la préposition *dans*, et aussi l'idée de direction *vers, contre* ou *sur*. Elle a très-souvent le sens négatif : *fidèle, infidèle;* et *in* se change quelquefois en *im, il*, suivant la consonne qui commence le radical : *improuver, illicite.*

*En* a la même signification que *in*, sauf que cette préposition ne s'emploie que très-rarement comme préfixe négative; de plus elle est augmentative dans certains mots : *endurcir, entraîner*, etc.

Nous devons faire ici quelques remarques importantes. Premièrement, de deux verbes synonymes ayant même radical, le simple s'emploie plutôt dans le sens propre, et le composé dans le sens figuré; exemple *traîner, entraîner*. Secondement, le simple est l'expression absolue, c'est l'action considérée en elle-même, l'action comme elle se passe d'ordinaire, et indépendamment de toute idée de rapport, de toute idée accessoire; le composé est l'expression relative. Il sert plutôt pour indiquer telle ou telle espèce d'action, en y ajoutant des idées accessoires d'attention, d'effort, d'intention plus marquée, de difficultés à vaincre; il peint, il décrit en quelque sorte l'action pendant sa durée, depuis son origine jusqu'à son développement complet. Voyez les articles *durcir, endurcir; traîner, entraîner; lever, enlever.*

On voit pourquoi la préfixe *en* est quelquefois augmentative, ayant à peu près la valeur de la préfixe *re* dans certains composés.

**7.** — DE. C'est la préposition latine *de*, qui marque mouvement ou direction de haut en bas, comme dans *découler* et *décadence*, et par suite dégradation, déchet, décharge : d'où encore, libération, exemption, enlèvement, privation, comme dans *déposséder, déformer, désespérer.*

De ce que cette préfixe est privative, il s'ensuit qu'elle peut être négative ou marquer un sens contraire : *déplaisir, défaveur, défaire.*

Enfin elle est quelquefois analytique, complétive et déterminative, c'est-à-dire qu'elle exprime l'idée dans tous ses détails, d'une manière plus complète et plus déterminée, avec plus de force et plus de rigueur : voyez les articles *peindre, dépeindre; sécher, dessécher*, etc.

**8.** — DIS ou DÉS. Cette préfixe exprime une idée de division, de séparation, de diversité, de disconvenance, de différence, d'éloignement, de suppression, de négation. Exemples : *dissoudre, différer, disgrâce, désapprouver*, etc. Par résultat, elle signifie quelquefois *de côté et d'autre, en tout sens*, comme dans *disséminer.*

**9.** — É ou EX, A ou AB. Ces préfixes sont latines : *é* ou *ex* exprime une idée d'extraction, désigne l'action de faire sortir, ou bien marque un point de départ, un mouvement de bas en haut. Exemples : *s'expatrier, élever.* L'idée de sortie ou d'extraction conduit à l'idée de privation ou à celle de cessation : *éhonté* signifie qui est sans honte, sans pudeur.

*a* ou *ab* marque le point de départ d'un mouvement qui se fait de haut en bas : *baisser, abaisser*; il marque aussi l'éloignement, l'écartement, etc. : *s'abstenir, abuser*.

Les remarques que nous avons faites à l'occasion des préfixes *in* et *en*, s'appliquent aux synonymes qui ont l'une des préfixes *é* ou *ex*, *a* ou *ab*. Voyez les articles *chauffer, échauffer; changer, échanger*.

**10.** — AD, RA. *Ad* est une préposition latine qui signifie *à, vers, du côté de, à côté de, près de, pour*. Cette préfixe exprime donc une tendance, un mouvement vers quelque objet; elle marque aussi proximité et par suite adjonction, addition, augmentation, accroissement; d'où il résulte qu'elle prend quelquefois le sens de *beaucoup*. Souvent le *d* disparaît ou se change en *c, f, p, r, s, t*, comme dans *accourir, accroître; affirmer, apporter*, etc.

Il arrive ici, comme dans le cas des préfixes *dé* et *é* ou *ex*, que le mot simple, le radical sans la préfixe, exprime l'action simplement, telle qu'elle a lieu d'ordinaire; tandis que le composé suppose plus d'activité, une intention plus formelle, plus de soin, d'intelligence, de talent, d'adresse, de spontanéité.

*Ra* est formé de *re* et de *ad*; cette préfixe a une signification qui tient de celle des deux qui la composent. Voyez l'article *conter, raconter*.

**11.** — PAR. *Par*, du latin *per*, signifie *à travers, d'un bout à l'autre*, et marque par conséquent passage d'un lieu à un autre, mouvement çà et là. Par résultat il signifie quelquefois *tout à fait, entièrement, complétement*. Voyez les articles *venir, parvenir; courir, parcourir; semer, parsemer*.

**12.** — PRO. Préfixe qui vient du latin *pro, porro*, et qui signifie *devant, en avant*, et par résultat *dehors, au loin : progrès* veut dire marche *en avant*; une *proposition* est une chose que l'on pose, que l'on met *en avant*; *produire*, c'est tirer *au dehors*; les *productions* de la terre sortent du sein de la terre et se montrent *au dehors*. V. les articles *venir, provenir; moteur, promoteur; prolonger, allonger*.

**13.** — PRÉ, ANTÉ. *Pré* et *anté* viennent du latin : *pré* signifie *auparavant, d'avance* et quelquefois *avant*; dans ce dernier cas cette préfixe marque l'ordre, le rang. La préposition *anté* signifie *avant*; mais elle peut, comme *pré*, marquer ou l'ordre et le rang, ou une antériorité de temps. V. les articles *méditer, préméditer; se munir, se prémunir; précédent, antécédent*.

**14.** — SOUS et SUB. *Sous*, en latin *sub*, exprime une infériorité de lieu, d'ordre, de temps, comme dans *soulever, soumettre, subordonner*, et quelquefois, par résultat, un degré d'infériorité ou un degré peu élevé dans l'action, dans la qualité ou dans la quantité. Exemples : *sourire, subdivision*, etc.

**15.** — SUR, OUTRE. *Sur* (dessus) est la préfixe contraire à *sous*; elle exprime par conséquent une supériorité de lieu ou d'ordre, et le plus souvent une augmentation, ce qui est fait en plus, ce qui complète, ce qui est excessif. Exemples : *surmonter, surpasser, surenchérir, surfaire.*

*Outre* signifie *au delà : outre-passer*, c'est aller *au delà.*

**16.** — TRANS. Mot latin signifiant *au delà;* il réveille en même temps une idée de mouvement d'un point à un autre, comme dans *transmettre, transporter.*

**17.** — MÉ et MAL. Ces deux préfixes expriment la même idée que l'adverbe français *mal*, et par conséquent font prendre l'action ou la chose en mauvaise part ou en sens contraire. *Mé* a un sens plus défavorable que *mal*. V. les articles *mécontent, malcontent; mésaise, malaise; messéant, malséant.*

**18.** — CONTRE. Du latin *contra*, contre, contrairement, en face, vis-à-vis, de son côté. V. les articles *contrefait, mal fait; faire, contrefaire.*

## § II

### MODIFICATION DU SENS DU RADICAL PAR LA DÉSINENCE OU TERMINAISON

#### 1° SUBSTANTIFS.

**19.** — MENT. Les substantifs terminés en *ment* ne viennent pas directement du mot qui forme leur radical; ils viennent du verbe qui lui-même est formé de ce dernier mot : ainsi *bond* a donné *bondir*, d'où dérive *bondissement; habit* a donné *habiller*, d'où *habillement*[1].

Dans ces substantifs la terminaison *ment* éveille l'idée exprimée par le verbe dont le substantif dérive. « La terminaison substantive *ment*, dit Roubaud, désigne la puissance, le moyen, l'instrument, ce qui fait qu'une chose est ainsi, ce qu'opère l'agent, ce par quoi un effet est produit. Ainsi *rabaissement* est ce qui fait qu'une chose diminue de prix[2]; *haussement*, ce qui opère la hausse; l'*habillement* est cet ensemble de vêtements par quoi on est habillé; le *raisonnement* ce qui fait ou développe une raison; l'*enchaînement*, ce qui forme ou compose la chaîne ».

Le substantif radical simple est le nom de la chose considérée dans sa nature et dans ses qualités; ainsi le *rayon* est le trait de lumière, le *rayonnement* est l'action de *rayonner*, d'émettre les *rayons*. « Le *perfectionnement*, dit Condillac, est le progrès vers la *perfection*, et la *perfection* est l'état d'une chose parfaite ».

1. Il y a quelques exceptions, entre autres *ossement, événement*, qui ne répondent à aucun verbe français.

2. Roubaud fait observer ailleurs que le *rabais* est produit par le *rabaissement* ordonné, et que ce dernier marque la force employée et l'acte de puissance émané pour produire le *rabais*. L'édit, ajoute-t-il, ordonne le *rabaissement* et opère le *rabais*.

Ce dernier exemple nous fait voir que certains substantifs en *ment* ont aussi pour caractère distinctif de signifier la chose pendant qu'elle se fait, et partant comme non finie; tandis que les substantifs à radical simple présentent la chose comme achevée, comme réalisée. Les premiers expriment l'idée d'une manière relative; les seconds d'une manière absolue : le *perfectionnement* rend la chose moins imparfaite; il tend vers la *perfection*, et par conséquent peut s'accroître, devenir plus grand : la *perfection* est la chose rendue absolument parfaite, on ne peut plus parfaite.

Enfin, lors même que les deux substantifs synonymes peuvent s'employer dans des cas analogues, le composé terminé en *ment* éveille toujours plus que le simple l'idée d'une cause, d'une puissance agissante et produisant ou ayant produit un effet; en un mot l'un est toujours plus relatif, l'autre plus absolu.

**20. — ION et ANT.** « La terminaison substantive *ion*, dit Roubaud, annonce l'action et son effet ou son habitude, l'action qu'on imprime et celle qu'on reçoit; l'actif et le passif. Ainsi *confession*, c'est l'acte ou l'action de confesser; *dévotion*, l'acte ou l'habitude du dévot; *sensation*, action de sentir, effet d'une autre action; *union*, action d'unir et son effet; *impression*, l'action d'imprimer et son résultat; *destruction*, l'action de détruire; *commission*, l'action de commettre ou la charge commise; *profanation*, l'action de profaner, et la souillure qui en est la suite, etc. »

Cette terminaison a rapport à l'action beaucoup plus que la terminaison *ment*. V. les articles *fondation, fondement; dissension, dissentiment; violation, violement*.

Les substantifs en *ant* qui viennent d'un participe présent éveillent aussi une idée d'action. V. *cours, courant*.

**21. — ADE.** « La terminaison substantive *ad* désigne l'action de faire telle chose marquée, ou tel genre d'action, ou un concours, un ensemble, une suite d'actions ou de choses d'un tel genre. Ainsi *bravade* exprime l'action de faire le brave; *accolade*, l'action, la cérémonie d'embrasser; *cavalcade*, une file de gens à cheval; *mascarade*, une suite de masques, etc. » (Roubaud).

Mais cette terminaison exprime aussi une idée de composition, d'ensemble : *balustrade*, ce qui est composé de balustres; *limonade*, boisson composée avec des limons ou citrons; *peuplade, canonnade*, etc. Elle a d'ailleurs plusieurs autres significations.

**22. — ERIE et TIE.** La désinence *erie* a diverses significations. Ajoutée à une base verbale, elle exprime une action ou le résultat d'une action : *chuchoterie, pillerie*, etc. D'un emploi fréquent dans les arts, elle désigne les métiers, les professions d'ouvriers ou d'artisans : *menuiserie, coutellerie*, etc., ou bien le lieu où l'on travaille : *brasserie, raffinerie*. Dans le sens moral, elle est fréquentative, c'est-à-dire qu'elle exprime l'exercice répété d'une chose, ou un défaut, un vice d'habitude :

*bavarderie, chuchoterie, étourderie, lésinerie*. Enfin elle est diminutive ou dépréciative : *verroterie, rêverie*, etc. « La terminaison *erie*, dit Roubaud, est souvent renvoyée au style familier, pour désigner quelque chose de commun, de petit, de léger, de futile, de frivole, de ridicule ».

Dans quelques mots venant d'un verbe, la terminaison *tie* a la même valeur que la terminaison *erie* exprimant une action ou le résultat d'une action. Ainsi la *sortie* est l'action de sortir ; la *garantie* est ce qui garantit ; une *rôtie* est une tranche de pain qu'on a fait rôtir ; une *partie* (du verbe latin *partire*, partager) est le résultat de la division d'un tout.

**23.** — **URE et FICE.** La terminaison *ure* marque le résultat d'une action, l'effet produit par un agent, la forme, l'arrangement, la disposition due à cet agent : ce que fait le serrurier, son propre ouvrage, est une *serrure* ; ce que fait le sculpteur est de la *sculpture* ; ce que fait un couvreur est la *couverture* ; un imposteur fait une *imposture* ; un doreur, de la *dorure*, etc. Les équivalents à terminaison non significative désignent l'objet d'une manière absolue et considéré en lui-même.

« En outre, la terminaison *ure*, dit Roubaud, marque si bien un résultat, qu'elle sert souvent à exprimer un ensemble, un tout formé de la réunion, de l'assemblage de plusieurs choses du même genre. Ainsi la *mâture* est l'ensemble des mâts ; la *ferrure*, la totalité du fer employé dans un ouvrage ; la *parure*, l'ensemble des ornements qui servent à parer ; la *figure*, l'ensemble et le résultat des traits du visage ».

La terminaison *fice* (du latin *facere*, faire) a la même valeur à peu près que la terminaison *ure* ; elle marque l'œuvre ou la manière dont la chose est faite.

**24.** — **AGE.** Les mots terminés en *age* expriment une action ou le résultat d'une action, l'effet produit ; ou bien une idée de réunion, d'ensemble, ou enfin les choses d'un tel genre, leur ensemble, leur tout. Ainsi le *partage* est l'action de faire des parts, ou les parts qui en résultent ; le *feuillage* est la réunion, l'ensemble de toutes les feuilles ; le *marécage* est un ensemble de marais ou, comme le dit l'Académie, une grande étendue de terrain humide et bourbeux comme le sont les marais ; l'*ombrage* est l'ensemble, la réunion des branches et des feuilles des arbres, qui produit l'ombre (Acad.) ; *herbage*, c'est toutes sortes d'herbes, etc.

**25.** — **IS.** La terminaison *is* marque souvent un assemblage, un mélange, ou un amas confus résultant ordinairement d'une action ; exemples : *gazouillis, ramassis*.

**26.** — **ANCE ou ENCE.** Cette désinence annonce une manière d'être, un état durable, permanent. « Ainsi, fait observer Roubaud, la *repentance*, mot autrefois très-usité, est au *repentir* ce que la *pénitence* est à la *peine* : le *repentir* et la *peine* peuvent être bornés à un acte, à un mouvement, à un sentiment passager ; mais la *repentance* et la *pénitence* annoncent une durée, une succession, un exercice ou une souffrance continue ou habituelle de *repentir* et de *peine*. La *souvenance*, mot également disgracié, n'est pas un simple *souvenir*, quelquefois momentané, accidentel, fugitif; c'est un *souvenir* durable, constant, fidèle, toujours plus ou moins présent en quelque sorte. La même différence est très-sensible dans *déplaisir* et *déplaisance*.

**27.** — IVE et IF. Ces désinences, qui sont identiques, expriment la faculté ou la puissance d'agir, la vertu, la propriété de faire. Elles affectent un très-petit nombre de mots ayant de la synonymie avec d'autres; et la plupart de ceux-ci ont la terminaison *ion*, qui marque l'action, la force ou puissance agissant actuellement. Cette distinction est bien marquée dans les mots suivants, qui ne sont pas synonymes : *Locomotive*, machine qui a la puissance de produire la *locomotion*, c'est-à-dire l'action de changer de place; principe *végétatif*, qui a la faculté, la puissance de produire la *végétation* ou action de végéter.

**28.** — ÉE. La désinence *ée* présente l'objet dans les éléments qui le composent, qui en font un ensemble, un tout, ou dans son étendue, sa durée, dans les circonstances qui s'y rattachent, etc. « Ainsi, le mot *armée* marque une réunion de troupes en un corps et sous un chef; celui de *ramée* un assemblage de rameaux et de branches entrelacées; *poignée*, tout ce que contient une main; les mots *année* et *journée* embrassent tout ce qui a rapport à la durée successive de l'*an* et du *jour* » (Roubaud).

**29.** — TÉ, ESSE, ICE. Ces désinences expriment la qualité abstraite, c'est-à-dire la qualité considérée séparément de l'objet et existant essentiellement par elle-même. Ainsi, les substantifs qui ont l'une de ces terminaisons sont généralement des noms abstraits, tels que la *vérité*, la *facilite*, la *petitesse*, la *souplesse*, la *justice*, qui sont les noms des qualités exprimées par les adjectifs *vrai*, *facile*, *petit*, *souple* et *juste*.

**30.** — EUR. *Eur* termine : 1° des substantifs féminins dont la base est un nom et qui expriment une qualité abstraite, comme les substantifs en *té* : *pudeur*, *odeur*, *saveur*, *chaleur*, etc.; 2° des substantifs masculins dérivant d'un verbe et désignant celui qui fait l'action marquée par ce verbe, ou qui a coutume de la faire, qui en fait son métier, sa profession : *coureur*, *chanteur*, *chasseur*, *confiseur*, *graveur*, etc.

**31.** — IER. La désinence *ier* (*ière* pour les noms féminins) a un grand nombre de significations; en voici les principales.

*Ier* exprime : 1° l'idée d'une profession vulgaire, d'un travail d'*ouvrier*; exemples : *jardinier*, *jardinière*, *menuisier*, *serrurier*, etc.; 2° la fonction ou l'emploi : *canonnier*, *douanier*, *portier*, *cellérier*, et par résultat, la destination spéciale des choses : *sucrier*, *chandelier*, *salière*, *moutardier*. 3° Cette terminaison s'ajoute aussi à beaucoup de noms de fruits pour désigner les arbres dont la fonction naturelle est de produire ces fruits : *poirier*, *pommier*, *cerisier*, *amandier*, etc.

**32.** — ISME. Cette désinence indique une doctrine, un système, un ensemble d'opinions : *christianisme*, *spiritualisme*, *stoïcisme*; ou bien la méthode, la manière de faire propre à telle ou telle classe de gens ou d'objets : *sophisme,* manière ou méthode particulière de raisonner ou d'argumenter; *fanatisme,* manière propre de penser, de sentir et d'agir du fanatique. Souvent aussi elle marque l'affectation, l'abus, l'excès de la chose, comme dans *pédantisme, néologisme, purisme.*

**33.— ET, ETTE, OT, ULE.** Ces désinences forment en général des diminutifs : *livret,* petit livre; *trompette,* petite trompe; *ballot,* petite balle; *monticule,* petit mont; *granule,* petite graine, etc. Elles sont quelquefois dépréciatives : l'idée de petitesse conduit naturellement à celle de faible valeur. Ainsi la *charrette* et le *chariot* sont moins remarquables et d'un prix moindre que le *char.*

**34.— ON.** *On* termine : 1° des substantifs à base verbale et du genre féminin. Ces substantifs ont un sens approchant des noms en *ion;* et, s'ils n'expriment pas l'action, ils sont au moins le signe de l'acte, ou bien ils désignent la chose qui doit être faite, le résultat de l'action : *floraison, liaison, potion* (du latin *potum,* supin de *potare,* boire).

2° Des substantifs à base nominale et du genre masculin. Ce sont en général des diminutifs : *jupon,* courte jupe; *vallon,* petite vallée; *oison,* petite oie, etc. [1].

**35.— EAU.** La plupart des mots qui ont aujourd'hui cette désinence se terminaient anciennement en *el* (au féminin *elle*) : *tonneau, chapeau, château,* etc., autrefois *tonnel, chapel, chastel* ou *castel* [2]; ce dernier nous reste même encore, ainsi que les adjectifs *bel* ou *beau, nouvel* ou *nouveau,* au féminin *belle, nouvelle.* Or les désinences *el, elle,* viennent des désinences latines *ellus, ella, ellum,* qui ont une valeur diminutive. Ainsi la terminaison *el* ou *eau* a été donnée d'abord à des diminutifs : *orme, ormeau; pigeon, pigeonneau; perdrix, perdreau; lion, lionceau; escabelle, escabeau; porc, pourceau* [3]. Mais il est arrivé aussi que cette terminaison est entrée dans la composition de certains mots qui sont loin d'être des diminutifs : *taureau, fardeau, vaisseau* (navire). Nous pouvons remarquer cependant qu'en général lorsque de deux mots synonymes l'un est le radical, l'autre ce même radical auquel a été ajoutée la terminaison *eau,* si celui-ci n'est point

1. « La plus grande partie des noms d'objets en *on* sont des diminutifs; il en existe une certaine quantité *affectée* d'une idée tout à fait opposée, ce sont les mots en *on* de la désinence augmentative ou des Italiens. Tels sont *salon,* de *sallone,* grande salle; *canon,* de *cannone,* grande canne (grand tube); *ballon,* de *ballone,* grande balle (grand globe), etc.; et par analogie *caisson,* grande caisse » (Butet de la Sarthe).

2. Suivant Génin, *Histoire des variations de la langue française,* nos pères du XIIe siècle prononçaient ces mots de cette manière : *tonneau, capeau, câteau.* Nous disons encore *Câteau-Cambrésis.*

3. L'*escabeau* est une petite *escabelle,* un petit banc, comme par exemple celui sur lequel s'assied un tout jeune enfant, ou qu'une femme assise met sous ses pieds. Le véritable sens du mot *pourceau* est *petit porc :* aussi appelle-t-on marchand de *pourceaux* et non *de porcs,* l'homme dont le métier est de vendre ces animaux quand ils sont encore jeunes; on dit au contraire manger du *porc frais,* et non du *pourceau.*

à proprement parler un diminutif du premier, il est du moins une espèce, une variété du genre désigné par le mot simple. Le radical pur exprime l'idée générale : le mot composé exprime une idée particulière; c'est le nom de l'objet qui se distingue par quelque chose de remarquable, de spécial, par un caractère propre, par une destination particulière.

**36.** — OIR, AIL et AIN. « La terminaison *oir* ou *oire*, dit Roubaud, marque la destination propre des choses, le lieu disposé, un moyen préparé, un instrument fabriqué, etc., pour telle opération, tel dessein, tel objet. Ainsi *dortoir* signifie lieu où l'on se retire pour dormir; *observatoire*, lieu, édifice élevé pour observer; *écumoire*, ustensile pour écumer. »

La terminaison *ail* a la même valeur : un *caravansérail* est un lieu destiné à recevoir les caravanes; un *éventail* est un petit instrument avec lequel on s'évente, etc.

La terminaison *ain*, en général peu significative dans les substantifs, a une valeur bien marquée dans les adjectifs, où elle exprime différents rapports, entre autres celui de demeure, d'habitation, et par suite, de lieu, d'origine : *Américain*, d'Amérique; *Africain*, d'Afrique (V. 47).

**37.** — AILLE, AILLEUR, ASSERIE, ASSIER. La désinence *aille* est collective; exemples : *bataille*, ensemble de personnes qui se battent, *volaille*, réunion d'oiseaux de basse-cour. Souvent aussi elle ajoute à l'idée de collection celle de faible valeur, et alors elle est de plus dépréciative : *valetaille, gueusaille, ferraille*. Dans les verbes, *aille* est devenu *ailler : gueusailler, ferrailler, rimailler*; et ces verbes ont donné les substantifs affectés de la terminaison dépréciative *ailleur : ferrailleur, rimailleur*, etc.

Les désinences *assier* et *asserie*, qu'il ne faut pas confondre avec la désinence *erie* (22), sont diminutives et de plus péjoratives, c'est-à-dire qu'elles expriment quelque chose de mauvais : *écrivassier, finassier, finasserie*; elles sont de plus très-familières. Leur forme verbale est en *asser : finasser, avocasser*.

**38.** — OIE et ILLE. « La terminaison *oie* est la même que *aie*; nous appelons une plantation d'ormes *ormoie* et *ormaie*; la seconde terminaison est la plus ordinaire. En matière de plantations et de bois, *aie* désigne proprement le lieu, le terrain planté, couvert de telle espèce d'arbres : *saussaie*, lieu planté de saules; *cerisaie*, terrain planté de cerisiers; *oseraie*, champ d'osiers, etc.

« La terminaison *ille* indique la quantité de petites choses d'une même espèce : on dit *ormille* pour désigner de petits ormes, comme *charmille*, de petits charmes etc. » (Roubaud).

**39.** — AT. Cette terminaison marque : 1° l'emploi, l'office, la dignité, et, par résultat, le lieu destiné à remplir l'emploi ou l'office : *secrétariat, rectorat, doctorat, consulat, pensionnat*; 2° une espèce particulière d'action, ou ce qui provient de cette action : *attentat, contrat, apparat, achat.*

2° ADJECTIFS ET SUBSTANTIFS ATTRIBUTIFS.

*Nota.* J'appelle *substantifs attributifs* les substantifs qui désignent les personnes ou les choses par la qualité distinctive qui leur est propre, comme quand on dit : l'*empereur* d'Allemagne, le *roi* d'Espagne, le *chantre* de la paroisse, le *chantre* des bois, voici M. le *docteur.* Comme on le voit, ces substantifs sont réellement qualificatifs, et c'est à cause de cela qu'ils figurent souvent comme attribut de la proposition : Charles-Quint était *empereur* d'Allemagne et *roi* d'Espagne; M. Denis est *chantre* de sa paroisse; le rossignol est le *chantre* des bois; ce monsieur est *docteur* en médecine ».

**40.** — EUR, ANT. Nous avons vu (30) que dans les substantifs masculins dérivant d'un verbe, la désinence *eur* désigne celui qui fait l'action marquée par le verbe, qui a coutume de la faire, qui en fait métier; nous avons vu aussi (20) que la terminaison *ant* éveille également une idée d'action. Ces terminaisons ont à peu près la même valeur dans les adjectifs : ainsi les qualificatifs en *eur* présentent le sujet comme ayant l'habitude, le pouvoir ou la faculté de faire l'action, ou bien ils le qualifient par rapport à ce qu'il fait ou à ce qu'il peut faire; les qualificatifs en *ant*, que l'on appelle en grammaire *adjectifs verbaux*, viennent d'un verbe, et expriment un état résultant d'une action ou une qualité naturelle, habituelle, qui rend propre à faire telle ou telle action, et qui se manifeste dans l'action; *mourant, mourante*, qui est dans l'état résultant de l'action de mourir; *obéissant*, *obéissante*, qui a naturellement la propriété d'obéir et qui obéit toujours sans peine. Quant aux qualificatifs sans terminaison significative, ils expriment simplement la qualité attributive du sujet sans aucune idée d'action. V. à l'alinéa 42 les terminaisons *eur* et *ant* comparées avec la terminaison *if.*

**41.** — ARD. Cette désinence marque la réitération ou l'habitude d'une action, l'excès de la qualité ou du défaut. « La terminaison *ard*, dit Roubaud, exprime l'ardeur, l'immodération, l'excès : *musard*, qui ne fait que muser et s'amuser de tout, de rien; *babillard*, qui a la fureur du babil; *hagard*, tout égaré ».

La désinence *ard* marque plus souvent que *eur* l'habitude ou la répétition fréquente de l'action. (V. l'article *braillard, brailleur.*) Elle appartient souvent à des termes méprisants ou familiers.

**42.** — IF. La désinence adjective *if* marque la faculté, le pouvoir d'agir, de produire un effet; quelquefois aussi elle ne marque qu'une simple disposition à faire ou à être quelque chose. « *If*, en latin *ivus*, dit Roubaud, désigne quelque chose d'actif, qui fait, qui réduit en acte. Ainsi, *actif* signifie qui est fort agissant et prompt à agir; *communicatif*, qui se communique facilement; *vocatif*, qui appelle; *curatif*, qui guérit. La terminaison *if* est donc active, du moins dans la plupart des adjectifs ».

Les désinences *eur* et *if* rappellent ou représentent une idée d'action, mais *eur* avec plus de force que *if*. De deux adjectifs synonymes ayant l'un la première de ces terminaisons, l'autre la seconde, l'adjectif en *eur* montrera le sujet agissant volontairement, avec intention, dans un but déterminé, pour produire actuellement tel ou tel effet; ou bien, s'il s'agit de choses, le qualificatif en *eur* présentera le sujet comme faisant l'action ou produisant l'effet que sa nature doit nécessairement lui faire produire. L'adjectif terminé en *if* exprimera simplement la faculté, le pouvoir d'agir, de produire l'effet en tout temps, ou bien l'action en quelque sorte indépendante de la volonté, spontanée, sans but, sans dessein prémédité. Les articles *approbateur, approbatif; imitateur, imitatif; contemplateur, contemplatif,* achèveront de faire comprendre ce qui distingue la valeur propre de ces deux terminaisons, lorsqu'on a à choisir celle des deux qui convient le mieux pour l'expression de la pensée.

Les deux désinences *ant* et *if*, quand elles appartiennent à des adjectifs dérivés d'un verbe et ayant la même racine, marquent l'une et l'autre la qualité active. Mais la première montre cette qualité se manifestant au dehors par des actes ou des effets produits; la seconde la fait voir dans le sujet même, à l'état de faculté, de propriété. (V. les articles *agissant, actif; attirant, attractif; vivant, vif*, etc.

**43.** — ABLE, IBLE. La désinence *able* ou *ible*, ajoutée à un adjectif dérivant d'un verbe, désigne la puissance, la capacité d'être, de devenir; ce qui est propre, habile à faire, à être fait, à avoir certaine qualité, ce qui paraît avoir tel caractère. Ainsi, *pénétrable*, c'est qui peut être pénétré; *secourable*, qui est porté à secourir; *visible*, qui peut être vu.

Ajoutée à un radical substantif ou adjectif non dérivé d'un verbe, elle exprime ordinairement disposition, aptitude à avoir certaine qualité, puissance d'indiquer tel caractère ou tel état. Ainsi, *misérable*, qui est dans l'état de misère ou qui dénote la misère; occasion *favorable*, occasion qui est apte à être en notre faveur, à notre avantage.

Notre langue présente un très-petit nombre de cas où les deux terminaisons *able* et *ible* sont ajoutées au même radical, d'où paraîtrait résulter une parfaite synonymie. (V. aux articles *apercevable, perceptible; irritable, irascible,* les nuances qui distinguent ces synonymes d'une espèce particulière.

**44.** — EUX, IEUX, UEUX. « Dans les adjectifs la terminaison *eux* marque la force, l'habitude, l'abondance, l'excès, l'affectation d'une qualité, d'être tel : *langoureux*, qui ne fait que languir, qui outre ou affecte la langueur. » (Roubaud.) De même, *doucereux* signifie qui a trop de douceur ou qui affecte une grande douceur; *vaniteux*, qui affecte une sotte et puérile vanité, qui est plein de sottes vanités.

*Yeux* et *ueux* ont la même valeur : ainsi *avaricieux* signifie qui affecte l'avarice dans un cas particulier ; *difficultueux*, qui a l'habitude d'être difficile en affaires, parce qu'il fait des difficultés sur tout.

Le même radical prend quelquefois la terminaison *eux* et la terminaison *ant*, comme *écumeux*, *écumant*; *ennuyeux*, *ennuyant*. « Mais, dit Roubaud, *ant*, terminaison du participe présent, signifie ce qui est actuel, ce qui se fait, ce qui arrive, le fait ou ses circonstances; tandis que la terminaison *eux* désigne la propriété, l'abondance, la plénitude, la force. »

**45. — AL, EL, IL.** « La terminaison *al* signifie ce qui concerne ou regarde, ce qui appartient ou convient à, ce qui a quelque rapport ou relation avec; en un mot, elle exprime les appartenances, les dépendances, les circonstances de la chose, les rapports au temps, au lieu, à la durée, etc., comme on le voit dans *local*, ce qui est propre au lieu; *vital*, ce qui convient à la vie, ce qui y influe; *moral*, ce qui concerne les mœurs; *brutal*, ce qui convient à une brute; *oriental*, ce qui regarde l'orient, ce qui est à l'orient; *légal*, ce qui concerne la loi, etc.» (Roubaud.)

Les terminaisons *el* et *il* ont la même valeur que *al*, dont elles ne sont que des modifications.

**46. — IQUE, AQUE, ÈQUE, ERNE.** Les trois premières désinences ne diffèrent que par la forme : elles ont la même valeur; mais cette valeur n'est pas tellement déterminée qu'elle soit constamment la même dans tous les mots qui ont l'une de ces terminaisons. « L'adjectif simple, dit Roubaud, est très-propre à indiquer un caractère déterminé, décidé, parfaitement établi; l'adjectif dérivé n'énonce qu'une qualité particulière, bonne ou mauvaise, qui n'est qu'un trait plus ou moins sensible dans le caractère. Ainsi, la colère est un vice dominant dans l'homme *colère*, puisqu'il s'y abandonne sans mesure ou sans réserve; et peut-être ne sera-t-elle qu'un défaut dans l'homme *colérique*, qu'elle ne subjuguera pas et n'emportera pas de même ».

« L'adjectif terminé en *ique*, lorsqu'il est seul ou qu'il n'est pas formé d'un autre employé dans le même sens, exprime également le penchant et l'habitude, le goût et l'exercice, la cause et les effets. Un homme *mélancolique* est ou enclin ou sujet à la mélancolie; il est tourné à la mélancolie ou il en éprouve des accès. En général, la terminaison *ique* signifie *qui appartient à, qui concerne, qui a trait à* : *asiatique*, qui appartient à l'Asie; *philosophique*, qui a trait à la philosophie; *dogmatique*, qui concerne le dogme, etc. ».

Il faut distinguer parmi les adjectifs terminés en *ique* ceux en *fique* et en *dique*. Ces deux terminaisons ont une valeur particulière : *fique*, du latin *ficus*, exprime l'idée de produire ou de faire; *dique*, du latin *dicus*, signifie qui dit, qui exprime la chose. Butet de la Sarthe appelle ceux-ci *expressifs*, et les autres *productifs*. (V. plus loin à l'alinéa 51 la terminaison *fique*.)

La terminaison *erne*, dans les adjectifs, signifie qui appartient à telle partie de l'espace, qui est dans tel lieu ou dans telle position relativement à telle autre : *externe*, qui est au dehors ou du dehors ; *subalterne*, qui est placé au-dessous, qui est inférieur, secondaire.

**47.** — IEN, ISTE, AN, AIN, IN. Les désinences *ien* et *iste* marquent ordinairement la profession que l'on fait, d'une science, d'un art, d'une doctrine ; l'office dont on est chargé, et par conséquent la classe à laquelle on appartient ; la religion, la secte dont on fait partie : *grammairien*, *physicien*, *mathématicien*, *gardien*, *moraliste*, *économiste*, *chrétien*, *païen*, *stoïcien*, *moliniste*, *janséniste*, etc. La terminaison *iste* correspond à la terminaison *isme* des substantifs ; elle est quelquefois dépréciative : *grammatiste*, *sophiste*, etc. La terminaison *ien* exprime quelquefois un rapport de lieu, particulièrement le pays d'où l'on est, d'où vient la chose : *Prussien*, *Algérien*, *Égyptien*, etc.

Les désinences *an*, *ain* et *in* marquent aussi : 1° la profession : *artisan*, *paysan*, *écrivain*, *sacristain*, *marin*, *médecin* ; 2° la religion, la secte, le parti, etc. : *mahométan*, *anglican*, *franciscain*, *puritain*, *ultramontain*, *bénédictin*, *girondin*, *jacobin* ; 3° le pays ou un rapport de lieu : *Persan*, *Toscan*, *Africain*, *Romain*, *Lorrain*, *Florentin*, *Limousin*, etc.

Dans *prochain* la désinence *ain* n'indique qu'un rapport vague de position dans l'espace ou dans le temps. Roubaud fait observer en outre que la terminaison *ain* exprime un rapport d'origine, même au moral, d'où l'action, l'énergie, la puissance native ou se trouvant naturellement dans le sujet. « Ainsi *hautain*, dit-il, signifie ce qui vient d'un cœur, d'un esprit, d'un naturel haut ; ce qui marque, respire, affecte, affiche la hauteur ; *souverain* signifie ce qui a une action, une énergie, une efficacité, une puissance prédominante. »

**48.** — IER. On a vu (31) que dans les substantifs la désinence *ier* marque le métier, la fonction ou l'emploi ; l'idée de profession, d'emploi conduit naturellement à celle d'habitude : aussi la terminaison *ier* des adjectifs exprime-t-elle non-seulement le métier ou la fonction, mais quelquefois aussi la pratique habituelle, l'exercice fréquent de la chose désignée par le radical, ou la disposition, la propension, la conformité parfaite à cette chose, ou enfin l'abondance, la force, l'excès de cette chose. Ainsi *guerrier* signifie qui fait la guerre, qui y est porté ; *chicanier*, qui a l'habitude de chicaner ; *grossier*, qui a de la grossièreté, qui en est plein ; *régulier*, qui est bien conforme à la règle ; *altier*, qui a beaucoup de hauteur dans le caractère, etc.

**49.** — AIRE. Cette désinence marque à quel genre une chose est relative, à quoi le sujet a du rapport. Des études *littéraires* sont des études relatives à la littérature ; un avis *salutaire* a rapport au salut de la personne qui le reçoit ; l'art *militaire* a rapport à la guerre ; la contribution *mobiliaire* a rapport au mobilier, frappe le mobilier ; *sectaire* se dit de quelqu'un relativement à la secte dont il fait partie ;

*somptuaire* signifie qui est relatif aux dépenses; *agraire* signifie non quelque chose des champs, mais quelque chose de relatif aux champs, comme la loi du partage des terres.

**50.** — OIRE. « La terminaison *oire* désigne surtout la cause, l'efficacité, ce qui fait qu'une chose a tel effet, etc. : *illusoire*, ce qui est fait pour séduire, ce qui fait illusion; *gratulatoire*, ce qui est destiné et propre à féliciter ou à rendre des actions de grâce; *péremptoire*, ce qui tranche toutes les difficultés, etc. Ce qui est *notoire*, est si bien connu, qu'il est certain et indubitable ». (Roubaud.)

De même *attentatoire* signifie qui porte atteinte; *contradictoire*, qui porte ou fait contradiction; œuvre *expiatoire*, qui est propre à expier; action *méritoire*, qui porte avec soi et donne du mérite. « Les adjectifs verbaux en *oire*, dit Butet de la Sarthe, expriment une qualité active *sous le rapport* des moyens, des formes, en un mot de tout ce qui peut concourir efficacement au but de l'action déterminée par la valeur de la base du qualificatif. »

**51.** — FÈRE, FERANT, FIQUE, BRE. Les désinences *fère*, *férant*, du latin *ferre*, porter, signifient que la chose qualifiée porte, cause ou donne ce qu'indique le radical de l'adjectif : *lanifère*, qui porte de la laine; *mortifère*, qui apporte, qui cause, qui donne la mort; *odoriférant*, qui apporte, qui répand de l'odeur.

La désinence *fique*, du latin *ficus*, exprime, comme nous l'avons déjà dit (46), l'idée de produire ou de faire : *honorifique*, qui produit ou procure de l'honneur; *frigorifique*, qui produit, qui cause le froid.

La désinence *bre* a beaucoup d'analogie avec les trois autres : elle exprime l'idée de production, de génération, confondue avec l'idée générale de cause[1]; elle signifie, en un mot, que la chose renferme, cause, produit ou présente ce qu'indique le radical : *salubre*, qui porte, qui produit la santé (*salus*); *funèbre*, qui fait les funérailles (*funus*) ou qui en présente l'image.

**52.** — È, I, U. Ces désinences, lorsqu'elles appartiennent à des adjectifs verbaux passifs ou participes passés, marquent l'effet reçu, l'action soufferte : *ensanglanté*, qui a été couvert ou rempli de sang : *brisé, rompu*, qui a souffert l'action de briser, de rompre, etc.

Lorsque les participes passés ou adjectifs verbaux passifs ont pour synonymes des adjectifs ordinaires ayant même radical, ce qui les distingue essentiellement de ces adjectifs, c'est que ces participes présentent toujours la qualité ou l'état comme la conséquence ou l'effet d'une action ou d'un acte moral, tandis que les adjectifs ordinaires présentent la qualité comme propre à l'objet, comme existant naturellement en lui; ou du moins ils ne font considérer la qualité ou

1. Butet de la Sarthe assimile cette terminaison aux terminaisons *pare* (ovipare), *vre* (couleuvre, en latin *coluber*), et les donne comme analogues aux terminaisons latines *parus*, *perus*, *per*, *ber*, *bris*, qu'il fait dériver du verbe *pario*.

l'état qu'au point de vue de ce qu'est l'objet actuellement, sans examiner si cet état ou cette qualité est le résultat d'une action reçue. Ainsi une personne a naturellement l'esprit *faible;* mais un esprit *affaibli* a été rendu tel par quelque maladie ou par une grande douleur morale. L'air a été *épaissi* par des vapeurs, et quand on le considère dans son état actuel, on dit qu'il est *épais.* A voir la direction verticale d'un mur, on juge qu'il est *haut;* le propriétaire trouve qu'il ne l'est pas assez, il le hausse, et l'on dit alors que le mur a été *haussé.*

Les adjectifs en *é* ou en *u* qui ne viennent point d'un verbe, et même quelques adjectifs qui en viennent, mais qui n'expriment point l'état passif, tels que *dissimulé, décidé,* sont *réplétifs;* c'est-à-dire, suivant l'explication de Butet, qu'ils expriment en quantité, en abondance, avec plénitude, la qualité représentée directement ou indirectement par le significatif : ainsi *herbu,* plein d'herbe; *charnu,* bien fourni de chair; *zélé,* plein de zèle, etc.

**53.** — OND. « La terminaison *ond* sert à désigner, dans les composés, l'abondance, la fertilité, la profusion, ainsi que la profondeur, la hauteur, l'énormité, l'excès, le débordement, la fréquence immodérée. Le *furibond* a un grand fonds de colère, de furie. Nous appelons *vagabond* celui qui ne fait, sans cesse et sans arrêt, qu'errer licencieusement tantôt d'un côté, tantôt d'un autre; *pudibond,* celui qui se conduit avec beaucoup de pudeur et de décence, qui rougit souvent et de la moindre chose; *moribond,* celui qui languit dans un état de langueur, qui flotte entre la mort et la vie, qui est toujours mourant; *fécond,* qui est très-productif; *profond,* qui a beaucoup de fond, de capacité, d'enfoncement. » (Roubaud.)

**54.** — IME. « *Ime,* en latin *imus,* signifie très, entièrement, profondément, parfaitement, à fond : *unanime,* ce qui est d'un parfait accord; *sublime,* fort élevé, élevé jusqu'au plus haut degré; *illustrissime,* qui est très-illustre; *intime,* ce qui est bien avant dans la chose. » (Roubaud.)

Il faut distinguer la terminaison *itime* de la terminaison *ime :* la première a de plus l'élément *it,* qui paraît venir du latin *itum,* supin de *ire* (aller). De sorte que *itime* marque un rapport très-rapproché, très-étroit entre l'objet qualifié et la chose indiquée par le radical : ainsi *légitime* signifie proprement qui va avec la loi, qui a un rapport essentiel avec la loi; *maritime,* qui est en rapport très-prochain avec la mer, qui est voisin de la mer, ou qui concerne la mer.

**55.** — ESQUE. Terminaison dépréciative marquant souvent l'exagération, l'étrangeté, la bizarrerie : *gigantesque, pédantesque, romanesque, tudesque,* etc.

**56.** — ATRE. Cette terminaison est diminutive et quelquefois dépréciative. « Les mots en *âtre,* dit Butet, marquent une diminution dans la qualité exprimée par le significatif, une dégradation de cette qualité, » et en conséquence il les appelle *dégradatifs.* Tels sont, continuet-il, *rougeâtre*, *verdâtre*, *jaunâtre*, dégradatifs de *rouge*, *vert*, *jaune*. Au sens moral on a *gentillâtre*, *marâtre*, etc., de *gentil*, pour gentilhomme, de *mère*, etc.

**57. — ET, ULE.** Terminaisons diminutives : *aigret*, qui est un peu aigre; *grandelet*, qui est un peu grand; *joliet*, qui est assez joli; *rondelet*, qui est un peu rond (en parlant d'une personne), qui a un peu trop d'embonpoint; *suret*, qui est un peu sur, c'est-à-dire très-légèrement acide. De même *globule*, petit globe; *monticule*, petit mont; *acidule*, légèrement acide. Dans *ridicule* la terminaison *ule* marque que la chose digne de risée est de peu d'importance et ne mérite pas qu'on s'y arrête; tandis qu'une chose *risible* peut le mériter : que de scènes fort risibles dans Molière, et qui sont d'excellentes leçons!

**58. — IDE.** Cette désinence rend évidente et manifeste la qualité exprimée par le radical : aussi Butet de la Sarthe appelle-t-il *manifestatifs* les adjectifs qui ont cette terminaison : *avide*, *rapide*, *lucide*, signifient, dit-il, qui désire avoir, qui entraîne, qui éclaire évidemment.

**59. — AUD.** « La désinence *aud*, *aut*, du latin *aldus*, dans la plupart de ses constructions, exprime comme qualité l'idée du significatif, mais comme qualité qui, croissante ou tendant à s'augmenter, n'est pas encore arrivée au terme auquel l'esprit la reporte : d'où un genre de qualificatifs appelés *approximatifs* : tels sont *rougeaud*, un peu rouge, qui approche du rouge; *penaud*, un peu peiné, etc. » (Butet de la Sarthe.)

### 3° ADVERBES.

Nous considérerons dans cette section 1° la synonymie des adverbes formés par l'addition de la terminaison *ment* à un adjectif, avec cet adjectif lui-même employé adverbialement; 2° la synonymie des adverbes et des locutions adverbiales.

#### *Adverbes terminés en* ment *et adjectifs pris adverbialement.*

**60. —** « Ménage juge que *ment* est l'ablatif latin *mente* uni à l'adjectif. Ovide dit *forti mente*; l'auteur de la Thébaïde, *honestâ mente*; Valérius Flaccus, *magnâ mente*; Tibulle, *tacitâ mente*, etc. Les langues qui tiennent le plus au latin ont cette terminaison adverbiale. Les Espagnols, lorsqu'ils ont deux adverbes à mettre de suite, n'appliquent qu'au dernier la terminaison *mente* : *segura y libramente*, sûrement et librement; *blanda y tiernemente*, agréablement et tendrement, etc. » (Roubaud.)

M. Génin, dans sa lettre à M. Littré sur la prononciation du vieux français, dit aussi que la terminaison adverbiale *ment* vient de *mente*, ablatif de *mens*, esprit.

Un fait que nous remarquerons d'abord et qui semblerait confirmer cette étymologie, c'est que, lorsqu'il s'agit d'une opération de l'esprit ou d'un sentiment, d'un acte intérieur, on fait généralement usage de l'adverbe terminé en *ment* plutôt que de l'adjectif employé comme adverbe : « Je persiste *fermement* dans ma résolution ; il juge *droitement* » (Acad.) ; c'est-à-dire je persiste d'un *esprit ferme* : il juge *avec un esprit droit*. On ne dirait pas : « Je persiste *ferme* dans ma résolution ; il juge *droit* » ; mais on dira fort bien : « Je lui ai parlé *ferme* ; aller *droit* devant soi », parce qu'il ne s'agit pas ici d'une opération de l'esprit, mais d'une action ou d'un acte extérieur.

On dit, il est vrai, « je crois *fort*, et je crois *fortement* ». Mais il faut remarquer premièrement que ces mots ne sont pas pris ici dans leur sens ordinaire de *vigoureusement*, qu'ils ne renferment pas dans leur signification l'idée de *force* ; secondement, que les locutions *je crois fort, je crois fortement*, ne sont pas du tout synonymes. Il suffit, pour s'en convaincre, de comparer les deux phrases suivantes :

« Je crois *fort* qu'il pleuvra ce soir. »

« Je crois *fortement* qu'il y a un Dieu. »

Celle-ci exprime la croyance ferme, la certitude ; la première n'est que l'énoncé d'une chose que l'on prévoit, que l'on présume devoir être : l'adverbe *fort* n'est dans cette phrase que l'équivalent de l'adverbe *bien*, et l'on pourrait exprimer la même pensée en disant : « Je crois *bien* qu'il pleuvra ce soir » ; par ces deux locutions, en effet, on veut faire entendre que l'on présume, que l'on estime qu'il pleuvra[1].

Ces premières considérations générales vont nous servir bientôt dans l'examen des adverbes synonymes : il nous reste encore à en voir quelques-unes qui ne nous seront pas moins utiles.

« Le latin *mens*, dit Roubaud, signifie esprit, âme, intelligence, pensée, dessein, intention, etc. ; mais il ne faut pas borner à ce sens rigoureux la valeur de la terminaison adverbiale *ment*. MM. Beauzée et Lebeau ont fort bien remarqué les rapports des terminaisons *men*, *mentum*, *ment*, avec le verbe *mineo*, paraître, se montrer, et qui tient à la même racine que *moneo*, montrer, avertir. En général *man*, *men*, annonce ce qui sert à désigner, à montrer, à faire voir la *main* comme l'esprit, la manière ou façon d'agir comme la pensée[2]. Le propre de la terminaison adverbiale est de marquer, de distinguer, d'expliquer la manière, la façon particulière d'être ou d'agir du verbe. Ainsi, tous les vocabulistes expliquent par le mot de *manière*, la valeur propre de la plupart des adverbes terminés en *ment* : *prudemment*, d'une

1. Pascal a dit : « *J'en crois fort* des témoins qui se font égorger ; » mais ne *croire* quelqu'un n'est pas synonyme de *croire* quelque chose : cette locution signifie s'en rapporter au témoignage de quelqu'un ; et cela ne veut pas dire que l'on croit *fermement*, mais que l'on considère le témoignage de la personne comme *fort*, comme ayant une grande autorité.

2. Le rapport de *manus* à *mens*, de la main à l'esprit, de la manière dont se fait l'action à l'intelligence, principe de cette action, est le même que celui qui existe entre l'*action* et l'*acte* intérieur. Voyez l'article *Acte, Action*.

manière prudente; *naïvement*, d'une manière naïve; *régulièrement*, d'une façon régulière ».

Avec un verbe exprimant une action ou un acte extérieur, on peut donc dans beaucoup de cas employer l'adverbe en *ment* aussi bien que l'adjectif pris adverbialement. Mais alors l'adverbe fait en quelque sorte partie du verbe; il caractérise spécialement l'action marquée par le verbe, et il a par là un rapport plus direct au sujet de ce verbe : l'adjectif employé adverbialement a, au contraire, un rapport plus direct à l'objet ou aux circonstances de l'action. *Je vois* clairement *que je me suis trompé :* l'idée exprimée par l'adverbe *clairement* a rapport à moi, à mon esprit, qui voit de cette manière *clairement*. *Je vois* clair *dans mes affaires* : l'idée exprimée par le mot *clair* se rapporte plutôt aux affaires; c'est comme si l'on disait : je vois le *clair*, la clarté dans mes affaires; elles se montrent *claires* à mon esprit.

Remarquez qu'en général on peut sous-entendre un substantif devant l'adjectif employé adverbialement : Ces étoffes se vendent *cher* (à un *prix* cher); peser *juste* (d'un *poids* juste); je lui ai parlé *ferme* (un *langage* ferme ou d'un *ton* ferme); frapper *fort* (un *coup* fort); chanter *haut* (d'un *ton* haut); parler *franc*, parler *net* (d'un *ton* franc, d'un *style* net, c'est-à-dire clair, sans ambiguïté); aller *vite* (d'un *pas* vite), etc. Cela seul suffirait pour démontrer que l'adjectif employé adverbialement a plus particulièrement rapport à l'objet ou aux circonstances de l'action.

Une conséquence que nous pouvons tirer de cette dernière considération, c'est que l'adjectif employé adverbialement a moins de force que l'adverbe pour modifier le sens du verbe. Nous avons déjà vu que dans les locutions *je crois fort* et *je crois fortement*, le mot *fort* n'exprime pas la ferme croyance, comme le fait l'adverbe *fortement :* de même, il courut *vitement* chez son ami, marque plus d'empressement que il courut *vite : il courut vitement* équivaut presque à *il courut bien vite*. Je dirai *hautement* que, etc.; pour rendre la pensée avec la même énergie, l'adverbe *haut* ne suffirait pas : on est obligé d'y ajouter l'une des expressions superlatives *tout*, *bien* ou *fort :* Je dirai *tout haut*, *bien haut*, *fort haut* que, etc. *Directement*, dit l'Académie, signifie *tout droit*.

### *Adverbes et locutions adverbiales.*

**61.** — On appelle *locution* ou *phrase adverbiale* une locution composée d'une préposition suivie de son régime et équivalente à un adverbe, comme, par exemple, *avec sagesse* (sagement), *à la légère* (légèrement), *en vain* (vainement), etc.

« Quoique l'on dise communément que la *phrase adverbiale* est équivalente à l'*adverbe*, il ne faut pourtant pas croire que les deux locutions soient absolument synonymes et que la différence de l'une à l'autre ne soit que dans les sons. L'éloignement que toutes les langues ont naturellement pour une synonymie qui n'enrichirait un idiome que de sons inutiles à la justesse et à la clarté de l'expression, donne lieu de présumer que la *phrase adverbiale* et l'*adverbe* doivent différer par quelque idée accessoire. » (Beauzée.)

Cela est vrai, sans aucun doute; mais cette différence est dans la plupart des cas tellement peu sensible, que vouloir la déterminer, c'est se perdre dans les ténèbres de la plus profonde métaphysique, et ne tirer aucun profit réel de ses pénibles investigations. Ces nuances si délicates d'ailleurs, l'esprit de celui qui parle les saisit, pour ainsi dire, d'instinct, et la parole les rend tout naturellement : il n'est besoin pour cela que de savoir ce que l'on veut dire; et des discussions sur cette matière, de longues expositions fort obscures sur tous les cas qui peuvent se présenter, fatigueraient plus qu'elles n'instruiraient. C'est ce que Beauzée et Roubaud ont parfaitement compris : tous deux se sont bornés à quelques observations assez courtes sur la locution adverbiale formée par la préposition *avec;* et ils n'ont comparé avec l'adverbe qu'un très-petit nombre de locutions adverbiales, celles qui sont le plus usitées, ou pour lesquelles il est possible de déterminer assez clairement la différence qui les distingue de l'adverbe correspondant. Nous ferons comme eux. Voici donc les seules observations que nous avons à faire sur ce sujet : nous avertissons le lecteur qu'il ne s'agit ici que de la locution adverbiale formée au moyen de la préposition *avec.*

L'adverbe, avons-nous dit (60), caractérise spécialement l'action marquée par le verbe, et il a par là un rapport plus direct au sujet. Nous pouvons dire de la *locution adverbiale* ce que nous avons dit de l'adjectif pris adverbialement, savoir qu'elle a un rapport plus direct à l'objet ou aux circonstances de l'action. « C'est un homme qui vit *honorablement* » : le rapport de l'adverbe au sujet est ici évident; le verbe et l'adverbe, qui en quelque sorte ne font qu'un, sont qualificatifs du sujet; ils font presque connaître le caractère de cet homme. « Votre ami s'est tiré *avec honneur* de ce mauvais pas » : ici l'expression dépend surtout de la circonstance; la position était difficile, et c'est pour cela qu'il y a eu de l'honneur à s'en tirer.

« L'adverbe exprime une modification, une qualification constante, qui, en donnant au verbe un sens particulier, se confond en quelque sorte avec lui, et s'étend avec lui sur toute la durée de l'action; au lieu que la *phrase adverbiale* n'exprime qu'une circonstance particulière de l'action et n'en embrasse pas toute l'étendue. L'*adverbe* spécifie, caractérise la nature de l'action; la *phrase adverbiale* n'en indique qu'une modification partielle, un accident particulier. La *phrase adverbiale* n'emporte qu'un rapport, une influence quelconque; l'*adverbe* emporte une influence continue, un concours soutenu. »

« C'est sans doute ce qui a porté Beauzée à croire que quand il s'agit de mettre un acte en opposition avec l'habitude, l'*adverbe* est plus propre à marquer l'habitude, et la *phrase adverbiale* à indiquer l'acte, comme dans ces phrases : « Un homme qui se conduit *sagement* ne peut pas se promettre que toutes ses actions seront faites *avec sagesse*. Un auteur qui n'écrit pas *élégamment*, peut toutefois de temps en temps rendre des pensées *avec élégance*. Résistez *avec courage* à cette tentation, et suivez toujours *courageusement* le chemin de la vertu. La finesse, la méchanceté même, peuvent quelquefois s'énoncer *avec naïveté*; mais il n'est donné qu'à la candeur et à la simplicité de parler toujours *naïvement*. » Si ce n'est pas précisément l'habitude qu'annonce l'*adverbe*, il est du moins fort propre à la désigner, puisqu'il marque une influence forte, et constante qui suit le verbe dans tout le cours de l'action, et imprime à l'action un caractère distinctif. »

« Je terminerai par un avis très-juste de Beauzée. Ceci n'est qu'une conjecture générale, assez bien vérifiée par les exemples, et peut-être serait-il bien aisé d'en rassembler beaucoup d'autres ; mais il n'est pas impossible que dans le détail des cas particuliers, on rencontre d'autres différences entre l'*adverbe* et la *phrase adverbiale*. Ces différences peuvent très-bien dépendre de celle des prépositions qui entrent dans la *phrase adverbiale* ». (Roubaud.) Voyez les articles *entièrement, en entier; légèrement, à la légère*, etc.

## § III

### MODIFICATION DU SENS PAR DES CAUSES PUREMENT GRAMMATICALES

**62.** — Les causes purement grammaticales qui peuvent produire une différence de sens pour le même mot ou le même radical sont :

1° Le nombre du substantif; exemple : *le détail, les détails.*

2° Le radical formant un substantif collectif au lieu d'un substantif ordinaire; exemples : *le bétail, les bestiaux; la campagne, les champs.*

3° Le genre du substantif : *le cours, la course.*

4° L'infinitif pris substantivement : *le parler, la parole; le penser, la pensée.*

5° L'emploi de l'article : *de cour, de la cour; avoir peine à, avoir de la peine à.*

6° L'adjectif pris substantivement : *le solide, la solidité.*

7° Le participe passé pris substantivement : *l'exposé, l'exposition, la crue, la croissance.*

8° La place de l'adjectif : *un grand homme, un homme grand.*

9° Les locutions adjectives : *méridional, du midi.*

10° L'emploi d'un verbe actif ou d'un verbe neutre sous la forme de verbe pronominal : *imaginer, s'imaginer; mourir, se mourir.*

11° La place de l'adverbe : *mal parler, parler mal.*

12° L'emploi des prépositions : *insulter quelqu'un, insulter à quelqu'un; obliger de faire, obliger à faire.*

1° MODIFICATION DU SENS PAR LE NOMBRE DU SUBSTANTIF.

**63.** — Il y a des substantifs qui s'emploient au pluriel dans un sens bien différent de celui qu'ils ont au singulier. Ainsi, *la bonté* est une qualité de l'âme; *les bontés* sont des marques de bienveillance ou même de simple politesse; *la bassesse* est aussi dans l'âme, dans le caractère; *les bassesses* sont des actions qui marquent la bassesse d'âme; *la tendresse* est une sensibilité à l'amitié, à toutes les affections du cœur; *les tendresses* sont des caresses, des témoignages d'affection; *vivacité* signifie activité, promptitude de l'esprit, ardeur des sentiments; on entend par *vivacités*, au pluriel, des emportements légers et passagers, de petits mouvements brusques de courte colère. Nous croyons inutile d'augmenter les exemples : il n'est personne qui, ayant quelque usage de la langue française, ne sache parfaitement reconnaître, dans l'emploi de plusieurs autres substantifs, la différence de leur signification, suivant qu'ils sont au singulier ou au pluriel. Mais il en est quelques-uns pour lesquels la chose est moins facile : ce sont des cas particuliers que l'on doit examiner séparément. V. *le détail, les détails; l'air, les airs; l'approche, les approches; la ruine, les ruines; l'homme, les hommes; le sage, les sages.*

2° SUBSTANTIFS COLLECTIFS AU SINGULIER ET SUBSTANTIFS ORDINAIRES AU PLURIEL.

**64.** — On ne peut pas toujours employer indifféremment le substantif au pluriel ou le collectif qui correspond à ce substantif : on dit, par exemple, *la crinière* du lion, et non *les crins* du lion; un brin d'oranger a *des feuilles* et non *un feuillage;* les Indiens de l'Amérique ornent leur tête de *plumes* et non d'*un plumage; les hommes* meurent, *l'humanité* ne meurt pas; on rompt *des branches*, on ne rompt pas *un branchage.*

Dans le collectif, l'esprit ne voit que l'ensemble, les individus disparaissent : de sorte que le collectif est le nom d'un objet, d'un individu qui a son existence particulière, ses qualités propres et souvent différentes de celles qui appartiennent aux individus formant l'ensemble. Ainsi *le feuillage* peut être grand, beau, épais; *les feuilles* qui le forment peuvent être petites, vilaines et minces; un *plumage* gris pourra résulter d'un mélange de *plumes* noires et de *plumes* blanches; des *cheveux* extrêmement fins pourront former une épaisse *chevelure;* un grand *vitrage* sera fait avec de petites *vitres*, etc. Ce sont là des distinctions qui n'échappent à personne, même dans le langage de la conversation. Mais il y a quelques cas particuliers où la différence est moins sensible. V. les articles *les champs, la campagne; les entours, l'entourage; les bestiaux, le bétail; les meubles, le mobilier.*

3° SUBSTANTIFS DE GENRES DIFFÉRENTS.

**65.** — Il y a un certain nombre de substantifs qui se prennent dans des acceptions différentes, suivant qu'ils sont du masculin ou du féminin : ainsi *aide* du genre féminin n'a pas la même signification que *aide* du genre masculin; *une couple* ne dit pas la même chose qu'*un couple*. Je renvoie aux grammaires, et particulièrement à celle de M. Guérard (grammaire et compléments) pour ces mots, ainsi que pour les substantifs *aigle, amour, enfant, foudre, hymne, œuvre, orge, pâque, periode* et *chose* (dans la locution *quelque chose*). Comme on le voit, ces mots sont plutôt des homonymes que des synonymes : je ne signalerai ici que les substantifs qui, formés de la même racine, diffèrent par leur terminaison et par leur genre, d'où résultent certaines différences dans leur signification. V. les articles *cours, course; dépens, dépense; discord, dicorde; fort, forteresse; fossé, fosse; grain, graine; mont, montagne; taux, taxe; point du jour, pointe du jour.*

4° SUBSTANTIFS ET INFINITIFS PRIS SUBSTANTIVEMENT.

**66.** — L'infinitif présent des verbes est une sorte de substantif qui s'emploie souvent en français, comme en grec, avec l'article; ainsi nous disons *le boire, le manger, le lever et le coucher du soleil, le rire d'une personne, le parler de quelqu'un, le faire d'un artiste,* etc. Outre l'article, nous ajoutons même un adjectif à l'infinitif pris substantivement : « C'est *le meilleur manger* du monde; il a *le parler bref;* exciter *un rire fou et extravagant;* ce tableau est *d'un beau faire.* » (Acad.) Ces substantifs verbaux sont les noms abstraits de l'action ou de l'acte que marque le verbe; c'est là surtout le caractère qui les distingue de leurs synonymes. Ainsi la terminaison passive du substantif *ris* (du latin *risus*) marque ce qui est fait, ce qui est produit, l'effet de l'action : le *rire* exprime l'action de faire, le genre d'action que l'on fait.

« *Pensée,* dit Roudaud, a, comme l'italien *pensata,* une terminaison passive : c'est la chose *pensée,* l'effet ou le produit de l'action de penser. *Penser,* au contraire, a la forme active du verbe : il désigne l'opération l'efficacité, la cause productive. Aussi le *penser* a-t-il une activité et une efficacité particulière; c'est le travail et le tourment de l'esprit; il le tient et pensant et pensif, il l'attache à ses pensées, le mène de l'une à l'autre et le jette dans la rêverie. »

Cependant, si l'infinitif est celui d'un verbe qui n'exprime ni une action, ni un acte, ni même une faculté active, mais une simple manière d'être, cet infinitif pris substantivement désignera non une cause, mais un effet. Ainsi le *savoir* est une chose sue, la connaissance acquise; le *devoir* est ce que l'on doit faire ou ce qui doit être fait. V. les articles *la pensée, le penser; la parole, le parler; la science, le savoir,* etc.

5° MODIFICATION DU SENS PAR L'EMPLOI DE L'ARTICLE.

**67.** — V. les articles *Avoir peine, avoir de la peine; avoir coutume,* *avoir la coutume; avoir nouvelle, avoir des nouvelles; de cour, de la cour; ouvrage d'esprit, ouvrage de l'esprit.*

6° SUBSTANTIFS ABSTRAITS ET ADJECTIFS PRIS SUBSTANTIVEMENT.

**68.** — Le substantif abstrait exprime la qualité relativement à telle personne, à telle chose ou à telle circonstance : on dit la *bonté* d'une mère, la *justice* d'une cause, la *beauté* d'un édifice, l'*honnêteté* d'un procédé, la *vérité* d'une proposition.

L'adjectif pris substantivement, comme le *beau*, le *juste*, etc., la représente d'une manière absolue; c'est le nom d'un être idéal qui possède lui-même la qualité essentiellement et au plus haut degré possible, et qui est comme le type invariable, permanent, éternel de cette qualité.

Il n'en est pas de même du substantif abstrait : la *beauté*, la *justice*, l'*honnêteté*, la *bonté*, et même la *vérité*, ne sont pas les mêmes partout et toujours, ni pour tous; le *beau*, le *juste*, l'*honnête*, le *bon*, le *vrai*, sont uniquement par eux-mêmes et ne dépendent pas des idées, des préjugés ou des caprices des hommes.

Ces courtes observations suffisent pour distinguer parfaitement la plupart des synonymes de ce genre; mais il en est quelques-uns qui demandent à être examinés séparément. V. les articles *la chaleur, le chaud; la sublimité, le sublime; l'infinité, l'infini; la solidité, le solide; l'utilité, l'utile.*

7° SUBSTANTIFS ET PARTICIPES PASSÉS PRIS SUBSTANTIVEMENT.

**69.** — V. les articles *contradiction, contredit; énonciation, énoncé; exposition, exposé; narration, narré; prononciation, prononcé; productions, prduits; croissance, crue*, etc.

8° MODIFICATION DU SENS DU SUBSTANTIF PAR LA PLACE DE L'ADJECTIF.

**70.** — On sait, et presque toutes les grammaires le disent, que le sens du substantif est tout autre, suivant que certains adjectifs le précèdent ou le suivent. Ainsi, un *grand homme* est un homme d'un grand génie, un *homme grand* est un homme de haute taille; un *pauvre homme* s'entend presque toujours d'un homme incapable, malhabile, sans esprit et sans jugement un *homme pauvre* est un homme qui est dans l'indigence; l'*air mauvais*, c'est l'air méchant; un *mauvais air* est un extérieur ignoble ou un maintien gauche, etc. La différence de sens est tellement marquée, qu'il n'y a point véritablement synonymie dans ces locutions et autres semblables, il n'y en a pas plus entre *homme pauvre* et *pauvre homme*, par exemple, qu'il n'y en a entre *indigent* et *nigaud* ou *malhabile*.

Mais quelquefois aussi la place de l'adjectif préposé ou postposé ne fait que modifier légèrement le sens du substantif; de sorte que les deux locutions qui en résultent, tout en ayant un sens qui leur est commun, se distinguent cependant par les idées accessoires qu'elles réveillent : un *savant homme*, par exemple, et un *homme savant*, ont également de la science; toutefois, une nuance dont on doit tenir compte distingue ces deux locutions : il y a donc là de la synonymie, mais alors quelle est, en raison de la place qu'il occupe, l'influence de l'adjectif sur le sens du substantif? L'abbé Roubaud a traité habilement cette question. V. son article aux mots *savant homme, homme savant.*

### 9° ADJECTIFS ET LOCUTIONS ADJECTIVES.

**71.** — L'adjectif et la locution adjective correspondante ne s'emploient pas toujours indifféremment l'un pour l'autre. Ainsi, *mode française* ne signifie pas la même chose que *modes de France :* la *mode française* est la manière de se vêtir comme les Français et les Françaises; des *modes de France* sont, pour l'étranger, des vêtements, des parures, des ajustements confectionnés en France et qui en viennent.

Comme on peut le voir par cet exemple, l'adjectif dérivé du substantif qui constitue essentiellement la locution adjective, ne fait que rappeler l'idée de l'objet nommé par ce substantif : l'adjectif ne qualifie donc pas d'une manière aussi précise, aussi rigoureuse que la locution adjective, et dans beaucoup de cas il ne fait que marquer un simple rapport établi par l'esprit. Par exemple, le son *argentin* d'une cloche n'est pas le son *de l'argent* même, c'est un son qui ressemble à celui de l'argent; un manteau *espagnol* est un manteau à la façon de ceux que l'on porte en Espagne, et il peut fort bien avoir été fait en France; mais du vin *d'Espagne* vient bien de ce pays. Ces distinctions sont trop faciles à établir pour que je m'y arrête davantage; mais il y a deux cas particuliers qui exigent quelques explications. V. les articles *honoraire, d'honneur* (*conseiller* ou *président*) et *méridional, du midi.*

### 10° VERBES ACTIFS OU VERBES NEUTRES ET VERBES PRONOMINAUX.

**72.** — La synonymie des verbes actifs et des mêmes verbes employés comme pronominaux n'est qu'apparente; et à moins d'ignorer complétement le français, je doute qu'il soit possible de confondre des expressions dont la différence de sens est aussi marquée. Qui ne sait, par exemple, qu'*attaquer* quelqu'un, c'est l'assaillir, exercer contre lui un acte d'hostilité; tandis que *s'attaquer à* quelqu'un, c'est le prendre à partie, s'en prendre à lui ou l'offenser ouvertement. De même *imaginer* une chose, c'est l'inventer, la produire par l'imagination; *s'imaginer* une chose, c'est se la figurer, et le plus souvent cette chose est fausse, vaine, chimérique.

Il n'en est pas des verbes neutres comme des verbes actifs. Employés sous la forme pronominale, les verbes neutres prennent une signification qui ne diffère de celles qu'ils ont sous la forme ordinaire, que par des idées accessoires, par des nuances assez délicates, dont on doit cependant tenir compte pour l'expression fidèle de la pensée. Dans son article *passer, se passer*, Roubaud a posé à ce sujet une règle générale, qui suffira d'autant mieux qu'il en a fait différentes applications. V. cet article.

11° MODIFICATION DU SENS DU VERBE PAR LA PLACE DE L'ADVERBE.

**73.** — L'adverbe placé avant le verbe caractérise davantage l'action : il semble s'incorporer au verbe, comme il s'y incorpore en effet dans *maltraiter* et *malmener*, tellement il contribue à l'expression vraie de l'idée. Nous pouvons poser comme règle générale que le sens de la locution entière est plus complet et l'expression souvent plus énergique, lorsque l'adverbe précède le verbe que lorsqu'il le suit. Voyez les articles *maltraiter, traiter mal; mal parler, parler mal; mal interpréter, interpréter mal; malmener, mener mal.*

12° MODIFICATION DU SENS PAR L'EMPLOI DE LA PRÉPOSITION.

*Préposition à la suite d'un verbe.*

**74.** — Il y a deux cas : 1° le même verbe est suivi ou n'est pas suivi d'une préposition ; exemples : *aider* quelqu'un, *aider à* quelqu'un ; 2° le même verbe est suivi de prépositions différentes : *obliger à* faire, *obliger de* faire.

Le premier cas ne renferme qu'un petit nombre de verbes ayant un sens réellement différent, selon qu'ils sont employés activement ou bien neutralement avec une préposition ; tels sont *aider, aider à; atteindre, atteindre à; croire, croire à; désirer, désirer de; insulter, insulter à; prétendre, prétendre à; satisfaire, satisfaire à; suppléer, suppléer à*[1]. Pour l'étude de ces locutions je renverrai aux grammaires déjà citées ; il ne sera question ici que des locutions synonymes qui appartiennent au deuxième cas, et seulement des verbes qui peuvent être également suivis de la préposition *à* ou de la préposition *de*.

*Verbes suivis des prépositions* à *ou* de.

**75.** — La préposition *à* (du latin *ad*, vers) marque le but, le point où tend une chose : *de* (en latin *de*) rend cette idée, *à partir de*. Donc, si l'on considère le terme qui est en avant, le point où tend l'action, c'est la préposition *à*; si l'on considère le terme qui est en arrière ou point de départ, c'est la préposition *de* : on va *à* la ville, et l'on vient *de* la campagne.

Mais ces deux prépositions, *à* surtout, expriment beaucoup d'autres rapports. Ainsi, de ce que le mot *à* exprime un rapport de but, il s'ensuit qu'il marque aussi la destination : des brosses *à* nettoyer les habits, une brosse *à* dents, sont des brosses qui ont pour but de nettoyer

1. L'Académie et les bons auteurs ne mettent pas la moindre différence entre *applaudir* et *applaudir à*, *espérer* et *espérer de*, *hériter* une chose et *hériter* d'une chose, *préférer* partir et *préférer de* partir. Le Dictionnaire de l'Académie donne cet exemple : *Il préféra de se retirer*, bien que l'on ait prétendu qu'il ne faut point de préposition lorsque l'infinitif qui suit le verbe *préférer* n'est pas suivi lui-même des mots accessoires qui le déterminent.

les habits ou les dents; elles sont destinées à cela, elles sont propres à cela. Ensuite, ce qui est propre à une chose est bon *pour* l'exécution de cette chose [1], sert de moyen pour faire la chose. Mais l'idée de moyen pour faire conduit naturellement à l'idée de manière de faire : ainsi pêcher *à* la ligne, dessiner *à* la plume, c'est pêcher au moyen de la ligne, dessiner au moyen de la plume, et par conséquent une manière particulière de pêcher ou de dessiner. On apprend *à* dessiner *à* la plume, c'est-à-dire on apprend à cette fin de savoir la bonne manière d'exécuter ce genre de dessin : ici donc la préposition *à* exprime à la fois le but et la manière. La locution *apprendre à dessiner* a donné nécessairement sa contraire *désapprendre à dessiner*.

De son côté, la préposition *de* ne marque pas toujours le point de départ : elle s'emploie souvent pour former avec l'infinitif qui suit un complément déterminatif du mot qui précède; exemple : *Il tâche* de *me nuire*. Ce complément est analogue à celui que la même préposition forme souvent, lorsqu'elle est suivie d'un substantif, comme dans cette phrase : *Le haut* de *la maison*. Dans ce cas la préposition *de* détermine simplement la nature de l'action exprimée par le premier verbe.

Remarquons enfin que la fonction primitive de la préposition *à* étant d'indiquer le but, elle devient très-propre à marquer le progrès vers un terme, d'où ensuite l'idée de durée, et par conséquent aussi celle de temps à venir; tandis que, par opposition, la préposition *de*, dont la fonction primitive est de marquer le point de départ, annoncera plutôt l'acte et l'exécution ou présente ou très-prochaine. Voir les articles *échapper à, échapper de; commencer à, commencer de; continuer à, continuer de*, etc.

1. C'est toujours le *ad* du latin.

# NOUVEAU DICTIONNAIRE

DES

# SYNONYMES FRANÇAIS

## A

**ABAISSEMENT, ABJECTION, BASSESSE.** Ces mots expriment une idée commune de dégradation ou de déchéance. L'*abaissement* n'avilit pas : l'*abaissement* volontaire de l'âme est même une vertu chrétienne; l'*abaissement* de la fortune, de la condition, de la faveur, du crédit, n'est qu'une diminution de certains avantages : il peut entraîner quelque humiliation sans rien ôter d'ailleurs à la considération due à la personne. Dans une autre ordre d'idées, l'*abaissement* du ton se dit de l'action de prendre un ton moins élevé, plus humble, plus soumis.

Les mots *abjection* et *bassesse* sont toujours pris dans un sens défavorable. *Abjection* dit plus que *bassesse :* ce mot exprime toujours une dégradation avilissante; on tombe dans l'*abjection* par ses vices. La *bassesse* de la naissance ne dépend pas de l'homme lui-même; la *bassesse* de la fortune, celle de la condition n'ont rien d'avilissant et ne peuvent provoquer qu'une sorte de mépris relatif, qui tombe moins sur la personne morale que sur son état. Mais la *bassesse* de caractère est déjà de l'*abjection;* et une pensée *basse*, une action *basse*, sont absolument et essentiellement méprisables et honteuses. V. *bas*, *abject*, *vil*.

**ABAISSER** (au propre) **BAISSER.** *Abaisser*, c'est proprement *baisser* à partir d'un point supérieur (9, page 4). Ainsi l'on dit *abaisser*, si le mouvement est considéré par rapport au point de départ, qui est le point supérieur; on dit *baisser*, s'il est considéré par rapport au point d'arrivée, qui est un point inférieur ou le point le plus bas possible. En d'autres termes, on *abaisse* une chose pour qu'elle ne soit pas si haute, et parce qu'elle est à un point trop élevé; on *baisse* une chose pour qu'elle soit basse, pour qu'elle arrive à un point qui est bas. *Baisser* un pont-levis, la visière d'un casque, un store, c'est faire arriver ces objets au point inférieur qu'ils doivent atteindre; les *abaisser*, c'est les placer, les fixer plus bas que le point où ils étaient.

On dit *baisser* pour une action ordinaire, qui se fait naturellement ou souvent et sans peine : on dit *abaisser*, s'il s'agit d'une chose qui n'a pas coutume d'être baissée, du moins de la même manière, ou bien si l'action est remarquable et ne se fait pas naturellement et sans peine, ou enfin si elle se fait d'une manière particulière : *Elle se mit à rougir, en* baissant *la paupière; Dès qu'une personne est morte, on* abaisse *ses paupières* (Acad.).

ABAISSER, RABAISSER, HUMILIER, RAVALER, AVILIR RAVILIR. *Abaisser*, au figuré, c'est diminuer le prix, la valeur, la dignité, le mérite, la considération. *Rabaisser*, c'est *abaisser* davantage avec effort ou redoublement d'action (5, page 3). *Abaisser* exprime une action modérée : *rabaisser*, une action plus forte, un effet plus grand. On *rabaisse* ce qui est beaucoup trop élevé ou ce qu'on *abaisse* trop : aussi ce mot convient très-bien en parlant du ton, de la présomption, de l'orgueil, de l'arrogance, qui prétendent à une hauteur démesurée.

*Humilier*, c'est rendre confus, honteux; c'est mortifier.

*Ravaler*, c'est faire tomber dans un abaissement profond, dans une sorte de bassesse, une personne, un objet qui était à une assez grande élévation. Ce mot exprime une opposition de situation, d'état, de condition.

*Avilir* signifie jeter dans l'abjection, rendre vil, méprisable; couvrir de honte, d'opprobre et d'infamie. *Ravilir*, c'est avilir à plusieurs reprises, avec un redoublement d'action, ou bien avilir de nouveau, rétablir dans l'avilissement primitif (5, page 3).

« On est *abaissé* par la détractation, dit Roubaud, *rabaissé* par le mépris, *ravalé* par la dégradation, *avili* par l'opprobre. De grands motifs nous engagent à nous *humilier*, à nous *ravaler* même, aucun à nous avilir. L'homme modeste s'*abaisse*, le simple se *rabaisse*, le faible se *ravale*, le lâche s'*avilit*, le pénitent s'*humilie* ».

ABANDON, ABANDONNEMENT, RENONCIATION, RENONCEMENT, DÉSISTEMENT, DÉMISSION, ABDICATION. Le mot *abandon* exprime l'état d'une personne ou d'une chose abandonnée (19, page 6). Cependant *abandon* s'emploie quelquefois activement pour *abandonnement;* mais alors il marque l'action comme moins volontaire ou moins complète : tandis que l'*abandonnement* est l'action d'abandonner entièrement, sans réserve. D'autre part *abandonnement* s'emploie aussi dans le sens passif d'*abandon;* mais pour marquer un état actuel et passager, tandis qu'*abandon* exprime l'idée d'une manière plus absolue et marque un état habituel et permanent. Au figuré, dans le sens de sacrifice, résignation, on dit toujours *abandon* et non *abandonnement*.

*Renonciation*, est un terme de jurisprudence et d'affaires : il signifie l'*abandon* volontaire de droits ou de prétentions, et c'est ce qui distingue ce mot d'*abandon* et d'*abandonnement*, qui, comme termes d'affaires, se disent de l'objet, des biens, des revenus, etc., et non des droits.

*Renoncement* est un terme de spiritualité et de morale chrétienne : c'est le détachement des choses de ce monde et de l'amour-propre.

*Désistement* est un terme de Palais, signifiant l'action de se départir d'une poursuite, d'une demande, d'une plainte en justice. On donne ou l'on fait son *désistement*.

La *démission* est l'action de renoncer à l'exercice d'un emploi, d'une charge, d'un office, d'une dignité. L'*abdication* est l'action par laquelle on renonce volontairement à une dignité souveraine dont on est revêtu. Les souverains seuls *abdiquent*; toute autre personne donne sa *démission*.

ABANDONNER, DÉLAISSER. *Abandonner* appliqué aux personnes exprime simplement l'action de les quitter ou bien de les laisser dans l'abandon. *Délaisser* dit beaucoup plus : le *délaissement* est l'abandon complet, absolu, d'une personne laissée dans une situation très-malheureuse, par ceux qui devraient cependant la consoler, la secourir, l'assister.

ABATTEMENT, ACCABLEMENT, DÉCOURAGEMENT. Chacun de ces mots exprime l'état de l'âme qui cède à la douleur morale; mais il y a en quelque sorte gradation entre eux. L'*abattement* n'est qu'une langueur momentanée que l'âme éprouve à la vue ou au premier sentiment d'un mal qui lui arrive. Il conduit quelquefois jusqu'à l'*accablement*, état de l'âme qui succombe sous le poids de ses peines. Dans le *découragement* l'âme n'a même plus la volonté de résister au malheur. Ce mot se dit aussi de cette faiblesse de l'âme ou plutôt de l'esprit, qui nous fait céder aux difficultés d'une entreprise commencée, et nous ôte le courage nécessaire pour la finir.

ABATTRE, RABATTRE. Au figuré, *abattre* signifie simplement l'action : *Cette perte* abattit *son courage, sa fierté* (Acad.). *Rabattre* signifie *abattre* avec force, en faisant des efforts pour vaincre toute résistance, s'il s'en présente (5, page 3). Ce mot s'emploie aussi, comme *rabaisser*, en parlant de l'orgueil, de la fierté, du ton, du caquet, etc.

ABATTRE, DÉMOLIR, RENVERSER, RUINER, DÉTRUIRE, RASER, DÉMANTELER. L'idée propre d'*abattre* est celle de jeter à bas : on *abat* ce qui est élevé, haut. Celle de *démolir* est de rompre la liaison d'une masse construite[1] : on ne *démolit* que ce qui est bâti. Celle de *renverser* est de coucher par terre ce qui était sur pied[2] : on *renverse* ce qui peut entièrement changer de sens ou

1. *Démolir*, du latin *demoliri*, racine *moles*, masse.

2. *Renverser* est le composé de *verser*, pris dans le sens de faire tomber sur le côté une charrette, un carrosse, des blés, etc.; il en étend la valeur, et il veut dire jeter par terre, changer entièrement la situation d'une chose, mettre le haut en bas (R.).

de direction. Celle de *ruiner* est de faire tomber par morceaux : on *ruine* ce qui se divise et se dégrade. Celle de *détruire* est de dissiper entièrement l'apparence et l'ordre des choses[1] : on détruit tout ce qui est ouvrage et fait corps. — L'action d'*abattre*, volontaire ou nécessaire, est plus ou moins vive et forte; elle se réduit quelquefois à un seul acte : vous *abattez* un arbre à coups de hache et un oiseau à coups de fusil. L'action de *démolir*, volontaire et fondée sur des convenances, est proportionnée à la résistance et successive : vous *démolissez* avec des instruments les étages d'une maison l'un après l'autre, et enfin ses fondations. L'action de *renverser*, tantôt volontaire, tantôt involontaire, est toujours forte et violente : on *renverse* une table sans le vouloir en la heurtant rudement, et un rempart à coups de canon. L'action de *détruire*, libre ou nécessaire, est puissante et opiniâtre : le temps *détruit* tout, mais il se sert plutôt de la lime que de la faux. — La première de ces actions produit la chute; la seconde, l'écroulement, la chute et les décombres; la troisième, une lourde chute, un rude choc et ses suites ; la quatrième, la décadence, la dissipation, ou la dispersion et les débris ; la dernière, *détruire*, produit la ruine complète, l'extinction, une sorte d'anéantissement (R.).

On *démolit* par économie, pour tirer parti des matériaux et de l'emplacement, ou pour réédifier : on *rase* par punition, afin de laisser subsister un monument de la vindicte publique : on *démantèle* par précaution, pour mettre une place hors de défense; on *détruit* dans toutes sortes de vues, et par toutes sortes de moyens, pour ne pas laisser subsister. Un particulier fait *démolir*; la justice fait *raser*; un général fait *démanteler* une place qu'il a prise, et pour cela il en fait *détruire* les murailles et les fortifications (B.).

ABDICATION. V. *Abandon*.

ABÊTIR, RABÊTIR. *Rabêtir* marque une action plus forte et suppose de la résistance ou des difficultés à surmonter (5, page 3). « Si, prenant un enfant au moment où sa raison commence à poindre, vous dirigez cette faculté de façon qu'elle s'exerce d'une manière contraire à sa destination primitive, vous l'*abêtissez*. Si, lorsque la raison a déjà fait quelques progrès dans un jeune homme, vous en comprimez, vous en dépravez, vous en interrompez l'exercice naturel, vous le *rabêtissez* » (L.). La paresse, la mauvaise éducation *abêtissent* : une sévérité brutale *rabêtit* les enfants.

ABHORRER, DÉTESTER. On *abhorre* ce qu'on ne peut souffrir par antipathie naturelle : on *déteste* ce que la raison ou le jugement condamnent ou désapprouvent.

« Une âme bien placée *abhorre* tout ce qui est bassesse et lâcheté : une personne vertueuse *déteste* tout ce qui est crime et injustice. Quel-

1. Du latin *destruere*, contraire de *struere*, arranger, construire : d'où le mot français *structure*.

quefois on *abhorre* ce qu'il serait avantageux d'aimer ; et l'on *déteste* ce qu'on estimerait, si on le connaissait mieux » (G.).

ABIME. V. *Précipice.*

ABJECT. V. *Bas.*

ABJECTION. V. *Abaissement*

ABJURER. V. *Renoncer.*

ABOI, ABOIEMENT. *Aboi* se dit particulièrement en parlant de la qualité naturelle du cri du chien : un chien qui a l'*aboi* rude, aigre, perçant ; un *aboi* effrayant. *Aboiement* se dit plutôt des cris mêmes : de longs *aboiements*, des *aboiements* continuels. On dit : Faites cesser les *aboiements* de ce chien, et non pas, faites cesser son *aboi* ou ses *abois* (L.).

ABOLIR, ABROGER. *Abolir* se dit de bien des choses, des coutumes, des usages, des lois, etc. : *abroger* ne se dit que des lois, des décrets, des actes publics ayant force de loi. Le non-usage suffit pour l'*abolition ;* mais il faut un acte positif pour l'*abrogation :* une loi tombée en désuétude est *abolie* de fait : elle ne peut être *abrogée* que par une autre loi ou par une déclaration formelle de l'autorité.

ABOMINABLE. V. *Détestable.*

ABONDAMMENT. V. *Beaucoup.*

ABORDER, ACCOSTER, JOINDRE. On *aborde* ou l'on *accoste* quelqu'un pour lui parler (Acad.) ; mais *accoster* signifie proprement prendre ou saisir au passage. En conséquence on n'*accoste* que celui qui marche au dehors ou dans un lieu public ; tandis qu'on *aborde*, soit au dehors, soit dans un salon, une personne qui est ou n'est pas en mouvement. De plus *accoster*, terme très-familier, ne se dit jamais à l'égard d'un supérieur ou de quelqu'un avec lequel on n'est pas sur le pied d'une grande intimité.

On *joint* les personnes, la compagnie dont on s'était écarté ; on *joint* quelqu'un à l'endroit où l'on est sûr de le retrouver.

ABRI (A L'), A COUVERT. *A l'abri* présente l'idée de quelque chose qui défend, et *à couvert* l'idée de quelque chose qui cache, qui dérobe : le premier dit moins que le second. « Quand on est surpris par la pluie, on se met *à l'abri* sous un arbre ou *à couvert* dans une grange, dans une maison. *A couvert* suppose donc plus de sûreté ; et l'on peut dire, selon les circonstances, être *à l'abri* de la pluie ou être *à couvert* de la pluie. Au figuré, on trouve la même différence. On est *à l'abri* de la haine, de la vengeance, lorsqu'on ne peut en être atteint ; on est *à couvert* de la haine, de la vengeance, lorsqu'on ne peut être l'objet de ces sentiments » (L.).

Au propre on ne dit pas être *à couvert*, on dit être *à l'abri* du bruit, du vent, du besoin, des passions ; mais *à couvert* convient mieux pour tout ce qui tombe d'en haut, attaque, poursuit ou persécute.

ABROGATION. V. *Abolir.*

ABROGER. V. *Abolir.*

ABSOLU, IMPÉRIEUX. *Absolu* appliqué aux personnes signifie qui fait tout ce qu'il veut et impose sa volonté comme loi : *impérieux*. signifie qui commande avec beaucoup d'empire (44, page 13).

« L'homme *absolu* veut être obéi sans résistance, sans opposition : l'homme *impérieux* veut l'être avec soumission. Le premier annonce de la fermeté, il ne souffre pas que son autorité soit contestée : le second montre de la vanité et de l'orgueil, il prétend que la sienne soit maintenue. L'homme *impérieux* peut ne pas être *absolu*, il lui suffit quelquefois que l'on paraisse soumis ; l'homme *absolu* peut ne pas être *impérieux*, c'est assez pour lui d'être obéi ponctuellement. Il est nécessaire avec certaines gens de prendre un ton *absolu*, il ne l'est jamais de prendre un ton *impérieux* » (L.).

ABSOLUTION, PARDON, GRACE, RÉMISSION. *L'absolution* a rapport à la faute, au péché. Ce mot ne s'emploie proprement que, 1° pour signifier l'action du prêtre qui remet les péchés confessés par le pénitent ; 2° comme terme de droit criminel pour désigner le jugement qui absout un accusé coupable, parce que le crime ou le délit n'est puni par aucune loi. Le *pardon* est relatif à l'offense personnelle ; il est accordé ou refusé par l'offensé. La *grâce* et la *rémission* se rapportent à la peine prononcée ou méritée : elles émanent d'une puissance supérieure. Le mot *grâce* se dit surtout quand il s'agit d'une peine très-grave : un condamné à mort se pourvoit en *grâce* auprès du chef de l'État. Le mot *rémission* n'est plus usité aujourd'hui dans ce sens : il l'est toujours comme terme de théologie, dans le sens de *pardon* : *Obtenir de Dieu la rémission de ses péchés* (Acad.).

ABSORBER, ENGLOUTIR. *Absorber* exprime une action générale, il est vrai, mais s'accomplissant par une succession d'effets partiels. *Engloutir* marque une action rapide, qui saisit l'objet tout à la fois, sans le détailler par parties : le feu *absorbe*, l'eau *engloutit*. Selon cette même analogie, on dit au figuré : *Les procès ont* absorbé *tout son bien* ; et *il a* englouti *en peu de temps cette riche succession* (Acad.).

ABSTENIR (S'), SE PRIVER. *S'abstenir* n'exprime que l'action sans aucun rapport au sentiment qui peut l'accompagner ; *se priver* suppose un attachement à la chose et un regret de ne plus la faire ou de ne plus en jouir. On peut *s'abstenir* des choses qu'on ne connaît pas, qu'on n'aime pas, qu'on ne désire pas, qui sont indifférentes ; on ne *se prive* que des choses qu'on connaît, dont on a joui ou dont on voudrait jouir. Il est rare qu'un ivrogne *se prive* de vin, lorsqu'il peut en boire ; un homme sage s'en *abstient*, s'il nuit à sa santé (L.).

ABSTRAIT, DISTRAIT. *Abstrait* vient d'un mot latin qui signifie tiré *loin de* : *distrait* vient d'un autre mot latin signifiant tiré *çà et là*, de divers côtés ; c'est d'ailleurs le sens des deux préfixes (9, page 4, et 8, page 4). L'esprit de l'homme *abstrait* est loin de ce qu'on lui dit, de ce qui se passe autour de lui ; cet homme est plongé dans la méditation et la rêverie, n'ayant de pensée et d'attention que pour l'objet intérieur qui l'occupe. L'esprit de l'homme *distrait* est à la merci de toutes les impressions du dehors, et cesse d'être attentif à une chose, pour l'être, sans raison, à une autre. Ainsi ce sont nos propres idées qui nous rendent *abstraits;* au lieu que c'est un nouvel objet extérieur qui nous rend *distraits*, en attirant notre attention et en la détournant de l'objet dont nous devrions être occupés.

ABUSER, MÉSUSER. *Mésuser*, c'est faire un mauvais usage; *abuser*, c'est user autrement qu'on ne doit, en s'écartant des règles établies (17, page 6, et 9, page 4).

« Celui qui *mésuse* agit contre la raison, contre la sagesse, contre ses intérêts, contre le bon ordre; celui qui *abuse* pèche contre la justice, contre la probité, contre la délicatesse, contre la politesse, contre les bienséances » (L.).

« On *mésuse* par dérèglement, en agissant, comme on dit, à tort et à travers, sans rime ni raison : on *abuse* par excès ou en outre-passant son pouvoir, ses droits, les droits de la liberté. Il n'est rien dont l'ignorance ne *mésuse* et dont la malice n'*abuse* » (R.).

ABUSER, TROMPER. V. *Tromper*.

ACADÉMICIEN, ACADÉMISTE. L'*académicien* est membre d'une académie composée de gens de lettres, de savants ou d'artistes : l'*académiste* est membre d'une académie qui a pour objet les exercices du corps, tels que l'équitation, la danse, l'escrime, etc.

ACCABLEMENT. V. *Abattement*.

ACCABLER, OPPRIMER, OPPRESSER. *Accabler*, c'est faire succomber sous le poids; il se dit du bien et du mal : *Accablé de misère; accabler de bienfaits* (Acad.). *Opprimer* marque la violence, et ne se prend qu'en mauvaise part : *Opprimer l'innocence* (Id.). *Oppresser* n'indique qu'une action physique : *Je sens une chose qui m'oppresse et qui m'ôte la respiration* (Id.); il se dit aussi des affections morales qui produisent le même effet : *Le poids d'une mauvaise conscience oppresse* (Id.). Quant au substantif correspondant, *oppression*, il répond, au propre, au verbe *oppresser*, et au figuré, au verbe *opprimer*.

Les personnes aussi bien que les choses *accablent;* les personnes seules *oppriment;* il n'y a que les choses qui *oppressent*.

ACCÉLÉRER. V. *Hâter*.

ACCEPTER. V. *Recevoir*.

ACCIDENT. V. *Événement* et *malheur*.

ACCIDENTELLEMENT, FORTUITEMENT. Tous deux signifient qui a lieu par hasard; mais *accidentellement* présente la chose qui est arrivée comme n'ayant pas lieu ordinairement, comme constituant une circonstance particulière, exceptionnelle ou secondaire : *Je ne suis ici qu'*accidentellement; *il n'est qu'*accidentellement *impliqué dans cette affaire* (Acad.). *Fortuitement* fait entendre que l'événement était tout à fait imprévu : *Je l'ai rencontré* fortuitement (Id.).

*N. B.* Roubaud, et d'autres après lui, prétendent qu'*accidentellement* marque quelque chose de fâcheux, et *fortuitement* quelque chose d'heureux. Évidemment Roubaud et ceux qui l'ont copié n'avaient pas suffisamment observé les faits.

ACCOMPAGNER, ESCORTER. On *accompagne* par égard, pour faire honneur, ou par amitié, pour le plaisir d'aller ensemble. On *escorte* par précaution, pour empêcher les accidents qui pourraient arriver, pour mettre à couvert de l'insulte d'un ennemi qu'on peut rencontrer dans sa marche. *Escorte* s'entend toujours d'un nombre de personnes : un homme seul *accompagne* et n'*escorte* pas (G.).

ACCOMPLI, PARFAIT, FINI. Le sens propre d'*accompli*, participe d'*accomplir*, qui a même racine que *complet*, *plein* et *remplir*, est celui d'une chose complète, de l'assemblage entier, de la plénitude. *Parfait* est le participe de *parfaire*, composé du verbe *faire* et de la préfixe *par* (per), signifiant à travers, d'un bout à l'autre, entièrement (11, page 5) : le sens propre de ce mot est donc, entièrement achevé, bien fait dans ses parties et dans toute son intégrité.

On ne peut rien ajouer à ce qui est *accompli*, parce qu'il réunit toutes les perfections qu'il peut avoir, les qualités nécessaires et les qualités accessoires. Il n'y a rien à faire à ce qui est *parfait*, parce qu'il réunit toutes les qualités qu'il doit avoir, toutes celles qui sont nécessaires pour constituer l'excellence de sa nature. « Une femme belle et instruite, qui est bonne épouse, bonne mère, bonne ménagère, est une femme *parfaite*; l'esprit, les talents, les grâces, les agréments, joints à ces qualités, en font une femme *accomplie* » (Boiste). Ainsi *accompli* enchérit sur *parfait*.

*Parfait* et *fini* se disent également d'un travail exécuté à la main. « Le *parfait*, dit Girard, regarde proprement la beauté qui naît du dessin et de la construction de l'ouvrage; et le *fini*, celle qui vient du travail et de la main de l'ouvrier. L'un exclut tout défaut, et l'autre montre un soin tout particulier et une attention au plus petit détail. Ce qu'on peut mieux faire n'est pas *parfait* : ce qu'on peut encore travailler n'est pas *fini*. »

ACCOMPLIR. V. *Observer*.

ACCORD. V. *Consentement*.

ACCORD (TOMBER D'). V. *Consentir*.

ACCORDER, CONCILIER, RÉCONCILIER, RACCOMMODER. On *accorde* ou l'on *concilie* des choses : on *accorde*, on *réconcilie* ou l'on *raccommode* des personnes. 1° *Accorder* suppose la contestation, l'opposition ou la contrariété : on *accorde* un procès, un différend, des opinions qui se contrarient, et de cet accord résulte l'harmonie. *Concilier* ne suppose que la diversité de vues, d'intérêts, de sentiments, de sens : on *concilie* les esprits divers, les idées différentes mais non contraires; on *concilie* tous les cœurs, deux textes qui semblaient avoir un sens différent; de la *conciliation* résulte la conformité, la liaison, l'unité. *Conciliez* d'abord les esprits, dit Roubaud, si vous voulez qu'ils *s'accordent* dans leurs délibérations.

2° On *accorde* les personnes qui sont en dispute pour des prétentions ou pour des opinions. On *raccommode* les gens qui se querellent ou qui ont des différends personnels. On *réconcilie* des ennemis. « Ce sont trois actes de médiation. Dans l'un on a pour but de faire cesser les contestations; et pour y parvenir, on a recours aux règles de l'équité et aux maximes de la politesse : dans l'autre, on travaille à arrêter l'emportement et à apaiser la colère; on se sert, pour cela, de tout ce qui peut faire valoir les avantages de la paix et de l'union : dans le dernier, on a en vue de déraciner la haine et d'empêcher les effets de la vengeance » (G.).

ACCOSTER. V. *Aborder.*

ACCOURCIR, RACCOURCIR. *Accourcir* exprime une diminution modérée, convenable, suffisante : *raccourcir* une diminution considérable, excessive ou même trop grande (5, 3°, page 3).

ACCROIRE (FAIRE). V. *Croire.*

ACCUMULER. V. *Amasser.*

ACCUSATEUR, DÉNONCIATEUR, DÉLATEUR. L'*accusateur* révèle ou poursuit un crime ou un délit, comme intéressé dans l'action ou comme magistrat, et il se nomme hardiment. Le *dénonciateur* fait connaître le coupable à ceux qui ont pouvoir de poursuivre ou de punir; il agit par zèle pour la loi, pour la justice ou pour l'humanité, et ne se cache pas. Le *délateur*, odieux et méprisable, agit par vengeance, par trahison ou par intérêt, et se cache avec soin.

ACCUSER. V. *Inculper.*

ACERBE. V. *Âcre.*

ACHAT V. *Emplette.*

ACHEVER, FINIR, TERMINER. *Achever* vient du vieux mot *chief* qui signifiait bout, extrémité, issue. *Achever* n'a proprement rapport qu'à l'ouvrage continu que l'on fait par l'addition successive de plusieurs parties; c'est travailler pour aller au bout. Un ouvrage n'est pas *achevé* lorsqu'on a encore quelque chose à y mettre pour le rendre complet. — *Finir* a rapport au travail même; c'est être à la fin du travail, ou s'avancer vers la fin du travail. A ce qui est *achevé*, il n'y a plus rien à ajouter; à ce qui est *fini*, il n'y a plus rien à faire. Un ouvrage de littérature est *achevé*, si l'on y a traité convenablement toutes les parties qu'il devait contenir et qu'on les ait rangées dans le meilleur ordre; il n'est pas *fini*, si l'on a dessein d'en repasser le style pour voir s'il n'y a pas quelques corrections à y faire. — *Terminer* se dit des choses qui, n'ayant point un but fixe, peuvent se prolonger indéfiniment; ainsi l'on dit *terminer* sa vie, *terminer* sa carrière, *terminer* un différend, *terminer* un procès. *Terminer* n'a rapport ni à un ouvrage comme *achever*, ni à un travail comme *finir*; il n'a rapport qu'à la durée de la chose. *Terminer* c'est mettre un terme à la durée (L.).

**A COUVERT.** V. *Abri (à l').*

**ACQUIESCER.** V. *Consentir.*

**ACQUITTER.** V. *Payer.*

**ACQUITTER (S'), SE LIBÉRER.** Un débiteur *s'acquitte* ou *se libère*, en payant ce qu'il doit; mais *se libérer* suppose que le débiteur a été condamné en justice à satisfaire son créancier, sous peine de certains droits que la loi accorde à celui-ci sur les biens et sur la personne de son débiteur; ou bien que le débiteur est sous le coup de poursuites intentées ou à intenter contre lui.

**ACRE, ACERBE, APRE.** Ces trois mots se disent, au propre, des fruits et autres aliments, qui affectent désagréablement le goût. Ce qui est *âcre* a quelque chose de piquant, de mordicant, de corrosif, qui attaque la membrane du palais ou du gosier. Un fruit qui est *âpre* est rude au goût, légèrement *âcre*, et ce défaut lui vient d'un manque de culture ou de maturité. Un fruit *acerbe* est à la fois sur et *âpre*, le plus souvent par défaut de maturité. *Apre* se dit aussi de choses qui affectent désagréablement l'organe du toucher ou celui de l'ouïe : « Un froid *âpre*, des sons *âpres* » (Acad.).

Au figuré, *âcre* et *acerbe*, s'emploient en parlant du ton, du discours écrit ou parlé, dans le sens de dur, sévère, mordant, blessant; mais *âcre* dit plus qu'*acerbe* : il exprime quelque chose de colère, de trop dur, ou même de haineux. *Apre*, au figuré, se dit de diverses choses pour en marquer la rudesse ou la violence : « Une réprimande fort *âpre*; la querelle fut des plus *âpres* » (Acad.). Il s'emploie aussi pour marquer l'excès d'ardeur ou d'avidité que l'on a pour certaines choses : « *Apre* au gain, à l'argent, au jeu: Un chien *âpre* à la curée » (Id.).

**ACRETÉ, ACRIMONIE.** Qualité de ce qui est âcre. Au propre, le mot *âcreté* est le terme commun, qui se dit de tout ce qui est âcre : « L'*âcreté* du sel, de la bile » (Acad.). *Acrimonie* est un terme scientifique, ayant moins de force qu'*âcreté* et qui ne s'applique guère qu'aux humeurs répandues dans le corps. L'un et l'autre s'emploient au figuré; mais *âcreté* dit plus qu'*acrimonie* : il y a quelque chose de haineux, de trop dur dans l'*âcreté*; il y a seulement de la mauvaise humeur, de l'humeur chagrine dans l'*acrimonie* : un ton *âcre* est blessant; un discours *acrimonieux* peut déplaire, mais il ne blesse pas.

**ACTE, ACTION.** Opération d'une force agissante; produit ou effet de cette opération. L'*acte* est l'opération de l'âme qui agit[1]. C'est là le premier sens de ce mot : la délibération est un *acte* de l'intelligence, la détermination est un *acte* de la volonté. Mais, comme le dit l'abbé Girard, on *agit* pour *faire* une chose : après la détermination on fait donc l'*action*. Ainsi l'*action*, c'est l'*acte* qui se produit au dehors par le *faire*. « Nos *actions*, dit Roubaud, sont nos œuvres proprement dites : nos *actes* ne sont que des opérations des nos facultés. Nous fai-

1. *Acte* vient immédiatement d'*actum*, supin d'*agere*, agir.

sons des *actes* de foi, d'espérance et de charité; ces *actes* ne sont que des émissions, des déclarations, des aveux de nos sentiments, et non pas des *actions*. Nous péchons par pensée, par parole et par *action* : la pensée n'est qu'un *acte*, est l'*action* est une œuvre. »

Le mot *acte* se dit tellement des facultés, qu'il convient même lorsqu'on parle des facultés physiques : la médecine et la physiologie disent l'*acte* de la respiration, de la mastication, parce que ces sciences considèrent alors la faculté qu'a l'organisme d'exécuter certaines fonctions. Si l'on considérait la manière purement mécanique dont les organes fonctionnent, on dirait l'*action* de respirer, l'*action* de mâcher.

Mais le mot *acte* se dit aussi du fait lui-même que produit l'*action* d'un agent moral, sans doute à cause du rapport intime qui lie tout effet à sa véritable cause : un *acte* de courage est un effet de la faculté appelée *courage*, un fait émanant de cette faculté, qui se manifeste au dehors par une *action* courageuse. Vous vous décidez par un *acte* de votre volonté, à donner des vêtements aux pauvres; en les donnant vous faites une *action* charitable; et si je parle de cette *action* comme d'un fait, je dirai que c'est un *acte* de charité. Ici encore l'*action* c'est l'œuvre; l'*acte*, il est vrai, n'est plus la faculté, c'est le fait; mais l'idée de ce fait renferme l'idée de la faculté d'où il émane. L'*acte* suppose toujours la faculté; aussi ne se sert-on jamais de ce mot, lorsque l'agent qui opère n'est pas un agent moral ou du moins un être animé : L'*action* du feu sur le bois, du soleil sur les plantes; et non l'*acte* du feu, du soleil.

**ACTEUR, COMÉDIEN.** Le mot *acteur* désigne quelqu'un qui joue un rôle dans une pièce de théâtre; le mot *comédien* désigne la profession : des personnes qui par passe-temps jouent ce qu'on appelle la *comédie bourgeoise*, sont *acteurs* dans la pièce où ils figurent; ils ne sont pas des *comédiens*. Tel est le sens propre de ces mots.

*Comédien* a un sens très-général et se dit même de celui dont la profession est de jouer la tragédie; c'est ainsi que l'affiche de la *Comédie-Française* ou *Théâtre-Français* a toujours été et est encore conçue en ces termes : « Les *comédiens* ordinaires du roi (ou de l'empereur) donneront aujourd'hui : *Le Cid*, etc. *Acteurs* : MM. ...., Mmes ....., etc. » Cependant, lorsqu'on veut désigner plus spécialement le talent remarquable ou supérieur d'un homme qui fait profession de jouer la tragédie, on dit *tragédien* : « Talma était un grand *tragédien*[1] ».

Les termes *comédien, comédienne*, sont devenus des qualificatifs peu honorables; on les remplace abusivement par les mots *acteur, actrice* : il est mieux de dire *artiste dramatique*; l'expression est à la fois plus juste et plus honnête.

1. Au théâtre on dit dans un sens très-général : Il n'est pas *comédien*; c'est-à-dire il n'a aucun talent, quel que soit d'ailleurs le genre, comédie, tragédie, drame, etc., dans lequel celui dont on parle fasse d'ordinaire un personnage.

**ACTIF, AGISSANT.** *Agissant*, fém. *agissante*, qui agit ou qu exerce habituellement la faculté d'agir, qui se donne beaucoup de mouvement. Il se dit aussi des choses et signifie qui agit avec force, qui opère avec efficacité : « Remède *agissant* ». *Actif*, qui a la faculté d'agir, de produire quelque effet en agissant; il se dit des personnes et des choses : « Un homme *actif*, un animal *actif*, un remède *actif*, un poison *actif* ».

L'activité est la qualité essentielle de l'être *agissant*, comme de l'être *actif*; mais *agissant* montre cette qualité se manifestant par des actes ou par des effets : le mot *actif* la fait voir comme renfermée dans la personne ou dans la chose, comme propriété ou faculté qui lui est inhérente (42, page 12). Un remède *agissant* manifeste son activité par l'effet qu'il produit : un remède *actif* est celui que l'on sait avoir la propriété d'agir énergiquement quand on l'applique, et c'est alors qu'il devient *agissant*.

ACTION. V. *Acte*.

ACTIONS (BONNES). V. *Bonnes actions*.

ACTUELLEMENT. V. *A présent*.

ADAGE. V. *Proverbe*.

**ADHÉRENCE, ADHÉSION.** Union, jonction, état d'une chose qui tient à une autre (Acad.). Ces deux termes s'emploient souvent l'un pour l'autre. Cependant *adhérence* a plus de rapport à l'état; et *adhésion* en a davantage à la propriété, à la force qui produit cet état (L.). Voir 26, page 8, et 20, page 7, ainsi que l'article suivant.

ADHÉRENCE, COHÉRENCE, INHÉRENCE (ADHÉSION, COHÉSION). État de choses unies et difficiles à séparer. — *Adhérence* signifie union *à*; *cohérence*, union *avec*, *ensemble*; *inhérence* union *en dedans*, union intime (10, 4 et 6, pages 5, 3 et 4). « *Adhérence*, dit l'Académie, état d'une chose qui tient à une autre : *cohérence*, liaison, connexion d'une chose avec une autre ». Ainsi il y a *adhérence* lorsque les parties ou les choses sont simplement jointes l'une à l'autre par juxta-position; il y a *cohérence* lorsqu'elles sont unies de manière à former un tout par leur contexture. L'*adhérence* rend la séparation difficile, la *cohérence* rend l'union solide.

Quant au mot *inhérence*, c'est un terme de philosophie qui se dit de l'union des choses inséparables de leur nature, ou qui ne peuvent être séparées que mentalement et par abstraction : « L'*inhérence* de l'accident à la substance » (Acad.). On dit de même : « La pesanteur est *inhérente* à la matière » (Id.).

Les mots *adhésion*, *cohésion*, pris dans le sens de force qui joint, qui unit, diffèrent entre eux comme *adhérence* et *cohérence*.

**ADHÉRENT, ATTACHÉ, ANNEXÉ.** *Adhérent* marque une union naturelle, celle du tissu et de la continuité de la matière : les branches sont *adhérentes* au tronc, les feuilles le sont aux branches ou à la tige. Un objet est *attaché* par des liens artificiels : la voile est *attachée* au mât ; une enseigne est *attachée* au mur. *Annexé* est un terme de pratique, d'administration et de chancellerie, signifiant joint, réuni : « Une pièce *annexée* à un dossier ; La Bretagne fut *annexée* au royaume de France par le mariage de l'héritière de cette province avec Charles VIII » (Acad.).

**ADHÉRER.** V. *Consentir.*

**ADHÉSION.** V. *Adhérence* et *Approbation.*

**ADJECTIF.** V. *Épithète.*

**ADONNER (S').** V. *Donner (se).*

**ADORER, HONORER, RÉVÉRER.** Dans le sens religieux, *adorer*, c'est rendre un culte de dépendance et d'obéissance : *honorer*, c'est rendre un culte d'invocation : *révérer*, c'est rendre un culte extérieur de respect et de soin à des objets matériels, relativement aux êtres spirituels auxquels ils ont appartenu. On *adore* Dieu, on *honore* les saints, on *révère* les reliques.

Dans le sens profane, *adorer*, c'est aimer avec passion : « Cette mère est folle de son fils, elle l'*adore* » (Acad.). *Honorer*, c'est témoigner un grand respect par des attentions, des égards, des politesses. *Révérer*, c'est avoir une profonde estime, une très-haute considération. On peut *honorer* la personne sans l'estimer, on ne *révère* que celui qui est ou ce qui est éminemment estimable, comme la vertu, l'homme qui a fait beaucoup de bien à ses semblables, etc.

**ADOUCIR, RADOUCIR.** *Adoucir*, c'est simplement rendre doux ; *radoucir*, c'est rendre plus doux. Ainsi le second renchérit sur le premier (5, page 3) ; aussi doit-on l'employer lorsqu'il s'agit de choses plus aigres, plus rudes, plus dures. *Radoucir* exprime aussi rétablissement dans un premier état de douceur (5). Ces nuances sont bien marquées dans ces exemples de l'Académie : « *La pluie* adoucit *le temps* » : elle le rend moins froid. « *La pluie* a radouci *le temps* », c'est-à-dire que le temps est redevenu doux par l'effet de la pluie.

Il en est de même au figuré : on *adoucit* un caractère naturellement rude : on *radoucit* un caractère naturellement doux, mais qui s'est momentanément aigri ; enfin on *radoucit* un homme très-irrité.

**ADOUCIR, MITIGER, MODÉRER, TEMPÉRER.** On *adoucit*, au propre ou au figuré, en corrigeant par quelque chose de doux ce qui est aigre, amer, rude, âcre, ardent : ainsi on *adoucit* l'aigreur du caractère, l'amertume de la douleur, la violence des passions, etc. *Mitiger*, c'est rendre moins sévère : on *mitige* l'austérité d'une règle, la rigidité d'une loi, la sévérité d'une peine. Ce mot ne s'emploie que dans ces sortes de locutions. *Modérer*, de *modus* (borne, limite), signifie retenir ou ramener dans les limites : on *modère* ce qui sort ou tend à sortir des justes bornes : *modérer* ses passions, c'est y mettre un frein. *Tempérer*, c'est réduire ou affaiblir l'activité, l'action, la force : on *tempère* en diminuant l'excès par le mélange ou l'alliage des contraires, par des contre-poids, des contre-forces : *Vous* tempérez *l'éclat de la gloire par la modestie qui la fait supporter* (Roubaud). Tempérer *la sévérité du reproche par la douceur des expressions* (Acad.).

ADRESSE, DEXTÉRITÉ. V. *Dextérité.*

ADRESSE, SOUPLESSE, FINESSE, RUSE, ARTIFICE, ASTUCE, PERFIDIE. L'*adresse* est l'art de conduire ses entreprises d'une manière propre à y réussir. La *souplesse* est une disposition à s'accommoder aux conjonctures et aux événements imprévus. La *finesse* est une façon d'agir secrète et cachée. La *ruse* est une voie déguisée pour aller à ses fins. L'*artifice* est un moyen recherché et peu naturel pour l'exécution de ses desseins. Les trois premiers mots se prennent plus souvent en bonne part que les deux autres. — L'*adresse* emploie les moyens, elle demande de l'intelligence. La *souplesse* évite les obstacles; elle veut de la docilité. La *finesse* insinue d'une façon insensible; elle suppose de la pénétration. La *ruse* trompe; elle a besoin d'une imagination ingénieuse. L'*artifice* surprend; il se sert d'une dissimulation préparée (G.).

La *ruse* se distingue de la *finesse* en ce qu'elle emploie la fausseté. L'*astuce* est une *finesse* pratique dans le mal, mais en petit : c'est la *finesse* qui nuit ou qui veut nuire. Dans l'*astuce*, la *finesse* est jointe à la méchanceté, comme à la fausseté dans la *ruse*. — La *perfidie* suppose plus que de la *finesse* : c'est une fausseté noire et profonde, qui emploie des moyens plus puissants, qui meut des ressorts plus cachés que l'*astuce* et la *ruse*. Celles-ci, pour être dirigées, n'ont besoin que de la *finesse*, et la *finesse* suffit pour leur échapper; mais pour observer et démasquer la *perfidie*, il faut la pénétration même. La *perfidie* est un abus de confiance fondée sur des garants inviolables, tels que l'humanité, la bonne foi, l'autorité des lois, la reconnaissance, l'amitié, les droits du sang, etc. (Enc.)

ADROIT, CAPABLE, HABILE, ENTENDU. On est *adroit* de la main; on l'est moralement, si l'on possède l'adresse de l'esprit. (V. l'article précédent.) On est *capable*, lorsque l'on a les connaissances nécessaires; *habile*, quand on sait bien, dans l'exécution, faire usage de ces connaissances. Un homme est bien *entendu* aux affaires ou à un métier, si à l'adresse et à la capacité il joint encore suffisamment d'intelligence.

L'homme *adroit* s'y prend bien et évite les difficultés, ou il les surmonte avec dextérité. L'homme *capable* peut; il a les qualités requises pour faire. L'*habile* exécute parfaitement. Un officier peut être *capable* de commander une armée; il ne sera réputé *habile* général qu'après avoir donné dans l'exécution des preuves solides de sa capacité. L'homme *entendu* connaît bien la théorie et la pratique des affaires ou du métier, et il peut s'y montrer *habile*. V. *Capacité, habileté.*

ADROIT, INDUSTRIEUX, INGÉNIEUX. L'*ingénieux* imagine; l'*industrieux* trouve les moyens d'exécuter; l'homme *adroit* emploie ces moyens dans l'exécution et réussit. Pour qu'un homme soit réputé *ingénieux*, il faut que ses conceptions soient neuves et bonnes. La fécondité des ressources fait l'homme *industrieux*. L'emploi judicieux des moyens et la dextérité dans l'exécution font l'homme *adroit*.

ADULATEUR. V. *Flatteur*.

ADVERSAIRE. V. *Ennemi*.

AFFABLE. V. *Honnête*.

AFFAIRE MALHEUREUSE. V. *Savant homme*.

AFFECTATION, AFFÉTERIE. Elles appartiennent toutes deux à la manière extérieure de se comporter, et consistent également dans l'éloignement du naturel : avec cette différence que l'*affectation* a pour objet les pensées, les sentiments et le goût, dont on veut faire parade; et que l'*afféterie* ne regarde que les petites manières par lesquelles on croit plaire. — L'*affectation* est souvent contraire à la sincérité; alors elle travaille à décevoir; et quand elle n'est pas hors du vrai, elle ne déplait pas moins par la trop grande attention à faire paraître ou remarquer la chose. L'*afféterie* est toujours opposée au simple et au naïf; elle a quelque chose de recherché qui déplaît surtout à ceux qui aiment l'air de la franchise. — On tombe dans l'*affectation* en courant après l'esprit, et dans l'*afféterie* en recherchant les grâces (G.).

AFFECTÉ. V. *Apprêté*.

AFFECTER, SE PIQUER. « Avoir fort à cœur une prétention, c'est *se piquer* : manifester ou déceler la prétention par des manières recherchées, étudiées, singulières, habituelles, choquantes, c'est *affecter*. On *se pique* en soi, on *affecte* au dehors. Celui qui *se pique* d'avoir une qualité a telle opinion de lui-même; celui qui l'*affecte* veut vous donner de lui telle opinion. Le premier croit être tel, le second veut le paraître » (R.).

On peut *se piquer* et *affecter* tout ensemble; on *affecte* aussi sans *se piquer*, ou l'on *se pique* sans *affecter* : vous vous *piquez* d'être honnête homme et vous ne l'*affectez* pas, vous ne l'affichez pas.

AFFERMER, LOUER. *Affermer* ne se dit que des biens ruraux et de certains droits que l'on donne ou que l'on prend à ferme. *Louer* se dit des maisons, des logements, des meubles, des ustensiles, des instruments, des animaux, etc.

AFFERMIR. V. *Assurer*.

AFFÉTERIE. V. *Affectation*.

AFFIRMATIVE, AFFIRMATION. V. *Négative*.

AFFIRMER. V. *Assurer*.

AFFLICTION, PEINE, CROIX, CHAGRIN, TRISTESSE, DOULEUR, DÉSOLATION. L'*affliction* est l'abattement de l'âme à la suite d'un grand malheur. La *peine* est une légère *affliction* qui attriste et fait souffrir dans le moment : les *peines*, plus fréquentes que les *afflictions*, semblent attachées en quelque sorte à la condition humaine. En style religieux on dit *croix*, pour désigner les *peines* et les *afflictions* que Dieu nous envoie.

Le *chagrin*, moindre que la *peine*, vient des ennuis, des tracasseries, des traverses de la vie : il affecte plutôt l'esprit, tandis que l'*affliction* et la *peine* tiennent surtout au cœur. La *tristesse* affecte l'esprit plus fortement que le *chagrin* et se laisse voir au dehors ; le *chagrin*, au contraire, n'est souvent qu'intérieur : celui-ci, d'ailleurs, a toujours un sujet particulier ; la *tristesse* peut ne pas avoir de cause immédiate et être dans le caractère de la personne, ou dans la disposition habituelle de son esprit.

La *douleur* est une *affliction* vive et cuisante : la *désolation* est une *affliction* extrême, qui porte le désordre dans toutes les facultés de l'âme et la plonge dans le désespoir. L'idée d'*affliction* ajoute à celle de *peine* et de *tristesse* ; l'idée de *douleur*, à celle d'*affliction* ; et l'idée de *désolation*, à celle de *douleur*.

AFFLIGÉ, FACHÉ, ATTRISTÉ, CONTRISTÉ, MORTIFIÉ. Les deux premiers sont l'effet d'un mal particulier, soit qu'il nous touche directement, soit qu'il ne nous regarde qu'indirectement dans la personne de nos amis : mais le terme d'*affligé* exprime plus de sensibilité, et suppose un mal plus grand que ne fait celui de *fâché*. Il me semble aussi voir, dans une personne *affligée*, un cœur réellement pénétré de douleur, ayant un motif fort et venant d'une chose à laquelle il ne paraît pas y avoir de remède : au lieu que dans une personne *fâchée* il n'y a souvent que du simple mécontentement, produit par quelque chose de volontaire et qu'on pouvait empêcher. — *Attristé* et *contristé* ont leur cause dans des maux plus éloignés et moins personnels que ceux qui produisent les deux précédentes situations. La différence qu'il y a entre eux ne consiste qu'en ce que l'un enchérit sur l'autre. *Attristé* désigne un déplaisir plus apparent que profond, et qui ne fait qu'effleurer le cœur : *contristé* marque une personne plus touchée, et des maux plus grands ou plus prochains[1]. On est *attristé* d'une maladie populaire, d'une continuation de mauvais temps, des accidents qui arrivent sous nos yeux, quoique à des personnes indifférentes : on est *contristé* d'une calamité générale, des ravages que fait autour de nous une maladie contagieuse, de voir ses projets manqués et toutes ses espérances évanouies. — *Mortifié* indique un déplaisir qui a sa source, ou dans les fautes qu'on fait ; ou dans les mépris, les airs de hauteur et les ironies qu'on essuie ; ou dans les succès d'un concurrent : l'amour-propre y est directement attaqué (G.).

AFFLUENCE, CONCOURS, FOULE, MULTITUDE. *Affluence* vient de *fluere ad*, couler vers ; *concours* vient de *currere*, courir, et *cum*

1. *Attrister*, c'est porter à la tristesse (*ad tristitiam*, d'où *adtristare*) ; *contrister*, c'est avoir la tristesse *avec* soi, en soi, ou bien avoir beaucoup de tristesse : la préfixe *com* marque aussi accumulation. (V. 4, page 3, et 10, page 5.)

ensemble. « Ces mots expriment deux manières de considérer un mouvement qui tend au même but. Par la première on considère le mouvement seulement comme tendant au but; par la seconde, on le considère comme divisé en plusieurs parties qui tendent simultanément au même but par des voies différentes. Les ruisseaux qui *affluent* à une rivière *concourent* à la grossir, et produisent tous ensemble un effet commun. — L'*affluence* ne désigne pas, comme on l'a dit, un nombreux rassemblement; elle ne désigne que le *cours* de la chose au but où elle tend, ou son arrivée au but où elle tendait. L'*affluence* des vaisseaux ne produit aucun rassemblement; les eaux qui *affluent* dans la mer s'y perdent dans son immensité.—On dit une grande *affluence* de personnes, de choses, pour dire l'arrivée simultanée en un endroit d'un grand nombre de personnes ou de choses. Il y a une grande *affluence* d'étrangers, de marchandises dans une ville; on ne veut marquer par là que l'arrivée au but. — On dit qu'une foire attire un grand *concours*, parce que les personnes qui s'empressent en même temps de s'y rendre ont moins pour but l'endroit même, que différents motifs qui les y attirent et qui les font *concourir* au même but. Les uns y viennent pour vendre, les autres pour acheter; d'autres pour leurs plaisirs; et le mot *foire* n'indiquant pas un endroit fixe, mais seulement un établissement passager, a plus de rapport au *concours* momentané des personnes, qu'à l'*affluence* qui tend à un endroit fixe et permanent » (L.).

*Foule* et *multitude* n'expriment point une idée de mouvement comme *affluence* et *concours* : ils ne désignent l'un et l'autre qu'une quantité considérable de personnes ou d'objets ; il y a *foule*, quand cette quantité d'individus occupe un espace relativement trop petit ou étroit, d'où résulte la presse, la gêne, la confusion : de là l'idée de quantité excessive; aussi se sert-on souvent de ce mot au figuré, dans le sens de grande abondance, de multiplicité : *J'ai une* foule *d'occupations; il allégua une* foule *de raisons* (Acad.). *Multitude* exprime simplement l'idée d'un très-grand nombre, sans aucun rapport avec l'idée d'espace; ce mot ne s'emploie qu'au propre.

AFFRANCHIR, DÉLIVRER. *Affranchir*, c'est, littéralement, donner la franchise, rendre franc; *délivrer*, c'est rendre la liberté. On *affranchit* ou on *s'affranchit* de l'esclavage, de la domination, d'un devoir, d'une sujétion, d'un préjugé, d'un droit, de tout ce qui impose une obligation ou tient dans une sorte de servitude. On *délivre* quelqu'un en lui rendant la liberté qu'il avait perdue accidentellement. Au figuré, on *délivre* ou on *se délivre* de ce qui gêne la liberté naturelle ou de ce qui lui nuit : ainsi on *délivre* d'un embarras, d'une entrave, d'un poids, d'un fardeau, d'une charge, de visites importunes, etc.

AFFRES, TRANSES, ANGOISSES. Le mot *affres* peint tout à la fois les frémissements et les frissons, les terreurs et l'effroi, les efforts et le désespoir du malheureux frappé de toutes les horreurs d'une mort présente, éprouvant ses plus cruels ravages, et rassemblant les restes d'une vie épuisée pour échapper à sa fureur. Ce mot a une expression si forte et si pleine, qu'il semble se refuser aux épithètes propres à augmenter la valeur des substantifs. On ne dit pas de grandes *affres*, comme on dit de grandes *transes*, de grandes *angoisses*. — La *transe* est l'effet qu'une grande peur produit sur l'esprit, comme le grand froid sur le corps. On est *transi* de peur, comme on l'est de froid, lorsque la peur nous saisit de manière à nous faire trembler, à émousser nos sens, à éteindre notre activité, à nous glacer. Ce mot convient pour exprimer la crise de la mort, mais il ne nous en retrace pas toutes les horreurs et la scène entière avec des couleurs aussi fortes que celui d'*affres*. Aussi sert-il souvent à désigner l'état assez ordinaire où nous jette la forte appréhension d'un malheur, d'une perte, d'un funeste succès. — Le mot *angoisse* désigne un état de peine, de douleur pressante, de détresse, d'anxiété, causé par des embarras, par des difficultés, par la nécessité. Quand Corneille dit qu'Albe jette des cris d'*angoisse* et les Romains de joie, il nous montre les Albains oppressés par la douleur d'avoir perdu deux de leurs champions, et par la vive crainte d'être bientôt privés du dernier. — Les *angoisses*, si naturelles au mourant, ont beaucoup de ressemblance avec les *transes* et les *affres*, toutefois avec des traits particuliers, tels, par exemple, que l'étranglement par de rudes étreintes (R.).

AFFREUX, HORRIBLE, EFFROYABLE, EFFRAYANT, ÉPOUVANTABLE, TERRIBLE. Ce qui est *affreux* inspire le dégoût ou l'éloignement; on a peine à en soutenir la vue, on détourne ses regards pour ne pas l'apercevoir. Ce qui est *horrible* excite l'aversion et l'horreur; on ne peut s'empêcher de le condamner. Une chose *effrayante* cause de la frayeur: une chose *effroyable* cause de l'effroi; ce dernier l'emporte sur *effrayant*, car l'effroi est plus que de la frayeur. D'ailleurs *effrayant* exprime simplement le fait d'effrayer, et ce qui est *effrayant* peut effrayer à tort: *effroyable* exprime non-seulement le fait de causer de l'effroi; mais il fait entendre en outre que la chose *effroyable* l'est avec raison, de sa nature, actuellement et même par les conséquences qu'elle peut avoir: un songe est *effrayant*, une guerre est *effroyable*.

*Épouvantable* enchérit sur *effrayant*, mais non sur *effroyable*: l'aspect de ce qui est *épouvantable* fait reculer d'étonnement et de terreur. Ce qui est *terrible* inspire de la terreur sans exciter de l'horreur, du dégoût, de l'effroi ou de l'épouvante: cette terreur peut même être mêlée de respect, et le mot *terrible* se prend alors en bonne part: «Un Dieu *terrible*». Il se prend souvent au figuré, dans le sens d'étonnant, étrange, extraordinaire dans son genre: *Il fait un temps* terrible; *cet homme fait une* terrible *dépense* (Acad.).

AFFRIANDER, AFFRIOLER. Attirer par quelque chose d'agréable. «*Affriander* suppose quelque chose de solide et de substantiel: *affrioler* suppose des choses légères et seulement agréables. On *affriande* avec des mets délicats de toute espèce ; on *affriole* avec des bonbons, avec des sucreries, avec des confitures » (L.).

Ces deux mots sont familiers, et ils s'emploient au figuré en parlant du gain, du profit, des présents.

AFFRONT, INSULTE, OUTRAGE, AVANIE. « L'*affront* est un trait de reproche ou de mépris lancé en face de témoins ; il pique et mortifie ceux qui sont sensibles à l'honneur. L'*insulte* est une attaque faite avec insolence ; on la repousse ordinairement avec vivacité. L'*outrage* ajoute à l'*insulte* un excès de violence qui irrite. L'*avanie* est un traitement humiliant qui expose au mépris et à la moquerie » (G.).

L'*affront* a plutôt trait au caractère de celui qui le reçoit ; l'*insulte* et l'*outrage*, à sa dignité d'homme ou à son rang ; l'*avanie* aux simples égards de politesse qui lui étaient dus.

AFFUBLÉ. V. *Vêtu.*

AFIN. V. *Pour.*

A FOISON. V. *Beaucoup.*

AGACER. V. *Harceler.*

AGIR. V. *Faire.*

AGISSANT. V. *Actif.*

AGITATION, ÉMOTION, TROUBLE, TOURMENT. Au moral, l'*émotion* n'est qu'un simple mouvement de l'âme : l'*agitation* est une succession d'*émotions* diverses et quelquefois contraires, ou bien la fluctuation inquiète de l'esprit qui passe vivement d'une idée à une autre, sans parvenir à trouver celle qui peut l'arrêter et le satisfaire. Le *trouble* est le désordre qu'une vive *agitation* produit dans l'âme ou dans l'esprit. Le *tourment* est une grande peine dont la cause est déterminée, à la différence de l'*agitation*, qui peut exister sans raison connue. Une pensée qui obsède l'esprit le *tourmente* : le doute, l'indécision, l'absence même d'une pensée qui puissent le fixer, l'*agitent*.

AGRANDIR, AUGMENTER (sens actif), AJOUTER. *Agrandir* c'est rendre plus grand en étendue : *augmenter* c'est rendre plus considérable en nombre, en abondance, en hauteur ou élévation, en force, en puissance. On *agrandit* une chambre, un jardin, une ville : on *augmente* le nombre des pièces d'un appartement, celui des plantes d'un jardin, la hauteur et l'épaisseur d'un mur. *Agrandir* a donc rapport à l'espace et signifie rendre plus vaste, seulement dans le sens de la largeur ou de la longueur : *augmenter* a rapport à la quantité multipliée ou à l'étendue rendue plus grande dans le sens des trois dimensions, ou seulement de la hauteur ou profondeur ou épaisseur. « En *agrandissant* son terrain, dit l'abbé Girard, on *augmente* son bien. On *agrandit* sa maison quand on lui donne plus d'étendue par la jonction de quelques bâtiments faits sur les côtés ; mais on dit qu'on l'*augmente* d'un étage ou de plusieurs chambres. »

« On *ajoute* une chose à une autre. On *augmente* la même. Le mot *ajouter* fait entendre qu'on joint des choses différentes; ou que, si elles sont de la même espèce, on les joint de façon qu'elles ne sont pas confondues ensemble, et qu'on les distingue encore l'une de l'autre après qu'elles sont jointes. Le mot *augmenter* marque qu'on rend la chose ou plus grande ou plus abondante, par une addition faite de façon que ce qu'on y joint se confonde et ne fasse avec elle qu'une seule et même chose, ou que du moins le tout ensemble ne soit considéré après la jonction que sous une idée identique. Ainsi l'on *ajoute* une seconde mesure à la première, et un nouveau corps de logis à l'ancien; mais on *augmente* la dose et la maison » (G.).

**AGRÉGER.** V. *Associer.*

**AGRÉABLE.** V. *Gracieux.*

**AGRÉMENT (L'), L'AGRÉABLE.** V. *Utilité (l').*

**AGRÉMENT.** V. *Approbation.*

**AGRÉMENTS.** V. *Grâces.*

**AGRICULTEUR, CULTIVATEUR, COLON.** Le mot *agriculteur* a un sens plus étendu que celui de *cultivateur*. L'*agriculteur* est un grand propriétaire, instruit dans la science de l'agriculture et qui fait valoir lui-même ses terres : le *cultivateur* est un petit propriétaire qui cultive son champ ou son jardin, dont les produits le font vivre lui et sa famille; ou bien c'est un amateur qui s'adonne à un genre particulier de culture. Le *colon* est un *cultivateur* non propriétaire, qui rend au possesseur de la terre une portion convenue des récoltes. Ce mot se dit plus ordinairement de celui qui fait partie d'une colonie ou qui habite une colonie.

**AIDER.** V. *Secourir.*

**AIEUX.** V. *Ancêtres.*

**AIGRET, AIGRELET.** *Aigret* est un diminutif d'*aigre*, et *aigrelet* est un diminutif d'*aigret* (57, page 18). Ce qui est *aigret* est sur; ce qui est *aigrelet* est suret. *Aigrelet* se dit figurément du ton, des discours, etc.

**AIGUILLONNER.** V. *Exciter.*

**AIMER, CHÉRIR.** Nous *aimons* généralement ce qui nous plaît, soit personnes, soit toutes les autres choses; mais nous ne *chérissons* que les personnes, ou ce qui fait en quelque façon partie de la nôtre, comme nos idées, nos préjugés, même nos erreurs et nos illusions. — *Chérir* exprime plus d'attachement, de tendresse et d'affection. *Aimer* suppose plus de diversité dans la manière. L'un, *chérir*, n'est pas objet de précepte et de prohibition; l'autre est également ordonné et défendu par la loi, selon l'objet et le degré : l'Evangile commande d'*aimer* le prochain comme soi-même, et défend d'*aimer* la créature plus que le Créateur (G.).

*Chérir*, c'est *aimer* avec tendresse et prédilection. On *aime* de mille manières; il n'y a qu'une manière de *chérir*. Vous *aimez* l'objet qui vous est agréable, vous croyez qu'il peut contribuer à votre bonheur.

L'objet que vous *chérissez* vous est précieux : vous sentez qu'il est nécessaire à votre félicité, à votre existence peut-être. Ce que vous *aimez* est un bien que vous voulez posséder : celui que vous *chérissez* est un heureux que vous voulez faire (R.).

AIMER MIEUX, AIMER PLUS. *Aimer mieux* ne marque qu'une préférence d'option, et ne suppose aucun attachement : *Aimer plus* marque une préférence de choix et de goût, et désigne un attachement plus grand. — De deux objets dont on *aime mieux* l'un que l'autre, on préfère le premier pour rejeter le second : mais de deux objets dont on *aime plus* l'un que l'autre, on n'en rejette aucun; on est attaché à l'un et à l'autre, mais plus à l'un qu'à l'autre. — Une âme honnête et juste *aimerait mieux* être déshonorée par les calomnies les plus atroces, que de se déshonorer elle-même par la moindre des injustices; parce qu'elle *aime plus* la justice que son honneur même (B.).

AINSI, C'EST POURQUOI. *Ainsi* servant à tirer une conclusion signifie *cela étant, en ce cas, puisque cela est*. — *C'est pourquoi* signifie *c'est par cette raison que, c'est à cause de cela que*. « Vous auriez dû me prévenir, *ainsi* vous avez tort » ; c'est-à-dire *cela étant* vous avez tort. « Il fait beau, *ainsi* allons nous promener » ; c'est-à-dire *puisque cela est*, etc. « Je crois la chose bonne et utile ; *c'est pourquoi* je la fais» ; c'est-à-dire *c'est par cette raison, c'est à cause de cela que* je la fais.

« *C'est pourquoi*, dit Roubaud, exprime la raison, le motif, le principe ou la cause déterminante d'une chose; raison donnée dans le discours qui précède la phrase que cette locution commence. « Dieu est bon, *c'est pourquoi* il nous envoie des maux qui nous rappellent à lui. Ce père est trop indulgent, *c'est pourquoi* son fils est plus indocile. Vous m'aimez, *c'est pourquoi* vous me corrigez. » Dans tous ces exemples, *c'est pourquoi* indique que la première proposition est la raison de l'autre : c'est toujours un raisonnement très-facile à réduire en syllogisme. — *Ainsi* sert à des comparaisons simples entre des objets qui n'ont entre eux qu'une simple ressemblance, comme dans cet exemple : « Le hibou cherche l'obscurité, *ainsi* le méchant cherche les ténèbres. » Il en est de même, lorsque ce mot établit une dépendance entre deux propositions. On dira : « Un pécheur (le bon larron) s'est converti à l'heure de la mort, *ainsi* ne désespérez pas. Un seul l'a fait, *ainsi* ne présumez pas » : voilà un motif, une raison tirée d'un exemple. « Le malheureux est une chose sacrée, *ainsi* vous devez le respecter religieusement » : voilà une conséquence. « Nous avons affaire dans le même quartier, *ainsi* allons-y ensemble » : voilà une pure convenance. Dans tous ces cas, *ainsi* désigne une conformité, une analogie, un accord entre les objets énoncés dans les propositions qu'il lie ensemble, de manière que l'une prouve ou justifie, appuie, développe ou éclaircit l'autre » (R.).

AIR (L'), LES AIRS. On se donne, on prend *l'air, les airs, des airs* de tel caractère ou de tel personnage. Le singulier s'emploie lorsqu'il s'agit du caractère, de la qualité réelle de la personne; le pluriel quand on n'entend parler que de l'imitation du ton et des manières. Se donner *l'air* d'un fat, c'est se montrer ce que l'on est réellement, se faire reconnaître pour fat; prendre son *air* de grand seigneur, c'est de même se montrer grand seigneur, faire voir que l'on est tel. Se donner ou prendre *les airs* d'un fat, d'un grand seigneur, c'est imiter le ton, le langage, les manières de ces personnages. De même, prendre, se donner *des airs* de maître, de savant, de bel esprit, c'est, comme le dit l'Académie, vouloir s'attribuer sans raison une autorité de maître, affecter de passer pour savant, pour bel esprit, quoiqu'on ne le soit pas.

**AIR, MANIÈRES, FAÇONS.** L'*air* semble être né avec nous; il frappe à la première vue. Les *manières* viennent de l'éducation; elles se développent successivement dans le commerce de la vie. Il y a à toutes choses un bon *air* qui est nécessaire pour plaire : ce sont les belles *manières* qui distinguent l'honnête homme[1]. — L'*air* dit quelque chose de plus fin; il prévient. Les *manières* disent quelque chose de plus solide; elles engagent. Tel qui déplaît d'abord par son *air*, plaît ensuite par ses *manières*. — On se donne un *air* : on affecte des *manières*. On dit composer son *air*, étudier ses *manières* (G.).

Dans le commerce du monde, les *façons* sont des formes, des formalités, des cérémonies, des choses convenues : les *manières* sont des modes, des modifications, des accompagnements, des accessoires, des particularités remarquables des actions. Il est plus agréable d'être reçu sans *façon* qu'avec beaucoup de cérémonie. La *manière* de donner vaut souvent mieux que ce qu'on donne. — Deux synonymistes ont prononcé que les *façons* ont quelque chose d'étudié, d'affecté, de recherché; et les *manières*, quelque chose de plus simple, de plus naturel; de plus vrai. La vérité est que les *façons* tiennent à un cérémonial établi; et dès lors elles supposent une sorte de recherche; au lieu que les *manières* sont de la personne même; et de là il résulte que les *manières* ont quelque chose de plus particulier, de plus remarquable que les *façons*. Il n'en est pas moins vrai que les *façons* souvent sont plus naturelles, par exemple dans l'homme essentiellement poli, et les *manières* plus recherchées, par exemple dans un homme habituellement affecté. Aussi un homme est *façonné*, par là même qu'il est formé aux usages du monde; mais il est *maniéré*, lorsqu'il se singularise par des *manières* outrées qui ne sont ni dans la nature ni dans les mœurs. — On dit les *manières* et non les *façons* d'une nation. Cet usage est généralement reçu et bien fondé; car, selon les

1. C'est-à-dire l'homme bien élevé, l'homme de bonne compagnie : l'expression *honnête homme* se prenait souvent dans ce sens à l'époque où l'abbé Girard écrivait.

remarques précédentes, les *manières* sont des traits distinctifs, des singularités remarquables, etc. (R.)

AIR, MINE, PHYSIONOMIE. *Air* et *mine* s'entendent du visage seul ou bien du visage et de tout l'extérieur de la personne. Dans ce dernier sens, il y a entre *air* et *mine* cette différence que le premier désigne tout l'ensemble de la personne, son caractère et sa manière d'être extérieure, l'intérieur se manifestant au dehors par l'expression de la figure, par l'attitude, par le maintien, par les gestes, etc.; tandis que le mot *mine* a particulièrement rapport à l'expression de la figure et surtout des regards, et se dit plutôt de l'apparence que de la réalité du caractère : Un bon soldat a l'*air* d'un brave; un poltron fait souvent *mine* d'être brave.

Il en est à peu près de même lorsque ces deux mots se disent du visage seul : l'*air* s'entend des qualités ou des défauts de l'âme qui se peignent sur la figure; et la *mine*, des apparences qui se montrent surtout dans les regards, ou même simplement des linéaments du visage; exemples : « Tel homme a l'*air* bon, tel autre a l'*air* méchant. Il a la *mine* fausse, trompeuse, hypocrite. Cette femme a une jolie *mine* » (Acad.).

*Physionomie* ne se dit que de la figure, et ce mot s'entend non-seulement des qualités du cœur qui s'y reflètent, mais aussi de celles de l'esprit : aussi la *physionomie* est-elle l'expression la plus vraie, la plus complète de la personne. On ne peut pas faire à volonté sa *physionomie*, comme on modifie son *air* ou sa *mine*.

AISE, CONTENT, RAVI. Ils expriment la situation agréable de l'âme avec une sorte de gradation, où le premier, comme plus faible, se fait ordinairement appuyer de quelque augmentatif. Cette gradation me paraît avoir sa cause dans le plus ou le moins d'intimité qu'ont avec l'âme les choses qui lui procurent de l'agrément. — Nous sommes bien *aises* des succès qui ne nous regardent qu'indirectement. L'accomplissement de nos propres désirs dans ce qui nous concerne personnellement, nous rend *contents*. La forte impression du plaisir fait que nous sommes *ravis* (G.).

AISÉ, FACILE. *Aisé* vient d'*agere*, agir; *facile* vient de *facere*, faire. *Agir* exprime purement et simplement l'action ou la chose : *faire* embrasse le dessein, l'ouvrage entier. *Facile* suppose donc une intelligence; *aisé* s'arrête à l'opération. Celui-ci n'a point d'autre rapport; l'autre a un rapport particulier avec la puissance. La faculté, disaient les Latins, est comme la *facilité*[1] ou le pouvoir libre de faire. Une chose est donc *aisée* en elle-même, quand elle se fait ou même quand elle nous laisse sans gêne, au large, à l'aise, avec liberté, commodément. Une chose est *facile* par rapport à nous, quand nous pouvons la faire, quand elle est faisable sans peine, sans efforts,

1. *Facultas quasi facilitas.*

sans beaucoup de travail. — Une chose ne vous paraît pas *facile*, quand vous croyez y voir des difficultés; quand elle a des difficultés, elle n'est pas *aisée*. Tout est *facile* au génie, c'est une grande puissance : l'habitude rend tout *aisé*, elle exerce. — *Facile* est donc plus propre pour exprimer l'opération de l'esprit et ses productions : *aisé*, pour exprimer l'action sensible et le travail des mains. Un problème est *facile* à résoudre, une machine est *aisée* à exécuter. — Un style, des vers sont *aisés*, par l'arrangement des mots et des phrases; ils sont *faciles* par l'arrangement des idées et le naturel des expressions : ceux-là se lisent bien, ceux-ci coulent de source (R.).

AISES, COMMODITÉS. Les *aises* disent quelque chose de voluptueux et qui tient de la mollesse. Les *commodités* expriment quelque chose qui facilite les opérations ou la satisfaction des besoins, et qui tient de l'opulence [1]. Les gens délicats et valétudinaires aiment leurs *aises* : les personnes de goût, et qui s'occupent, recherchent leurs *commodités* (G.).

A JAMAIS. V. *Jamais*.

AJOUTER. V. *Agrandir*.

AJUSTEMENT, PARURE. *Ajustement* signifie proprement disposition, arrangement de toutes les parties de l'habillement quel qu'il soit, simple ou orné. Ce qui est *ajustement* contribue à l'harmonie nécessaire de l'ensemble : ce qui est *parure* est superflu et de luxe. Il y a plus de grâce dans l'*ajustement*, plus d'éclat et de magnificence dans la *parure*.

A LA FIN. V. *Enfin*.

A LA FOIS. V. *Ensemble*.

A LA LÉGÈRE. V. *Légèrement*.

A LA LETTRE. V. *Littéralement*.

A LA RENCONTRE (ALLER). V. *Aller*.

ALARME. V. *Appréhension*.

ALENTOURS (LES). V. *Entours* (*les*).

A L'ÉTOURDIE. V. *Aveuglément*.

ALIÉNER. V. *Vendre*.

ALIMENTER. V. *Nourrir*.

ALIMENTS. V. *Subsistances*.

ALLÉ (ÊTRE), AVOIR ÉTÉ. « *Être*, dans les temps où ce verbe prend l'auxiliaire *avoir*, dit l'Académie, se dit quelquefois pour *aller*, mais avec cette différence que, dans *j'ai été à Rome*, par exemple, *j'ai été* fait entendre qu'on y est allé et qu'on en est revenu; et que dans *il est allé à Rome*, le verbe *il est allé* marque que celui dont on parle n'est pas encore de retour. »

Le verbe *être* n'a pu se prendre dans le sens d'*aller* que par suite

1. De l'opulence c'est beaucoup dire : ne suffit-il pas d'être riche pour se procurer toutes ses commodités ?

d'une ellipse : *J'ai été à Rome*, c'est réellement *j'ai été* présent *à Rome; Elle a été à la messe*, c'est *elle a été* présente *ou* assistante *à la messe*. Voilà pourquoi ces manières de s'exprimer supposent toujours le retour.

Il résulte de là que si la personne est encore dans le lieu dont on parle, il faut se servir du verbe *aller* et non du verbe *être* à un temps composé. Si madame est encore à la messe, je ne dirai pas : *Madame* a été *à la messe*, car cela signifierait qu'elle *a été présente* à la messe; je dirai : *Madame* est allée *à la messe*, ou bien *Madame* est *à la messe* (elle *est présente* à la messe).

Mais on a eu tort d'en conclure que toutes les fois qu'il y a retour on doit nécessairement faire usage du verbe *être* à un temps composé. Dans tous ses temps passés non composés, le verbe *aller* exprime une idée de retour : *Nous* allâmes *hier à Versailles;* pourquoi n'en serait-il pas de même dans ses temps composés, surtout s'il est accompagné d'un complément circonstanciel qui fasse nécessairement entendre que le retour a eu lieu? Puisque l'on dit au passé défini : *Nous* allâmes *hier à Versailles*, on pourra très-bien dire au passé indéfini : *Nous* sommes allés *hier à Versailles*, et personne d'ailleurs qui ne le dise, comme Voltaire a dit : *Le public ne va plus guère au Tartufe; pourquoi? C'est qu'il y* est allé *souvent*.

Remarquez qu'une conséquence de l'opinion que nous combattons serait qu'il faudrait supprimer dans les temps composés du verbe *aller* toutes les premières personnes, comme inutiles : nous ne voyons pas en effet dans quel cas il serait possible de dire *je suis allé, nous sommes allés*.

ALLÉGIR, AMENUISER. *Allégir*, c'est littéralement rendre plus léger ce qui est très-lourd : *amenuiser*, c'est rendre plus menu ce qui l'est déjà. On *allégit* une grosse pièce de bois ou tout autre corps d'un certain volume, en enlevant la même quantité de matière dans tous les sens, sur toutes les faces du corps : on *amenuise* un petit corps en le diminuant davantage sur une seule face, ou même en le rendant plus mince dans tous les sens. Ainsi on *allégit* un arbre, une poutre, une grosse planche : on *amenuise* une petite planche, une volige, un bâton, une cheville.

ALLÉGUER. V. *Citer*.

ALLER A LA RENCONTRE ou AU-DEVANT. On va *à la rencontre* de quelqu'un uniquement dans l'intention de le joindre plus tôt, ou pour lui épargner une partie du chemin : le premier motif est de pure amitié ou de curiosité, et suppose quelque égalité; le second motif est de politesse. On va *au-devant* de quelqu'un pour l'honorer par cette marque d'empressement : c'est un acte de déférence et de cérémonie (B.).

ALLIANCE, CONFÉDÉRATION, LIGUE, COALITION. L'*alliance* est une union d'amitié ou de parenté. L'*alliance* entre les États a pour but les avantages de la bonne intelligence et l'assurance de secours dans le besoin : il existe un traité d'*alliance* perpétuelle entre la France et la Suisse.

*Confédération* ne s'emploie aujourd'hui que pour désigner l'*alliance* politique de plusieurs États ayant chacun leur gouvernement particulier, régis cependant par un gouvernement supérieur sous le titre de diète, congrès, etc., et formant ainsi une seule puissance politique : telle est par exemple la Confédération Germanique, la Confédération de l'Amérique du Nord ou États-Unis.

La *ligue* est une union de circonstance entre plusieurs États, contre un ennemi commun, et dans le but de se défendre ou d'attaquer : La *ligue de Cambrai*. La *coalition* est une grande *ligue* que de puissants souverains font pour attaquer et détruire un ennemi redoutable.

*Ligue* signifie aussi complot, cabale de plusieurs particuliers pour réussir dans quelque projet, et alors il se dit presque toujours en mauvaise part ; *La ligue* des méchants.

*Coalition* se dit également d'une *alliance* de chefs de parti ou d'un concert de mesures pratiqué par plusieurs personnes pour nuire à d'autres ou dans un but d'intérêt : « Il y eut une *coalition* entre les fabricants pour forcer l'abaissement des salaires. » (Acad.)

ALLONGER, PROLONGER, PROROGER. On *allonge* en ajoutant *à* (10, page 5) ; on *prolonge* en continuant, en poussant *en avant* (12, page 5). Ainsi, 1° Quand il s'agit de longueur, *allonger* a rapport à la chose que l'on rend plus longue : *prolonger* a rapport à l'étendue, que l'on continue, que l'on augmente. On *allonge*, on ne *prolonge* pas une table, un habit, une jupe : on *prolonge*, on n'*allonge* pas une ligne de géométrie ; un pêcheur ne *prolonge* pas sa ligne, il l'*allonge*.

On dit : *Allonger* une galerie et *prolonger* une galerie (Acad.). Dans le premier cas on considère la galerie elle-même, qui n'était pas assez longue pour sa destination, et à laquelle on ajoute ; dans le second cas, on exprime simplement l'idée d'une plus grande étendue donnée à la galerie, qui, à la rigueur, pouvait rester telle qu'elle était.

*Allonger* est le terme convenable, quand on parle de choses peu longues, comme une table, une jupe ; *prolonger* est le terme propre, quand il s'agit de choses qui ont une grande longueur, parce qu'alors c'est l'idée d'étendue qui domine : *Prolonger* une avenue, une route.

2° Il en est à peu près de même quand il s'agit de durée. *Allonger* un travail, c'est y ajouter des choses qui font qu'il dure plus longtemps ; *prolonger* un travail c'est simplement en augmenter la durée en le négligeant et sans y rien ajouter. *Allonger* le temps, c'est au temps accordé en ajouter encore ; *prolonger* les jours de quelqu'un, c'est augmenter l'étendue de son existence. *Allonger* une affaire, un procès, c'est y ajouter des formalités, faire naître des incidents qui en retardent la solution ; on *prolonge* une affaire, un procès, en négligeant de les pousser, de les faire aller à leur terme.

*Proroger*, c'est maintenir l'état présent, l'exercice, l'autorité, la valeur d'une chose au delà du terme prescrit : « On a *prorogé* le délai qu'on lui avait donné » (Acad.).

ALLURE, DÉMARCHE. Le sens propre d'*allure*, c'est façon d'aller; celui de *démarche* est façon de marcher. Ce dernier ne se dit que des personnes : *allure* se dit des animaux, et quelquefois des personnes, dans le style tout à fait familier.

On les emploie figurément au pluriel : *allures* se dit alors en mauvaise part de la manière déloyale et peu convenable dont quelqu'un se conduit dans une affaire, ou de la mauvaise tournure que prend l'affaire elle-même. *Démarches* désigne tous les mouvements, tous les actes que l'on fait pour faire réussir une entreprise, pour atteindre un but.

ALMANACH. V. *Calendrier*.

ALTERCATION. V. *Dispute*.

ALTIER. V. *Haut*.

A L'UNANIMITÉ. V. *Unanimement*.

AMAIGRIR. V. *Maigrir*.

AMASSER, ENTASSER, ACCUMULER, AMONCELER. *Amasser*, faire un *amas* : du primitif *am*, union, conjonction[1]. *Entasser*, mettre en *tas*, mot celtique qui signifie multitude, élévation. *Accumuler*, mettre ensemble, élever jusqu'au *comble* : de *cum* ensemble, *cumulus* comble. *Amonceler*, mettre en *monceau* : du celte *mon*, latin *mons*, français *mont*, grandeur et hauteur. — L'*amas* est l'assemblage d'une certaine quantité de choses de même nature; on *amasse* du fruit, de l'argent, des provisions, etc. Le *tas* est un *amas* élevé et serré de certaines choses mises les unes sur les autres : on *entasse* sous sur sous, des livres, des marchandises, avec ordre ou en désordre. L'*accumulation* ajoute à l'*entassement* l'idée de plénitude, d'abondance toujours croissante : on *accumule* des richesses, des héritages, des arrérages, crime sur crime. Le *monceau* ajoute à ces idées celle de volume, de grandeur, de désordre, de confusion ; on *amoncèle* toutes sortes de choses mêlées, des ruines, des cadavres, etc. — Au figuré, la prévoyance *amasse*, l'avarice *entasse*, l'avidité insatiable *accumule*, et après avoir *accumulé*, elle *amoncèle* (R).

AMBASSADEUR, ENVOYÉ, DÉPUTÉ. L'*ambassadeur* et l'*envoyé* parlent et agissent au nom de leur souverain : mais l'*ambassadeur* représente son souverain auprès d'un gouvernement étranger; l'*envoyé* n'est qu'un simple ministre autorisé, sans aucun caractère de représentation, ni pleins pouvoirs en vertu desquels il puisse engager son gouvernement. Les *députés* ont une mission spéciale : ils n'ont de pouvoirs et ne parlent qu'au nom d'une corporation, d'un corps politique, ou d'un corps particulier, d'une société, tels que le clergé, la noblesse, le corps des électeurs, la bourgeoisie d'une ville, etc.

1. Racine du verbe grec ἀμάω, j'amasse, d'où vient notre verbe *amasser*.

**AMBIGUITÉ, DOUBLE SENS, ÉQUIVOQUE, SENS LOUCHE, AMPHIBOLOGIE.** L'*ambiguïté* est une obscurité résultant de ce que le sens général d'un passage est susceptible de diverses interprétations : il y a *ambiguïté* lorsqu'on a peine à démêler la pensée de l'auteur.

« Le *double sens*, dit l'abbé Girard, a deux significations naturelle et convenables : par l'une, il se présente littéralement pour être compris de tout le monde ; et par l'autre, il fait une fine allusion pour n'être entendu que de certaines personnes. L'*équivoque* a deux sens : l'un naturel, qui paraît être celui qu'on veut faire entendre et qui est effectivement entendu de ceux qui écoutent ; l'autre détourné, qui n'est entendu que de la personne qui parle, et qu'on ne soupçonne pas même pouvoir être celui qu'elle a intention de faire entendre. » Dans ce sens, l'*équivoque* est un subterfuge de la mauvaise foi ; mais on entend aussi par *équivoque* une sorte de *double sens* provenant des différentes acceptions d'un mot, ou bien de l'emploi de mots homonymes, ou enfin du rapport vicieux des mots. Ainsi il y a *équivoque* dans la phrase suivante : *Il faut imiter l'obéissance du Sauveur qui a commencé sa vie et l'a terminée* : le mot *qui* semble se rapporter à *Sauveur*, tandis que la raison exige qu'il se rapporte à *obéissance*.

Le sens d'une phrase est *louche*, lorsque le lecteur ou l'auditeur aperçoit de prime-abord, entre les mots, un rapport dont la suite de la phrase fait voir la fausseté. Par exemple, si l'on disait : *Je condamne sa paresse, et les fautes que sa nonchalance lui fait faire en beaucoup d'occasions m'ont paru inexcusables*, le sens serait *louche*, parce que le substantif *les fautes* se présente d'abord comme complément direct du verbe *je condamne*, tandis que la suite de la phrase fait voir qu'il est sujet du verbe *ont paru*.

*Amphibologie* est le terme général désignant les défauts de style dont nous venons de parler : l'*ambiguïté*, le *double sens*, le *sens louche*, l'*équivoque*, sont des espèces particulières d'amphibologies. « Toute expression susceptible de deux sens différents, dit Beauzée, est *amphibologique*, selon la force du terme ; et c'est tout ce qu'il signifie ; les autres termes ajoutent à cette idée principale l'indication des causes qui doublent le sens. »

**AME FAIBLE, CŒUR FAIBLE, ESPRIT FAIBLE.** Le *faible* du *cœur* n'est point celui de l'*esprit* ; le *faible* de l'*âme* n'est point celui du *cœur*. Une *âme faible* est sans ressort et sans action ; elle se laisse aller à ceux qui la gouvernent. Un *cœur faible* s'amollit aisément, change facilement d'inclinations, ne résiste point à la séduction, à l'ascendant qu'on veut prendre sur lui, et peut subsister avec un esprit fort ; car on peut penser fortement et agir faiblement. L'*esprit faible* reçoit les impressions sans les combattre, embrasse les opinions sans examen, s'effraie sans cause, tombe naturellement dans la superstition (B.).

**AMENDEMENT, CORRECTION, RÉFORME, REFORMATION.** L'*amendement* est un changement en mieux : ce mot se dit de l'état de santé ou de maladie, de la situation des personnes et surtout de la conduite de quelqu'un, de l'amélioration d'une terre. La *correction* est l'action de détruire une défectuosité, ou le résultat de cette action : on corrige les défauts, les vices, les abus, les erreurs, les mauvaises mœurs; et en général on corrige en faisant disparaître ce qui est mal dans quoi que ce soit.

La signification commune de *réforme* et *réformation* est rétablissement dans l'ancienne forme (5, page 3) ou dans une meilleure forme. « Mais, comme l'a fort bien dit Beauzée, la *réformation* est l'opération qui procure ce rétablissement; la *réforme* en est le résultat ou le rétablissement même » (20, page 7). Girard a dit aussi : « La *réformation* est l'action de réformer; la *réforme* en est l'effet. Dans le temps de la *réformation*, on travaille à mettre en règle, et l'on cherche les moyens de remédier aux abus : dans le temps de la *réforme*, on est réglé et les abus sont corrigés. »

AMENUISER. V. *Allégir*.

AMI, AMICAL. Ces deux mots renferment également dans leur signification l'idée d'amitié. Mais le sens du mot *ami*, employé comme adjectif qualifiant un substantif, n'a aucun rapport à l'affection du cœur, que nous appelons *amitié*; dans ce cas, *ami* signifie simplement bienveillant, obligeant : un juge montre un visage *ami* à un accusé, lui parle un langage *ami*; cela ne veut pas dire que le juge soit l'ami de l'accusé. En poésie, *ami* se dit aussi dans le sens de propice, favorable, et alors il ne s'agit pas non plus d'*amitié* : Les destins *amis*, la fortune *amie*.

Le mot *amical* signifie qui part de l'amitié, qui annonce l'amitié : des paroles *amicales* sont des paroles prononcées avec le ton de l'amitié et qui sortent de la bouche d'un ami ou de quelqu'un qui se montre tel pour celui à qui il les adresse.

AMOLLIR, RAMOLLIR. Au propre, *amollir* se dit de ce qui étant simplement à l'état solide, est rendu mou et maniable : *ramollir* se dit de ce qui est extrêmement dur ou trop dur (5, page 3). Au figuré, *ramollir* exprime un ramollissement excessif : ce qui *amollit* les cœurs ou les esprits les adoucit; ce qui les *ramollit* les énerve.

AMONCELER. V. *Amasser*.

AMPHIBOLOGIE. V. *Ambiguïté*.

AMPOULÉ, EMPHATIQUE, BOURSOUFLÉ. Ces trois mots désignent des qualités défectueuses d'un style plus élevé que le sujet ne le comporte : ils se disent aussi de l'écrivain dont le style a ces défauts. *Ampoulé* a particulièrement rapport au choix des expressions; *emphatique*, à la nature des pensées; *boursouflé*, à la tournure des phrases. L'écrivain *ampoulé* est donc celui qui emploie de grands mots pour traiter des choses communes : l'auteur *emphatique* donne aux choses médiocres une importance ridicule par l'emploi de pensées exagérées, d'exclamations sentencieuses et forcées; l'écrivain *boursouflé* enfle son style d'images pompeuses et de périodes sonores pour dire des riens.

**AMUSEMENT, DIVERTISSEMENT, RÉCRÉATION.** *Amusement* s'entend d'un travail agréable ou d'un exercice qui occupe légèrement l'esprit, qui plaît, que l'on a choisi et que l'on quitte à volonté. *Divertissement* exprime une action plus vive, accompagnée de plaisirs plus grands, d'émotions plus agréables. « Le plaisir qui nous *amuse*, dit Roubaud, est léger et frivole; le plaisir qui nous *divertit* est plus vif, plus fort, plus senti. » La *récréation* est prise dans le but de se refaire, de se délasser d'un travail qui a fatigué l'esprit; elle consiste en toutes sortes d'*amusements* de l'esprit et d'exercices du corps : les élèves prennent leur *récréation* après l'étude ou après la classe.

**AN, ANNÉE.** « L'*an*, dit Beauzée, est un élément déterminé du temps; il est dans la durée ce que le point est dans l'étendue : comme on considère le point sans étendue, on envisage l'*an* sans attention à sa durée ». De là vient que l'on dit *an* pour marquer une époque, c'est-à-dire un point de la durée : *L'Amérique fut découverte* l'an 1492.

« L'*année* est envisagée comme étant elle-même une durée déterminée et divisible en ses parties : l'*année* a douze mois, trois cent soixante-cinq jours, quatre saisons (28, page 9). De là vient que l'on qualifie l'*année* par les événements qui en ont rempli la durée » (B.). On dit en effet : *année* heureuse, *année* fertile; on ne dirait pas : *an* heureux, *an* fertile.

Ainsi on considère l'*an* comme un tout indivisible, abstraction faite de la durée ou de tout ce qui peut y avoir rapport. « *Année*, au contraire, exprime la durée de douze mois, relativement aux effets, aux événements qui sont joints ou peuvent être joints à cette durée. L'an *passé on craignait la guerre* : il n'y a dans cette expression aucune idée de durée; la crainte de la guerre existait à cette époque. L'année *passée on a fait marcher sans cesse des troupes de province en province :* ici l'on voit l'idée de durée, car ce mouvement successif de troupes n'a pu se faire que dans une durée de temps divisible » (L.).

**ANALOGIE.** V. *Rapport*.

**ANCÊTRES, AIEUX, PÈRES.** Ces expressions ne sont synonymes que lorsque, sans avoir égard à sa propre famille, on les applique en général et indistinctement aux personnes de la nation qui ont précédé le temps auquel nous vivons. Elles diffèrent en ce qu'il se trouve entre elles une gradation d'ancienneté, de façon que le siècle de nos *pères* a touché au nôtre, que nos *aïeux* les ont devancés et que nos *ancêtres* sont les plus reculés de nous. — Nous sommes descendants des uns et des autres; mais si l'on veut particulariser cette descendance, il faut dire que nous sommes les enfants de nos *pères*, les neveux de nos *aïeux*, et la postérité de nos *ancêtres* (B.).

Remarquons toutefois qu'avec l'indication de l'époque le mot *pères* peut très-bien s'employer pour désigner ceux qui nous ont précédés dans un temps fort reculé : *Ainsi parlaient nos* pères *du douzième siècle*.

ANCIEN. V. *Vieux*.

ANCIENNEMENT, JADIS, AUTREFOIS. Ces trois mots signifient *dans le temps passé*; mais *anciennement* désigne le temps le plus reculé; *jadis* indique le passé comme simplement détaché du présent : *Ce palais était* jadis *la demeure de tel prince* (Acad.). *Autrefois* désigne le passé, non-seulement comme détaché, mais encore comme différent du présent par un changement qui s'est fait dans les choses : *Toutes les distinctions odieuses qui divisaient* autrefois *les hommes sont anéanties par l'Évangile* (Massillon).

ANE, IGNORANT. On est *âne* par disposition d'esprit, et *ignorant* par défaut d'instruction. Le premier ne sait pas parce qu'il ne peut apprendre; et le second parce qu'il n'a point appris. — L'*âne* a pu s'appliquer à l'étude, mais son travail a été inutile : l'*ignorant* ne s'est pas donné cette peine. L'*ânerie* est un défaut qui vient de la nature du sujet, et l'*ignorance* est un défaut que la paresse entretient (G.).

ANÉANTIR, DÉTRUIRE. *Anéantir* signifie littéralement réduire à néant : *détruire*, du latin *destruere* (V. *Abattre*), c'est proprement défaire la structure, la construction de la chose. Ce dernier mot a donc moins de force que l'autre : « Ce qu'on *détruit*, dit l'abbé Girard, cesse de subsister, mais il en peut rester des vestiges : ce qu'on *anéantit* disparaît tout à fait; de sorte que l'*anéantissement* est une *destruction* totale ».

*Anéantir* se dit souvent par exagération dans le sens de *détruire* absolument : *Les Barbares* ont anéanti *l'empire romain* (Acad.).

ANESSE, BOURRIQUE. On donne l'un ou l'autre de ces noms au même animal, selon l'aspect sous lequel on en parle. *Anesse* le présente dans l'ordre de la nature, comme la bête femelle qui donne un lait dont les ordonnances des médecins ont rendu l'usage fréquent. *Bourrique* le présente dans l'ordre des animaux domestiques, comme bête de charge. — Le premier n'a point d'acception figurée : le second est quelquefois métaphoriquement appliqué aux personnes ignares et non instruites, soit hommes, soit femmes (G.).

ANGOISSES. V. *Affres*.

ANIMAL, BÊTE, BRUTE. Ces trois mots sont ici pris au propre. *Animal* signifie littéralement *être animé*. Ce mot désigne un règne particulier de la nature, par opposition à *végétal* et à *minéral* : c'est un terme générique qui convient à tous les êtres organisés qui vivent et se meuvent; et dans le langage philosophique, il se dit de l'homme lui-même : *L'homme est un* animal *raisonnable*.

La *bête* est l'*animal* pure machine, l'*animal* qui mange et n'obéit qu'aux instincts de la nature. Dans ce sens on dit qu'il y a dans l'homme la *bête*.

« Le mot *brute*, dit Roubaud, indique les sortes de *bêtes* les plus dépourvues de sentiment et livrées à l'instinct le plus grossier, par opposition à celles qui montrent de la connaissance, de l'intelligence, de la sensibilité. Au figuré nous renchérissons sur la qualification de *bête* en disant *bête brute* ».

Le mot *brute* ne se dit que de certains mammifères quadrupèdes : l'emploi du mot *bête* est moins borné ; quoiqu'il se dise plus particulièrement des mammifères, on peut, en l'accompagnant de qualificatifs, l'appliquer à toutes les classes et à tous les genres d'animaux : *cet insecte est une jolie petite* bête.

ANIMAL, BÊTE et BRUTE (au figuré), STUPIDE, IMBÉCILE, IDIOT. Les trois premières dénominations s'appliquent injurieusement à l'homme. « Vous l'appellerez *animal*, pour lui reprocher les défauts ou les imperfections des purs animaux, mais surtout la grossièreté, la rudesse, la brutalité des manières et de la conduite. Vous l'appellerez *bête*, lorsque vous l'accuserez de déraison, d'incapacité, d'ineptie, de maladresse, de sottise. Vous l'appellerez *brute* dans le cas où vous voudrez peindre en un mot la déraison complète, l'extrême bêtise, et mieux encore, l'aveugle brutalité, l'impétuosité féroce, la licence effrénée des appétits, des penchants, des mœurs. L'homme, pour qu'il soit traité d'*animal*, doit pécher particulièrement par les formes ; traité de *bête*, il doit pécher par le fonds, du côté de l'esprit seulement ; traité de *brute*, par les formes et par le fonds » (R.).

Les mots *stupide*, *imbécile*, *idiot* s'emploient aussi injurieusement. Le sens propre de ces mots suffit pour faire comprendre ce qui les distingue particulièrement des autres invectives. Le *stupide* est d'un esprit lourd et pesant ; il sent à peine et manque d'activité. L'*imbécile* a un esprit faible : il lie avec peine deux pensées l'une à l'autre ; il est maladroit dans ses actes, mais il est incapable de faire mal sciemment. L'*idiot* est complétement dépourvu d'intelligence et de raison : il n'est homme que par la forme humaine et par quelques faibles indices du sentiment.

ANIMER. V. *Exciter*.

ANNALES. V. *Histoire*.

ANNÉE. V. *An*.

ANNEXÉ. V. *Adhérent*.

ANNULER, INFIRMER, CASSER, RÉVOQUER. *Annuler* signifie proprement rendre nul ; et *infirmer* rendre sans force. *Annuler* se dit de toutes sortes d'actes législatifs, administratifs ou conventionnels. C'est une autorité supérieure qui *annule*, ou bien ceux mêmes de qui l'acte est émané ; le préfet *annule* un arrêté du maire ; le ministre ou le conseil d'État *annule* l'arrêté du préfet ; deux personnes qui ont contracté par un acte authentique ou sous-seing privé peuvent l'*annuler* d'un commun accord.

« *Infirmer* ne se dit que des actes législatifs ou des jugements prononcés par des juges subalternes, et le pouvoir d'*infirmer* n'appartient qu'au tribunal supérieur dans le ressort duquel se trouve situé l'inférieur. Ce terme ne s'adapte point aux arrêts des cours supérieures : aucun tribunal ne les *infirme*; mais celui d'en haut peut les *casser* ». (G.) La Cour d'appel ou Cour impériale *infirme* le jugement du tribunal de première instance; la Cour de cassation, cour souveraine, *casse* l'arrêt de la Cour d'appel.

*Casser* se dit aussi des personnes et alors il emporte une idée accessoire d'ignominie : *casser* un officier, c'est le chasser du service; *casser* un sergent, c'est le priver de son grade et le réduire à la condition de simple soldat.

*Révoquer* se dit des personnes et des choses. Appliqué aux personnes, il n'emporte aucune idée accessoire d'ignominie : *révoquer* quelqu'un, c'est simplement lui ôter les fonctions, le pouvoir, l'emploi amovible qu'on lui avait donné. Appliqué aux choses, *révoquer* signifie déclarer de nulle valeur à l'avenir : on *révoque* un ordre, des pouvoirs, une commission, une donation, etc. Le droit de *révoquer* n'appartient qu'à celui qui a le droit d'établir.

ANOBLIR, ENNOBLIR. *Anoblir*, c'est donner à une personne le titre et les droits de noblesse, c'est le mettre *au* nombre des nobles. *Ennoblir*, c'est donner non pas la noblesse, mais de la noblesse; c'est avoir acquis *en* soi-même et par soi-même de l'élévation, de la grandeur, de la dignité, du lustre, de l'éclat. *Il y avait autrefois des charges qui* anoblissaient. (Acad.) *Ces sentiments vous* ennoblissent *à mes yeux*. (Id.)

ANTAGONISTE. V. *Ennemi*.

ANTÉRIEUR, ANTÉCÉDENT, PRÉCÉDENT. *Antérieur* nous dénonce particulièrement ce qui *est*, l'existence, la manière relative d'exister : une édition *antérieure* à une autre existait auparavant. Les deux autres mots expriment une action, l'action d'aller, de marcher, de se placer avant, ou la possession de cet avantage[1]. La proposition *antécédente* est celle qui se place la première; le volume *précédent* est celui qui va avant l'autre. — *Antérieur* porte l'idée propre du temps plus *avancé* dans le passé, d'une priorité de temps appelée par cette raison *antériorité*. Par extension, il désigne une priorité de situation ou d'aspect. Nous disons *la face antérieure d'un bâtiment*, comme

1. C'est exactement le sens étymologique de ces mots. « *Antérieur* est composé du latin *ante*, avant, et de la modification comparative *ior*, en français *ieur* : il signifie qui est *plus avant* qu'un autre ou avant autre chose. *Antécédent*, composé de la même préposition et du verbe *cedo*, je vais, je marche, signifie *qui va avant*. *Précédent*, composé du même verbe et de la préposition *præ*, devant, signifie littéralement *qui va devant* ». (R.)

*une époque antérieure*. Ainsi ce mot exprime *ce qui est avant*, ou le contraire d'*après*, et ce qui est devant par opposition à *derrière*. — *Antécédent*, quoique propre à marquer une priorité de temps, sert plutôt à indiquer une priorité d'ordre, de rang, de place, de position, avec cette circonstance particulière qu'il dénote un rapport d'influence, de dépendance, de connexité, de liaison établie entre l'un et l'autre objet. Ainsi, en logique, il marque le rapport du principe avec la conséquence; en mathémathiques, celui d'une induction d'un terme à l'autre; en grammaire, celui d'un mot qui entraîne un régime ou demande un complément; dans l'enthymème, le conséquent est tiré de l'*antécédent*; dans la proposition grammaticale, l'*antécédent* a une liaison nécessaire avec le subséquent, etc. — *Précédent* détermine une priorité ou de temps ou d'ordre, mais une priorité immédiate, de manière qu'un objet touche à l'autre sans intermédiaire. L'événement *précédent* est celui qui est arrivé immédiatement avant celui dont on parle; tandis que l'événement *antérieur* est seulement arrivé auparavant, et n'a qu'une priorité vague et indéterminée. La proposition *précédente* touche à celle qui suit; mais il n'est pas dit qu'elle ait avec l'autre aucun de ces rapports qui distinguent la proposition *antécédente*, également immédiate. — *Antérieur* est opposé ou corrélatif à *postérieur*; *antécédent* à *conséquent* ou à *subséquent*; *précédent* à *suivant*. De deux éditions, l'une est *antérieure*, l'autre *postérieure*; la tête a une partie *antérieure*, et une *postérieure*. Le *conséquent* est conclu de l'*antécédent* : le mot *antécédent* est, dans une phrase, conjoint avec le *subséquent*, qui le détermine ou le complète. L'année *précédente* annonce l'année *suivante*. (R.)

ANTIPATHIE. V. *Haine*.

ANTIPHRASE, CONTRE-VÉRITÉ. Façons d'énoncer le contraire de ce qu'on veut faire entendre : le grec *anti* veut dire *contre*. Les érudits ont fait savamment *antiphrase* : le bon Gaulois aurait dit bonnement *contre-phrase*, comme il a dit *contre-vérité*. — *Antiphrase* exprime un sens contraire à celui que la phrase aurait naturellement; et *contre-vérité*, une opinion ou une pensée contraire à celle qu'énoncerait naturellement la proposition. L'*antiphrase* est dans la manière d'employer les mots et de faire la phrase : la *contre-vérité* est dans la pensée ou dans les choses mêmes, incompatibles avec la vérité ou la vraie opinion que l'on a. Par celle-là vous feignez de *dire* le contraire de ce que vous voulez dire : par celle-ci vous feignez de *penser* le contraire de ce que vous pensez en effet. Si vous dites d'un homme qui fait une lâcheté, que c'est un homme brave, l'ironie est dans les mots ou la qualification; c'est une *antiphrase*. Si vous remerciez, dans les termes ordinaires, un ennemi du mauvais service qu'il vous a rendu, l'ironie est dans le fond même des choses, c'est une *contre-vérité*. L'*antiphrase* est une figure de mots; la *contre-vérité* est une feinte, un jeu de pensées. (R.)

**ANTIQUE.** V. *Vieux.*

**ANTRE, CAVERNE, GROTTE.** *L'antre* est un creux profond et très-obscur, qui inspire l'horreur et l'effroi, et qui sert ou est très-propre à servir de retraite aux animaux féroces. La *caverne* est une cavité spacieuse couverte d'une sorte de voûte; sa propriété, suivant l'expression de Roubaud, est de couvrir, enfermer, protéger et défendre de tous côtés, mettre à couvert et à l'abri : elle peut servir de repaire à une bande de brigands. La *grotte* est une petite *caverne* propre à servir d'abri commode, de lieu de repos, de retraite solitaire. On fait souvent des *grottes* artificielles dans les parcs et dans les jardins, et on les orne de rocailles et de coquillages.

**APAISER, CALMER.** *Apaiser* signifie, littéralement, ramener à la paix; et *calmer*, rendre le calme. Le premier suppose un grand trouble, le second suppose simplement l'agitation ou un trouble moins grand. Ainsi on *apaise* la colère, la furie, la violence; on *calme* l'inquiétude, l'émotion, les soucis, les soupçons : on *apaise* les remords de la conscience; on *calme* ses scrupules.

La paix suppose ordinairement la discorde, la division : *apaiser* est donc le terme propre, lorsqu'il s'agit de rendre l'idée de réconcilier, d'accorder, de réunir : *calmer* n'ajoute aucune idée accessoire à celle du rétablissement dans l'état de tranquillité. On *apaise* des querelles, des différends, des séditions, des ennemis; on *calme* les personnes émues, les passions qui agitent, la douleur qui se fait sentir. Les vents qui luttent finissent par *s'apaiser;* la mer agitée se *calme.*

« Le terme *apaiser,* qui présuppose une action rude et violente, indique conséquemment un effort particulier pour vaincre ou dissiper la cause qui excite le trouble; tandis que *calmer* nous fait seulement envisager le trouble en lui-même, sans aucun rapport indiqué avec la cause et avec les moyens de la faire cesser. On *apaise* quelqu'un par des satisfactions, des réparations, des dédommagements; par des supplications, des humiliations; ou même par des voies opposées, par une force, une vertu, des moyens capables de l'arrêter, de vaincre sa résistance. On *calme* quelqu'un par des adoucissements, des soulagements, des insinuations; par des avis, des conseils, des soins; par un pouvoir, un ascendant, des moyens capables de le consoler, de le rassurer, de le ramener à des idées plus douces et à des sentiments plus tranquilles. — *Apaiser* amène un effet plus grand, plus plein, plus durable par lui-même, l'état de paix, un calme général et constant; mais *calmer* n'exprime positivement que l'action de baisser, diminuer, affaiblir, ou de ramener un calme qui n'est peut-être que momentané. Des paroles douces vous *calment;* une juste satisfaction vous *apaise* » (R.).

**APERCEVABLE, PERCEPTIBLE.** *Apercevable* vient du verbe français *apercevoir; perceptible* vient du latin *percipere.* Le premier est le terme ordinaire, usuel, et il se dit surtout des objets que leur volume rend faciles à être aperçus : *perceptible* est un terme plus relevé, qui ne s'applique qu'aux objets d'une petitesse extrême, et qui, suivant l'Académie, ne s'emploie guère qu'avec la négation : *Cela n'est point* perceptible *aux yeux.* (Acad.) Il s'étend quelquefois aux autres sens que celui de la vue et aux choses de l'esprit : *Cela n'est point* perceptible *au goût* (Acad.). *Il y a un petit trait de raillerie dans son discours; mais cela est à peine* perceptible. (Id.)

APERCEVOIR. V. *Voir.*

APHORISME. V. *Axiome.*

APOCRYPHE, SUPPOSÉ. *Apocryphe* se dit de ce qui n'est pas authentique faute de preuves : ce mot n'est usité dans notre langue qu'en parlant des livres et des écrivains dont l'autorité est douteuse, des historiens et des histoires dont l'autorité est suspecte. On dit aussi dans un sens analogue, *nouvelle apocryphe*, c'est-à-dire à laquelle on ne peut guère ajouter foi. *Supposé* se dit de ce qui est jugé faux et controuvé : il se dit des faits historiques, des actes tels qu'un testament, une convention écrite, une quittance, etc., et même des personnes ; *Créanciers supposés.* (Acad.)

APOLOGIE. V. *Justification.*

APOPHTHEGME. V. *Axiome.*

APOSTER. V. *Poster.*

APOTHÉOSE, DÉIFICATION. L'*apothéose* est la cérémonie par laquelle, sur un décret du Sénat romain, on mettait au nombre des dieux les empereurs après leur mort. La *déification* est l'acte de l'imagination superstitieuse des païens et des idolâtres, qui leur fait voir la divinité là où il n'y a que la créature, et les porte à rendre un culte religieux à certains hommes, à des animaux et même à des plantes, qu'ils considèrent comme autant de dieux.

APPARAITRE. V. *Paraître.*

APPAREIL, APPARAT. *Appareil* indique plutôt l'objet de l'action, c'est-à-dire l'ensemble des apprêts, l'ajustement, la disposition des choses. L'idée exprimée par le mot *apparat* est plutôt celle de la manière de faire ou de la forme que cette manière de faire donne aux choses : la terminaison *at* marque une espèce particulière d'action (39, page 11). On fait de grands *appareils* pour une solennité; on se montre dans un certain *appareil* : on fait quelque chose avec *apparat*, on fait un discours d'*apparat*, on donne un dîner d'*apparât*. Ensuite, *apparat* indique plus d'éclat, plus de pompe; c'est pourquoi ce mot se prend quelquefois en mauvaise part dans le sens d'ostentation.

APPAREIL, APPRÊTS, PRÉPARATIFS. Ces mots désignent également ce que l'on fait d'avance pour l'exécution d'un projet, d'un dessein quelconque. Les *préparatifs* précèdent les *apprêts* : on fait les *préparatifs* en arrêtant le plan, en déterminant et rassemblant les choses qui sont nécessaires à l'exécution. On fait les *apprêts* en rendant ces choses prêtes à être employées, en les mettant en état de servir à l'exécution du projet. L'*appareil* est l'ensemble des *apprêts*, la disposition des choses prêtes, ou bien l'ordre dans lequel elles doivent être employées. « On commence des *préparatifs*, dit M. Guizot, on fait des *apprêts*; on dresse un *appareil* : un cuisinier commence dès la veille les *préparatifs* d'un grand dîner; il passe la matinée à en faire les *apprêts*; il n'en dresse l'*appareil* qu'au moment du service ».

APPARENCE. V. *Extérieur*.

APPARITION. V. *Vision*.

APPAS. V. *Attraits*.

APPAT, LEURRE, PIÉGE, EMBUCHE, EMBUSCADE. L'*appât* et le *leurre* sont apparents, on les montre : le *piége*, l'*embûche* et l'*embuscade* sont secrets ou cachés.

*Appât* au propre signifie pâture, mangeaille que l'on met à des piéges pour attirer des animaux ou à des hameçons pour pêcher. *Leurre* au propre est un terme de fauconnerie : c'est un morceau de cuir qui a l'apparence d'un oiseau, et qui par sa forme trompe les oiseaux de fauconnerie. Au figuré, *appât* se dit de tout ce qui nous attire, nous allèche, nous engage à faire quelque chose : L'appât *du gain*. (Acad.) *Leurre* se dit de toute chose dont on se sert artificieusement pour nous tromper : *On vous promet cet emploi, mais c'est un* leurre. (Id.)

L'*appât* et le *leurre* agissent sur nous. « Le *piége* et l'*embûche*, dit l'abbé Girard, sans agir sur nous, attendent que nous y donnions. On est pris dans le premier, on est surpris par l'autre; et ils ne supposent de notre part ni un mouvement de cœur, ni erreur de jugement, mais seulement de l'ignorance ou de l'inattention ». L'un et l'autre se disent au figuré : *embuscade* ne se dit qu'au propre; c'est un terme de guerre ainsi défini par l'Académie : « Troupe de gens armés cachés dans un bois, dans un ravin, ou dans quelque autre lieu couvert, pour surprendre les ennemis ». Il se dit aussi en parlant de toute personne qui se cache de manière à pouvoir surprendre quelqu'un au passage.

APPELER, ÉVOQUER, INVOQUER. Nous *appelons* les hommes et les animaux qui vivent avec nous et autour de nous sur la terre. Nous *évoquons* les mânes des morts et les esprits infernaux, dont le séjour est censé être dans le sein de la terre. Nous *invoquons* la divinité, les saints, les puissances célestes et tout ce que nous regardons comme au-dessus de nous, soit par l'habitation dans les cieux soit par la dignité et le pouvoir sur la terre. — On *appelle* simplement par le nom, ou en faisant signe de venir. On *évoque* par des prestiges, soit paroles soit actions mystérieuses. On *invoque* par des vœux et par la prière. (G.)

APPELER, NOMMER. V. *Nommer*.

APPETIT. V. *Faim*.

APPLAUDISSEMENTS, LOUANGES. Ces mots s'appliquent également aux personnes et aux choses; mais le premier a plus de rapport aux actions et aux discours, et le second aux qualités, au mérite de la personne.

« On *applaudit* en public et au moment que l'action se passe ou que le discours est prononcé. On *loue*, dans toutes sortes de circonstances, les personnes absentes ainsi que les présentes; et non-seulement en conséquence de ce qu'elles ont fait ou dit, mais encore en conséquence des talents qu'elles ont acquis et des qualités, soit de l'âme soit du corps, dont la nature les a gratifiées. — Les *applaudissements* partent de la sensibilité au plaisir que nous font les choses; une simple acclamation, un battement de mains, suffisent pour les exprimer. Les *louanges* sont supposées avoir leur source dans le discernement de l'esprit; elles ne peuvent être énoncées que par la parole ». (G.)

APPLICATION. V. *Attention.*

APPLIQUER. V. *Apposer.*

APPOINTEMENTS. V. *Gages.*

APPOSER, APPLIQUER. *Apposer,* c'est littéralement *poser contre* ou *sur* (10, page 5); *appliquer,* c'est placer une chose sur une autre en l'étendant. « On *applique* un emplâtre sur le mal, des feuilles d'or ou d'argent sur l'ouvrage, un soufflet sur la joue. Ainsi *appliquer* se dit pour les choses qu'on impose sur une autre par conglutination ou par forte impression ». (G.)

*Apposer* n'est qu'un terme de pratique ou de chancellerie. On *appose* non-seulement les scellés sur un tiroir, sur une porte, etc.; mais on *appose* aussi un cachet sur un certificat, un sceau sur un acte, et même sa signature au bas d'un écrit.

APPRÉCIER, ESTIMER, PRISER. *Apprécier,* c'est juger du prix courant des choses dans le commerce de la vente et de l'achat. *Estimer,* c'est juger de la valeur réelle et intrinsèque de la chose. *Priser* c'est mettre un prix à ce qui n'en a pas encore, du moins de connu. — Ces trois mots sont également d'usage dans le sens moral ou figuré, et ils y conservent à peu près les mêmes caractères de distinction. On *apprécie* les personnes et les choses, par la conséquence ou l'inutilité dont elles sont dans le commerce de la société civile. On les *estime* par leur propre mérite, soit du cœur soit de l'esprit. On les *prise* par le cas qu'on témoigne en faire, quels qu'en soient le fondement, talent ou service. (G.)

APPRÉHENDER. V. *Craindre.*

APPREHENSION, ALARME, CRAINTE, PEUR, FRAYEUR, EFFROI, TERREUR, ÉPOUVANTE. *Appréhension,* du latin *apprehendere,* est l'acte de happer, de prendre, de saisir : c'est la première idée que l'esprit se forme, une inquiétude causée par la perception ou la prévoyance d'un danger possible; mais avec une incertitude à peu près égale en bien ou en mal. *J'appréhende* les effets du tonnerre : il y a possibilité qu'il me frappe.

*L'alarme* est une vive *appréhension* causée par l'approche ou l'annonce imprévue d'un danger imminent et que l'on croyait éloigné : elle s'étend de proche en proche et fait courir à la défense[1].

La *crainte* est un trouble causé par la considération d'un mal prochain. Elle est plus fondée que *l'appréhension* : celle-ci est produite par la simple possibilité du danger, la *crainte* l'est par l'apparence du mal et par la connaissance que l'on a de la supériorité de la cause qui doit décider de l'événement. *J'appréhende* les effets du tonnerre, avons-nous dit; il y a possibilité qu'il me frappe : mais si je le vois tomber sur une grange, je *crains* qu'il n'y ait mis le feu.

La *peur* est une *crainte* violente qui vient d'un amour excessif de notre propre conservation et de ce que, connaissant ou croyant connaître la supériorité de la cause qui doit décider de l'événement, on est convaincu qu'elle se décidera pour le mal. On *craint* un méchant homme; on a *peur* d'une bête féroce. Il est juste de *craindre* Dieu, parce que c'est reconnaître sa supériorité infinie et avouer notre faiblesse; mais en avoir *peur*, ce serait en quelque sorte blasphémer, parce que ce serait méconnaître celui de ses attributs dont il semble lui-même se glorifier le plus, sa bonté toujours miséricordieuse.

La *frayeur* est un trouble plus grand, plus frappant, plus persévérant que la *peur*; c'est un violent accès de peur, qui, causé par l'impression subite d'un objet surprenant, fait frissonner le corps et trouble toutes nos pensées. Ainsi, la *frayeur*, comme l'*alarme*, est produite par un danger subit et inattendu; mais le danger qui *effraie* est plus voisin que celui qui *alarme* : en outre, la *frayeur* nous ôte, pour le moment, l'usage de la raison; l'*alarme* nous laisse toutes les facultés de l'esprit.

*L'effroi* est un état durable de *frayeur*, et par conséquent une *frayeur* plus grande, plus profonde, plus puissante, inspirée subitement par quelque chose d'horrible et d'odieux.

La *terreur* est une *peur* violente causée par la présence réelle ou par l'idée très-forte d'un grand péril, grossi encore par l'imagination. La puissance, la grande supériorité de l'objet qui menace, inspire la *terreur*, mais cet objet peut ne pas être horrible ni odieux comme celui qui inspire l'*effroi* : Dieu est la *terreur* des méchants, on ne dirait pas qu'il en est l'*effroi*.

*L'épouvante* est, en quelque sorte, une *terreur* mêlée d'*effroi* : comme dans l'*effroi*, le trouble qu'elle excite dans l'âme ne permet pas la délibération; et de même que la *terreur*, elle est inspirée par la supériorité, par la puissance d'un objet, qui peut n'avoir rien d'odieux.

1. *Alarme* s'emploie aussi dans le sens d'inquiétude, souci, chagrin ; mais alors ce mot n'est pas synonyme de ceux que nous considérons dans cet article.

Il y a même une *épouvante* et une *terreur* salutaires : l'*effroi* pas plus que la *peur* ne peuvent l'être.

L'*effroi* glace d'horreur, on meurt d'*effroi*. Il semble que l'effet propre de la *terreur* soit de faire trembler : elle abat le courage, mais elle permet la délibération. L'*épouvante* est une *terreur panique* qui pousse à la fuite : la peste, mal qui répand la *terreur* (La Fontaine) n'empêche pas les animaux de délibérer; l'*effroi* aurait paralysé toutes leurs facultés, l'*épouvante* les aurait fait fuir.

**APPRENDRE.** V. *Enseigner* et *étudier*.

**APPRÊTÉ, COMPOSÉ, AFFECTÉ.** « Ces épithètes désignent quelque chose de recherché dans l'air et les manières des personnes. — *Apprêté*, ce qui a de l'*apprêt*, comme la toile gommée, la dentelle empesée, l'étoffe lustrée. *Composé*, ce qui est *posé* symétriquement, compassé, arrangé avec art. *Affecté*, ce qui est fait avec dessein, recherche, effort, exagération, d'une manière trop marquée, où l'art se trahit. L'homme *apprêté* veut se donner de la consistance et du lustre; l'homme *composé*, du poids et de l'importance; l'homme *affecté*, des airs et du relief » (R.).

Le premier cherche à se faire valoir, il est raide contraint, sans abandon, et son caractère distinctif est la recherche dans les manières et principalement dans le discours. Le second vise à la gravité; il se montre calme, froid, réservé, réfléchi, circonspect, et son fait n'est que de l'hypocrisie. L'homme *affecté* veut surtout paraître, se montrer et produire de l'effet; l'exagération, la prétention, le manque de naturel dans le langage comme dans les manières, forment son caractère distinctif.

**APPRÊTER, PRÉPARER, DISPOSER.** *Apprêter*, travailler à rendre une chose propre et *prête pour* sa destination (10, page 5); *presser, presse, prêt, près*, marquent la hâte et la proximité; *apprêt* marque l'industrie et le soin curieux. — *Préparer*, travailler d'avance à mettre en état les choses nécessaires pour une fin : *pré* veut dire en avant, d'avance (13, page 5); *parer*, ou plutôt le latin *parare* signifie proprement *mettre : séparer*, mettre à part; *comparer*, mettre une chose avec une autre, vis-à-vis d'une autre. — *Disposer*, travailler à poser et à arranger, d'une manière convenable et fixe, les choses dont on a besoin pour ses desseins; *dis* marque la diversion, la différence, une nouvelle manière d'être (8, page 4); *poser* signifie fixer en un lieu, asseoir. — On *apprête* pour faire ce qu'on va faire; on *prépare* pour être en état de faire ce qu'on doit faire : on *dispose* pour s'arranger de manière à pouvoir faire ce qu'on se propose de faire. Le premier annonce une exécution ou une jouissance prochaine; le second, une exécution ou une jouissance future; le troisième, une exécution ou une jouissance projetée. — On se *dispose* à partir, quand on fait les arrangements convenables pour être libre de partir : on se *prépare* à partir, lorsqu'on remplit les conditions nécessaires pour le départ : on *s'apprête* à partir, lorsqu'on achève de faire tout ce qu'il faut et qu'il n'y a plus qu'à partir. — Vous *apprêtez* le travail des ouvriers qui vont se mettre à l'ouvrage; vous veniez de *préparer* les matériaux qui doivent servir à la fabrication; vous aviez *disposé* l'atelier de manière à le rendre commode pour un concours de travaux. — Il y a dans le mot *apprêter* une idée d'industrie et de recherche; dans le mot *préparer*, une idée de prévoyance et de diligence; dans le mot *disposer*, une idée d'intelligence et d'ordre. (R.)

APPRÊTS. V. *Appareil*.

APPRIVOISÉ. V. *Privé*.

APPROBATEUR, APPROBATIF. *Approbateur* (fém. *approbatrice*) est un substantif qui ne se dit que des personnes; employé comme adjectif, il ne se dit que des choses : « Geste *approbateur*. » Dans les deux cas, il signifie qui approuve ou a approuvé réellement, dans telle circonstance, au moment même de l'action approuvée.

*Approbatif* ne se dit que des choses; il est toujours adjectif et il signifie qui a la propriété d'approuver (42, page 12). Un geste *approbatif* est donc un geste qui de sa nature a la propriété de marquer l'approbation, sans aucun rapport au temps. Un geste *approbatif* par lui-même, tel, par exemple, que celui de battre des mains, devient *approbateur* lorsqu'on le fait réellement pour applaudir quelqu'un.

APPROBATION, AGRÉMENT, CONSENTEMENT, PERMISSION, ADHÉSION. « Termes qui énoncent tous le concours de la volonté d'une seconde personne à l'égard de ce qui dépend de la volonté d'une première. *Approbation* est celui qui a le sens le plus général; il se rapporte également aux opinions de l'esprit et aux actes de la volonté, et peut s'appliquer au présent, au passé et à l'avenir ». (B.)

*Agrément*, *consentement* et *permission* ne se rapportent qu'aux actes de la volonté; mais le premier peut s'appliquer aux trois circonstances du temps; tandis que *consentement* et *permission* ne se disent que relativement au présent ou à l'avenir. L'*adhésion*, acte de la volonté, s'applique à des choses présentes ou passées.

« L'*approbation* dépend des lumières de l'esprit et suppose un examen préalable : la conduite d'un homme de bien est digne de l'*approbation* et des éloges de ses concitoyens. — L'*agrément*, le *consentement* et la *permission* dépendent uniquement de la volonté et supposent intérêt ou autorité. Le *consentement* se demande aux personnes intéressées dans l'affaire; la *permission* se donne par les supérieurs qui ont droit de régler la conduite ou de disposer des occupations. Il faut avoir l'*agrément* de ceux qui ont quelque autorité ou quelque inspection sur la chose dont il sagit. — Nul contrat sans le *consentement* des parties. Les moines ne peuvent sortir de leur couvent sans *permission*. On n'acquiert point charge à la Cour sans l'*agrément* du roi ». (B. et G )

L'*adhésion* est l'acte de la volonté par lequel non-seulement nous approuvons les sentiments, les caprices, les opinions, les doctrines, les desseins, les décisions, les traités faits par d'autres; mais encore nous nous joignons à eux, nous devenons leurs *adhérents*, nous sommes de leur parti, nous les suivons, nous leur obéissons et nous les secondons au besoin.

APPROCHE (L'), LES APPROCHES. *L'approche* se dit des choses qui approchent, dont on approche, ou qui sont sur le point d'être présentes. *Les approches* se dit de plusieurs effets qui marquent la présence prochaine d'une chose : « Les *approches* de la mort ». On peut dire aussi *l'approche* de la mort, lorsque l'on considère la mort abstraction faite des circonstances qui indiquent son *approche*. *L'approche* a rapport à la chose même qui approche : *les approches* ont rapport aux circonstances qui indiquent *l'approche*. (L.)

APPROFONDIR. V. *Creuser*.

APPROPRIER (S'), S'ARROGER, S'ATTRIBUER. C'est se faire, de son autorité privée, un droit quelconque, ou du moins y prétendre. — *S'approprier*, se rendre *propre*, se faire une sorte de *propriété*, prendre pour soi ce qui ne nous appartenait pas. *S'arroger*, requérir avec hauteur, prétendre avec insolence, s'attribuer avec dédain ce qui n'est pas dû, plus qu'il n'est dû : du latin *rogare*, demander, requérir. *S'attribuer*, prétendre à une chose, se l'adjuger, se l'appliquer de sa propre autorité : du latin *tribuere*, donner, accorder en partage. L'homme avide *s'approprie*; l'homme vain *s'arroge*; l'homme jaloux *s'attribue*. L'intérêt fait qu'on *s'approprie*; l'audace qu'on *s'arroge*; l'amour-propre qu'on *s'attribue*. Antoine *s'appropria* les dépouilles de l'Orient : les Romains *s'arrogeaient* insolemment le droit de dicter des lois aux peuples entre lesquels ils se plaçaient comme médiateurs : Cicéron *s'attribua* l'honneur d'avoir sauvé sa patrie. — On *s'attribue* une invention, un ouvrage, un succès. On *s'arroge* des titres, des prérogatives, des prééminences. On *s'approprie* un champ, un effet, un meuble. (R.)

APPUI, SOUTIEN, SUPPORT. *L'appui* fortifie; on le met tout auprès, pour résister à l'impulsion des corps étrangers. Le *soutien* porte; on le place au-dessous, pour empêcher de succomber sous le fardeau. Le *support* aide; il est à l'un des bouts pour servir de jambage. Une muraille est *appuyée* par des arcs-boutants. Une voûte est *soutenue* par des colonnes. Le toit d'une maison est *supporté* par les gros murs. — Ce qui est violemment poussé, ou ce qui penche trop, a besoin d'*appuis*. Ce qui est excessivement chargé, ou ce qui est trop lourd par soi-même, a besoin de *soutiens*. Les pièces d'une certaine étendue qui sont élevées, ont besoin de *supports*. Dans le sens figuré, l'*appui* a plus de rapport à la force et à l'autorité; le *soutien* en a plus au crédit et à l'habileté; le *support* en a davantage à l'affection et à l'amitié. (G.)

APRE. V. *Acre*.

APRÈS, PUIS, ENSUITE. *Après*, adverbe, et *puis* marquent une postériorité de position ou de temps : « Vous irez devant et lui *après*. Partez et revenez *après*. Derrière lui était assis un tel, *puis* un tel. Ils se proposent d'aller à Orléans, à Blois, *puis* à Tours ». (Acad.) *Ensuite* ne s'emploie bien que pour marquer une postériorité de temps : « Travaillez d'abord, vous vous amuserez *ensuite* » (Id.).

*Après* signifie, littéralement, *à près, à proximité :* il présente donc l'objet ou l'action postérieure comme peu éloignée de celle qui précède, et suppose néanmoins un intervalle entre les deux. *Puis* est le même que l'italien *poi :* il diffère d'*après* en ce qu'il n'exprime point une idée de proximité, mais simplement d'ordre; si bien que pour rendre ces deux idées en même temps on dit quelquefois *puis après : « Puis après* venaient les députés », etc.

*Ensuite,* c'est *en suite, à la suite.* On disait autrefois *ensuite de* pour *à la suite de :* « Ensuite *de la promenade on alla souper* » (La Fontaine); et l'on dit encore aujourd'hui *ensuite de cela, ensuite de quoi* (Acad.). Ainsi, *ensuite* présente l'action comme suivant immédiatement la précédente, dont elle est en quelque sorte la suite.

A PRÉSENT, PRÉSENTEMENT, ACTUELLEMENT, MAINTENANT. *A présent* indique un temps présent plus ou moins étendu, par opposition à un autre temps plus ou moins éloigné, ou bien indéfini. Ainsi vous direz qu'en remontant aux époques les plus reculées de l'histoire, vous trouverez l'usage des armoiries, ainsi que celui des monnaies, établi alors comme *à présent.* — *Présentement* désigne un présent plus borné, plus limité, plus circonscrit : il signifie *à présent même,* dans le moment, tout à l'heure, sous peu, sans délai, sans retard, exclusivement à tout autre temps qui ne serait pas plus ou moins prochain. Une maison est à louer *présentement,* dans le temps même où l'écriteau est apposé, pour le terme présent. Vos préparatifs sont faits, il n'y a *présentement* qu'à partir; on part sans délai. — *Actuellement* exprime un temps encore plus précis et plus court, le temps, le moment, l'instant où l'on parle, où l'action se fait, où l'événement arrive. Ce mot s'applique fort proprement aux premiers temps, aux premiers commencements d'un changement, d'une révolution; d'un état nouveau, puisqu'il n'emporte que la durée d'un acte ou d'une action qui *s'effectue.* Un malade est *actuellement* hors de danger, au moment où le danger cesse. Il arrive *actuellement* beaucoup de vaisseaux dans un port que la paix, la liberté de la navigation et celle du commerce viennent d'ouvrir. Nous ne dirons pas qu'une monnaie a cours *actuellement,* si elle l'avait depuis un certain temps; il faut qu'elle commence à être autorisée et reçue dans le commerce. Vous vouliez, il y a un moment, faire une réforme dans votre maison; *actuellement* vous ne le voulez pas. — *Maintenant* signifie littéralement *pendant qu'on y tient la main,* qu'on a les choses en main, qu'on est après. Il désigne donc la suite ou la continuation d'une chose, la liaison ou la transition d'une partie à une autre et fort élégamment, l'opposition, le contraste de deux événements successifs, de deux objets relatifs l'un à l'autre. Ainsi un orateur indique, par le mot *maintenant*, le passage d'une division à une autre. « Nous venons de considérer le beau côté de la médaille, voyons-en *maintenant* le revers. Tel est l'état où sont *maintenant* les affaires ». C'est ainsi que ce mot doit être appliqué à la rigueur; mais il prend à tout moment la place de ses divers synonymes. (R.)

**APTITUDE, DISPOSITION, PENCHANT, PENTE, INCLINATION, PROPENSION.** *Aptitude,* faculté qu'a naturellement une personne d'être propre à quelque chose. Cette faculté tient à l'esprit : c'est pourquoi *aptitude* ne se dit guère que relativement aux arts, aux lettres ou aux sciences.

*Dispositions,* au pluriel, se dit aussi de la faculté d'être propre à quelque chose, mais d'une faculté moindre que l'*aptitude :* les *dispositions* demandent à être cultivées; l'*aptitude* agit, se développe et s'exerce d'elle-même. Ensuite, comme *dispositions* dit moins qu'*aptitude,* on peut employer ce mot en parlant d'études légères ou frivoles, d'exercices du corps, tandis qu'*aptitude* ne s'emploie bien qu'en parlant d'études sérieuses : ainsi l'on dit de quelqu'un qu'il a non pas de l'*aptitude,* mais des *dispositions* pour la danse.

*Disposition* au singulier et dans le sens moral, est synonyme de *penchant, pente, inclination, propension.* Ce mot éveille une idée d'arrangement, d'organisation : avoir certaine *disposition* à quelque chose c'est être disposé, organisé convenablement pour cette chose. Au moral, *disposition* ne s'emploie bien qu'avec un complément indirect exprimant une idée générale, comme *disposition* au bien, *disposition* au mal; on ne dirait pas : « Cet enfant a une grande *disposition* au mensonge ».

« Le *penchant,* dit Roubaud, marque une forte impulsion, la *pente* une situation glissante, la *propension* un puissant attrait, l'*inclination* une sorte de goût ou une *disposition* favorable ».

La *disposition* morale est simplement un état : ce mot ne nous représente point comme ses synonymes le sujet agissant ou tendant vers l'objet. « Le *penchant,* plus ou moins fort, fait sortir l'âme de son équilibre et de son indifférence, par des mouvements indélibérés qui la portent vers un objet : on y cède par faiblesse, on y résiste par une force qui nous pousse en sens contraire ou vers un autre objet. La *pente,* plus ou moins rapide, fait perdre l'équilibre; elle entraîne, ou l'on ne se retient qu'avec beaucoup d'efforts. La *propension,* plus ou moins grande ou violente, emporte l'âme séduite par la promesse du repos, du bonheur, d'une grande satisfaction ; on s'y abandonne, on ne la combat qu'à regret et avec de puissants secours. L'*inclination* plus ou moins agréable ou flatteuse, inspire le désir qui sollicite la poursuite d'un objet; on la suit ou on la contrarie; et voilà pourquoi ce mot se prend pour affection, attachement, amour ». (R.)

**ARGUMENTATEUR, ARGUMENTANT.** *Argumentateur* ne se prend qu'en mauvaise part, et se dit d'un homme qui aime, qui se plaît, qui cherche à argumenter. *Argumentant* est un terme d'école désignant celui qui argumente dans un acte public contre le répondant.

**ARIDE, SEC.** Une sécheresse constante cause l'*aridité*; elle a détruit dans un terrain *aride* la faculté de produire. Un terrain *sec* est momentanément privé d'humidité; la pluie ou l'arrosement peuvent lui rendre sa fertilité ordinaire.

Au figuré, *aride* se dit d'un sujet qui prête peu, d'un esprit qui ne produit rien et d'une âme qui manque de sensibilité. *Sec* signifie qui est dépourvu d'ornements ou d'agrément, de charme, de douceur : *Esprit sec, style sec, auteur sec, narration sèche*. (Acad.)

**ARME, ARMURE.** L'*arme* est tout ce qui sert soit pour l'attaque, soit pour la défense : l'*armure* ne sert que pour la défense. « C'est, dit Roubaud, ou l'ensemble des armes d'un guerrier, ou l'*arme* propre de telle ou telle partie du corps : ainsi le casque est l'*armure* de la tête; le brassard, celle du bras ; le gantelet, celle de la main, etc. »

L'*armure* est donc nécessairement un objet travaillé, souvent même elle est ornée (23, page 8) : l'*arme* peut n'être qu'un objet non travaillé, une pierre, un bâton, etc.

**ARMES, ARMOIRIES.** *Armoiries* est le mot propre de la chose; il désigne les signes héraldiques qui étaient peints ou figurés autrefois sur les *armes*, c'est-à-dire sur le bouclier, sur l'écu, sur la cote-d'armes : De là l'emploi du mot *armes* dans le sens d'*armoiries*.

*Armoiries* convient seul, quand on parle de ces signes en général; on dit : « Le blason est la science des *armoiries* », et non des *armes*. Le mot *armes* convient mieux, quand il s'agit d'*armoiries* particulières : « Les *armes* de France; Les *armes* de Castille sont un château » (Acad.).

**ARMURE.** V. *Arme*.

**AROMATE, PARFUM.** *Aromate*, du grec *arôma*, d'*arô*, je porte, j'élève, et *osmè*, odeur, senteur. *Parfum*, formé de *fum*, fumée, vapeur, et de *par*, à travers, entièrement. L'*aromate* est le corps d'où s'élève une odeur : le *parfum* est la senteur qui s'élève d'un corps. Tel est le sens primitif de ce dernier mot, comme son acception commune; mais il se dit aussi du corps odorant, tandis qu'*aromate* ne se dit jamais de l'odeur même ou de la vapeur. L'*aromate* a un *parfum* ou une senteur; et il est un *parfum* ou un corps propre à parfumer. L'*aromate* exhale des vapeurs agréables ; le *parfum* s'exhale ou il est exhalé. — Pris pour le corps même qui parfume, le *parfum* est à l'*aromate* comme le genre est à l'espèce. Tout *aromaté* est ou peut être *parfum* ; tout *parfum* n'est pas *aromate*. L'*aromate* appartient uniquement au règne végétal; les *parfums* sont tirés des différents règnes. (R.)

**ARRACHER, RAVIR.** *Arracher*, c'est tirer à soi et enlever avec violence, avec peine, un objet qui, retenu par un autre, se défend contre vos efforts. *Ravir*, c'est prendre, enlever par un tour de force ou d'adresse, un objet qui ne se défend pas ou qui est mal défendu. On *arrache* un arbre, une dent, un clou enfoncé dans un mur; on *ravit* des biens, une proie, des choses mal gardées. La première action est plus lente et plus violente; l'objet résiste : la seconde est plus prompte et plus subtile, comme celle de dérober; l'objet est en quelque sorte surpris. — Ces deux mots conservent parfaitement, au figuré, leur idée propre. L'importunité *arrache* un consentement, la subtilité le *ravit*. L'orateur pathétique m'*arrache* des larmes; l'orateur sublime *ravit* mon admiration : on se défend de pleurer plutôt que d'admirer. (R.)

ARRANGEMENT, ORDRE. L'*arrangement* consiste dans les dispositions qu'on fait ou qu'on a faites pour établir un certain *ordre*. L'*ordre* est le résultat de l'*arrangement*. (L.)

ARRANGER. V. *Ranger*.

ARRÊT, ARRÊTÉ, JUGEMENT, SENTENCE. *Arrêté* n'est guère synonyme d'*arrêt*, et il ne l'est point de *jugement* et de *sentence*. Ces trois derniers se disent des décisions des tribunaux; *arrêté* ne se dit que d'une décision prise par un maire, un préfet ou toute autre autorité administrative.

L'*arrêt* est la décision d'un tribunal supérieur, tel que la Cour de cassation ou une Cour impériale à laquelle on en a appelé. Le *jugement* est la décision d'un tribunal de paix ou de première instance, d'une Cour d'assises, d'un tribunal de police correctionnelle, d'un tribunal de commerce, qui a été appelé à se prononcer sur le fond de l'affaire.

*Sentence* se disait autrefois du *jugement* rendu par des juges inférieurs : aujourd'hui il n'est guère usité en jurisprudence; mais, dit l'Académie, dans le langage ordinaire, il est souvent employé, particulièrement lorsqu'il s'agit d'un jugement qui prononce la peine capitale.

ARROGANT. V. *Rogue*.

ARROGER (S'). V. *Approprier (s')*.

ARROSAGE, ARROSEMENT. Action d'arroser. L'*arrosage* est cette action faite en grand : L'arrosage *des terres, des prairies, des rues, des promenades*. L'*arrosement* est l'action d'arroser une plante, une chambre, etc.

ART, ARTIFICE. *Art* et *artifice* se disent d'abord des procédés employés dans l'exécution de quelque ouvrage, et de l'habileté plus ou moins grande avec laquelle cet ouvrage a été fait. Mais l'*art* consiste dans la méthode, dans la connaissance des règles et des moyens : l'*artifice*, c'est l'*art* se montrant dans l'exécution (23, page 8). L'*art* est la théorie; c'est le talent, l'intelligence, le savoir de l'artiste ou de l'ouvrier : l'*artifice* est la pratique, l'*artifice* est dans l'ouvrage; c'est l'industrie, l'adresse, l'habileté de main de l'ouvrier manifestée par l'œuvre.

Ensuite *art* et *artifice* signifient ruse, fraude, déguisement; mais dans ce sens encore, *art* est relatif à la personne : c'est la manière dont l'esprit imagine et combine les moyens. *L'artifice* est relatif à l'exécution : c'est l'emploi des moyens conçus par l'*art;* c'est une action, une conduite *artificieuse,* des paroles *artificieuses,* un procédé plein d'*artifice,* etc.

*Artifice* s'emploie, dans le premier sens, en parlant des ouvrages d'esprit, du style ; et ici encore ce mot est relatif à l'œuvre, à l'exécution : « L'*artifice* de son style séduit ». (Acad.)

ARTICULER. V. *Proférer.*

ARTIFICE. V. *Art* et *adresse.*

ARTISTE, ARTISAN, OUVRIER. L'*artiste* cultive un des arts libéraux ; il est architecte, peintre, dessinateur, sculpteur, graveur, musicien, comédien, etc. L'*artisan* professe un art mécanique ; il est menuisier, serrurier, charpentier, peintre en bâtiments, maçon, etc.

On dit aussi *artiste* vétérinaire; et le mot *artiste* tend de nos jours à s'appliquer à toute personne qui exécute des ouvrages fins, délicats, élégants, qui exigent du goût et une certaine habileté de main : *artiste* en cheveux, *artiste* en fleurs artificielles, etc.

Il faut remarquer que le mot *artisan* s'emploie au figuré pour signifier celui qui est l'auteur, la cause de quelque chose.

*Ouvrier* diffère de son synonyme *artisan* en ce qu'il a un sens plus étendu. *Artisan* désigne une profession ; l'*artisan,* nous l'avons déjà dit, est celui qui professe un art mécanique : *ouvrier* se dit de tout homme qui fait de l'ouvrage : Louis XVI était habile à la serrurerie ; c'était un bon *ouvrier,* ce n'était pas un *artisan.* Les gens employés aux travaux des champs sont des *ouvriers* et non des *artisans ;* ils n'exercent pas un art mécanique.

« On se sert du mot *ouvrier,* lorsqu'on veut représenter les gens à l'œuvre, surtout quand ils sont en nombre et de différentes classes. Ainsi vous avez à votre château beaucoup d'*ouvriers,* soit *artisans,* comme maçons, menuisiers ; soit *artistes,* comme peintres, sculpteurs. Dans un atelier ou une boutique, le maître est plutôt l'*artisan* proprement dit ou par excellence ; les compagnons sont des *ouvriers :* les *ouvriers* travaillent pour le maître, l'*artisan* en chef travaille pour le public : celui-ci est une espèce d'entrepreneur ; les autres sont des gens de journée ou à gages ». (R.)

ASCENDANT. V. *Pouvoir.*

ASILE, REFUGE. *Asile* se disait proprement d'un lieu où les débiteurs et les criminels ne pouvaient être arrêtés : *Les églises étaient autrefois des* asiles. (Acad.) Ce mot se dit, par extension, de tout lieu où l'on se met à l'abri des poursuites de la justice, d'une persécution, d'un danger, etc. Il signifie aussi retraite, séjour, habitation ; et se dit figurément des personnes et des choses qui protégent, qui défendent : *Vous êtes mon* asile. *La solitude est un* asile *contre les passions.* (Acad.)

*Refuge* est formé du verbe latin *fugere,* fuir, et de la particule *re,* qui a un sens augmentatif (5, page 3). Le *refuge* est une retraite où l'on se sauve dans un danger pressant et que l'on fuit. « Un port, dit Roubaud, est en tout temps un *asile* : dans la tempête c'est un *refuge*. Le voyageur égaré cherche un *asile*, et poursuivi, un *refuge*. L'*asile* ne se prend que pour une retraite honnête et respectable, et il n'en est pas de même du *refuge*. La solitude est un *asile* pour les contemplatifs : les brigands ont des *refuges*, comme les bêtes féroces. Les réduits où s'assemblent des joueurs, des vagabonds, des fainéants, s'appellent des *refuges* et non des *asiles*. »

ASPECT, VUE. Le mot *vue* est relatif au sujet; la *vue* est le sens par lequel on voit. Le mot *aspect* est relatif à l'objet que l'on voit; l'*aspect* est la manière dont cet objet se présente à la *vue*. De ma chambre j'ai la *vue* d'une petite cour qui offre un *aspect* fort triste.

« Au figuré, dit M. Guizot, une *vue* fausse tient à ce que l'on voit mal les objets qui se présentent : un faux *aspect* tient à ce qu'ils se présentent mal. Un esprit faux et borné n'a que des *vues* fausses; la passion montre les choses sous de faux *aspects*. »

ASPIRER, PRÉTENDRE. *Aspirer* à une chose, c'est simplement la désirer : *prétendre* à une chose, c'est la vouloir, la revendiquer, ou espérer de l'obtenir en vertu d'un droit que l'on a ou que l'on croit avoir. J'*aspirais* à un prix qui a été mis au concours; mais ayant reconnu la supériorité de mes concurrents, je me retire, je ne *prétends* point à ce prix.

Le plus souvent on *aspire* en secret; mais on *prétend* toujours ouvertement, on fait valoir ses *prétentions*. *Prétendre* à la main d'une jeune personne, c'est se croire digne de cette jeune personne et avoir quelques droits à devenir son mari.

ASSAILLIR, ATTAQUER. *Assaillir* dit autant qu'*attaquer vivement* : « *Assaillir* les ennemis dans leurs retranchements ». (Acad.) signifie donc les *attaquer* avec vigueur et promptitude. Il signifie aussi, tant au propre qu'au figuré, *attaquer* subitement, à l'improviste : « L'orage nous *assaillit* ». (Acad.) *Assaillir* est donc le terme propre lorsqu'il s'agit d'une attaque à laquelle on ne s'attend pas : « Nous fûmes *assaillis* d'une grêle de pierres ». (*Id.*)

ASSASSIN, MEURTRIER, HOMICIDE. *Homicide* est le terme général : ce mot signifie littéralement *tueur d'homme*; il n'emporte avec lui aucune idée défavorable : l'*homicide* par imprudence n'est pas un criminel : l'homme qui tue son adversaire en duel est un *homicide*, mais il n'est ni un *meurtrier* ni un *assassin*, s'il s'est battu loyalement. *Homicide* se dit non-seulement de la personne, mais aussi de l'action : *Commettre un* homicide *involontaire*.

Le *meurtrier* est celui qui, cédant à la colère, à la fureur, à une passion qui l'agitait et qui lui a ôté momentanément la raison, a commis un *homicide* avec violence. Un homme, dans une rixe, en tue un autre; c'est un *meurtrier*. Caïn fut le *meurtrier* d'Abel; Idoménée le fut de son propre fils.

*L'assassin* est celui qui attente ; de dessein formé et de guet-apens à la vie de quelqu'un. *L'assassin* se tient et agit dans l'ombre : maître de lui-même et ayant toute sa raison, il guette, surprend ou attaque lâchement sa victime, qui est sans défense.

ASSEMBLÉE, COMPAGNIE, SOCIÉTÉ. *L'assemblée* est une réunion plus ou moins considérable de personnes qui se sont rendues à un même lieu dans un but spécial et déterminé, soit qu'il s'agisse d'un devoir à remplir ou d'intérêts communs à débattre, soit pour toute autre affaire sérieuse. La *compagnie* est la réunion accidentelle de plusieurs personnes pour le plaisir d'être ensemble, de converser, de jouer, de s'amuser, de se promener. Ce mot se dit aussi de ceux qui accompagnent une personne : *M. un tel et sa compagnie;* et de ceux qui sont en quelque sorte nos compagnons habituels : *Les mauvaises* compagnies *l'ont perdu.*

La *société*, comme la *compagnie*, est une réunion de personnes pour le plaisir d'être ensemble : mais ce mot dit plus que *compagnie;* car il fait entendre que les personnes qui forment la *société* se réunissent habituellement, et qu'il y a une sorte d'association entre elles, à l'exclusion d'autres personnes. Je puis accidentellement me trouver de la *compagnie* de quelqu'un sans faire partie de sa *société*. A l'occasion d'une fête ou de toute autre circonstance, il y a dans un salon une nombreuse *compagnie* de gens qui font partie de diverses *sociétés*.

ASSEMBLER, RASSEMBLER. Nous *assemblons* les personnes ou les choses qui ne sont pas éloignées de nous, que nous avons sous la main, que nous connaissons, que nous savons où trouver. *Rassembler* suppose plus de peine, plus de difficultés ; on *rassemble*, par des actions continuées (5, page 3), des personnes ou des choses éparses, éloignées les unes des autres, des choses que l'on est obligé de chercher pour les trouver. « On *assemble* ses amis, ses connaissances, dit Laveaux, lorsqu'ils sont tous dans le lieu où l'on est; on les *rassemble*, lorsqu'ils sont épars dans différentes provinces, dans différents pays. »

ASSEMBLER, JOINDRE, UNIR. *Assembler* des choses, c'est simplement les rapprocher les unes des autres. *Joindre* des objets à d'autres, c'est les ajouter pour qu'ils fassent partie de l'ensemble, ou bien c'est les placer comme ils doivent être relativement à d'autres pour former un tout. *Unir* des choses, c'est les attacher, les fixer de manière qu'elles tiennent les unes aux autres et ne fassent plus qu'un. Vous *assemblez* une certaine quantité de fleurs pour faire des bouquets : en faisant un de ces bouquets, vous *joignez* des œillets à des roses; vous *unissez* ensuite toutes ces fleurs en les attachant avec un lien.

Nous *assemblons* des personnes dans un lieu pour leur proposer de se *joindre* à nous dans l'exécution d'un dessein, et nous tâchons de les *unir* par des intérêts communs.

**ASSENTIMENT, CONSENTEMENT.** Acte de l'esprit par lequel on conforme son sentiment à celui des autres. — *Consentement* signifie, littéralement, sentiment, opinion partagée *avec* d'autres personnes (4, page 8) : *C'est une vérité démontrée par le* consentement *unanime des peuples*. Il n'a guère cette signification que dans cette locution, qui est du domaine de la philosophie; partout ailleurs il signifie acquiescement à l'exécution de quelque chose, adhésion à la volonté de quelqu'un. Par le *consentement* donc, on veut *avec* (cum) d'autres personnes; on veut que ce qu'elles veulent se fasse.

*Assentiment* se dit de l'opération de l'esprit qui *sent*, qui connaît la vérité d'une proposition, et qui donne son adhésion *à* (*ad*, 10, page 5) cette proposition. « L'*assentiment*, dit Roubaud, est l'acquiescement de l'esprit; il concerne la vérité des choses : le *consentement* est l'acquiescement de la volonté; il concerne la bonté des choses. » De son côté, Laveaux fait remarquer que l'*assentiment* est libre et toujours sincère; tandis que le *consentement* est souvent forcé, et ne prouve pas toujours que l'on croie que la chose à laquelle on consent soit bonne. « On peut donner, dit-il, son *consentement* à une chose sans y donner son *assentiment;* c'est-à-dire qu'on peut, par quelques considérations particulières, *consentir* qu'elle se fasse, sans adopter les motifs qui engagent à la faire. »

Il faut remarquer cependant que *assentiment* signifie quelquefois acquiescement à un acte : « Je n'ai point donné mon *assentiment* à ce traité, à cette décision. Il ne l'a fait qu'avec l'*assentiment* de ses supérieurs. » (Acad.) Dans ce sens, qui se rapproche beaucoup de celui de *consentement*, le mot *assentiment* suppose l'exercice d'une faculté de l'esprit, qui juge, plutôt qu'un acte de la volonté.

ASSERVIR. V. *Soumettre.*

ASSEZ, SUFFISAMMENT. *Assez* satisfait au désir; *suffisamment*, au besoin : le premier marque qu'on ne veut pas avoir davantage; le second, que l'on a tout ce qui est nécessaire, ce qui *suffit* à l'usage ou à l'emploi. L'avare n'en a jamais *assez :* il désire, il veut toujours avoir. Le prodigue n'en a jamais *suffisamment :* il dépense plus qu'il n'a, ses ressources ne suffisent pas à ses besoins.

Le désir est en quelque sorte sans limites; le besoin est déterminé par l'usage, par l'emploi. C'est pourquoi *assez* exprime une quantité plus grande que *suffisamment :* ce qui fait *assez* peut être fort voisin du superflu; ce qui fait *suffisamment* n'est jamais que le nécessaire.

ASSIÉGER (au propre), INVESTIR, BLOQUER. *Assiéger* une place, c'est faire toutes les opérations qui ont pour but la prise de cette place : comme, par exemple, l'ouverture des tranchées, l'établissement des batteries de siége, etc. *Investir* une place, c'est simplement a cerner, l'entourer de troupes, sans faire des travaux de siége: la *bloquer*, c'est en occuper seulement les avenues.

ASSIÉGER (au figuré), OBSÉDER. Les personnes et les choses

nous *assiégent*, comme nous *assiégeons* les choses et les personnes : il n'y a que les personnes ou des êtres moraux qui *obsèdent*; ils n'*obsèdent* que les personnes. — Les courtisans *assiégent* le trône et *obsèdent* le prince. Des eaux, des neiges qui vous entourent et vous enferment, vous *assiégent*. Des parents, des domestiques qui vous isolent et vous circonviennent, vous *obsèdent*. — Les maux nous *assiégent*, nous ou notre vie : les passions nous *obsèdent*, comme des démons familiers. — On *assiége*, par l'assiduité, les assauts, les poursuites, pour parvenir à un but quelconque : on *obsède* par l'assiduité, l'artifice, la malignité, pour parvenir à gagner et gouverner la personne. Ainsi *obséder* quelqu'un, c'est l'*assiéger* sans cesse, le circonvenir ou l'envelopper par les circuits artificieux de la séduction, pour s'emparer de son esprit et de ses volontés. L'*obsession* a pour but la *possession*. — *Assiéger* désigne les attaques du dehors; mais *obséder* marque surtout la persécution intérieure. Vous n'êtes pas *assiége* par une pensée, une imagination, une vision, une illusion qui vous poursuit sans cesse malgré vous; vous en êtes *obsédé* : l'*obsession* est dans votre esprit même. (R.)

ASSIETTE. V. *Situation*.

ASSISTER, ÊTRE PRÉSENT. On *assiste* à quelque chose par devoir, par bienséance ou par tout autre motif : On *assiste* à la messe, c'est un devoir religieux; on *a assisté* aux débats d'une affaire judiciaire que l'on a voulu suivre. Ainsi *assister* est le terme propre, quand notre présence est un effet de notre volonté, déterminée à cela par la chose même qui se passe ou doit se passer devant nous avec ou sans notre participation.

*Être présent* marque simplement la coïncidence de deux faits parfaitement indépendants l'un de l'autre : notre présence et la chose qui se passe sous nos yeux. Cette locution convient donc, lorsqu'il s'agit de quelque chose de fortuit, d'imprévu, et surtout d'un événement, d'une action dont on n'est que témoin. On *a assisté* à un spectacle que l'on a voulu voir : on *a été présent* à un accident qui a eu lieu dans la rue. On *assiste* à un combat auquel on prend part : on *est présent* à un combat que l'on voit de loin.

*Assister* s'emploie aussi, figurément, dans le sens de vivre à la même époque où se sont passés certains faits historiques : *Il a* assisté *aux gloires de l'empire*.

ASSISTER, SECOURIR. V. *Secourir*.

ASSOCIER, AGRÉGER. *Associer* signifie, littéralement, unir ou joindre *à la société*; et *agréger*, du latin *ad gregem*, signifie joindre *au troupeau*, à la troupe.

On *associe* quelqu'un à un corps qui forme une société se recrutant d'elle-même, et qui tient des séances, des assemblées, comme, par exemple, l'Académie Française, l'Académie des Sciences, etc. On *agrége* quelqu'un à un corps composé de personnes excerçant la même profession, mais qui ne forment point une société. Les facultés de lettres, de médecine, *agrégent* des docteurs ; l'Université nomme *agrégés*, après un concours, certains gradués qui aspirent à être professeurs dans un lycée.

**ASSUJETTIR.** V. *Soumettre.*

**ASSUJETTISSEMENT, SUJÉTION.** Ces mots désignent la dépendance, l'obligation, la gêne ou la contrainte. — *Assujettissement* désigne plutôt un état habituel dans lequel on est fixé; *sujétion*, la situation actuelle dans laquelle on se trouve. Les lois, les règles, l'autorité, l'empire, les coutumes, les bienséances, nous imposent des *assujettissements :* les actes, les actions, les soins, les travaux, les devoirs imposés par les lois sont des *sujétions*. — Le mot *sujétion* n'annonce qu'une dépendance, une obligation, une assiduité vague et indéterminée, sans indiquer par lui-même *à qui* et *à quoi* l'on est *sujet*. Le mot *assujettissement* annonce une dépendance, une soumission, un dévouement déterminé ou préparé par la préposition *à*, qui, dans la composition du mot, indique la *sujétion à* une personne. On est dans la *sujétion* dès qu'on n'est pas à soi, à sa propre disposition; on est dans l'*assujettissement* lorsqu'on est à quelqu'un, à une chose. La *sujétion* n'énonce donc que la situation ou l'état de la chose ou de la personne : l'*assujettissement* annonce de plus un rapport formel à ce qui *assujettit* la personne ou la chose. (R.)

**ASSURÉ.** V. *Sûr.*

**ASSURER, RASSURER.** Rendre stable, affermir; et au figuré, inspirer l'assurance. — On dit également au propre *assurer* et *rassurer*, c'est-à-dire rendre ferme, stable; mais avec cette différence que le premier convient lorsque le danger n'est que possible ou éventuel, et le second quand le danger est imminent : « Cette planche vacille, mettez-y un clou pour l'*assurer;* il faut *rassurer* cette muraille, elle menace ruine ». (Acad.) En effet *rassurer* dit plus qu'*assurer* ; il signifie *assurer* fortement, avec plus de soin (5, page 3).

Il en est à peu près de même au figuré. « Ainsi, dit Roubaud, vous *assurez* celui qui n'est pas ferme ou résolu, qui n'a pas assez de force ou de confiance, qui n'est pas dans un état de sécurité. Vous *rassurez* celui qui est abandonné à la crainte ou à la terreur, qui est tout à fait hors de l'assiette naturelle, qui ne peut être ramené et tranquillisé qu'avec beaucoup de soins, de secours, de reconfort. »

**ASSURER, AFFERMIR.** *Assurer*, c'est faire qu'une chose ne vacille pas, qu'elle reste en place, qu'elle ne soit pas exposé à tomber. On *assure* un objet en le rendant stable par la consistance de sa position ou par des liens qui le fixent. *Affermir*, c'est littéralement rendre ferme. « On *affermit*, dit Girard, par de solides fondements ou par de bons appuis pour rendre la chose propre à se maintenir ou à résister aux impulsions et aux attaques. »

On *assure* une muraille, un plancher, une poutre, en l'étayant. On *affermit* une muraille en consolidant ses fondations ou en augmentant son épaisseur; on *affermit* un plancher en le reprenant en sous-œuvre, et en y faisant des réparations qui augmentent sa force et sa solidité.

Au figuré, *assurer* signifie rendre ferme et sûr : « Faire dessiner souvent un écolier pour lui *assurer* la main » (Acad.); ou simplement, rendre sûr : « *Assurer* son indépendance ». (Id.) *Affermir*, c'est rendre ferme et stable, plus difficile à ébranler, à troubler : « *Affermir* le courage. *Affermir* quelqu'un dans une résolution. *Affermir* le crédit public. *Affermir* la tranquillité publique ». (Acad.)

ASSURER, AFFIRMER. *Assurer* qu'une chose est, c'est donner cette chose comme sûre et certaine : *affirmer* une chose c'est soutenir qu'elle est vraie. On *assure* à des personnes qui ne nient pas, qui doutent seulement, et qui sont disposées à admettre la chose : on *affirme* une chose à l'égard de quelqu'un qui nie; l'*affirmation* suppose nécessairement la *négation*. Aussi celui qui *affirme* doit-il être ou se montrer fermement convaincu; il insiste fortement, et au besoin il soutiendrait son dire par le serment. Lorsque je dis : *On* assure *qu'une bataille a été livrée,* je présente le fait comme probable plutôt que comme certain : je ne prétends pas être convaincu de la réalité de la chose, et les personnes auxquelles je parle ne nient pas ce fait; tout au plus elles l'admettent comme douteux. Mais si j'ai assisté ou si j'ai été présent à cette bataille et que j'en apporte la nouvelle à quelqu'un qui prétend que le fait n'est pas vrai, je dirai : J'affirme *qu'une bataille a été livrée à tel endroit.*

ASTUCE. V. *Adresse.*

A TERRE. V. *Terre.*

ATRABILAIRE. V. *Mélancolique.*

A TRAVERS, AU TRAVERS. V. *Travers (à).*

ATROCE. V. *Grand, énorme.*

ATTACHE, ATTACHEMENT. *Attache* est ce qui attache, un lien; *attachement*, ce par quoi on est attaché, une liaison (19, page 6). *Attache* se dit au propre et au figuré, *attachement* ne se dit qu'au figuré, il désigne un sentiment : l'*attache* vient de quelque cause que ce soit; l'*attachement* vient du cœur. On tient à l'objet pour lequel on a de l'*attache:* on aime celui pour lequel on a de l'*attachement.* On a de l'*attache* pour la maison que l'on habite, et de l'*attachement* pour des personnes avec qui l'on vit. Une simple habitude avec une personne fait une *attache;* une liaison fondée sur le rapport des sentiments et des caractères est un *attachement.* Le hasard, l'intérêt, l'habitude, les convenances, forment les *attaches :* la nature forme des *attachements.* On a des *attachements;* l'on se fait des *attaches.* (R.)

ATTACHÉ. V. *Adhérent.*

ATTACHER. V. *Lier.*

ATTAQUER. V. *Assaillir.*

ATTENDRE. V. *Espérer.*

**ATTENTION, APPLICATION, CONTENTION.** L'*Attention* est l'opération de l'esprit qui *tend vers* un objet (10, page 5), et s'y attache pour le considérer. L'*application* est une *attention* suivie et sérieuse : c'est l'acte de l'esprit qui se fixe, qui s'*applique* sur un objet d'étude, et y adhère en quelque sorte. La *contention* est une *application* forte et pénible de l'esprit à quelque objet de méditation : elle suppose une certaine complication dans la matière étudiée, et par conséquent difficulté dans cette étude.

Dans l'*attention* et dans l'*application* l'esprit se porte vers la chose; de sorte que le sujet sort pour ainsi dire de lui-même et se met simplement en rapport avec l'objet : dans la *contention*, au contraire, l'esprit se replie sur lui-même et concentre toutes ses forces pour surmonter les difficultés et se rendre maître de l'objet.

**ATTENTION, EXACTITUDE, VIGILANCE.** Le mot *attention* est pris ici dans une acception un peu différente de celle que nous lui avons donnée dans l'article précédent : il signifie faculté d'être attentif à toutes les parties d'un travail que l'on fait ou d'une affaire dont on s'occupe.

« L'*attention* fait que rien n'échappe; l'*exactitude* empêche qu'on n'omette la moindre chose; la *vigilance* fait qu'on ne néglige rien. — Chez les Romains, un même homme était magistrat *attentif*, ambassadeur *exact* et capitaine *vigilant*. — L'auteur, pour bien écrire, doit être également *attentif* aux choses qu'il dit et aux termes dont il se sert, afin qu'il y ait du vrai et du goût dans ses ouvrages. Le commissionnaire, pour bien exécuter, doit être *exact* dans le temps comme dans la manière de faire les choses; afin que tout soit fait à propos et comme on le souhaite. Le général d'armée doit être *vigilant* sur les marches des ennemis et sur les siennes, afin de profiter des avantages et de ne pas manquer l'occasion. — L'homme sage est *attentif* à sa conduite, *exact* à ses devoirs, et *vigilant* sur ses intérêts ». (G.)

**ATTENTIONS.** V. *Égards.*

**ATTÉNUER, EXTÉNUER.** Affaiblir; diminuer les forces, l'embonpoint. — *Atténuer*, c'est littéralement porter *à* la ténuité (10, page 5). *Exténuer* exprime une diminution plus grande, un affaiblissement plus considérable : la préfixe extractive ou privative *ex* marque que le sujet a été privé de toutes ses forces (9, page 4).

*Atténuer* signifie aussi rendre moins grave : « Ce délit est beaucoup *atténué* par les circonstances. » (Acad.) L'Académie fait observer qu'*exténuer* signifie figurément, au sens moral, affaiblir, diminuer; et elle donne cet exemple : « Il essayait ainsi d'*exténuer* le crime, l'accusation » : mais elle ajoute que ce sens a vieilli et que l'on dit aujourd'hui *atténuer*.

**ATTESTER, CERTIFIER, ATTESTATION, CERTIFICAT.** *Attester*, du latin *adtestare* (*ad*, à, pour; *testis*, témoin) signifie littéralement apporter son témoignage à un fait[1] : *certifier*, c'est faire ou établir la *certitudo* d'un fait.

On *atteste* une chose qui est ou qui pourrait être *contestée* : on *certifie* une chose sur laquelle s'élève ou pourrait s'élever quelque doute. Mon ami se plaint que vous n'ayez pas tenu la promesse que vous lui avez faite; vous prétendez que vous ne lui avez rien promis : j'*atteste* que vous lui avez fait cette promesse en ma présence. Vous doutez de quelque chose que je vous annonce; je vous *certifie* que cela est.

La même nuance distingue les deux mots *attestation* et *certificat*. Un homme arrêté comme vagabond n'ayant ni feu ni lieu, demande au maire de sa commune une *attestation* constatant qu'il a un domicile dans cette commune. Un maire délivre à un de ses administrés un *certificat* d'indigence, parce que cet homme est réellement indigent, ce qu'on ne conteste pas, mais ce dont on pourrait douter. Vous donnez un *certificat* à un domestique qui vous a fidèlement servi, afin de prévenir tout doute sur la probité de cet homme.

ATTIRANT, ATTRACTIF. *Attirant*, féminin *attirante*, ne s'emploie qu'au figuré et ne se dit que des personnes ou de ce qui appartient aux personnes; il signifie qui séduit, qui amène adroitement à ses fins, et il montre la qualité agissante (42, page 12, à la fin du numéro) : *Manières fort* attirantes. (Acad.) *Attractif* est un terme didactique signifiant qui a la propriété d'attirer, et il en se dit que des choses : *Force* attractive; *onguent* attractif. (Id.)

ATTITUDE. V. *Position*.

ATTOUCHEMENT. V. *Tact*.

ATTRAITS, APPAS, CHARMES. On dit les *attraits* du plaisir, les *attraits* de la vertu, les *appas* de la volupté, les *appas* du jeu, les *charmes* de la musique, les *charmes* du pouvoir et de la grandeur.

« *Attraits*, ce qui attire, ce qui tire à soi. Le propre des *attraits* est donc de nous faire pencher, incliner, aller vers un objet. *Appas* a beaucoup d'analogie avec *appât*, et cette analogie est fondée sur une origine commune. Le propre des *appas* est d'exciter, comme l'appât, le goût et l'envie de posséder l'objet et d'en jouir. Les *appas* ont donc un plus grand effet que les *attraits*. Comme l'*appât* trompe, les *appas* peuvent tromper; et l'on est bien fondé à dire *des appas trompeurs et perfides*. — *Charmes* est le même mot que *charme*, enchantement, avec une analogie bien sensible. Le propre des *charmes* est de nous frapper et de nous enlever par une force secrète, mystérieuse, toute-puissante, irrésistible. — Ainsi, les *attraits* préviennent favorablement et nous attirent; les *appas* flattent le cœur ou les sens et nous

1. *Attester* signifie aussi prendre à témoin : *J'atteste le ciel que je dis la vérité;* mais dans ce sens il n'est pas synonyme de *certifier*.

séduisent; les *charmes* s'emparent en quelque sorte de nous et nous enchantent ». (R.)

ATTRAPER. V. *Happer.*

ATTRIBUER, IMPUTER. On *attribue* les choses, un fait positif, et l'on se croit fondé à les *attribuer* à telle ou telle personne. On *impute* surtout la valeur des choses, le mérite de l'acte ou de l'action, et le plus souvent par simple conjecture.

« Vous *attribuez* un ouvrage à celui que vous en croyez l'auteur, le facteur immédiat: vous *imputez* un événement à celui que vous en préjugez la cause plus ou moins éloignée, ou même indirecte, ou accidentelle. Vous *attribuez* une faute à celui qui, selon vos connaissances, l'a commise ou fait immédiatement commettre : vous *imputez* une mauvaise action à celui qui, selon vos conjectures ou vos suppositions, en a été la première cause ou le premier moteur. Celui qui, par son *action directe*, a produit, effectué une chose, est dans le cas qu'on la lui *attribue;* celui qui, par son *influence*, ses conseils, ses instigations, a amené une chose, est dans le cas qu'on la lui *impute*. — On vous *attribue* ce qui est réel ou qu'on croit l'être : on vous *impute* ce qui n'est pas dans vos actions, ou même une chose qui n'est pas. On vous *attribuera* un discours, un propos qui a été tenu : on détournera le sens de vos paroles, pour vous *imputer* ce que vous n'avez jamais pensé.— On *attribue* un fait positif, articulé : on *impute* aussi des choses vagues, indéterminées. — *Attribuer* se prend indifféremment en bonne et en mauvaise part; *imputer* se prend plutôt en mauvaise part. On *attribue* une bonne comme une mauvaise action, des vertus comme des vices : on *impute* une mauvaise action plutôt qu'une bonne, des vices plutôt que des vertus ». (R.)

ATTRIBUER (S'). V. *Approprier (s').*

ATTRISTÉ. V. *Affligé.*

ATTRISTER, CONTRISTER. *Attrister*, c'est porter à la tristesse (*ad tristitiam*, d'où *adtristare*, 10, page 5); *contrister*, c'est avoir la tristesse *avec* soi, en soi, ou bien avoir beaucoup de tristesse, la préfixe *com* marquant aussi accumulation (4, page 3).

Ainsi *contrister* dit plus qu'*attrister*. « *Attristé*, dit l'abbé Girard, désigne un déplaisir plus apparent que profond, et qui ne fait qu'effleurer le cœur : *contristé* marque une personne plus touchée, et des maux plus grands ou plus prochains. On est *attristé* d'une maladie populaire, d'une continuation de mauvais temps, des accidents qui arrivent sous nos yeux, quoique à des personnes indifférentes : on est *contristé* d'une calamité générale, des ravages que fait autour de nous une maladie contagieuse, de voir ses projets manqués et toutes ses espérances évanouies ».

AUBERGE, HOTELLERIE, HOTEL. Ces trois mots se disent également de maisons où les voyageurs et les étrangers sont logés et même nourris. *Auberge*, autrefois *héberge*, du verbe *héberger*, était le terme général servant à désigner ces sortes d'établissements, dont l'*hôtel* et l'*hôtellerie* n'étaient que des espèces : aujourd'hui *auberge* n'éveille plus que l'idée du plus infime de ces établissements.

*Hôtellerie* est un diminutif d'*hôtel* (22, page 7) : ce mot est aujourd'hui fort peu usité; on ne dit plus guère que *auberge*, et *hôtel*. Ce dernier mot est un terme plus relevé que les autres; mais il se dit très-bien de petits établissements où on loge en garni des étudiants et généralement des personnes qui ne vivent pas dans leur ménage.

AU CAS QUE. V. *Cas que*.

AUCUN. V. *Nul*.

AUDACE. V. *Hardiesse*.

AU DEMEURANT. V. *Demeurant (au)*.

AU DEVANT (ALLER). V. *Aller*.

AUGMENTER. V. *Agrandir* et *Croître*.

AUGURE, PRÉSAGE. L'*augure* n'est qu'une conjecture enfantée par notre imagination : le *présage* est un signe qui se montre ou que nous croyons voir dans l'objet. Nous *présageons*, les choses *présagent*; mais c'est nous seuls qui *augurons*.

« Le *présage*, dit Roubaud, annonce un événement de quelque nature qu'il soit; l'*augure*, un événement heureux ou malheureux. Le premier se rapporte au *fait*; le second au *succès*. Le *présage* est particulièrement certain ou incertain; l'*augure* est bon ou mauvais : un *présage* est de bon ou de mauvais *augure* ».

AU MOINS, DU MOINS. *Au moins* annonce une chose en moins; c'est le moins qu'on puisse faire; c'est l'action, l'état, la chose, restreints à un degré moindre ou à un moins grand nombre d'objets : « Si vous ne voulez pas être pour lui, *au moins* ne soyez pas contre » (Acad.) : c'est le moins que vous puissiez faire. « Tous les peuples le regardaient, sinon comme leur maître, *au moins* comme leur chef » (Id.) : un chef est moins qu'un maître. « Vous voudriez entrer en composition et faire subsister le principe, *au moins* pour les justes » (Pascal) : le principe ne subsisterait pas pour tout le monde, mais pour les justes seulement, pour un moins grand nombre de personnes.

*Du moins* a presque le sens de toutefois, néanmoins, en compensation : il annonce un équivalent, ou bien il rectifie l'assertion précédente en la remplaçant par une autre moins hardie ou plus juste, plus vraie, etc. « S'il n'est pas fort riche, *du moins* il a de quoi vivre honnêtement » (Acad.); c'est-à-dire, toutefois, néanmoins il a de quoi vivre, etc. « Si nous n'avons pas le plaisir de vous voir, faites *du moins* en sorte que nous ayons votre frère » : faites *par compensation* en sorte que, etc. « Et périssez *du moins* en roi, s'il faut périr » (Racine); c'est une sorte de compensation. « Dans son perfide sang Mazaël est plongé, Et *du moins* à demi mon bras vous a vengé » (Voltaire); encore compensation. « Ne pouvez-vous sans fausseté lui faire le sacrifice de quelques opinions inutiles, ou *du moins* les dissimuler? » (J.-J. Rousseau); c'est une rectification de la proposition précédente.

*Au moins* signifie quelquefois *sur toutes choses*, et sert à avertir celui à qui l'on parle de se souvenir particulièrement de ce qu'on lui dit : *Au moins* prenez-y garde, c'est votre affaire ». (Acad.)

**AU RESTE.** V. *Demeurant (au).*

**AUSSI.** V. *Encore.*

**AUSTÈRE, SÉVÈRE, RIGOUREUX, RUDE.** L'*austérité* est dans le caractère de la personne, et c'est pour cela qu'elle se montre sur la figure, qu'elle est dans les mœurs, dans la manière de vivre, dans les habitudes de cette personne. La vertu, la morale d'un homme *austère* seront aussi *austères*.

La *sévérité* tient moins au caractère qu'à la manière de penser et de sentir, et aux circonstances où l'on se trouve; voilà pourquoi la *sévérité* peut n'être qu'accidentelle : des personnes naturellement douces et bienveillantes sont obligées parfois d'être fort *sévères* dans leurs jugements, dans leurs paroles, dans le ton qu'elles prennent. D'ailleurs, par cela même que l'*austérité* constitue essentiellement le caractère de la personne, la rigidité qui en fait le fond est plus grande que celle qui entre dans la *sévérité*. Une personne *austère* est plus inflexible qu'une personne *sévère*.

Le premier sens d'*austère* est, suivant l'Académie, qui est *rigoureux* pour le corps et qui mortifie les sens et l'esprit : *religion austère, jeûne austère, pénitence austère, règle austère*. On dit aussi *règle sévère* : on dit également *vertu sévère, morale sévère, mœurs sévères*; mais il semble qu'une règle, une vertu, une morale et des mœurs *austères*, ont quelque chose de plus *rigoureux* et de plus inflexible.

On est *rigoureux* par le trop grand scrupule avec lequel on applique les principes soit à son égard, soit à l'égard des autres. « Le mot *rigueur*, dit Roubaud, annonce la dureté, mais en outre une rudesse, une action qui blesse, quelque chose de fâcheux : c'est ainsi qu'une saison est *rigoureuse*. Au moral, ce terme répond bien à notre mot *ric-à-ric*, strictement, sans rien passer, sans se rien céder, à la *rigueur*, avec la plus scrupuleuse exactitude. La *rigueur* est une roideur de jugement et de volonté, qui fait qu'on pousse le droit ou le pouvoir aussi loin qu'ils peuvent aller; qu'on prend toujours dans la sanction, sans aucun égard, le sens le plus strict et les peines les plus *rudes*; qu'on ne donne nul accès à la pitié, à la clémence, à l'indulgence, dans l'exercice de la justice. »

*Rude* signifie âpre, dur, fâcheux, pénible, rigide. On est rude par les manières, par les formes; une chose est *rude* par sa forme, par sa manière d'être, qui est telle, qu'elle agit sur nos sens en nous affectant péniblement, désagréablement : au moral elle agit de même sur notre esprit. *Rude*, en parlant des choses, signifie aussi *fort, violent, impétueux : Une rude secousse*; et il s'emploie dans ce sens au moral.

Un juge a des mœurs *austères;* la loi qu'il applique et qui doit être une règle pour tous, est *sévère;* le jugement qu'il prononce est *rigoureux*, c'est l'application scrupuleuse du texte de la loi; la condamnation du coupable pourra être pour celui-ci une *rude* leçon.

Une expression *sévère*, l'est par l'idée qu'elle exprime relativement à l'objet auquel elle s'applique; une expression *rigoureuse* est celle qui rend très-exactement l'idée; une expression *rude*, l'est par sa forme, c'est-à-dire par les sons qui la composent et dont le concours affecte désagréablement l'oreille.

AU SURPLUS. V. *Demeurant (au).*

AUTEUR. V. *Écrivain.*

AUTHENTIQUE. V. *Solennel.*

AUTORITÉ. V. *Pouvoir.*

AU TRAVERS. V. *Travers (à).*

AUTREFOIS. V. *Anciennement.*

AVANIE. V. *Affront.*

AVANTAGE. V. *Utilité.*

AVANTAGEUX. V. *Glorieux.*

AVARE, AVARICIEUX. *Avare* convient mieux, lorsqu'il s'agit de l'habitude et de la passion même de l'avarice : *avaricieux* se dit plus proprement, lorsqu'il n'est question que d'un acte ou d'un trait particulier de cette passion (44, page 13). Un homme qui ne donne jamais passe pour *avare* : celui qui manque à donner dans l'occasion ou qui donne trop peu, s'attire l'épithète d'*avaricieux*. L'*avare* se refuse toutes choses : l'*avaricieux* ne se les donne qu'à demi. — Le terme d'*avare* paraît avoir plus de force et plus d'énergie pour exprimer la passion sordide et jalouse de posséder sans aucun dessein de faire usage : celui d'*avaricieux* paraît avoir plus de rapport à l'aversion mal placée de la dépense, lorsqu'il est nécessaire de s'en faire honneur (G.)

AVARE, INTÉRESSÉ. Un homme *avare* aime la possession, et ne fait aucun usage de ce qu'il a : un homme *intéressé* aime le gain, et ne fait rien gratuitement. L'*avare* se prive de tout ce qui coûte : l'*intéressé* ne s'arrête guère à ce qui ne produit rien. Les *avares* ne savent ni donner ni dépenser : il y a des personnes qui, pour être *intéressées*, n'en sont pas moins prodigues; elles donnent libéralement à leurs plaisirs ce que l'avidité du gain leur fait acquérir. (G.)

AVENIR. V. *Futur.*

AVENTURE. V. *Événement.*

AVENTURIER, AVENTUREUX. L'*aventurier* court les aventures, c'est en quelque sorte sa profession, son métier (48, page 15). L'*aventureux* est plein de l'esprit d'aventures, il a le goût des aventures; c'est son caractère (44, page 13). Il est naturellement hardi, entreprenant; et vienne l'occasion, il se fera *aventurier* : ce qui le distingue surtout c'est qu'il accorde beaucoup au hasard.

Dans sa fable *Les deux aventuriers et le talisman,* La Fontaine a bien observé la nuance qui distingue ces deux mots. Le titre de la fable indique deux coureurs d'aventures; l'écriteau placé au haut du poteau commence ainsi : *Seigneur aventurier*. L'un des *aventuriers* n'ose entreprendre l'aventure et traverser le torrent; il couvre sa couardise de longs raisonnements : l'autre, plus hardi, la tente; et, dit le fabuliste, *Le raisonneur parti, l'*aventureux *se lance, les yeux clos, à travers cette eau.*

On dit également vie *aventurière* et vie *aventureuse :* la première est celle de l'homme qui court ou qui a couru de nombreuses aventures; la seconde est la vie de celui qui forme ou entreprend sans cesse des projets hasardeux. — *Aventurier* se dit souvent d'une personne qui est sans état et sans fortune, et qui vit d'intrigues.

AVÉRER. V. *Vérifier*.

AVERSION. V. *Haine*.

AVERTIR, INFORMER, PRÉVENIR, INSTRUIRE, FAIRE SAVOIR, DONNER AVIS, AVISER. *Avertir*, du latin *advertere*, signifie littéralement, tourner ou diriger l'attention de quelqu'un *vers* ou *sur* quelque chose qui l'intéresse (10, page 5). « *Informer*, dit l'abbé Girard, c'est *avertir* les personnes des événements qui peuvent être de quelque conséquence. Il renferme particulièrement, dans l'étendue de son sens, une idée d'autorité à l'égard des personnes qu'on *informe*, et une idée de dépendance à l'égard de celles dont les faits sont l'objet de l'information ». En effet, un inférieur n'*avertit* pas son supérieur, il l'*informe*, il a l'honneur de l'*informer*.

*Prévenir*, au contraire, semble indiquer une espèce de supériorité de la part du sujet : un maire *prévient* ses administrés; un créancier *prévient* son débiteur qu'il le fera assigner en paiement; etc. En tous cas, *prévenir* suppose que la personne *prévenue* devra agir par suite de l'avis reçu, faire telle ou telle chose, prendre telle ou telle mesure, se conformer à ce qu'on lui prescrit, etc.

*Instruire*, c'est donner une connaissance exacte par un récit, un exposé ou un rapport suffisamment détaillé : Instruisez-*le de ce que vous voulez qu'il fasse*. (Acad.)

*Faire savoir* et *donner avis* expriment simplement l'idée générale de faire connaître quelque chose à quelqu'un : par là et en leur qualité de locutions composées, ces expressions sont plutôt l'explication des mots précédents que leurs synonymes. *Faire savoir* est la locution ordinaire : *Faites-moi* savoir *de vos nouvelles*. *Je lui* ai fait savoir *comme la chose s'était passée*. (Acad.) *Donner avis* est plutôt un terme d'affaires : un commerçant *donne* à son correspondant *avis* de l'expédition de telle marchandise. On dit aussi en style de commerce *aviser* pour *donner avis*.

AVERTISSEMENT, AVIS, CONSEIL. Le but de l'*avertissement* est précisément d'instruire ou de réveiller l'attention; il se fait pour nous apprendre certaines choses qu'on ne veut pas que nous ignorions ou que nous négligions. *L'avis* et le *conseil* ont aussi pour but l'instruction, mais avec un rapport plus marqué à une conséquence de conduite, se donnant dans la vue de faire agir ou parler : avec cette différence entre eux, que l'*avis* ne renferme dans sa signification aucune idée accessoire de supériorité, soit d'état, soit de *génie*; au lieu que le *conseil* emporte avec lui au moins une de ces idées de supériorité, et quelquefois toutes les deux ensemble. — Les auteurs mettent des *avertissements* à la tête de leurs livres. Les espions donnent *avis* de ce qui se passe dans le lieu où ils sont. Les pères et les mères ont soin de donner des *conseils* à leurs enfants avant que de les produire dans le monde. (G.)

L'*avis* et l'*avertissement* intéressent quelquefois celui qui les donne : le *conseil* intéresse toujours celui qui le reçoit. (D'Al.)

AVEU, CONFESSION. Déclaration d'une action, d'un acte ou d'une intention coupable. On fait l'*aveu* de ce que l'on niait d'abord, ou tout au moins de ce que l'on voulait tenir caché : on y est contraint par la force, par la crainte, ou bien on y est amené par l'interrogation, par l'espoir d'encourir une peine moins grave, ou par quelque autre motif d'intérêt personnel. La *confession* est une déclaration spontanée, volontaire; elle n'est sollicitée que par le repentir, si elle est sincère, et elle n'a pas d'autre objet que d'obtenir la paix de la conscience.

AVEUGLÉMENT, A L'AVEUGLE; ÉTOURDIMENT, A L'ÉTOURDIE. 1° Celui qui agit *à l'aveugle* ne voit pas, faute d'intelligence, de connaissance, de lumière, ou faute d'attention, d'examen, de réflexion. Celui qui agit *aveuglément* ne veut pas voir ou ne peut pas voir, parce qu'il est aveuglé par quelque chose, parce qu'il se refuse à l'usage de sa raison, de ses lumières naturelles ou acquises, des moyens qu'il a d'en acquérir, et parce qu'il est déterminé, mené, entraîné par une puissance impérieuse. Le premier agit comme les aveugles : le second est moralement aveugle. « *A l'aveugle*, dit Roubaud, détermine proprement et littéralement une manière d'agir, telle qu'elle serait si l'on était aveugle : il se dit plutôt, en matière légère et d'un acte simple. *Aveuglément* annonce rigoureusement le défaut ou l'habitude d'être aveuglé, fasciné, subjugué, gouverné, etc. : il se dit plutôt en matière grave et d'une suite d'actions. Dans le premier cas vous vous comportez comme si vous étiez *aveugle*; dans le second vous seriez *aveugle*. Sans raison, on agit *à l'aveugle*, on ne sait ce qu'on fait : avec des passions impérieuses, on le fait *aveuglément*, on veut ce qu'elles veulent. Celui qui n'est pas instruit des formes nécessaires à la validité d'un acte, le signe *à l'aveugle* : celui qui n'est pas en état de juger s'il a raison ou tort dans une affaire, se laisse *aveuglément* conduire ».

2° La même différence existe entre *étourdiment* et *à l'étourdie*. Agir *étourdiment*, c'est agir comme un étourdi que l'on est : agir *à l'étourdie*, c'est agir comme le ferait un étourdi, à la manière d'un étourdi.

L'adverbe tombe sur le fond de l'action ; la phrase adverbiale sur la forme, et a rapport aux circonstances et à l'objet (61, page 20).

**AVIDITÉ.** V. *Concupiscence.*

**AVILIR.** V. *Abaisser.*

**AVIS.** V. *Avertissement* et *Sentiment.*

**AVIS (DONNER),** et **AVISER.** V. *Avertir.*

**AVOIR, POSSÉDER.** Il n'est pas nécessaire de pouvoir disposer d'une chose, ni qu'elle soit actuellement entre nos mains, pour l'*avoir;* il suffit qu'elle nous appartienne. Mais pour la *posséder,* il faut qu'elle soit en nos mains, et que nous ayons la liberté actuelle d'en disposer ou d'en jouir. Ainsi nous *avons* des revenus, quoique non payés ou même saisis par des créanciers; et nous *possédons* des trésors. — On n'est pas toujours le maître de ce qu'on *a;* on l'est de ce qu'on *possède.* On *a* les bonnes grâces des personnes à qui l'on plaît : on *possède* l'esprit de celle que l'on gouverne. Nous n'*avons* souvent les choses qu'à demi; nous partageons avec d'autres. Nous ne les *possédons* que lorsqu'elles sont entièrement à nous, et que nous en sommes les seuls maîtres. (G.)

**AVOIR COUTUME, AVOIR LA COUTUME.** On a *coutume* de faire quelque chose de naturel, de simple, de commun, d'ordinaire : on *a la coutume* de faire quelque chose de ridicule, de bizarre, de déplacé, ou quelque chose de singulier, d'extraordinaire et qui frappe l'attention : « Il y a en Amérique une tribu de sauvages qui *ont la coutume* de comprimer le dessus de la tête des enfants nouveau-nés. »

**AVOIR ENVIE.** V. *Envier* et *Vouloir.*

**AVOIR ÉTÉ.** V. *Allé (être).*

**AVOIR NOUVELLE, AVOIR DES NOUVELLES.** *Avoir nouvelle,* c'est apprendre la chose, on l'ignorait auparavant. *Avoir des nouvelles,* c'est apprendre des circonstances et des particularités de la chose; on savait déjà la chose auparavant, mais on ignorait les détails. (B.) Exemple : « Nous *avons nouvelle* qu'on a découvert au sud un troisième continent; nous y prendrons plus de confiance quand nous en *aurons des nouvelles* plus détaillées ». (Bh.)

**AVOIR PEINE, HONTE, PITIÉ, HORREUR, DESSEIN,** etc.; **AVOIR DE LA PEINE, DE LA HONTE, DE LA PITIÉ, DE L'HORREUR, LE DESSEIN.** Dans la phrase *avoir peine, pitié, horreur,* ces noms sont des noms d'espèce pris dans un sens indéfini sans extension et sans restriction, sans graduation et sans qualification. Dans la phrase *avoir de la peine, de la pitié, de l'horreur,* ces noms précédés de l'article sont pris dans un sens particulier ou individuel, et susceptible de restriction, d'extension, de qualification, en un mot, de modifications différentes. — La phrase *avoir peine, honte,* etc., exprime uniquement l'espèce de sentiment qu'on a, le genre de disposition où l'on est. La phrase *avoir de la peine, de la honte,* etc., marque tel effet qu'on sent, certaine épreuve qu'on fait avec telle circonstance, dans un cas particulier ou particularisé. Vous *avez peine* à faire la chose à laquelle vous répugnez naturellement : vous *avez de la peine* à faire ce que vous ne faites qu'avec plus ou moins de difficulté. On *a peine* à croire ce que l'esprit rejette de lui-même ; on *a de la peine* à croire ce qu'on ne se persuade pas aisément. Dans le premier cas, il y a une répugnance ou un préjugé à vaincre ; dans le second vous trouvez des difficultés ou des embarras à lever. — Il en est de même des autres exemples que j'ai cités. Ainsi, en général, *j'aurai honte* de choquer les bienséances ; ce sentiment est en moi : *j'ai de la honte* à les voir choquer ; c'est tel sentiment que j'éprouve à certain degré. Vous *avez dessein* de faire une entreprise ; telle est la disposition de votre esprit. Vous *avez le dessein* de faire telle entreprise ; c'est une résolution que vous avez formée. — En général, on *a pitié* du pauvre, *horreur* du crime, *peur* du mal, etc. En vertu de ce sentiment général, on *a pitié* d'un pauvre, *horreur* d'un crime, *peur* d'un mal particulier. Mais par le fait et selon les circonstances, on a pour un pauvre *la pitié* qu'il mérite, pour un crime *l'horreur* qu'il inspire, pour un mal la *peur* qu'il doit faire. (R.)

AVOIR PEUR. V. *Craindre.*

AXIOME, MAXIME, SENTENCE, APOPHTHEGME, APHORISME. L'*axiome* est une proposition, une vérité capitale, principale, si évidente par elle-même, qu'elle captive par sa propre force et avec une autorité irréfragable, l'entendement bien disposé : c'est le flambeau de la science. La *maxime* est une proposition, une instruction importante, majeure, faite pour éclaircir et guider les hommes dans la carrière de la vie : c'est une grande règle de conduite. La *sentence* est une proposition, un enseignement court et frappant, qui, déduit de l'observation ou puisé dans le sens intime ou la conscience, nous apprend ce qu'il faut faire, ou ce qui se passe dans la vie : c'est une espèce d'oracle. L'*apophthegme* est un dit mémorable, un trait remarquable, qui, parti d'une âme ou d'une tête énergique, fait sur nous une vive impression : c'est un éclat d'esprit, de raison, de sentiment. L'*aphorisme* est une notion, un enseignement doctrinal, qui expose ou résume en peu de mots, en préceptes, en abrégé, ce qu'il s'agit d'apprendre : c'est la substance d'une doctrine. — Nous rappellerons, pour exemple, quelques axiomes : *un corps est impénétrable à un autre corps ;* ou bien *deux choses égales à une troisième sont égales entre elles.* Nous citerons également quelques maximes : *Considérez la fin, envisagez le but. Connais-toi toi-même,* c'est l'inscription du temple de Delphes. Les propositions suivantes peuvent être regardées comme des sentences : *Le malheur est le grand maître de l'homme,* ou, comme dit l'adage grec : Ce *qui vous nuit, vous instruit.* Le trait suivant est rapporté parmi les apophthegmes : On demandait à Léonidas pourquoi les braves gens préfèrent l'honneur à la vie ! *Parce qu'ils tiennent la vie de la Fortune, l'honneur de la Vertu.* La proposition suivante est un aphorisme : *Les maladies,* selon la doctrine d'Hippocrate, *sont guéries par la nature, et non par les remèdes ; et la vertu des remèdes consiste à seconder la nature.* (R.)

# B

BABIL, BAVARDAGE, CAQUET, CAQUETERIE, CAQUETAGE. Le *babil* est une abondance excessive de paroles, sans autre but que le plaisir de parler : il étourdit par sa volubilité et sa continuité. Le *bavardage* est un flux de paroles qui prend sa source dans la sottise : il ennuie et fatigue par le vide de la pensée ou par son impertinence. Le *caquet* est une intempérance de paroles qui provient de la vanité de l'esprit : il assomme par ses répétitions et son éclat. *Caquet* vient de *caqueter,* qui se dit, proprement, du bruit que fait la poule après qu'elle a pondu : nous disons que les pies et les perroquets *caquettent.*

Un enfant a du *babil;* un fat a du *bavardage;* les commères ont du *caquet.*

*Caqueterie* et *caquetage* expriment l'un et l'autre l'action de *caqueter.* Au pluriel, *caquets* et *caqueteries* désignent des discours futiles ou des propos malins sur le compte d'autrui; mais il y a entre ces mots la différence du plus au moins : *caqueteries* signifie une pluralité, une suite de *caquets* (22, page 7), ou bien des *caquets* qui se font entendre, qui ne restent pas secrets.

Quant à *caquetage,* qui ne s'emploie pas au pluriel, c'est un ensemble de *caquets* (24, page 8). Ce mot est plus compréhensif que *caqueterie,* il dit encore plus : des *caqueteries* forment du *caquetage* et non des *caquetages.*

BABILLARD, BAVARD. Le *babillard* parle trop et dit des riens comme un enfant; le *bavard* en dit trop, et parle sans pudeur et sans égards comme un grand enfant. Il faut que le *babillard* parle : il faut que le *bavard* tienne le dé de la conversation. Le *babillard* est incommode; le *bavard* est fâcheux. — Le *babillard* a quelquefois de l'esprit; il plaît, il amuse quelque temps : c'est un gazouillement agréable. Le *bavard* n'est pas sans sottise; il ne tarde pas à le prouver et à déplaire : c'est au moins un bourdonnement insupportable. Il y a un joli *babil :* mais il n'y a qu'un sot *bavardage.* (R.)

BABILLER. V. *Causer.*

BABIOLE. V. *Minutie.*

BADIN. V. *Folâtre.*

BADINAGE, BADINERIE. Le mot *badinage* indique particulièrement la nature, le génie, l'esprit de l'action ou de la chose, ce qu'elle est en elle-même et dans son ensemble (24, page 8) ; *badinerie* exprime plutôt un trait particulier de *badinage* décoché en passant, et l'esprit ou l'intention de la personne qui fait l'action ou la chose. Des *badineries* forment un *badinage* et non des *badinages*. La *badinerie* est un trait de *badinage* sans conséquence. (R.)

BAFOUER. V. *Honnir*.

BAGATELLE. V. *Minutie*.

BAISSER. V. *Abaisser*.

BALANCER, HÉSITER. Le doute, l'incertitude, la prudence, font *balancer*; la crainte, la timidité, la faiblesse, font *hésiter*. Dans le premier cas, on flotte incertain, on penche tantôt d'un côté, tantôt de l'autre; en un mot, on ne sait que faire : dans le second cas, on n'ose faire; on a bien pris une détermination, mais on n'a pas la force ou le courage de l'exécuter. L'homme sage, prudent, circonspect, *balance :* l'homme paresseux, mou, timide, défiant, lâche ou peureux, *hésite*.

BALBUTIER, BÉGAYER. BREDOUILLER. *Balbutier*, c'est ne parler que du bout des lèvres, c'est laisser en quelque sorte tomber ses paroles en affaiblissant diverses articulations. *Bégayer*, c'est parler sans suite, en s'arrêtant à certaines articulations qu'on a de la peine à prononcer, et en répétant plusieurs fois, en remâchant celles qui les précèdent. *Bredouiller*, c'est rouler précipitamment les paroles ou les syllabes les unes sur les autres, et les confondre dans un bruit sourd; c'est parler avec volubilité et d'une manière peu distincte.

BALIVERNE, SORNETTE. Une *baliverne* est une chose de peu d'importance; ce mot s'emploie le plus souvent au pluriel pour signifier une occupation futile, un passe-temps puéril : *S'occuper de balivernes*. (Acad.) *Sornette* ne s'emploie guère qu'au pluriel, et il signifie discours frivole, vide de sens et de raison : *Il ne dit que des sornettes*. (Acad.)

*Baliverne* se dit aussi au singulier et au pluriel de propos tenus, de paroles émises; mais il fait entendre que ces propos consistent en des propositions qui, sans être déraisonnables et dépourvues de sens, n'ont cependant rien d'utile ou de vrai.

BALUSTRE, BALUSTRADE. Assemblage de petits piliers servant de clôture. Le *balustre* est un de ces piliers façonnés : la *balustrade* est une suite, une rangée de plusieurs *balustres* portant une tablette d'appui et servant d'ornement ou de clôture (21, page 7). Mais *balustre* se dit aussi dans le sens de *balustrade* pour désigner une clôture dans une église ou dans une chambre : « Le *balustre* d'autel; le *balustre* du lit du prince ». (Acad.)

BANDE. V. *Troupe*.

BANNI. V. *Exilé*.

BANQUEROUTE, FAILLITE. La *faillite* est simplement l'état d'un commerçant qui a suspendu ses paiements : ce n'est ni un crime, ni même un délit. La *banqueroute* est une *faillite* avec des circonstances qui rendent le commerçant plus ou moins coupable, telles que des livres mal tenus, des détournements de valeurs au détriment de ses créanciers, des pertes supposées, etc. Selon le plus ou moins de gravité de ces circonstances, la *banqueroute* est simple ou elle est frauduleuse : dans le premier cas, c'est un délit puni de la prison; dans le second, c'est un crime puni des travaux forcés.

**BANQUET, FESTIN.** Ces deux mots expriment l'un et l'autre un repas fait dans des circonstances extraordinaires et qui réunit un nombre plus ou moins grand de personnes. *Banquet* se dit d'un repas auquel prennent part des personnes en communauté d'opinions, de croyance, de vues, de desseins, d'intérêts, etc. Il peut d'ailleurs être sobre, modeste, sans appareil ; « Le *banquet* des sept sages; le *banquet* des Girondins. Nous avons eu des *banquets* politiques où l'on parlait plus qu'on ne mangeait. »

*Festin* (du latin *festa*, feste, fête) éveille toujours une idée de somptuosité, soit par l'abondance et la délicatesse des mets, soit par l'éclat et l'appareil qu'on y déploie : « Le *festin* de Balthazar. »

Les agapes des premiers chrétiens étaient en quelque sorte des *banquets* religieux. On pourrait dire que les repas en commun des Spartiates étaient des *banquets* civiques. Les uns et les autres étaient loin d'être des *festins*.

Le mot *festin* éveille si bien l'idée de délicatesse et d'abondance de mets, de pompe dans le service, qu'il peut s'employer ironiquement ou hyperboliquement en ce sens. Dans La Fontaine, le rat des champs dit au rat de ville :

> Ce n'est pas que je me pique
> De tous vos *festins* de roi :
> Mais rien ne vient m'interrompre,
> Je mange tout à loisir.

**BARAGOUIN, BARAGOUINAGE.** Le *baragouin* est un langage corrompu, une sorte de jargon qui se parle; on le dit même abusivement d'une langue étrangère que l'on n'entend pas. Le *baragouinage* est une manière vicieuse, embrouillée, de parler ou de prononcer une langue, de façon à n'être pas compris de ceux qui font usage de cette langue : le français dans la bouche d'un homme qui embrouille les mots et les prononce mal, est pour nous un *baragouinage*, mais ce n'est pas un *baragouin*.

**BARBARIE, CRUAUTÉ, FÉROCITÉ.** La *barbarie* vient de l'ignorance des hommes, du non-développement des facultés morales; elle a rapport aux mœurs, et par cette raison ne se dit que des personnes. La *cruauté* vient de la méchanceté, et la *férocité*, du défaut complet de sensibilité : la première est dans le caractère; la seconde est plutôt un instinct et a quelque chose de naturellement sauvage : appliquée aux personnes, dit l'Académie, c'est une *cruauté* réfléchie et dans laquelle on semble se complaire. *Cruauté* et *férocité* se disent des hommes et des animaux; *cruel* se dit même des choses.

On peut être *barbare* sans être *cruel* ni *féroce*. Les peuples qui faisaient des sacrifices humains étaient *barbares*. Les sauvages sont *barbares* quand ils massacrent tous leurs prisonniers: ils sont *cruels*, lorsqu'ils font endurer à l'un d'eux des tourments horribles; *féroces*, quand ils dansent autour de leur victime expirante en témoignant leur joie de la voir souffrir.

**BARBARISME, SOLÉCISME.** Le *barbarisme* est l'emploi dans une langue d'un terme, d'une forme ou d'une tournure qui n'appartiennent point à cette langue : le *solécisme* est une faute contre les règles de cette langue.

**BARRE, BARREAU.** *Barreau* est le diminutif de *barre* (35, page 10) : les *barreaux* d'une chaise sont de petits bâtons qui servent à assembler et à maintenir les montants de la chaise. En outre, *barre* est le terme général; le mot *barreau*, lors même qu'il se dit d'une grande pièce de bois ou de métal, fait entendre que cette pièce a une forme particulière et une destination spéciale : *Les* barreaux *d'une fenêtre; les* barreaux *d'une grille.* (Acad.)

**BAS, ABJECT, VIL.** *Bas* et *abject* ne diffèrent que par les degrés : ce qui est *abject* est *très-bas*, dans une profonde humiliation; car *abject* ne se dit qu'au figuré. L'idée de ces deux mots, relative à la hauteur ou à l'élévation, ne peut pas être confondue avec celle de *vil*, relative au prix des choses, au cas qu'on en fait. On est *bas* par sa place, *vil* selon l'opinion ou par l'appréciation des qualités. Il faut donc dire *bas* et *abject;* car celui-ci renchérit sur l'autre. On peut donc dire *vil* et *abject;* car les deux idées sont différentes : mais on ne dira guère *vil* et *bas;* parce que *bas*, s'appliquant également au prix des choses, dit moins que *vil*. Les denrées peuvent être à *bas* prix, sans être à *vil* prix. Ces deux termes, comme synonymes d'*abject*, ne doivent être employés ici que dans le sens figuré. — Ce qui est *bas* manque d'élévation; ce qui est *abject* est dans une grande bassesse; ce qui est *vil*, dans un grand décri. On ne considère pas ce qui est *bas;* on rejette ce qui est *abject;* on rebute ce qui est *vil*. L'homme *bas* est méprisé; l'homme *abject*, rejeté; l'homme *vil*, dédaigné. — Un homme est *bas*, qui déroge à la dignité de son état. Un homme est *abject*, qui se ravale jusqu'à faire entièrement oublier ce qu'il est. Un homme est *vil*, qui renonce à sa propre estime et à celle des autres. — Une profession est *basse*, quand elle est abandonnée au pauvre petit peuple. Une profession est *abjecte*, quand elle rabaisse l'homme au-dessous de lui-même, et le réduit à des humiliations dures pour l'homme de cœur. Une profession est *vile*, lorsque l'opinion y attache une sorte d'infamie, ou qu'elle n'est exercée que par des hommes regardés comme infâmes. (R.)

**BASSESSE.** V. *Abaissement.*

**BATAILLE, COMBAT.** La *bataille* est une action plus générale, et ordinairement précédée de quelque préparation. Le *combat* semble être une action plus particulière, et souvent imprévue. Ainsi les actions qui se sont passées à Cannes entre les Carthaginois et les Romains, à Pharsale entre César et Pompée, sont des *batailles.* Mais l'action où les Horaces et les Curiaces décidèrent du sort de Rome et d'Albe, celle du passage du Rhin, la défaite d'un convoi ou d'un parti, sont des *combats*. — Le mot de *combat* a plus de rapport à l'action même de se battre que n'en a le mot de *bataille*; mais celui-ci a des *grâces* particulières lorsqu'il n'est question que de dénommer l'action. C'est pourquoi l'on ne parlerait pas mal en disant qu'à la *bataille* de Fleurus le *combat* fut opiniâtre et fort chaud. (G.)

BATIMENT, ÉDIFICE. *Bâtiment* se dit de toute construction, soit en maçonnerie, soit en charpente : une maison est un *bâtiment*, un navire est un *bâtiment*. *Édifice* ne se dit que de belles et vastes constuctions en maçonnerie, ou de constructions spéciales remarquables par leur élégance ou leur solidité, par les ornements d'architecture qui les décorent ou qui leur donnent un caractère particulier : les palais, les châteaux, les églises, une tour, un phare, un observatoire, un arc de triomphe, sont des *édifices*.

BATIR. V. *Construire*.

BATTRE, FRAPPER. Pour *battre* il faut redoubler les coups; pour *frapper* il suffit d'en donner un seul : aussi *battre* ayant pour sujet un nom de personne, suppose toujours l'intervention de la volonté, l'intention de faire l'action; tandis que l'on peut *frapper* par mégarde, sans le vouloir. De plus, *battre* exprime la violence, sans application à un endroit précis; *frapper* implique la détermination de l'endroit où tombe le coup : on *bat* un homme; on le *frappe* au visage, à la tête, sur l'épaule.

BATTU. V. *Vaincu*.

BAVARD. V. *Babillard*.

BAVARDAGE. V. *Babil*.

BÉATIFICATION, CANONISATION. Ce sont deux actes émanés de l'autorité pontificale, par lesquels le pape déclare qu'une personne dont la vie a été exemplaire et accompagnée de miracles, jouit après sa mort du bonheur éternel, et détermine l'espèce de culte qui peut lui être rendu. — Dans l'acte de *béatification* le pape ne prononce que comme personne privée, et use seulement de son autorité pour accorder à certaines personnes, à un ordre religieux, à une communauté, le privilége de rendre au *béatifié* un culte particulier, qu'on ne peut regarder comme superstitieux ou répréhensible, dès qu'il est muni du sceau de l'autorité pontificale. — Dans l'acte de *canonisation*, le pape parle comme juge après un examen juridique et plusieurs solennités, prononce *ex cathedrâ* sur l'état du saint, et détermine l'espèce du culte qui doit lui être rendu par l'Église universelle. (B.)

BÉATITUE. V. *Bonheur*.

BEAU, JOLI. Le *beau* est grand, noble et régulier; on ne peut s'empêcher de l'admirer : quand on l'aime, ce n'est pas médiocrement; il attache. Le *joli* est fin, délicat et mignon; on est toujours porté à le louer : dès qu'on l'aperçoit, on le goûte; il plaît. Le premier tend avec plus de force à la perfection, et doit être la règle du goût. Le second cherche les grâces avec plus de soin, et dépend du goût. — En fait d'ouvrages d'esprit, il faut, pour qu'ils soient *beaux*, qu'il y ait du vrai dans le sujet, de l'élévation dans les pensées, de la justesse dans les termes, de la noblesse dans l'expression, de la nouveauté dans le tour, et de la régularité dans la conduite; mais la vraisemblance, la vivacité, la singularité et le brillant, suffisent pour les rendre *jolis*. — Le *beau* est plus sérieux, et il occupe. Le *joli* est plus gai, et il divertit. C'est pourquoi l'on ne dit pas une *jolie* tragédie; mais on peut dire une *jolie* comédie (G.).

C'est à l'âme que le *beau* s'adresse; c'est aux sens que parle le *joli*. Il est si vrai que le *beau* emporte une idée de grand, que le même objet que nous avons appelé *beau*, ne nous paraîtrait plus que *joli*, s'il était exécuté en petit. — L'esprit est un faiseur de *jolies* choses; mais c'est l'âme qui produit les *belles*. Les traits ingénieux ne sont ordinairement que *jolis* : il y a de la *beauté* partout où l'on remarque du sentiment. (*Enc.*)

BEAUCOUP, BIEN, ABONDAMMENT, COPIEUSEMENT, A FOISON. *Beaucoup* dénote purement et simplement une grande quantité vague et indéfinie de toute sorte de choses. *Bien* annonce, avec des particularités, une grande quantité surprenante et très-remarquable. Il ajoute à *beaucoup* une affirmation énergique, un sentiment, un mouvement d'admiration, de surprise, quelquefois une idée d'approbation ou d'improbation ou quelque autre idée accessoire. Pascal a dit : « Il y a *bien* à profiter avec vos docteurs. » L'ironie est plus sensible et plus marquée dans cette phrase par le mot *bien*, qu'elle ne le serait par le mot *beaucoup*. Si vous dites qu'il y avait *beaucoup* de monde à une fête, votre phrase ne fait qu'indiquer historiquement la quantité; mais si vous disiez qu'il y avait *bien* du monde, vous marqueriez de la surprise; vous dénoteriez une quantité qui vous a étonné, à laquelle vous ne vous étiez pas attendu, et, par là même, une quantité singulière ou très-grande. — *Abondamment* désigne une grande quantité de productions ou de certains objets pris en grand, supérieure à la quantité donnée ou reçue pour l'usage nécessaire ou suffisant. Il indique en outre un rapport particulier de la chose qui *abonde* avec la source, la cause, le principe, qui par sa vertu, son efficacité, son énergie, produit l'*abondance*. Aussi ne s'applique-t-il proprement qu'aux productions, soit dans le physique, soit dans le moral, comme dans les phrases suivantes : « La terre fournit *abondamment* aux laborieux ce qu'elle refuse aux paresseux. Une source donne de l'eau *abondamment*. Le ciel verse sur nous *abondamment* ses grâces. » Pourquoi ne dira-t-on pas qu'un homme a des affaires, des chagrins *abondamment*; qu'il y a des troupes *abondamment* dans un canton? Parce qu'il ne s'agit là ni de fécondité, ni d'efficacité, ni de production, de formation, etc. — *Copieusement* indique une grande quantité de certaines choses, et surtout d'objets de consommation, dans un cercle étroit, excédant la mesure suffisante et ordinaire. Je dis que ce mot regarde plutôt la consommation, à la différence d'*abondamment*, qui a plus de rapport à la production. Une terre produit des subsistances *abondamment* et non pas *copieusement*. Une personne mange et boit *copieusement* et non *abondamment*. Ce dernier mot s'applique plutôt à de grands objets; tels, par exemple, que les récoltes, ou aux objets considérés en grand; mais l'autre ne roule guère que sur de petits objets, ou, pour mieux dire, sur des objets considérés en petit ou en détail; tels, par exemple, que la consommation d'un repas. Ainsi votre vigne fournit du vin *abondamment*; et vous en versez *copieusement* à vos convives. — La locution *à foison* désigne la grande multiplication, un fonds inépuisable de productions qui forment par touffes, par tas, par troupes, par monceaux, une abondance, une multitude telle, qu'elles semblent pulluler, renaître, se multiplier sans cesse. Il y a des fruits *à foison* dans un jardin, des denrées *à foison* au marché, des poissons *à foison* à la halle, de tout *à foison* dans une ville, etc. Boileau dit, mais dans une description plaisante, qu'il pleut des tuiles *à foison*. (R.)

BEAUCOUP, PLUSIEURS. *Beaucoup* marque la grande quantité indéfinie; son contraire est *peu*. *Plusieurs* marque la pluralité des objets, personnes ou choses : il exprime donc simplement l'idée d'un nombre indéterminé et néanmoins peu considérable : son opposé est *un*. Une mère avait *beaucoup* d'enfants; elle en a perdu *plusieurs*, il lui en reste encore un assez grand nombre.

BEAU MONDE (LE). V. *Monde* (*le grand*).

BÉGAYER. V. *Balbutier*.

BELLIQUEUX, GUERRIER, MARTIAL. *Belliqueux*, dont le principal caractère est l'amour de la guerre : il ne se dit guère que des peuples et nations anciennes dont la guerre était l'unique métier, et qui ne pouvaient s'accommoder à vivre dans un état de paix. — *Guerrier*, qui est propre à la guerre ou qui a rapport à la guerre. Les Germains, qui ont envahi une partie de l'empire romain, étaient une nation *belliqueuse* : les Allemands, qui leur ont succédé, sont une nation *guerrière*. Les premiers faisaient continuellement la guerre par amour pour la guerre; les derniers ne la font que quand ils la jugent nécessaire. — *Belliqueux* se dit aussi d'un prince qui aime la guerre et qui en fait sa principale occupation. *Guerrier* se dit d'un prince qui fait lui-même la guerre à la tête de ses troupes, et qui connaît bien l'art de la guerre. — *Militaire*, qui concerne la science de la guerre, qui est nécessaire pour la bien faire, qui a rapport à l'administration d'une armée : L'art *militaire*, la science *militaire*, la discipline *militaire*, des exercices *militaires*. On ne dit pas des talents *guerriers*, mais des talents *militaires*; parce que les talents tiennent à l'art, à la science. — *Martial* vient du nom de Mars, dieu de la guerre; aussi l'applique-t-on aux choses qui marquent l'autorité suprême dans les choses de l'administration *militaire*. Ainsi l'on dit Cour *martiale*, pour dire conseil suprême établi pour juger la conduite des généraux, des amiraux, etc.; loi *martiale*, pour dire une loi émanée de l'autorité suprême pour l'emploi de la force armée contre les citoyens dans certaines circonstances extrêmes. On dit un air *martial*, pour dire un air qui marque le noble sentiment de la supériorité de ses forces et de la fermeté de son courage, tel qu'on pourrait le supposer au dieu Mars. — *Martial* et *militaire*, adjectif, ne se disent point des personnes : ainsi l'on ne dit pas une nation *martiale*, un prince *martial*; ni une nation *militaire*, un prince *militaire*. Mais on dit, substantivement, un *militaire* pour désigner un homme qui est dans l'état *militaire*. (L.)

BÉNÉFICE. V. *Gain*.

BÉNIGNITÉ. V. *Bénin* et *Bonté*.

BÉNIN, DOUX, HUMAIN; BÉNIGNITÉ, DOUCEUR, HUMANITÉ. *Bénin* marque l'inclination ou la disposition à faire du bien : on dit d'un astre qu'il est *bénin*; on le dit rarement des personnes, excepté dans un sens ironique, lorsqu'elles souffrent les injures avec bassesse. *Doux* indique un caractère d'humeur qui rend très-sociable et ne rebute personne. *Humain* dénote une sensibilité sympathisante aux maux ou à l'état d'autrui. — La *bénignité* est une qualité qui affecte proprement la volonté dans l'âme, par rapport au bien et au plaisir qu'on peut faire aux autres : ce qu'il y a de plus éloigné d'elle, c'est la malignité ou le secret plaisir de nuire. La *douceur* est une qualité qui se trouve particulièrement dans la tournure de l'esprit, par rapport à la manière de prendre les choses dans le commerce de la vie civile : ses contraires sont l'aigreur et l'emportement. L'*humanité* réside principalement dans le cœur; elle le rend tendre, fait qu'on s'accommode et qu'on se prête aux diverses situations où se trouvent ceux avec qui l'on est en relation d'amitié, d'affaires, ou de dépendance : rien n'y est plus opposé que la cruauté et le dureté, ou un certain amour-propre uniquement occupé de soi-même. (G.) Voir *bonté, bienveillance*.

BERCAIL. V. *Bergerie*.

BERGER, PATRE, PASTEUR. *Pâtre* se prend dans un sens générique et collectif, pour désigner tout gardien de toute espèce de troupeaux, comme le bouvier, le chevrier, le porcher, le berger; et il se dit particulièrement de ceux qui gardent le gros bétail, les bœufs, les vaches, etc. *Pasteur* se prend quelquefois dans un sens générique; mais il se dit proprement de celui qui garde le menu bétail. Le *berger* n'est qu'un gardien de moutons ou de brebis, ou plutôt il en est l'éducateur. Nous avons coutume d'attribuer au *pâtre* des mœurs grossières : je ne sais si ce n'est point par une sorte de rapport qu'on suppose entre l'homme et le gros bétail qu'on met particulièrement sous sa garde. Nous supposons, au contraire dans le *berger*, des mœurs simples et douces, comme à ses troupeaux. Nous donnons plutôt au *pasteur* des qualités morales, surtout pour l'administration, parce qu'il n'est guère employé qu'au figuré pour désigner des chefs spirituels ou temporels. (R.)

Adjectivement on dit peuples *pasteurs*, par opposition à peuples *chasseurs* et peuples *agricoles*.

BERGERIE, BERCAIL. La terminaison *erie* étant propre à marquer le lieu où l'on travaille, où l'on exerce un état (22, page 7), le mot *bergerie* signifie proprement le lieu où le berger fait son métier de soigner, de surveiller son troupeau, le lieu de la ferme particulièrement destiné à lui et aux animaux qui lui sont confiés. Comme le mot *bercail* a cette dernière signification, il est arrivé qu'on a cessé de l'employer au propre et qu'on ne le dit plus guère qu'au figuré, pour désigner l'Église, que l'on présente comme l'unique lieu où les fidèles puissent être en sûreté et hors duquel ils sont égarés.

BESACE, BISSAC. En latin *bis-saccus*, sac double, sac à deux poches, à deux fonds, *bissac*. Pétrone a dit *bisaccium*, *besace*, grand *bissac*, par la vertu de la terminaison augmentative *ace*.— Le gueux, le mendiant a une *besace*; il la porte sur ses épaules, un bout par devant, l'autre par derrière, et il met ce qu'on lui donne, même tout ce qu'il a : c'est son trésor. Le paysan, l'ouvrier pauvre a un *bissac* : il le porte en voyage, en course, sur lui ou sur sa monture; et il y a mis des provisions, des hardes, etc. : c'est son équipage. Voilà pourquoi nous disons proverbialement de celui qui a une grande attache pour quelque chose, qu'il en est jaloux comme un gueux de sa *besace*. Nous disons familièrement d'un voyageur qui va sans attirail, sans bagage, sans suite, qu'il ne lui faut qu'un *bissac*. — Dans le sens figuré, nous disons familièrement *besace* pour pauvreté, misère, mendicité : *Être réduit à la besace*. (R.)

BESOGNE. V. *Travail*.

BESOIN. V. *Pauvreté*.

BÉTAIL, BESTIAUX. *Bétail* se dit de l'espèce : *Gros bétail, menu bétail*. (Acad.) *Bestiaux* se dit des individus considérés dans l'espèce : *Ce fermier a beaucoup de bestiaux*. (Id.)

BÊTE. V. *Animal*, au propre et au figuré.

BÊTISE, SOTTISE. Les idées bornées constituent la *bêtise*; les idées fausses constituent la *sottise*. La première ignore et a de la peine à apprendre : la seconde sait ou peut savoir; mais elle voit de travers, elle juge mal et fait une application absurde de ses connaissances. La *sottise*, dit Marmontel, est surtout la suffisance de celui qui fait le capable.

Les deux mots se disent d'actions ou de paroles déplacées, de méprises, de certains actes qui ont des résultats déplaisants ou fâcheux; mais on fait une *bêtise* par ignorance ou par inadvertance, par défaut d'attention : on fait une *sottise* par maladresse, par oubli des convenances, par fatuité.

BÉVUE, MÉPRISE, ERREUR. Une *bévue* est une faute, un manquement résultant de l'inexpérience, de la légèreté ou de la passion qui aveugle et empêche de réfléchir. La *méprise* consiste à prendre un objet pour un autre : elle vient d'un défaut de connaissances ou d'un manque d'attention. L'*erreur* est un écart de la raison : elle consiste dans une opinion fausse, que l'on adopte sans examen ou par suite d'un raisonnement vicieux; ou bien c'est une illusion qui fait mal juger des choses, une faute que nous commettons dans l'application de nos intentions, une inexactitude dans nos appréciations ou dans nos calculs.

**BIEN.** V. *Beaucoup* et *Très*.

**BIENFAISANCE.** V. *Bonté*.

**BIENSÉANCE.** V. *Décence*.

**BIENVEILLANCE.** V. *Bonté*.

**BIFFER.** V. *Effacer*.

**BIGOTISME, BIGOTERIE.** V. *Cagotisme*.

**BIJOU.** V. *Joyau*.

**BISSAC.** V. *Besace*.

**BIZARRE.** V. *Fantasque*.

**BLAFARD.** V. *Pâle*.

**BLAMABLE, RÉPRÉHENSIBLE.** *Blâmable* dit plus que *répréhensible;* un acte, une action contraire aux bonnes mœurs, à la probité, à la loi morale ou à la loi écrite, tout ce qui est inspiré par un mauvais sentiment est *blâmable*, une erreur, une faute résultant d'une légèreté d'esprit ou de l'ignorance, une chose contraire aux convenances, une maladresse, une étourderie, sont *répréhensibles*.

**BLANC, BLANCHATRE; NOIR, NOIRATRE; BLEU, BLEUATRE; VERT, VERDATRE,** etc. Les mots en *âtre* sont des diminutifs ou des dégradatifs du mot simple qui forme leur radical (56, page 17). Ce qui est *blanchâtre* tire sur le *blanc*, est d'un *blanc* qui n'est pas pur, et par conséquent n'est pas d'une couleur franche. Ainsi des autres.

**BLANCHISSAGE, BLANCHIMENT.** *Blanchissage* ne se dit que du linge sale que l'on lave pour le rendre propre. *Blanchiment* est réellement l'action de rendre une chose blanche, ou le résultat de cette action; il se dit des pièces de toile, de la cire, de la monnaie d'argent, etc.

**BLÊME.** V. *Pâle*.

**BLESSURE, PLAIE.** *Blessure* se dit de toute lésion que le coup ou le choc d'un objet extérieur produit soit sur la peau, soit dans les divers tissus du corps, soit enfin dans un organe ou dans l'état des os. Une contusion, une luxation, la perforation ou la séparation des chairs causée par une balle, par une épée, par un instrument perçant ou tranchant, sont des *blessures*.

La *plaie* est l'état morbide, l'altération de quelques parties molles du corps, résultant d'une *blessure* qu'on a reçue ou provenant d'une cause interne, telle que la corruption des humeurs, etc. La *blessure* peut exister sans qu'il y ait *plaie*, et réciproquement; un bras cassé est une *blessure* sans *plaie;* la *plaie* d'un cancer n'est point l'effet d'une *blessure*.

« Vous appelez figurément *blessure* le tort, le dommage, le détriment, le mal fait par une action violente ou maligne, à l'honneur, à la réputation, au repos d'une personne. Les passions font aussi des *blessures* au cœur, lorsque leurs impressions sont assez profondes. Vous appellerez *plaies* de vives douleurs, de grandes afflictions, des pertes funestes, des calamités, des fléaux, des maux plus grands que de simples *blessures* : Vous direz les *plaies* de l'Égypte, les *plaies* de l'État. » (R.)

BLEU, BLEUATRE. V. *Blanc.*

BLOQUER. V. *Assiéger.*

BLOTTIR (SE). V. *Tapir (se).*

BOCAGE, BOSQUET. Le *bocage* est un petit bois sans culture, isolé dans la campagne : le *bosquet* est une touffe d'arbres ou d'arbustes, un petit bois planté à dessein dans un parc ou dans un jardin; ou bien c'est une petite partie d'un plus grand bois, disposée pour en faire un lieu de promenade ou de repos.

BOIS, FORÊT. Réunion d'arbres qui couvrent un certain espace de terrain, ou bien le terrain même où ils croissent. La *forêt* est un *bois* d'une très-grande étendue : le *bois* peut n'être dans un parc ou dans un jardin, qu'une petite réunion d'arbres, plus grande néanmoins que le bocage. En outre, le mot *forêt* fait entendre que les arbres y sont moins soignés, plus abandonnés à la seule action de la nature, et que l'aspect des lieux est plus sombre, plus sauvage. On dit le *bois* des Tuileries, le *bois* de Vincennes, le *bois* de Boulogne; et la *forêt* de Fontainebleau, la *forêt* de Compiègne, la *forêt* des Ardennes, les *forêts* vierges d'Amérique.

BOISSON, BREUVAGE. L'un et l'autre signifient liqueur à boire, ce que l'on boit pour se désaltérer ou pour se rafraîchir : mais *boisson* est le terme ordinaire, usuel; *breuvage* est le terme poétique. «Qui te rend si hardi de troubler mon *breuvage?* » dit le loup à l'agneau. Hors du style poétique, *breuvage* désigne une liqueur composée exprès pour produire un certain effet : une tisane, une potion, une liqueur empoisonnée sont des *breuvages* et non des *boissons.*

BOITER, CLOCHER. *Boiter,* c'est proprement marcher avec une sorte d'oscillation, en se jetant d'un côté, de manière que le corps est ou paraît être déhanché, dégingandé, déboîté dans quelqu'une de ses parties inférieures. *Clocher,* c'est marcher avec un pied raccourci ou en se jetant sur un côté trop court, de manière que le corps est ou paraît être tronqué, mutilé, inégal d'un ou d'autre côté dans sa base. — Celui qui va à *cloche-pied* ne *boite* pas, mais il *cloche,* ainsi que cette locution consacrée l'exprime. Il ne *boite* pas, car le corps reste bien placé, il est droit : il *cloche,* car il va avec un pied raccourci. — Celui qui jette alternativement le corps à droite, à gauche, sur le pied qui porte et qui soutient, de façon qu'il tombe également sur les deux côtés, ne *cloche* réellement pas; car les deux côtés et les deux mouvements sont égaux, mais il *boite.* (R.)

Ces distinctions sont justes sans doute; cependant il convient de remarquer que de nos jours *boiter* se dit dans tous les cas où *clocher* serait le terme juste; cela tient à ce que ce dernier mot est devenu très-familier au propre, et qu'il ne s'emploie plus guère qu'au figuré.

BON CŒUR (DE), DE BON GRÉ. V. *De bon gré*.

BONHEUR, CHANCE, PROSPÉRITÉ. *Bonheur*, événement heureux; *chance*, probablement du latin *cadentia*, ce qui tombe, ce qui échoit, ce qui survient, événement heureux ou malheureux qui résulte d'un ordre de choses. « Il y a beaucoup de *chances* possibles; cette *chance* est la plus probable; courir la *chance*; se mettre à couvert de toute *chance*. » (Acad.)

Ainsi la *chance* peut être heureuse ou malheureuse, favorable ou contraire. On a dit d'abord : *La chance est pour vous* (Acad.), c'est-à-dire est en votre faveur, vous est favorable; et l'on a été conduit à dire de quelqu'un qu'il avait de la *chance*, pour dire qu'il avait du *bonheur*, que tout lui réussissait, ou qu'il s'était tiré heureusement d'un mauvais pas : mais cette locution est-elle bien française?

Les mots *chance* et *bonheur* expriment donc des idées tellement différentes, que véritablement il n'y a pas de synonymie entre eux. Le *bonheur*, dans le sens où nous le considérons ici, est une *chance heureuse* ou, comme nous l'avons dit en commençant, c'est un *événement heureux* : ces deux locutions expliquent le mot *bonheur* : mais la première, pas plus que la seconde, ne peut être dite synonyme de ce mot.

« Le *bonheur*, dit l'abbé Girard, est l'effet du hasard; il arrive inopinément. La *prospérité* est le succès de la conduite; elle vient par degrés. » L'Académie définit ainsi le mot *prospérité* : heureux état, heureuse situation, soit des affaires générales, soit des affaires particulières. Il s'emploie aussi au pluriel et signifie événements heureux : *Tant de prospérités qui lui sont arrivées.*

C'est dans ce dernier sens que le mot *prospérités* est synonyme de *bonheur*, considéré, non plus comme désignant un seul événement heureux, mais une suite, une succession d'événements de ce genre. Mais *bonheurs*, au pluriel, exprime plutôt l'idée d'une suite de chances favorables et de fâcheux accidents évités; tandis que *prospérités* fait entendre un enchaînement de succès, une suite plus ou moins longue et non interrompue de faveurs de la fortune.

BONHEUR, FÉLICITÉ, BÉATITUDE. État heureux de l'âme. Le *bonheur* est en général la satisfaction passagère que nous éprouvons de l'accomplissement de nos vœux, de nos désirs, de nos goûts, et même de nos caprices. Il est difficile de donner une définition rigoureuse de ce mot : chacun entend le *bonheur* à sa manière, et nous courons après lui; mais à peine l'avons-nous atteint qu'il nous échappe. Le seul *bonheur* pur et durable est celui que donne la paix de la conscience.

La *félicité* est un grand *bonheur*, un *bonheur* sans mélange qui remplit le cœur et comble les désirs de l'esprit.

« *Béatitude*, qui est du style mystique, dit l'abbé Girard, désigne l'état de l'imagination prévenue et pleinement satisfaite des lumières qu'on croit avoir et du genre de vie qu'on a embrassé. Elle dépend, dans chaque religion, de la persuasion de l'esprit. »

*Béatitude* se dit principalement de la *félicité* dont les élus jouissent dans le ciel. (Acad.)

BON SENS. V. *Esprit*.

BONNE GRACE (DE). V. *De bon gré*.

BONNES ACTIONS, BONNES ŒUVRES. L'un s'étend bien plus loin que l'autre. Nous entendons par *bonnes actions* tout ce qui se fait par un principe de vertu; nous n'entendons guère par *bonnes œuvres* que certaines actions particulières qui regardent la charité du prochain. — C'est une *bonne action* que de se déclarer contre le relâchement des mœurs et de faire la guerre au vice; c'est une *bonne action* que de résister à une violente tentation de plaisir ou d'intérêt; mais ce n'est pas précisément ce qu'on appelle une *bonne œuvre*. Soulager les malheureux, visiter les malades, consoler les affligés, instruire les ignorants, c'est faire de *bonnes œuvres*. — Toute *bonne œuvre* est une *bonne action*; mais toute *bonne action* n'est pas une *bonne œuvre*, à parler exactement. (Bh.)

BONTÉ, BIENVEILLANCE, BIENFAISANCE, BÉNIGNITÉ, DÉBONNAIRETÉ, MANSUÉTUDE. La *bonté* est l'inclination à faire du bien : elle se divise en différentes sortes, ou reçoit différentes modifications sous divers noms. Bornée au désir de vouloir du bien, elle est la *bienveillance*. Elle est *bienfaisance* dans l'exercice et la pratique. Douce, facile, indulgente, propice, généreuse, elle est *bénignité*. Avec une grande facilité, la plus tendre clémence, la patience, la longanimité, la *mansuétude* qui part du cœur et donne à la douceur un nouveau charme, c'est la *débonnaireté*. — La *bonté* fait qu'on pardonne, on se rend. La *bénignité* fait qu'on pardonne avec facilité, on ne résiste pas. La *débonnaireté* fait qu'on pardonne avec joie, on offre le pardon comme on demande une grâce. — La *bonté* peut être réservée, froide, sèche, sévère même. La *bénignité* sera douce, ouverte, facile, empressée; mais elle ne sera pas toujours aussi douce, aussi tolérante, aussi patiente, aussi constante, aussi généreuse que la *débonnaireté*. — La *bonté* attire; la *bénignité* charme; la *débonnaireté* confond. — La *mansuétude* est une constante égalité de l'âme, qui, fondée sur une *bonté* inaltérable et accompagnée d'une douceur inépuisable, supporte le mal de la même manière et avec la même vertu dont elle fait le bien. (R.)

La *mansuétude* est une vertu chrétienne : ce mot n'est guère usité que dans le langage de la dévotion. (Acad.) — V. *Bénin, doux, humain*.

BONTÉ, HUMANITÉ, SENSIBILITÉ. Ces trois qualités sont semblables en ce qu'elles tendent toutes trois au même but, le bonheur des autres; elles diffèrent essentiellement entre elles par leur manière d'agir et par le principe qui les fait agir. — La *bonté* est un caractère; l'*humanité*, une vertu; la *sensibilité*, une qualité de l'âme. La *bonté* se montre dans tous les instants de la vie, dans tous les mouvements, presque dans tous les traits du visage. L'*humanité* ne se montre que dans quelques occasions. Un mouvement de haine, un mouvement de colère, peuvent défigurer la *sensibilité*. — L'*humanité* soulage le malheureux; la *bonté* le console et le plaint; la *sensibilité* souffre et pleure avec lui. — L'*humanité* adoucira de tout son pouvoir un ministère de rigueur; la *bonté* en retranchera quelques parties; la *sensibilité* allégera, en les partageant, les peines qu'elle fera souffrir. — Le plus beau de tous les caractères serait la *bonté* éclairée et agrandie par l'*humanité*, réveillée et soutenue par la *sensibilité*. (Anonyme.)

BORD, COTE, RIVAGE, RIVE. Le *bord* est, à l'égard de l'eau, cette extrémité de la terre qui la touche, la borne, la borde. La *côte* est cette partie de la terre qui s'élève au-dessus de l'eau, la commande et y descend. La *rive* et le *rivage* sont les limites de l'eau, les points entre lesquels l'eau se renferme. Le *rivage* est une *rive* étendue : l'eau, en se débordant, couvre la *rive* et s'étend sur le *rivage*. — Le *bord* et la *rive* n'ont point ou n'ont guère d'étendue; le *bord* moins que la *rive*. Les *côtes* et les *rivages* ont une étendue plus ou moins considérable; les *côtes* beaucoup plus que les *rivages*. La *côte* a un *bord*, le *rivage* aussi; on n'en attribue point à la *rive*. — La mer seule a des *côtes*. La mer, les fleuves, les grandes rivières ont seules des *rivages*, si ce n'est en poésie. Les fleuves, les rivières, toutes les eaux courantes ont des *rives*; on en donne quelquefois improprement à la mer. Toutes les eaux ont des *bords*. — Les *bords* et les *côtes* s'élèvent au-dessus des eaux : ils sont abordables, accessibles ou difficiles, escarpés. La *rive* et le *rivage* sont plutôt plats. Le *rivage* descend jusqu'à fleur d'eau; la pente est douce. — Le *bord* est comme une digue qui contient l'eau, comme la bordure contient le tableau qu'elle encadre et surmonte. La *côte* est une large et longue barrière qui l'arrête, la rejette, la repousse; c'est la défense de la terre. La *rive* est le point de contact de l'eau et de la terre, ou un des bords du lit sur lequel les eaux coulent et se renferment d'elles-mêmes : une *rive* correspond toujours à une autre. Le *rivage* est le passage de l'eau à la terre ou le point de communication de l'un à l'autre élément; on le quitte quand on part. (R.)

BORNES. V. *Terme*.

BOSQUET. V. *Bocage*.

BOUCHE, GUEULE. Ouverture par laquelle certains animaux prennent leur nourriture. Le mot *gueule* exprime la voracité sanguinaire, et s'emploie en parlant de quadrupèdes carnassiers, de reptiles et de quelques poissons. On dit la *gueule* du chien, du loup, de l'hyène, du renard, du lion, du tigre, de la panthère, du chat, du crocodile, du serpent, de la vipère, du requin, du brochet; et la *bouche* du cheval, du mulet, de l'âne, du bœuf, du chameau, de l'éléphant, de la grenouille, de la carpe, du saumon. (Acad.) Au figuré on dit indifféremment, suivant l'Académie, la *bouche* ou la *gueule* d'un four, d'un canon.

**BOUCHERIE, CARNAGE, MASSACRE, TUERIE.** *Boucherie* se dit des batailles ou combats où un grand nombre d'hommes ont été tués. Ce mot comporte l'idée nécessaire de tuer un grand nombre d'hommes qui ne se défendent point, ou qui se défendent faiblement, ou qui sont hors d'état de se défendre, comme les animaux que l'on tue dans nos *boucheries* pour notre nourriture. — Dans les *boucheries*, c'est le grand nombre du parti le plus faible qui périt : dans le *carnage*, il périt un grand nombre d'hommes de part et d'autre. — Le *massacre* est l'action inhumaine et barbare de tuer un grand nombre d'hommes sans défense, sans combat, sans distinction d'âge ni de sexe, comme dans une ville prise d'assaut, ou dans le *massacre* de la Saint-Barthélemy. — *Tuerie* se dit à la guerre des hommes que l'on tue dans une déroute; et hors de là, de ceux qui sont tués dans une grande presse, dans une bagarre, dans un soulèvement, dans un grand tumulte, par accident ou autrement. (L.)

**BOUFFI.** V. *Enflé.*

**BOUFFON.** V. *Plaisant.*

**BOULE.** V. *Globe.*

**BOULEVARD, REMPART.** Le *boulevard* est ce qui garde, couvre, revêt les défenses déjà élevées pour la sûreté. C'est la fortification avancée qui protége les autres, la terrasse destinée à la garde et à la conservation du *rempart*. — Le *rempart* présente une fortification simple, et le *boulevard* une fortification composée, compliquée, ajoutée à un autre, ou *rempart*. La grande muraille qui ferme un côté de la Chine ne passe que pour un simple *rempart*. Des places très-fortes, telle que Belgrade, qui couvre l'empire ottoman du côté de la Hongrie, sont regardées comme un *boulevard*. — Des chaînes de montagnes inaccessibles, telles que les Alpes, qui défendirent longtemps l'Italie des incursions des Gaulois, sont des *boulevards* naturels. Nous appelons *rempart* un simple mur, une barrière, tout ce qui met à l'abri, à couvert d'une action nuisible. — Le *rempart* couvrira, protégera un lieu, un canton. Le *boulevard*, plus fort et plus avancé, couvrira, protégera une frontière, un pays. Aux postes, aux entrées d'un État, il faut des *boulevards* : aux places, aux postes moins importants, des *remparts* suffisent. — Nos places fortes sont des *boulevards* et ont des *boulevards*. Nos places de l'intérieur ont aussi leurs *boulevards*; mais à Paris et ailleurs, ce sont des promenades qui n'en ont conservé que le nom. (R.)

**BOULEVERSER, RENVERSER.** L'idée propre de *bouleverser* est de jeter le désordre et la confusion dans ce que le sujet ruine, abat, agite ou dérange. Celle de *renverser* est simplement de jeter par terre ce qui était sur pied, de mettre le haut en bas. (V. *Abattre, Démolir,* etc.) Un vent violent *renverse* des arbres; un ouragan *bouleverse* tout; il fait un pêle-mêle de ruines et de débris.

**BOURRASQUE.** V. *Orage.*

**BOURGEOIS.** V. *Habitant.*

**BOURRIQUE.** V. *Anesse.*

**BOURRU, BRUSQUE, BRUTAL.** Le *bourru* est rude et maussade dans ses paroles et dans ses manières : ces formes déplaisantes peuvent parfaitement s'allier chez lui avec une extrême bonté de cœur et une grande bienveillance. On est *bourru* par caractère.

L'homme *brusque* est prompt et rude par vivacité d'esprit : ses paroles et ses manières peuvent d'ailleurs n'avoir rien de blessant.

L'homme *brutal* est grossier et emporté : il est tel par un manque d'éducation joint à l'impuissance de maîtriser les mouvements de colère qui l'agitent.

**BOURSOUFLAGE, BOURSOUFLURE.** « *Boursouflage* ne se dit qu'au figuré, en parlant du style : *Un style plein de boursouflage. Boursouflure* se dit au propre et au figuré : Avoir de la *boursouflure dans le visage; La boursouflure du style.* » (Acad.)

Mais *boursouflure* du style dit moins que *boursouflage :* ce dernier, à cause de sa terminaison, exprime une idée d'ensemble et de complication (24, page 8); il fait entendre non-seulement que le style est boursouflé partout, dans tout son ensemble, mais aussi qu'il est embarrassé et obscur.

**BOURSOUFLÉ.** V. *Ampoulé* et *Enflé.*

**BOUT, EXTRÉMITÉ, FIN.** Ils signifient tous trois la dernière des parties qui constituent la chose; avec cette différence que le mot de *bout*, supposant une longueur et une continuité, représente cette dernière partie comme celle jusqu'où la chose s'etend; que celui d'*extrémité,* supposant une situation et un arrangement, l'indique comme celle qui est la plus reculée dans la chose; et que le mot de *fin,* supposant un ordre et une suite, la désigne comme celle où la chose cesse. Le *bout* répond à une autre *bout;* l'*extrémité,* au centre; et la *fin,* au commencement. Ainsi l'on dit le *bout* de l'allée, l'*extrémité* du royaume, la *fin* de la vie. — On parcourt une chose d'un *bout* à l'autre. On pénètre de ses *extrémités* jusque dans son centre. On la suit depuis son origine jusqu'à sa *fin.* (G.)

**BRAILLARD, BRAILLEUR; CRIARD, CRIEUR; PLEURARD, PLEUREUR.** La terminaison *ard* marque une répétition plus fréquente de l'action, une habitude tellement enracinée, qu'elle est comme un besoin incessant de brailler, de crier, de pleurer : elle exprime en même temps l'ardeur, l'excès, l'immodération (41, page 12). Le *brailleur* parle actuellement très-haut, beaucoup et mal à propos : le *braillard* le fait presque continuellement; il ne peut ouvrir la bouche sans braill-

Il en est de même du *crieur* et du *criard* : celui-ci crie toujours; il se plaint et gronde souvent pour des sujets de peu d'importance ou même sans sujet.

*Pleureur* se dit de celui qui pleure ou qui a l'habitude de pleurer; mais le *pleurard* est un enfant qui pleure presque toujours, sans sujet, en geignant, en faisant des lamentations.

BRAVOURE. V. *Cœur*.

BREDOUILLER. V. *Balbutier*.

BREF, COURT, SUCCINCT. *Bref* ne se dit qu'à l'égard de la durée : le temps seul est *bref*. *Court* se dit à l'égard de la durée et de l'étendue : la matière et le temps sont *courts*. *Succinct* ne se dit que par rapport à l'expression : le discours seulement est *succinct*. — On prolonge le *bref*; on allonge le *court*; on étend le *succinct*. Le long est l'opposé des deux premiers, et le diffus l'est du dernier. — Des jours qui paraissent longs et ennuyeux forment néanmoins un temps qui paraît toujours très-*bref* au moment qu'il passe. L'habit long aide le maintien extérieur à figurer gravement; mais l'habit *court* est plus commode et n'ôte rien à la gravité de l'esprit et de la conduite. L'orateur doit être *succinct* ou diffus, selon le sujet qu'il traite et l'occasion où il parle. (G.)

BREUVAGE. V. *Boisson*.

BRIGUE. V. *Intrigue*.

BRILLANT. V. *Éclat*.

BRISER. V. *Casser*.

BRONCHER. V. *Trébucher*.

BROUILLE, BROUILLERIE. *Brouille* exprime un état actuel et permanent de mésintelligence. La *brouillerie* est la mésintelligence qui survient accidentellement, qui n'aura probablement que peu de durée, parce qu'elle a des motifs moins graves que la *brouille*. Ainsi *brouille* dit plus que *brouillerie* (22, page 7).

BROUILLER, EMBROUILLER. Mettre pêle-mêle, mêler; au figuré, mettre de la confusion, du désordre dans les affaires ou dans les idées. *Embrouiller* ne s'emploie qu'au figuré, et par conséquent ne peut être que dans ce cas synonyme de *brouiller*; mais alors *brouiller* exprime le désordre considéré en lui-même, d'une manière absolue; *embrouiller* l'exprime relativement à notre esprit, qui ne distingue plus les choses ou les démêle difficilement (6, page 4).

« On *brouille* et on *embrouille* des affaires, des idées, des questions, un discours, ce qu'il s'agit de comprendre et de savoir : on les *brouille* en y mettant le désordre; on les *embrouille* en y jetant de l'obscurité. Les affaires sont *brouillées* par la mésintelligence et la discorde : elles sont *embrouillées* à cause de la difficulté de les entendre et de les expliquer. Ce qui est *brouillé* n'est pas en ordre et d'accord; ce qui est *embrouillé* n'est pas net et clair. » (R.)

BROYER, PULVÉRISER, PILER. *Broyer*, c'est triturer de manière à réduire en poudre ou en pâte : On *broie* du poivre ; la meule *broie* le grain ; les dents *broient* les aliments ; on *broie* les couleurs en les mêlant avec de l'eau ou avec de l'huile.

*Pulvériser* signifie, littéralement, réduire en poussière. Au propre, il n'est guère employé qu'en parlant de substances que l'on n'est pas dans l'usage habituel de réduire en poudre : le chimiste *pulvérise* un corps solide pour pouvoir plus facilement l'analyser ou pour le combiner avec d'autres corps.

*Piler*, c'est écraser ou broyer avec un pilon dans un mortier.

**BRUSQUE, BRUTAL.** V. *Bourru.*

**BRUTE.** V. *Animal*, au propre et figuré.

**BURLESQUE, GROTESQUE.** *Burlesque*, terme de littérature désignant un genre d'une bouffonnerie outrée : *Poëme burlesque, vers burlesques, style burlesque.* (Acad.) Il se dit, par extension, de ce qui est plaisant par sa bizarrerie : *Accoutrement burlesque. Cet homme à une mine burlesque.* (Id.)

*Grotesque* est un terme emprunté aux arts de dessin. « Il se dit, au propre, des figures bizarres et chargées imaginées par un peintre, et dans lesquelles la nature est outrée et contrefaite. Dans ce sens on l'emploie le plus souvent comme substantif et au pluriel : *Faire des grotesques.* » (Acad.) Au figuré, il signifie bizarre et ridicule ou extravagant : *Un habit grotesque ; mine grotesque ; cet homme est grotesque ; imagination grotesque.*

Ce qui est *burlesque*, quoique bizarre et très-plaisant, n'est point ridicule ou contraire à la raison ; il peut même renfermer un grand sens, témoin plusieurs pages de Rabelais et les farces de Molière. Le ridicule ou l'extravagance caractérisent essentiellement ce qui est *grotesque.*

**BUT, VUES, DESSEIN.** Le *but* est plus fixe ; c'est où l'on veut aller : on suit les routes qu'on croit y aboutir, et l'on fait ses efforts pour y arriver. Les *vues* sont plus vagues ; c'est ce qu'on veut procurer : on prend les mesures qu'on juge y être utiles, et l'on tâche de réussir. Le *dessein* est plus ferme ; c'est ce qu'on veut exécuter : on met en œuvre les moyens qui paraissent y être propres, et on travaille à en venir à bout. Le véritable chrétien n'a d'autre *but* que le ciel, d'autre *vue* que de plaire à Dieu, ni d'autre *dessein* que de faire son salut. — On se propose un *but ;* on a des *vues ;* on forme un *dessein.* La raison défend de se proposer un *but* où il n'est pas possible d'atteindre, d'avoir des *vues* chimériques, et de former des *desseins* qu'on ne saurait exécuter. (G.)

**BUTIN.** V. *Proie.*

# C

**CABALE, INTRIGUE.** Ces deux mots se disent de moyens, de pratiques employées pour faire réussir ou pour faire manquer une affaire, un projet, un dessein, et en général pour atteindre un but. Ce but n'est jamais la perpétration d'un crime, ni un attentat contre la sûreté de l'État ou contre le gouvernement, et c'est là ce qui distingue la *cabale* et l'*intrigue* du complot, de la conspiration et de la conjuration. Cependant la *cabale* et l'*intrigue* supposent des intentions malveillantes, c'est pourquoi ces mots se prennent toujours en mauvaise part.

La *cabale* est essentiellement le fait de plusieurs personnes; l'*intrigue* peut n'être que le fait d'un seul individu. Celle-ci fortifie son action par la complication et la puissance des moyens qu'elle emploie pour atteindre son but; l'autre fortifie la sienne surtout par le nombre et l'autorité de ses adhérents.

La *cabale* agit presque toujours ouvertement; elle s'avoue : l'*intrigue* est toujours sourde, tortueuse, oblique; elle se cache. Il y a quelque chose de plus violent dans la première; il y a quelque chose de plus mystérieux et par conséquent de plus lâche dans la seconde.

**CABANE, HUTTE, CAHUTE, CHAUMIÈRE.** La *cabane* est une petite et chétive habitation construite en terre, en branchages, en roseaux, en bruyère, etc. La *hutte* est une simple loge, plus petite que la *cabane* et construite de la même manière; ce nom n'éveille d'autre idée que celle d'abri contre les intempéries de l'air. *Cahute* se dit par mépris de toute mauvaise et pauvre habitation. La *chaumière* est une petite maison couverte en chaume.

L'homme très-pauvre, dans les champs, et le bûcheron, dans la forêt, habitent une *cabane*; les sauvages ont des *huttes*; dans beaucoup de campagnes les cultivateurs habitent des *chaumières*.

**CABARET, TAVERNE, GUINGUETTE.** Le *cabaret* est un lieu où l'on vend du vin en détail, soit que l'acheteur l'emporte ou qu'il le boive dans le lieu même. *Taverne* se disait autrefois d'un mauvais *cabaret* fréquenté par la crapule; aujourd'hui on entend généralement par ce mot des restaurants où l'on fait la cuisine anglaise, ou bien des estaminets à l'instar de ceux d'Allemagne. La *guinguette* est un *cabaret restaurant* situé hors de la ville, et où le peuple va boire et manger les jours de fête.

**CACHER, DISSIMULER, DÉGUISER, VOILER, FEINDRE.** *Cacher*, au figuré, c'est simplement ne pas faire connaître. « On *cache*, par un profond secret, ce qu'on ne veut pas manifester ». (G.) *Cacher* est le le terme général.

*Dissimuler*, dit l'Académie, c'est *cacher* ses sentiments et ses desseins. On *dissimule*, par une conduite réservée et artificieuse, ce qu'on ne veut pas laisser apercevoir en soi-même.

*Déguiser*, c'est *cacher* sous des apparences trompeuses. On déguise ce qu'on veut dérober à la pénétration d'autrui, comme lorsqu'on *dissimule*; mais quand on *déguise*, on se sert d'apparences qui donnent le change : quand on *dissimule*, on ne s'en sert pas; seulement on tient profondément caché ce qu'on a dans le cœur ou dans l'esprit.

*Voiler*, c'est aussi *cacher* sous l'apparence, mais sous l'apparence réelle des choses. « On *voile* ses défauts, dit M. Guizot, des apparences de quelques qualités louables qui y tiennent et qu'on peut posséder en effet. On *déguise* ses intentions en affectant des intentions différentes de celles qu'on a ».

*Feindre*, c'est faire semblant, se servir d'une fausse apparence pour tromper. On *feint* d'être malade et l'on se porte bien; on *feint* de ne pas avoir entendu ce que l'on a entendu parfaitement.

La *dissimulation* ne laisse rien voir; la *feinte* montre simplement ce qui n'est pas; le *déguisement* montre ce qui n'est pas afin de cacher ce qui est; le *voile* cache, sous quelque chose qui est, quelque autre chose qui est réellement.

CACHER, TAIRE. V. *Taire*.

CACHÉ, SECRET, OCCULTE. Ce qui est *caché* est dérobé à notre vue ou à notre connaissance par quelque chose qui le couvre ou qui l'enferme; nous pouvons d'ailleurs en savoir ou en ignorer l'existence. Ce qui est *secret* n'est connu que d'un très-petit nombre de personnes, ou est très-peu connu : *Affaire secrète. Les articles secrets d'un traité. La nature agit par des voies secrètes.* (Acad.) Ce qui est *occulte* existe mystérieusement pour nous; c'est-à-dire que nous croyons à son existence, que nous l'admettons, sans cependant nous en rendre raison : *Causes occultes, propriétés occultes.*

On découvre ce qui était *caché*; on apprend ou l'on parvient à connaître et l'on divulgue ce qui était *secret*; on voudrait savoir le pourquoi et le comment de ce qui est *occulte*.

CACOCHYME. V. *Valétudinaire*.

CADUCITE, DÉCRÉPITUDE. *Caduc* et *décrépit*, d'où *caducité* et *décrépitude*, sont des mots latins formés : le premier du verbe *cado*, choir, déchoir, tomber, tomber en décadence, en ruine; le second du verbe *crepo*, craquer, rompre, crever, jeter son dernier éclat ou son dernier soupir. La *caducité* désigne donc la décadence, une ruine prochaine; et la *décrépitude* annonce la destruction, les derniers effets d'une dissolution graduelle. — *Décrépitude* se dit proprement de l'homme, et ne peut se dire que des êtres animés. *Caducité* se dit même de certaines choses inanimées : on dit la *caducité* d'un bâtiment, d'une fortune, d'une succession, etc. *Caduc* se prend pour fragile, frêle, qui n'a qu'un temps, qui tire à sa fin, qui n'a point d'effet. Nous disons une santé *caduque*, c'est-à-dire frêle, chancelante; et nous ne dirons pas une santé *décrépite*, car la *décrépitude* est une maladie manifestée dans toute l'habitude du corps *décrépit*.—L'usage emploie proprement ces termes pour distinguer deux âges ou deux périodes de la vieillesse. Il y a une vieillesse *verte*, une vieillesse *caduque*, une vieillesse *décrépite*. La *caducité* est une vieillesse avancée et infirme, qui mène à la *décrépitude* : la *décrépitude* est une vieillesse extrême et pour ainsi dire agonisante, qui mène à la mort. (R.)

CAGOTISME, CAGOTERIE; BIGOTISME, BIGOTERIE. Le mot *cagotisme* enchérit sur *bigotisme* : « Le *cagot*, dit l'abbé Roubaud, charge le rôle de la dévotion, dans la vue d'être impunément méchant ou pervers ». Le *bigot* s'attache superstitieusement aux moindres pratiques extérieures de la religion, et les met au-dessus des devoirs de la vraie piété : il peut d'ailleurs être de bonne foi, avoir de la probité : il n'en est pas de même du *cagot*.

*Cagotisme* et *bigotisme*, comme l'indique la terminaison (32, page 9). expriment l'esprit, le caractère, la manière de penser du *cagot* et du *bigot*. *Cagoterie* et *bigoterie* désignent les actions du *cagot* et du *bigot*, ou l'habitude de ces actions (22, page 7).

CAHOT, CAHOTAGE. Espèce de saut que fait une voiture en roulant sur un chemin pierreux ou mal uni. (Acad.) *Cahot* exprime simplement l'idée de cette espèce de saut : le *cahotage*, comme le dit très-bien l'Académie, est le mouvement fréquent causé par les *cahots*. La forte secousse d'un *cahot* effraie ou peut faire verser; le *cahotage* fatigue, parce que ce sont des secousses continuelles (24, page 8).

CAHUTE. V. *Cabane*.

CAILLÉ, COAGULÉ, FIGÉ. Tous trois se disent d'un liquide qui s'est épaissi; mais *caillé* est le terme usuel; *coagulé* est un terme didactique : l'un et l'autre se disent surtout du lait et du sang.

Quant à *figé*, il se dit d'un liquide gras qui s'est épaissi par le froid, par le refroidissement. « La graisse se *fige*, le beurre fondu se *fige*, l'huile se *fige*, le bouillon se *fige* ». (Acad.) On dit aussi de certains poisons qu'ils *figent* le sang dans les veines : c'est que l'action de ces poisons est considérée comme celle du froid; ils refroidissent le sang, ils l'épaississent en détruisant sa chaleur naturelle.

CAJOLER. V. *Caresser*.

CALAMITÉ. V. *Malheur*.

CALCULER, SUPPUTER, COMPTER. *Calculer*, c'est faire des opérations arithmétiques ou des applications particulières de la science des nombres, pour parvenir à une connaissance, à une preuve, à une démonstration. *Supputer*, c'est assembler, combiner, additionner des nombres donnés pour en connaître le résultat ou le total. *Compter*, c'est faire des dénombrements, des énumérations, ou des supputations, des calculs ou des états, des mémoires, etc., pour connaître une quantité : terme vague et générique. — Vous *comptez* dès que vous nombrez : un enfant *compte* d'abord sur ses doigts, *un, deux, trois :* il ne *suppute* pas encore tant qu'il ne peut pas dire *un et deux font trois, un et trois font quatre,* etc.; à plus forte raison, il est loin de *calculer* par des divisions, des multiplications, des soustractions. Le *calcul* est savant; il y a des méthodes savantes de *calcul.* Le *calcul* est une science : l'astronome *calcule* le retour des comètes; le géomètre *calcule* l'infini : on dit *calculs astronomiques, algébriques; calcul intégral, différentiel,* etc. Le *compte* est surtout économique, je veux dire relatif aux affaires d'intérêt, d'administration, de commerce, de finance : on *compte* la recette et la dépense; on dit les *comptes* d'un marchand, d'un régisseur, d'un caissier. La *supputation* entre dans les *calculs* et les *comptes :* c'est une opération déterminée et bornée de *calcul.* C'est pourquoi un chronologiste *suppute* les temps, en partant des termes connus pour arriver à un terme incertain : de même l'astronome *suppute* sur des tables pour fixer le temps, le moment du retour d'un phénomène. On fait des *supputations* de temps, de dépenses, pour en avoir le résultat. — *Supputer* ne se dit guère qu'au propre. On dit quelquefois *calculer* pour combiner, raisonner, réduire à la force du *calcul,* etc. *Compter* signifie encore faire état de croire, se proposer, estimer, réputer, ainsi que faire fond. (R.)

CALENDRIER, ALMANACH. On entend par *calendrier* un système de division du temps par années solaires ou lunaires, composées chacune d'un certain nombre de jours, et subdivisées en mois, etc. : *calendrier* Julien, *calendrier* grégorien, *calendrier* républicain, *calendrier* des Égyptiens, des Chaldéens, des Turcs, etc. Ce mot se dit aussi d'un tableau qui donne simplement l'indication des mois, des jours et des fêtes de l'année, d'après un de ces systèmes. On fait des tableaux qui présentent la concordance du *calendrier* grégorien, qui est le nôtre, avec le *calendrier* julien, que suivent les Russes, avec le calendrier des Turcs, etc.

A l'indication des mois, des jours et des fêtes de l'année, l'*almanach* ajoute des observations astronomiques, l'annonce des éclipses, des instructions sur des choses usuelles, quelquefois aussi de prétendues prédictions, des anecdotes, etc. L'*almanach* est ou un livre, ou simplement un tableau collé sur carton et portant le titre d'*Almanach de cabinet.*

CALME. V. *Tranquille* et *Tranquillité.*

CALMER. V. *Apaiser.*

CAMARADE. V. *Compagnon.*

CAMARD. V. *Camus.*

CAMPAGNE (LA). V. *Champs (les).*

CAMUS, CAMARD. Qui a le nez court et plat. — *Camard* exprime l'excès du défaut (41, page 12) : le *camard,* suivant la définition de l'Académie, a le nez plat et de plus écrasé. *Camus* se dit des personnes et des animaux : *Un chien camus.* (Acad.) *Camard* ne se dit que des personnes; c'est un terme familier et légèrement méprisant. — *Camus* se dit aussi au figuré, en parlant de quelqu'un qui a été trompé dans l'attente de quelque chose.

CANDEUR. V. *Naïveté*.

CANONISATION. V. *Béatification*.

CAPABLE. V. *Adroit* et *Capacité*.

CAPACITÉ, HABILETÉ; CAPABLE, HABILE. *Capacité* a plus de rapport à la connaissance des préceptes; et *habileté* en a davantage à leur application. L'une s'acquiert par l'étude, et l'autre par la pratique. — Qui a de la *capacité* est propre à entreprendre. Qui a de l'*habileté* est propre à réussir. — Il faut de la *capacité* pour commander en chef; et de l'*habileté* pour commander à propos. (G.)

L'homme *capable* peut; il a les qualités requises pour faire : l'*habile* exécute parfaitement. Voyez l'art. *Adroit, capable*.

CAPITAL, PRINCIPAL. *Capital* se dit d'une manière absolue; *principal* exprime une idée relative : une affaire est *capitale*, c'est-à-dire grave par elle-même; une affaire est *principale* relativement à d'autres qui sont secondaires, accessoires, qui se rattachent à l'affaire *principale*.

Le *capital* est une valeur ou un ensemble de valeurs commerciales : le *principal* d'une dette est la partie essentielle, fondammentale de cette dette, celle qui a occasionné les frais ou qui produit les intérêts qui y sont ajoutés. Le commerce emploie dans ce sens le mot *capital*; mais La Fontaine a eu raison de dire :

> Je vous pairai, lui dit-elle,
> Avant l'oût, foi d'animal,
> Intérêt et *principal*.

CAPRICE. V. *Humeur*.

CAPRICIEUX. V. *Fantasque*.

CAPTER, CAPTIVER. *Capter*, c'est employer auprès d'une personne l'adresse, l'artifice, tous les moyens, même condamnables, pour parvenir à quelque chose. *Captiver*, c'est séduire par la beauté, par le talent, par un mérite quelconque. On peut *captiver* involontairement : dans la *captation* la volonté agit toujours fortement; elle s'efforce de circonvenir, de tromper, de faire tomber dans le piége. Ces considérations suffisent pour faire comprendre la différence qu'il y a entre *capter* la bienveillance et *captiver* la bienveillance de quelqu'un.

CAPTIEUX. V. *Fallacieux* et *Insidieux*.

CAPTIF, PRISONNIER, ESCLAVE. *Captif*, en latin *captivus*, signifie littéralement qui a été pris et est retenu de force; *prisonnier*, qui est en prison. Comme l'a très-bien fait observer M. Guizot, « Un homme qu'on vient de prendre est *captif* jusqu'au moment où le geôlier l'a enfermé dans sa prison; alors il est de plus *prisonnier*. Un oiseau pris à la main n'est que *captif* avant d'être mis en cage; du moment où il y est, il devient *prisonnier* ».

Contrairement au sens étymologique et primitif de ces deux mots, on dit *prisonnier de guerre* au lieu de *captif*. C'est que *captif* ne se dit plus guère, au propre, que 1° des chrétiens pris par les Mahométans et réduits par eux à l'esclavage : « Racheter les chrétiens *captifs*. Ordre de la rédemption des *captifs* ». (Acad.) 2° En parlant des guerres de l'antiquité, et dans le style soutenu : « A Rome, les *captifs* suivaient le char du triomphateur. Louis IX *captif* inspira de l'estime à ses vainqueurs ». (Id.)

*Prisonnier* ne se dit pas au figuré : *captif*, au contraire, se dit fréquemment : « Dans son génie étroit il est toujours *captif* » (Boileau).

La liberté dont les *prisonniers* et les *captifs* sont privés est celle d'aller où bon leur semble : la liberté que l'*esclave* n'a pas est d'une tout autre nature. L'*esclave* est privé de sa liberté d'homme, c'est-à-dire qu'il ne s'appartient plus, qu'il ne peut en aucun cas disposer de lui ni de rien qui lui appartienne : il est sous la domination absolue d'un maître qui l'achète, qui le vend comme sa chose propre; en un mot la condition de l'*esclave* est celle de l'animal domestique.

CAPTIVER. V. *Capter*.

CAPTIVITÉ. V. *Servitude*.

CAQUET, CAQUETAGE, CAQUETERIE. V. *Babil*.

CAQUETER. V. *Causer*.

CARESSER, FLATTER, CAJOLER, FLAGORNER. *Caresser* vient, suivant l'opinion générale, de *carus*, cher : c'est traiter comme un objet qu'on chérit, avec des démonstrations d'amitié, de tendresse, d'attachement ou de tout autre sentiment favorable. On *caresse* surtout les enfants en leur passant doucement la main sur le visage. — *Flatter* vient du son doux et coulant *fl*, spécialement employé à désigner les objets agréables et remarquables par leur douceur, et surtout le souffle. De là le latin *flare, flatum*. Les *flatteurs*, disent nos anciens vocabulistes, après Nicot, souflent toujours aux oreilles de ceux qui veulent les ouïr : ils remplissent de vanité et enflent de la bonne opinion de soi-même ceux qui prêtent leurs oreilles et leur croyance à ce qu'ils disent. C'est donc proprement souffler aux oreilles des choses qui enflent la vanité, des louanges qui émeuvent l'amour-propre. *Cajoler*, autrefois *cageoler*, vient, suivant l'opinion généralement reçue, de *cage*, par une métaphore tirée des oiseaux qui chantent en cage, ou des moyens avec lesquels on les attire pour les prendre et les mettre en cage. Il signifie proprement jaser, babiller comme des oiseaux ; mais il ne se prend plus que dans le sens de dire des douceurs, d'affecter des propos obligeants et agréables pour faire tomber quelqu'un dans le piége, sans paraître le mener à ce but. — *Flagorner*, c'est proprement *flatter* comme ces gens qui font les bons valets, pour s'insinuer dans l'esprit d'un maître, en tâchant d'y détruire tous concurrents par de faux rapports : cette dernière idée, quoique fort négligée dans le langage familier, auquel ce mot appartient, est consacré dans tous les dictionnaires. — Les *caresses* sont des démonstrations d'un sentiment affectueux; les *flatteries*, des louanges mensongères, du moins par exagération; les *cajoleries*, des propos galants ou *flatteurs* et légers; les *flagorneries*, des *flatteries* ou plutôt des adulations basses et lâches, surtout par l'infidélité des rapports. — On *caresse* ses enfants, ceux qu'on aime, jusqu'aux animaux, ou ceux qu'on feint d'aimer. On *flatte* tous ceux qui peuvent servir ou nuire, les grands surtout et les gens accrédités. On *cajole* des gens faciles à tromper et à gagner. On *flagorne* des maîtres, des supérieurs, des gens faits pour être courtisés par des valets. (R.)

CARNAGE. V. *Boucherie*.

CARNASSIER, CARNIVORE. « *Carnassier*, adjectif, qui se paît de chair crue, et qui en est fort avide. Dans ce sens il se dit des animaux : Les corbeaux, les loups et les vautours sont *carnassiers*. *Carnivore*, adjectif. Il se dit des animaux qui peuvent se nourrir de chair, par opposition à ceux qui ne mangent que des végétaux : Les animaux *carnivores*. L'homme est à la fois frugivore et *carnivore* ». (Acad.)

Ainsi, *carnassier* désigne une disposition naturelle à se nourrir de chair, une nécessité d'organisation, pour l'animal, de vivre de chair à l'exclusion ou de préférence à tout autre aliment. *Carnivore* ne désigne qu'un fait accidentel, que la faculté qu'a l'animal de pouvoir se nourrir même de chair.

L'Académie ajoute que *carnassier* se disant des hommes, signifie qui mange beaucoup de chair : « Les peuples septentrionaux sont fort *carnassiers* en comparaison des méridionaux ».

En histoire naturelle les deux mots s'emploient substantivement pour désigner des ordres, et des sous-ordres, ou des genres; mais souvent sans égard aux nuances qui distinguent ces mots dans la langue littéraire.

CAS. V. *Occasion*.

CAS QUE (AU), EN CAS QUE. *Au cas*, pour *à ce cas*, signifie *tel cas*, *ce cas-ci* arrivant : *en cas* signifie *en un cas*, *en certain cas*; l'événement est moins particularisé et plus incertain. — *En cas* suppose divers genres de cas possibles : *au cas* fait abstraction de tout autre cas que le cas présent. Ainsi lorsqu'il peut arriver plusieurs cas différents, lorsque vous avez diverses alternatives à considérer, vous direz *en cas*; et tout au contraire, vous direz *au cas*, lorsque vous n'aurez qu'un événement en vue. Deux personnes se font une donation mutuelle *en cas* de mort; *en cas* désigne la mort de l'un ou de l'autre. Une personne fait une donation à une autre, *au cas* qu'elle décède avant celle-ci; il ne s'agit là que d'un tel cas. Vous dites *en cas* de malheur, *en cas* d'accident : il est clair que cette locution vague embrasse toute sorte d'accidents ou de malheurs. Mais s'il faut particulariser tel malheur, tel accident, vous direz *au cas* que telle chose arrive. — *Au cas* n'étant relatif qu'à un tel événement, l'incertitude est si la chose sera ou ne sera pas dans les circonstances données. *En cas* supposant la possibilité de divers genres d'événements, l'incertitude est s'il arrivera une chose ou une autre. (R.)

CASSANT. V. *Fragile*.

CASSER, ROMPRE, BRISER. Mettre de force un corps solide en divers morceaux ou pièces. L'action de *casser* détruit la continuité d'un corps, de manière que deux ou plusieurs parties ne sont plus *adhérentes* les unes aux autres. L'action de *rompre* détruit la *connexion* de certaines parties, de manière qu'elles ne sont plus *liées* les unes aux autres. L'action de *briser* détruit la *masse* et la forme du corps, de manière que les différentes parties tombent toutes en pièces, en morceaux, en poussière. Ainsi, à la rigueur, on ne *casse* que les corps dont les parties, au lieu de s'entrelacer et de se maintenir les unes les autres, ne sont qu'*adhérentes* ou comme collées les unes contre les autres, et sont si raides et si dépourvues d'élasticité, qu'elles se quittent ou se séparent les unes des autres plutôt que de ployer ou de se relâcher. On *casse* le verre, la glace, la porcelaine, la faïence, le marbre et autres corps fragiles; mais on ne les *rompt* pas. — On *rompt* les corps dont les parties s'entrelacent, s'engrènent, s'enchaînent les unes les autres, si bien que, pour en séparer les parties susceptibles de plus ou moins de tension et de relâchement, il faut pour ainsi dire les arracher les unes aux autres, en déchirant les liens qui les retiennent ensemble. On *rompt* le pain, l'hostie, un bâton, des nœuds, des fers et autres corps pliants; on ne les *casse* point; ou si on en *casse* quelques-uns, c'est dans des cas particuliers que nous expliquerons bientôt. En général, on *rompt* ce qui lie et ce qui plie. — On *brise* toute sorte de corps solides, dès qu'on les met en pièces par une action violente. Ainsi on *brise* une glace, comme on *brise* ses liens : on *brise* une glace qu'on *casse* en mille morceaux; on *brise* les liens que l'on *rompt* de manière qu'il n'en reste pas la moindre attache. — Mais dans l'application de ces mots, on a surtout égard à la manière d'opérer qu'ils désignent. Le choc *casse*; les efforts pour ployer *rompent*; les coups violents ou redoublés *brisent*. — On *casse* en frappant, en choquant, en heurtant. Un peu de plomb, comme dit Voiture au prince de Condé, *casse* la plus importante tête du monde. En frappant fortement sur une table vous la *cassez*. — On *rompt* en faisant céder, fléchir, enfoncer, ployer sous le poids, la charge, l'effort, plus que la chose ne le comporte. Vous *romprez* le pain, lorsqu'en appuyant fortement d'un côté, vous le détacherez de l'autre : un fleuve *rompt* sa digue en l'enfonçant; les arbres *rompent* de la surcharge des fruits qui font ployer leurs branches. Un essieu *casse* et se *rompt* : il *casse*, lorsque trop rigide pour ployer, une secousse, un cahot violent le fait éclater et fendre comme un verre (le fer aigre est *cassant*);

il se *rompt*, lorsqu'après avoir fléchi sous la surchage autant qu'il se pouvait, il faut que ses parties faibles et souffrantes se séparent. Un fil, une corde, un nœud, une soupente *cassent* plutôt qu'ils ne *rompent*, quoique très-flexibles; par la raison que, loin de manquer parce qu'on les aura trop ployés, ils sont devenus, à force d'être trop tendus, si faibles et si semblables à des corps fragiles, qu'ils *cassent* comment eux au moindre choc, à la première secousse. — On *brise* en frappant de grands coups ou coup sur coup, en écrasant, en divisant d'une manière violente. Un navire jeté sur un rocher par un vent impétueux, se *brise*. — L'action de *casser* a l'effet ultérieur de rendre la chose *cassée* vaine, inutile, impuissante, ou du moins insuffisante pour le service qu'on en tirait ou l'effet qu'elle produisait: un pot *cassé* ne sert plus ou sert mal. Cette idée n'est point dans le mot *rompre* : on *rompt* un gâteau pour le manger; on *rompt* ses fers pour reprendre sa liberté; on *rompt* le fil de l'eau pour ne pas être entraîné; il est alors utile de *rompre*. L'action de *rompre* a pour effet ultérieur d'empêcher la suite, la continuation, l'enchaînement, la durée des choses, soit en les faisant tout à fait cesser, soit par une simple interruption. Au figuré, on *rompt* des traités, des alliances, des engagements, tout ce qui *lie*, de manière qu'on se délie, et qu'on n'est plus ou qu'on ne veut plus être obligé. *Briser* s'arrête à l'idée physique de réduire en pièces, morceaux, *brins*, *débris*, sans aucun autre rapport particulier. Ce mot n'a donc pas de caractère moral ou d'effet ultérieur désigné : aussi n'a-t-il guère, au figuré, d'emploi décidé, que dans quelques phrases : *brisons là*; ce qui marque fort bien qu'on ne veut plus absolument entendre parler d'une chose. On est *brisé*, quand on est si fatigué qu'on est dans l'impuissance de se remuer, comme si l'on avait le corps *brisé*. (R.)

CASSER, ANNULER. V. *Annuler*.

CATASTROPHE. V. *Dénoûment*.

CAUSER, PRODUIRE. *Causer*, c'est faire naître; *produire*, c'est donner naissance. Ce qui *cause* une chose est simplement l'occasion de cette chose, la procure, y donne lieu : ce qui *produit* fait éclore une chose dont le germe était en lui; c'est-à-dire que la chose effectuée découle, tire son origine de l'objet producteur, qui renfermait en lui-même cette chose. Un ouragan *cause* un grand dommage : le dommage est bien le fait de l'ouragan; mais il n'était pas d'abord en germe dans l'ouragan. La graine *produit* la plante : la plante naît de la graine où elle était en germe.

L'enlèvement d'Hélène *causa* une terrible guerre entre les Grecs et les Troyens, et cette guerre *produisit* de grands maux. Cet enlèvement donna lieu à la guerre; mais cette guerre n'était pas renfermée, contenue dans l'enlèvement : l'enlèvement fit simplement naître la guerre.

Cette guerre, qui elle-même est un mal, donna naissance à de grands maux : elle les portait dans son sein, elle en fut la mère, elle les *produisit*.

On ne dit pas d'une cause qu'elle *cause* un effet, mais qu'elle *produit* un effet : c'est que la cause porte en elle-même son effet et que l'effet sort de la cause.

CAUSER, JABOTER, JASER, CAQUETER, BABILLER. *Causer*, c'est s'entretenir familièrement. On *cause* sur des choses graves comme sur des choses frivoles; on *cause* d'affaires, comme pour son plaisir. *Jaboter*, *jaser*, *caqueter*, s'appliquent proprement à des conversations sans importance et sur des objets sans intérêt. — *Jaboter*, c'est parler de manière que les personnes étrangères à votre entretien ne vous entendent pas, du moins assez pour distinguer ce que vous dites; elles voient ou entendent que vous parlez : la preuve en est que ce mot se prend aussi pour *murmurer*, *marmoter*, parler *entre les dents*. *Jaser*, c'est parler trop ou indiscrètement, comme si on avait toujours quelque chose à se dire et si on pouvait tout dire, mais d'une manière qui, en elle-même, n'a rien de désagréable pour les autres; la preuve de l'indiscrétion, c'est que ce mot signifie aussi *révéler un secret*. *Caqueter*, c'est parler d'une voix haute et avec une continuité qui incommode, importune, étourdit et sans rien dire : la preuve en est que ce mot s'entend surtout du caquet éclatant et redoublé des poules, et du babil vain, continu, élevé, fatigant des pies, des perroquets et autres animaux semblables. *Babiller* est à l'égard de ces mots une sorte de genre qui marque la légèreté, la volubilité, la futilité, l'abondance, la superfluité, la continuité, l'excès, et qui est susceptible de divers défauts désignés par les autres verbes. (R.)

CAUSTIQUE, SATIRIQUE, MORDANT. *Caustique* implique une certaine malignité piquante; *satirique*, un peu d'amertume dans l'humeur; *mordant*, un caractère plus ou moins méchant. Un esprit *caustique* emploie l'ironie, la plaisanterie fine, pour faire ressortir les ridicules et les travers des gens; il amuse. Un esprit *satirique* attaque surtout les vices et les défauts les plus blâmables; ses armes sont une plaisanterie vive et amère, et quelquefois l'indignation et la véhémence : c'est un moraliste ou un juge de mauvaise humeur, qui condamne, punit et instruit. L'esprit *mordant* s'attaque à tout, ne ménage rien, et, comme on dit vulgairement, emporte la pièce; il blesse et déplait.

CAUTION, GARANT, RÉPONDANT. La *caution* s'oblige, envers celui à qui elle *cautionne*, à satisfaire à un engagement ou à indemniser des malversations de celui qu'elle *cautionne*, si celui-ci manque de foi ou de fidélité. Le *garant* s'oblige envers celui à qui il *garantit* la chose vendue, cédée, transportée, à l'en faire, à ses risques et périls, jouir contre ceux qui le troubleraient dans sa possession, ou à l'indemniser. Le *répondant* s'oblige envers celui à qui il *répond*, à réparer les torts ou à l'indemniser des pertes qu'il pourrait essuyer de la part de celui dont il *répond*. — Les associés d'une compagnie sont *cautions* les uns des autres. Les rois sont les *garants* nécessaires des propriétés de leurs sujets. Les pères et mères sont les *répondants* naturels de leurs enfants mineurs et non émancipés. — La *caution* s'engage pour des intérêts ou sous des peines pécuniaires; le *garant*, pour des possessions; le *répondant*, pour des dommages. Le premier s'engage à payer, le second à poursuivre, le troisième à dédommager. — La *caution* donne un second débiteur; le *garant*, un défenseur; le *répondant*, un recours. Le premier prend la même charge que son *cautionné*, il le représente; le second prend fait et cause pour l'acquéreur, il se fait fort contre tout opposant; le dernier prend sur lui la peine ou le dommage pécuniaire de son client, il supplée à son impuissance. — La *caution* l'est gratuitement ou par intérêt : on *cautionne* gratuitement et généreusement son ami; on *cautionne* un entrepreneur pour un intérêt commun. Le *garant* l'est forcément, de droit ou de fait; un vendeur est de droit *garant* de ses faits, de ses promesses ; une puissance se rend, volontairement et de fait, *garante* des engagements que d'autres puissances prennent entre elles dans un traité. Le *répondant* l'est volontairement et sans intérêt; un patron *répond* pour son client dans la vue de l'obliger, de lui assurer une place. On ne serait pas proprement *répondant*, si on était obligé par les lois de répondre; on serait *responsable*. (R.)

CAVERNE. V. *Antre.*

CAVITÉ, CREUX. L'un et l'autre indiquent un vide plus ou moins considérable : « Les *cavités* d'un rocher, les *cavités* du cerveau, les *cavités* du cœur; le *creux* d'un rocher, le *creux* d'un arbre, le *creux* de la main ». (Acad.)

La *cavité* est, dans l'intérieur d'un corps solide, un vide borné de tous côtés ou n'ayant à l'extrémité qu'une ouverture très-étroite relativement au vide intérieur. Le *creux* n'est souvent qu'une simple inégalité, un faible enfoncement à la surface du corps; ou bien c'est un vide intérieur peu profond, et dont l'ouverture, placée à l'extérieur et visible du dehors, est très-grande. Les *cavités* d'un rocher sont tout à fait dans l'intérieur de ce rocher, et il n'est pas toujours possible d'y pénétrer; le *creux* d'un rocher n'est qu'une espèce de niche ou de guérite naturelle, à la surface de ce rocher. Le *creux* de l'estomac est à la partie antérieure de la poitrine au bas du sternum; la *cavité* de l'estomac est l'intérieur même de ce viscère.

CÉLÈBRE. V. *Fameux.*

CELER. V. *Taire.*

CÉLÉRITÉ. V. *Promptitude.*

CENSURE. V. *Critique.*

CENTRE, MILIEU. Dans le langage rigoureux de la géométrie, le *centre* et le *milieu* ne sont l'un et l'autre qu'un point sans étendue; mais *centre* se dit de toute figure fermée, cercle, polygone ou solide;

*milieu* ne se dit que de la ligne. Par analogie on dit que le soleil est au *centre* de notre système planétaire; c'est-à-dire que le soleil occupe le point autour duquel gravitent les planètes.

Dans le langage ordinaire, *centre* et *milieu* se disent d'une portion de l'étendue, d'un lieu, d'un endroit également distant de la circonférence ou des extrémités : mais *centre* a toujours un sens plus rigoureux que *milieu*, et présente à l'esprit une étendue bien moindre relativement à la surface totale dont il fait partie. Le *centre* de la ville est plus également éloigné des extrémités que le *milieu*. Mais si l'on entend par *centre* de la ville, la rue, le quartier d'où part et auquel vient aboutir tout mouvement, la partie la plus vivante, la plus animée, en un mot le *cœur* de la ville, alors le *centre* peut se trouver très-éloigné du *milieu*, et se trouver fort près de l'une des extrémités.

Quand on ne considère qu'une seule dimension de l'étendue, on dit toujours *milieu* : Le *milieu* d'une perche, le *milieu* d'une allée, d'un chemin. On dit : *La rivière passe au milieu de la ville* (Acad.); c'est-à-dire, la traverse dans le sens de la longueur ou de la largeur : *La zone du milieu*, parce que le mot *zone* éveille une idée de longueur.

En parlant de la durée, on dit toujours *milieu* : *Le milieu du jour, le milieu de la nuit*; parce que la durée n'a pour ainsi dire qu'une dimension, comme la ligne; aussi dit-on la longueur des heures, la longueur du temps.

*Milieu* se dit aussi, figurément, en physique, du fluide qui environne les corps : « L'air est le *milieu* dans lequel nous vivons ». (Acad.)

*Centre* s'emploie très-bien, au figuré, pour désigner le lieu d'où partent ou auquel aboutissent les choses : « Cette ville est le *centre* du commerce des grains. L'égoïste se fait le *centre* de tout ».

CEPENDANT. V. *Pourtant*.

CERTAIN. V. *Sûr*.

CERTAINS. V. *Quelques*.

CERTES, CERTAINEMENT, AVEC CERTITUDE. L'adverbe *certainement* est une affirmation qui désigne simplement la conviction de celui qui parle, la persuasion où il est, et l'autorité qu'il veut donner à son discours par son témoignage, plutôt que les raisons qu'il peut avoir d'assurer ou d'affirmer. « Il est *certainement* le plus habile de tous » (Acad.); cela veut simplement dire : Il est, suivant moi, dans ma conviction, le plus habile. *Certainement* signifie aussi indubitablement, d'une manière certaine : « Le savez-vous *certainement*? » (Id.)

« *Certes* est une affirmation tranchante et absolue, qui annonce l'assurance fondée sur la certitude et la conviction la plus profonde, certifie la chose, emporte une sorte de défi, et vous défend, pour ainsi dire, d'élever un doute ou un soupçon contraire. Il équivaut à *sans contredit*; mais il dit non-seulement qu'il n'y a point à cet égard de contradiction, mais qu'il ne peut y en avoir. Nous traduirions convenablement par *certes* ces espèces de jurements latins, *herclè*, *œdepol*, etc.

Voyez avec quelle assurance, quelle hauteur, quelle fermeté on vous répond *oui certes, non certes*. — La phrase *avec certitude* désigne principalement, par une simple assertion, que vous avez les motifs les plus puissants pour assurer, ou les plus fortes raisons de croire et de dire une chose comme certaine en soi, ou dont vous êtes certain. — Vous savez une chose *avec certitude*, de science certaine, sans aucun doute; vous l'affirmez *certainement*, sans crainte, et d'une main assurée; et *certes*, vous la garantissez en homme qui certifie, qui doit être cru, qui répond de la chose, qu'on n'aurait garde de contredire ». (R.).

CERTIFIER, CERTIFICAT. V. *Attester, Attestation.*

CERTITUDE (AVEC). V. *Certes.*

CERVELLE, CERVEAU. Organe contenu dans la cavité du crâne. — *Cervelle* se dit plutôt de la substance cérébrale en tant que matière inerte; et *cerveau*, de cette substance en tant qu'organisée et accomplissant certaines fonctions. En d'autres termes, le *cerveau* est le viscère, la *cervelle* est la substance matérielle qui entre dans l'organisation de ce viscère. On dit un morceau de *cervelle*; on mange de la *cervelle* de mouton : on ne dit pas un morceau de *cerveau*, manger du *cerveau*. Le physiologiste étudie les fonctions de l'organe appelée *cerveau* : le chimiste analyse la matière appelée *cervelle* et en détermine les éléments.

Il en est à peu près de même, lorsque ces mots sont employés au figuré dans le sens d'entendement, intelligence, jugement. *Cervelle* a davantage rapport à la quantité ou à la qualité de la substance; *cerveau*, à l'action, à la puissance de l'organe : « Une petite *cervelle*, une *cervelle* évaporée, une tête sans *cervelle*; son *cerveau* travaille, *cerveau* débile ». (Acad.) Il faut remarquer en outre que *cerveau* se dit aussi, au propre, de l'étendue de la cavité qui renferme ce viscère : « La capacité du *cerveau* ». (Acad.) Voilà pourquoi l'on dit aussi au figuré, *cerveau* étroit, petit *cerveau* ». (Id.)

CESSER. V. *Finir.*

CESSION, CONCESSION. Action de céder, d'accorder à un autre ce dont on est propriétaire. — La *cession* est dans le simple exercice du droit que chacun a sur ce qui lui appartient. La *concession* est un don, un octroi fait par le souverain ou par l'État; c'est une faveur, une grâce, un privilége que l'on n'obtient pas sans faire des démarches, des sollicitations : l'affaire est plus compliquée qu'une simple *cession* (4, page 8); de plus, l'objet de la *concession* est ordinairement plus considérable, plus important que celui d'une *cession*.

C'EST POURQUOI. V. *Ainsi.*

CHAGRIN. V. *Affliction.*

CHAINES, FERS. Liens d'un prisonnier, d'un esclave. La *chaîne* est un composé d'anneaux de métal engagés les uns dans les autres; les *fers* sont l'ensemble des *chaînes* et autres objets en fer, tels que les ceps, les menottes, etc., qui retiennent l'homme enchaîné. On peut dire tenir un animal à la *chaîne :* on ne dirait pas le mettre aux *fers,* parce qu'un animal, un chien n'est retenu que par une *chaîne.*

Au figuré, *chaînes* peut se dire d'une douce servitude, d'un assujettissement que l'on aime : *Les* chaînes *de l'amitié. Fers* exprime toujours un dur esclavage, la perte de la liberté, l'oppression, ou tout au moins la soumission absolue aux volontés d'un autre : « Il fut vaincu par le peuple auquel il voulait donner des *fers* ». (Acad.)

CHALEUR. V. *Chaud.*

CHAMPS (LES), LA CAMPAGNE. L'idée des *champs* réveille celle de la culture, parce qu'on ne les a distingués les uns des autres que pour les mettre en valeur; et l'idée de la *campagne* rappelle l'idée de la ville, à cause de l'opposition de la liberté dont on jouit d'un côté avec la contrainte où l'on est de l'autre; et quoique l'on dise proverbialement, avoir un œil aux *champs* et l'autre à la ville, pour dire, prendre garde à tout, ce n'est pas une opposition, ce n'est qu'une différence que l'on veut marquer entre les soins dont on s'occupe, parce qu'en effet les soins de la culture sont bien différents de ceux des affaires que l'on traite à la ville. — Cela posé, une *maison des champs* est une habitation avec les accessoires nécessaires aux vues économiques qui l'ont fait construire ou acheter; comme un verger, un potager, une basse-cour, des écuries pour toutes sortes de bétail, un vivier, etc. *Une maison de campagne* est une habitation avec les accessoires nécessaires aux vues de liberté, d'indépendance, et de plaisir qui en ont suggéré l'acquisition; comme avenues, remises, jardins, parterres, bosquets, parc même, etc. (B.)

CHANCE. V. *Bonheur.*

CHANCELER, VACILLER. Ces mots expriment le défaut d'être mal assuré. *Chanceler* c'est à la lettre courir la *chance* de *choir,* pencher comme si on allait tomber : *vaciller,* aller de çà et de là, comme va un petit rameau, une baguette, *bacillum.* — Ce qui *chancelle* n'est pas ferme : ce qui *vacille* n'est pas fixe. Le corps *chancelant* aurait besoin d'être assuré sur sa base : le corps *vacillant* aurait besoin d'être assujetti dans sa position. Celui-ci est trop mobile, et celui-là trop faible. — L'esprit qui ne sait pas se tenir dans le parti qu'il a pris, *chancelle :* celui qui flotte d'un parti à l'autre sans se fixer, *vacille.* Le premier manque de fermeté pour résoudre, et d'assiette; le second, de force pour prendre une résolution, et de constance. — Nos opinions sont *vacillantes,* comme des roseaux exposés à tous les vents; les grandes fortunes sont *chancelantes,* comme des bâtiments trop élevés. (R.)

CHANCIR, SE CHANCIR. V. *Passer, se passer.*

CHANCIR, MOISIR. Termes qui expriment tous deux un changement à la surface de certains corps, qu'une fermentation intérieure dispose à la corruption. *Chancir* se dit des premiers signes de ce changement; *moisir* se dit du changement entier. — Une confiture est *chancie,* lorsqu'elle est couverte d'une pellicule blanchâtre : elle est *moisie,* quand il s'élève de cette pellicule blanchâtre une efflorescence en mousse blanchâtre ou verdâtre. (B.)

CHANGEMENT, RÉVOLUTION, MUTATION. Le *changement* est une modification qui rend une chose différente de ce qu'elle était auparavant, soit en bien, soit en mal. C'est une expression vague et indéterminée, dont les accessoires déterminent la force et l'étendue. Le *changement* peut être petit ou considérable, violent ou insensible, subit ou successif, bon ou mauvais. La *révolution* est un *changement* total, une décomposition. — Le *changement* fait qu'une chose ne paraît plus la même, qu'elle se présente sous une face nouvelle, avec des modifications nouvelles; la *révolution* la change entièrement de forme et fait qu'on ne la reconnaît plus. — La *mutation* est une action par laquelle on met une personne à la place d'une autre, comme quand on fait passer des officiers d'un régiment dans un autre. *Mutation* est aussi un terme de jurisprudence et d'administration qui se dit du passage d'un bien des mains d'un propriétaire dans celles d'un autre. Les *mutations* ont lieu par héritages, par les ventes, etc. — Les *changements* mettent la chose dans un nouvel état; les *révolutions* la renversent; les *mutations* les changent de place et de maître. (L.)

CHANGEMENT, VARIATION. V. *Variation.*

CHANGER, ÉCHANGER, TROQUER, PERMUTER; CHANGE, ÉCHANGE, TROC, PERMUTATION. *Changer, change,* sont des termes généraux exprimant simplement l'action; d'ailleurs *change* n'est guère employé que comme terme de banque : « Le *change* sur Londres; lettre de *change* » : hors de là on dit *échange* ou *troc*. *Échanger, échange* désignent une action plus particulière ou plus importante et faite avec intention. Je peux *changer* une chose par mégarde, par exemple mon chapeau, c'est-à-dire en prendre un autre au lieu du mien; *échanger* suppose toujours l'intervention de la volonté.

On dit bien : « Il a *changé* son tableau contre des meubles » (Acad.); mais dans ce cas on veut exprimer simplement un *troc;* s'il s'agit d'une opération qui exige plus de précaution, plus d'exactitude, ou dont l'objet est très-important, on doit dire *échanger :* « *Échanger* une propriété contre une autre; on a *échangé* les prisonniers ». (Acad.)

*Troquer* se dit, comme *changer,* de nippes, meubles, bijoux, chevaux et autres choses semblables : « Il a *troqué* son cheval contre un tableau ». (Acad.) Il diffère de *changer* en ce que celui-ci peut laisser à entendre qu'on a donné de l'argent en retour, tandis que *troquer* signifie rigoureusement que les objets *troqués* ont été considérés comme ayant une valeur absolument égale.

Le substantif *troc* répond aux verbes *troquer* et *changer :* il y a entre ce substantif et *échange* la même différence qu'entre *changer* ou *troquer* et *échanger.*

*Permuter* et *permutation,* dans le sens d'*échange,* ne se disent que des emplois : « Un officier peut *permuter* avec un officier d'un autre régiment ».

CHANTRE, CHANTEUR. Le *chantre* est un dignitaire qui est maître du chœur et qui préside au chant dans certaines églises, ou bien c'est celui dont la fonction est de chanter au service divin : ainsi le mot *chantre* est un nom attributif de dignité ou de fonctions spéciales. *Chanteur* se dit de celui dont la profession est de chanter au théâtre, ou de toute personne qui fait ou a fait l'action de chanter un morceau de musique profane.

*Chantre* se dit aussi figurément et poétiquement, 1° d'un poëte : « Le *chantre* de la Thrace » (Acad.), c'est-à-dire Orphée; 2° pour désigner le rossignol et d'autres oiseaux : « Les *chantres* ailés ». (Id.)

CHAQUE. V. *Tout*.

CHAR, CHARRETTE, CHARIOT. Véhicules à roues. — *Char* est le mot simple et par conséquent le terme générique; aussi s'emploie-t-il dans le style élevé pour désigner toute espèce de voiture. Il se dit plus particulièrement des voitures dont les anciens se servaient dans les jeux de course, dans les combats, dans les triomphes; de toute voiture d'apparat qui figure dans une fête ou dans une cérémonie publique; enfin d'une voiture remarquable par son élégance ou sa richesse.

La *charrette* est une voiture à deux roues, qui a deux limons et dont on se sert pour transporter toutes sortes de fardeaux. Le *chariot* est une voiture à quatre roues propre à transporter des marchandises, des bagages et même des personnes : « *Chariots* de foin, d'ambulance, d'artillerie, de vivres ». (Acad.)

CHARGE, CHARGEMENT; DÉCHARGE, DÉCHARGEMENT. *Chargement* et *déchargement* se disent spécialement de l'action (19, page 6) : « Il faudra bien du temps et des hommes pour faire le *chargement*, le *déchargement* de cette voiture, de ce bateau, de ce navire ». Le sens est actif dans cet exemple; mais *chargement* s'emploie aussi, dans le sens de *charge*, pour indiquer l'objet ou les objets de l'opération, le fardeau chargé ou à charger : le sens est alors passif, et dans ce cas *chargement* ne se dit bien qu'en parlant des navires. Quant à *déchargement*, il exprime toujours l'action.

Réciproquement, *décharge* s'emploie dans le sens actif pour *déchargement*, en parlant des voitures, des charrettes ou des bateaux. Quant à *charge*, il ne s'emploie jamais dans le sens actif, si ce n'est comme terme de marine et dans cette locution : « Navire en *charge* pour Bayonne ». (Acad.)

CHARGE, FARDEAU, FAIX. Dans le sens propre et naturel des mots, la *charge* est ce qu'on impose, ce qu'on met dessus pour être porté : le *fardeau*, la *charge* pesante qu'on ne porte qu'avec effort : le *faix*, un *fardeau* (formé surtout par accumulation), dont on peut être surchargé. — La *charge* est forte ou faible, pesante ou légère, grande ou petite, etc. *Pesant* est l'épithète ordinaire de *fardeau* : « C'est un *fardeau pesant* qu'un nom trop tôt fameux ». Il faut appesantir la *charge* pour en faire un *fardeau*. Ainsi, comme le dit Quinault, c'est une *charge* bien *pesante* qu'un *fardeau* de quatre-vingts ans. — Nous appelons particulièrement *faix* ce qui s'amasse, se complique, s'accumule, s'accroît progressivement : le *faix* des années, le *faix* des affaires multipliées, le *faix* des différents impôts, le *faix* du travail. (R.)

Boileau, flatteur habile, avait dit à Louis XIV :

> Mais je sais peu louer, et ma muse tremblante
> Fuit d'un si grand *fardeau* la *charge* trop pesante.

Des critiques se soulevèrent contre la *charge d'un fardeau;* mais le poëte savait sa langue; malgré les censeurs, il conserva l'expression. (Anonyme.)

CHARGE, OFFICE. V. *Office*.

CHARIOT. V. *Char*.

CHARLATANISME, CHARLATANERIE. « *Charlatanisme* se dit des ruses, des artifices, des tromperies du charlatan : *charlatanerie* signifie hâblerie, flatterie, discours artificieux pour tromper quelqu'un ». (Acad.) La *charlatanerie* est dans les paroles; le *charlatanisme* est dans la manière d'agir, dans les moyens qu'on emploie pour tromper (32, page 9).

CHARME, ENCHANTEMENT, SORT, SORTILÉGE. Ces mots ont rapport aux opérations prétendues magiques. Le *charme* consiste principalement dans l'emploi des paroles. « Ce mot comporte dans sa signification l'idée d'une force qui arrête les effets ordinaires et naturels des causes ». (*Enc.*) Ainsi, *charmé* se dira d'un animal qui ne fera pas ce qu'il fait naturellement : « Son cheval ne voulut pas avancer, il crut qu'on l'avait *charmé* ». (Acad.)

L'*enchantement* consiste en paroles et en cérémonies que l'on croit propres à évoquer les démons et les esprits, à faire des maléfices, à rendre en apparence les objets autres qu'ils ne sont, à produire des apparitions, etc. Ce mot se dit proprement pour ce qui regarde l'illusion des sens.

Le *sort* est une opération qui a pour but de nuire aux personnes, en troublant leur raison ou leur santé, aux animaux ou aux choses, en les empêchant de prospérer. Le *sort* est la chose, l'effet; le *sortilége* est l'acte ou l'action : On jette un *sort*, on fait un *sortilége*.

CHARMER *et* ENCHANTER (au figuré), RAVIR. *Charmer* c'est tirer l'âme de son indifférence, de son inaction, pour l'amener à une sensation agréable, à l'occasion des objets qui ont rapport à l'exercice de ses facultés. *Enchanter*, c'est attacher fortement l'âme à cette sensation par l'attrait du plaisir qui en résulte. *Ravir*, c'est porter l'*enchantement* au point qu'il occupe l'âme tout entière, qu'il suspend tout autre sentiment. On voit par là que ces trois expressions enchérissent l'une sur l'autre : *enchanter* dit plus que *charmer*, et *ravir* plus qu'*enchanter*. (L.)

CHARMES. V. *Attraits.*

CHARMOIE, CHARMILLE. La *charmoie* est un lieu planté de charmes : on y prend la *charmille,* ou petits charmes, dont on fait dans les jardins les palissades, les portiques, les haies, que l'on appelle aussi *charmilles* (38, page 11).

CHARRETTE. V. *Char.*

CHATIER, PUNIR; CHATIMENT, PUNITION. « On *châtie* celui qui a fait une faute, afin de l'empêcher d'y retomber; on veut le rendre meilleur ». (*Enc.*) On *punit* celui qui a commis un crime, un méfait quelconque, pour le lui faire expier. — De plus, « *châtier* porte toujours avec lui une idée de subordination qui marque l'autorité ou la supériorité de celui qui *châtie* sur celui qui est *châtié.* Mais le mot de *punir* n'enferme point cette idée dans sa signification : on n'est pas toujours *puni* par ses supérieurs; on l'est quelquefois par ses égaux, par soi-même, par ses inférieurs, par le seul événement des choses, par le hasard, ou par les suites mêmes de la faute qu'on a commise ». (G.)

C'est à cause de cela que *châtiment* dit plus que *punition :* il part d'en haut; il frappe plus fortement celui sur la tête de qui il tombe.

CHAUD (LE), LA CHALEUR. L'idée commune est celle de la sensation particulière que nous éprouvons lorsque le calorique agit sur nous. — Le mot *chaleur* est le nom abstrait de la qualité exprimée par l'adjectif *chaud,* comme *vérité* est le nom abstrait de la qualité exprimée par l'adjectif *vrai :* Un corps a de la *chaleur,* c'est-à-dire possède la qualité que j'appelle *chaleur,* ce corps est *chaud.* Mais si de l'adjectif *chaud* je fais un substantif et si je dis souffrir le *chaud* et le froid, ce substantif le *chaud,* quoique synonyme du substantif *chaleur,* en diffère cependant, non-seulement parce que ce mot n'exprime pas l'idée de qualité, mais aussi parce que l'esprit le considère comme le nom particulier d'un être idéal et métaphysique ayant lui-même, essentiellement et à un très-haut degré, la qualité appelée *chaleur,* et se manifestant par cette qualité.

En conséquence de cela le substantif le *chaud* a un sens absolu que n'a pas le substantif *chaleur ;* aussi rejette-t-il tout complément déterminatif, tandis que le substantif *chaleur* prend très-bien cette sorte de complément : ainsi l'on dit la *chaleur* du feu, la *chaleur* du soleil, et l'on ne dit pas le *chaud* du feu, du soleil. On dit au contraire, sans l'article et d'une manière absolue, j'ai *chaud;* on ne dit pas j'ai *chaleur.* Pourquoi? c'est que le mot *chaud* est considéré comme le nom d'un objet, et que l'on peut avoir un objet; tandis que *chaleur* est le nom d'une qualité abstraite et que l'on ne peut pas avoir une qualité abstraite tout entière; on ne peut en avoir qu'une partie : « Il a *de la chaleur,* il a *de la probité* ».

« Nous disons le *chaud,* fait remarquer Laveaux, pour désigner la température de l'air, d'un lieu. La *chaleur* à un certain degré produit cette température, la *chaleur* fait le *chaud* ». Sans doute, comme les qualités font l'objet.

*Chaleur* s'emploie très-souvent au figuré.

**CHAUFFER, ÉCHAUFFER.** *Chauffer* exprime l'action simple de rendre chaud : *échauffer*, en sa qualité de composé, exprime une action qui se fait plus en grand, ou qui demande plus de peine, une intention plus marquée (9, et 6, page 4) : « Il faut faire du feu dans cette chambre pour l'*échauffer* ». (Acad.)

Ensuite, comme le fait remarquer Laveaux, *chauffer*, c'est communiquer à une personne ou à une chose la chaleur du feu, en la mettant et en la tenant auprès. *Échauffer*, c'est dissiper la sensation du froid par du mouvement, de l'exercice, ou de quelque autre manière semblable. On fait *chauffer* de l'eau en la tenant auprès du feu; on s'*échauffe* en marchant, en courant; on *échauffe* un malade en mettant sur lui de bonnes couvertures, etc.

**CHAUMIÈRE.** V. *Cabane*.

**CHEF.** V. *Tête*.

**CHEMIN.** V. *Voie, route*.

**CHER, CHÈREMENT.** A haut prix. — *Cher* a rapport à l'objet, et *chèrement* au sujet (60, page 18) : c'est pourquoi l'on dit d'une chose qu'elle coûte *cher* et non qu'elle coûte *chèrement*. Au propre, on dit presque toujours acheter, vendre, payer *cher* une marchandise; parce que c'est l'idée de prix qui domine dans la pensée : ces locutions, en effet, signifient acheter, vendre, payer d'un *prix cher*. Si l'on dit quelquefois acheter, vendre, payer *chèrement* une marchandise, c'est que l'on veut caractériser l'action et en faire presque un reproche au sujet : « Vous avez acheté, payé *chèrement* ces étoffes », c'est réellement vous les avez achetées, payées *trop cher* ou *bien cher*.

Au figuré, on emploie également ces deux adverbes; mais toujours avec les mêmes rapports qu'au propre : « Il me paiera *cher* cet outrage » c'est-à-dire il le paiera à un *prix cher*, cet outrage lui coûtera *cher*. « Il paya *chèrement* sa victoire » : ici j'appelle l'attention sur le sujet qui a fait une action dont je détermine le caractère. Je dirai : « Un soldat doit vendre *cher* sa vie » parce que le sujet est ici un terme général, qui ne désigne point une personne sur laquelle on puisse appeler l'attention; mais si je parle de tel combattant que j'ai déjà nommé et que je représente comme ayant succombé avec gloire, je dirai qu'il vendit *chèrement* sa vie.

**CHER, CHÉRI.** Qui est tendrement aimé. — *Cher* exprime simplement la qualité, la propriété d'être l'objet d'un tendre attachement : *chéri* présente cette qualité comme l'effet de l'acte moral de la personne qui porte ses sentiments les plus tendres sur l'objet de son affection (52, page 16). *Chéri* dit plus que *cher* : des enfants sont naturellement *chers* à leurs parents; mais s'il s'en trouve un parmi eux qui le soit un peu plus que les autres, un que ses parents *ché-*

*rissent*, pour lequel il paraissent avoir une certaine préférence, on dit que cet enfant est leur *chéri*, leur Benjamin.

*Chéri* exprime donc un attachement de prédilection, et en outre, comme venant d'un verbe actif, il rappelle l'idée de ce verbe; or *chérir*, ce n'est pas seulement avoir une affection très-vive et de préférence, c'est aussi la faire voir, la témoigner par des actes : *chéri* fait entendre tout cela; tandis que *cher* ne rend que l'idée d'un attachement vrai, sans doute, et même profond, mais renfermé dans le cœur, et quelquefois y restant caché aux yeux de tout le monde.

CHÉRIR. V. *Aimer*.

CHÉTIF, MAUVAIS. *Mauvais* n'est pris ici que dans le sens qui le rend synonyme de *chétif;* je veux dire, pour marquer uniquement une sorte d'inaptitude à être avantageusement placé ou mis en usage. — L'inutilité et le peu de valeur rendent une chose *chétive;* les défauts et la perte de son mérite la rendent *mauvaise*. De là vient qu'on dit, dans le style mystique, que nous sommes de *chétives* créatures, pour marquer que nous ne sommes rien à l'égard de Dieu; et qu'on appelle *mauvais* chrétien celui qui manque de foi, ou qui a perdu par le péché la grâce du baptême. — En fait de choses d'usage, comme étoffes, linge, et semblables, le terme de *chétif* enchérit sur celui de *mauvais*. Ce qui est usé mais qu'on peut encore porter au besoin, est *mauvais;* ce qui ne peut plus servir et ne saurait être mis honnêtement, est *chétif*. (G.)

*Chétif* s'emploie souvent pour exprimer la double idée de petit et de peu de valeur : « Un fermier qui a des moutons fort *chétifs*. Faire une *chétive* récolte ». (Acad.)

CHEVAL. V. *Coursier*.

CHICANE, CHICANERIE. La *chicane* est une procédure artificieuse ou bien une subtilité captieuse en matière de procès, d'affaires ou de discussion. La *chicanerie* est moins importante; c'est un simple tour de *chicane*, une petite pratique d'un esprit chicanier, une petite difficulté soulevée par un esprit pointilleux ou vétilleur (22, page 7).

CHIMÈRE. V. *Illusion*.

CHOIR, TOMBER. *Choir* ne se dit guère qu'à l'infinitif et au participe *chu :* il ne se dit même guère que dans le style familier, quoique Corneille l'emploie si souvent comme un mot noble et usité. — *Choir* désigne particulièrement un choc, un coup, une impulsion qui fait perdre l'équilibre, renverse, porte de haut en bas : toutes ces idées sont renfermées dans ce mot. *Tomber* marque spécialement une chute lourde, brusque, bruyante, d'un lieu très-élevé, sans exprimer l'idée du *renversement* comme *choir*. On *tombe* du ciel, des nues, de son haut; indication d'une grande chute, ou d'une chute à grandes distances. On ne fera pas *choir* la pluie et le tonnerre; ils *tombent* à cause de la hauteur et du bruit, sans idée d'équilibre. Quand on *tombe* sur ses pieds, on n'est qu'*abaissé* et non renversé. — *Choir* n'entraîne guère à sa suite qu'un des termes de l'action, le lieu, l'état où l'on tombe : un homme est *chu* dans l'eau, dans la pauvreté. On dit *tomber d'un lieu, tomber dans un autre*, termes de l'action; *tomber* de son propre poids; *tomber* d'inanition, cause de la chute, etc. On laisse *tomber* un discours; une chose *tombe* sous les sens; les bras vous *tombent*; le jour *tombe*. Ainsi toutes les circonstances d'une chute, d'un abaissement, d'une décadence, d'une diminution, et tous leurs rapports, vous les exprimerez par le verbe ou avec le verbe *tomber*. (R[1].)

CHOISIR, ÉLIRE; CHOIX, ÉLECTION. *Choisir*, c'est se déterminer, par la comparaison qu'on fait des objets, en faveur de ce qu'on juge être le mieux. *Élire*, c'est nommer à une dignité, à un emploi, à un bénéfice, ou à quelque chose de semblable. Ainsi le *choix* est un acte de discernement qui fixe la volonté à ce qui paraît le meilleur : « L'*élection* est un concours de suffrages qui donne à un sujet une place dans l'État ou dans l'Église ». (G.)

Tout *choix*, toute nomination faite par la voie des suffrages est une *élection* : on *élit* un pape, un roi, un empereur, on *élit* un membre de l'Académie, le président d'une assemblée; on *élit* à des fonctions quelconques.

Une personne en *choisit* une autre; plusieurs personnes *choisissent* quelqu'un dans un but spécial, par exemple comme mandataire, lorsque, sans aller aux voix, elles demeurent d'accord sur le nom proposé.

Relativement à la personne sur qui est tombée la détermination, *élection*, suivant la remarque de Bouhours, se dit d'ordinaire dans une signification passive; et *choix* dans une signification active : l'*élection* d'un tel marque celui qui a été *élu*, le *choix* d'un tel marque celui qui *choisit* : « L'*élection* en quelque sorte miraculeuse d'Ambroise pour le gouvernement de l'église de Milan, justifia le *choix* que le prince en avait fait pour gouverner la province. » (Beauzée.)

CHOISIR, FAIRE CHOIX. Quand on parle de choses, *faire choix* n'est que l'explication du mot *choisir* : ainsi l'on dira indifféremment *j'ai choisi cette étoffe* ou *j'ai fait choix de cette étoffe*. Lorsqu'il s'agit de personnes, une nuance distingue la locution composée *faire choix* du verbe *choisir*. *Faire choix* se dit proprement de l'acte d'un supérieur qui distingue une personne parmi plusieurs autres pour l'élever à quelque dignité, charge ou emploi : « Louis XIV *fit choix* du maréchal de Villeroi pour être gouverneur de son petit-fils Louis XV ».

CHOISIR, OPTER; CHOIX, OPTION. On *opte* en se déterminant pour une chose, parce qu'on ne peut les avoir toutes. On *choisit* en

1. Dans son article, Roubaud a comparé *faillir* avec *choir* et *tomber*; mais depuis bien longtemps *faillir* n'est plus synonyme de ces deux verbes : il l'est de *manquer*. (V. ce dernier mot.)

comparant les choses, parce qu'on veut avoir la meilleure. L'un ne suppose qu'une simple décision de la volonté, pour savoir à quoi s'en tenir; l'autre suppose un discernement de l'esprit, pour s'en tenir à ce qu'il y a de mieux. Entre deux choses parfaitement égales, il y a à *opter;* mais il n'y a pas à *choisir.* — On est quelquefois contraint d'*opter;* mais on ne l'est jamais de *choisir.* Le *choix* est un plein exercice de la liberté; c'est pourquoi, lorsque le sens ou l'expression marque une nécessité absolue, il est mieux de se servir du mot *opter* que de celui de *choisir;* de là vient que l'usage dit : « Puisqu'il est impossible de servir en même temps deux maîtres, il faut *opter* ». — Le mot de *choisir* ne me paraît pas non plus être tout à fait à sa place, lorsqu'on parle de choses entièrement disproportionnées, à moins qu'il n'y soit employé dans un sens ironique; par exemple, je ne dirais pas : « Il faut *choisir* ou de Dieu ou du monde »; mais je dirais, il faut *opter* : car le *choix* étant une préférence fondée sur la comparaison des choses, il n'a pas lieu où il n'y a point de comparaison à faire. Je ne connais point de droit de *choix;* mais il y a un droit d'*option* : c'est lorsque entre plusieurs choses à distribuer, on a droit de prendre avant les autres celle qu'on veut. Quand on a ce droit, on a par conséquent la liberté de *choisir;* car on peut *opter* par *choix,* en examinant quelle est la meilleure; comme on peut *opter* sans *choix,* en se déterminant indifféremment pour la première venue. — Nous n'*optons* que pour nous; mais nous *choisissons* quelquefois pour les autres. Lorsque les choses sont à notre *option*, il faut tâcher de faire un bon *choix.* (G.)

CHOISIR, PRÉFÉRER; CHOIX, PRÉFÉRENCE. *Choisir,* c'est prendre une chose au lieu d'une autre : *préférer,* du latin *ferre præ,* placer avant, mettre au-dessus (V. *Pré,* 13, page 5), c'est mettre une chose au-dessus d'une autre. Le *choix* a pour objet l'usage ou l'emploi de la chose : on *choisit* un livre pour le lire, un logement pour l'occuper, une profession pour l'exercer, un maître pour prendre ses leçons. La *préférence* n'a par elle-même d'autre objet que de marquer les rangs ou les degrés de mérite de la chose : on *préfère* un livre à un autre que l'on juge moins bon, un logement à un autre qu'on trouve moins commode, une profession à une autre qu'on estime moins convenable, un maître à un autre qu'on croit moins habile. Le *choix* indique des vues particulières : la *préférence* n'annonce proprement qu'un jugement spéculatif. Le *choix* est bon ou mauvais, selon que l'objet est ou n'est pas propre à remplir sa destination et vos vues. la *préférence* est juste ou injuste, selon que l'objet a ou n'a pas plus de mérite ou de valeur qu'un autre. (R.)

CHOIX. V. *Choisir, élire; Choisir, faire choix; Choisir, opter; Choisir, préférer.*

CHOQUER, HEURTER. *Choquer* et *heurter* expriment le coup plus ou moins fort que se donnent deux corps en se rencontrant; de manière qu'ils se poussent et repoussent, ou que l'un pousse ou repousse l'autre. Mais *heurter*, c'est *choquer* rudement, lourdement, impétueusement, violemment. Le *choc* peut être léger, il n'en est pas de même du *heurt*. On *choque* les verres à table; s'ils se *heurtaient*, ils se briseraient. Un vaisseau s'entr'ouvre en *heurtant* contre un rocher; il aurait souffert moins de dommage, s'il n'eût fait que *choquer* contre. Un objet nous *choque* la vue, un son nous *choque* l'oreille, nous ne dirons pas, pour désigner cette impression purement désagréable, que le son ou l'objet nous *heurte* l'oreille ou la vue. — Le sens figuré de ces termes conserve toujours la même différence. Il n'y a qu'à désobliger, à un certain point une personne, la traiter de façon à lui déplaire fort, même sans le savoir, pour la *choquer* : si vous allez l'offenser grossièrement, la blesser grièvement, la *choquer* rudement, vous la *heurtez*. On *choque*, on *heurte* la raison, le sens commun, les préjugés, les bienséances, l'honnêteté, etc. : on les *choque* par des actions ou des discours qui leur sont ou semblent leur être fort contraires; on les *heurte* lorsqu'on les fronde, qu'on les brave, qu'on leur insulte, qu'on les attaque de front, directement, durement, sans ménagement, sans égard. (R.)

CHRONIQUES. V. *Histoire*.

CHUCHOTERIE, CHUCHOTEMENT. Action de chuchoter, de parler bas à l'oreille de quelqu'un. — *Chuchotement* exprime simplement cette action (19, page 6); le *chuchotement* peut ne consister qu'en quelques paroles rapidement échangées. La *chuchoterie* est une suite de *chuchotements*, et l'Académie dit avec raison que c'est un entretien de personnes qui se parlent à l'oreille pour n'être pas entendues des autres (22, page 7).

CIME. V. *Sommet*.

CIRCONFÉRENCE. V. *Tour*.

CIRCONLOCUTION. V. *Phériphrase*.

CIRCONSPECTION. V. *Égards*.

CIRCONSTANCE. V. *Occasion*.

CIRCUIT. V. *Tour*.

CITÉ, VILLE. La *cité*, dans le sens de l'antique *civitas*, est une contrée ou territoire dont les habitants se gouvernent par des lois particulières : « Sous Tibère on comptait soixante-quatre *cités* dans les Gaules ». (Acad.) Ce mot désigne aussi la collection des citoyens d'un État libre : « Un Lacédémonien célèbre disait : à Sparte la *cité* sert de murs à la *ville* ». (Id.)

La *ville* est simplement un assemblage de maisons disposées par rues. En poésie et dans le style soutenu, on emploie quelquefois le mot *cité* pour le mot *ville*; et dans quelques *villes* on désigne par ce mot la partie la plus ancienne de la *ville*, et où se trouve la cathédrale ou église principale. Dans ces deux cas, *cité* s'emploie par synecdoque, figure qui consiste à prendre la partie pour le tout ou le tout pour la partie.

**CITER, ALLÉGUER.** On *cite* les auteurs; on *allègue* les faits et les raisons. C'est pour nous autoriser et nous appuyer que nous *citons;* mais c'est pour nous maintenir et nous défendre que nous *alléguons.* (G.)

**CITOYEN.** V. *Habitant.*

**CIVIL, CIVIQUE.** Du citoyen, qui concerne le citoyen. — *Civil* a rapport au citoyen considéré comme membre de la famille ou de la société humaine. *Civique* a rapport au citoyen considéré au point de vue de l'organisation politique ou administrative de l'État. — Les droits *civils* sont ceux que l'on exerce comme homme, tels que les droits d'acquérir la propriété, de l'aliéner, de la céder, de tester, d'hériter, de se marier, etc. Les droits *civiques* sont ceux que l'on exerce comme citoyen actif, tels que les droits de servir l'État, d'occuper des emplois publics, d'être juré, etc. [1]. Certaines peines emportent la privation des droits *civiques* sans enlever les droits *civils*. On appelle vertus *civiles* les vertus de l'homme en relation avec les autres hommes, par exemple les vertus d'un bon père de famille, la probité dans les affaires, etc. On entend par vertus *civiques* les vertus du citoyen dans ses rapports avec la patrie, avec le gouvernement de l'État, avec la loi, organe du pouvoir politique : le courage militaire est une vertu *civique;* le magistrat qui expose sa vie pour le respect de la loi fait preuve de courage *civique*. Les lois *civiles* sont celles qui règlent les rapports des citoyens entre eux et non avec l'État.

Le mot *civique* fait toujours entendre quelque chose de relatif à l'organisation politique ou administrative et au point de vue du bien public; aussi ce mot ne se dit-il jamais de ce qui est contraire à la morale ou à l'intérêt général : il y a des délits *civils* et des délits politiques; mais il n'y a pas de délits *civiques*. Il est facile, d'après ces considérations, de voir pourquoi l'on dit des discordes *civiles*, des guerres *civiles*, et non des guerres *civiques*.

On dit les autorités *civiles* par opposition aux autorités militaires.

**CIVILITÉ, POLITESSE.** Manières honnêtes d'agir et de converser avec les autres hommes dans la société. C'est, dit Duclos, l'expression ou l'imitation des vertus sociales : c'en est l'expression, si elle est vraie, et l'imitation, si elle est fausse. Être *poli* dit plus qu'être *civil*. L'homme *poli* est nécessairement *civil;* mais l'homme simplement *civil* n'est pas encore *poli*. La *politesse* suppose la *civilité*, mais elle y ajoute. — La *civilité* est un témoignage extérieur et sensible des sentiments intérieurs et cachés : en cela même elle est précieuse; car affecter des dehors de bienveillance, c'est confesser que la bienveillance devrait être au dedans. La *politesse* ajoute à la *civilité* les marques d'une

1. Il y a aussi des droits *politiques :* ce sont, dit l'Académie, les droits en vertu desquels un citoyen participe au gouvernement : « Le droit de concourir à l'élection des députés est un droit *politique* ». Un droit politique n'est au fond qu'une sorte particulière de droit *civique*.

humanité plus affectueuse, plus occupée des autres, plus recherchée. — La *civilité* est un cérémonial qui a ses règles, mais de convention : elles ne peuvent se deviner; mais elles sont palpables pour ainsi dire, et l'attention suffit pour les connaître; elles sont différentes selon les temps, les lieux, les conditions des personnes avec qui l'on traite. La *politesse* consiste à ne rien faire, à ne rien dire, qui puisse déplaire aux autres; à faire et à dire tout ce qui peut leur plaire; et cela avec des manières et une façon de s'exprimer qui aient quelque chose de noble, d'aisé, de fin, de délicat. Ceci suppose une culture plus suivie, et des qualités naturelles ou l'art difficile de les feindre. La *civilité* n'est point incompatible avec une mauvaise éducation; la *politesse* au contraire suppose une éducation excellente, au moins à bien des égards. (B.)

CIVIQUE. V. *Civil.*

CIVISME, PATRIOTISME. *Civisme*, du latin *civis*, citoyen, indique le sentiment de celui qui est dévoué à ses concitoyens, et les sert de tous les moyens qui sont en son pouvoir. *Patriotisme*, du latin *patria*, patrie, indique l'attachement à la patrie. — Le patriote est celui qui aime sa patrie, sa nation; le *patriotisme* est cette vertu mise en action. Le *civisme* a plus de rapport aux concitoyens; le *patriotisme* en a davantage à la patrie. — Celui qui s'expose à la mort pour sauver ses concitoyens fait un acte de *civisme*; celui qui s'expose à la mort pour sauver sa patrie fait un acte de *patriotisme*. C'est un acte de *civisme* de la part d'un général, de s'exposer pour épargner le sang de ses soldats; c'est un acte de *patriotisme* de donner une partie de ses biens pour venir au secours de l'État : le premier sauve des concitoyens; le second fait tout ce qu'il peut pour sauver sa patrie. — Le *civisme* se montre dans toutes les circonstances de la vie, dans tous les cas où il s'agit de rendre des services désintéressés à ses concitoyens; le *patriotisme* se montre particulièrement dans les conseils et dans les camps, dans tous les cas où il est question de servir sa patrie. (L.)

CLAIR. V. *Manifeste.*

CLAIR, CLAIREMENT. On dit également voir *clair* et voir *clairement*. A l'alinéa 60 de l'Introduction, page 20, j'ai déjà analysé ces deux locutions et j'ai fait voir que *clair* se rapporte à l'objet, et *clairement* au sujet : de là le sens différent de ces deux mots. *Clair* signifie d'une manière *claire* et distincte : « Voir *clair* dans une affaire ». (Acad.) *Clairement* signifie nettement, évidemment, manifestement : « Je vois *clairement* qu'on vous a trompé ». (Id.)

CLAMEUR. V. *Cri.*

CLARTÉ. V. *Lumière.*

CLOCHER. V. *Boiter.*

CLOITRE, COUVENT, MONASTÈRE. *Cloître*, lieu *clos*, de *clore*, fermer, serrer, enfermer. Ce mot désigne certain lieu clos d'un *couvent* ou un enclos de maisons de chanoines; et il se prend d'une manière générale pour maison religieuse. *Couvent*, autrefois *convent*, assemblée, lieu d'assemblée religieuse; du latin *cum* et *venire*, venir ensemble, s'assembler. *Monastère*, habitation de moines, du grec *monos*, seul, solitaire. — L'idée propre de *cloître* est donc celle de *clôture*; l'idée propre de *couvent*, celle de communauté; l'idée propre de *monastère*, celle de solitude. On s'enferme dans un *cloître*; on se met dans un *couvent*; on se retire dans un *monastère*. Celui qui fait avec le monde un divorce absolu, s'enferme dans un *cloître*; celui qui renonce au commerce du monde, se met dans un *couvent*; celui qui fuit le monde, se retire dans un *monastère*. — Dans le *cloître*, vous avez sacrifié votre liberté. Dans le *couvent*, vous avez renoncé à vos anciennes habitudes, vous contractez celles d'une société régulière, et vous portez le joug de la règle. Dans le *monastère*, vous êtes voué à une sorte d'exil, et vous ne vivez que pour votre salut. — Dans l'usage ordinaire, *cloître* se dit d'une manière absolue et indéfinie; on dit le *cloître* pour désigner l'état *monastique*; on entre dans un *cloître*; on se jette dans un *cloître*: la mortification se pratique dans le *cloître*. (R.)

CLORE. V. *Fermer*.

COALITION. V. *Alliance*.

COAGULÉ, V. *Caillé*.

CŒUR, COURAGE, VALEUR, BRAVOURE, INTRÉPIDITÉ. Le *cœur* est cette force de l'âme qui ne connaît pas la crainte, qui reste imperturbable au milieu du danger et ferme dans la résolution de faire son devoir. Lorsque cette qualité se montre dans l'action, se manifeste vivement au dehors, c'est le *courage*, la *valeur*, la *bravoure*, l'*intrépidité*.

« Le *courage* est impatient d'attaquer; il ne s'embarrasse pas de la difficulté, et entreprend hardiment, La *valeur* agit avec vigueur; elle ne cède pas à la résistance, et continue l'entreprise malgré les oppositions et les efforts contraires. La *bravoure* ne connaît pas la peur; elle court au danger de bonne grâce, et préfère l'honneur au soin de la vie. L'*intrépidité* affronte et voit de sang-froid le péril le plus évident; elle n'est point effrayée d'une mort présente. — Le *cœur* soutient dans l'action. Le *courage* fait avancer. La *valeur* fait exécuter. La *bravoure* fait qu'on s'expose. L'*intrépidité* fait qu'on se sacrifie ». (G.)

*Intrépidité* enchérit donc sur *bravoure* et sur *courage*. On peut dire que l'*intrépidité* est une *bravoure* ou un *courage* inébranlable et porté à l'extrême : une *bravoure* sur le champ de bataille, un *courage* en face d'un péril autre que celui des armes.

Les trois mots *courage*, *valeur*, *bravoure*, sont ceux dont la synonymie est la plus étroite. Aux distinctions établies par l'abbé Girard, on peut ajouter les suivantes :

« Le *courage* est dans tous les événements de la vie; la *bravoure* n'est qu'à la guerre; la *valeur*, partout où il y a un péril à affronter et de la gloire à acquérir. — L'exemple influe sur la *bravoure*; plus d'un soldat n'est devenu *brave* qu'en prenant le nom de grenadier. L'exemple ne rend point *valeureux*, quand on ne l'est pas; mais les témoins doublent la *valeur*. Le *courage* n'a besoin ni de témoins ni d'exemples ». (*Enc.*)

**CŒUR (DE BON).** V. *De bon gré.*

**CŒUR FAIBLE.** V. *Ame faible.*

**COHÉRENCE, COHÉSION.** Union intime des parties d'un tout. La *cohérence* est l'état; la *cohésion* est la propriété, la force qui fait que les parties sont unies pour former un tout (**26**, page 8, et **20**, page 7). Voyez aussi *Adhérence, cohérence.*

**COLÈRE, COURROUX, EMPORTEMENT.** Une agitation impatiente contre quelqu'un qui nous obstine, qui nous offense, ou qui nous manque dans l'occasion, fait le caractère commun que ces trois mots expriment. Mais *colère* dit une passion plus intérieure et de plus de durée, qui dissimule quelquefois et dont il faut alors se défier. Le mot *courroux* enferme dans son idée quelque chose qui tient de la supériorité, et qui respire hautement la vengeance ou la punition; il est aussi d'un style plus élevé. *Emportement* n'exprime proprement qu'un mouvement extérieur qui éclate et fait beaucoup de bruit, mais qui passe promptement. — Le cœur est véritablement piqué dans la *colère;* et il a peine à pardonner, si l'on ne s'adresse pas directement à lui; mais il revient dès qu'on sait le prendre. Souvent le *courroux* n'a d'autre mobile que la vanité, qui exige simplement une satisfaction; et parce qu'alors il agit plus par jugement que par sentiment, il en est plus difficile à apaiser. Il arrive assez ordinairement que la chaleur du sang et la pétulance de l'imagination occasionnent l'*emportement,* sans que le cœur ni l'esprit y aient part; il est alors tout mécanique, c'est pourquoi la raison n'est point de mise à son égard; il n'y a donc qu'à céder jusqu'à ce qu'il ait eu son cours. — La *colère* marque beaucoup d'humeur et de sensibilité. Le *courroux* marque beaucoup de hauteur et de fierté. L'*emportement* marque beaucoup d'aigreur et d'impatience. (G.)

**COLÈRE, COLÉRIQUE; HYPOCONDRE, HYPOCONDRIAQUE; DESPOTE, DESPOTIQUE.** *Colère,* adjectif, qui est sujet à la colère; *colérique,* qui est enclin à la colère ou qui porte à la colère. Le premier désigne proprement l'habitude, la fréquence des accès; le second la disposition, la propension, la pente naturelle à cette passion (**46**, page 14). Un homme est *colère* et il a l'humeur *colérique.* L'humeur *colérique* rend *colère,* comme l'humeur *hypocondriaque* rend *hypocondre.* Un homme peut être *colérique* sans être *colère,* s'il parvient à se vaincre : il met un frein à son humeur. *Colère* marque donc le fait de même qu'*hypocondre* et autres adjectifs semblables; et *colérique* l'inclination, de même qu'*hypocondriaque* et autres adjectifs également formés d'adjectifs simples. — Nous distinguerons, par de semblables nuances, le *despote* de l'homme *despotique.* Le *despote,* avec ou sans titre, gouverne de fait, d'une manière absolue et arbitraire : l'homme *despotique* a le goût ou le pouvoir de gouverner arbitrairement. (R.)

COLLATIONNER. V. *Comparer.*

COLLECTION. V. *Recueil.*

COLLÈGUE. V. *Confrère.*

COLLINE. V. *Côte.*

COLON. V. *Agriculteur.*

COLORER, COLORIER. *Colorer* signifie donner la couleur, de la couleur, ou en recevoir, en prendre : « Le soleil *colore* les fruits; *colore* les fleurs; *colorer* le verre en bleu, en rouge; les raisins commencent à se *colorer* ». (Acad.) Il s'emploie aussi figurément pour signifier donner une belle apparence à quelque chose de mauvais : « *Colorer* une injustice ». (Id.) *Colorier*, c'est appliquer des couleurs sur une estampe, sur un dessin, ou les employer dans un tableau.

COLORIS. V. *Couleur.*

COMBAT. V. *Bataille.*

COMBLE. V. *Sommet.*

COMÉDIEN. V. *Acteur.*

COMMANDEMENT, ORDRE, INJONCTION. Le *commandement* est l'expression directe de la volonté de celui qui a le pouvoir, l'autorité. L'*ordre* est donné par un chef à des subordonnés; il est quelquefois donné directement et quelquefois transmis par un intermédiaire. L'*injonction* est un *commandement* formel d'obtempérer à une décision d'un tribunal ou d'une autorité reconnue.

« Le mot *commandement* exprime avec plus de force l'exercice de l'autorité : on *commande* pour être obéi. Celui d'*ordre* a plus de rapport à l'instruction du subalterne : on donne des *ordres*, afin qu'ils soient exécutés. Il faut attendre le *commandement*; la bonne discipline défend de le prévenir. On demande quelquefois l'*ordre*; il doit être précis ». (G.)

COMMANDER. V. *Ordonner.*

COMME, COMMENT. *Comme* est synonyme de *comment*, lorsqu'il est adverbe et qu'il signifie *de quelle façon, de quelle manière.*

*Comme* est relatif à l'objet, au résultat, à l'effet produit par l'action sur l'objet; ou bien, en l'absence de tout objet, il est relatif aux circonstances de l'action. *Comment* est relatif au sujet, à la manière dont il fait l'action, dont il agit, dont il opère, dont il se montre ou se manifeste (60, page 18). C'est pourquoi l'on dit : « Voyez *comme* cet objet est délicatement fait. Voici *comment* je m'y suis pris pour le faire ». — Analysons quelques autres exemples.

1° « Voyez *comme* il travaille. — Voyez *comment* il travaille ». Ces deux phrases sont analogues aux précédentes. La première veut réellement dire : Voyez *comme* son ouvrage est bien ou mal fait; (c'est par l'ouvrage, par l'effet produit, que l'on juge de l'habileté ou de la maladresse de l'ouvrier.) La seconde phrase signifie : Voyez-le faisant son ouvrage; ou bien, voyez de quelle manière il s'y prend pour le faire, quels procédés il emploie pour cela.

2° « Vous savez *comme* il s'est conduit envers moi » (Acad.), c'est-à-dire, vous savez la vilaine manière dont il s'est conduit relativement à moi. C'est l'objet *moi* qui est l'idée dominante; la conduite du sujet n'est blâmable que parce qu'elle est relative à *moi;* elle pourrait ne pas l'être relativement à tout autre.

3° « Voyons *comment* il en sortira » (Acad.); c'est-à-dire, voyons de quelle manière il fera, il s'y prendra pour en sortir. Ce qui fixe l'attention, c'est le sujet agissant.

4° « Si vous voulez savoir *comment* la chose s'est passée, je vous le dirai (Acad.); c'est-à-dire, si vous voulez savoir de quelle manière la chose s'est produite, s'est montrée aux yeux, s'est manifestée, etc. On dit de même : « Voici *comment* la chose s'est passée ». On disait plus souvent autrefois : « Voici *comme* la chose s'est passée »; sans doute parce qu'on avait en vue toutes les circonstances de l'action, de l'événement, plutôt que le sujet agissant, la chose se produisant.

5° Dans la question « *Comment* vous portez-vous? » toute la pensée est essentiellement relative au sujet : voilà pourquoi l'on ne peut pas dire : *Comme* vous portez-vous? Au contraire, dans les phrases exclamatives : « *Comme* vous me traitez! *Comme* vous voilà fait! » On ne pourrait pas remplacer *comme* par *comment,* parce que l'idée dominante n'est pas la manière dont le sujet agit; mais l'effet produit, le résultat de l'action relativement à l'objet.

COMME, DE MÊME QUE. V. *De même que.*

COMMENCEMENT, DÉBUT. *Commencement* a rapport à tout ce qui a une étendue quelconque ou de la durée : *début* n'a rapport qu'à ce qui a de la durée, ou bien une étendue mesurée par le temps. On dit le *commencement* de la rue, et non le *début* de la rue; mais on dit également le *commencement* ou le *début* de l'année, de telle guerre, d'un discours, d'un poëme, d'un voyage, etc.

Quand nous employons dans ces sortes de phrases le mot *commencement,* c'est que l'idée d'étendue prévaut dans notre esprit sur celle de durée. Celui qui dit le *commencement* de l'année, de la guerre, du discours, du poëme, du voyage, considère l'année, la guerre, le discours, etc., comme un tout qui s'étend d'un point où il *commence,* à un autre où il finit, après avoir passé par le milieu.

Le mot *début,* ayant spécialement rapport à la durée, ne présente plus à l'esprit l'idée du tout, mais celle de la succession des éléments de la durée. Suite des temps, événements, incidents, ordre et enchaînement des parties constitutives de la chose, etc., le mot *début* suppose et annonce nécessairement quelques-unes de ces choses, sinon toutes.

En un mot, dans une succession d'événements ou de faits, le premier est le *début*. Le *commencement* est le point de départ d'une longueur, d'une étendue, dans l'espace ou dans le temps. Un édit de Charles IX fixa le *commencement* de l'année au premier jour du mois de janvier. Ces souhaits de santé, de bonheur, de prospérités, tous ces heureux présages qui forment le *début* d'une année, ne sont que trop souvent démentis par les malheurs qui nous atteignent pendant cette courte période de douze mois.

Le *commencement* d'une guerre a une date, comme la fin; ce *commencement* est marqué par une déclaration de guerre ou par un acte d'hostilité, qui n'est qu'un point de départ. Le *début* d'une guerre est heureux ou malheureux pour l'une des parties belligérantes; il peut influer sur la suite de la guerre. Heureux, ne sera-t-il pas ou n'a-t-il pas été suivi de revers? malheureux, il fut suivi de succès.

L'exorde est au *commencement* d'un discours. Le *début* de la première Catilinaire est une vive interpellation de Cicéron à Catilina. Dans *les Plaideurs*, Petit-Jean, orateur improvisé, dit : « Ce que je sais le mieux c'est mon *commencement* » c'est-à-dire le *commencement* du discours qu'il a appris par cœur : en effet, il ne sait guère le milieu, et il le fait bien voir.

Un acteur, un artiste, un écrivain, ont d'heureux *débuts* : il s'agit de voir si les débutants tiendront dans la suite tout ce qu'ils promettent actuellement. Les études qu'ils ont faites avant leur *début* n'ont été que le *commencement* de celles qu'ils doivent faire continuellement, s'ils veulent acquérir un talent très-remarquable et se faire un nom.

COMMENCER A *ou* DE. « *Commencer à* désigne une action qui aura du progrès, de l'accroissement : « Cet enfant *commence à* parler. Je *commence à* comprendre ». *Commencer de* désigne une action qui aura de la durée : « Lorsqu'il *commença de* parler chacun se tut pour l'écouter. Ce roi *commença de* régner en telle année ». (Acad.)

En effet, l'enfant qui commence *à* parler a un but *à* atteindre, le but de savoir parler. Celui qui commence *à* comprendre n'est pas non plus arrivé encore à son but, qui est de comprendre; et quand on dit d'un orateur qu'il commença *de* parler, on le représente au début de son discours, au point de départ (75, page 27).

COMMENTAIRES. V. *Histoire*.

COMMERCE, NÉGOCE, TRAFIC. « *Commerce* signifie à la lettre échange de marchandises, *commutatio mercium* : il est formé de *com*, avec, ensemble, et de *merx*, *merces*, marchandises. Dans tous les sens, ce mot exprime un échange, une communication réciproque. — *Négoce*, latin *negotium*, est ordinairement composé par les étymologistes de *nec* et *otium*, privation de loisir, occupation. Le *négoce* est une espèce particulière de travail, d'affaire, d'occupation. — *Trafic* est tiré de *traficium*, mot de la basse latinité, composé de *tra*, par delà, au delà, au dehors, loin; et de *fac*, faire, agir, travailler. Le *trafic* est le *commerce* ou plutôt le transport fait d'un endroit à l'autre; il a particulièrement désigné le *commerce* éloigné, lointain : on disait le *trafic des Indes*, etc. ; mais on s'est plutôt arrêté à l'idée d'*entremise*, assez analogue au mot, et très-propre à désigner l'action du vendeur qui se met entre le premier vendeur et le consommateur. Un simple revendeur fait le *trafic* ». (R.)

Ces distinctions que Roubaud établit entre ces trois mots et qu'il développe longuement, sont fort justes, je pense ; mais l'usage actuel ne les admet plus. Aujourd'hui *négoce* ne s'emploie guère que dans des phrases où il est pris en mauvaise part : « L'usure est un infâme *négoce* ». (Acad.) Cependant *négociant*, terme honorable, se dit d'un homme qui fait des spéculations, des affaires en gros sur des quantités considérables de marchandises. *Trafic* et *trafiquant* ont acquis un sens dépréciatif, parce qu'on les emploie souvent au figuré, où ils sont pris en mauvaise part. *Commerce* et *commerçant* sont des mots généraux qui se disent du *négoce*, comme du *trafic*, du *négociant*, comme du *trafiquant*, marchand en détail ou revendeur.

COMMETTRE. V. *Remettre*.

COMMIS, EMPLOYÉ. « *Commis*, celui qui est chargé par un autre de quelque emploi, de quelque fonction *dont il doit lui rendre compte*. On ne le dit guère que de ceux qui sont employés dans les bureaux d'une administration, ou chez un négociant, un banquier, etc. » (Acad.).

La distinction entre le *commis* et le simple *employé* est dans les mots soulignés dans l'alinéa ci-dessus : le *commis* doit rendre compte de la charge, de la fonction à laquelle il *a été commis* ; l'*employé* fait simplement le travail qu'on lui donne à faire. Dans une maison de commerce, le caissier est un *commis* ; le jeune homme qui copie des lettres, qui fait des factures, etc., n'est réellement qu'un *employé*.

« Le *commis*, dit Roubaud, a une mission, une *commission* ; l'*employé* a une fonction, un *emploi* : le *commis* répond à un commettant [1] ; l'*employé*, à un chef. Le *commis* a ses instructions et les suit : l'*employé* a des ordres et les exécute ».

COMMISÉRATION. V. *Pitié*.

COMMODITÉS. V. *Aises*.

COMMUN. V. *Ordinaire*.

COMPAGNIE. V. *Assemblée*.

COMPAGNON, CAMARADE. *Compagnon* vient du mot *compagnie* ; *camarade* vient du latin *camera*, chambre. Le premier répond au *socius* des Latins ; il est associé à nous, il est de notre compagnie : le second répond au *contubernalis*, c'est-à-dire à l'homme qui loge sous la même tente que nous, dans la même chambre.

Mon *compagnon* est l'homme qui m'accompagne en route, qui s'associe à mes plaisirs, à mes travaux, à mes fatigues. Mon *camarade* est quasi mon ami et vit familièrement avec moi. Je connais mon *cama-*

1. C'est-à-dire à celui qui lui *a commis* ou confié le soin de ses intérêts.

*rade*, je puis ne pas savoir le nom de mon *compagnon*. Mon *compagnon* me quitte, et peut-être ne songerai-je plus à lui : le souvenir d'un *camarade* d'enfance me reviendra dans ma vieillesse.

Le sens du mot *camarade* s'est étendu aux personnes d'une même profession ou qui font les mêmes exercices ; mais dans cette acception, il ne se dit guère qu'entre militaires, comédiens, écoliers, ouvriers et domestiques.

COMPARAISON. V. *Similitude.*

COMPARER A *ou* AVEC. *Comparer à* exprime un rapport simple, et convient pour marquer un rapport éloigné ou métaphorique, une comparaison ordinaire qui consiste simplement à jeter un coup d'œil sur les objets, ou qui n'exige qu'une très-faible attention : « On *compare* les conquérants à des torrents impétueux ». (Acad.) *Comparer avec* exprime une comparaison réfléchie, attentive, qui s'arrête sur les détails et examine avec soin les ressemblances et les différences : « Nous *comparerons* la traduction avec l'original ». (Acad.)

*Comparer à* signifie aussi égaler à, mettre au même niveau : *Comparer* Virgile *à* Homère, c'est mettre Virgile au rang d'Homère ou fort près de lui ; *comparer* Virgile *avec* Homère, c'est établir entre ces deux poëtes une comparaison qui fasse ressortir les grandes qualités et les défauts de chacun d'eux, et montre en quoi ils se ressemblent et en quoi ils diffèrent.

COMPARER, CONFÉRER, COLLATIONNER, CONFRONTER. *Comparer* est l'expression générale et ordinaire : les autres mots expriment des comparaisons d'une espèce particulière.

*Conférer*, c'est *comparer* deux choses pour juger en quoi elles s'accordent et en quoi elles ne s'accordent pas : On ne *confère* guère entre elles que des lois, des ordonnances, des matières de littérature. *Collationner* se dit seulement des écrits, et signifie les *comparer* pour voir s'il y a quelques mots ou quelques phrases de plus dans l'un que dans l'autre. On *collationne* une copie sur l'original. *Confronter* deux personnes, c'est les mettre en présence l'une de l'autre, *front contre front*. On *confronte* des choses, par exemple deux écritures, deux étoffes pour s'assurer qu'elles sont identiques : les écritures, de la même main ; les étoffes, de la même pièce ou de la même fabrication.

COMPASSION. V. *Pitié.*

COMPÉTITEUR. V. *Concurrent.*

COMPLAINTE. V. *Plainte.*

COMPLAIRE. V. *Plaire.*

COMPLAISANCE, DÉFÉRENCE, CONDESCENDANCE. La *complaisance* ou le désir, le soin de *complaire*, est de se *plaire* à faire ce qui plait aux autres. La *déférence* ou l'attention à *déférer*, est de se *porter* (*ferre*) volontiers à préférer, à ses propres sentiments, l'acquiescement aux sentiments des autres. La *condescendance* ou l'action de *condescendre*, est de *descendre* de sa hauteur pour se prêter à la satisfaction des autres, au lieu d'exercer rigoureusement ses droits. — La nécessité, les bienséances, les convenances, les agréments de la société, de la familiarité, de l'intimité, obligent à la *complaisance :* elle fait toute sorte de sacrifices de nos volontés, de nos goûts, de nos commodités, de nos jouissances, de nos vues personnelles. L'âge, le rang, la dignité, le mérite des personnes, nous imposent la *déférence :* elle subordonne ou soumet à ces titres notre avis, nos opinions, nos jugements, nos prétentions, nos desseins. Les faiblesses, les besoins, les goûts, les défauts d'autrui, demandent de la *condescendance :* elle fait que nous nous relâchons de notre sévérité ou des droits rigoureux de notre autorité, de notre supériorité, de notre liberté, de notre volonté. — Le fort a de la *condescendance* pour le faible : les petits ont de la *déférence* pour les grands : on a de la *complaisance* pour tous ceux avec qui l'on vit. — Il y a une *complaisance* servile, qui fait ce qu'on appelle un *complaisant;* une aveugle *déférence*, qui fait ce qu'on appelle un *sot;* une molle *condescendance*, qui fait ce qu'on appelle quelquefois un *pauvre homme*. (R.)

COMPLÉMENT, SUPPLÉMENT. Ce qui est ajouté à quelque chose. — Le *complément* fait partie de la chose; c'est ce qui manque à la chose pour la rendre entière : le *supplément* est ce qui est ajouté en sous-ordre, secondairement, et qui n'est ni nécessaire ni obligatoire. Le *complément* de la solde complète la solde, la rend entière; un *supplément* de solde est une somme d'argent ajoutée accidentellement à la solde entière. Le *complément* d'un ouvrage en est une partie essentielle; le *supplément* d'un ouvrage est un ouvrage à part, fait pour en augmenter ou en éclaircir quelque partie, ou bien pour *suppléer* à ce qui a été perdu : « Le *supplément* de Tacite par Brottier ». (Acad.)

Ces différences de sens tiennent à la valeur des préfixes *com* et *sup* ou *sub* (4, page 3, et 14, page 5). *Complément* vient du latin *complere*, et *supplément* de *supplere*. *Ple* est le radical de *plenus*, plein, entier, achevé. De même *implere* (*emplir*), c'est rendre plein intérieurement, *complere*, c'est rendre plein, entier ou achevé, un tout, en mettant ensemble toutes ses parties; et *supplere*, c'est rendre plein, entier, en ajoutant secondairement, en sous-ordre : un *suppléant* remplit en sous-ordre les fonctions du titulaire.

COMPLET. V. *Entier*.

COMPLEXION. V. *Naturel, tempérament*.

COMPLOT, CONSPIRATION, CONJURATION. Le *complot* est le concert clandestin de quelques personnes unies ou liées pour abattre, détruire, par quelque coup aussi efficace qu'inopiné, ce qui leur fait peine, envie, ombrage, obstacle. L'idée dominante du *complot* est celle d'une entreprise compliquée, enveloppée, sourde, formée en cachette par deux ou plusieurs personnes, selon la valeur du mot *cum* ou *com*, avec, ensemble. — La *conspiration* est l'intelligence sourde de gens unis de sentiments pour se défaire ou se délivrer, par quelque grand coup, de certains personnages ou de certains corps importants, publics, puissants ou accrédités dans l'État, et changer la face des choses; ou quelquefois aussi pour nuire à des particuliers, et même pour servir. Ce mot, dérivé de *spir*, souffle, haleine, respiration, désigne un concours de gens qui *respirent* ou trament ensemble tout bas une même chose. Son idée naturelle et dominante est donc celle d'un dessein formé dans le silence et les ténèbres, par quelques personnes qui, animées d'une même passion, tendent ensemble au même but. — La *conjuration* est l'association ou plutôt la confédération liée et cimentée entre des citoyens ou des sujets puissants ou armés de force, pour opérer par des entreprises éclatantes et violentes, une révolution mémorable dans la chose publique. Ce mot vient de *juro*, jurer ou s'engager par un lien sacré. L'idée naturelle et dominante de *conjuration*, est celle d'une liaison resserrée par les engagements les plus forts, et, par là même, pour une importante entreprise. — Le *complot* a pour objet de nuire, et toujours ses vues sont criminelles. Des malfaiteurs font le *complot* d'assassiner un passant pour le dépouiller; des traîtres, celui d'ouvrir les portes de la ville à l'ennemi. Partout où il y a deux méchants, il n'y a ni personne, ni droit, ni autorité, ni puissance à l'abri d'un *complot*, c'est-à-dire, d'un attentat sourdement concerté. — La *conspiration* a pour objet d'opérer un changement plutôt en mal qu'en bien, plutôt dans les affaires publiques que dans les choses privées, plutôt à l'égard des personnes qu'à l'égard des choses, plutôt dans l'état actuel de la chose publique que dans la chose même ou dans sa constitution. Ce terme ne se prend pas toujours, comme celui de *complot*, en mauvaise part, pour le dessein de nuire; la *conspiration* a quelquefois le dessein de favoriser et de servir. Ainsi nous disons qu'il y a eu une *conspiration* générale de tous les ordres de l'État pour mettre une couronne élective sur la tête du plus grand des citoyens. La *conspiration* regarde quelquefois les personnes privées, ce qui la distingue essentiellement de la *conjuration* : ainsi l'on cite communément des *conspirations* contre un auteur, un plaideur, un candidat. La *conspiration* n'a ordinairement en vue que les personnes et un changement dans la face des choses : Albéroni forme une *conspiration* contre le régent de France, pour que l'autorité change de main; les courtisans, les princes, la reine, le roi lui-même, en forment plusieurs contre Richelieu, pour se soustraire à un empire dur et absolu. —La *conjuration* a pour objet d'opérer un grand changement, une révolution d'État ou dans l'État, soit à l'égard de la personne du souverain légitime, soit à l'égard des droits inviolables de l'autorité, soit dans les formes propres et caractéristiques du gouvernement, soit dans les lois fondamentales et constitutives. Catilina se propose, dans sa *conjuration*, de détruire les derniers des Romains et sa patrie, s'il ne parvient à l'asservir. La *conjuration* de Bedmar prépare la ruine de la république de Venise. La vie des plus grands personnages, la royauté, la religion de l'État, tout est menacé dans la *conjuration* d'Amboise. (R.)

COMPOSÉ. V. *Apprêté.*

COMPRENDRE. V. *Prendre* et *Entendre.*

COMPTER. V. *Calculer.*

CONCEPTION. V. *Esprit.*

CONCERNER. V. *Regarder.*

CONCESSION. V. *Cession.*

CONCEVOIR. V. *Entendre.*

CONCILIATEUR, CONCILIANT. *Conciliateur* est un substantif signifiant celui qui concilie, qui s'efforce de concilier; mais ce mot s'emploie aussi comme adjectif : « Esprit *conciliateur* ». (Acad.) *Conciliant* n'est jamais qu'adjectif, et signifie qui est disposé, qui est propre à concilier : « Mesures *conciliantes* » (Id.); cela ne veut pas dire que ces mesures concilient, mais qu'elles sont propres à concilier, qu'elles ont les qualités requises pour cela. Ainsi un esprit *conciliant* est un esprit ami de la concorde et disposé à accepter la conciliation ou à la conseiller; un esprit *conciliateur* cherche les moyens d'amener la conciliation et les met en œuvre (40, page 12).

CONCILIER. V. *Accorder.*

CONCIS, V. *Laconique* et *Précis.*

CONCISION. V. *Précis.*

CONCLURE. V. *Inférer.*

CONCLUSION, CONSÉQUENCE. « Ces deux termes sont synonymes, en ce qu'ils désignent également des idées dépendantes de quelques autres idées. — Dans un raisonnement, la *conclusion* est la proposition qui suit de celles qu'on y a employées comme principes, et que l'on appelle *prémisses;* la *conséquence* est la liaison de la *conclusion* avec les prémisses. — Une *conclusion* peut être vraie, quoique la *conséquence* soit fausse : il suffit, pour l'une, qu'elle énonce une vérité réelle; et pour l'autre, qu'elle n'ait aucune liaison avec les prémisses. Au contraire, une *conclusion* peut être fausse, quoique la *conséquence* soit vraie : c'est que, d'une part, elle peut énoncer un jugement faux; et de l'autre part, avoir une liaison nécessaire avec les prémisses, dont l'une au moins dans ce cas est réellement fausse ». (B.)

Éclaircissons cela par des exemples. Si je dis : « *L'ouvrier paresseux est exposé à la misère; or tel ouvrier est paresseux : donc la paresse est un défaut* ». La *conclusion* « *la paresse est un défaut* » est parfaitement vraie; mais cette *conclusion* n'a aucune liaison avec les prémisses, elle ne découle pas de ces prémisses : si la paresse est un défaut, cela ne résulte aucunement de ce que l'ouvrier paresseux est exposé à la misère, ni de ce que tel ou tel ouvrier est paresseux. J'ai donc tiré une fausse *conséquence.*

Si je dis : « *Toute habitude est vicieuse; or la discrétion est une habi-*

*tude : donc la discrétion est vicieuse* » ; la *conclusion* sera fausse, car il n'est pas vrai que la discrétion soit vicieuse ; et cette *conclusion* est fausse, parce que la prémisse *toute habitude est vicieuse* est elle-même fausse. Quant à la *conséquence*, elle est parfaitement vraie, c'est-à-dire qu'elle est bien liée aux prémisses, qu'elle en découle nécessairement : en effet si l'on accordait que toute habitude fût vicieuse et que la discrétion fût une habitude, il s'ensuivrait forcément que la discrétion serait vicieuse.

CONCOURS. V. *Affluence*.

CONCUPISCENCE, CUPIDITÉ, AVIDITÉ, CONVOITISE. La *concupiscence* est la disposition habituelle de l'âme à désirer les biens et les plaisirs sensibles : la *cupidité* en est un désir violent : l'*avidité* en est un désir insatiable ; la *convoitise* en est un désir illicite. — La *concupiscence* est une suite du péché originel ; le renoncement à soi-même est le remède que propose l'Évangile contre cette maladie de l'âme. Ce renoncement aussi inconnu à la philosophie humaine que l'origine et la nature du mal dont il est le remède, dispose heureusement le chrétien à réprimer les emportements de la *cupidité*, à prescrire des bornes raisonnables à l'*avidité*, à détester toutes les injustices de la *convoitise*. (B.)

CONCURRENT, COMPÉTITEUR. *Concurrent*, en latin *concurrens*, qui court avec, *cum* (4, page 3), qui concourt pour atteindre le but, et, au figuré, pour obtenir un prix, une place, une charge, un emploi, une fourniture, une concession, etc. *Compétiteur*, du latin *cum*, avec, et *petitor*, qui demande, qui recherche.

*Concurrent* est le mot ordinaire et peut se dire quel que soit le but à atteindre : *compétiteur* ne s'emploie bien que relativement à de hautes dignités, à des fonctions élevées : « Ils étaient deux *compétiteurs* à l'empire ». (Bossuet.)

CONDESCENDANCE. V. *Complaisance*.

CONDITION, ÉTAT. La *condition* a plus de rapport au rang où l'on se trouve dans l'opinion du monde, soit par sa naissance, soit par les fonctions que l'on exerce ou par les titres dont on est revêtu. L'*état* a plus de rapport à la profession, au métier. « Les richesses, dit l'abbé Girard, nous font aisément oublier le degré de notre *condition*, et nous détournent quelquefois des devoirs de notre *état*. »

CONDUIRE. V. *Guider*.

CONFÉDÉRATION. V. *Alliance*.

CONFÉRENCE. V. *Conversation*.

CONFÉRER, COMPARER. V. *Comparer*.

CONFÉRER, DÉFÉRER. Donner, accorder, décerner des honneurs, des dignités. — « *Conférer* est un acte d'autorité ; c'est l'exercice du droit dont on jouit. *Déférer* est un acte d'honnêteté ; c'est une préférence que l'on accorde au mérite. Quand la conjuration de Catilina fut éventée, les Romains, convaincus du mérite de Cicéron et du besoin qu'ils avaient alors de ses lumières et de son zèle, lui *déférèrent* unanimement le consulat; ils ne firent que le *conférer* à Antoine. » (B.)

*Déférer* se dit en outre quand il s'agit d'honneurs, de dignités extraordinaires ou attribuées contrairement à la coutume ou au droit commun : « Les Romains ont *déféré* les honneurs divins à la plupart des empereurs ». (Acad.)

CONFESSION. V. *Aveu.*

CONFIER (SE). V. *Fier (se).*

CONFISEUR, CONFITURIER. Le *confiseur* exerce un art; il fait des confitures et toutes sortes de sucreries : le *confiturier* vend les confitures faites par d'autres. « On peut être en meme temps *confiseur* et *confiturier*, si l'on fait des confitures et qu'on les vende. Il y a dans les offices des grandes maisons, des *confiseurs* qui préparent les confitures : il n'y a point de *confituriers.* » (L.)

CONFORMATION. V. *Façon, figure.*

CONFORMITÉ. V. *Ressemblance.*

CONFRÈRE, COLLÈGUE. Les *confrères* font partie d'une même corporation, ou exercent la même profession, ou bien ils sont membres d'une même association de piété. Les *collègues* sont les membres d'un même corps constitué, les employés d'une même administration, et en général tous ceux qui coopèrent à un travail, à une œuvre commune.

Deux médecins sont *confrères*: ils sont *collègues*, s'ils sont membres d'une même commission ou d'une même société académique. Deux hommes dont la profession est d'enseigner les lettres ou les sciences, sont *confrères*; s'ils sont professeurs dans le même établissement d'instruction publique, ils sont *collègues*.

CONFRONTER. V. *Comparer.*

CONFUS, CONFONDU. *Confus* exprime simplement l'état; *confondu* présente l'état comme un effet produit, comme résultant d'une action soufferte (52, page 16).

Des objets *confus* se montrent dans un état de désordre, de mélange, de confusion : « Un amas *confus* de choses diverses; des cris *confus*; des voix *confuses* »; et quand ce mot se dit de l'esprit ou des œuvres de l'esprit, il signifie obscur, embrouillé : « Esprit *confus*; savoir *confus*; idée *confuse* ». (Acad.) Des objets *confondus* avec d'autres ou entre eux, l'ont été par un agent quelconque; en un mot, *confondu* exprime l'état passif; ce qui fait nécessairement entendre qu'il y a eu action : « Dans le chaos tous les éléments étaient *confondus* » (Acad.); ils avaient été *confondus* probablement par les actions *confuses* des uns sur les autres, puisque ces actions n'avaient pas été réglées et soumises à de certaines lois.

Appliqué aux personnes, *confus* exprime aussi simplement l'état de confusion, et équivaut à honteux, embarrassé : « Il était *confus* de sa méprise; Je suis *confus* de vos bontés ». (Acad.) *Confondu* signifie jeté dans la confusion, humilié, déconcerté, stupéfait : « Ils se trouvèrent *confondus* par cette masse de preuves. Les superbes sont souvent *confondus* dans leur orgueil. »

CONFUS, DÉCONCERTÉ, INTERDIT. *Confus*, qui éprouve devant les autres un embarras provenant d'une sorte de honte. *Déconcerté* se dit de celui qui, ayant concerté ce qu'il voulait dire, ou se croyant sûr de pouvoir répondre à tout, se trouve jeté tout à coup hors du cercle de ses idées par quelque chose d'imprévu, et fait de vains efforts pour y rentrer. Un homme *interdit*, l'est par une crainte subite qui produit le trouble et la confusion dans ses idées, et fait sur lui une telle impression qu'il reste immobile sans pouvoir proférer une seule parole. (L.)

CONGÉDIER. V. *Renvoyer*.

CONGRATULATION. V. *Félicitation*.

CONJECTURE. V. *Présomption*.

CONJONCTURE. V. *Occasion*.

CONJURATEUR. V. *Conjuré*.

CONJURATION. V. *Complot*.

CONJURÉ, CONJURATEUR. Un *conjuré* est celui qui est entré dans une *conjuration* : le *conjurateur* est le chef de la conjuration. Ce mot est peu usité dans ce sens ; il l'est beaucoup plus dans le sens de magicien.

CONNEXION, CONNEXITÉ. Ces mots expriment le rapport, la liaison, la dépendance qui se trouve entre certaines choses. La terminaison du premier, *ion*, marque l'action de lier ces choses ensemble (20, page 7) : la terminaison du second, *ité*, marque la qualité des choses faites pour être liées ensemble (29, page 9). — La *connexité* est la qualité ou la propriété naturelle en vertu de laquelle la *connexion* a lieu ou peut avoir lieu. Ainsi *connexité* ne dénote qu'un simple rapport qui est dans les choses et dans la nature même des choses : la *connexion* énonce une liaison effective qui est établie entre les choses et fondée sur ce rapport. Par la *connexité* les choses sont faites pour être ensemble : par la *connexion* elles le sont. La *connexité* est, pour ainsi dire, en puissance ; la *connexion* est de fait. (R.)

CONSACRER. V. *Vouer*.

CONSCIENCIEUX. V. *Scrupuleux*.

CONSEIL. V. *Avertissement*.

CONSEILLER HONORAIRE, CONSEILLER D'HONNEUR. V. *Honoraire*.

CONSENTEMENT, APPROBATION. V. *Approbation*.

CONSENTEMENT, ASSENTIMENT. V. *Assentiment*.

CONSENTEMENT, CONVENTION, ACCORD, PACTE. *Consentement*, du latin *cum*, ensemble, et *sentire*, sentir, exprime l'unité de sentiment, de vues, d'intention : c'est la disposition *uniforme* des parties qui traitent. La *convention* est l'action qui résulte du *consentement* : l'*accord* est l'effet, le résultat de cette action. Deux personnes, d'un commun *consentement*, ont fait ensemble une *convention*, au moyen de laquelle elles sont d'*accord*.

« Le *consentement*, dit Beauzée, suppose un droit et de la liberté, et fait disparaître l'opposition. La *convention* vient de l'intelligence entre les parties, et détruit l'idée d'éloignement. L'*accord* produit la satisfaction réciproque et fait cesser les contestations. »

*Pacte*, en latin *pactum*, a pour racine *pax*, paix. Ainsi le *pacte* est littéralement un traité de paix : il suppose donc la guerre, la lutte ; il y met fin ou il la prévient. Les partis font un *pacte* qui suspend leurs hostilités. On appelle *pacte de famille* l'accord, le traité fait entre les membres d'une famille souveraine occupant des trônes différents, dans le but de maintenir la paix entre eux et de se soutenir mutuellement dans les guerres étrangères. Le *pacte* social a pour but d'empêcher la guerre entre les membres de la société.

Le mot *pacte* se prend souvent en mauvaise part, dans le sens de *convention* faite pour le mal ou dans des vues condamnables.

CONSENTIR, ACQUIESCER, ADHÉRER, TOMBER D'ACCORD. Nous *consentons* à ce que les autres veulent, en l'agréant et en le permettant. Nous *acquiesçons* à ce qu'on nous propose, en l'acceptant et en nous y conformant. Nous *adhérons* à ce qui est fait et conclu par d'autres, en l'autorisant et en nous y joignant. Nous *tombons d'accord* de ce qu'on nous dit, en l'avouant et en l'approuvant. — On s'oppose aux choses auxquelles on ne veut pas *consentir*. On rebute celles auxquelles on ne veut pas *acquiescer*. On ne prend point de part à celles auxquelles on ne veut pas *adhérer*. On conteste celles dont on ne veut pas *tomber d'accord*. — Il me semble que le mot de *consentir* suppose un peu de supériorité ; que celui d'*acquiescer* emporte un peu de soumission ; qu'il entre dans l'idée d'*adhérer* un peu de complaisance ; et que *tomber d'accord* marque un peu d'aversion pour la dispute. (G.)

CONSÉQUENCE. V. *Conclusion*.

CONSERVER. V. *Réserver*.

CONSIDÉRABLE, GRAND. Le premier sens, le sens propre et littéral du mot *considérable*, est qui est digne d'être considéré, qui doit être pris en considération (43, page 13), et par résultat : important, éminent, puissant. Dans la fable *l'Avantage de la science*, le riche ignorant dit au savant pauvre :

> Vous vous croyez *considérable* ;
> Mais, dites-moi, tenez-vous table ?

c'est-à-dire : Vous vous croyez un personnage important, digne de grande considération. On ne l'entend pas autrement de nos jours ; l'Académie dit qu'un personnage *considérable* est un personnage important, et qu'un rang *considérable* est un rang éminent. Quant à *grand* personnage, il faut entendre par là un homme qui, par l'éclat de sa naissance ou par l'étendue de son pouvoir, occupe dans la société un rang très-élevé; ou bien encore un homme qui s'est rendu illustre par la supériorité de son mérite : « Les plus *grands* personnages de l'antiquité ». (Acad.)

*Considérable* se dit aussi des choses qui ont de l'importance par la grandeur, le nombre, la quantité; et c'est le cas où ce mot est le plus véritablement synonyme de l'adjectif *grand*. Cependant la différence de sens est facile à constater : *considérable* enchérit sur *grand;* il signifie *très-grand*. Une somme *considérable* est une *très-grande* somme ; un avantage *considérable* est un *très-grand* avantage ; une étendue *considérable* est plus qu'une *grande* étendue.

Je ne sais pourquoi M. Guizot a pensé que le mot *considérable* ne se disait point de la hauteur : on le trouve souvent employé dans nos bons écrivains pour exprimer l'idée d'une *très-grande* élévation verticale; et l'Académie, au mot *hauteur*, dit : Les eaux s'élevèrent à une hauteur *considérable*.

CONSIDÉRATION. V. *Égards*.

CONSIDÉRATIONS. V. *Notes*.

CONSIDÉRER. V. *Voir, regarder*.

CONSOLATEUR, CONSOLANT. *Consolateur* (fém. *consolatrice*) est substantif et signifie celui qui console, qui s'efforce de consoler, et il s'emploie quelquefois adjectivement : « Ange *consolateur ;* espoir *consolateur* » (Acad.); c'est-à-dire, espoir qui par lui-même a le pouvoir de consoler et qui produit cet effet (40, page 12).

*Consolant* est toujours adjectif et signifie qui est tel, qu'on peut en tirer des motifs de consolation : ainsi un espoir *consolant* n'est pas précisément un espoir qui console actuellement et par lui-même, mais un espoir qui a pour qualité de pouvoir servir à nous consoler nous-mêmes [1].

CONSOMMER, CONSUMER. Ces mots sont synonymes, lorsqu'ils comprennent dans leur signification l'idée de *destruction*, d'*anéantissement*. — *Consommer* se dit en parlant des choses qui se détruisent par l'usage, comme le vin, la viande, le bois et toutes sortes de pro-

1. Nous avons encore le mot *consolatif*, dont le sens ne diffère guère ou plutôt ne diffère pas de celui de *consolant ;* aussi, comme le remarque très-bien l'Académie, est-il à peu près inusité. On trouve aussi quelquefois *consolatoire*, vieux mot qu'on ne lit point dans le Dictionnaire de l'Académie, et qui ne me semble pas mériter cette proscription. En effet, il ne signifie pas qui console, ni qui renferme des motifs de consolation ; il signifie qui a pour caractère de paraître consoler, il n'exprime que l'apparence de la consolation. La phrase suivante de M. Villemain fera parfaitement comprendre la valeur de ce mot : « Un poëte sifflé arrive et est accueilli par la maîtresse de la maison avec une espèce de compliment *consolatoire* et épigrammatique ».

visions. *Consumer* signifie détruire, user, réduire à rien : « Le feu *consuma* ce grand édifice en moins de deux heures ; Le temps *consume* toutes choses. Il a *consumé* tout son patrimoine ». (Acad.) Il signifie aussi employer sans réserve : « J'ai *consumé* tout mon temps à cet ouvrage » (Id.); mais dans ce sens il n'est pas synonyme de *consommer*, pas plus que quand il se dit des affections ou des sentiments pénibles qui à la longue font tomber dans le dépérissement : « Être *consumé* de regrets ». (Acad.)

CONSPIRATION. V. *Complot*.

CONSTANCE, FERMETE. V. *Fermeté*.

CONSTANCE, FIDÉLITÉ. La *constance* ne suppose point d'engagement; la *fidélité* en suppose un. On dit *constant* dans ses goûts, *fidèle* à sa parole. — La *fidélité* suppose une espèce de dépendance : un sujet *fidèle*, un domestique *fidèle*, un chien *fidèle*. La *constance* suppose une espèce d'opiniâtreté et du courage : *constant* dans le travail, dans le malheur. La *fidélité* des martyrs à la religion a produit leur *constance* dans les tourments. — *Fidèle*, *fidus*, qui garde sa foi. *Constant*, *cum stans*, qui tient à ses premières volontés. (D'Al.)

CONSTANT, DURABLE. V. *Durable*.

CONSTANT, FERME, INÉBRANLABLE, INFLEXIBLE. Ces mots désignent, en général, la qualité d'une âme que les circonstances ne font point changer de disposition. Les trois derniers ajoutent au premier une idée de courage, avec ces nuances différentes, que *ferme* désigne un courage qui ne s'abat point; *inébranlable*, un courage qui résiste aux obstacles; et *inflexible*, un courage qui ne s'amollit point. — Un homme de bien est *constant* dans l'amitié, *ferme* dans les malheurs; et lorsqu'il s'agit de la justice, *inébranlable* aux menaces et *inflexible* aux prières. (*Enc.*) — V. *Fermeté, constance*.

CONSTITUANT, CONSTITUTIF. Une chose *constituante* constitue effectivement une autre chose, entre dans la composition de cette chose, et fait que cette chose est réellement; les molécules d'un corps sont *constituantes* de ce corps. *Constitutif* se dit d'une propriété que l'esprit conçoit comme étant essentielle à la chose et sans laquelle cette chose ne pourrait pas être (42, page 12) : la divisibilité est une propriété *constitutive* de l'étendue. (Acad.)

CONSTITUTION. V. *Naturel, tempérament*.

CONSTRUIRE, BATIR, ÉDIFIER. *Construire* a un sens plus général que les deux autres mots : il se dit des grands édifices, des maisons, des navires, des ponts, des échafaudages, des machines, etc. *Bâtir* et *édifier* ne se disent que des édifices en maçonnerie.

*Bâtir* n'exprime proprement que le travail du maçon : *construire* et *édifier* désignent tous les travaux de construction, la maçonnerie, la charpente, etc. Mais *édifier* ne se dit qu'en parlant des palais, des temples et autres grands bâtiments publics, et il n'est guère usité qu'en poésie et dans le style élevé.

CONSUMER. V. *Consommer.*

CONTE, ROMAN, FABLE. Le *conte* est un récit d'une ou de plusieurs aventures imaginaires, vraisemblables ou merveilleuses : « Les *contes* de fées; les *contes* arabes (Acad.); les *contes* d'Andrieux ». *Conte* se dit aussi, familièrement, des histoires plaisantes, vraies ou fausses, que l'on dit pour amuser, railler, médire, etc. : « C'est un *conte* fort plaisant. On fait d'étranges *contes* sur cet homme-là ». (Acad.)

Le *roman* est un long *conte*. « Il se dit proprement des histoires, des narrations vraies ou feintes, écrites en vieux langage, soit en vers, soit en prose; et, par extension de toute histoire feinte, écrite en prose, où l'auteur cherche à exciter l'intéret, soit par le développement des passions, soit par la peinture des mœurs, soit par la singularité des aventures : « Le *roman* de la Rose; les *romans* de chevalerie; les *romans* de Le Sage ». (Acad.)

La *fable* est un court récit en prose ou en vers, dans lequel on cache une vérité, une moralité, sous le voile de quelque fiction : « Les *fables* de Fénelon; les *fables* de La Fontaine ».

*Fable* signifie encore fausseté, chose controuvée : « Vous nous contez des *fables*. L'histoire de ce peuple est mêlée de beaucoup de *fables*. Les *fables* du paganisme ». (Acad.) La *Fable* est la mythologie ou religion des païens de l'antiquité.

CONTEMPLATEUR, CONTEMPLATIF. *Contemplateur* (fém. *contemplatrice*), est un substantif designant celui, celle qui contemple réellement des yeux ou qui se livre volontairement à la contemplation par la pensée. *Contemplatif* est un adjectif qui se dit des personnes et de ce qui est relatif aux personnes : « Homme fort *contemplatif*; vie *contemplative* ». (Acad.) Appliqué aux personnes, il signifie qui se laisse aller involontairement à la contemplation d'esprit, qui s'y abandonne et s'y plaît (42, page 12); et il s'emploie quelquefois substantivement. Le *contemplateur* par la pensée est maître de sa pensée; il la dirige et elle ne cesse pas d'être soumise à l'empire de sa volonté. Le *contemplatif* n'est plus maître de sa pensée, il n'a même plus de volonté : son esprit ou plutôt son imagination s'égare dans des rêves obscurs et vagues, dans des méditations sans objet bien déterminé.

CONTENANCE. V. *Maintien.*

CONTENIR. V. *Tenir.*

CONTENT. V. *Aise* et *Satisfaction.*

CONTENTEMENT. V. *Satisfaction.*

CONTENTION. V. *Attention, application.*

CONTER, RACONTER, NARRER. « *Conter*, dit Laveaux, se dit des choses familières ou qui sont l'objet de la conversation. Il n'offre que des choses légères ou de peu d'importance, qui ne produisent pas un intérêt profond. » Ce que l'on *raconte*, serait-ce même une histoire mensongère, est plus important, intéresse davantage, et a pour but principal d'instruire les auditeurs. Un témoin ne *conte* pas devant un tribunal ce qu'il a vu ou entendu; il le *raconte* pour instruire les juges.

« *Narrer* est de la rhétorique et d'apparat : dans l'emploi de ce mot, on ne regarde proprement qu'à la manière. On *narre* avec étude ou art, pour attacher, intéresser, prévenir un auditoire, un tribunal, le public qui juge. On *raconte* avec exactitude, pour rendre compte, expliquer les faits, apprendre la chose à la personne, aux gens, au monde qui doit ou veut être instruit. On *conte* avec agrément pour amuser, pour plaire, pour occuper agréablement quelqu'un, récréer sa société, les curieux qui cherchent le plaisir. — Les beaux diseurs *narrent* en *racontant*, et tant pis pour eux. Ceux qui aiment beaucoup à parler sans raisonner, *racontent* et *racontent*. Si l'on savait combien il faut d'esprit et d'agrément dans l'esprit pour *conter* » ! (R.)

La préfixe *ra* est formée de *re* et de *ad* (10, page 5) : la préfixe *re* de *raconter* marque une seconde action (5, page 3); elle indique que le narrateur *re*produit le fait, qu'il lui *re*donne en quelque sorte l'existence. Voilà pourquoi *raconter* ne peut se dire que de choses qui sont passées; tandis que l'on peut *conter* des choses qui ne le sont pas : « Il viendra ce soir me *conter* ses peines ». Ensuite, la préfixe *ad* signifie *à, vers*, et indique que l'on s'adresse à quelqu'un, à un auditoire, pour l'instruire ou pour l'intéresser vivement; ce qu'il n'est pas nécessaire de faire entendre avec le verbe simple *conter* : « Allez ailleur *conter* vos sornettes ». (Acad.)

CONTESTATION. V. *Dispute*.

CONTEXTURE. V. *Texture*.

CONTINU, CONTINUEL. « Ces deux termes désignent l'un et l'autre une tenue suivie; c'est le sens général qui les rend synonymes; voici en quoi ils diffèrent. — Ce qui est *continu* n'est pas divisé; ce qui est *continuel* n'est pas interrompu. Ainsi la chose est *continue* par la tenue de sa constitution; elle est *continuelle* par la tenue de sa durée. Le cliquet d'un moulin en mouvement fait un bruit *continuel*, parce qu'il est le même sans interruption tant que le moulin tourne : mais ce bruit n'est pas *continu*, parce qu'il est composé de retours périodiques séparés par des intervalles de silence; il est divisé ». (B.)

L'abbé Girard a remarqué de même que *continuel* marque la longueur de la durée, quoique par intervalles et à diverses reprises; et que *continu* marque simplement l'unité de durée, indépendamment de la longueur ou de la brièveté du temps que la chose dure. « Il peut y avoir, dit-il, de l'interruption dans ce qui est *continuel* : mais ce qui est *continu* n'en souffre point ».

CONTINUATION, CONTINUITÉ. *Continuation* est pour la durée : *continuité* est pour l'étendue. On dit la *continuation* d'un travail et d'une action; la *continuité* d'un espace et d'une grandeur ». (G.)

Cependant *continuité* se dit aussi d'une durée continue : « La *conti-*

*nuité* du travail; la *continuité* de ce bruit m'importune ». (Acad.) D'autre part *continuation* peut se dire de l'étendue : « Ce mot, dit l'Académie, signifie aussi la chose qu'on ajoute à une autre pour la prolonger : la *continuation* d'une muraille, d'une allée ». Mais le mot *continuation* éveille toujours une idée d'action et a rapport à un agent (20, page 7). *Continuité* exprime simplement l'état, la qualité de la chose (29, page 9), considérée comme un tout dont les parties se tiennent sans interruption. La *continuation* d'une muraille est un travail; la *continuation* d'un travail, d'un bruit, dépend de celui qui fait ce travail ou ce bruit; mais quand je dis la *continuité* du travail me fatigue, la *continuité* de ce bruit m'importune, je considère simplement le travail, le bruit en eux-mêmes et quant à leur qualité d'être non interrompus.

CONTINUATION, SUITE. « Termes qui désignent la liaison et le rapport d'une chose avec ce qui la précède. On *continue* ce qui n'est pas achevé; on donne une *suite* à ce qui l'est. » (*Enc.*) On fait la *continuation* d'une vente; un auteur dramatique a fait la *suite* du *Menteur*, comédie de Corneille.

CONTINUEL, CONTINU. V. *Continu.*

CONTINUEL, PERPÉTUEL. V. *Perpétuel.*

CONTINUELLEMENT. V. *Toujours.*

CONTINUER A ou DE. *Continuer à* se dit d'une action ou d'une suite d'actions dont la durée est indéterminée ou que l'on considère comme ne devant pas finir : « Votre frère *continue à* se bien porter. La terre *continue à* tourner sur son axe ». *Continuer de* se dit d'une action dont la durée est déterminée, qui doit avoir nécessairement une fin dans un moment prochain : « Je *continue d'*écrire une lettre que j'avais déjà commencée ».

En conséquence, et comme le dit fort bien Roubaud, « on *continue à* faire ce qu'on fait d'habitude, ce qu'on a coutume de faire, tant qu'on n'y renonce pas : on *continue* de faire ce qu'on fait actuellement, ce après quoi l'on est, tant qu'on ne discontinue pas (75, à la fin de la page 28). La première manière de parler n'indique que la continuation; la seconde marque la continuité; celle-ci spécifie l'acte présent; celle-là en fait abstraction. On *continue à* jouer, tant qu'on est adonné au jeu : on *continue de* jouer, tant qu'on reste au jeu. Celui qui a toujours la même opinion, *continue à* la défendre; celui qui parle toujours pour son opinion, sans attendre, sans écouter les objections, *continue de* la défendre ».

*N. B.* L'Académie, au mot *continuer*, dit que *continuer à* signifie persévérer dans une habitude, ce qui est la vérité; et au mot *à* elle dit que *continuer à* suppose une action commencée et que l'on continue, tandis que *continuer de* désigne une action répétée par intervalles et que l'on a l'habitude de faire. C'est là une fâcheuse contradiction.

CONTINUER, PERSÉVÉRER, PERSISTER. *Continuer*, c'est simplement faire comme on a commencé de faire ou être comme on a été jusque-là : « *Continuer* sa lecture. Il *continue* ses démarches. *Continuez* à bien faire, et vous vous en trouverez bien; Le mauvais temps *continue* ». (Acad.)

« *Persévérer*, dit Beauzée, c'est *continuer* sans vouloir *changer;* et *persister*, c'est *persévérer* avec constance ou opiniâtreté. Ainsi *persister* dit plus que *persévérer*, et *persévérer* plus que *continuer*. »

La synonymie est beaucoup plus étroite entre *persévérer* et *persister*, qu'entre chacun de ces deux mots et le verbe *continuer*.

« *Persévérer*, se disant des personnes, signifie poursuivre avec une longue constance ce que l'on a commencé ou même *continué*. *Persister* signifie soutenir et confirmer avec une ferme assurance ce que l'on a dit ou résolu. — *Persévérer* se dit proprement des actions et de la conduite; *persister*, des opinions et de la volonté. C'est dans la pratique ou l'exercice d'une chose, dans le bien ou dans le mal, dans un genre d'occupation ou de vie, qu'on *persévère :* c'est dans son sentiment ou dans son dire, dans sa manière de penser ou de vouloir, qu'on *persiste*. » (R.)

CONTINUER, POURSUIVRE. C'est ajouter à ce qui est commencé, dans l'intention d'arriver à la fin et de faire un tout complet : le premier de ces deux mots ne dit rien de plus; mais le second suppose que les additions faites au commencement sont dans les mêmes vues, ont les mêmes qualités, et se font de la même tenue. — Ainsi l'on peut *continuer* l'ouvrage d'autrui, parce qu'il ne faut qu'y ajouter ce qui paraît y manquer; mais il n'y a que celui qui l'a commencé qui puisse le *poursuivre;* parce qu'un autre ne peut avoir ni toutes ses vues, ni les mêmes vues, que chacun a son faire distingué de tout autre, et qu'il y a interruption dès que l'ouvrage passe dans des mains différentes. — *Continuer* marque simplement la suite du premier travail : *poursuivre* marque, avec la suite, une volonté déterminée et suivie d'arriver à la fin. — Quand un discours est commencé, s'il vient à être interrompu, et que celui qui le prononce ait pris part à l'interruption ou que sans cela elle ait été longue, il le reprend pour *continuer;* s'il ne donne ou s'il affecte de ne donner aucune attention à l'interruption, il *poursuit;* parce qu'alors l'interruption est nulle par rapport à celui qui parle, et qu'il tend à la fin nonobstant l'interruption. — On *continue* son voyage après avoir séjourné dans une ville, dans une cour étrangère : on le *poursuit* nonobstant les dangers de la route, les difficultés des chemins et les incommodités de la saison. — Quand on a commencé, il faut *continuer;* autrement, on court les risques de passer ou pour étourdi ou pour inconstant. Quand on a bien commencé, il faut *poursuivre*, pour ne pas se priver du succès qui est dû au début. (B.)

CONTINUITÉ. V. *Continuation*.

CONTRADICTION, CONTREDIT. La terminaison *ion* marque l'action et son effet (20, page 7) : *contradiction* signifie donc action de contredire ou opposition aux sentiments, aux discours de quelqu'un. *Contredit* désigne les paroles mêmes formant réponse *contre* ce qui a été *dit* par quelqu'un.

Il n'y a guère synonymie entre ces deux mots que quand ils sont précédés l'un et l'autre de la préposition *sans*. Mais *sans contradiction* signifie sans que personne contredise; et *sans contredit* est une locution adverbiale qui signifie *certainement*, et fait entendre que la chose ne peut être contredite : « Cet avis a été reçu *sans contradiction* », (Acad.) on ne l'a pas contredit. « Cet avis est *sans contredit* le meilleur», c'est-à-dire est certainement le meilleur.

CONTRADICTOIRE, CONTRAIRE, OPPOSÉ. En jurisprudence, *contradictoire* se dit de ce qui est fait en présence des parties intéressées, qui ont pu mutuellement se contredire. — En logique on appelle *contradictoires* des propositions qui expriment des jugements ou des idées tellement *contraires*, qu'elles se détruisent l'une l'autre. *Il fait chaud, il fait froid,* sont des propositions *contradictoires*; *oui* et *non* sont des termes *contradictoires*. — *Contradictoire* a rapport à ce qu'on dit, à ce qu'on avance, à ce qu'on discute; *contraire* a rapport à la nature même des choses. Le même homme qui, dans le même moment, dirait qu'il fait chaud et qu'il fait froid, dirait deux choses *contradictoires*. Mais le chaud et le froid sont, par eux-mêmes, deux choses *contraires*. — *Opposé* se dit des choses qui sont dans une position, dans une direction différente : le pôle nord est *opposé* au pôle sud; deux armées ennemies qui tendent à se nuire, à se détruire l'une l'autre, sont *opposées* l'une à l'autre. (L.)

Ce dernier exemple prouve qu'*opposé*, employé figurément, ajoute à l'idée de *contraire* celle d'hostilité, de lutte ou tout au moins de résistance : « Il est toujours *opposé* à mes desseins » (Acad.); c'est-à-dire, il les combat toujours, il s'efforce de les faire avorter.

CONTRAINDRE, OBLIGER. V. *Obliger*.

CONTRAINDRE À *ou* DE. V. *Obliger à*.

CONTRAIRE. V. *Contradictoire*.

CONTRARIER, CONTRECARRER. *Contrarier* quelqu'un c'est dire ou faire le contraire de ce qu'il dit ou de ce qu'il fait, ou bien c'est s'opposer à ses desseins, à ses volontés. *Contrecarrer* a ce dernier sens, mais ce mot, qui est familier, fait entendre que l'opposition aux volontés ou aux desseins d'une personne est inspirée par un sentiment d'animosité contre elle.

Les choses, comme les personnes, *contrarient*; les personnes seules peuvent *contrecarrer*: cela résulte de ce que nous venons de dire.

CONTRE, MALGRÉ, NONOBSTANT. Ces trois prépositions indiquent, entre le sujet et le complément du rapport, des oppositions différemment caractérisées. — *Contre* en marque une de contrariété formelle, soit à l'égard de l'opinion soit à l'égard de la conduite : « L'honnête homme ne parle point *contre* la vérité. Quoiqu'une action ne soit pas *contre* la loi, elle n'en est pas moins péché, si elle est *contre* la conscience ». — *Malgré* exprime une opposition de résistance soutenue, soit par voie de fait, soit par d'autres moyens; mais sans effet de la part de l'opposant énoncé par le complément de la préposition : « *Malgré* ses soins et ses précautions, l'homme subit toujours sa destinée. » — *Nonobstant* ne fait entendre qu'une opposition légère de la part du complément, et à laquelle on n'a point d'égard : « La force a fait et fera le droit des puissances, *nonobstant* les protestations des faibles ». (G.)

CONTRECARRER. V. *Contrarier*.

CONTREDIT. V. *Contradiction*.

CONTRÉE. V. *Région*.

CONTREFAÇON, CONTREFACTION. Ces mots sont assez indifféremment employés à désigner l'imitation d'un ouvrage, d'un livre, d'une marchandise dont la fabrication est réservée. — A la simple inspection des mots on connaît que la *contrefaction* est rigoureusement l'action de contrefaire; et la *contrefaçon* l'effet de cette action ou la façon propre de la chose contrefaite. L'action est de l'ouvrier, la façon est dans l'ouvrage. Ainsi vous direz plutôt *contrefaction*, quand vous voudrez parler du mérite de l'ouvrier, de sa faute, de son délit; et *contrefaçon*, quand il s'agira de remarquer le mérite de l'ouvrage, sa fabrication, sa qualité. (R.)

Ajoutons que le mot *contrefaction* est un terme de jurisprudence assez peu usité dans le langage ordinaire.

CONTREFAIRE. V. *Faire* et *Imiter*.

CONTREFAIT, MAL FAIT. Qui a une forme mauvaise (en parlant du corps d'un être animé, ou seulement d'une des parties).

*Mal fait* signifie, suivant l'Académie, laid, mal formé. Cette expression rend donc simplement l'idée d'une forme qui n'est pas belle ou qui est mauvaise. *Contrefait*, littéralement *fait contrairement* à la forme normale, signifie, toujours d'après l'Académie, difforme, défiguré.

Ainsi, avoir la jambe *mal faite*, c'est avoir la jambe laide, mal proportionnée; et quand on dit de quelqu'un qu'il a la jambe *contrefaite*, on veut faire entendre que sa jambe est difforme, tortue, ou trop courte et mal tournée.

CONTREVENIR, ENFREINDRE, TRANSGRESSER, VIOLER. *Contrevenir, venir,* aller *contre* : faire une chose contraire à ce qui est prescrit, ordonné *Enfreindre*, latin *infringere*, composé de *frangere*, rompre, briser : rompre un *frein*, briser des liens. *Transgresser*, latin *trans, gradi*, aller à travers, au delà : passer outre, franchir les bornes, les limites. *Violer*, latin *violare*, de *vis*, force, violence : faire violence, faire outrage, commettre un grand excès. — Ainsi, à proprement parler, on *contrevient*, quand on va contre la voie tracée : on *enfreint*, quand on rompt ce qui lie : on *transgresse*, quand on sort des justes limites : on *viole*, quand on perd tout égard pour les choses respectables. — La *contravention* regarde spécialement l'ordre positif, la discipline, la police, l'administration. Les contrebandiers, les soldats maraudeurs *contreviennent* aux ordonnances, aux règlements. C'est *contrevenir* à une sentence, à un arrêt, à un engagement, que de ne pas les exécuter, ou même de ne pas en remplir toutes les conditions. — L'*infraction* concerne proprement l'ordre public ou privé auquel notre foi est spécialement engagée, les traités entre les souverains, les conventions entre les particuliers, les engagements réciproques, les vœux, les promesses, la parole. Le prince qui donne des secours aux ennemis de son allié, *enfreint* le traité d'alliance. Un religieux *enfreint* la règle à laquelle il est soumis. — La *transgression* s'exerce dans l'ordre moral, et particulièrement dans l'ordre religieux, à l'égard des lois naturelles, des lois sociales, des lois ou des préceptes ecclésiastiques, des lois ou des commandements de Dieu. Toute la postérité d'Adam est punie de ce qu'il a *transgressé* le commandement de Dieu. — La *violation* attaque audacieusement, dans l'ordre essentiel de la nature, des mœurs, de la société, de la religion, ce qu'il y a de plus pur, de plus innocent, de plus sacré, de plus inviolable. La barbarie *viole* les asiles et les tombeaux. La perfidie *viole* le secret de l'amitié. L'impiété *viole* les autels. (R.)

CONTRE-VÉRITÉ. V. *Antiphrase*.

CONTRIBUTION. V. *Impôt*.

CONTRISTÉ. V. *Affligé*.

CONTRISTER. V. *Attrister*.

CONTRITION, REPENTIR, REMORDS. La *contrition* est la douleur profonde et volontaire qu'un cœur sensible ressent d'avoir commis le péché ou le mal, considéré comme une offense faite à Dieu. Le *repentir* est le regret amer et réfléchi d'une âme timorée qui a commis une faute ou une action répréhensible, et qui voudrait la réparer. Le *remords* est le reproche désolant et vengeur que la conscience vous fait d'avoir commis un crime ou une grave transgression des lois imprimées dans le cœur humain. — Ainsi, la *contrition* regarde le *péché*; elle est dans le cœur, et les motifs les plus sublimes de la religion l'inspirent. Le *repentir* regarde *toute espèce de mal* ou d'action regardée comme mal; il est dans l'âme; la réflexion et l'expérience le suggèrent. Le *remords* regarde le *crime*; il est dans la conscience; il naît en nous, pour ainsi dire sans nous, du crime même. (R.)

CONTUSION, MEURTRISSURE. La *contusion*, du latin *contundere*, écraser, frapper fort, est l'effet produit sur la peau et sur les chairs, par le choc, par le coup d'un corps *contondant*, tel qu'un bâton, une pierre, etc. Si la *contusion* est accompagnée d'une tache livide, ou si la peau est entamée, il y a *meurtrissure*.

CONVAINCRE, PERSUADER; CONVICTION, PERSUASION. La

*conviction* tient plus à l'esprit; la *persuasion*, au cœur. Ainsi on dit que l'orateur doit non-seulement *convaincre*, c'est-à-dire prouver ce qu'il avance, mais encore *persuader*, c'est-à-dire toucher et émouvoir. — La *conviction* suppose des preuves : je ne pouvais croire telle chose; il m'en a donné tant de preuves qu'il m'en a *convaincu*. La *persuasion* n'en suppose pas toujours : la bonne opinion que j'ai de vous suffit pour me *persuader* que vous ne me trompez pas. On se *persuade* aisément ce qu'on désire; on est quelquefois très-fâché d'être *convaincu* de ce qu'on ne voulait pas croire. (D'Al.)

La *conviction* est l'effet de l'évidence, qui ne trompe jamais; ainsi ce dont on est *convaincu* ne peut être faux. La *persuasion* est l'effet de preuves morales, plus propres à déterminer en intéressant le cœur qu'en éclairant l'esprit, et qui peuvent tromper; ainsi l'on peut être *persuadé* de bonne foi d'une erreur très-réelle. (B.)

CONVENABLE, CONVENANT. Ce qui est *convenable* est réellement ce qui de soi a la propriété de convenir partout et toujours (43, page 13); *convenant* est ce qui convient effectivement, dans tel cas particulier et dans tel moment (40, page 12). Malgré cette distinction fondée sur la composition même des mots, il est arrivé que *convenant* a presque cessé d'être employé, et qu'on l'a remplacé dans sa signification propre par son synonyme.

CONVENANCE. V. *Décence*.

CONVENTION. V. *Consentement*.

CONVERSATION, ENTRETIEN, CONFÉRENCE. La *conversation* est un échange de paroles sur toutes sortes de sujets que présente le hasard.

« Le mot d'*entretien*, dit Beauzée, marque des discours sur des matières sérieuses, choisies exprès pour être discutées et par conséquent entre des personnes dont quelqu'une a assez de lumières ou d'autorité pour décider. Dans les sociétés de liaison et de plaisir, on tient des *conversations* plus ou moins agréables, selon que la compagnie est plus ou moins bien composée. Dans les assemblées académiques, on a des *entretiens* plus ou moins utiles, selon que la matière est plus ou moins intéressante, que les membres en sont plus ou moins instruits, et qu'ils parlent avec plus ou moins de netteté. »

La *conférence* est un *entretien* entre deux ou plusieurs personnes sur quelque question importante restée en litige. Elle diffère de l'*entretien* en ce qu'elle a ou un caractère officiel, ou quelque chose de grave, de solennel, tandis que le ton de l'*entretien* ne diffère guère de celui de la *conversation*. Des plénipotentiaires ont des *conférences* entre eux pour traiter de la paix, pour fixer les limites des États, etc. *Conférence* se dit aussi de certains discours prononcés en chaire sur quelque point de doctrine, de morale religieuse, ou de discipline ecclésiastique.

CONVICTION. V. *Convaincre*.

**CONVIER, INVITER.** *Convier* formé comme *convive* du latin *vivere*, vivre, et *cum* ensemble, signifie littéralement engager à un repas; mais, par extension, on l'applique à d'autres objets. *Inviter* signifie vaguement engager à une chose quelconque; mais, par une application très-usitée, il se dit plus spécialement, quelquefois même sans addition, à l'égard d'un repas. — Dans la force de la particule *com* (4, page 3), *convier* désigne le concours dont le mot *inviter* fait abstraction. Le concours peut être des personnes qui sont *conviées*, ou des personnes, des objets qui *invitent* tous *ensemble* ou à la fois. *Convier* exprimant, dans sa vraie signification, l'action amicale, familière, intime de vivre et de manger ensemble, doit particulièrement désigner, dans son extension, quelque chose d'intime, de familier, d'affectueux, de pressant, de puissant. — On *convie* à un banquet, à un festin, à des noces où il y a nombre de *convives :* on *invitera* plutôt une personne à déjeuner, à dîner, à souper. Les compagnies, les corps, sont *conviés* à une cérémonie, à une fête : un savant, un physicien est *invité* à une recherche, à une expérience. Le beau temps *invite* à la promenade : le beau temps et la bonne compagnie nous y *convient*. — Dans ces exemples, le nombre seul fait la différence. Un intérêt particulier attaché au mot *convier*, les distingue dans les exemples suivants. On *convie* ses amis : on *invite* des gens de connaissance. Les conjonctures nous *invitent* à une tentative : des intérêts communs nous y *convient*. — *Inviter* à faire le bien, en le faisant soi-même, c'est y *convier :* l'exemple ajoute une grande force au discours. *Soyons amis, Cinna, c'est moi qui t'en* convie. Substituez à ce dernier mot celui d'*inviter*, comme vous refroidirez ce sentiment! comme vous gâterez ce beau vers! — Cependant le mot *convier*, autrefois si justement préféré, pour son énergie particulière, au mot vague d'*inviter*, lui a presque partout cédé la place, même quand il s'agit d'exprimer son idée propre et naturelle. Serait-ce donc parce que c'est l'affection qui *convie* et la politesse qui *invite?* (R.)

CONVOITER. V. *Vouloir.*

CONVOITISE. V. *Concupiscence.*

COPIER. V. *Imiter* et *Transcrire.*

COPIEUSEMENT. V. *Beaucoup.*

COPISTE, PLAGIAIRE. Le *copiste* est l'artiste ou l'écrivain qui s'attache dans ses compositions à imiter servilement la manière de celui qu'il a pris pour modèle. Le *plagiaire* est l'écrivain ou l'artiste qui donne comme siennes les idées ou les compositions d'un autre.

COQUILLE, COQUILLAGE. Enveloppe dure et calcaire des mollusques testacés, tels que les limaçons, les moules, etc. La *coquille* est simplement cette enveloppe. *Coquillage* signifie d'abord l'animal dans sa *coquille :* « Manger des *coquillages;* » ensuite il se dit des *coquilles* à formes composées, variées, dignes de remarque, ou d'un ensemble de *coquilles :* « Le *coquillage* de la pourpre est beau; une grotte ornée de *coquillages* ». (Acad.) Mais on dit toujours *coquille*, quand on parle de certains objets auxquels on donne la forme d'une coquille : « Vase fait en *coquille*; orner une voûte de *coquilles* ». (Id.)

CORPS, CORPORATION. La *corporation* est une association autorisée par la puissance publique et qui a ses règlements, sa police particulière. Le *corps* est l'ensemble des personnes de même profession. Ce mot exprime simplement une idée de classification, sans éveiller celle d'association : « Le *corps* du clergé, de la noblesse, de la magistrature ». (Acad.)

Il y avait autrefois en France six *corps* de marchands. Les marchands du même *corps* formaient ordinairement entre eux une *corporation*, dont ils faisaient approuver les statuts par l'autorité publique.

CORRECTION, AMENDEMENT. V. *Amendement*.

CORRECTION, EXACTITUDE. La *correction* consiste dans l'observation scrupuleuse des règles de la grammaire et des usages de la langue. L'*exactitude* dépend de l'exposition fidèle de toutes les idées nécessaires au but que l'on se propose. (B.)

CORRESPONDRE. V. *Répondre*.

CORRIGER, REPRENDRE, RÉPRIMANDER. Celui qui *corrige* montre ou veut montrer la manière de rectifier le défaut; celui qui *reprend* ne fait qu'indiquer ou relever la faute. Celui qui *réprimande* prétend punir ou mortifier le coupable. — *Corriger* regarde toutes sortes de fautes, soit en fait de mœurs, soit en fait d'esprit ou de langage. *Reprendre* ne se dit guère que pour les fautes d'esprit et de langage. *Réprimander* ne convient qu'à l'égard des mœurs et de la conduite. — Il faut savoir mieux faire pour *corriger*. On peut *reprendre* plus habile que soi. Il n'y a que les supérieurs qui soient en droit de *réprimander*. (G.)

CORROMPRE. V. *Séduire*.

CORROMPU. V. *Vicieux*.

CORRUPTION. V. *Dépravation*.

CORSAIRE, PIRATE. Le *corsaire* est le capitaine d'un bâtiment armé en course, avec l'autorisation du gouvernement, qui lui a donné des lettres de marque. Le *pirate* est un voleur de mer, qui n'a commission d'aucune puissance.

Au figuré, *corsaire* se dit d'un homme que son extrême cupidité rend dur, impitoyable, inique : *pirate* se dit de tout homme qui s'enrichit avec impudence aux dépens des autres, ou qui commet des exactions criantes. (Acad.)

COTE, COTEAU, COLLINE. « La *colline* est une petite montagne qui s'élève en pente douce au-dessus de la plaine. » (Acad.) *Coteau* est le diminutif de *côte* (35, page 16) : ce mot désigne le penchant d'une petite *colline* : il se dit aussi de cette petite *colline* elle-même; à la différence de *côte*, qui ne se dit jamais que de la surface formant le penchant, le revers de la *colline* ou de la montagne. En outre l'idée de culture est renfermée dans la signification du mot *coteau*.

COTE, BORD. V. *Bord*.

COTÉS (DE TOUS), V. *De tous côtés*.

COUCHANT, OCCIDENT. V. *Levant*.

COULER, DÉCOULER. *Couler* se dit des liquides qui se meuvent, qui se répandent. *Découler*, c'est *couler* de haut en bas (7, page 4) : « La sueur *découlait* de son visage ». (Acad.) Il signifie aussi, tomber peu à peu et de suite : « Il s'est fait une blessure, et il en *découle* du sang ». (Id.) Il se dit figurément de certaines choses spirituelles et morales : « De ce principe *découlent* plusieurs conséquences ». (Id.)

COULER, ROULER, GLISSER. *Couler* marque le mouvement de tous les fluides, et même de tous les corps solides réduits en poudre impalpable. *Rouler*, c'est se mouvoir en tournant sur soi-même. *Glisser*, c'est se mouvoir en conservant la même surface appliquée au corps sur lequel on se meut. (*Enc.*)

Ces mots s'emploient aussi métaphoriquement avec analogie a des différences toutes pareilles. — *Couler* se dit ainsi du temps; pour marquer par comparaison combien ses parties se suivent de près et disparaissent rapidement : d'une période, d'un vers, d'un discours entier; pour indiquer qu'il ne s'y trouve rien de rude, ni qui blesse l'oreille, que les parties en son bien liées et se succèdent naturellement, comme les eaux d'un ruisseau coulent d'une manière naturelle et agréable sur un fond uni et d'une pente uniforme et douce. — *Rouler* se dit de toute action qui se répète souvent sur le même objet, de même qu'un corps *roulant* appuie souvent sur les mêmes points de sa circonférence. Ainsi on *roule* de grands desseins dans sa tête, lorsqu'on en réfléchit souvent les parties : un livre *roule* sur une matière, lorsqu'il envisage les parties sous plusieurs aspects. — *Glisser* sert à marquer ce qui se fait légèrement et sans insister, ou ce qui se fait avec adresse et d'une manière imperceptible. Quand on instruit la multitude, il faut *glisser* sur les points qui seraient plus propres à faire naître des difficultés que des lumières. L'image est sensible : un corps qui *glisse* sur un autre y passe rapidement, légèrement et presque imperceptiblement, si la pente est favorable. (B.)

COULEUR, COLORIS. « La *couleur* est l'impression que fait sur l'œil la lumière réfléchie par la surface des corps ». (Acad.) Le faisceau lumineux se compose des sept rayons *violet, indigo, bleu, vert, jaune, orangé, rouge,* qui sont les couleurs de l'arc-en-ciel et du spectre solaire. Ces sept rayons réunis en faisceau lumineux forment la lumière blanche, qui, réfléchie entièrement, produit le *blanc;* l'absence ou la non-réflexion du faisceau lumineux produit le *noir*.

L'idée de *couleur* est renfermée dans le mot *coloris;* mais ce mot se dit en terme de peinture, de l'effet qui résulte du mélange et de l'emploi des couleurs dans les tableaux. On l'emploie aussi par extension pour signifier le teint frais et vermeil du visage et des fruits, et figurément en parlant du style et des pensées : « Revêtir ses pensées d'un *coloris* gracieux ». (Acad.)

COUP D'ŒIL. V. *Œillade.*

COUPLE (UN), UNE COUPLE. « *Couple*, substantif masculin, s'emploie pour désigner deux êtres animés, unis par la volonté, par un sentiment, ou par toute autre cause qui les rend propres à agir de concert. *Un couple d'amis, un couple de fripons, un couple de chiens.* Il se dit particulièrement de deux personnes unies ensemble par amour ou par mariage. *Heureux couple. Ce serait dommage de séparer un si beau couple.* » (Acad.) On l'emploie dans un sens analogue en parlant de deux animaux mâle et femelle, comme dans cet exemple donné par Beauzée : Un *couple* de pigeon est suffisant pour peupler un volet » (*volet*, pigeonnier : Acad.).

*Couple* substantif féminin, signifie simplement le nombre *deux :* « Une *couple* de serviettes; une *couple* d'œufs. (Acad.) Une *couple* de pigeons ne sont pas suffisants pour le dîner de six personnes ». (Beauzée.)

On dira donc, en parlant de deux hommes unis par l'amitié : *c'est* un couple *d'amis.*

> *Certain couple* d'amis, dans un bourg établi,
> Possédait quelque bien. (La Font., VII, 12.)

Mais on dira : *Votre fils vient d'arriver avec* une couple *d'amis,* parce qu'il s'agit ici d'exprimer simplement le nombre : votre fils vient d'arriver avec *deux* de ses amis. Voir l'art. suivant.

COUPLE (UNE), UNE PAIRE. Une *couple,* au féminin, se dit de deux choses quelconques d'une même espèce qui ne vont point ensemble nécessairement, et qui ne sont unies qu'accidentellement; on le dit même des personnes et des animaux, dès qu'on ne les envisage que par le nombre. (V. l'article précédent.) — Une *paire* se dit de deux choses qui vont ensemble par une nécessité d'usage, comme les bas, les souliers, les jarretières, les gants, etc.; ou d'une seule chose nécessairement composée de deux parties qui font le même service, comme des ciseaux, des lunettes, des pincettes, etc. — Une *couple* et une *paire* peuvent se dire aussi des animaux; mais la *couple* ne marque que le nombre, et la *paire* y ajoute l'idée d'une association nécessaire pour une fin particulière. De là vient qu'un boucher peut dire qu'il achètera une *couple* de bœufs, parce qu'il en veut deux : mais un laboureur doit dire qu'il en achètera une *paire,* parce qu'il veut les atteler à la même charrue. (B.)

COUR (DE), DE LA COUR. *De cour* est un qualificatif qui se prend en mauvaise part, et qui désigne ce qu'il y a ordinairement de vicieux et de répréhensible dans les cours. *De la cour* ne qualifie qu'en indiquant une relation essentielle à ce qui environne le prince. Un homme *de cour* est un homme souple et adroit, mais faux et artificieux, qui, pour venir à ses fins, met en usage tout ce qui se pratique dans les cours des princes contre les règles de la probité et de la droiture. Un homme *de la cour* est simplement un homme attaché auprès du prince, ou par sa naissance, ou par son emploi, ou par l'état de sa fortune. — On appelle proverbialement *eau bénite de cour*, les vaines promesses, les caresses trompeuses et les compliments captieux et imposteurs; et *amis de cour*, des amis sur qui l'on ne peut guère compter. (B.)

COURAGE. V. *Cœur*.

COURANT. V. *Cours*.

COURIR, PARCOURIR. *Courir*, employé comme verbe actif, a un sens analogue à celui de *parcourir*; mais il en diffère en ce qu'il signifie traverser rapidement, sans s'arrêter, tandis que *parcourir* doit à la préfixe *par* la propriété d'exprimer une action plus lente, faite avec plus d'attention et de soin (11, page 5). *Parcourir* présente le sujet comme allant çà et là, d'un point où il s'arrête à un autre où il s'arrête encore; en un mot il signifie *explorer*.

Il suit de là que quand on dit : « J'ai *couru* toute la ville sans le trouver; il a *couru* toute la France » (Acad.), on entend que le sujet n'a fait que passer promptement dans les différents quartiers de la ville, qu'il a voyagé rapidement dans toute la France; tandis que lorsqu'on dit : J'ai *parcouru* toute la ville pour le trouver; il a *parcouru* toute l'Asie, toutes les mers » (Acad.), on veut faire entendre que le sujet a exploré avec soin toute la ville, toute l'Asie, toutes les mers.

Quelquefois *parcourir* montre le sujet comme passant par tous les points intermédiaires d'un terme à un autre (11, page 5) : « Ce cheval a *parcouru* la carrière en cinq minutes ». (Acad.) On dit aussi, au figuré, *courir* la carrière, en parlant de la profession que l'on embrasse, des entreprises où l'on s'engage, etc.; mais ici *courir* signifie simplement *suivre*.

COURROUX. V. *Colère*.

COURS, COURANT. Le *cours* de l'eau est simplement la direction de l'eau depuis sa source jusqu'à son embouchure; on suit le *cours* comme on suit un chemin, et l'on dit d'une rivière que son *cours* est droit ou qu'il est sinueux. Le *courant*, c'est l'eau en mouvement, l'eau courante, l'eau qui court; c'est aussi la partie la plus rapide de la masse d'eau.

Le *courant* entraine; pour le remonter, il faut lutter contre le mouvement de l'eau; remonter le *cours* d'un fleuve, c'est simplement aller vers sa source, soit sur l'eau même, soit en marchant sur les bords.

La différence est la même au figuré : on est entraîné par le *courant* des affaires, des plaisirs; on suit le *cours* des affaires, le *cours* des plaisirs.

COURS, COURSE. Ces mots ont diverses acceptions; il ne sont synonymes que quand on parle des astres, des fleuves et autres cours d'eau. On dit le *cours* du soleil, le *cours* des astres, le *cours* d'un fleuve, et aussi : « *La course* d'un fleuve, d'un torrent. L'astre du jour va commencer *sa course* ». (Acad.) Ce qui les distingue, c'est que le mot *cours* comprend dans sa signification l'idée de la régularité du mouvement, et celle d'une direction déterminée; tandis que le mot *course* exprime simplement l'action de se mouvoir, de franchir un espace. On dira d'un fleuve qu'il se rend d'*un cours* paisible dans telle mer, où il termine *sa course*.

COURSIER, CHEVAL. *Cheval* est le nom simple de l'espèce, sans aucune autre idée accessoire. Le mot *coursier* désigne un grand et beau cheval, propre pour les batailles et pour les tournois. (Acad.) On n'emploie guère ce mot que dans la poésie et dans le style élevé, où il peut désigner tout cheval remarquable par ses qualités.

COURT. V. *Bref.*

COUTUME, HABITUDE. La *coutume* regarde l'objet; elle le rend familier. L'*habitude* a rapport à l'action même; elle la rend facile. L'une se forme par l'uniformité, et l'autre s'acquiert par la répétition. — Un ouvrage auquel on est *accoutumé* coûte moins de peine. Ce qui est tourné en *habitude* se fait presque naturellement, et quelquefois même involontairement. On s'*accoutume* aux visages les plus baroques par l'*habitude* de les voir; l'œil cesse à la fin d'en être choqué. Il n'en est pas de même des caractères aigres ou brusques : le temps use la patience. (G.)

COUTUME, USAGE. V. *Usage.*

COUTUME (AVOIR). V. *Avoir coutume.*

COUVENT. V. *Cloître.*

COUVERT (A). V. *Abri (à l').*

CRAINDRE, APPRÉHENDER, REDOUTER, AVOIR PEUR. On *craint* par un mouvement d'aversion pour le mal, dans l'idée qu'il peut arriver. On *appréhende* par un mouvement de désir pour le bien, dans l'idée qu'il peut manquer. On *redoute*, par un sentiment d'estime pour l'adversaire, dans l'idée qu'il est supérieur. On *a peur* par un faible d'esprit pour le soin de sa conservation, dans l'idée qu'il y a du danger. — Le défaut de courage fait *craindre*. L'incertitude du succès fait *appréhender*. La défiance des forces fait *redouter*. Les peintures de l'imagination font *avoir peur*. — Le commun des hommes *craint* la mort; les épicuriens *craignent* davantage la douleur; mais les gens d'honneur pensent que l'infamie est ce qu'il y a de plus à *craindre*. Plus on souhaite ardemment une chose, plus on *appréhende* de ne la pas obtenir. Quelque mérite qu'un auteur se flatte d'avoir, il doit toujours *redouter* le jugement du public. Les femmes *ont peur* de tout, et il est peu d'hommes qui, à cet égard, ne tiennent de la femme par quelque endroit. (G.)

CRAINTE. V. *Appréhension.*

CRÉANCE. V. *Croyance.*

CRÉDIT, FAVEUR. Le *crédit* est la facilité de déterminer la volonté de quelqu'un suivant vos désirs, en vertu de l'ascendant que vous avez sur son esprit, ou de la confiance qu'il a prise en vous. La *faveur* est la facilité que nous trouvons dans une personne disposée à faire tout ce qui nous est agréable, en vertu du faible qu'elle a pour nous, ou d'une bienveillance qu'elle nous prodigue. Le *crédit* est une faculté, une force, une puissance que nous exerçons sur autrui; il est dans nos mains : la *faveur* est un sentiment, un penchant, une faiblesse de celui qui se livre à vous; elle est dans son cœur. — Les lumières, les talents, les services, les vertus acquièrent le *crédit* par la bonne opinion, l'estime, la considération, la confiance qu'ils inspirent. Les complaisances, les flatteries, les adulations, le dévouement servile gagnent la *faveur* par une sorte de gratitude, par le retour, l'affection, l'attachement, le besoin de nous, et tel autre sentiment qu'ils excitent. (R.)

CREUSER, APPROFONDIR. L'un et l'autre, dans le sens propre, marquent l'opération par laquelle on parvient à l'intérieur des corps en écartant les parties extérieures qui y font obstacle : mais *approfondir*, c'est *creuser* plus avant; parce que c'est *creuser* encore pour parvenir à donner plus de profondeur à l'excavation. — Dans le sens figuré, il y a entre ces mots la même analogie et la même différence; ils marquent tous deux l'opération par laquelle on parvient à découvrir ce qu'il y a dans une matière de plus abstrus, de plus compliqué, de plus caché : mais *creuser* a plus de rapport au travail et à la progression lente des découvertes; *approfondir* tient plus du succès, et désigne mieux le terme du travail. — On doit d'autant moins *creuser* les mystères de la religion, qu'il est impossible de les *approfondir*. (B.)

CREUX. V. *Cavité*.

CRI, CLAMEUR. Le *cri* est une voix haute et poussée avec effort par une personne. La *clameur* est un grand *cri*, souvent tumultueux. *Clameur* ajoute à *cri* une idée de ridicule par son objet ou par son excès. Le plus grand usage de ce mot est au pluriel. La *clameur* publique est un soulèvement du peuple contre quelque scélérat. Le sage respecte le *cri* public et méprise les *clameurs* des sots. (*Enc.*)

CRIARD, CRIEUR. V. *Braillard*.

CRIME. V. *Faute, péché*.

CRITIQUE, CENSURE. La *critique* juge et blâme ou approuve : la *censure* condamne et supprime; la première fait ressortir ce qui est bien comme ce qui est mal : la seconde ne s'attache qu'à ce qu'elle juge répréhensible.

« Il me semble, dit Beauzée, qu'une *critique* est l'examen raisonné d'un ouvrage de quelque nature qu'il puisse être; et qu'une *censure* est la répréhension précise et modifiée de ce qui blesse la vérité ou la loi. Il faut *critiquer* avec goût et *censurer* avec modération. »

CROIRE (FAIRE), FAIRE ACCROIRE. *Accroire* signifie *croire à*, croire à quelqu'un, à sa parole, à son témoignage, à son rapport. *Faire accroire*, c'est faire croire à quelqu'un tout ce qu'on lui conte, lui persuader par sa propre autorité ce qu'on veut [1], lui faire ajouter foi à des choses qu'il ne doit pas naturellement croire, soit à cause du caractère de la personne qui les dit, soit à raison des choses mêmes qu'elle dit. — Ainsi *faire croire* signifie simplement persuader une chose, obtenir la croyance de quelqu'un, lui inspirer de la confiance dans vos discours. *Faire accroire* veut dire persuader des choses non croyables, ou bien abuser du crédit que l'on a sur l'esprit d'une personne, de sa crédulité, de sa simplicité, de sa confiance, de sa bonne foi. On ne peut *faire accroire* que le faux ou ce qu'on croit faux ; on peut *faire croire* également le faux et le vrai. (R.) Mais celui qui *fait croire* une chose fausse est de bonne foi ; il la croit vraie lui-même, parce que la chose est vraisemblable.

*Faire accroire* ne peut s'attribuer qu'aux personnes, parce qu'il n'y a que les personnes qui puissent agir de propos délibéré et avec intention : *faire croire* peut s'attribuer aux personnes et aux choses, parce que les personnes et les choses peuvent également déterminer la croyance, et que cette phrase fait abstraction de toute intention. Les personnes *font accroire* le faux ; les choses le *font croire* faussement. (B.)

CROISSANCE, CRUE. La terminaison *ance* marque la continuation d'une action ou d'un effet commencé (26, page 8) : *croissance* exprime donc une action continue, successive et lente : « Age de *croissance* ; Arrêter la *croissance* d'un arbre » (Acad.). *Crue* exprime l'accroissement effectué, ou bien une augmentation subite, accidentelle ; aussi le mot *crue* se dit-il principalement quand on parle des rivières, des ruisseaux, etc., grossis tout à coup par un orage, par la fonte des neiges, etc.

CROITRE, AUGMENTER (sens neutre). *Croître*, c'est proprement grandir ou s'élever, pousser ou acquérir plus de hauteur ou de longueur : *augmenter*, c'est s'agrandir dans quelque sens que ce soit. — *Croître* a par lui-même un sens déterminé et complet sans avoir besoin d'aucune addition quelconque pour être parfaitement entendu. *Augmenter* n'a qu'un sens incomplet et indéterminé : il faut expliquer dans quel sens ou sous quel rapport la chose *augmente* ; on sait que la chose qui *croît*, *augmente* en hauteur, en solidité, en grosseur. — Les plantes, les petits des animaux, *croissent* ; vous les voyez, dans ce mot seul, devenir plus grands. Les denrées *augmentent*, c'est-à-dire de prix : le mal *augmente*, c'est-à-dire de force : il faut donc une idée accessoire pour en donner le sens. — Dans le sens figuré, le mot *croître* convient particulièrement aux objets auxquels l'idée d'élévation et de hauteur s'applique naturellement : le mot *augmenter* est plus propre pour les objets qui réveillent plutôt l'idée contraire.

1. Ainsi dans *faire accroire* le sujet agit avec plus d'activité, avec une intention plus formelle (10 page 5).

La générosité ne fait que *croître* dans une grande âme; la lâcheté ne fait qu'*augmenter* dans une âme basse. A mesure que le luxe *croît*, la misère *augmente*. — Les choses matérielles [1] *croissent*, dit l'abbé Girard, par la nourriture qu'elles prennent; elles *augmentent* par l'addition qui s'y fait des choses de la même espèce. La différence est dans la manière de *croître* et d'*augmenter* : l'*accroissement* s'opère par une addition intérieure et mécanique, et l'*augmentation* par une addition extérieure. — Le mot *croître* annonce un développement successif, une crue progressive, un accroissement gradué. Le mot *augmenter*, sans exclure cette gradation et cette progression, ne l'exige pas et ne la suppose pas. Ainsi, le premier est très-bien employé, lorsqu'il s'agit de divers *accroissements*, d'*accroissements* déterminés, réguliers, périodiques, etc.; le second, lorsqu'il s'agit d'une *augmentation* simple, ou de diverses augmentations vagues, irrégulières, accidentelles, etc. La lune, les jours *croissent* et *décroissent* : le froid, les vents *augmentent* et *diminuent*. (R.)

CROIX. V. *Affliction*.

CROYANCE, CRÉANCE, FOI. « La *croyance*, dit Roubaud, est une opinion pure et simple; la *créance* est une *croyance* ferme, constante, entière. Par la *croyance*, vous croyez peut-être sans savoir pourquoi vous croyez : par la *créance*, vous croyez parce que vous croyez avoir raison de croire. Le peuple donne sa *croyance* à des choses indignes de *créance*. »

Le mot *créance* est de nos jours peu usité; on le remplace ordinairement par le mot *foi* : « Le peuple donne sa *croyance* à des choses qui ne sont pas dignes de *foi*. » Le premier sens du mot *foi*, en latin *fides*, est fidélité, confiance : s'en remettre à la *foi* de quelqu'un, c'est se fier à lui. Ce mot indique aussi la persuasion qui naît d'un sentiment intime ou qui est déterminé par la seule autorité de celui qui a parlé : c'est en quelque sorte une *croyance* aveugle et sans réserve, une *croyance* uniquement fondée sur la confiance. Ajouter *foi* aux paroles d'une personne, c'est croire aveuglément, en toute confiance et sans autre motif que l'autorité de cette personne.

La *croyance* et la *créance* sont plutôt un acte de l'esprit, et la *foi* un acte du cœur, un sentiment.

*Croyance* signifie, particulièrement, ce qu'on croit dans une religion : « La *croyance* des chrétiens; la *croyance* des juifs ». (Acad.) La *foi* religieuse est la *croyance* ferme et entière aux dogmes et aux vérités révélées. On peut discuter ses *croyances*, mais la *foi* n'admet pas d'examen.

CRUAUTÉ. V. *Barbarie*.

CRUE. V. *Croissance*.

CULTIVATEUR. V. *Agriculteur*.

1. Il s'agit évidemment ici des végétaux et des minéraux.

CUPIDITÉ. V. *Concupiscence.*

CURE, GUÉRISON; INCURABLE, INGUÉRISSABLE. *Cure* (latin *cura*, soin), désigne proprement le traitement du mal; *guérison* exprime à la lettre le rétablissement de la santé. Le premier de ces mots annonce donc plutôt le moyen, et l'autre l'effet. Ainsi, le mal *incurable* est celui qui résiste à tous les remèdes; et la maladie *inguérissable*, celle qui ne laisse aucun espoir de salut. — La *cure* est l'ouvrage de l'art, ou elle est censée l'être : la *guérison* appartient bien autant à la nature qu'à l'art; elle s'opère quelquefois sans remède et même malgré les remèdes. La folie est un mal *incurable*, on ne la guérit pas; mais elle n'est point *inguérissable*, on en guérit. — Je dis plutôt d'un mal qu'il est *incurable*, et d'une maladie qu'elle est *inguérissable*, parce que le mal n'attaque quelquefois que des organes ou des fonctions qui ne sont pas nécessaires à la vie et même à la santé; au lieu que la maladie attaque la santé même, si ce n'est pas toujours la vie. Or la *cure* détruit bien le mal, mais c'est proprement la *guérison* qui rend la santé. Ainsi, le mal *incurable* n'est pas toujours funeste et mortel; il n'en est pas de même de la maladie *inguérissable*. On vit avec des maux *incurables*; quant à la maladie *inguérissable*, on en meurt. — La *cure* regarde proprement le mal, elle le combat; la *guérison* regarde la personne, elle lui rend la santé. Ainsi, le mal est plutôt *incurable* et le malade *inguérissable*. (R.)

CURIEUSEMENT. V. *Soigneusement.*

# D

D'AILLEURS. V. *De plus.*

DANGER, PÉRIL, RISQUE. *Danger* vient de *dam*, dommage. Or le *dam* ou dommage exprime plutôt la perte, l'altération d'un bien, que l'épreuve, le ressentiment d'un mal. L'Académie a défini le *danger*, ce qui expose à un malheur, à une perte, à un dommage. — *Péril* vient de *pereo*, passer à travers, périr, s'évanouir, éprouver une grande peine. Le *péril*, latin *periculum*, est à la lettre ce à travers quoi il faut passer : ce qui désigne une situation présente, une rude épreuve que l'on fait; car *periculum* signifie également épreuve, expérience; et cette expérience est telle que la chose peut périr, se perdre, s'évanouir, se dissiper. — *Risque* vient du celte *ricq*, glisser, bas-breton *ricgla* et *risca*, languedocien *resquia*, dans le même sens. Il désigne donc une situation *glissante*, dans laquelle on peut tomber. Le *risque* est un hasard : le hasard a deux chances, une favorable, l'autre contraire; aussi l'on dit qu'un jeune homme court *risque* d'avoir cent mille livres de rente. — Ainsi donc le *danger* est littéralement une disposition des choses telle, qu'elle nous menace de quelque dommage; le *péril* est une rude épreuve par laquelle on passe avec un grand *dan-*

*ger*; le *risque*, une situation glissante dans laquelle on court des hasards. — Le *danger* menace ou de près ou de loin : le *péril* est présent, pressant, imminent et terrible; le *risque* expose plus ou moins. On craint le *danger*, et on le fuit; on redoute le *péril*, et on se sauve; on court le *risque*, et on se promet un bon succès. (R.)

DANS. V. *En*.

DANS L'IDÉE, DANS LA TÊTE. On a *dans l'idée* ce qu'on pense; on le croit. On a *dans la tête* ce qu'on veut; on y travaille. Nos imaginations sont *dans l'idée*; et nos desseins, *dans la tête*. — Le philosophe curieux, au défaut du vrai où il ne peut pénétrer, se forme *dans l'idée* un système du moins vraisemblable sur la nature, l'économie et la durée de l'Univers. Le politique ambitieux, incapable de goûter le repos, ne cesse d'avoir *dans la tête* des projets d'agrandissement et d'élévation. (G.)

DARDER. V. *Lancer*.

DAVANTAGE. V. *Plus*.

DÉBAT. V. *Dispute*.

DÉBATTRE, DISCUTER. On *débat* ou l'on *discute* une affaire d'intérêt, un point, une question quelconque. *Débattre* suppose plus de chaleur et de vivacité; *discuter*, plus de calme, de réflexion et de bonne foi. *Discuter* s'emploie quelquefois absolument : « Nous avons longtemps *discuté* là-dessus ». (Acad.)

DÉBILE. V. *Faible*.

DE BON GRÉ, DE BONNE VOLONTÉ, DE BON CŒUR, DE BONNE GRACE. On agit *de bon gré*, lorsqu'on n'y est pas forcé; *de bonne volonté*, lorsqu'on n'y a point de répugnance; *de bon cœur*, lorsqu'on y a de l'inclination; et *de bonne grâce*, lorsqu'on témoigne y avoir du plaisir. — Ce qui est fait *de bon gré* est fait librement. Ce qui est fait *de bonne volonté* est fait sans peine. Ce qui est fait *de bon cœur* est fait avec affection. Ce qui est fait *de bonne grâce* est fait avec politesse. — Il faut se soumettre *de bon gré* aux lois; obéir à ses maîtres *de bonne volonté*; servir ses amis *de bon cœur*; et faire plaisir à ses inférieurs *de bonne grâce*. (G.)

DÉBONNAIRETÉ. V. *Bonté, bienveillance*.

DEBOUT. V. *Droit*.

DÉBRIS, DÉCOMBRES, RUINES. Au propre, ces trois mots désignent les restes d'un objet détruit; avec cette différence que les deux derniers ne s'appliquent qu'aux édifices. On dit les *débris* d'un navire, les *décombres* ou les *ruines* d'une maison.

Les *ruines* d'un édifice présentent encore des pans de murs et renferment des matériaux qui peuvent servir : les *décombres* sont un amas de matériaux inutiles, qui restent sur le terrain après la démolition de l'édifice.

« *Décombres* ne se dit jamais qu'au propre; *débris* et *ruines* se disent souvent au figuré; mais *ruine*, en ce cas, s'emploie plus souvent au singulier qu'au pluriel. Ainsi l'on dit, les *débris* d'une fortune brillante; la *ruine* d'un particulier, de l'État, du commerce, etc. » (*Enc.*)

DÉBUT. V. *Commencement.*

DÉCADENCE, DÉCLIN. *Décadence*, du latin *cadere*, choir, tomber; d'où *déchoir*, commencer à tomber, aller à sa chute. *Déclin*, du celte *clin*, pente; d'où *incliner*, *décliner*, aller en pente, en descendant. — La *décadence*, est l'état de ce qui va *tombant*; le *déclin* est l'état de ce qui va *baissant*. — On dit la *décadence* d'un édifice, des fortunes, des lettres, des empires, des choses sujettes à des vicissitudes, exposées à leur ruine; ces choses se dégradent et tombent. On dit le *déclin* du jour, de l'âge, de la maladie, des choses qui n'ont qu'une certaine durée, et qui s'affaiblissent vers leur fin; ces choses baissent et passent. — Par la *décadence*, la chose perd de sa hauteur, de sa grandeur, de sa puissance; par le *déclin* la chose perd de sa force, de sa vigueur. La *décadence* est plus ou moins rapide, comme l'élévation; le *déclin* plus ou moins sensible, comme la pente. (R.)

DÉCELER. V. *Découvrir.*

DÉCENCE, BIENSEANCE, CONVENANCE. *Décence*, état ou façon de paraître qui *duit*, décore; du latin *decet*, qui est en état de paraître. *Bienséance*, état, manière qui est *séante*, sied bien, est à sa place. *Convenance*, état qui *convient*, cadre, va bien avec : de *venire* et *cum*, venir, aller avec, s'assembler, s'assortir. — La *décence* est à la lettre, la manière dont on doit se montrer pour être considéré, approuvé, honoré. La *bienséance* est la manière dont on doit être dans la société pour y être bien, à sa place, comme il faut. La *convenance* est la manière dont on doit disposer, arranger, assortir ce qu'on fait, pour s'accorder avec les personnes, les choses, les circonstances. — La *décence* regarde l'honnêteté morale; elle règle l'extérieur selon les bonnes mœurs. La *bienséance* concerne l'honnêteté civile; elle règle nos actions selon les mœurs et les usages de la société. La *convenance* pure s'attache aux choses moralement indifférentes en elles-mêmes : elle règle des arrangements particuliers selon les bienséances et les conjonctures. — Une femme est habillée avec *décence*, lorsqu'elle l'est sans immodestie; avec *bienséance*, lorsqu'elle l'est suivant son état; avec *convenance*, lorsqu'elle l'est selon la raison et les circonstances. (R.)

DÉCENCE, DECORUM. *Décorum*, terme emprunté du latin n'est guère d'usage que dans ces phrases : « Garder, observer le *décorum*; blesser le *décorum* ». (Acad.) Or, on dit aussi garder la *décence*, blesser la *décence*; mais le *décorum* consiste en des règles de bienséance imposées non par la loi naturelle ou l'usage général, mais par une convention entre quelques personnes, par un usage particulier; et fait entendre en outre que ces règles ont quelque chose d'apprêté, de pédantesque.

DÉCÈS. V. *Trépas.*

DÉCEVOIR. V. *Tromper.*

**DÉCHARGE, DÉCHARGEMENT.** V. *Charge.*

**DÉCHIREMENT, DÉCHIRURE.** *Déchirement* exprime l'action de déchirer (19, page 6); la *déchirure* est l'effet produit par le *déchirement* (23, page 8). On dit en médecine, la *déchirure* d'une plaie, et le *déchirement* des muscles, des fibres; dans le premier cas, l'état des chairs est analogue à celui d'une étoffe déchirée; dans le second cas, il y a eu séparation violente, rupture des fibres ou des muscles. *Déchirement* se dit seul au figuré : « *Déchirement* de cœur, douleur vive et amère ». (Acad.)

**DÉCHIRER, LACÉRER.** *Déchirer* est le terme ordinaire; *lacérer* ne se dit guère qu'en parlant du papier et en termes de jurisprudence : « Ce livre fut *lacéré* et brûlé par arrêt du parlement ». (Acad.)

**DÉCIDÉ, DÉCISIF.** L'adjectif *décidé* dérive du verbe *décider* et signifie ferme, résolu, qui a des principes dont il ne s'écarte point : « C'est un homme *décidé*; il a un caractère *décidé* ». (Acad.) *Décisif*, appliqué aux personnes, signifie qui décide hardiment, avec une sorte d'autorité et en prenant un ton avantageux (42, page 12). « On est *décisif* en fait d'opinion et de jugement, dit Roubaud; on est *décidé*, quant à ses volontés et à ses résolutions. L'homme *décisif* juge hardiment : l'homme *décidé* veut fermement. » V. *Tranchant.*

**DÉCISION, RÉSOLUTION.** La *décision* est un acte de l'esprit, et suppose l'examen. La *résolution* est un acte de la volonté, et suppose la délibération. La première attaque le doute et fait qu'on se déclare; la seconde attaque l'incertitude, et fait qu'on se détermine. Nos *décisions* doivent être justes pour éviter le repentir. Nos *résolutions* doivent être fermes, pour éviter les variations. — Il semble que la *résolution* emporte la *décision*, et que celle-ci puisse être abandonnée de l'autre; puisqu'il arrive quelquefois qu'on n'est pas encore *résolu* à entreprendre une chose pour laquelle on a déjà *décidé* : la crainte, la timidité, ou quelque autre motif, s'opposant à l'exécution de l'arrêt prononcé. (G.)

**DÉCLAMATOIRE, DÉCLAMATEUR.** Ce qui est *déclamatoire* est propre à produire l'effet de la déclamation ou a le caractère de la déclamation (50, page 16). L'art *déclamatoire* apprend à déclamer, est propre à cela; un style *déclamatoire* n'a que trop le caractère de la déclamation, car il ne renferme que des déclamations, c'est-à-dire des expressions, des phrases trop pompeuses, trop emphatiques pour le sujet : aussi dans cette locution *déclamatoire* se prend-il en mauvaise part.

Un *déclamateur* est celui qui déclame (30, page 9), ou plus ordinairement c'est un orateur, un écrivain emphatique, outré dans ses expressions. *Déclamateur* s'emploie aussi adjectivement dans ce sens : « Il est un peu *déclamateur* ». (Acad.) On dit aussi *ton déclamateur*, c'est-à-dire ton de celui qui déclame : c'est le ton se manifestant dans l'action : *ton déclamatoire* signifie ton propre à la déclamation.

DÉCLARER. V. *Découvrir*.
DÉCLIN. V. *Décadence*.
DÉCOMBRES. V. *Débris*.
DÉCONCERTÉ. V. *Confus*.
DÉCORUM. V. *Décence*.
DÉCOULER. V. *Couler*, *Émaner* et *Venir*.
DÉCOURAGEMENT. V. *Abattement*.
DÉCOUVERTE. V. *Découvrir*.

**DÉCOUVRIR, INVENTER, TROUVER; DÉCOUVERTE, INVENTION.** On *découvre* et l'on *trouve* ce qui existait soit physiquement, soit moralement, mais qui était caché, secret ou simplement inconnu. On *invente* ce qui n'existait pas encore, et que l'on crée en quelque sorte.

Christophe Colomb *découvrit* l'Amérique; le hasard fait souvent *découvrir* des conspirations. On *trouve* encore tous les jours de nouvelles espèces de végétaux : le mathématicien *trouve* la solution d'un problème, laquelle solution existait moralement. Franklin *inventa* le paratonnerre; un tailleur *invente* une mode nouvelle.

La distinction entre *inventer* et les deux autres mots est bien marquée; elle l'est beaucoup moins entre *découvrir* et *trouver*.

Le sens propre de *découvrir* est ôter ce qui *couvre* : on *découvre* un homme qui est dans son lit, en ôtant la couverture et les draps. *Trouver*, au figuré comme au propre, exprime purement et simplement le fait, la rencontre de la chose, rencontre souvent accidentelle, fortuite. J'ai *trouvé* un objet dans la rue; en rentrant chez moi j'ai *trouvé* ma porte ouverte.

On ne *découvre* que ce qui est couvert, caché : ce qui est apparent, on le *trouve*, on ne le *découvre* pas. « La terre a dans son sein des mines, des sources, on les *découvre*; sur sa surface, des plantes et des animaux, on les *trouve*. » (Roubaud.)

Après bien des recherches, la police a *découvert* la retraite de deux malfaiteurs, elle s'y est rendue et les y a *trouvés*. La retraite était inconnue, cachée, secrète; il fallait la *découvrir* : les malfaiteurs étaient connus, on les savait là; il suffit d'exprimer purement et simplement le fait de la rencontre, de la présence de ces malfaiteurs dans leur retraite.

Au figuré, *découvrir* suppose un objet inconnu, couvert en quelque sorte de voiles qui le dérobent à la vue de l'esprit. « Le mérite de *découvrir*, dit Roubaud, est de lever les obstacles qui empêchent de voir ou de connaître la chose telle qu'elle est dans la nature ou en elle-même. Voilà sans doute ce qui a fait dire par d'Alembert qu'on *découvre* ce qui a plus d'importance et qu'on *trouve* ce qui en a moins. Les vérités capitales, profondes ou sublimes, sont les plus importantes, car elles répandent une grande lumière; on les *découvre*. Des vérités particulières, simples ou secondaires, n'ont pas la même utilité, car elles n'ont pas la même portée; on les *trouve*. »

*Trouver* n'exprimant que le fait, sans aucune idée accessoire, convient parfaitement lorsque l'objet inconnu ou caché n'a qu'une existence chimérique ou considérée comme telle : « Il y a encore des gens qui espèrent *trouver* la quadrature du cercle et le mouvement perpétuel ».

Dans les sciences et dans les arts industriels, on *découvre* les lois naturelles et l'existence de ce qui est caché dans la nature ; on *invente* les appareils, les machines, les instruments ; on *trouve* les moyens, les résultats considérés en eux-mêmes comme des faits matériels. Galilée *découvrit* les lois de la pesanteur ; Newton, la gravitation universelle. Torricelli *inventa* le baromètre ; Gutenberg, l'imprimerie. Il n'y a pas longtemps qu'on a *trouvé* le moyen de supprimer la douleur physique par l'éthérisation. Un chimiste analyse un corps, et *trouve* qu'il est composé de tel gaz et de tel métal.

On disait autrefois *trouver* dans beaucoup de cas où nous disons aujourd'hui *inventer*.

*N. B.* Le substantif *découverte* répond au verbe *découvrir* et en général au verbe *trouver* ; le substantif *invention* ne répond qu'au verbe *inventer*.

DÉCOUVRIR, DÉCELER, DÉVOILER, RÉVÉLER, DÉCLARER, MANIFESTER, DIVULGUER, PUBLIER. Apprendre à autrui, de différentes manières, différentes choses qui ne sont pas connues. — A la lettre, *découvrir* signifie ôter ce qui couvre ; *déceler* indique ce qu'on *celait* ; *révéler*, retirer de dessous le *voile* ; *déclarer*, mettre au *clair*, au jour ; *manifester*, mettre sous la *main*, en évidence ; *divulguer*, rendre *vulgaire*, commun ; *publier*, rendre *public*, faire connaître à tout le monde. — Ce qui était caché aux autres, on le *découvre*, on le leur communique. Ce qui était dissimulé, on le *décèle* en le rapportant, ou en le faisant remarquer. Ce qui n'était pas apparent et nu, on le *dévoile* en levant ou écartant les obstacles. Ce qui était secret, on le *révèle* en le dénonçant ou l'annonçant. Ce qui était inconnu ou incertain, on le *déclare* en l'exposant et en l'appuyant d'une manière positive. Ce qui était ignoré ou obscur, on le *manifeste* en le développant ouvertement ou l'étalant au grand jour. Ce qui n'était pas su, du moins de la multitude, on le *divulgue* en le répandant de côté et d'autre. Ce qui n'était pas public ou notoire, on le *publie* en lui donnant l'éclat ou l'authenticité qui parvient à la connaissance de tout le monde. — On *découvre* des choses nouvelles, et l'envie d'en instruire quelqu'un fait qu'on les lui *découvre*. On aperçoit un homme qui se *cèle*, et l'envie de le desservir fait qu'on le *décèle*. On *découvre* un mystère, et l'envie de paraître ou de bien mériter fait qu'on le *dévoile*. On sait un secret, et l'envie d'en faire usage fait qu'on le *révèle*. On a une connaissance particulière, et l'envie de la faire valoir fait qu'on la *déclare*. On connaît le fond des choses, et l'envie de les faire pleinement et parfaitement connaître fait qu'on les *manifeste*. On a reçu quelque confidence, et l'envie de parler ou de nuire fait qu'on la *divulgue*. On a la possession ou la connaissance privée d'une chose, et l'envie que personne n'en ignore fait qu'on la *publie*. — En morale, il y a du dessein ou de l'imprudence à *découvrir;* de la malveillance, une sorte de trahison, soit volontaire, soit involontaire, à *déceler;* des motifs, de la prétention à *dévoiler;* des vues, un intérêt ou une infidélité à *révéler;* un dessein formel, une volonté expresse à *déclarer;* une pleine franchise, une grande confiance, de l'appareil à *manifester;* de la malice, de l'infidélité ou de l'indiscrétion à *divulguer;* de l'affiche, de l'ostentation, quelque grand dessein à *publier*. (R.)

DÉCRÉDITER. V. *Décrier*.

DÉCRÉPITUDE. V. *Caducité*.

DÉCRET. V. *Loi*.

DÉCRIER, DÉCRÉDITER, DISCRÉDITER. *Décrier* attaque l'honneur; les deux autres, la confiance, la valeur. Dire de quelqu'un qu'il est un fripon, un malhonnête homme, c'est le *décrier;* dire qu'il est ruiné, c'est le *décréditer*. Une critique sévère mais juste *décrédite* un écrivain : la calomnie ou la médisance qui attaquent les mœurs d'un homme le *décrient*.

*Décréditer* et *discréditer* sont composés l'un et l'autre du même radical *créditer :* les préfixes *dé* et *dis* placées devant ce radical, sont toutes deux privatives (7 et 8, page 4); mais *dé* l'est plus que *dis*, et c'est ce qu'indiquent les définitions de l'Académie : « *Décréditer*, ôter le crédit, le faire perdre. *Discréditer* faire tomber en discrédit : *discrédit*, diminution de crédit ».

C'est pourquoi *discréditer* ne se dit bien que de valeurs commerciales, qui ne peuvent jamais être réduites à néant : « *Discréditer* une marchandise, un papier-monnaie ». (Acad.) *Décréditer* se dit au contraire des personnes : « La mauvaise foi *décrédite* un négociant » (Id.). Au figuré, il se dit des personnes et des choses, et signifie faire perdre la considération, l'autorité, l'estime, etc. : « Cette conduite l'a étrangement *décrédité* ». (Id.)

*N. B. Discréditer* tend de nos jours à remplacer *décréditer;* tant pis, c'est confondre deux termes tout à fait différents et que nos pères savaient parfaitement distinguer.

DÉDAIGNEUX. V. *Rogue*.

DÉDAIN. V. *Fierté*.

DÉDALE. V. *Labyrinthe*.

DEDANS (LE). V. *Intérieur*.

DÉDIER. V. *Vouer*.

DÉDIRE (SE), SE RÉTRACTER. Se *dédire*, c'est revenir sur ce qu'on a dit ou promis : se *rétracter*, c'est détruire soi-même une assertion qu'on avait avancée. J'ai fait un marché avec quelqu'un, je m'en *dédis :* Je soutenais une chose; je reconnais qu'elle est fausse, je me *rétracte*.

**DÉDOMMAGEMENT** *et* **DÉDOMMAGER.** V. *Indemnité.*

DÉDUIRE, RABATTRE. Retrancher de la valeur d'une chose. *Retrancher* est l'expression générale : ce mot signifie simplement ôter d'un tout une de ses parties.

On *déduit* ce que l'on a le droit de retrancher : on *rabat* ce qui a été porté de trop et à tort. Ainsi, je *déduis* d'une dette les à-compte que j'ai payés; le commerçant *déduit* du montant d'une facture l'escompte convenu. Le menuisier me donne son mémoire; je *rabats* vingt francs pour des articles comptés à un prix trop élevé.

DÉESSE, DÉITÉ. *Déité* marque la qualité essentielle, la nature divine, et répond au mot *divinité* : *déesse* marque simplement le titre, et se dit par conséquent de l'attribution. Minerve, *déesse* de la sagesse, était une noble et puissante *déité*. Le mot *déité* exprimant l'idée de *nature divine*, se dit aussi des divinités mâles de la Fable : du reste ce mot n'est guère employé qu'en poésie et dans le style élevé.

DÉFAIT. V. *Vaincu.*

DÉFAITE, DÉROUTE. Ces mots désignent la perte d'une bataille, avec cette différence que *déroute* ajoute à *défaite* et désigne une armée qui fuit en désordre, et qui est totalement dissipée. (*Enc.*)

DÉFAUT. V. *Faute* et *Manque.*

DÉFAVEUR, DISGRACE. La *défaveur* est une diminution ou bien une absence de faveur ou de crédit : la *disgrâce* est la perte complète de la bienveillance et des bonnes grâces d'une personne puissante. Celui qui est en *défaveur* éprouve des refus, n'est pas écouté, est éconduit et dédaigné : celui qui est en *disgrâce* est tenu rudement à l'écart, exilé et quelquefois frappé de la colère du maître. « Lorsque le surintendant Fouquet fut dépouillé de sa charge, dit M. Guizot, on ne dit pas qu'il était en *défaveur*, mais en *disgrâce*. Fénelon ne fut jamais en *disgrâce* auprès de Louis XIV, mais toujours en *défaveur*. »

DÉFECTUOSITÉ. V. *Faute, défaut.*

DÉFENDRE, JUSTIFIER. V. *Justifier.*

DÉFENDRE, SOUTENIR, PROTÉGER. Ces trois mots signifient en général l'action de mettre quelqu'un ou quelque chose à couvert du mal qu'on lui fait ou qui peut lui arriver. — On *défend* ce qui est attaqué; on *soutient* ce qui peut l'être; on *protége* ce qui a besoin d'être encouragé. Un roi sage et puissant doit *protéger* le commerce dans ses États, le *soutenir* contre les étrangers, et le *défendre* contre ses ennemis. — On dit *défendre* une cause, *soutenir* une entreprise, *protéger* les sciences et les arts. On est *protégé* par ses supérieurs; on peut être *défendu* et *soutenu* par ses égaux. On est *protégé* par les autres; on peut se *défendre* et se *soutenir* par soi-même. — *Protéger* suppose de la puissance, et ne demande point d'action; *défendre* et *soutenir* en demandent, mais le premier suppose une action plus marquée. — Un petit État, en temps de guerre, est ou *défendu* ouvertement ou secrètement *soutenu* par un plus grand, qui se contente de le *protéger* en temps de paix. (*Enc.*)

Cet exemple fait voir que *protéger* ne signifie pas seulement donner des encouragements, mais aussi prendre sous sa garde, couvrir de son pouvoir : c'est même là le sens premier et ordinaire de ce mot. Ce qui le distingue essentiellement des autres, c'est, comme l'a remarqué l'auteur de l'article précédent, que *protéger* ne comprend pas dans sa signification une idée d'action : en effet, dès que le *protecteur* agit, il devient *soutien* ou *défenseur*.

DÉFENSE, PROHIBITION. La racine du mot *défendre* est *fend*, rencontre. La *défense* est l'action d'éloigner, de repousser ce qu'on rencontre, ce qui vient vous heurter, ce qui *offense*; aussi *défendre* signifie-t-il protéger, garantir. — *Prohiber* et *prohibition* sont des composés du verbe latin *habere*, avoir, tenir. *Prohiber* signifie tenir en avant, au loin, et opposer une barrière, mettre un empêchement. — La *défense* empêche donc de faire ce qui nuit ou offense; la *prohibition*, ce qu'on pourrait faire. La *défense* a donc un motif déterminé par la valeur propre du mot, celui d'empêcher de nuire, d'offenser, de blesser : la *prohibition* n'indique, par la valeur du mot, aucun motif; elle ne fait qu'éloigner, repousser, rejeter la chose. — On *défend* ce qui ne doit pas se faire, ce qui est mauvais. On *prohibe* ce qu'on pourrait laisser faire, ce qui était légitime. Le péculat, la concussion, les libelles, les duels sont *défendus*; et de droit, ils doivent l'être : on ne dira pas qu'ils sont *prohibés*. La culture du tabac, la fabrication privée de la poudre à canon, l'introduction de certaines marchandises, sont *prohibées*, et en conséquence *défendues*; elles ne sont pas toujours *prohibées*, et elles pourraient avec justice ne pas l'être. — Dans l'usage, *défense* est le terme générique : il embrasse toutes sortes d'objets; il appartient à tous les genres de style. *Prohibition* est du style réglementaire; il s'applique aux objets d'administration, de police, de discipline. (R.)

DÉFÉRENCE. V. *Complaisance*.

DÉFÉRER. V. *Conférer*.

DÉFIANCE. V. *Méfiance*.

DÉFIER (SE). V. *Méfier* (*se*).

DÉFINITIVEMENT, EN DÉFINITIVE. *Définitivement* signifie d'une manière qui met fin à une chose, qui fixe sur ce qui doit en résulter : « Le compte a été *définitivement* réglé. Nous saurons *définitivement* ce qu'il veut ». *En définitive* signifie pour en finir : « *En définitive*, que faut-il lui dire? »

DÉFUNT. V. *Feu* et *Trépassé*.

DÉGÉNÉRATION, DÉGÉNÉRESCENCE. « La *dégénération* est une action (20, page 7) par laquelle un corps éprouve un changement qui lui fait perdre son caractère générique. *Dégénérescence* est un terme employé par les médecins en parlant des tissus qui ont changé de nature. » (L.)

Buffon a employé ce mot dans le sens de signe ou caractère de *dégénération*. De toute manière il marque l'état, la manière d'être (26, page 8).

DÉGRADER. V. *Dépriser*.

DEGRÉ. V. *Escalier*.

DÉGUISER. V. *Cacher*.

DÉGUISER, MASQUER, TRAVESTIR. Se *masquer*, c'est se couvrir la figure d'un masque : le sens de ce mot est trop bien marqué, pour qu'on puisse le confondre avec les deux autres.

« *Déguiser* est formé de *guise*, mode, façon, manière, allure. *Travestir* est composé de *vestir*, *vêtir*, et du celte *tra*, qui signifie travers, de travers, d'une manière opposée, en sens contraire. — Ainsi, *travestir* annonce rigoureusement et uniquement un changement dans les habits ou un *vêtement contraire au costume*; tandis que *déguiser* souffre toute sorte de changements ou toute forme contraire aux formes naturelles ou habituelles. — *Déguiser*, c'est donc substituer aux apparences ordinaires et vraies des apparences trompeuses, de manière que l'objet ne soit pas, du moins facilement, *reconnu*. *Travestir*, c'est substituer au vêtement propre un vêtement étranger, de manière que l'objet ne soit pas reconnu *pour ce qu'il est*. L'abbé et le magistrat en épée sont *travestis*; et on ne les reconnaît plus *pour ce qu'ils sont*, pour magistrat, pour abbé : mais ils ne sont pas, à proprement parler, *déguisés*; à leurs traits, on reconnaît également *qui* ils sont, leur personne. — Dans le *déguisement*, on a pour but de ne pas paraître qui l'on est, ou tel que l'on est; on veut paraître *une autre personne*: dans le *travestissement*, on a pour but de ne pas paraître ce que l'on est; on veut paraître *un autre personnage*. L'espion se *déguise*; le comédien se *travestit*. — Au figuré, *déguiser* s'applique à tout ce qui cache, altère la vérité, la réalité; *travestir* ne peut être appliqué convenablement qu'à ce qui peut être représenté sous l'image de vêtement, comme à l'expression, qui est le vêtement de la pensée, à l'emblème ou à l'allégorie, qui est une draperie jetée sur la chose. Vous *déguisez*, en cachant la chose sous des apparences *trompeuses* : vous *travestissez*, en présentant la chose sous des apparences *singulières*. » (R.)

DÉHONTÉ. V. *Impudent*.

DEHORS. V. *Extérieur*.

DÉIFICATION. V. *Apothéose*.

DÉITÉ. V. *Déesse*.

DÉJOINDRE. V. *Disjoindre*.

DÉLAISSER. V. *Abandonner*.

DÉLATEUR. V. *Accusateur*.

DÉLECTABLE. V. *Délicieux*.

DÉLIBÉRER, OPINER, VOTER. *Délibérer*, c'est exposer la question et discuter les raisons pour et contre; *opiner*, c'est dire son avis et le motiver; *voter*, c'est donner son suffrage, quand il ne reste plus qu'à recueillir les voix. — On commence par *délibérer*, afin d'examiner la matière dans tous les sens et sous tous les aspects; on *opine* ensuite, pour rendre compte de la manière dont on envisage la chose, et des raisons par lesquelles on s'est déterminé à l'avis que l'on propose; on *vote* enfin pour former la décision à la pluralité des suffrages. (B.)

**DÉLICAT.** V. *Fin.*

**DÉLICATESSE.** V. *Finesse.*

**DELICE.** V. *Plaisir.*

**DÉLICIEUX, DÉLECTABLE.** *Délicieux* signifie, littéralement, plein de délices; et *délectable*, qui a le pouvoir de délecter, c'est-à-dire de charmer, de faire plaisir. Ainsi *délicieux* exprime que la qualité est abondamment dans la chose (44, page 13); et *délectable* présente la chose comme ayant la propriété de produire tel effet (43, page 13).

« L'épithète *délicieux*, dit Roubaud, affecte à l'objet un attrait, des appas, un charme, avec un caractère particulier de suavité, de finesse, de délicatesse : l'épithète *délectable* attribue à l'objet la propriété d'exciter le goût, d'attacher à la jouissance, de prolonger le plaisir, avec une sorte de sensualité, de mollesse et de tressaillement. »

**DELIÉ.** V. *Fin, subtil.*

**DÉLIRE, ÉGAREMENT.** Le *délire* est un dérangement momentané de l'esprit, causé par la fièvre : l'*égarement* est un grand *délire*. Le *délire* se manifeste par le désordre des idées et des paroles : l'*égarement* est dans l'âme autant que dans l'esprit, et se montre jusque dans les gestes, dans la physionomie et dans le regard.

Au figuré, ces deux mots désignent l'effet des passions qui troublent l'esprit. Dans le *délire*, la passion fait déraisonner; dans l'*égarement*, elle fait agir contre la raison, et peut aller jusqu'à faire commettre un crime.

**DÉLIT.** V. *Faute, péché.*

**DÉLIVRER.** V. *Livrer* et *Affranchir.*

**DEMANDER.** V. *Questionner.*

**DÉMANTELER.** V. *Abattre.*

**DÉMARCHE.** V. *Marche* et *Allure.*

**DEMÊLE.** V. *Dispute.*

**DÉMÊLER.** V. *Distinguer.*

**DE MÊME QUE, AINSI QUE, COMME.** *De même que* marque proprement une comparaison qui tombe sur la manière dont est la chose; ce qu'on peut nommer comparaison de modifications. *Ainsi que* marque particulièrement une comparaison qui tombe sur la réalité de la chose; ce qu'on peut nommer comparaison de faits ou d'actions. *Comme* marque mieux une comparaison qui tombe sur la qualité de la chose; ce qu'on peut nommer comparaison de qualifications. — Je dirais donc, selon cette différence : « Les Français pensent *de même que* les autres nations, mais ils ne se conduisent pas *de même* »; parce qu'il n'est précisément question que d'une certaine manière de penser et de se conduire, qui est une modification de la pensée et de la conduite qu'on suppose en eux. Mais je dirais : « Il y a des philosophes qui croient que les bêtes pensent *ainsi que* les hommes » ; parce qu'il s'agit de la réalité de la pensée, qu'on attribue là à la bête aussi bien qu'à l'homme, et non d'aucune modification ou manière de penser ; puisqu'on peut ajouter que, quoique ces philosophes croient que les bêtes pensent *ainsi que* les hommes, ils ne croient pourtant pas qu'elles pensent *de même qu'*eux. Je dirais enfin « que les expressions d'une personne qui ne conçoit les choses que confusément, ne sont jamais justes *comme* celles d'une personne qui les conçoit clairement » ; parce qu'il est là question d'une qualité de l'expression, ou d'une qualification qu'on lui donne. Par cette même raison on dit : « Hardi *comme* un lion, blanc *comme* neige, doux *comme* miel », et non pas *ainsi que* ni *de même qu'*un lion, etc. (G.)

DÉMENCE, FOLIE. La *démence*, de *dé* privatif et du latin *mens*, esprit, raison, jugement, est la privation accidentelle de la faculté d'établir entre les idées des rapports vrais, et d'en tirer des conclusions raisonnables. La *folie* est la non-conformité de l'acte avec la raison ou avec la loi de nature. Ainsi la *démence* est l'état de l'esprit, la *folie* est plutôt dans les actions : on tombe en *démence* ; on fait une *folie* ou des *folies*. Les *fous* des anciens rois faisaient ou disaient des *folies* ; mais ils n'étaient point en *démence* ; la plupart d'entre eux avaient beaucoup d'esprit et de bon sens.

On peut dire d'un animal qu'il fait des *folies*, qu'il est *fou*, lorsqu'il fait quelque chose de contraire à ses habitudes, à sa nature, à son instinct. On ne dit jamais qu'il est en *démence* ; car les animaux ne possédant point la faculté appelée *mens* par les latins, ne sauraient être privés de ce qu'ils n'ont pas.

Chez un aliéné, la *folie* est pour ainsi dire la conséquence, l'effet de sa *démence*.

DÉMESURE. V. *Immodéré*.

DEMEURANT (AU), AU SURPLUS, AU RESTE, DU RESTE. « Ces différentes manières de parler servent de transitions, pour passer d'une manière marquée à quelque trait remarquable qui forme ou amène la conclusion ou la fin d'un discours. — *Au demeurant* est propre à désigner deux sortes de rapports : celui que les parties du discours ont entre elles, et celui qui se trouve entre les choses mêmes. Son idée est certainement celle de *demeure*, d'arrêt, de stabilité. Ainsi, employée comme conjonction, cette façon de parler désigne le résultat, la conclusion, la fin, quelque chose de définitif, ce sur quoi l'esprit, le discours s'arrête, se repose, demeure : comme liaison des choses, elle désigne ce que l'objet est en soi, dans le fond, à demeure, en somme, d'après, avec ou malgré ce qu'on en a dit. Marot donne de cette manière le dernier coup de pinceau au portrait de son valet :

> Sentant la hart d'une lieue à la ronde,
> *Au demeurant*, le meilleur fils du monde.

« *Au surplus* suppose une série, une gradation, une cumulation de choses au-dessus desquelles on en ajoute quelque autre, en outre, par réflexion, par complément, par surcroit. Ainsi, après avoir rapporté les nouvelles qui se débitent, et les raisons qu'il peut y avoir d'y croire, vous ajoutez qu'*au surplus* vous ne les garantissez pas. Don Diègue, après qu'il a sondé le cœur de son fils, expose l'affront qu'il a reçu, commande la vengeance, et poursuit :

> *Au surplus*, pour ne te point flatter,
> Je te donne à combattre un homme à redouter.

« *Au reste* désigne d'une manière vague ce qui *reste* à dire. » (R.)

Cette locution annonce quelque chose qui est du même genre que ce qui précède et qui y fait suite : « C'est là ce qu'il y a de plus sage; *au reste*, c'est aussi ce qu'il y a de plus juste ». (Marmontel.) *Du reste* signifie cependant, néanmoins, malgré cela : il se dit lorsque ce qui suit n'est pas du même genre que ce qui précède, et il exprime une sorte d'opposition : « Il est capricieux; *du reste*, il est honnête homme ». (Acad.)

DEMEURE. V. *Maison, habitation.*

DEMEURER, HABITER, LOGER. *Demeurer* et *habiter* se disent l'un et l'autre par rapport au lieu topographique où l'on a établi sa résidence; *loger* se dit par rapport à la maison ou à la partie de la maison dans laquelle on a son appartement ou sa chambre. « Quand les gens de distinction *demeurent* à Paris, dit l'abbé Girard, ils *logent* dans leurs hôtels; et quand ils *demeurent* à la campagne, ils *logent* dans leurs châteaux. »

La synonymie des verbes *demeurer* et *habiter* est très-grande : on dit *habiter* la ville, la campagne; comme aussi *demeurer* à la ville, à la campagne. (Acad.) Dans cet exemple *habiter* est actif, il l'est aussi dans les suivants : « Le renne *habite* les contrées du nord; les peuples qui *habitent* ces pays ». (Acad.)

Mais *habiter* est souvent employé comme verbe neutre : « *Habiter* dans un lieu, dans un palais; les peuples qui *habitent* sous la ligne ». (Id.)

Voici ce qui distingue surtout les deux verbes *habiter* et *demeurer* :

1° En général *habiter* indique le séjour ordinaire, *habituel* (Voir les exemples précédents); c'est pourquoi il est plus propre à marquer une longue résidence : *demeurer* convient mieux pour marquer une résidence temporaire. Un citadin, c'est-à-dire un homme qui *habite* la ville passe la belle saison à la campagne; il pourra dire qu'il y a *demeuré* tout ce temps.

2° Quand ces deux mots sont employés en même temps, *demeurer* se dit du lieu renfermé, compris dans celui que l'on *habite* : J'*habite* Paris et je *demeure* dans tel quartier ou dans telle rue. Mon ami *habite* le faubourg Saint-Germain et *demeure* rue de l'Université; j'*habite* le n° 25 et je *demeure* au premier.

**DEMEURER, RESTER.** L'idée commune à ces deux mots est de ne se point en aller; et leur différence consiste en ce que *demeurer* ne présente que cette idée simple et générale de ne pas quitter le lieu où l'on est; et que *rester* a de plus une idée accessoire de laisser aller les autres. — Il faut être hypocondre pour *demeurer* toujours chez soi, sans compagnie et sans occupation. Il y a des femmes qui ont la politique de *rester* les dernières aux cercles, pour dispenser les autres de médire d'elles. — Il paraît aussi que le second de ces mots convient mieux dans les occasions où il y a une nécessité indispensable de ne pas bouger de l'endroit; et que le premier figure bien où il y a pleine liberté. Ainsi l'on dit que la sentinelle *reste* à son poste, et que le dévot *demeure* longtemps à l'église. (G.)

**DÉMISSION.** V. *Abandon.*

**DÉMOLIR.** V. *Abattre.*

**DÉMONSTRATION D'AMITIÉ, TÉMOIGNAGE D'AMITIÉ.** Il ne faut pas confondre entièrement *démonstration* avec *témoignage* en matière d'amitié. *Démonstration* va tout à l'extérieur, aux airs du visage, aux manières agréables, aux caresses, à des paroles douces et flatteuses, à un accueil obligeant : *témoignage* au contraire est plus intérieur et va au solide, à de bons offices, à des services essentiels. C'est une *démonstration* d'amitié que d'embrasser son ami; c'est un *témoignage* d'amitié que de prendre ses intérêts, que de lui prêter de l'argent. Les *démonstrations* d'amitié sont souvent frivoles; les *témoignages* d'amitié ne le sont pas d'ordinaire. Un faux ami, un traître, peut donner des *démonstrations* d'amitié; il n'y a qu'un véritable ami qui puisse donner des *témoignages* d'amitié. (Bh.)

**DÉNIER.** V. *Nier.*

**DÉNIGRER.** V. *Noircir.*

**DÉNOMINATION, DÉNOMMER.** V. *Nommer.*

**DÉNONCIATEUR.** V. *Accusateur.*

**DÉNOUMENT, CATASTROPHE.** Nous considérons ces mots dans leur rapport commun avec la conclusion d'une action dramatique. Le *dénoûment* défait le *nœud*, comme le mot le porte : la *catastrophe* fait la *révolution*, suivant le sens du grec *katastrophe*, *subversion, issue*, etc. Le *dénoûment* est la dernière partie de la pièce; la *catastrophe* est le dernier événement de la fable. Le *dénoûment* démêle l'intrigue; la *catastrophe* termine l'action. Le *dénoûment*, par des développements successifs, amène la *catastrophe*; la *catastrophe* complète le *dénoûment*. — Le mot *catastrophe* exprime proprement une funeste issue, une fin déplorable, un événement tragique, un *dénoûment* malheureux. (R.)

**DENRÉES.** V. *Marchandises* et *Subsistances.*

**DENSE, ÉPAIS.** Le resserrement ou le rapprochement des parties forme la densité, l'épaisseur. — *Dense* est un terme de physique, et il ne s'emploie que dans le sens physique. *Épais* est un mot de tous les styles, même au figuré : homme *épais* (opposé à l'homme délié), comme une étoffe *épaisse*. — Vous considérez proprement dans le corps *épais*, la profondeur ou l'espace d'une surface à l'autre du corps compacte : une planche est *épaisse* d'un pouce; une muraille l'est de deux pieds. Vous considérez dans un corps *dense* la gravité ou la pesanteur de la masse comparée avec le volume : l'or est plus *dense* que l'argent; le chêne que le sapin; avec le même volume, le lingot d'or pèse beaucoup plus qu'un lingot d'argent. Il en est de même à l'égard du sapin. — Nous supposons quelquefois des intervalles très-distincts et très-sensibles entre les parties d'un tout que nous appelons *épais*. Une forêt est *épaisse*, une main de papier l'est aussi. Dans le corps que nous appelons *dense*, nous supposons peu de pores ou des pores plus petits que dans d'autres corps : l'ébène est fort *dense*, eu égard au peuplier. L'eau est plus *dense* que l'air. (R.)

DÉNUÉ, DÉPOURVU. L'homme *dénué* est comme *nu*, laissé *nu*, mis à *nu*. L'homme *dépourvu* est non *pourvu*, mal *pourvu*, manquant de *provisions*. Le premier de ces termes marque donc à la rigueur la *nudité*, un dépouillement, ou plutôt une privation entière et absolue : le second n'exprime, à la lettre, qu'un manque, ou une disette plus ou moins grande, par le défaut de *provision* ou de moyen. — *Denué* ne se dit qu'au figuré : *dépourvu* a les deux sens. L'homme *dénué* de biens est dans la misère : l'homme *dépourvu* est dans le besoin. La Bruyère nous présente souvent des personnes entièrement *dénuées* d'esprit; c'est la sottise pure. Il est moins rare de voir des gens *dépourvus* de sens commun; ce sens est peut-être moins commun que la déraison. — *Dénué* s'applique fort à propos à ce qui est propre, naturel, ordinaire à l'objet, comme le vêtement au corps. *Dépourvu* se rapporte particulièrement à tout ce dont on a besoin ou coutume d'être *pourvu* ou de se pourvoir, de se prémunir, de se précautionner. Un poëme est *dénué* de coloris; un discours est *dénué* de chaleur. Un peuple est *dépourvu* de lois; une place est *dépourvue* de munitions. — *Dénué* demande nécessairement après lui un régime, car il n'est figurément affecté à aucun sujet qui indique nécessairement un genre de privation. Mais *dépourvu*, au propre, laisse quelquefois son régime sous-entendu, à cause qu'il est assez annoncé par le sujet et par le reste de la phrase. Ainsi l'on dit fort bien *un marché dépourvu, une maison dépourvue, une place dépourvue;* parce qu'on reconnait sans autre explication, de quelles choses la place, la maison, le marché, sont dégarnis. (R.)

DÉPARTIR, RÉPARTIR, DISTRIBUER, PARTAGER. *Départir* a rapport au sujet qui donne, qui accorde, et le montre comme supérieur à ceux sur lesquels il laisse tomber, en quelque sorte, ses grâces, ses faveurs, ses bienfaits : « Dieu *départ* ses grâces avec équité ». (Acad.) *Répartir* a plutôt rapport aux personnes qui reçoivent; il signifie assigner ou donner à chacun sa part des bonnes comme des mauvaises choses, et à proportion des droits ou des facultés : « *Répartir* les biens d'une succession entre plusieurs cohéritiers. *Répartir* les contributions ». (Acad.) Il se dit particulièrement des bénéfices qui doivent revenir aux associés d'une maison de commerce, ou des pertes qu'ils doivent supporter, proportionnellement à leurs mises.

« *Distribuer* n'indique que l'action de donner de côté et d'autre, sans aucun autre accessoire. On *distribue* des aumônes à des pauvres, de l'argent à des soldats. Le prince *distribue* des grâces, des faveurs, des récompenses. — *Partager*, c'est donner à chacun sa part d'une chose qui lui appartient en commun avec plusieurs autres : « *Partager* une succession, *partager* des profits, *partager* un royaume. — *Distribuer* est un acte de volonté, *partager* un acte de justice, *répartir* un acte de calcul et de proportion. » (L.)

**DÉPASSER, OUTRE-PASSER.** Ces deux mots s'emploient au figuré pour signifier faire plus qu'on n'avait ordre ou pouvoir de faire : « *Dépasser* les ordres qu'on a reçus ; *Dépasser* ses pouvoirs ; *Outre-passer* les ordres qu'on a reçus : Cet ambassadeur a *outre-passé* ses pouvoirs ». (Acad.) Mais *dépasser* est le terme usuel, employé dans les cas ordinaires ; *outre-passer* est l'expression réservée pour les cas rares, et surtout quand il s'agit d'une personne ayant un caractère officiel, ou revêtue de grands pouvoirs, comme dans la dernière phrase de l'Académie.

**DÉPASSER, SURPASSER.** V. *Passer*.

**DÉPÊCHER.** V. *Hâter*.

**DÉPEINDRE.** V. *Peindre*.

**DÉPENS, DÉPENSE.** Le mot *dépens* signifie proprement *frais* à la charge de quelqu'un : Vivre aux *dépens* d'une personne, c'est vivre aux frais de cette personne ; apprendre à ses *dépens*, c'est apprendre à ses frais ; en termes de procédure, les *dépens* sont les frais qu'occasionne la poursuite d'un procès. *Dépense* se dit de l'argent que l'on emploie à l'acquisition des choses nécessaires, ou pour ses plaisirs, pour satisfaire ses désirs, ses caprices, etc.

**DÉPÉRIR.** V. *Périr*.

**DÉPEUPLEMENT.** V. *Dépopulation*.

**DÉPLAISANT, MALPLAISANT.** Désagréable, qui ne plaît pas. Le premier sens est plutôt celui de *malplaisant*, le second celui de *déplaisant*. *Malplaisant* se dit surtout d'un objet qui plaît peu, qui ne plaît guère à cause de sa forme, de ses défauts extérieurs, de la manière dont il est fait ; c'est pourquoi il ne s'emploie pas au figuré, ni en rapport avec un substantif abstrait. *Déplaisant* enchérit sur *malplaisant* ; il signifie qui ne plaît pas du tout, et même qui fâche, qui chagrine : « Un homme *déplaisant* ». (Acad.)

**DÉPLORABLE.** V. *Lamentable*.

**DE PLUS, D'AILLEURS, OUTRE CELA.** *De plus* s'emploie fort à propos, lorsqu'il est seulement question d'ajouter encore une raison à celles qu'on a déjà dites ; il sert précisément à multiplier, et n'a rapport qu'au nombre. *D'ailleurs* est à sa vraie place, lorsqu'il s'agit de joindre une autre raison de différente espèce à celles qu'on vient de rapporter; il sert proprement à rassembler, et a un rapport particulier à la diversité. *Outre cela* est d'un usage très-convenable, lorsqu'on veut augmenter, par une nouvelle raison, la force de celles qui suffisaient par elles seules; il sert principalement à renchérir, et a un rapport spécial à l'abondance. — Pour qu'un État se soutienne, il faut que ceux qui gouvernent soient modérés, que ceux qui doivent obéir soient dociles, et que *de plus* les lois y soient judicieuses. Il y aura toujours des guerres entre les hommes; parce qu'ils sont ambitieux, que l'intérêt les gouverne, et que *d'ailleurs* le zèle de la religion les rend cruels. L'Écriture sainte nous prêche l'unité de Dieu; la raison nous la démontre; *outre cela* toute la nature nous la fait sentir. (G.)

DÉPOPULATION, DÉPEUPLEMENT. Quoi qu'en dise l'Académie, le mot *dépopulation* est relatif à l'action de dépeupler, et *dépeuplement* exprime l'état qui résulte de cette action (20, page 7) : la *dépopulation* amène le *dépeuplement*. La *dépopulation* croît, s'arrête; elle peut aller jusqu'à un *dépeuplement* complet, témoin les solitudes de Palmyre.

DÉPOUILLER (SE) D'UNE CHOSE, LA DEPOUILLER. L'action de *se dépouiller d'une chose* porte directement sur le sujet qui *se dépouille:* l'action de *dépouiller la chose* porte directement contre l'objet dont on veut *être dépouillé*. La première de ces images attire principalement votre attention sur la personne; vous assistez en quelque sorte à son *dépouillement :* par la seconde, votre attention est plutôt fixée sur la chose, vous verrez tomber *sa dépouille*. Si le prince *se dépouille* de sa grandeur, vous le voyez tel qu'un homme privé : s'il *la dépouille,* vous la voyez s'évanouir. Cette distinction est peut-être en elle-même un peu fine, mais sans subtilité; car la différence est manifestement déclarée par la construction grammaticale des deux phrases. — Ne croyez pas que pour *s'être dépouillé de l'appareil* de sa grandeur, on en ait *dépouillé l'orgueil*. Pour qu'un sot constitué en dignité (ce qui arrive quelquefois), et fier de sa dignité (ce qui doit naturellement arriver), *se dépouille* de sa morgue, il faudrait qu'il *dépouillât* sa sottise, et c'est ce qui ne peut pas arriver. (R.)

DÉPOURVU. V. *Dénué*.

DÉPRAVATION, CORRUPTION. *Dépravation* et *corruption* désignent le changement de bien en mal : mais le premier marque physiquement une forte altération des formes, des caractères sensibles, des proportions naturelles ou régulières de la chose; et le second, une grande altération des principes, des éléments, des parties, de la substance de la chose. La *dépravation* défigure, déforme, dénature : la *corruption* gâte, décompose, dissout. La *dépravation* du goût physique donne de la répugnance pour les aliments ordinaires, et l'appétence de choses mauvaises et nuisibles. La *corruption*, au physique, produit un changement considérable dans la substance, et tend à la putréfaction ou à la destruction de la chose. Le sens moral de ces mots suit leur sens physique. — Par la *dépravation*, vous marquez formellement l'opposition directe de la chose avec la règle, l'ordre, le modèle donné : par la *corruption*, vous désignez la viciation, la détérioration de la chose, et une fermentation tendante à la dissolution. L'idée de *dépravation* est plutôt contraire à celle du beau, et l'idée de *corruption* à celle du bon. Comparez ensemble une personne très-contrefaite et une personne fort malsaine ; vous avez dans ces deux images les différences distinctives de la *dépravation* et de la *corruption*. — Un jugement qui n'est pas droit est *dépravé* : un jugement qui n'est pas pur est *corrompu*. La force des inclinations déréglées et des penchants désordonnés, produit la *dépravation* des mœurs ; la fermentation immodérée des erreurs et des passions en produira la *corruption*. Il faut redresser ce qui est *dépravé* ; il faut purifier ce qui est *corrompu*. La *dépravation* exprime plutôt les dérèglements apparents et excessifs ; et la *corruption*, les vices internes et dissolus. — Il résulte de ces observations une règle générale pour appliquer à propos l'un ou l'autre de ces termes jusqu'à présent peu entendus. *Dépravation* s'applique naturellement aux objets auxquels l'usage ordinaire joint les épithètes ou les qualifications de *droit, réglé, régulier, bien fait, bien ordonné, beau, parfait*, et autres idées analogues ; et *corruption*, à ceux auxquels il joint les qualifications de *sain, pur, innocent, intègre, bon, saint* et autres idées semblables. Ainsi vous direz plutôt *dépravation d'esprit* et *corruption de cœur*, parce que nous disons plutôt un esprit droit, bien fait, et un cœur pur, innocent. On dit en matière d'arts et de belles-lettres, la *dépravation* et la *corruption* du goût, parce que le goût a ses règles, qu'il est ou n'est pas conforme à l'ordre naturel, qu'il est réglé ou déréglé, et parce qu'on dit en même temps un goût sain, bon, pur, etc. (R.)

DÉPRAVÉ. V. *Vicieux*.

DÉPRISER, DÉPRIMER, DÉGRADER. *Dépriser*, priser moins ou peu, mettre une chose au-dessous du prix qu'elle a. *Déprimer*, presser pour abaisser, pousser de haut en bas : c'est le latin *deprimere*, composé de *premere*, presser ; il ne s'emploie que dans le sens figuré. *Dégrader*, ôter un grade, rejeter dans un degré bas, un rang inférieur. Le sens propre de *dégrader* est de destituer, de déposer une personne constituée en dignité : il signifie aussi détériorer, laisser dépérir, etc. On *déprise* une chose par un jugement défavorable, une offre désavantageuse, une estimation au rabais, qui la met fort au-dessous de son taux, lui ôte beaucoup de son prix réel ou d'opinion, lui suppose une valeur inférieure. On *déprime* une chose [1] par un jugement contraire

1. Roubaud prévient son lecteur que dans ces explications, il entend par le mot *chose* le régime du verbe, l'objet de l'action, *personne* aussi bien que *chose* proprement dite.

à celui que les autres en portent, par des censures ou des satires, avec un dessein formé, une intention marquée de lui faire perdre la considération, la réputation, le crédit dont elle jouit, de rabaisser le mérite qu'elle a, de détruire la bonne opinion qu'on en a conçue. On *dégrade* une chose par un jugement flétrissant, avec une force, une puissance, une autorité qui la dépossède du rang qu'elle occupait, la dépouille des titres ou des qualités qui l'élevaient à un ordre supérieur, et lui ravit les distinctions qui la faisaient honorer. (R.)

**DÉPRISER, MÉPRISER.** V. *Mépriser*.

**DÉPURATION, ÉPURATION; DÉPURER, ÉPURER.** La *dépuration* est une opération plus parfaite ou plus complète que l'*épuration* : c'est ce que marque la préfixe complétive et déterminative *dé* (7, page 4); tandis que dans *épuration, épurer*, la préfixe *é* annonce simplement que l'on fait sortir des parties impures (9, page 4). Du reste, *dépurer, dépuration*, ne s'emploient guère qu'en médecine ou en chimie : *épurer, épuration*, sont d'un usage plus fréquent et se disent seuls au figuré ; « *Épurer* le goût, *épurer* les mœurs ».

**DÉPUTÉ.** V. *Ambassadeur*.

**DÉRACINER.** V. *Extirper*.

**DÉRAISONNABLE, IRRAISONNABLE.** *Déraisonnable* signifie « qui n'est pas raisonnable dans sa conduite, dans ses projets, etc. : C'est un homme tout à fait *déraisonnable* ». (Acad.) La préfixe *dé* n'exprime ici qu'une privation momentanée de raison, ou plutôt elle fait entendre que cet homme use mal ou n'use point de la raison dont il est doué. Dans *irraisonnable*, la préfixe *ir* (*in*) est complétement négative (6, page 4). L'Académie définit ainsi ce mot : « Qui n'est pas doué de raison »; et elle donne cet exemple : « Animal *irraisonnable* ». Ce terme d'ailleurs ne s'emploie guère que dans le langage didactique.

**DÉRÉGLÉ.** V. *Immodéré*.

**DÉRIVER.** V. *Venir, provenir*.

**DÉROBER, VOLER.** *Dérober*, c'est s'emparer secrètement et d'une manière furtive d'un ou de plusieurs objets appartenant à autrui : *voler*, c'est s'en emparer d'une manière quelconque : c'est donc le terme général. On peut dire en outre, que *dérober* suppose plus d'adresse et ne se dit que des petits objets; que *voler* suppose plus de hardiesse, plus d'audace : un filou *dérobe* une montre au milieu de la foule; un voleur entre dans le domicile d'une personne et la *vole*. On désigne toujours l'action par le verbe *voler*, quand il y a violence, escalade, effraction, etc.

**DÉROUTE.** V. *Défaite*.

**DÉSABUSER.** V. *Détromper*.

**DÉSAPPROUVER, IMPROUVER, RÉPROUVER.** Ces mots présentent des idées contraires à celle d'*approuver*, latin *probare*, mais par une opposition graduellement plus forte. *Désapprouver*, ne pas approuver, n'être pas pour, juger autrement (*des, dis, di*, diversement, autrement : 8, page 4); *improuver*, être contre, s'opposer, blâmer (*in*, contre : 6, page 4); *réprouver*, s'élever contre, rejeter hautement, proscrire (*re* adversatif : 5, page 3). *Improuver* signifie attaquer combattre; et *réprouver*, condamner, proscrire. — On *désapprouve* ce qui ne parait pas bien, bon, convenable. On *improuve* ce qu'on trouve mauvais, répréhensible, vicieux. On *réprouve* ce qu'on juge odieux, détestable, intolérable. — Vous *désapprouvez* une manière de penser, une manière commune d'agir. On *improuve* une opinion dangereuse, une action blâmable. Dieu *réprouve* les méchants, les infidèles. (R.)

DÉSERT, INHABITÉ, SOLITAIRE. *Désert* vient du latin *deserere*, délaisser, abandonner, négliger. *Inhabité* est l'opposé d'*habité*. *Solitaire* est formé de *solus*, seul. Ce dernier se dit des personnes et des lieux. Le lieu *désert* est donc négligé; il est vide et inculte. Le lieu *inhabité* n'est pas occupé; il est sans habitants, même sans habitations. Le lieu *solitaire* n'est par fréquenté; il est tranquille, on y est seul. — Il manque au lieu *désert* une culture et une population répandue. Il manque au lieu *inhabité* des établissements et des hommes fixes. Il manque dans un lieu *solitaire* du monde, de la compagnie. — Vous trouverez dans des *déserts*, des familles, des peuplades, mais rares, pauvres, nomades, barbares. Vous ne trouverez dans les régions *inhabitées*, qu'une terre brute, sauvage, sans vestige de société, sans aucun pas d'homme. Vous ne trouverez pas dans des recoins *solitaires*, la foule des fâcheux, le bruit, la dissipation. (R.)

DÉSERTEUR, TRANSFUGE. Ces deux termes désignent également un soldat qui abandonne sans congé le service auquel il est engagé; mais le terme de *transfuge* ajoute à celui de *déserteur*, l'idée accessoire de passer au service des ennemis. — Il n'y a pas de doute qu'un *transfuge* ne soit bien plus criminel et plus punissable qu'un simple *déserteur*: celui-ci n'est qu'infidèle, et le premier est traître. (B.)

DÉSHONNÊTE. V. *Malhonnête*.

DÉSHONORABLE, DÉSHONORANT. Qui emporte avec soi le déshonneur. — *Déshonorant* se dit de ce qui cause réellement le déshonneur (40, page 12), et *déshonorable* de ce qui doit ou devrait le causer partout et toujours (43, page 13). L'opinion, l'usage, le préjugé, peuvent ne pas considérer comme *déshonorant* un acte vraiment *déshonorable*.

Malgré cette distinction fondée sur la composition même des mots, il est arrivé que *déshonorable* a presque cessé d'être employé, et qu'on l'a remplacé dans sa signification propre par son synonyme.

DÉSIGNER. V. *Marquer*.

DÉSIRER. V. *Vouloir*.

DÉSISTEMENT. V. *Abandon*.

DÉSOCCUPÉ, DÉSŒUVRÉ. Le sens propre de ces mots est clairement déterminé par leur rapport manifeste avec ceux d'*occupation* et d'*œuvre*. L'homme *désoccupé* n'a point d'occupation : l'homme *désœu-*

*vré* ne fait œuvre quelconque. L'*occupation* est un emploi de ses facultés et du temps, qui demande de l'application, de l'assiduité, de la tenue. L'*œuvre* est une action ou un travail quelconque qui nous exerce et ne nous laisse pas dans l'inaction. On est *désoccupé* quand on n'a rien à faire, mais, à proprement parler, rien de ce qui occupe. On est *désœuvré* lorsqu'on ne fait absolument rien, même rien qui amuse; mais non, comme on le dit, parce qu'on ne veut rien faire, car c'est là le propre du fainéant. — L'homme *désoccupé* a du loisir; l'homme *désœuvré* est tout oisif. — On est souvent *désoccupé* sans être *désœuvré*. L'homme actif et laborieux, quand il est *désoccupé* ou sans occupation, ne demeure pas *désœuvré*; il amuse son loisir par quelque exercice. (R.)

DÉSŒUVREMENT. V. *Inaction*.

DÉSOLATION. V. *Affliction*.

DÉSOLER. V. *Ravager*.

DÉSORDONNÉ. V. *Immodéré*.

DESPOTE, DESPOTIQUE. V. *Colère, Colérique*.

DESSÉCHER. V. *Sécher*.

DESSEIN. V. *But*, *Projet* et *Volonté*.

DESSEIN (AVOIR), AVOIR LE DESSEIN. V. *Avoir peine*.

DESTIN, DESTINÉE, DESTINATION. « Ces mots désignent, par leur valeur étymologique, une chose *stable*, arrêtée, fixée, ordonnée, statuée, déterminée d'avance. — Par la terminaison du mot, la *destinée* annonce particulièrement la chaîne, la succession, la série des événements qui remplissent le *destin* (28, page 9). De la formation et du genre des mots, il résulte aussi que le *destin* est ce qui *destine* ou *prédestine*; et la *destinée*, la chose ou la suite des choses, qui est *destinée* ou *prédestinée*. — Le *destin*, le plus grand des dieux de la mythologie grecque, règle, dispose, ordonne d'une manière immuable. La *destinée* est le sort réglé, disposé, ordonné par les décrets immuables du *destin*. Le *destin* veut, et ce qu'il veut est notre *destinée*. L'un désigne plutôt la cause et l'autre l'effet. Le *destin* est contraire ou propice; la *destinée* heureuse ou malheureuse. » (R.)

*Destin* emporte une idée de fatalité, de nécessité, de prédétermination absolue, de force invincible. *Destinée* rappelle l'idée de tout ce qui compose notre vie sur la terre; il se dit même quelquefois pour vie, existence : « Finir sa *destinée* ». (Acad.)

La *destination* est l'emploi d'une personne ou d'une chose pour un objet, pour un usage déterminé : « La *destination* de l'homme ici-bas ». (Id.) Ce mot ne peut être synonyme des deux autres que quand on parle d'une personne et dans le sens indiqué par l'exemple précédent. Ce qui le distingue de *destin* et de *destinée*, c'est que *destination* marque l'action avec intention de la part de l'agent d'atteindre un but si un père *destine* son fils au barreau, il y a *destination*. Le *destin* est aveugle; la *destinée* est son ouvrage; ces deux mots emportent une idée de fatalité, de hasard : la *destination* est l'exécution d'un plan, d'un projet ; c'est l'œuvre d'une intelligence.

DESTIN, SORT. V. *Hasard.*

DESTRUCTEUR, DESTRUCTIF. *Destructeur* (féminin *destructrice*) est un substantif qui s'emploie aussi adjectivement et se dit des personnes et des choses : il signifie qui détruit réellement ou qui produit la destruction (40, page 12). L'adjectif *destructif* ne se dit que des choses et signifie qui peut causer la destruction, qui renferme les moyens de la produire (42, page 12).

Un fléau *destructeur* produit lui-même la destruction : un principe *destructif*, est propre à la produire; il amènera la destruction, s'il est appliqué et mis en pratique. Un système *destructeur* est un système que l'on suit, avec ou sans intention de détruire; mais qui a dès à présent cet effet. Une doctrine *destructive* de toute morale est une doctrine qui contient le germe de la destruction et qui, appliquée, peut ou doit détruire la morale.

DÉTAIL (LE), LES DÉTAILS. Le *détail* ou, comme on aurait dû dire pour lever toute équivoque, le *détaillement*, est l'action de considérer, de prendre, de mettre la chose en petites parties ou dans les moindres divisions : *les détails* sont ces petites parties ou ces petites divisions telles qu'elles sont dans l'objet même; le pluriel présente distributivement ces divisions que le singulier expose d'une manière collective. — Vous faites *le détail* et non *les détails* d'une histoire, d'une affaire, d'une aventure : vous en faites *le détail* en rapportant, en parcourant, en présentant les *détails* de la chose jusque dans ses plus petites particularités : vous n'en faites pas *les détails*, parce qu'ils existent par eux-mêmes dans la chose indépendamment de votre récit. Le *détail* est votre ouvrage; c'est votre récit détaillé : *les détails* sont de la chose; ce sont les petits objets ou les objets particuliers qu'on peut détailler ou considérer et employer en *détail*. — On examine une affaire en *détail*; on l'examine dans tous ses *détails* : vous examinez *les détails* de la chose; mais vous n'examinez pas son *détail*. Par *le détail*, vous détaillez la chose; par ses *détails*, elle est en elle-même détaillée. Il y a des opérations de *détail*; il y a la science des *détails*. (R.)

DÉTESTABLE, ABOMINABLE, EXÉCRABLE. Il y a entre ces mots une gradation marquée par l'ordre dans lequel ils sont placés ici : *abominable* enchérit sur *détestable*, et *exécrable* sur *abominable*. « La chose *détestable*, dit Roubaud, excite la haine, le soulèvement : la chose *abominable*, l'aversion; la chose *exécrable*, l'indignation, l'horreur. »

En matière de goût physique ou de goût moral, *détestable* est le superlatif de *mauvais*; *abominable* est celui de *détestable*; et *exécrable* celui d'*abominable*.

DÉTESTER. V. *Abhorrer.*

**DÉTOURNER.** V. *Distraire.*

**DE TOUS COTÉS, DE TOUTES PARTS.** *De tous côtés* paraît avoir plus de rapport à la chose même dont on parle; et *de toutes parts* semble en avoir davantage aux choses étrangères qui environnent celles dont on parle. On va *de tous côtés:* on arrive *de toutes parts.* — On voit un objet *de tous côtés,* lorsque la vue se porte successivement autour de lui et le regarde dans toutes ses faces. On le voit *de toutes parts,* lorsque tous les yeux qui l'entourent l'aperçoivent, quoiqu'il ne soit vu de chacun d'eux que par une de ses faces. — Le malheureux a beau se tourner *de tous côtés* pour chercher la fortune, jamais il ne la rencontre. La faveur auprès du prince attire des honneurs *de toutes parts,* comme la disgrâce attire des rebuts. (G.)

**DÉTRIMENT.** V. *Tort.*

**DÉTROMPER, DÉSABUSER.** *Détromper* suppose qu'on nous a induits malicieusement en erreur, en nous donnant pour vrai ce qui est faux. Un homme m'a vendu du cuivre pour de l'or; je reconnais que c'est du cuivre, je suis *détrompé.* — *Désabusé* suppose qu'on a abusé de notre faiblesse, de notre crédulité, de notre légèreté, pour nous induire en erreur. Les charlatans *abusent* la populace par de faux raisonnements, par des faits controuvés ou absurdes; et quand ils l'ont abusée, ils la trompent en lui vendant de mauvaises drogues pour des remèdes efficaces. On est *détrompé* quand on voit que les drogues n'opèrent point; mais on n'est pas *désabusé,* si l'on n'a pas perdu toute confiance dans les discours du trompeur. — On est *détrompe* des grandeurs, lorsqu'on éprouve qu'elles n'ont pas le prix qu'on y avait attaché; on en est *désabusé,* lorsqu'on n'est plus abusé par de faux raisonnements qui avaient engagé à croire légèrement qu'elles avaient un grand prix. Un homme qui n'a jamais joui des grandeurs qu'il désire peut en être *désabusé;* mais il ne peut être *détrompé* que par la jouissance. (L.)

**DÉTRUIRE.** V. *Abattre* et *Anéantir.*

**DEVANCER, PRÉCÉDER.** A l'égard de ceux qui vont à un même but, le premier de ces mots désigne une différence d'activité et de progrès; et le second une différence de place et d'ordre. — Vous *devancez* en prenant ou gagnant les *devants,* pour gagner de vitesse; vous *précédez* en prenant ou en ayant le pas, de manière à être à la tête. Dans une marche militaire, les coureurs *devancent;* les chefs *précèdent.* Pour un combat, les plus braves *précéderont,* s'ils sont libres; les plus ardents, les plus impétueux *devanceront* les autres. — Celui qui *devance,* se sépare des autres, s'en éloigne, et les laisse, tant qu'il peut, derrière lui pour les surpasser. Celui qui *précède* va avec les autres, marche de concert avec eux; ils viennent après lui ou le suivent pour arriver avec lui. — Ainsi on dit figurément *devancer,* et non *précéder,* pour surpasser en mérite, en fortune, en talent. Le disciple *devance* le maître, et ne le *précède* pas. — Lorsque ces mots marquent un rapport de temps, le premier désigne une antériorité d'action, de venue, d'arrivée, de succès; et le second, une priorité d'existence : celui qui a *devancé* est venu avant; celui qui a *précédé*, a été auparavant. Hésiode a *précédé* Homère; il existait avant lui. *Sylla* devança Marius dans la tyrannie; il y vint avant lui et l'emporta sur lui. (R.)

DEVANCIER. V. *Prédécesseur*.

DEVANT (ALLER AU). V. *Aller à la rencontre*.

DÉVASTER. V. *Ravager*.

DÉVELOPPER. V. *Éclaircir*.

DEVIN, PROPHÈTE. Le *devin* découvre ce qui est caché : le *prophète* prédit ce qui doit arriver. La *divination* regarde le présent : la *prophétie* a pour objet l'avenir. — Un homme bien instruit, et qui connaît le rapport que les moindres signes exterieurs ont avec les mouvements de l'âme, passe facilement dans le monde pour *devin*. Un homme sage, qui voit les conséquences dans leurs principes et les effets dans leurs causes, peut se faire regarder du peuple comme un *prophète*. (G.)

DÉVOILER. V. *Découvrir, déceler*.

DEVOIR, OBLIGATION. Par sa terminaison, le mot *obligation* signifie ce qui oblige, ce qui lie (20, page 7). *Devoir*, infinitif pris substantivement, signifie, littéralement, ce que l'on doit (66, page 24), c'est-à-dire ce que l'on doit faire, ce qui doit être fait.

« La loi nous impose l'*obligation*; et l'*obligation* engendre le *devoir*. Nous sommes tenus par l'*obligation*, et nous sommes tenus à un *devoir*. L'*obligation* désigne l'autorité qui lie; et le *devoir*, le sujet qui est lié. Le *devoir* présuppose l'*obligation*. Nous sommes dans l'*obligation* de faire une chose; et notre *devoir* est de la faire : c'est l'*obligation* qui nous lie; c'est au *devoir* qu'elle nous lie. » (R.)

DÉVOT, DÉVOTIEUX. *Dévot* signifie, proprement, qui a de la dévotion naturellement, intérieurement et par caractère ou disposition morale : « Épicure n'était pas *dévot*; mais, dans les temples, il était fort *dévotieux* ». (Roubaud.)

« Le *dévotieux* descend aux plus petits détails, aux plus petites pratiques de la dévotion, du culte (44, page 13). Il observe ces petites pratiques, non-seulement avec exactitude, mais avec l'air, l'accent, toutes les manières, toute l'expression d'un parfait dévouement, d'une onctueuse cordialité. Pris en bonne part, il supposera la dévotion la plus scrupuleuse et revêtue de ses formes les plus convenables et les plus touchantes. Pris en mauvaise part, ainsi que *dévot* se prend quelquefois, il désignera proprement l'attention la plus minutieuse à de petites pratiques et la recherche la plus affectée dans les manières. » (R.)

DÉVOTION. V. *Religion*.

DÉVOUER. V. *Vouer*.

DEXTÉRITÉ, ADRESSE, HABILETÉ. « La *dextérité* a plus de rap port à la manière d'exécuter les choses; l'*adresse* en a davantage aux moyens de l'exécution; et l'*habileté* regarde plus le discernement des choses mêmes. La première met en usage ce que la seconde dicte suivant le plan de la troisième. — Avec un peu de talent et beaucoup d'habitude à traiter les affaires, on acquiert de la *dextérité* à les manier; de l'*adresse* pour leur donner le tour qu'on veut; et de l'*habileté* pour les conduire. — La *dextérité* donne un air aisé et répand des grâces dans l'action. L'*adresse* fait opérer avec art et d'un air fin. L'*habileté* fait travailler d'un air entendu et savant. » (G.)

D'HUMEUR (ÊTRE). V. *Être d'humeur*.

DIALECTE. V. *Langage*.

DIALECTIQUE. V. *Logique*.

**DIAPHANE, TRANSPARENT.** Le grec *dia* signifie à travers, et *phanes*, lumineux, clair, brillant. Le latin *trans* veut dire à travers, et *parens*, paraissant, apparent, manifeste. — Ainsi, suivant la valeur étymologique des termes, le corps *diaphane* est celui à travers lequel la lumière brille; et le corps *transparent*, celui à travers lequel les objets paraissent. La *diaphanéité* annonce donc simplement qu'on voit le jour à travers; mais sans exclure la visibilité des autres objets, puisque la lumière les éclaire : la *transparence* annonce la visibilité des objets, mais sans exiger absolument que toutes sortes d'objets paraissent à travers : car c'est assez que l'on en puisse voir un tel que la lumière. Aussi l'usage autorise-t-il également à dire que l'eau, le cristal, le verre, les glaces, le diamant, les porcelaines, sont ou *diaphanes* ou *transparents*. — L'eau, de sa nature, est *diaphane*; et si le ruisseau pur, clair et limpide, laisse voir le sable et le gravier sur lequel il roule, il sera *transparent*. — Ces termes sont encore distingués par une différence essentielle consacrée par l'usage. *Diaphane* ne se dit que des corps dont les parties sont tellement adhérentes les unes aux autres, ou fondues, pour ainsi dire, ensemble, qu'elles ne laissent passer la lumière qu'à travers des pores invisibles, de manière que le corps tout entier semble nous la transmettre. *Transparent* se dit non-seulement de ces corps, mais encore de tous les objets dont les parties sont jointes, liées, tissues d'une manière assez lâche ou assez peu serrée pour laisser entre elles des ouvertures sensibles, si bien qu'on ne voit la lumière qu'à travers les intervalles vides. — Des voiles, des treillages, des haies, des tissus, etc., sont *transparents* et non *diaphanes*. La gaze de Cos était si *transparente*, qu'elle laissait voir le corps à nu; elle n'était pas *diaphane*, car elle ne permettait de voir qu'à travers les intervalles laissés entre les fils du tissu. — *Diaphane* est un terme de physique quelquefois adopté par la poésie; *transparent* est le terme vulgaire et généralement employé. (R.)

DICTION. V. *Élocution*.

**DICTIONNAIRE, VOCABULAIRE, GLOSSAIRE, LEXIQUE.** « *Vocabulaire* et *glossaire* ne s'appliquent guère qu'à des collections de mots qui sont expliqués brièvement. Il y a même des *vocabulaires* où ils ne le sont point du tout. — Dans un *dictionnaire* les mots sont toujours distribués par ordre alphabétique; dans les *vocabulaires* ils ne sont pas toujours distribués dans cet ordre. — Les *dictionnaires* ne se bornent pas à donner les mots avec une explication courte; ils donnent aussi des développements et des exemples. — *Glossaire* ne se dit guère que des collections par ordre alphabétique, des mots peu connus, barbares ou surannés; c'est ainsi que Ducange a donné des *glossaires* de la langue latine et de la langue grecque. » (L. d'après l'*Enc.*)

*Lexique* est un mot grec signifiant *dictionnaire;* il se dit particulièrement d'un dictionnaire de la langue grecque.

DIFFAMANT, DIFFAMATOIRE, INFAMANT. Ces trois mots se disent de ce qui attaque la réputation, la bonne renommée, *fama.* Établissons d'abord la différence qu'il y a entre *diffamant* et *infamant.* Ce qui est *diffamant* décrie, fait perdre l'estime des honnêtes gens et rend méprisable, sans aller toutefois jusqu'à la flétrissure morale qu'imprime l'infamie. Ce qui est *infamant* porte infamie, rend infâme et par conséquent déshonore. Ainsi *infamant* dit plus que *diffamant;* en effet, *in* est tout à fait négatif ou privatif (6, page 4); tandis que *dis* exprime simplement l'action d'enlever à quelqu'un la bonne réputation dont il jouit, de faire descendre une personne au rang qu'elle occupe dans l'opinion des gens.

La différence de sens qui distingue *diffamatoire* de *diffamant* est indiquée par les terminaisons de ces deux mots. Ce qui est *diffamatoire* est propre à diffamer, a le caractère de la diffamation (30, page 16) : ce qui est *diffamant* diffame (40, page 12). *Diffamatoire* marque la nature de la chose : *diffamant* exprime la qualité active. Un discours *diffamant*, des paroles *diffamantes,* diffament, produisent l'effet de diffamer; un discours *diffamatoire,* un libelle *diffamatoire,* ont tel caractère, ils sont propres à diffamer. Dans le premier cas, on considère le discours, les paroles comme causes agissantes arrivant à un résultat; dans le second cas, on indique simplement la nature du discours ou du libelle.

DIFFAMÉ. V. *Malfamé.*

DIFFÉRENCE, INÉGALITÉ, DISPARITÉ. Termes relatifs à ce qui nous fait distinguer de la supériorité ou de l'infériorité entre des êtres que nous comparons. Le terme *différence* s'étend à tout ce qui les distingue; c'est un genre dont l'*inégalité* et la *disparité* sont des espèces. L'*inégalité* semble marquer la *différence* en quantité; et la *disparité,* la *différence* en qualité. (*Enc.*)

DIFFÉRENCE, VARIÉTÉ. V. *Variété.*

DIFFÉREND. V. *Dispute.*

DIFFÉRER. V. *Tarder.*

DIFFICILE, DIFFICULTUEUX. *Difficile* se dit d'une personne qui est d'une humeur fâcheuse, avec laquelle on a de la peine à vivre, qu'on parvient difficilement à contenter. *Difficultueux* signifie *difficile* en affaires, qui fait des difficultés sur tout, qui s'arrête aux plus petites difficultés, qui en trouve où il n'y en a pas.

*Difficile* signifie aussi, exigeant, délicat; mais dans ce sens il n'est pas synonyme de *difficultueux :* « Être *difficile* sur les aliments; être *difficile* sur le choix des mots ». (Acad.)

DIFFORMITÉ, LAIDEUR. Ces deux mots sont synonymes en ce qu'ils sont également opposés à l'idée de la beauté, quand on les applique à la figure humaine. — La *difformité* est un défaut remarquable dans les proportions; et la *laideur* un défaut dans les couleurs ou dans la superficie du visage. — J'ajouterai que *difformité* se dit de tout défaut dans les proportions convenables à chaque chose : aux bâtiments, aux formes des places, des jardins, aux tableaux, au style, etc.; mais *laideur* ne se dit guère que des hommes ou des meubles. Dans le moral on dit l'un et l'autre, mais avec quelque égard aux différences du sens physique. Ainsi on dit la *difformité,* et non la *laideur* du vice; parce que les habitudes vicieuses détruisent la proportion qui doit être entre nos inclinations et les principes moraux; mais on dit la *laideur* plutôt que la *difformité* du péché; parce que les péchés ne sont que des taches dans notre âme, qu'elles ne supposent pas une dépravation aussi substantielle que les vices, et qu'elles peuvent s'effacer par la pénitence. (B.)

DIFFUS, PROLIXE. *Diffus,* en latin *diffusus,* se répandre çà et là, aller de côté et d'autre : *prolixe* est le latin *prolixus, pro lapsus,* fort lâche ou relâché, étendu en avant, fort prolongé. — Ainsi les *écarts* rendent proprement le style *diffus;* les longueurs le rendent *prolixe.* Le défaut du *diffus* consiste à en dire beaucoup plus qu'il ne faudrait, par des accessoires superflus : le défaut du *prolixe* consiste à dire fort longuement, comme par de vaines circonlocutions, ce qu'il aurait fallu dire en bref. Le *diffus* se répand en paroles qui délaient la pensée, dans des idées hors d'œuvre : le *prolixe* s'étend en mots qui délaient l'expression sans aucune utilité. (R.)

DIGNE (ÊTRE). V. *Mériter.*

DIGNITÉ. V. *Majesté.*

DILAPIDER. V. *Gaspiller.*

DILIGENCE. V. *Promptitude.*

DILIGENT, EXPÉDITIF, PROMPT. Lorsqu'on est *diligent,* on ne perd point de temps et l'on est assidu à l'ouvrage. Lorsqu'on est *expéditif,* on ne remet pas à un autre temps l'ouvrage qui se présente, et on le finit tout de suite. Lorsqu'on est *prompt,* on travaille avec activité et l'on avance l'ouvrage. La paresse, les délais et la lenteur sont les trois défauts opposés à ces trois qualités. — L'homme *diligent* n'a pas de peine à se mettre au travail; l'homme *expéditif* ne le quitte point; et l'homme *prompt* en vient bientôt à bout. — Il faut être *diligent* dans les soins qu'on doit prendre; *expéditif* dans les affaires qu'on doit terminer; et *prompt* dans les ordres qu'on doit exécuter. (G.)

**DIRECTEMENT.** V. *Droit.*

**DISCERNEMENT, JUGEMENT.** Le *discernement* regarde non-seulement la chose, mais encore ses apparences, pour ne la pas confondre avec d'autres; c'est une connaissance qui distingue. Le *jugement* regarde la chose considérée en elle-même, pour en pénétrer le vrai; c'est une connaissance qui prononce. Le premier n'a pour objet que ce qu'il y a à savoir, et se borne aux choses présentes; il en démêle le vrai et le faux, les perfections et les défauts, les motifs et les prétextes. Le second s'attache encore à ce qu'il y a à faire, et pousse ses lumières jusque dans l'avenir; il sent le rapport et la conséquence des choses, en prévoit les suites et les effets. Enfin l'on peut dire du *discernement*, qu'il est éclairé, qu'il rend les idées justes, et empêche qu'on ne se trompe en donnant dans le faux ou dans le mauvais; et l'on peut dire du *jugement*, qu'il est sage, qu'il rend la conduite prudente, et empêche qu'on ne s'égare en donnant dans le travers ou dans le ridicule. — Lorsqu'il est question de choisir ou de juger de la bonté et de la beauté des objets, il faut s'en rapporter aux gens qui ont du *discernement*. Lorsqu'il s'agit de faire quelque démarche, ou de se déterminer à prendre un parti, il faut suivre le conseil des personnes qui ont du *jugement*. — Qui n'a point de *discernement* est une bête. Qui manque tout à fait de *jugement* est un étourdi. (G.)

**DISCERNER.** V. *Distinguer.*

**DISCIPLE.** V. *Élève.*

**DISCONTINUER.** V. *Finir.*

**DISCORD, DISCORDE.** Le *discord* est à la *discorde* ce que l'*accord* est à la *concorde*. *Discord* n'est donc pas moins utile qu'*accord*; et le *discord* diffère de la *discorde*, comme l'*accord* de la *concorde*. Le *discord* rompt l'*accord* ou l'harmonie des cœurs, des volontés, des sentiments : la *discorde* détruit la *concorde* ou le concert et l'*accord* de tous les cœurs, de toutes les volontés, de tous les sentiments. Vous ne personnifierez pas le *discord* comme la *discorde*, parce que ce mot-là n'exprime pas, comme celui-ci, un caractère de force, de consistance, de durée, d'empire, qui semble constituer une puissance. La *discorde* est un long et grand *discord*. — Il est impossible qu'il ne s'élève quelquefois des *discords* entre les personnes qui s'aiment le plus : est-on longtemps d'*accord* avec soi-même? (R.)

**DISCOURS, HARANGUE, ORAISON.** Le premier de ces mots est pris ici dans le sens particulier de *discours oratoire*; c'est le terme général désignant toute composition préparée ou improvisée sur un sujet quelconque, et qui est débitée ou doit être débitée par un orateur

La *harangue* est une sorte de discours prononcé dans une circonstance particulière : le général *harangue* ses soldats; un orateur *harangue* un prince ou un haut personnage, au nom d'une assemblée, d'un corps constitué, d'une corporation, etc.

*L'oraison* est aussi une espèce particulière de *discours :* ce mot, dit l'Académie, ne s'emploie jamais en ce sens que dans le didactique ou en parlant des discours des anciens orateurs : « Les *oraisons* de Démosthène, de Lysias, d'Isocrate, de Cicéron ». Pour les ouvrages modernes, il n'est plus usité qu'en parlant de certains discours prononcés à la louange de morts, et qu'on nomme *oraisons funèbres*.

DISCRÉDITER. V. *Décrier*.

DISCRÉTION, RÉSERVE. *Discrétion*, de *discernere*, discerner : c'est cette sorte de discernement qui sert à régler nos actions et nos discours. C'est la science des égards et de la conduite ; il n'est jamais pris en mauvaise part, même l'excès. — La *discrétion* consiste non-seulement à garder votre propre secret et celui d'autrui; mais à ne dire, n'entendre et ne faire que ce qu'il faut. Un zèle sans prudence n'est plus qu'*indiscrétion*; si l'homme *discret* ne trahit pas la vérité, souvent il ne la dit pas toute. La *discrétion*, en ce qui nous regarde personnellement, n'est que l'attention à nos intérêts, c'est esprit; elle est vertu quand elle est pour les autres. — *Réserve*, du latin *reservare*, *rem servare*, conserver la chose, mot à mot l'observer, la garder en *réserve* : c'est cette sorte de prudence qui ne vous permet pas de vous éloigner, de dépasser le point où vous êtes. L'homme *discret* sait ce qu'il peut dire, l'homme *réservé*, ce qu'il doit taire. L'un *discerne* les objets, l'autre ne les perd pas de vue. — *Discrétion* fait que le plus souvent on se contient; *réserve* qu'on s'abstient. On peut être trop *réservé*; on ne peut guère être trop *discret :* il est plus facile d'être *réservé* que *discret*, de se taire que de ne dire que ce qu'il faut. (R.)

DISCULPER. V. *Justifier*.

DISCUTER. V. *Débattre*.

DISERT, ÉLOQUENT. Ces deux termes caractérisent également un discours d'apparat. Le discours *disert* est facile, clair, pur, élégant et même brillant; mais il est faible et sans feu : le discours *éloquent* est vif, animé, persuasif, touchant ; il émeut, il élève l'âme, il la maîtrise. — Ces épithètes se donnent également aux personnes et pour les mêmes raisons. Supposez à un homme *disert* du nerf dans l'expression, de l'élévation dans les pensées, de la chaleur dans les mouvements, vous en ferez un homme *éloquent*. (B.)

Quand M. Cureau de la Chambre, curé de Saint-Barthélemy, récitait un discours fait à loisir, on l'admirait froidement; il n'y était que *disert :* et quand il faisait un prône sur-le-champ, on était près d'en venir aux larmes : il y était *éloquent*. (L'abbé d'Olivet.)

DISETTE. V. *Famine*.

DISGRACE. V. *Défaveur*.

DISGRACIEUX. V. *Malgracieux*.

DISJOINDRE, DÉJOINDRE. Séparer des choses qui étaient jointes. C'est ce que marquent les deux préfixes *dis* et *dé* (8 et 7, page 4); mais *dé* indique une plus forte séparation et réveille même une idée de déchet, de dommage. Des choses *disjointes* commencent seulement à s'écarter; des choses *déjointes* sont écartées au point de ne plus tenir l'une à l'autre : elles peuvent dès lors n'être plus bonnes à rien; tandis qu'on peut employer encore ce qui n'est que *disjoint.* Il faut remarquer en outre que *disjoindre* seul s'emploie au figuré.

DISPARITÉ. V. *Différence.*

DISPOSER. V. *Apprêter.*

DISPOSITION. V. *Aptitude* et *Situation.*

DISPROPORTIONNÉ. V. *Mal proportionné.*

DISPUTE, CONTESTATION, DÉBAT, ALTERCATION, DÉMÊLÉ, DIFFÉREND, QUERELLE, RIXE, NOISE. L'opposition des opinions, le désir de défendre la sienne, l'envie de la faire prévaloir, l'opiniâtreté à ne pas céder, la vivacité qui s'en mêle, forment et maintiennent la *dispute.* Ce mot signifie littéralement différence, diversité, division (*Dis,* 8, page 4) d'opinions, de pensées, d'avis (*putare,* penser). — La force et l'éclat de la discussion ou plutôt de la *contestation*, opposition formelle et directe qui dément, dénie, défie, attaque, repousse, poursuit[1]; l'esprit de parti impétueux et obstiné; les altercations vives et multipliées, avec les grands mouvements de l'opposition, portés même jusqu'au tumulte, font et distinguent le *débat.* — L'alternative de la parole qui passe d'une bouche à l'autre; la *contestation* toute entrecoupée de réponses, de répliques, de ripostes, qui sont plutôt des mots et des saillies que des raisonnements suivis; l'impatience que la contradiction excite et qui excite la vivacité de la contradiction, et même des cris, mais sans querelle établie, forment l'*altercation.* Le mot *alter*, *autre,* démontre cette alternative, cette espèce de *réciprocation* par laquelle l'*altercation* est caractérisée. — La confusion et l'embarras des choses; la difficulté de les débrouiller et de les éclaircir; la dissension portée dans les esprits par la diversité de sentiments ou d'intérêts, brouillés comme les affaires; l'attache à son sens ou à son intérêt, avec des raisons apparentes pour s'y tenir et sans raisons suffisantes pour s'en départir, produisent le *démêlé.* — La différence de sentiments, de volontés, de prétentions, etc., qui intéressent, piquent, compromettent la fortune, l'honnêteté, l'honneur, quelque passion, l'amour-propre; la mésintelligence qui se refuse à l'accord et provoque le conflit; l'honneur ou la passion qui veut avoir raison ou satisfaction de la chose, produisent le *différend.* — Ces sortes de divisions sont quelquefois accompagnées ou suivies de *querelle,* de *noise,* de *rixe.* — La *querelle* est, à la lettre, une plainte vive et emportée contre

1. Cette définition est juste, sans doute; mais elle ne caractérise pas suffisamment la *contestation.* Suivant l'Encyclopédie, *contestation* se dit d'une *dispute* entre plusieurs personnes considérables sur un objet important, ou entre deux particuliers pour une affaire judiciaire. Il y a eu au concile de Trente de grandes *contestations* sur la résidence. Pierre et Jacques sont en *contestation* sur les limites de leurs terres.

quelqu'un : *quereller*, se plaindre avec emportement, traiter mal, acca bler de reproches. — La *noise* est une sorte de *querelle* méchante, maligne, faite pour *nuire*, molester, vexer, ou de manière à causer du mal, du tort, du tourment. Comme ce mot n'est guère qu'un terme familier, sa force en a été affaiblie. — La *rixe* est une sorte de *querelle* accompagnée d'injures, de coups, ou du moins de menaces, de gestes ou de signes insultants d'une vive colère. La *rixe* est une petite guerre entre des particuliers. — Le mot *querelle* est, comme le genre, susceptible de toute sorte d'extensions, de modifications, d'accessoires. *Noise* dénonce proprement un principe de malveillance qui pique, chicane, vexe, pour exciter ou plutôt susciter une *querelle*, un *différend*, une *rixe*, du trouble, et faire du mal, du tort ou de la peine. *Rixe* a un caractère déterminé par la nature des actions et des entreprises qu'il indique. (R.)

DISSENSION, DISSENTIMENT. Différence de sentiment, d'opinion. — Cette définition, qui exprime l'idée commune, est celle que l'Académie donne du mot *dissentiment*. Le mot *dissentiment*, en effet, rend simplement cette idée : ce n'est qu'un désaccord dans la manière d'entendre ou de résoudre une question soumise au jugement de l'esprit. La *dissension* est plus que le *dissentiment*; c'est une discorde, une querelle violente causée par l'opposition, par la diversité des sentiments ou des intérêts : « Les *dissentiments* font naître les *dissensions* ». (Boiste.)

DISSERTATION. V. *Traité*.

DISSIMULÉ, DISSIMULATEUR. *Dissimulé* est un adjectif dérivé du verbe *dissimuler*; il signifie couvert, artificieux, qui ne laisse pas apercevoir ses sentiments, ses desseins; et il s'emploie quelquefois comme substantif, d'une manière absolue : « C'est un *dissimulé* » (Acad.). *Dissimulateur* est un substantif et signifie celui qui dissimule. Le substantif *dissimulé* peint le caractère naturel de la personne : *dissimulateur* montre la personne dans l'acte de dissimulation (40, page 12), ou la présente comme ayant l'habitude de dissimuler par calcul, plutôt que par caractère.

DISSIMULER. V. *Cacher*.

DISSIPATEUR. V. *Prodigue*.

DISSIPER. V. *Gaspiller*.

DISTANCE. V. *Espace*.

DISTINGUER, DISCERNER, DÉMÊLER. Du primitif *tin*, *ting*, les Latins ont fait *tingere*, teindre, mettre de la couleur, et *distinguere*, *distinguer*, mettre une couleur particulière, mettre de la différence, faire une différence, donner des apparences diverses, voir ou reconnaître les apparences ou les signes propres des choses. De *cernere*, couper en rond, séparer de toute autre chose, ils ont fait *discernere*, *discerner*, diviser ou séparer une chose de tout ce qui en approche le plus; reconnaître, découvrir les signes qui empêchent de la confondre avec une autre chose semblable. De *mêler* nous avons fait *démêler*, défaire le mélange, éclaircir les choses embrouillées, débrouiller les choses brouillées, mettre chaque chose à part, à sa place, en ordre. — Vous *distinguez* un objet par ses apparences, et lorsque vous avez assez de lumière pour le reconnaître : vous le *discernez* à ses signes exclusifs, et lorsque vous le *distinguez* de tout autre objet avec lequel il pouvait être confondu : vous le *démêlez* à des signes particuliers qui le *distinguent* dans la foule des objets avec lesquels il se trouve confusément mêlé, et lorsque vous l'en séparez. — Dans l'obscurité ou dans l'éloignement, vous ne *distinguez* pas un objet ; vous ne *distinguez* pas si c'est un rocher ou un nuage, un homme ou un animal, du noir ou du brun : les traits de l'objet ne sont pas assez sensibles. Avec les mêmes apparences, sous le même aspect, vous ne *discernez* point un objet d'un autre ; vous ne *discernez* point le similor de l'or, un ménechme de son frère, une copie d'un original : les traits de l'objet sont trop équivoques. Dans la confusion, au milieu du désordre, vous ne *démêlez* pas les objets ; vous ne *démêlerez* pas les voix dans des acclamations, les drogues dans une mixtion, les fils d'un écheveau mêlé. — Il faut de la lumière, de l'intelligence et une application convenable pour *distinguer ;* de la science, de la sagacité, de la critique pour *discerner ;* de l'habileté, du travail, un esprit d'ordre et d'analyse pour *démêler*. (R.)

DISTRAIRE, DÉTOURNER, DIVERTIR. *Distraire*, latin *distrahere*, tirer dans un autre sens, retirer de, attirer ailleurs. *Détourner*, tourner hors, hors de, donner un autre tour, changer le sens. *Divertir*, du latin *vertere*, tourner diversement, diriger vers un autre but, faire changer d'objet. — Il est sensible que l'action de *distraire* est plus faible, plus douce, plus légère que celle de *détourner* ou de *divertir*. *Distraire* n'exprime qu'une simple séparation, un déplacement, et même un dérangement ; tandis que *détourner* et *divertir* marquent une vraie révolution, un tout autre aspect, des changements divers. Il est constant, par les mêmes applications et les acceptions différentes de *divertir*, qu'il marque un plus grand changement, une plus grande différence, un plus grand effet que *détourner ;* puisqu'il se prend aussi pour *enlever, dissiper, amuser*, occuper ou employer entièrement d'une autre manière. — Au physique, on dira *distraire, détourner, divertir* des deniers, des papiers, des effets, etc. On les *distrait*, en les ôtant de leur place, en les séparant du reste, en les mettant à part : on les *détourne*, en les mettant hors de portée, à l'écart, en les éloignant de leur voie ou de leur destination, en les employant à un autre dessein : on les *divertit* en les supprimant, en se les appropriant, en les dissipant. — Au figuré, nous disons *distraire, détourner, divertir* d'un travail, d'une occupation, d'une entreprise, d'un dessein, etc. Il suffit d'interrompre l'attention de quelqu'un, pour le *distraire* de son travail : il faut l'occuper, du moins pendant un temps, d'autre chose, pour l'en *détourner :* il faudrait le lui faire oublier ou abandonner, en l'occupant de toute autre chose, pour l'en *divertir*. (R.)

DISTRAIT. V. *Abstrait*.

DISTRIBUER. V. *Départir*.

DIURNE, QUOTIDIEN, JOURNALIER. Ce qui est *diurne* revient régulièrement chaque jour, et en occupe toute la *durée*, soit qu'on entende par là une révolution entière de 24 heures, soit qu'on ne désigne que la partie de cette révolution que le soleil ou toute autre étoile est sur l'horizon. Ce qui est *quotidien* revient chaque jour, mais sans en occuper toute la durée, et sans autre régularité que celle du retour. Ce qui est *journalier* se répète comme les jours, mais varie de même; il peut en occuper ou n'en pas occuper toute la durée. — *Diurne* est un terme didactique, parce qu'il n'appartient qu'aux sciences rigoureuses d'aprécier les objets avec l'exactitude que comporte la signification totale de ce mot. Ainsi l'on dit en astronomie, la révolution *diurne* de la terre, pour désigner sa révolution autour de son axe en 24 heures. *Quotidien* est un terme du langage commun, mais consacré à caractériser ce qui ne manque pas de recommencer chaque jour, quoique accidentellement. C'est pour cela que dans l'Oraison dominicale, il est mieux de dire notre pain *quotidien*, que de dire notre pain de chaque jour; parce que nos besoins, soit temporels soit spirituels, renaissent en effet tous les jours. On appelle aussi fièvre *quotidienne*, une espèce de fièvre intermittente, qui vient et cesse tous les jours, et est suivie de quelques heures d'intermission. — *Journalier* appartient absolument au langage commun, et s'applique à toutes les autres choses qui se répètent tous les jours avec des variations accidentelles. Ainsi l'on dit, l'expérience *journalière*, des occupations *journalières*, un travail *journalier*; pour marquer une expérience, des occupations un travail qui recommencent chaque jour; et l'on ne pourrait pas y employer les termes de *diurne* ou de *quotidien*, qui excluraient l'idée de variation. Cette idée est si propre au mot *journalier*, qu'il s'emploie même pour la marquer uniquement; et nous disons, une humeur *journalière*, les armes sont *journalières*, pour dire, une humeur changeante, les armes sont sujettes à des variations. (B.)

DIVERSITÉ. V. *Variété*.

DIVERTIR. V. *Distraire*.

DIVERTISSEMENT. V. *Amusement*.

DIVISER, PARTAGER. L'un et l'autre de ces mots signifient que d'un tout on en fait plusieurs parties; mais celui de *diviser* ne marque précisément que la désunion du tout pour former de simples parties; et celui de *partager*, outre cette désunion du tout, a de plus un certain rapport à l'union propre de chaque partie pour en former de nouveaux *tout* particuliers. — On *divise* le tout en ses parties; on le *partage* en ses portions. Voilà pourquoi l'on dit, *diviser* un cercle, *partager* un héritage. (G.)

Au moral, ces mots ne conservent pas les mêmes rapports distinctifs. La *division* marque alors la mésintelligence et l'opposition entre les personnes et les choses : le *partage* n'emporte que la différence ou la diversité. Des prétentions contraires nous *divisent*; des goûts différents nous *partagent*. (R.)

DIVULGUER. V. *Découvrir*.

DOCILE, SOUPLE. V. *Flexible*.

DOCTE, DOCTEUR. Un homme *docte* est un homme qui est savant et habile, soit qu'il ait ou non un titre universitaire. Un *docteur* est celui qui est promu, dans une université, au plus haut degré de quelque faculté, et qui à dès lors un titre officiel en vertu duquel il peut exercer certaines professions ou occuper certains emplois. Il y a des *docteurs* en médecine, des *docteurs* en droit, des *docteurs* ès lettres, ès sciences, etc.

« *Docteur* se dit aussi d'un homme *docte*, quoiqu'il n'ait pas été reçu *docteur*, et quelquefois, par extension, d'un homme habile en quelque chose que ce soit : il a beaucoup étudié cette science, il y est *docteur*; c'est un grand *docteur* aux échecs. » (Acad.) Mais alors le mot *docteur* signifie plutôt fort ou habile, que savant, et fait entendre que la personne a prouvé son habileté par des actes.

DOCTE, SAVANT. V. *Érudit*.

DOGMATISTE, DOGMATISEUR, DOGMATIQUE. Les deux premiers mots sont toujours employés comme substantifs, le dernier est toujours adjectif[1]. Le *dogmatiste* est celui qui établit des dogmes, qui dogmatise, c'est-à-dire qui enseigne une doctrine fausse ou dangereuse, surtout en matière de religion (47, page 15). Un *dogmatiseur* est celui qui a l'habitude de prendre un ton *dogmatique* (40, page 12), c'est-à-dire un ton tranchant : ce mot se prend toujours en mauvaise part.

L'adjectif *dogmatique* appliqué aux personnes se dit de celui qui exprime ses opinions d'une manière impérieuse et tranchante : « C'est un esprit *dogmatique* ». (Acad.) Qualifiant des choses, *dogmatique* signifie qui a rapport au dogme, qui concerne le dogme (46, page 14), et par extension, qui est consacré, usité dans l'école : « Terme *dogmatique*; style *dogmatique* ». (Id.) Enfin philosophie *dogmatique* se dit, par opposition à philosophie sceptique, de celle qui établit des dogmes. On dit dans le même sens, un philosophe *dogmatique*.

DOMICILE. V. *Maison*.

DOMINATEUR, DOMINANT. *Dominateur* (féminin *dominatrice*) est un substantif qui s'emploie quelquefois comme adjectif : *dominant* est toujours adjectif. Le premier exprime la qualité se manifestant par des actes et considérée d'une manière absolue dans le sujet agissant (40, page 12) : un esprit *dominateur* est un esprit qui fait tout

1. Dans la rédaction de cet article j'ai rejeté toute opinion différente de celle de l'Académie.

pour tout soumettre à sa puissance. *Dominant* exprime la qualité distinctive du sujet relativement à d'autres objets de même nature que lui : ce mot présente le sujet comme prépondérant, comme supérieur à ces objets. Le parti *dominant* est le parti plus fort que les autres : si l'on peut dire esprit *dominant*, cela ne doit signifier rien autre qu'esprit supérieur à d'autres esprits.

DOMMAGE. V. *Tort*.

DON, DONATION. Le *don* est la chose donnée, la gratification elle-même, considérée dans ce qui la constitue. La *donation* est un *don* qui se fait par acte public : ce mot est par conséquent relatif à l'action et à la manière dont cette action se fait (20, page 7).

DON, PRÉSENT. *Don* exprime l'action de donner gratuitement, ou la chose gratuitement donnée, par opposition à ce qu'on donne pour prix, pour salaire, pour acquit, à titre onéreux. — *Présent* signifie le *don présent;* ce qu'on présente en don, ce qu'on donne de la main à la main[1], par opposition à tout autre don, fait d'une autre manière. On a dit *présent* pour un *don présent* ou présenté, comme on dit le *présent* au lieu du temps *présent*. — Ainsi, le *don* est le genre; et le *présent* est l'espèce. Le *présent* est le *don* qu'on présente : la gratuité forme le caractère propre du *don* et la *présentation* la nuance particulière du *présent*. La cession gratuite et généreuse constitue le *don;* la tradition actuelle et manuelle distingue le *présent*. Par le *don*, la propriété de la chose est cédée ou assurée à un autre volontairement et sans obligation, avec les formes requises, s'il y a lieu. Quant au *présent*, la propriété se transporte par la tradition ou l'action de livrer la chose. On fait des *présents* de noces, on *présente* une corbeille. Les époux futurs se font des *dons* mutuels par contrat; ils s'assurent l'un à l'autre, pour l'avenir, des propriétés. — Puisque le *don* a pour but particulier l'avantage de celui à qui on le fait, on fait plutôt *don* de choses utiles; puisque le *présent* est plutôt offert par le désir de plaire à la personne qui l'agrée, on fait plutôt *présent* de choses agréables. Ainsi vous direz plutôt les *dons* de Cérès et les *présents* de Flore. (R.)

DONNER (SE), S'ADONNER. *Se donner* à une étude, à un travail, c'est s'y livrer tout entier, s'y abandonner sans réserve, et s'en rendre esclave. *S'adonner* exprime simplement tendance *vers* la chose (*ad*, 10, page 5) : celui qui *s'adonne* à une étude, à un travail, ne fait que s'y attacher; il les prend pour but de ses pensées et de ses actions; mais il ne s'y voue pas entièrement. *S'adonner à* signifie aussi se livrer habituellement à quelque chose : « Il *s'est adonné* à boire ». (Acad.)

DONNER AVIS. V. *Avertir*.

DONNER PAROLE. V. *Promettre*.

DOUBLE SENS. V. *Ambiguïté*.

1. *Præsens quod manu datur*, dit quelque part Cicéron.

DOUCEATRE, DOUCEREUX. *Douceâtre* signifie qui est un peu doux (56, page 17), qui a une sorte de douceur insipide, au lieu d'une douceur franchement marquée : « C'est une eau *douceâtre*. Cela a quelque chose de *douceâtre* ». (Acad.) *Doucereux* signifie qui est vraiment doux, mais d'une douceur fade : « Vin *doucereux*, fruits *doucereux* ». (Id.)

*Doucereux* se dit, au figuré, des personnes, des paroles, des vers, du ton, de l'air, des manières; il signifie qui est plein d'une douceur affectée, fade et même rebutante.

DOUCEUR. V. *Bénin*.

DOULEUR. V. *Affliction*.

DOUTE. V. *Incertitude*.

DOUTER (SE). V. *Pressentir*.

DOUTEUX. V. *Problématique*.

DOUX. V. *Bénin*.

DROIT, DEBOUT. On est *droit*, lorsqu'on n'est ni courbé, ni penché. On est *debout*, lorsqu'on est sur ses pieds. La bonne grâce veut qu'on se tienne *droit* : le respect fait quelquefois tenir *debout*. (G.)

DROIT, DIRECTEMENT. En ligne droite, par le plus court chemin, sans faire de détour. On dit également aller *droit*, mener *droit*, et aller *directement*, mener *directement*. Aller *droit*, mener *droit*, c'est aller ou mener dans un sens *droit* : aller *directement*, mener *directement*, appelle davantage l'attention sur le sujet, et l'adverbe *directement* modifie la signification du verbe plus fortement que le mot *droit* (60, page 18). On va quelquefois *droit* devant soi, sans le vouloir, sans s'en apercevoir, en rêvant et sans savoir où l'on va : celui qui va *directement* devant soi veut aller et sait où il va. « *Droit* aux ondes du Styx elle mena sa sœur », dit La Fontaine (VII, 17) : le poëte voulait et devait en effet faire ressortir l'idée du terme fatal où la queue du serpent mène *involontairement* sa sœur la tête.

L'Académie dit que *directement* signifie *tout droit*; c'est parfaitement vrai, car *droit* tout seul dit moins que *directement*.

DROIT, JUSTICE. Le *droit* est l'objet de la *justice*; c'est ce qui est dû à chacun. La *justice* est la conformité des actions avec le *droit*, c'est rendre et conserver à chacun ce qui lui est dû. Le premier est dicté par la nature ou établi par l'autorité, soit divine soit humaine; il peut quelquefois changer selon les circonstances. La seconde est la règle qu'il faut toujours suivre; elle ne varie jamais. (G.)

DROITURE. V. *Rectitude*.

DU MOINS. V. *Au moins*.

DUPER. V. *Surprendre*, *tromper*.

DURABLE, CONSTANT. Ce qui est *durable* est ferme, solide, sans discontinuité; ce qui est *constant* est toujours le même : la chose *durable* ne cesse pas d'être; la chose *constante* ne change point. On dit une félicité *durable*, un goût *constant*. On dira d'un attachement qu'il est *durable*, si l'on veut faire entendre qu'il ne cesse pas d'exister;

et qu'il est *constant*, pour signifier qu'il n'a éprouvé aucune altération, qu'il n'a point diminué, qu'il est toujours aussi fort.

**DURANT, PENDANT.** *Durant* implique la simultanéité complète des choses, d'un bout à l'autre du temps dans lequel elles se font; *pendant* n'implique qu'une simultanéité partielle à un moment donné de ce temps. La chose qui se fait *durant* occupe toute la durée de l'autre chose avec laquelle elle coïncide dans le temps indiqué; la chose qui se fait *pendant* n'occupe qu'une partie de la durée de la chose correspondante. Nous trouvons dans H. de Balzac un très-heureux emploi de ces deux expressions : « Il est en quelque sorte deux jeunesses, la jeunesse *durant* laquelle on croît, et la jeunesse *pendant* laquelle on agit ». (M. Poitevin.)

**DURCIR, ENDURCIR.** « *Durcir,* c'est rendre dure une substance qui est molle. On fait *durcir* un œuf, on ne l'*endurcit* pas. *Endurcir,* c'est rendre plus dur, plus ferme, plus propre à résister, ce qui était déjà ferme, dur. Si la terre est molle, on dit que la chaleur la *durcit;* si elle a quelque consistance, on dit que la chaleur l'*endurcit,* c'est-à-dire la rend plus dure. » (L.)

Ainsi *endurcir* enchérit sur *durcir;* il convient toutes les fois qu'il s'agit de quelque chose de remarquable et non d'une action commune, ordinaire (6, page 4). De plus, *durcir* ne s'emploie pas au figuré.

« *Endurcir,* dit Condillac, marque plus particulièrement le passage à un état de dureté. Comme il est ordinairement difficile de remarquer ce passage, dans les choses physiques, il faut d'ordinaire se servir de *durcir* dans le sens propre : *Durcir* le fer, le bois, etc. Ce n'est que dans le cas où ce passage peut s'observer, qu'*endurcir* est préférable : La plante des pieds *s'endurcit* à force de marcher. »

**DURÉE, TEMPS.** Ces mots diffèrent en ce que la *durée* se rapporte aux choses; et le *temps* aux personnes. On dit la *durée* d'une action, et le *temps* qu'on met à la faire. — La *durée* a aussi rapport au commencement et à la fin de quelque chose, et désigne l'espace écoulé entre ce commencement et cette fin; et le *temps* désigne seulement quelque partie de cet espace, ou désigne cet espace d'une manière vague. Ainsi on dit, en parlant d'un prince, que la *durée* de son règne a été de tant d'années, et qu'il est arrivé tel événement pendant le *temps* de son règne; que la *durée* de son règne a été courte, et que le *temps* en a été heureux pour ses sujets. (*Enc.*)

**DU RESTE, AU RESTE.** V. *Demeurant (au).*

# E

**ÉBAHI, ÉBAUBI, ÉMERVEILLÉ, STUPÉFAIT.** Nous sommes *ébahis* par la surprise qui nous fait tenir la bouche béante, avec l'air de l'enfance ou de l'ignorance prompte à admirer. Nous sommes *ébaubis* par une surprise qui nous étourdit, nous déconcerte, nous laisse à peine balbutier, et nous tient comme suspendus dans le doute. Nous sommes *émerveillés* par une surprise qui nous attache avec une espèce de charme, ou avec une vive satisfaction, à la considération d'un objet qui nous paraît merveilleux, prodigieux, supérieur à notre intelligence. Nous sommes *stupéfaits* par une surprise qui nous rend immobiles et semble nous ôter l'usage de l'esprit et des sens, comme si nous étions stupides. — Les *badauds* sont *ébahis* dès qu'ils voient quelque chose de nouveau. Une personne qui voit arriver un événement tout à fait contraire à son attente et qu'elle ne peut pas croire, dira :

J'en suis tout *ébaubie*, et je tombe des nues. (Molière.)

Celui qui voit une chose qu'il n'aurait jamais pu imaginer, et qui éprouve l'espèce d'admiration que peuvent inspirer les objets d'un genre supérieur et merveilleux dans leur genre en est *émerveillé*. Il faut quelque chose de bien étrange pour rendre *stupéfait*. (R.)

**ÉBAUCHE.** V. *Esquisse*.

**ÉBOULER (S'), S'ÉCROULER.** *S'ébouler* est, à la lettre, tomber en roulant comme une *boule* : *s'écrouler* est tomber en roulant avec précipitation et fracas. Une butte *s'éboule*, en se partageant par mottes, qui tombent en roulant sourdement sur elles-mêmes comme des boules : un rocher *s'écroule* en se brisant et roulant dans sa chute impétueusement et avec fracas. Les sables *s'éboulent* : les édifices *s'écroulent*. (R.)

**ÉCARTER, METTRE A L'ÉCART.** V. *Éloigner*.

**ÉCHANGER** *et* **ÉCHANGE.** V. *Changer*.

**ÉCHAPPER A, ÉCHAPPER DE.** *Échapper à*, dit l'Académie, signifie se soustraire, se dérober à, être préservé de : « *Échapper à* la poursuite des ennemis; *Échapper a* la tempête, *à* la mort ». *Échapper de* signifie cesser d'être où l'on était, sortir de : « *Échapper du* naufrage, *du* feu ».

Ainsi vous *échappez à* un danger qui vous menace, à un mal qui va vous atteindre et auquel vous servez en quelque sorte de but. Vous *échappez d'*un péril qui vous enveloppait, qui vous tenait, comme vous échapperiez d'une prison : la préposition *de* exprime l'idée d'extraction, de sortie (75, page 27).

**ÉCHAPPER, RÉCHAPPER.** Se tirer d'un péril, en être délivré. — *Échapper* se dit de toutes sortes de dangers : *réchapper* suppose plus d'efforts (5, page 3) : il ne s'emploie donc qu'en parlant d'un grand péril, et ne se dit guère que d'une maladie où il y avait danger de mort.

**ÉCHAPPER (S'), S'ÉVADER, S'ENFUIR.** Ces mots diffèrent en ce que *s'évader* se fait en secret, *s'échapper* suppose qu'on a déjà été pris ou qu'on est près de l'être, *s'enfuir* ne suppose aucune de ces conditions. On *s'évade* d'une prison; on *s'échappe* des mains de quelqu'un; on *s'enfuit* après une bataille perdue. (*Enc.*)

Il faut de l'adresse et du bonheur pour *s'évader*, de la présence d'esprit et de la force pour *s'échapper*, de l'agilité et de la vigueur pour *s'enfuir*. (B.)

**ÉCHAUFFER.** V. *Chauffer*.

**ÉCLAIRCIR, EXPLIQUER, DÉVELOPPER.** On *éclaircit* ce qui était obscur, parce que les idées y étaient mal présentées : on *explique* ce qui était difficile à entendre; parce que les idées n'étaient pas assez immédiatement déduites les unes des autres : on *développe* ce qui renferme plusieurs idées réellement exprimées, mais d'une manière si serrée qu'elles ne peuvent être saisies d'un coup d'œil. (*Enc.*)

Les *éclaircissements* répandent de la clarté; les *explications* facilitent l'intelligence; les *développements* étendent la connaissance. (B.)

**ÉCLAT, BRILLANT, LUSTRE.** *L'éclat* enchérit sur le *brillant*, et celui-ci sur le *lustre*. Les couleurs vives ont plus d'*éclat* que les couleurs pâles : les couleurs claires ont plus de *brillant* que les couleurs brunes : les couleurs récentes ont plus de *lustre* que les couleurs usées. — Il semble que l'*éclat* tienne du feu, que le *brillant* tienne de la lumière, et que le *lustre* tienne du poli. — On ne se sert guère du mot de *lustre* que dans le sens littéral, pour ce qui tombe sous la vue; mais on emploie quelquefois celui d'*éclat* et encore plus souvent celui de *brillant* dans le sens figuré, pour le discours et les ouvrages de l'esprit. Étant considérés dans ce sens, il me paraît que c'est par la vérité, la force et la nouveauté des pensées, qu'un discours a de l'*éclat*; qu'il a du *brillant* par le tour et la délicatesse de l'expression; et que c'est par le choix des mots, la convenance des termes et l'arrangement de la phrase, qu'on donne du *lustre* à ce qu'on dit. (G.)

**ÉCLAT, LUMIÈRE.** V. *Lumière*.

**ÉCOLIER.** V. *Élève*.

**ÉCONOMIE, MÉNAGE, ÉPARGNE, PARCIMONIE.** L'*économie* est le système du gouvernement général d'une fortune, considéré dans tous ses rapports d'intérêt, d'affaire, d'administration, et sagement concerté, concilié avec les jouissances les plus convenables, la conservation, la bonification, l'amélioration de la chose, autant qu'il est possible. Le *ménage* est une partie de l'*économie*, ou l'*économie* particulière qui dirige, calcule, surveille, règle les consommations intérieures de la famille, l'entretien de la maison, de manière à prévenir ou à empêcher tout excès, tout abus, toute perte, et à maintenir une juste proportion entre les besoins, les jouissances et les moyens. L'*épargne* est une branche de l'*économie*, qui consiste à modérer, baisser, restreindre les dépenses, en s'abstenant des unes, en se contenant à l'égard des autres, en cherchant dans toutes le bon marché, de façon que la dépense n'épuise pas les fonds à dépenser, et même qu'il reste dans les mains un excédant libre. La *parcimonie* est cette petite *économie* soigneuse, minutieuse, rigoureuse, qui entre dans les plus petits détails, épluche les plus petits intérêts, réduit jusqu'aux plus petites dépenses au plus petit terme possible, pour faire de petites *épargnes*. (R.)

ÉCORNIFLEUR. V. *Parasite*.

ÉCOUTER. V. *Entendre*.

ÉCRIVAILLEUR. V. *Écrivassier*.

ÉCRIVAIN, AUTEUR. Ces deux mots s'appliquent aux gens de lettres qui donnent au public des ouvrages de leur composition. Le premier ne se dit que de ceux qui ont donné des ouvrages de belles-lettres, ou du moins il ne se dit que par rapport au style. Le second s'applique à tout genre d'écrire indifféremment : il a plus de rapport au fond de l'ouvrage qu'à la forme ; de plus il peut se joindre par la particule *de* aux noms des ouvrages. — Racine et Voltaire sont d'excellents *écrivains* : Descartes et Newton sont des *auteurs* célèbres. L'*auteur* de la Recherche de la vérité est un *écrivain* du premier ordre. (*Enc.*)

ÉCRIVASSIER, ÉCRIVAILLEUR. Mauvais écrivain (37, page 11). *Écrivassier* désigne l'homme qui, ne sachant pas écrire, a cependant la manie de faire des livres : *écrivailleur* désigne simplement le mauvais écrivain que le besoin seul porte à faire le métier d'auteur.

ÉCROULER (S'). V. *Ébouler (s')*.

ÉCUMEUX, ÉCUMANT. *Écumant* signifie simplement qui écume ou qui jette de l'écume : « La mer *écumante*, un coursier *écumant* ». (Acad.) Ce qui est *écumeux* est chargé de beaucoup d'écume ou en jette une grande quantité (44, page 18); il ne se dit guère qu'en poésie : « Flots *écumeux* ». (Acad.)

ÉDIFICE. V. *Bâtiment*.

ÉDIFIER. V. *Construire*.

EFFACER, RATURER, RAYER, BIFFER. Ces mots signifient l'action de faire disparaître de dessus un papier ce qui est adhérent à sa surface. Les trois derniers ne s'appliquent qu'à ce qui est écrit ou imprimé ; le premier peut se dire d'autre chose, comme des taches d'encre, etc. *Rayer* est moins fort qu'*effacer*, et *effacer* que *raturer*. — On *raie* un mot en passant simplement une ligne dessus ; on l'*efface*, lorsque la ligne passée dessus est assez forte pour empêcher qu'on ne lise ce mot aisément : on le *rature*, lorsqu'on l'*efface* si absolument qu'on ne peut plus lire, ou même lorsqu'on se sert d'un autre moyen que la plume, comme d'un canif, d'un grattoir, etc. — *Effacer* est du style noble et s'emploie au figuré : *Effacer* le souvenir. (*Enc.*)

EFFARÉ, EFFAROUCHÉ. Une personne *effarée* est troublée par une cause quelconque, et elle l'est au point que son air et ses yeux ont quelque chose de hagard. Une personne *effarouchée* éprouve un trouble moins grand, causé par la crainte ou par la peur. La première est hors d'elle-même, ne pense à rien, ne voit rien, et reste souvent immobile et comme stupide; la seconde ne perd pas de vue la cause du trouble qu'elle éprouve; elle la fuit, l'évite ou la combat par la méfiance.

L'air calme et tranquille est le contraire de l'air *effaré;* l'air confiant et familier est l'opposé de l'air *effarouché.* — *Effarouché* se dit des personnes et des animaux; *effaré* ne se dit que des personnes.

EFFECTIF, POSITIF, RÉEL, VRAI. *Effectif,* qui se fait effectivement. Un payement *effectif* est celui qui se fait véritablement et en deniers comptants. *Positif* est opposé à *négatif :* il veut dire qui suppose l'existence et la réalité, au lieu que *negatif* sert à détruire la supposition de l'existence ou de la réalité. Ainsi le mot *égal* est *positif,* et le mot *inégal* est négatif. — *Réel,* qui est en effet; il est opposé à *apparent.* On dit un droit *réel,* pour exprimer un droit fondé sur des titres incontestables, et un droit *apparent,* pour dire un droit fondé sur des titres incertains et sujets à contestation. — *Vrai,* qui est conforme à la vérité. Il est opposé à *faux.* (L.)

EFFECTIVEMENT, EN EFFET. Ces deux expressions s'emploient : 1° Dans les cas ordinaires, pour marquer qu'une chose est réellement, ou qu'elle est véritablement telle qu'on la dit; 2° dans un raisonnement, pour annoncer une preuve à l'appui d'une assertion.

1° « Je crois, dit Roubaud, qu'*effectivement* peut très-bien être opposé à *fictivement,* comme *effectif* l'est à *fictif.* Les exemples suivants le prouvent : une armée de trente mille hommes, selon les rôles, n'est souvent pas *effectivement* de vingt mille. Mon portrait, c'est moi; mais ce n'est pas moi *effectivement,* ce n'est que ma représentation. — *Effectivement* est donc opposé à la fiction ou à la feinte; il marque la réalité physique ou l'existence effective. *En effet* peut s'opposer à l'apparence; il indique alors le fond des choses, leur état interne ou caché. Ainsi l'on dit que l'hypocrite, vertueux en apparence, est vicieux *en effet* ou dans le fond. »

« *Effectivement* est formé d'*effectif, ive,* qui effectue, réduit en acte, exécute, accomplit, etc. : il désigne donc proprement la production, la réalité, l'existence, l'exécution, l'accomplissement, la chose comme effective ou la chose comme effectuée. *En effet* signifie proprement dans le fait, selon le fait, véritablement. Je vous demande si *en effet* vous êtes guéri de votre maladie, c'est-à-dire s'il est vrai que vous soyez guéri : vous me répondez que vous êtes *effectivement* guéri, c'est-à-dire que votre guérison est effectuée et réelle. »

Concluons : *effectivement* a plus rapport à la réalité; on pourrait, sans altérer le sens, le remplacer par *réellement : en effet* a rapport à la vérité; on pourrait le remplacer par *véritablement.*

2° Dans un raisonnement, on doit préférer l'adverbe *effectivement,* lorsqu'on s'appuie sur des faits; et la locution adverbiale *en effet,* lorsqu'on s'appuie sur des axiomes ou des vérités démontrées. C'est aussi l'opinion de Beauzée : « La première, dit-il, est plus propre au raisonnement conjectural, et la seconde au raisonnement rigoureux. »

EFFECTUER. V. *Réaliser.*

EFFET (EN). V. *Effectivement.*

EFFORCER (S'), TACHER. *S'efforcer*, c'est employer toutes ses forces pour venir à bout de quelque chose; *tâcher*, c'est imaginer et employer divers moyens pour venir à bout de quelque chose. — Celui qui *s'efforce* tire tout de lui-même; celui qui *tâche* emploie tous les moyens étrangers dont il s'avise. Le premier ne songe qu'à ses forces et travaille à leur donner le degré de puissance et d'énergie propre à le faire réussir; le second n'a en vue que le succès, et emploie tout ce qui peut y conduire. — Quand je m'*efforce* de soulever une pierre, je n'emploie pour le faire que mes propres forces; quand je *tâche* de l'enlever, j'emploie autre chose que mes propres forces, tels que les leviers, les cordes, les poulies, etc. — Au figuré, la différence est la même. Je m'*efforce* de détruire mes inclinations en employant toutes les forces de mon âme pour leur résister : je *tâche* de détruire mes mauvaises inclinations en réfléchissant fréquemment sur leurs suites funestes, en évitant les occasions de m'y livrer. — Partout où il est question des forces du corps ou de l'âme, *s'efforcer* est employé à propos; partout où il est question d'autres moyens, c'est *tâcher* qu'il faut employer. On *s'efforce* de résister à ses passions; on *tâche* de leur donner le change. Un prince *tâche* par des négociations de faire valoir ses droits sur une province : s'il ne réussit pas par ce moyen, il *s'efforce* de les faire triompher par la force des armes. (L.)

EFFORCER (S') A *ou* DE. Roubaud dit que *s'efforcer* est dans le même cas que *tâcher* (V. *Tâcher à* ou *de*) : je vois au contraire dans le dictionnaire de l'Académie que *s'efforcer* fait exception à la règle générale. Qu'il s'agisse d'un but à atteindre ou de l'exécution de l'acte actuel, l'Académie dit également *s'efforcer de* : « *S'efforcer de* parvenir; *efforcez-vous de* lui plaire; *s'efforcer de* soulever un fardeau ». Nos bons auteurs disent de même.

On ne dit *s'efforcer à* que dans le sens de ne pas assez ménager ses forces en faisant quelque chose : « Ne vous *efforcez* pas *à* parler » (Acad.), c'est-à-dire en parlant.

EFFRAYANT. V. *Affreux.*

EFFROI. V. *Appréhension.*

EFFRONTÉ. V. *Impudent.*

EFFRONTERIE. V. *Hardiesse.*

EFFROYABLE. V. *Affreux.*

EFFUSION. V. *Épanchement.*

ÉGALER, ÉGALISER. Rendre égal. — C'est seulement dans ce sens que ces deux mots sont synonymes, et quand il s'agit de choses [1]. On

1. *Égaliser* ne se dit que des choses : *égaler* se dit des personnes et des choses : « La mort *égale* tous les hommes. Ce prince *égale* Alexandre. Rien n'*égale* sa beauté ». (Acad.)

dit *égaler* les parts, les portions (Acad.); c'est-à-dire les rendre égales; et *égaliser* les lots d'un partage (Id.); c'est-à-dire encore, les rendre égaux. La seule différence qu'il paraisse y avoir, c'est qu'*égaliser* convient mieux lorsqu'il s'agit de choses d'une certaine importance ou qui demandent de l'attention. « *Égaliser,* dit Roubaud, exprime l'intention, un soin particulier, un travail, le travail propre de faire disparaître les inégalités notables d'une chose, et particulièrement celui d'établir l'égalité entre deux choses qui sont faites pour être égales, et qui ne l'étaient pas. » On dira en effet à un ouvrier : « Il faut *égaliser* ces deux tringles, ces deux baguettes » et non il faut les *égaler.*

*Égaliser* signifie en outre rendre uni, rendre plan : « *Égaliser* un terrain, un chemin ». (Acad.)

ÉGARDS, MÉNAGEMENTS, ATTENTIONS, CONSIDÉRATION, CIRCONSPECTION. *Égard* est de la même famille que *regard,* comme l'Académie l'a observé. L'*égard* consiste proprement à *regarder* les personnes sous certains aspects ou certains rapports, à *regarder* à la manière dont il convient de les traiter, à garder dans nos actions et dans nos procédés les mesures que la raison, l'équité, la bienséance, les convenances, nous prescrivent envers elles, à certains *égards.* Ainsi, par exemple, en considération de la pauvreté ou de l'infortune de quelqu'un, nous aurons pour lui des *égards,* et nous nous relâcherons de nos droits rigoureux contre lui. — L'idée de *ménagement* est de *faire moins* (*minus agere*) qu'on ne pourrait; d'épargner, d'en user avec modération, réserve et retenue. Nous *ménageons* les personnes comme nous *ménageons* nos biens. Nous usons de *ménagements* dans nos procédés, comme de *ménage* dans nos dépenses, en épargnant, en nous modérant, en nous contenant. Nous traitons les personnes avec *ménagement* comme nous manions avec *ménagement* les objets ou fragiles ou dangereux [1]. *Attention* exprime l'action et l'effort d'un esprit *tendu à,* vers un but, un objet. Les *attentions* sont des marques et des témoignages de l'attention particulière que l'on fait aux personnes dont on est occupé : elles consistent dans des soins officieux qui leur prouvent l'envie de leur procurer des agréments ou des avantages, de contribuer à leur satisfaction, de leur plaire et de leur inspirer des sentiments favorables. Les *attentions* sont l'effet de l'empressement et du zèle. (R.)

La *considération* naît des relations personnelles et se trouve particulièrement dans la manière de traiter avec les gens, pour témoigner, dans différentes occasions qui se présentent, la distinction ou le cas qu'on en fait; elle est une suite de l'estime ou du devoir. (G.)

La *considération* est inspirée non seulement par un sentiment de justice rendue au mérite, au talent, à la vertu ; mais encore par tout sentiment d'honnêteté, et par les convenances sociales. — *Circon-*

1. On use de *ménagements* pour éviter de choquer, de faire de la peine ou pour obtenir quelque avantage.

*spection* marque proprement une qualité, ou l'exercice d'une qualité du genre de la prudence ; au lieu que les *égards*, les *ménagements*, les *attentions*, ne sont que des manières d'agir, des sortes de soins, des procédés qui tendent à témoigner à quelqu'un des sentiments convenables et favorables, surtout la crainte de faire quelque chose qui lui déplaise (idée commune de ces synonymes). On a des *égards*, des *ménagements*, des *attentions*, de la *considération* et non de la *circonspection* pour une personne. La *circonspection* est inspirée par la crainte de blesser ou d'offenser les personnes, ou qui pourraient vous nuire, ou à qui vous pourriez nuire ; crainte désintéressée dans ce dernier cas. (R.)

*N. B.* L'abbé Girard et d'Alembert ont donné *circonspection* comme synonyme des autres mots. Roubaud prouve ici qu'il ne l'est pas, et fait observer en outre, avec raison, que *circonspection* serait bien plutôt synonyme de *retenue*.

ÉGAREMENT. V. *Délire*.

ÉGARER (S'). V. *Fourvoyer (se)*.

ÉGLISE. V. *Temple*.

ÉHONTÉ. V. *Impudent*.

ÉLAGUER, ÉMONDER. *Élaguer* signifie proprement couper, retrancher ; *émonder* signifie nettoyer. *Élaguer* un arbre, c'est en retrancher les branches superflues et nuisibles, soit à son développement, soit à la nourriture des branches fécondes. *Émonder* un arbre, c'est le rendre propre et agréable à la vue par la soustraction de tout ce qui le gâte et le défigure, bois mort, chicot, mousse, etc. — On dit figurément *élaguer* un discours, un poëme, un ouvrage d'esprit, par la raison qu'il peut y avoir dans ces ouvrages des inutilités, des superfluités, une vaine surabondance qui en affaiblit ou en ôte le prix : mais on ne dit pas les *émonder*, par la raison qu'il ne s'agit pas de les rendre propres et nets. On dit *émonder* des graines et autres choses semblables, que l'on n'*élague* certainement pas, parce qu'il ne s'agit que de les *monder*, de les nettoyer, de les dépouiller de leur enveloppe et autres parties nuisibles ou inutiles pour l'objet qu'on se propose. (R.)

ÉLAN, ÉLANCEMENT. Mouvement subit et affectueux de l'âme. Le mot *élan* exprime le mouvement intérieur, et le mot *élancement* dépeint ce même mouvement dans sa manifestation au dehors. L'Académie fait remarquer qu'*élancement*, mouvement de l'âme, n'est guère usité qu'au pluriel et dans cette locution : *les élancements de l'âme vers Dieu*.

ÉLANCER (S'). V. *Lancer (se)*.

ÉLARGISSEMENT, ÉLARGISSURE. Tous deux annoncent une augmentation de largeur, mais le premier a rapport à la largeur de l'espace, et le second à celle de la matière. — Ainsi *élargissement* se dit de tout ce qui devient plus spacieux, plus étendu en largeur ; d'un canal, d'une rivière, d'un cours, d'une promenade, d'un jardin, d'une maison, d'un chemin. *Élargissure* se dit de ce qui est ajouté pour élargir, et ne se dit que des meubles et des vêtements, d'un rideau, d'une portière, d'un drap, d'une chemise, etc. (B.)

ÉLECTION, CHOIX. V. *Choisir, élire.*

ÉLÉMENT. V. *Principe.*

ÉLÉVATION. V. *Hauteur.*

ÉLÈVE, DISCIPLE, ÉCOLIER. Dans le dernier siècle, comme l'ont constaté l'Encyclopédie et Beauzée, *écolier* se disait de toute personne, quel que fût son âge, qui recevait des leçons réglées ayant pour objet soit les lettres ou les sciences, soit même un art d'agrément tel que la musique, la danse ou l'escrime. *Élève* s'entendait uniquement de celui qui recevait ou avait reçu des instructions plus détaillées pour pouvoir exercer ensuite la même profession, soit en la pratiquant, soit en l'enseignant. Quant au mot *disciple*, son acception était ce qu'elle est encore de nos jours. « Ce terme, dit Beauzée, ne suppose que des adhésions aux sentiments du maître, sans rien indiquer de la manière dont on en a pris connaissance. Newton et Descartes ont eu des *disciples* même après leur mort ».

Aujourd'hui *écolier* ne se dit guère que d'un enfant qui va à l'école primaire : le mot *élève* a pris toutes les autres significations du mot *écolier*. Le maître de musique, le maître de danse, le maître d'escrime, le maître d'école lui-même, tous disent mes *élèves* et non mes *écoliers*.

ÉLEVER, HAUSSER, EXHAUSSER. *Élever* a plusieurs significations (V. *Lever*) : nous ne le prendrons d'abord ici que dans le sens de *rendre plus haut*, comme dans cette phrase : « Ce mur n'a que trois pieds, il faut l'*élever* encore de trois pieds ». (Acad.)

*Hausser* signifie aussi *rendre plus haut : « Hausser* une muraille; j'ai fait *hausser* ma maison; je l'ai *haussée* d'un étage ». (Id.) Mais *élever* exprime seulement l'augmentation de l'étendue dans le sens de la ligne verticale; tandis que *hausser* exprime cette augmentation dans toutes les dimensions, et éveille par conséquent une idée de plus gros volume, de plus grande masse. On *élève* de trois pieds une muraille, on la *hausse* d'une ou de plusieurs assises; on *élève* de cinq mètres une maison, on la *hausse* d'un étage.

*Exhausser*, c'est, dit l'Académie, *élever* plus haut. Peut-être serait-il plus exact de dire *hausser* plus haut, *hausser* encore; quoi qu'il en soit, ce mot ajoute, comme on le voit, à l'idée d'*élever* ou *hausser*; on *exhausse* ce qui était déjà haut. *Exhausser* d'ailleurs ne se dit que d'édifices, de constructions dont on augmente la hauteur, tandis qu'*élever* et *hausser* se disent encore de tout objet que l'on place à un point plus haut, sans y rien ajouter. Dans ce sens, *élever* est le mot propre, lorsqu'on veut exprimer simplement l'idée du déplacement vertical d'un point, d'un objet, dans la direction de bas en haut; et *hausser* convient mieux, si l'on a particulièrement en vue la surface ou le volume de l'objet. On *élève* davantage un réverbère en le fixant à un point plus haut que celui où il était : un marchand fait *hausser* l'enseigne qui était placée trop bas au-dessus de sa porte. On *hausse* un drapeau en *élevant* les points d'attache.

Au figuré, *élever* et *hausser* s'emploient assez indifféremment dans beaucoup de cas : *élever* ou *hausser* le prix des denrées. Il faut excepter quelques locutions consacrées par l'usage, comme *hausser* le ton, *élever* la voix en faveur de quelqu'un.

ÉLEVER, LEVER. V. *Lever.*

ÉLIRE. V. *Choisir.*

ÉLITE (L'), LA FLEUR. L'*élite* (du latin *eligere*, choisir) est ce que le choix donne ou a donné de meilleur : la *fleur* est figurément ce qu'il y a de plus brillant, de plus fin, de plus délicat. Les qualités solides constituent l'*élite;* les qualités qui frappent la vue et qui plaisent, constituent la *fleur*. Des jeunes gens qui se distinguent par leur grande intelligence, l'élévation et la noblesse de leurs sentiments, leur valeur personnelle, etc., forment l'*élite* de la jeunesse; ceux qui brillent par leurs qualités extérieures, l'élégance de leurs manières et de leur tenue, leur politesse et leur amabilité, en sont la *fleur*.

ÉLOCUTION, DICTION, STYLE. *Élocution* (en latin *elocutio, eloqui*, parler, s'exprimer) désigne, dans sa signification la plus étendue, l'expression des idées et des sentiments par la parole : ainsi l'on dit de quelqu'un qui parle avec facilité, qu'il a l'*élocution* facile. Dans un sens plus restreint, ce mot désigne la partie de la rhétorique qui traite de l'art d'écrire, de s'exprimer par écrit.

*Diction* (en latin *dictio*, de *dicere*, dire) s'entend de la manière de s'exprimer quant au choix des mots, à leur construction et à la correction grammaticale.

*Style* (en latin *stylus*, pointe ou poinçon pour écrire) ne se dit qu'au figuré et signifie manière bonne ou mauvaise d'écrire, d'exprimer par écrit les pensées et les sentiments. Le *style* est en quelque sorte l'*élocution* écrite.

L'*élocution* peut être facile, et en même temps la *diction* incorrecte, et le *style* clair ou obscur, concis ou prolixe, etc.

ÉLOGE, LOUANGE. L'*éloge* est le témoignage avantageux que l'on rend au mérite, le suffrage qu'on lui donne, le jugement favorable qu'on en porte. La *louange* est l'*hommage* qu'on lui rend, l'honneur qu'on lui porte, le tribut qu'on lui paie dans ses discours. L'*éloge* est la raison de la considération, de l'estime, de l'admiration qu'on a pour l'objet : la *louange* est l'expression, ou plutôt le cri de ces sentiments, ou de tout autre sentiment favorable. — On dit qu'une action fait l'*éloge* d'une personne, ou que le récit de ces actions suffit à son *éloge*. Pourquoi? parce que nos œuvres déposent pour nous, attestent notre mérite, établissent nos droits. On ne dira pas qu'une action est la *louange* d'une personne, ou que ses actions suffisent à ses *louanges*. Pourquoi? parce que nos actions ne nous célèbrent pas, et qu'elles ne sont pas des hommages qu'on nous rend. — Il est des cas malheureux où l'homme le plus modeste, le plus humble, est forcé de faire son propre *éloge;* il n'y en a point où l'on soit obligé de se donner des *louanges*. On fait son *éloge* par le simple récit et la justification de sa conduite : on se donne des *louanges* en parlant de soi avec ostentation, en se glorifiant. — On fait l'*éloge* et non pas la *louange* d'une personne; on fait son *éloge*, comme on fait son histoire, son apologie. On ne fait pas sa *louange*, parce que ce n'est proprement que l'expression de nos sentiments pour elle. La personne est le sujet de l'*éloge*, elle n'est que l'objet de la *louange*. — On donne également des *éloges* et des *louanges*, et alors les idées de ces termes se rapprochent l'une de l'autre. Les *éloges* sont des traits particuliers d'*éloge;* on donne alors des témoignages particuliers d'un certain genre de mérite. Les *louanges* parent, embellissent, étendent, enflent les *éloges*. La vérité, l'équité donne des *éloges;* l'enthousiasme, l'emphase donne des *louanges*. — L'*éloge* consacre des faits, la *louange* exalte les personnes. — Nous ne donnons à Dieu ni *éloges* ni *louanges*. *Louer* Dieu, c'est le bénir et le glorifier; et quand nous disons *louange à Dieu*, *louange* signifie honneur, gloire, bénédiction. (R.)

ÉLOGE, PANÉGYRIQUE, ORAISON FUNÈBRE. Discours oratoire composé à la louange de quelqu'un. *Éloge* est le terme général; c'est le nom du genre dont le *panégyrique* et l'*oraison funèbre* sont des espèces.

*Panégyrique* se dit : 1° d'un discours composé ou prononcé par un écrivain de l'antiquité à la louange d'une personne illustre, tel est le *panégyrique* de Trajan composé par Pline le jeune; 2° d'un discours de la chaire consacré à la louange d'un saint : « Le *panégyrique* de saint Louis par Bourdaloue ».

« L'*Oraison funèbre* est une sorte de *panégyrique* d'un mort qui s'est illustré par ses vertus et par ses belles actions. L'usage de ces discours remonte à une antiquité fort reculée, et se retrouve même chez les peuplades à demi sauvages. Chez nous l'*oraison funèbre* est réservée aux personnes de haute naissance ou qui ont rempli de hauts emplois; elle fait partie de l'éloquence sacrée, parce qu'elle doit toujours renfermer un enseignement religieux : sans ce dernier caractère ce serait, non plus une *oraison funèbre*, mais un *éloge*. » (M. Guérard, *Cours de composition française*.)

ÉLOIGNÉ, LOINTAIN. *Éloigné* exprime la situation d'un point à une grande distance d'un autre, soit dans l'espace, soit dans la durée : « Une ville *éloignée* d'une autre; ceci se passait à une époque fort *éloignée* de nous. » Il s'emploie aussi au figuré : « Ce récit est fort *éloigné* de la vérité; cela est fort *éloigné* de ma pensée ». (Acad.)

*Lointain* n'exprime jamais qu'une idée de position locale : c'est pourquoi il ne se dit que des pays, des climats, des régions, des peuples;

en outre, il s'emploie toujours au propre et d'une manière absolue, c'est-à-dire sans régime exprimé ou sous-entendu, sans indication du lieu d'où l'on considère la distance : « Un pays *lointain;* des terres *lointaines;* des peuples *lointains* ». (Acad.)

Quelquefois le régime d'*éloigné* n'est pas exprimé, mais seulement dans le cas où il est facilement sous-entendu : « Il a parcouru les pays les plus *éloignés* », sous-entendu *d'ici;* « ceci se passait à une époque fort *éloignée* », sous-entendu *de nous*.

ÉLOIGNER, ÉCARTER, METTRE A L'ÉCART. Ces trois verbes ont rapport à l'action par laquelle on cherche à faire disparaître quelque chose de sa vue, ou à en détourner son attention. — *Éloigner* est plus fort qu'*écarter*. Un prince doit *éloigner* de soi les traîtres, et en *écarter* les flatteurs. — *Écarter* est plus fort que *mettre à l'écart*. On *écarte* ce dont on veut se débarrasser pour toujours; on *met à l'écart* ce qu'on veut ou qu'on peut reprendre ensuite. Un juge doit *écarter* toute prévention, et *mettre à l'écart* tout sentiment personnel. (*Enc.*)

ÉLOQUENT. V. *Disert.*

ÉLUDER. V. *Fuir.*

ÉMANER, DÉCOULER. *Émaner*, sortir d'une source, tirer son origine de, se répandre hors : *découler*, couler d'un endroit, par un passage, en petite quantité et d'une manière continue. — *Émaner* désigne proprement la source d'où les choses sortent : *découler* indique spécialement un canal par où elles passent : il *découle* du sang *par* une blessure; les odeurs *émanent* du corps. Les pouvoirs particuliers *émanent* du trône; les bienfaits du prince *découlent* sur les peuples par le canal des ministres. — *Émaner* se dit surtout des parties très-subtiles et très-déliées qui se détachent et s'exhalent des corps par une espèce de transpiration insensible ou par une voie semblable. *Découler* se dit des choses qui coulent et se répandent par quelque ouverture d'une manière plus ou moins sensible. Il *émane* des corps les plus durs une infinité de corpuscules invisibles qui en épuisent la substance. La lumière *émane* du soleil; la sueur *découle* du corps. — *Émaner* n'indique souvent qu'un acte simple d'émission, de production, ou de quelque autre opération semblable: *découler* annonce un flux, un écoulement suivi, une succession d'actes ou de choses. Nous disons qu'un tel arrêt est *émané* ou sorti d'un tel tribunal, et qu'il *découle* d'un principe une foule de conséquences. (R.)

ÉMANER, PROCÉDER. V. *Venir, provenir.*

EMBRASEMENT. V. *Incendie.*

EMBRASSADE, EMBRASSEMENT. Action d'embrasser. — En premier lieu, *embrassade* suppose toujours deux ou plusieurs personnes qui s'embrassent mutuellement : l'*embrassement* peut n'être que l'action d'une seule personne qui en embrasse une autre. Secondement, à l'idée de réciprocité, *embrassade* peut joindre une idée de multiplicité d'actions (21, page 7) : « Ce fut une *embrassade* générale ». Enfin, *embrassade* est un terme familier, et, comme dit Laveaux, marque une démonstration extérieure d'amitié, qui exprime plus l'empressement extérieur que la cordialité.

EMBROUILLER. V. *Brouiller*.

EMBUCHE, EMBUSCADE. V. *Appât*.

ÉMERVEILLÉ. V. *Ébahi*.

ÉMEUTE. V. *Insurrection*.

ÉMISSAIRE, ESPION. *Émissaire*, du latin *emissarius*, envoyé *de* ou *par*. Son métier est de répandre des bruits, de fausses alarmes, de suggérer, de soulever : aussi ce mot n'est pris qu'en mauvaise part, ainsi que son synonyme. *Espion* est celui dont l'action est d'épier, latin *explorator*, qui va à la découverte, qui perce, qui examine. Il y a des *espions* dans les camps, dans les cours, dans les cabinets. En temps de guerre, en temps de paix, la politique inquiète les soudoie partout. — L'*émissaire* doit avoir le talent de l'à-propos; il se montre et parle. L'*espion* n'a besoin que de voir; il se cache et se tait. L'*émissaire* sème : les événements qu'il a préparés sont la réponse à ses commettants. L'*espion* vient recueillir; il remporte furtivement ce qu'il trouve, et se met en rapport avec celui qui l'emploie. Celui qui veut fomenter, se sert d'*émissaires*; celui qui veut savoir, se sert d'*espions*. (R.)

ÉMOI, ÉMOTION. L'*émoi* est l'état de l'âme inquiète ou agitée par le sentiment : on est en *émoi*, on met en *émoi*. L'*émotion* est l'agitation causée par quelque passion : on excite ou l'on éprouve de l'*émotion*. L'*émoi* est un état intérieur : l'*émotion* se montre au dehors et trahit l'*émoi*.

ÉMOLUMENT. V. *Gain*.

ÉMONDER. V. *Élaguer*.

ÉMOTION. V. *Émoi* et *Agitation*.

ÉMOUVOIR. V. *Toucher*.

EMPARER (S'). V. *Usurper*.

EMPÊCHEMENT. V. *Obstacle*.

EMPHATIQUE. V. *Ampoulé*.

EMPIRE. V. *Pouvoir*.

EMPLETTE, ACHAT. *Emplette* emporte avec lui une idée particulière de la chose achetée; et *achat* tient plus de l'action d'acheter (39, page 11). Voilà pourquoi les épithètes qualificatives se joignent avec grâce au premier de ces mots : on dit, par exemple, une *emplette* utile, une *emplette* de goût; ce qui ne conviendrait pas au mot *achat*. Mais, en revanche, celui-ci paraît être seul propre aux objets considérables, tels que des terres, des fonds, des maisons; au lieu que le mot d'*emplette* ne s'applique qu'aux objets de moindre conséquence (33, page 10), ou aux choses d'usage et de service ordinaire, telles que des habits, des bijoux, et autres de cette espèce. (G.)

EMPLIR, REMPLIR. *Remplir*, c'est *emplir* de nouveau ou achever d'*emplir* (5, page 3). Vous *emplissez* tout de suite une bouteille de vin; un étang se *remplit* d'eau par des crues successives. — *Emplir* se prend ordinairement à la rigueur, de manière que le vase n'est *empli* que quand il n'y reste point de vide. *Remplir* se prend souvent dans un sens très-relâché, pour marquer l'abondance ou la multitude. — Il semble qu'*emplir* se dise proprement des vases, des vaisseaux, des choses destinées à contenir de certaines matières. *Remplir* se dit indifféremment de toute place occupée par la multitude ou par la quantité. Vous *emplissez* une cruche d'eau, un verre de vin, vos poches de fruits; vous *remplissez* une rue de gravois, une basse-cour de fumier, un pays de mendiants. — Dans le sens figuré, on dit communément *remplir :* on *remplit* une charge, un emploi. (R.)

**EMPLOI.** V. *Office.*

**EMPLOYÉ.** V. *Commis.*

**EMPLOYER.** V. *User.*

**EMPORTÉ.** V. *Violent.*

**EMPORTEMENT, COLÈRE.** V. *Colère.*

**EMPORTER, REMPORTER.** Ces verbes sont synonymes dans les locutions *emporter* ou *remporter le prix,* c'est-à-dire l'obtenir.

*Emporter* le prix, c'est obtenir une récompense, un honneur quelconque, que l'on ambitionnait. *Remporter* le prix, c'est obtenir tel prix, la récompense la couronne qui était mise au concours. La Fontaine dit à M. le Dauphin, en lui dédiant ses fables, qu'il *emporterait* le prix de son travail, s'il parvenait à lui plaire; mais qu'il aura du moins l'honneur de l'avoir entrepris. Le Cid, vainqueur de don Sanche, *remporte* le prix du combat, et ce prix est Chimène » (R.)

En résumé, on *remporte* un prix qui est disputé, ce qui suppose lutte, efforts (5, page 3); on *emporte* celui qui ne l'est pas.

**EMPREINDRE, IMPRIMER.** *Empreindre* signifie *imprimer,* par l'application d'un corps sur un autre, la figure, l'image, les traits sensibles de ce corps : vous *imprimez* un mouvement à un corps, des sensations à un être animé, des leçons dans l'âme, etc., toutes choses que vous ne sauriez rigoureusement *empreindre,* car elles n'ont pas de figure. Pour *empreindre,* il faut *imprimer* de manière que l'*impression* laisse l'*empreinte* ou l'image de la chose. — On *imprime* donc différentes choses de différentes manières ; mais les figures ou les formes seules sont *empreintes* avec des sceaux, des cachets, des marteaux, des estampilles, etc., ou par les corps mêmes figurés de manière qu'on y reconnaît ces corps. En marchant, vous *imprimez* un mouvement à l'air; vos pas restent *empreints* sur la terre. Un ouvrage est *imprimé* et non *empreint;* car un ouvrage n'a pas une figure : mais les caractères d'imprimerie restent *empreints* sur le papier.— Dieu *imprime* en nous des principes d'ordre, de justice, de bienfaisance : son doigt est *empreint* sur toutes ses œuvres; son image l'est sur l'homme. — *Empreindre* désigne, au figuré, le caractère, les traits distinctifs, des signes manifestés de la chose que l'on suppose *empreinte*. L'*empreinte* se prend aussi quelquefois figurément pour une simple *impression*, mais profonde. L'*impression* peut être plus ou moins légère et peu sensible : l'*empreinte* est toujours plus ou moins forte et durable. Ainsi, en parlant des *impressions* profondes que la nature ou les habitudes font sur l'âme, on dit que le sentiment du bien est naturellement *empreint* (gravé) dans notre cœur, ou que les préjugés de l'enfance restent profondément empreints dans notre esprit. (R.)

EMPRESSEMENT, ZÈLE. *Empressement*, action d'une personne qui s'empresse, dit l'Académie; mouvement que se donne celui qui recherche une chose avec ardeur. *Zèle*, affection vive, ardente, pour le maintien ou le secours de quelque chose, pour les intérêts de quelqu'un.

Ainsi l'*empressement* est un acte extérieur; le *zèle* est une affection intérieure, un sentiment. Celui-ci part du cœur; l'*empressement* ne vient le plus souvent que du caractère, ou n'est qu'une simple politesse.

« L'*empressement* n'est que l'effet ou l'apparence du *zèle* : l'effet, quand il dérive de ce sentiment; l'apparence, lorsqu'il ne vient que de l'éducation ou du caractère. L'*empressement* sans *zèle* tient souvent de la flatterie et de la bassesse. Le *zèle* est un sentiment noble, parce qu'il est désintéressé. On a de l'*empressement* pour un vieillard dont on veut hériter : on a du *zèle* pour une personne dont on veut procurer l'avancement, dont on veut faire le bonheur. » (L.)

ÉMULATEUR. V. *Émule*.

ÉMULATION, JALOUSIE. V. *Jalousie*.

ÉMULATION, RIVALITÉ. L'*émulation* ne désigne que la concurrence, et la *rivalité* dénote le conflit. Il y a *émulation*, quand on court la même carrière; et *rivalité*, quand les intérêts se combattent. Deux *émules* vont ensemble; deux *rivaux*, l'un contre l'autre. — L'*émulation* est un sentiment vif qui vous porte à faire de généreux efforts pour surpasser, égaler, ou même suivre de près ceux qui font quelque chose d'honnête : la *rivalité* est un sentiment jaloux qui nous porte à faire tous nos efforts pour l'emporter, de quelque manière que ce soit, sur ceux qui poursuivent le même objet. Deux nobles coursiers qui s'efforcent de gagner le prix de vitesse, voilà l'emblème de l'*émulation* : deux animaux chasseurs qui se disputent une proie, voilà l'emblème de la *rivalité*. — Les talents inspirent l'*émulation*; et les prétentions, la *rivalité*. (R.)

ÉMULE, ÉMULATEUR. L'*émule* est actuellement un concurrent; l'*émulateur*, animé par l'émulation, s'efforce par ses actes de devenir l'*émule* de celui qui lui est supérieur. « L'*émule*, dit Roubaud, est actuellement ce que l'*émulateur* voudrait être. Votre *émule* marche en concurrence avec vous; votre *émulateur* marche sur vos traces. »

EN, DANS. Lorsqu'il s'agit du lieu, *dans* a un sens précis et défini, qui fait entendre qu'une chose contient ou renferme l'autre, et marque un rapport du dedans au dehors : on est *dans* la chambre, dans la maison, *dans* la ville, *dans* le royaume, quand on n'en est pas sorti ou qu'on y est rentré. *En* a un sens vague et indéfini, qui indique seulement en général où l'on est, et marque un rapport du lieu où l'on se trouve à un autre où l'on pourrait être : on est *en* ville, lorsqu'on n'est pas à sa maison; *en* province, quand on a quitté Paris. On met *en* prison, et l'on met *dans* les cachots. — Lorsqu'il est question du temps, *dans* marque plus particulièrement celui où l'on exécute les choses, et *en* marque plus proprement celui qu'on emploie à les exécuter. La mort arrive *dans* le moment qu'on y pense le moins, et l'on passe *en* un instant de ce monde à l'autre. — Lorsque ces mots sont employés pour indiquer l'état ou la qualification, *dans* est ordinairement d'usage pour le sens particularisé, et *en* pour le sens général. Ainsi l'on dit vivre *dans* une entière liberté, être *dans* une fureur extrême, tomber *dans* une profonde léthargie; mais on dit, vivre *en* liberté, être *en* fureur, tomber *en* léthargie. (G.)

EN CAS QUE. V. *Cas que (au).*

ENCEINDRE. V. *Entourer.*

ENCHAINEMENT, ENCHAINURE. « Liaison de choses qui, dépendantes les unes des autres, forment une chaîne ou une sorte de chaîne. » (Roubaud.) — *Enchaînement* ne se dit guère qu'au figuré, et il signifie liaison ou suite de plusieurs choses de même nature, de même qualité, ou de choses qui ont entre elles certains rapports : « Un *enchaînement* de malheurs; un *enchaînement* de causes et d'effets ». (Acad.) *Enchaînure* ne se dit qu'au propre et en parlant des ouvrages de l'art (23, page 8).

« Les rapports que les sciences ont entre elles forment leur *enchaînement;* ils les enchaînent ensemble : la disposition même des anneaux qui entrent les uns dans les autres est leur *enchaînure* même; tel est l'état de la chose enchaînée. » (R.)

ENCHANTEMENT. V. *Charme.*

ENCHANTER. V. *Charmer.*

ENCHÉRIR, RENCHÉRIR. Augmenter de prix, de valeur, de force. Au figuré, ajouter à ce qu'un autre a fait.

*Renchérir,* c'est *enchérir* de nouveau, beaucoup ou encore plus (5, page 8) : une marchandise avait *enchéri*, elle *renchérit* encore.

ENCLORE. V. *Entourer.*

ENCORE, AUSSI. *Encore* a plus de rapport au nombre et à la quantité; sa propre énergie est d'ajouter et d'augmenter : quand il n'y en a pas assez, il en faut *encore*. « Non-seulement il est libéral, mais *encore* il est prodigue. » (Acad.) — *Aussi* tient davantage de la similitude et de la comparaison; sa valeur particulière est de marquer de la conformité et de l'égalité dans les choses. Lorsque le corps est malade, l'esprit l'est *aussi;* ce n'est pas seulement à Paris qu'il y a de la politesse, on en trouve *aussi* dans la province. (G.)

ENCOURAGER. V. *Exciter.*

EN DÉFINITIVE. V. *Définitivement.*

ENDROIT. V. *Lieu.*

ENDURANT, PATIENT. *Endurant,* qui *endure,* qui souffre avec constance des *duretés,* des injures, des outrages, des contradictions, des persécutions de la part des hommes. *Patient,* qui *pâtit,* qui souffre avec modération, avec douceur, sans agitation, sans murmure, quelque genre de peine que ce soit. *Patient* est le genre, *endurant* est l'espèce. — Il y a des personnes très-*patientes* à l'égard des maux qui leur arrivent par le cours de la nature, et fort mal *endurantes* à l'égard de ceux qui leur viennent de la main des hommes. La nature est sur nous, il faut bien nous résigner : les hommes sont nos frères; s'ils nous blessent, ils blessent ou notre cœur ou notre amour-propre. — Job qui, dans les plus terribles angoisses chante les louanges de Dieu, est *patient.* David qui, entendant les malédictions de Séméi, défend qu'on le punisse, est *endurant.* (R.)

On est souvent *endurant* par faiblesse, par crainte, par nécessité de position : on est toujours *patient* par raison, par modération, par longanimité, par vertu.

ENDURCIR. V. *Durcir.*

ENDURER. V. *Souffrir.*

EN EFFET. V. *Effectivement.*

ÉNERGIE, FORCE. La *force* est la puissance, la faculté d'agir, de produire un effet : l'*énergie,* en grec *energeia* (de *en,* dans, et *ergon,* ouvrage), est, dit l'Académie, la *force,* la vertu, la puissance agissante.

La *force* est dans la nature de la personne ou de la chose, et elle peut y rester à l'état latent. L'*énergie* est dans l'acte ou l'action, dans la manière dont la *force* agit, produit un effet : la même *force* agit avec plus ou moins d'*energie,* suivant les circonstances. Une personne moralement *forte,* c'est-à-dire qui a de la *force* d'âme, peut montrer cette *force* sans agir, comme par exemple, lorsqu'elle supporte stoïquement une grande infortune : ce n'est qu'en agissant, en manifestant au dehors la *force* active, qu'elle pourra montrer de l'*énergie.*

*Énergie* dit plus que *force :* non pas, comme le prétend Laveaux, parce que sans l'*énergie* la *force* serait nulle, ce qui est évidemment faux; mais parce que l'*énergie* est la *force* agissante, la faculté, la puissance, se manifestant à un très-haut degré dans l'œuvre, dans l'action, dans l'effet produit, et qu'en toute chose, c'est l'effet ou le résultat qui nous frappe le plus.

Les deux mots se disent en littérature et dans les arts, de l'expression des pensées ou des sentiments; et alors la nuance est encore la même. La *force* est dans la chose même, dans le fond : l'*énergie* est dans l'œuvre, dans la forme, c'est-à-dire dans la manière dont les pensées ou les sentiments sont rendus. C'est ce que reconnaît parfaitement Laveaux en se combattant lui-même : « La *force* d'un raisonnement, dit-il, existe dans le raisonnement même, indépendamment de la manière dont il est présenté, de la vivacité avec laquelle il est exprimé. Mais on dit l'*énergie* des expressions, et l'on entend par là, la manière plus ou moins vive avec laquelle les idées et les sentiments sont rendus par les expressions. Un style *fort* est un style où les idées sont enchaînées de manière qu'elles entraînent la conviction : « Un style *énergique* est celui où les idées et les sentiments sont peints de la manière la plus propre à faire impression ».

EN FACE. V. *Vis-à-vis*.

ENFANT, PUÉRIL. On applique la qualification d'*enfant* aux personnes, et celle de *puéril* à leurs discours ou à leurs actions. Ainsi l'on dirait d'un homme qu'il est *enfant*, et que tout ce qu'il dit est *puéril*. Le premier de ces mots désigne dans l'esprit un défaut de maturité; et le second, un défaut d'élévation. Un discours d'*enfant* est un discours qui n'a point de raison : un discours *puéril* est un discours qui n'a point de noblesse. Une conduite d'*enfant* est une conduite sans réflexion, qui fait qu'on s'amuse à des bagatelles, faute de connaître le solide : une conduite *puérile* est une conduite sans goût qui fait qu'on donne dans le petit, faute d'avoir des sentiments. (G.)

ENFANTILLAGE, PUÉRILITÉ. Ces deux mots ne se disent que des actions ou des discours d'enfant, qu'on peut reprocher à des personnes qui ne sont plus dans l'âge de l'enfance. — *Enfantillage* a plus de rapport aux actions; *puérilité* en a davantage aux discours. On dit faire des *enfantillages* et dire des *puérilités*. Un jeune homme qui s'amuse comme un enfant avec des joujoux, qui fait des badineries comme un enfant, fait des *enfantillages*. Un jeune homme qui, comme les enfants, tient des propos sans suite, sans raison, sans utilité, dit des *puérilités*. (L.)

ENFERMER, FERMER. V. *Fermer*.

ENFERMER, RENFERMER. *Renfermer*, dit l'Académie, c'est *enfermer* de nouveau : dans ce cas la préfixe *re* a un sens itératif (5, page 3). Mais elle a ordinairement un sens augmentatif : en effet *renfermer* se dit d'une clôture plus étroite que celle qui ne fait qu'*enfermer*. Ce dernier verbe signifie simplement mettre dans un lieu clos, ou, en parlant des personnes, ne pas laisser libre de sortir : *renfermer* marque plus de crainte que la chose ne soit enlevée ou que la personne ne s'échappe, et par conséquent plus de précautions prises.

ENFIN, A LA FIN, FINALEMENT. « *Enfin* annonce particulièrement, par une sorte de transition, la fin ou la conclusion d'un discours, d'un récit, d'un raisonnement. *A la fin* annonce la fin ou le résultat des choses, des affaires, des événements considérés en eux-mêmes. *Finalement* annonce un résultat final ou une conclusion finale. — *Enfin*, c'est mon plaisir, je veux me satisfaire. *Enfin* il résulte de là que la loi seule doit commander. Ce mot ne marque dans ces phrases et autres semblables, que la conclusion de quelque discours. — *A la fin*, tous les impôts retombent sur les propriétaires des terres. *A la fin*, tout périt. Cette locution désigne le résultat propre des choses, sans égard au discours. — Nos comptes sont *finalement* arrêtés. Cet adverbe indique une chose entièrement consommée. » (R.)

*Enfin* s'applique quelquefois aux choses, comme *à la fin:* mais alors *enfin* ne sert qu'à indiquer la lenteur avec laquelle le fait s'est produit après beaucoup d'attente et d'incertitude. « Vous attendiez un de vos convives, *enfin*, ou après un long temps, il arrive au milieu du festin ». (Roubaud.) *A la fin* marque le terme auquel aboutit une suite d'événements, surtout après des accidents contraires, des tergiversations, ou telles autres circonstances : « Vous aviez envoyé de toutes parts chercher le médecin, *à la fin*, ou après beaucoup de recherches, on l'a trouvé à la comédie. » (Id.)

ENFLÉ, GONFLÉ, BOUFFI, BOURSOUFLÉ. *Enflé* offre l'idée du fluide qui est *en, dans* le corps. *Gonflé* offre l'idée particulière d'une forte tension causée par une trop grande plénitude, ce semble, dans un corps vide qui a la capacité de contenir plus ou moins de matière. *Bouffi* offre l'idée d'une enflure grosse, mais avec quelque chose de flasque qui donne au corps un faux embonpoint, comme quand on enfle ou gonfle sa bouche, ses joues, pour souffler, bouffer. *Boursouflé* offre l'idée d'une enflure, surtout de la peau, du tégument, etc.; celle d'un corps qu'on *souffle* et d'une *bourse* qu'on emplit, ou autre chose semblable. — Le mot *enflé* est comme le genre à l'égard des autres mots : il se dit de tout corps qui reçoit une extension par des fluides. Un ballon est *enflé* par l'air qu'on y introduit : la voile est *enflée* par le vent : une jambe est *enflée* par une humeur. — Le mot *gonflé* convient proprement aux corps qui, dans le vide de leur capacité, reçoivent assez de matière pour s'enfler au point qu'ils semblent ne pouvoir pas en contenir davantage. Un ballon est *gonflé*, lorsqu'il est si *enflé* qu'on ne peut guère le *souffler* davantage. L'estomac, le ventre, les joues, sont *gonflés*, lorsque la peau en est fort tendue, ou que le volume en est extrêmement grossi; mais les mains, les jambes, les cuisses, *s'enflent* et ne *gonflent* point, parce qu'elles ne sont pas, comme les autres parties du corps, vides en dedans, et disposées pour contenir diverses matières. — Le mot *bouffi* ne s'applique qu'aux chairs, qui, par quelque indisposition, sont *enflées* de manière que l'on paraît être engraissé, mais toutefois avec un air malsain. Il se dit proprement du visage; mais on l'étend à toute l'habitude du corps. Après une maladie, on a souvent le visage *bouffi*. — Le mot *boursouflé* se dit proprement des choses que l'on souffle pour leur donner un gros volume; et, par analogie, de celles qui ont avec peu de matière tant de volume, qu'elles paraissent avoir été *soufflées*. Les pâtisseries légères qui ont beaucoup de volume avec peu de consistance, sont *boursouflées*. — Ces mots s'emploient dans des sens figurés; et ils nous présentent encore alors les mêmes nuances. Un homme plein de lui-même, d'orgueil, de vanité, de tout ce qui est, comme l'on dit, du vent, est *enflé, gonflé, bouffi*. L'homme *gonflé* et l'homme *bouffi* d'orgueil ou de vanité, sont très-*enflés* d'eux-mêmes : mais dans le premier, la vanité est révoltante, extravagante; dans le second, elle est sotte, puérile, pitoyable. — Un style est *enflé, bouffi, boursouflé;* mais il n'est pas *gonflé*. Le défaut du style *enflé*, dit Boileau, est de vouloir aller au delà du grand : c'est plutôt d'excéder la mesure naturelle du sujet. Le style est *bouffi*, lorsqu'il sort tout à fait du sujet, et qu'en affectant beaucoup de grandeur et de force, il décèle beaucoup de faiblesse et de lâcheté. Il est *boursouflé*, lorsqu'il n'est rempli que de mots, de grands mots vides de sens et d'idées. (R

ENFREINDRE. V. *Contrevenir*.

ENFUIR (S'). V. *Échapper* (*s'*).

ENGAGER. V. *Obliger*.

ENGAGER (S'). V. *Promettre*.

ENGLOUTIR. V. *Absorber*.

ENGRENAGE, ENGRENURE. Terme de mécanique désignant l'état des roues, des pignons qui engrènent. — « *Engrenage*, dit l'Académie, *disposition* de plusieurs roues qui engrènent les unes dans les autres. *Engrenure, position* respective de deux roues dont l'une engrène dans l'autre. » Le mot *engrenage* exprime donc, plus qu'*engrenure*, une idée d'ensemble, de combinaison (24, page 8).

EN HUMEUR (ÊTRE). V. *Être d'humeur*.

ENJOLIVEMENT, ENJOLIVURE. Ornement, ajustement, qui rend une chose plus jolie, qui l'embellit. — *Enjolivement* exprime un embellissement plus grand, plus important qu'*enjolivure* : « Ce dernier mot se dit des *enjolivements* que l'on fait à de certains petits ouvrages de peu de valeur ». (Acad.) De plus, *enjolivure* suppose toujours une opération manuelle (23, page 8); *enjolivement* a un sens plus général, et se dit très-bien des ornements de style, des traits d'esprit semés dans un ouvrage.

ENJOUÉ. V. *Gai*.

ENLEVER. V. *Lever*.

ENNEMI, ADVERSAIRE, ANTAGONISTE. Les *ennemis* cherchent à se nuire; ordinairement ils se haïssent, et le cœur est de la partie. Les *adversaires* font valoir leurs prétentions l'un contre l'autre; ils se poursuivent souvent avec animosité, mais l'intérêt a plus de part à leur conduite que leur cœur. Les *antagonistes* embrassent des partis opposés; ils se traitent quelquefois avec aigreur, mais leur éloignement ne vient que de leurs différentes façons de penser. — Les premiers font la guerre, veulent détruire, et portent leurs coups jusque sur la personne. Les seconds contestent, veulent s'approprier quelque chose et en priver le compétiteur; la cupidité est le motif le plus fréquent de leur désunion. Les troisièmes s'opposent réciproquement à leurs progrès, et veulent chacun avoir raison dans leurs disputes; le goût et les opinions sont presque toujours l'objet de leurs débats. (G.)

**ENNOBLIR.** V. *Anoblir.*

**ENNUYEUX, ENNUYANT, FASTIDIEUX.** « *Ennuyant*, dit Laveaux, doit être appliqué à une action ; la terminaison active *ant* indique cette action (40, page 12). *Ennuyeux* indique, par la terminaison *eux*, une qualité inhérente au sujet » (44, page 13). Condillac dit la même chose en ces termes : « Il me semble qu'on dit *ennuyant* en parlant d'une chose ou d'une personne au moment qu'elle ennuie, et qu'on dit *ennuyeux* quand on parle du caractère qui la rend propre à donner de l'ennui. Il est *ennuyant* signifie il ennuie actuellement ; il est *ennuyeux* signifie il est fait pour donner de l'ennui ».

Laveaux dit encore : « Une autre preuve qu'*ennuyeux* se dit d'une qualité particulière au sujet auquel on l'applique, c'est qu'on fait *ennuyeux* substantif, et qu'*ennuyant* ne l'est jamais ».

*Fastidieux* est aussi toujours adjectif ; il diffère des deux autres mots en ce qu'il ajoute à l'idée d'ennui celle de fatigue et de dégoût.

**ÉNONCÉ.** V. *Énonciation.*

**ÉNONCER, EXPRIMER.** *Énoncer*, du latin *enuntiare*, faire connaître, produire au dehors. *Exprimer*, d'*exprimere*, tirer le suc en pressant, rendre les traits de la chose, faire l'empreinte, représenter au naturel. Il est clair que ce dernier désigne, en matière de discours, de paroles, une image plus marquée, plus parfaite de l'idée que le premier, qui ne sert qu'à la déclarer et à la faire connaître. — Vous *énoncez* votre pensée en la rendant d'une manière intelligible : vous l'*exprimez* en la rendant d'une manière sensible. — L'*énonciation* suit l'idée : l'*expression* naît de l'idée clairement et fortement conçue. On s'*énonce* avec facilité, avec netteté, avec pureté, avec régularité, en bons termes, en termes choisis. On s'*exprime* de toutes ces manières, mais surtout avec force, chaleur, énergie, de façon à imprimer la chose dans l'esprit de l'auditeur. — Les écrivains vulgaires ne font qu'*énoncer* leurs idées ; leur style n'a point de caractère. Les vrais auteurs *expriment* leurs pensées ; ils ont un style, et c'est le leur. (R.)

**ÉNONCIATION, ÉNONCÉ.** L'*énonciation* est l'action d'énoncer (20, page 7) : ce mot se dit aussi des termes qu'on emploie pour énoncer quelque chose, et c'est dans ce sens seulement qu'il est synonyme d'*énoncé*. Mais *énonciation* se dit relativement à la personne qui énonce, à la forme qu'elle donne ou a donnée à l'expression de sa pensée ; en un mot, *énonciation* a rapport à toutes les circonstances qui se rattachent à l'action. *Énoncé* est un terme absolu désignant purement et simplement la chose *énoncée*, la chose considérée en elle-même : aussi ce substantif ne se qualifie que par rapport à la chose : *Un simple énoncé, un faux énoncé.*

**ÉNORME.** V. *Grand.*

**EN PERSONNE.** V. *Personnellement.*

**EN PUBLIC, PUBLIQUEMENT.** V. *Secrètement.*

**ENQUÉRIR (S'), S'INFORMER.** *S'enquérir*, c'est faire des enquêtes ou des recherches plus ou moins diligentes, curieuses, étendues ou profondes, pour acquérir la connaissance, une connaissance ample ou exacte, ou même la certitude de la chose. *S'informer*, c'est seulement chercher, demander des lumières, des éclaircissements pour savoir ce qui est. — *S'enquérir* dit plus que *s'informer*; comme *quérir* dit plus que chercher, *requérir* que demander, etc. *S'enquérir*, en latin *inquirere*, c'est scruter, fouiller en dedans, dans le fond, *intùs quærere*, comme le remarquent les vocabulistes. En demandant une chose à quelqu'un on s'en *informe*; en la demandant à plusieurs personnes pour juger par leurs témoignages comparés, ou en pressant ou poursuivant de questions une personne instruite, on *s'enquiert*. Ainsi, celui qui questionne *s'enquiert*; celui qui demande *s'informe*. A force de *s'enquérir*, on découvre; à force de *s'informer*, on apprend. (R.)

**ENSANGLANTÉ.** V. *Sanglant*.

**EN SECRET.** V. *Secrètement*.

**ENSEIGNER, APPRENDRE, INSTRUIRE.** Donner l'enseignement, l'instruction. *Enseigner* se dit des choses de l'esprit; *apprendre*, des beaux-arts, des arts d'agrément, des exercices du corps ou de la main; *instruire*, de ce qui a rapport à l'éducation morale. On *enseigne* à quelqu'un les langues, les lettres, les sciences, la méthode : on lui *apprend* la musique, le dessin, la peinture, l'escrime, l'équitation, la gymnastique, l'écriture, un métier : on l'*instruit* sur la religion, sur ses devoirs, sur les règles de conduite dans le monde, etc.

**ENSEMBLE, A LA FOIS.** *Ensemble* signifie de compagnie, les uns auprès des autres, les uns avec les autres. Tous les chevaux sont *ensemble* dans la même écurie; ils partiront *ensemble*, de compagnie. — *A la fois* signifie en même temps. Deux fusils partent *à la fois* et ne partent pas *ensemble*. — *Ensemble* indique une certaine liaison entre les choses; *à la fois* n'indique qu'un rapport de temps. Deux livres qui sont à côté l'un de l'autre dans une bibliothèque, sont *ensemble* sur le même rayon; ils tombent *ensemble*, lorsque dans leur chute ils s'accompagnent et restent près l'un de l'autre, ou l'un sur l'autre. Deux livres qui sont éloignés l'un de l'autre peuvent tomber *à la fois*, c'est-à-dire dans le même moment; mais ils ne peuvent pas tomber *ensemble*, puisqu'ils n'étaient pas *ensemble* avant de tomber, et qu'ils n'y sont pas davantage en tombant. (L.)

**ENSEMENCER.** V. *Semer*.

**ENSUITE.** V. *Après*.

**ENTASSER.** V. *Amasser*.

**ENTENDEMENT.** V. *Esprit*.

**ENTENDRE, COMPRENDRE, CONCEVOIR.** *Entendre* a rapport au matériel du discours; on n'*entend* pas un discours, on ne se fait pas des idées conformes à ce qu'il présente, lorsqu'on ne donne pas aux termes la même valeur que leur donne celui qui nous parle, ou dont nous lisons l'ouvrage; lorsqu'on ne saisit pas les vrais rapports grammaticaux des phrases, des expressions entre elles. — *Comprendre* a rapport aux idées qui sont présentées. C'est apercevoir la liaison des idées dans un jugement, la liaison des propositions dans un raisonnement. On ne *comprend* pas un raisonnement, lorsqu'on ne saisit pas la liaison logique des propositions qui le composent. — *Concevoir* a rapport à l'ordre, au dessein, au plan de la chose qui nous est présentée. On ne *conçoit* pas un projet, lorsqu'on ne se fait pas une idée juste de l'ordre, du dessein, des effets des choses qui sont présentées à notre esprit et des rapports de leurs diverses parties. (L.)

*Entendre* s'applique très-bien aux circonstances du discours, au ton dont on parle, au tour de la phrase, à la délicatesse des expressions; tout cela *s'entend*. *Comprendre* paraît mieux convenir en fait de principes, de leçons, de connaissances spéculatives; ces choses se *comprennent*. *Concevoir* s'emploie avec grâce pour les formes, les arrangements, les projets, les plans; enfin tout ce qui dépend de l'imagination se *conçoit*. — Il est difficile d'*entendre* ce qui est énigmatique, de *comprendre* ce qui est abstrait, et de *concevoir* ce qui est confus. (G.)

ENTENDRE, ÉCOUTER, OUIR. *Entendre*, c'est être frappé des sons : *écouter*, c'est prêter l'oreille pour les *entendre*. Quelquefois on n'*entend* pas, quoiqu'on *écoute*; et souvent on *entend* sans *écouter*. *Ouïr* n'est guère d'usage qu'à l'infinitif, au passé défini et au temps composés du participe passé; il diffère d'*entendre*, en ce qu'il marque une sensation plus confuse : on a quelqefois *ouï* parler sans avoir *entendu* ce qui a été dit. — Il est souvent à propos de feindre de ne pas *entendre*. Il est malhonnête d'*écouter* aux portes. Pour répondre juste, il faut avoir *ouï* distinctement. (G.)

ENTENDU. V. *Adroit*, *capable*.

ENTERRER. V. *Inhumer*.

ENTERREMENT. V. *Funérailles*.

ENTÊTÉ. V. *Têtu*.

ENTÊTEMENT. V. *Fermeté*.

ENTÊTER. V. *Infatuer*.

ENTHOUSIASME, EXALTATION. Tous deux expriment une grande activité, un transport de l'âme ou de l'esprit, excité par quelque chose de grand, de beau, de noble, d'élevé, de puissant. Mais l'*enthousiasme* n'est qu'un élan momentané, et le plus souvent, il est produit par une cause extérieure qui a touché vivement notre âme : l'*exaltation* est un état mental d'une plus longue durée ou même habituel, et dont la cause est dans les idées, dans l'esprit lui-même.

L'un et l'autre se passionnent vivement et sont sous l'influence active de l'imagination; mais l'*enthousiasme* est une sorte d'inspiration qui donne une plus grande puissance aux facultés de l'esprit; l'*exaltation* est une sorte de fièvre morale qui trouble ou égare ces facultés, presque toujours au delà des bornes de la raison. On dit l'*enthousiasme* poétique, *l'enthousiasme* guerrier; et *l'exaltation* religieuse, *l'exaltation* des fanatiques.

**ENTIER, COMPLET.** Une chose est *entière*, lorsqu'elle n'est ni mutilée, ni brisée, ni partagée, et que toutes ses parties sont jointes ou assemblées de la façon dont elles doivent l'être. Elle est *complète*, lorsqu'il ne lui manque rien, et qu'elle a tout ce qui lui convient. Le premier de ces mots a plus de rapport à la totalité des portions qui servent simplement à constituer la chose dans son intégrité essentielle. Le second en a davantage à la totalité des portions qui contribuent à la perfection accidentelle de la chose. — Les bourgeois, dans les provinces, occupent des maisons *entières*; à Paris, ils n'ont pas toujours des appartements *complets*. (G.)

**ENTIÈREMENT, EN ENTIER, TOTALEMENT, EN TOTALITÉ.** *Entièrement* modifie le verbe, l'action exprimée par le verbe : *en entier* modifie la chose, l'objet sur lequel tombe cette action (61, page 20). Quand vous avez fait *entièrement* une chose, la chose est faite *en entier*; vous n'avez plus rien à faire et il n'y a plus rien à y faire. J'ai lu *entièrement* cet ouvrage, c'est-à-dire que ma lecture est achevee. Je l'ai lu *en entier*, c'est-à-dire que j'ai lu l'ouvrage tout entier. — L'adverbe suppose une action divisible en plusieurs degrés d'efficacité ou d'énergie : la phrase adverbiable suppose une chose divisible en plusieurs parties qui doivent former un tout complet. Vous avez *entièrement* compté une somme; la somme est *en entier* dans le sac. La peste a cessé *entièrement*, et non *en entier*. La peste en elle-même ne se divise pas comme un tout qui a plusieurs parties; mais son cours ou son action a plus ou moins de force, et passe par divers degrés d'affaiblissement jusqu'à son entière cessation. — *En entier* indiquera aussi ce qui se fait tout à la fois, en un seul coup, par un seul acte, tout ensemble; tandis qu'*entièrement* désigne une succession d'actes, ou une action dont les influences divisées se portent sur divers objets. Une ville est *entièrement* engloutie par plusieurs secousses de tremblement de terre : par une seule ouverture subite de la terre, elle est engloutie *en entier*. (R.)

Il en est des expressions *totalement* et *en totalité* comme des deux autres : *totalement* modifie l'action et a rapport à l'agent; *en totalité* a rapport à l'objet.

**ENTOURAGE.** V. *Entours* (*les*).

**ENTOURER, ENVIRONNER, ENCEINDRE, ENCLORE.** *Enclore*, c'est enfermer une chose comme dans un rempart, former tout autour une *clôture*, de manière qu'elle soit cachée, défendue. Un parc est *enclos* de murs, pour que les personnes n'y entrent pas, et que le gibier n'en sorte point. Ce verbe ne se dit qu'au propre. — *Enceindre*, c'est renfermer une chose dans une *enceinte*, l'*entourer* dans toute sa circonférence, comme d'une ceinture, de manière que n'étant nulle part ouverte ou découverte, d'un côté ses limites soient fixées, et de l'autre son accès soit défendu. Ce mot, peu usité, ne se dit que d'une étendue assez considérable. Une ville est *enceinte* de murailles, on fait *enceindre* de fossés une forêt. La *clôture* est permanente et à demeure; l'*enceinte* peut être mobile et seulement tracée. — Les idées distinctives des deux verbes précédents sont bien marquées. Il n'en est pas de même d'*environner* et d'*entourer* : leur étymologie ne donne que l'idée générale et commune de mettre une chose autour d'une autre, de former un cercle autour de celle-ci, de la revêtir ou enfermer dans toute sa circonférence. On *entoure* et on *environne* une ville de murs; et l'on dira de même *enceindre* et *enclore* une ville. — Je serais disposé à croire que ce qui *entoure* touche de plus près à la chose qu'il *entoure*, qu'il forme tout autour une chaîne plus serrée, qu'il a des rapports plus étroits avec elle; tandis que ce qui *environne* peut être plus ou moins éloigné, plus vague, moins continu, plus détaché et plus indépendant de ce qu'il *environne*. Je me fonde sur certaines façons de parler usitées : un anneau *entoure* le doigt; un bracelet *entoure* le bras; une bordure *entoure* un tableau; mais les cieux *environnent* la terre; des places fortes *environnent* un État, etc. — Ainsi ce qui est *autour* d'une chose en est tout près; mais *environ* ne signifie qu'à peu près; les *alentours* ne s'étendent pas aussi loin que les *environs*. La chose *entourée* est comme le centre de ce qui l'*entoure*; la chose *environnée* n'a nécessairement qu'un rapport de position avec ce qui l'*environne*. — Ces mots s'emploient également au figuré : *entourer* s'y renfermera dans un cercle plus étroit, et il indiquera des rapports plus intimes; *environner*, plus libre et plus pompeux, embrassera un champ plus vaste, et conviendra surtout dans les grandes images. L'homme est *environné* de misères; le pauvre en est *entouré*. (R.)

ENTOURS (LES), LES ALENTOURS, L'ENTOURAGE. Ces mots signifient également les personnes dont on est entouré. Mais l'expression *les entours* dit quelque chose de plus intime et de plus habituel que *les alentours* : *les entours* de quelqu'un, c'est sa famille, au milieu de laquelle il vit, et ses amis les plus intimes; ses *alentours* sont les personnes qu'il fréquente, qui sont en liaison avec lui, ses connaissances, ceux que l'on appelle légèrement des amis. L'*entourage* est l'ensemble des *entours* et des *alentours* (24, page 8).

ENTRAILLES. V. *Viscères*.

ENTRAINER. V. *Traîner*.

ENTREMISE, MÉDIATION. L'*entremise* est l'action d'une personne qui, possédant la confiance de deux autres personnes éloignées l'une de l'autre, fait connaître à l'une et à l'autre leurs intentions respectives, et propose ou fait réussir entre elles quelque affaire à leur satisfaction réciproque. — La *médiation* est l'action d'une personne qui travaille à rapprocher l'une de l'autre, ou les unes des autres, d'autres personnes divisées par des prétentions, des passions ou des sentiments opposés, et à opérer une conciliation qui fasse cesser entre elles toute querelle, tout débat, toute contestation, toute mésintelligence. — On propose son *entremise* pour commencer ou conduire une affaire. On propose sa *médiation* pour faire cesser des guerres, des inimitiés, des procès, etc. (L.)

ENTREPRISE. V. *Projet*.

ENTRETENIR, FOMENTER. *Entretenir* signifie simplement faire qu'une chose continue d'être, de subsister dans l'état où elle est. *Fomenter* ajoute à cette idée celle de fournir le principe qui fait que la chose est ce qu'elle est. Ces deux mots se prennent en bonne ou en mauvaise part. On *entretient* l'amitié, la concorde, par la douceur, par la complaisance; on la *fomente* par des services essentiels et extraordinaires. On *entretient* des troubles en laissant subsister les causes qui les ont produits et qu'on pourrait détruire; on la *fomente* en donnant à ces causes plus de force, plus d'activité, plus d'énergie. (L.)

ENTRETIEN. V. *Conversation*.

ENVAHIR. V. *Usurper*.

EN VAIN. V. *Vainement*.

ENVIE, JALOUSIE. Voici les nuances par lesquelles ces mots diffèrent : 1° On est *jaloux* de ce qu'on possède, et *envieux* de ce que possèdent les autres; c'est ainsi qu'un prince est *jaloux* de son autorité. La *jalousie* est donc en quelque sorte juste et raisonnable, puisque, suivant l'expression de La Rochefoucauld, elle ne tend qu'à conserver un bien qui nous appartient, ou que nous croyons nous appartenir; au lieu que l'*envie* est une fureur qui ne peut souffrir le bien des autres. — 2° Quand ces deux mots sont relatifs à ce que possèdent les autres, *envieux* dit plus que *jaloux*. Le premier marque une disposition habituelle et de caractère; l'autre peut désigner un sentiment passager : le premier désigne aussi un sentiment actuel plus fort que le second. On peut être quelquefois *jaloux*, sans être naturellement *envieux* : la *jalousie*, surtout au premier mouvement, est un sentiment dont on a quelquefois peine à se défendre; l'*envie* est un sentiment bas, qui ronge et tourmente celui qui en est pénétré. La *jalousie*, dit Duclos, est l'effet du sentiment de nos désavantages comparés au bien de quelqu'un : quand il se joint à cette *jalousie* de la haine et une volonté de vengeance dissimulée par faiblesse, c'est *envie*. (B.)

ENVIER, AVOIR ENVIE. Nous *envions* aux autres ce qu'ils possèdent; nous voudrions le leur ravir. Nous *avons envie* pour nous de ce qui n'est pas en notre possession; nous voudrions l'avoir. Le premier est un mouvement de jalousie ou de vanité : le second l'est de cupidité ou de volupté. — Les subalternes *envient* l'autorité des supérieurs. Les enfants *ont envie* de tout ce qu'ils voient. — Il me paraît qu'on se sert plus à propos d'*envier* pour les avantages personnels et généraux; mais qu'*avoir envie* va mieux pour les choses particulières et détachées de la personne. Ainsi l'on dit *envier* le bonheur de quelqu'un, et *avoir envie* d'un mets. (G.)

ENVIE (AVOIR), VOULOIR. V. *Vouloir.*

ENVIRONNER. V. *Entourer.*

ENVOYÉ. V. *Ambassadeur.*

ÉPAIS. V. *Dense.*

ÉPANCHEMENT, EFFUSION. *Épancher*, verser en *penchant*, en inclinant doucement, répandre goutte à goutte. *Effusion*, écoulement abondant, débordement, profusion, prodigalité. — L'*effusion* est donc plus vive, plus abondante, plus continue que l'*épanchement* : par une meurtrissure, il se fait un *épanchement* de sang; il y en aura *effusion* par une large plaie. — Ces mots conservent leur différence au figuré. On dit souvent l'*épanchement* et l'*effusion* du cœur. Un cœur sensible cherche à se soulager par des *épanchements* : un cœur trop plein cherche à se décharger par des *effusions*. Les passions douces et discrètes se communiquent par des *épanchements* : les passions violentes et impétueuses se répandent par des *effusions*. (R.)

ÉPANDRE, RÉPANDRE. *Épandre* marque l'action simple, faite lentement ou doucement; il est d'ailleurs d'un usage peu fréquent, et il se dit le plus ordinairement d'un fleuve ou d'une rivière qui étend paisiblement ses eaux. Il s'emploie figurément, et réveille l'idée d'une action bienfaisante. *Repandre* marque une action plus forte ou plus vive, une disposition plus grande, une effusion faite de tous côtés ou de haut (5, page 3).

ÉPARGNE. V. *Économie.*

ÉPIER, ESPIONNER, GUETTER. *Épier* et *espionner* signifient l'un et l'autre observer secrètement et adroitement les actions, les discours d'autrui, ou ce qui se passe en quelque lieu : mais on *épie* ce que l'on soupçonne, et dans le but de s'en assurer; on *espionne* pour apprendre ce que l'on ignore entièrement ou dont on n'a qu'une connaissance imparfaite. En outre, et c'est là ce qui distingue le mieux ces deux actions, celui qui *espionne* trompe sur ses intentions et même sur sa qualité, et il n'observe que pour faire un rapport à l'homme qui l'emploie et le paie.

*Guetter*, c'est observer d'un lieu où l'on s'est porté dans le dessein de surprendre ou simplement d'attendre quelqu'un : « Le chat *guette* la souris; les voleurs *guettent* les passants; un créancier *guette* son débiteur pour lui demander de l'argent ». (Acad.)

ÉPITHÈTE, ADJECTIF. L'*épithète* et l'*adjectif* se joignent au substantif pour en modifier l'idée principale par des idées secondaires : mais l'idée de l'*adjectif* est nécessaire, elle sert à déterminer et compléter le sens de la proposition; et l'idée de l'*épithète* n'est souvent qu'utile, elle sert à l'agrément et à l'énergie du discours. Retranchez d'une phrase l'*adjectif*, elle est incomplète, ou plutôt c'est une autre proposition : retranchez-en l'*épithète*, la proposition pourra rester entière, mais déparée ou affaiblie. *L'esprit* chagrin *attriste en quelque sorte les objets les plus riants : la* pâle *mort frappe également du pied à la porte des cabanes et à celle des palais.* Supprimez dans la première phrase l'adjectif *chagrin*, elle n'a plus de sens : supprimez dans la seconde l'épithète *pâle*, le sens reste, mais l'image est décolorée. (R.)

ÉPOUVANTABLE. V. *Affreux.*

ÉPOUVANTE. V. *Appréhension.*

ÉPOUX. V. *Mari.*

ÉPREUVE. V. *Expérience.*

ÉPURATION, ÉPURER. V. *Dépuration.*

ÉPURER, PURGER. V. *Purger.*

ÉQUIPAGE. V. *Train.*

ÉQUITÉ. V. *Justice.*

ÉQUIVOQUE. V. *Ambiguïté.*

ERRER, VAGUER. *Errer*, c'est aller çà et là, sans suivre de route certaine. *Vaguer*, c'est *errer* d'une manière vague et vaine, à l'aventure, sans suivre aucune route déterminée, sans s'arrêter nulle part, sans but, sans dessein, sans raison, sans retenue. Des peuples *errants* ne se fixent nulle part; ils changent souvent de lieu : des peuples *vagabonds* ne s'arrêtent pas; ils sont, pour ainsi dire, toujours en course, sans fixer un terme à leurs mouvements. — Quand on *erre*, on est tantôt dans un endroit, tantôt dans un autre; quand on *vague*, on est partout, on n'est nulle part. L'homme égaré *erre* : l'homme oisif *vague* : sans boussole vous *errez* ; au gré des vents, vous *vaguez*. — Avec de l'inconstance, on *erre* : avec de la légèreté on *vague*. L'esprit *erre* d'objet en objet, de pensée en pensée : l'imagination *vague* au loin, et de la manière la plus disparate, de rêveries en chimères. (R.)

ERREUR. V. *Bévue.*

ÉRUDIT, DOCTE, SAVANT. L'*érudit* et le *docte* savent des faits dans tous les genres de littérature : l'*érudit* en sait beaucoup; le *docte* les sait bien. Le *docte* et le *savant* connaissent avec intelligence : le *docte* connaît des faits de littérature, qu'il sait appliquer; le *savant* connaît des principes, dont il sait tirer les conséquences. — Une bonne mémoire et de la patience dans l'étude suffisent pour former un *érudit* : ajoutez-y de l'intelligence et de la réflexion, vous aurez un homme *docte* : appliquez celui-ci à des matières de spéculation et de sciences, et donnez-lui de la pénétration, vous en ferez un *savant*. Si l'on peut employer indifféremment les termes d'*érudit* et de *docte*, c'est lorsqu'on ne veut indiquer que l'objet du savoir, sans rien dire de la manière dont on sait. Si les termes de *docte* et de *savant* peuvent être pris l'un pour l'autre, c'est lorsqu'on ne veut désigner que la manière intelligente et raisonnée dont ils savent, et que l'on fait abstraction de l'objet du savoir. Mais les termes d'*érudit* et de *savant* ne peuvent jamais se mettre l'un pour l'autre; parce qu'ils diffèrent en tout point, et par l'objet et par la manière : cette différence est si grande, que *savant* est toujours un éloge, au lieu que l'on dit quelquefois par une sorte de mépris, qu'un homme n'est qu'un *érudit.* — Ces trois termes se disent des personnes ; mais il n'y a que *docte* et *savant* qui se disent des ouvrages. On dit d'un livre qui contient beaucoup de faits de littérature et grand nombre de citations, non pas qu'il est *érudit*, mais qu'il est rempli d'*érudition*. On dit un *docte* commentaire pour marquer que l'*érudition* y est employée avec discrétion et avec intelligence. Un ouvrage est *savant*, quand on y traite les grands principes des sciences rigoureuses, ou qu'on les y emploie pour la fin particulière que l'on se propose. (B.)

ESCALIER, DEGRÉ, MARCHE. L'*escalier* est proprement la partie d'un bâtiment qui sert à monter et à descendre ; un *degré* est l'une de ces parties égales de l'*escalier* qui sont élevées les unes au-dessus des autres. — *Degré* est encore synonyme de *marche*. Mais le premier est plus propre à indiquer la hauteur de l'une de ces divisions égales dans l'*escalier*, et le second convient mieux pour marquer le giron de chacune de ces divisions. Ainsi les *degrés* sont égaux ou inégaux, selon que les hauteurs sont égales ou inégales; et les *marches* sont égales ou inégales, selon que les girons en sont également ou inégalement étendus. On monte les *degrés*, et l'on se tient sur les *marches*. (B.)

ESCLAVAGE. V. *Servitude*.

ESCLAVE. V. *Captif*.

ESCORTER. V. *Accompagner*.

ESCROC, ESCROQUEUR. Le mot *escroc* a formé le verbe *escroquer*, et de ce verbe est venu *escroqueur*. Cette considération suffit pour faire distinguer ces deux mots : *escroc* exprime la qualité vicieuse du sujet; *escroqueur* le représente agissant (40, page 12). Ce dernier, comme le remarque l'Académie, ne s'emploie guère qu'avec un complément.

ESPACE, INTERVALLE, DISTANCE. *Espace*, terme de philosophie, est le nom de l'étendue indéfinie. Dans ses applications usuelles, ce mot désigne presque toujours une étendue limitée et ordinairement superficielle : « Ce bois occupe l'*espace* d'une lieue ». (Acad.) Ainsi quand on dit *espace*, on considère au moins deux des trois dimensions de l'étendue; tandis qu'*intervalle* et *distance* n'ont rapport qu'à une seule dimension, longueur ou largeur, ou bien hauteur ou profondeur.

Lorsque *espace* se dit du temps, on considère, dans toutes les parties de son étendue et dans son ensemble, la durée indiquée : « Ce travail a été fait dans l'*espace* de six mois ». *Intervalle* et *distance* ne représentent jamais que l'image de deux points séparés et qui ne sont joints que mentalement par une ligne idéale.

*Intervalle* exprime une idée de vide, de manque, d'interruption, soit dans l'*espace*, soit dans la durée. « Lorsqu'on range une armée en bataille, on laisse certains *intervalles* entre les bataillons. Cette comète ne reparaît qu'à de longs *intervalles*. » (Acad.) *Distance* exprime une idée d'éloignement plus ou moins grand entre deux points de l'*espace* ou entre deux époques : « Le général tenait toujours l'ennemi à *dis-*

*tance*. Il y a une *distance* de six lieues entre ces deux villes. Du siége de Troie à la naissance de Jésus-Christ, il y a une *distance* d'environ douze siècles». (Acad.) Mais *distance* est peu usité dans ce dernier sens.

ESPÉRANCE. V. *Espoir*.

ESPÉRER, ATTENDRE. *Espérer* signifie à la lettre voir en avant, dans l'avenir, et par une restriction reçue, prévoir quelque chose d'heureux. *Attendre*, signifie être *attentif*, avoir l'esprit *tendu* vers ce qui doit arriver. — Ainsi *espérer* indique primitivement un acte de *prévoyance*; et *attendre*, une continuité d'*attention*. On *espère*, on se flatte, on aime à croire qu'une chose arrivera : on *attend* ce qui doit arriver, on y songe, on s'en occupe. On *espère* donc le succès; on *attend* l'événement. Le succès qu'on *espère* est un succès heureux; l'événement qu'on *attend* peut être heureux ou malheureux. On *attend* l'événement même, de même qu'on *espère* le succès en lui-même. Un accusé *espère* un jugement favorable; il *attend* son jugement. — On *espère* même contre toute espérance: *espérer* ne désigne donc pas nécessairement une confiance appuyée sur quelque motif, comme l'a dit l'abbé Girard; l'*espérance* est même assez loin de la confiance. On *attend* ce qu'on a lieu de croire qui sera : l'*attente* est donc accompagnée ou plutôt elle est fondée sur la confiance. On *espère* ce qu'on désire; on *attend* ce qu'on croit. On *espère* gagner à la loterie; et on *attend* impatiemment qu'elle se tire. On *attend* le jour; on *espère* qu'il sera beau. Vous *espérez* un service de quelqu'un; vous l'*attendez* d'un ami. — Ce n'est donc pas précisément une grâce ou une faveur qu'on *espère* plutôt, comme l'a encore avancé l'abbé Girard; mais on *espère* un bien incertain, et l'on *attend* une chose ou nécessaire ou très-probable. Vous *espérez* une grâce ou une récompense avant qu'on vous l'ait promise; après qu'on vous l'a promise, vous l'*attendez*. (R.)

ESPION. V. *Émissaire*.

ESPIONNER. V. *Épier*.

ESPOIR, ESPÉRANCE. *Espoir* n'indique qu'un sentiment peut-être passager, une disposition actuelle; tandis qu'*espérance* désigne plutôt une disposition habituelle, un état ou une modification plus ou moins constante (25, page 8). L'*espérance* fait des actes; elle habite pour ainsi dire en nous; tandis que nous n'avons souvent qu'un *espoir* léger, instantané, qui passe, qui s'éclipse comme une lueur, un éclair. L'*espérance* s'étend sur tous les genres de bien que nous désirons obtenir, avec plus ou moins de penchant à croire que nous les obtiendrons. L'*espoir* s'adresse proprement à cette sorte de biens dont nous désirons ardemment la possession, et dont la privation serait pour nous un malheur. Le désir et la crainte qui accompagnent l'*espoir*, sont toujours plus ou moins vifs; il n'en est pas toujours de même dans l'*espérance*. L'*espoir*, tout détruit, mènerait au désespoir : l'*espérance*, trompée, ne nous laisse souvent dans le cœur qu'un sentiment de peine. (R.)

Ajoutons que l'*espérance*, toujours moins vive que l'*espoir*, repose sur des bases bien plus assurées.

**ESPRIT, RAISON, BON SENS, JUGEMENT, ENTENDEMENT, CONCEPTION, INTELLIGENCE, GÉNIE.** Le sens littéral d'*esprit* est d'une vaste étendue : il renferme même tous les divers sens des autres mots qui lui sont joints ici en qualité de synonymes ; et par conséquent il est le fondement du rapport et de la ressemblance qu'ils ont entre eux. Mais ce mot a aussi un sens particulier et d'un usage moins étendu qui le distingue, et en fait une des différences comprises sous l'idée commune : c'est selon cette idée particulière qu'il est ici placé, défini et caractérisé. — L'*esprit* est fin et délicat ; mais il n'est pas incompatible avec un peu de folie ou d'étourderie : ses productions sont brillantes, vives et ornées ; son propre est de donner du tour à ce qu'il dit, et de la grâce à ce qu'il fait. La *raison* est sage et modérée ; elle ne s'accommode d'aucune extravagance ; tout ce qu'elle fait ne sort point de la règle ; ses discours sont convenables au sujet qu'elle traite, et ses actions ont toute la décence qu'exigent les circonstances. Le *bon sens* est droit et sûr ; son objet ne va pas au delà des choses communes ; il empêche d'être la dupe des charlatans et des fripons ; et il ne donne ni dans le ridicule du langage affecté, ni dans le travers de la conduite capricieuse. Le *jugement* est solide et clairvoyant ; il bannit l'air imbécile et nigaud, met aisément au fait des choses, parle et agit en conséquence de ce qu'on dit et de ce qu'on propose. La *conception* est nette et prompte ; elle épargne les longues explications, donne beaucoup d'ouverture pour les sciences et pour les arts, met de la clarté dans les expressions et de l'ordre dans les ouvrages. L'*intelligence* est habile et pénétrante ; elle saisit les choses abstraites et difficiles, rend les hommes propres aux divers emplois de la société civile, fait qu'on s'énonce en termes corrects et qu'on exécute régulièrement. Le *génie* est heureux et fécond ; c'est plus un don de la nature qu'un ouvrage de l'éducation : quand on a soin de le cultiver, on en est toujours récompensé par le succès ; il met du caractère et du goût dans tout ce qui part de lui [1]. — La bêtise est l'opposé de l'*esprit* ; la folie l'est de la *raison* ; la sottise l'est du *bon sens* ; l'étourderie l'est du *jugement* ; la stupidité l'est de la *conception* ; l'incapacité l'est de l'*intelligence*. (G.)

**ESPRIT FAIBLE.** V. *Ame faible.*

**ESPRIT (OUVRAGE D'), OUVRAGE DE L'ESPRIT.** « Tout ce que les hommes inventent dans les sciences et dans les arts, est un *ouvrage de l'esprit* : les compositions ingénieuses des gens de lettres, soit en prose, soit en vers, sont des *ouvrages d'esprit*. On entend par *ouvrage de l'esprit* un ouvrage de la raison et de cette intelligence qui distingue

1. Ce qui distingue essentiellement le *génie* des autres facultés qui lui sont comparées dans cet article, c'est qu'il invente, qu'il crée, et qu'il est lui-même.

l'homme de la bête : on entend par *ouvrage d'esprit* un ouvrage de la raison polie et de cette fine intelligence qui distingue un homme d'un homme. » (Bh.)

*Ouvrage d'esprit* ne se dit que des compositions littéraires dans lesquelles l'auteur a fait preuve d'esprit ou d'un véritable talent d'écrivain : on ne le dirait pas d'un ouvrage purement scientifique, tel qu'un traité de géométrie ou de mécanique, ni même d'un écrit littéraire où feraient défaut l'esprit et le talent.

ESQUISSE, ÉBAUCHE. L'*esquisse* n'est que le canevas, les premiers traits d'une composition : l'*ébauche* est un commencement d'exécution de l'œuvre.

« Ainsi, quand on dit d'un tableau, J'en ai vu l'*esquisse*, on fait entendre qu'on en a vu le premier trait au crayon ; et quand on dit, J'en ai vu l'*ébauche*, on fait entendre qu'on a vu le commencement de son exécution en couleur. » (*Enc.*)

ESSAI. V. *Expérience*.

ESSOR. V. *Vol, volée*.

EST. V. *Levant*.

EST NÉCESSAIRE (IL). V. *Il faut*.

EST (C') POURQUOI. V. *Ainsi*.

ESTIMER. V. *Apprécier*.

ÉTABLIR. V. *Fonder*.

ÉTAT. V. *Condition* et *Situation*.

ÉTERNEL. V. *Perpétuel*.

ÉTONNER, ETONNEMENT. V. *Surprendre*.

ÉTOUFFER, SUFFOQUER. *Étouffer*, c'est arrêter la respiration soit en privant d'air, soit en empêchant le jeu des poumons par une forte pression extérieure. *Suffoquer*, c'est, proprement, boucher le canal de la respiration : un objet qui obstrue l'orifice de la trachée artère, un embarras dans les bronches, *suffoquent*.

On dit, par exagération, que l'on *étouffe*, lorsqu'un air très-dense et chargé de gaz acide carbonique rend la respiration difficile. *Suffoquer* se dit ordinairement du manque de respiration qui arrive par quelque cause intérieure ou par l'effet d'une vapeur nuisible : « Un catarrhe l'a *suffoqué*. La douleur le *suffoquait* et lui ôtait la parole. Les larmes, les sanglots le *suffoquent*. Être *suffoqué* par la vapeur du soufre ». (Acad.) On dit aussi qu'un air brûlant *suffoque*, et, par exagération, *suffoquer* de colère, d'indignation ; c'est-à-dire être animé d'une vive colère, d'une vive indignation que l'on renferme avec effort au dedans de soi.

ÉTOURDIMENT, A L'ÉTOURDIE. V. *Aveuglément*.

ÊTRE, EXISTER, SUBSISTER. *Être* est le terme général exprimant une idée renfermée dans la signification des deux autres mots. Employé absolument, il marque l'existence essentielle, ou l'existence au moment où elle se produit : « Dieu *est*. Dieu dit : que la lumière *soit*, et la lumière *fut*. »

*Être* exprime aussi l'existence morale, et c'est pour cela qu'il joint l'attribut au sujet : « Dieu *est* tout-puissant. »

*Exister* affirme expressément et avec force qu'une chose *est*, qu'elle a la propriété d'*être :* « Ce qui frappe nos sens *existe* ». Il se dit non-seulement des substances réelles, mais de toutes choses, même d'une pure conception de notre esprit : « Il *existait* un complot ». (Acad.)

*Subsister*, c'est continuer à *être*, à rester debout *sous* (*sub*, 14, page 5) les atteintes auxquelles l'objet a pu jusqu'à présent résister ; c'est ne pas avoir été détruit, mais *exister* encore. *Subsister* emporte donc une idée de durée continue, sous l'action d'une cause de destruction qui pourtant ne change pas l'objet au point de le rendre méconnaissable : « La plus grande partie du Colisée *subsiste* encore ». (Acad.) Il signifie aussi demeurer en force, en vigueur (en latin *vigere*), et se dit, dans ce sens, des lois, des coutumes, des traités, des propositions que l'on avance et autres choses semblables : « Cette loi *subsiste* encore. Tandis que les traités *subsisteront*. L'amitié ne peut *subsister* sans l'estime ». (Acad.)

*Exister* exprime aussi la durée, mais la durée simple, sans aucune idée de rapport à un danger, à une cause de destruction : « Tant que cette loi *existera* ». (Id.)

ÊTRE ALLÉ. V. *Allé* (*être*).

ÊTRE D'HUMEUR, ÊTRE EN HUMEUR. Chacune de ces phrases signifie être en disposition : avec cette différence, qu'*être d'humeur* se dit d'une disposition habituelle qui tient de l'inclination, du tempérament, de la constitution naturelle ; et qu'*être en humeur* marque toujours une disposition actuelle et passagère. Ainsi quand on dit : « Je ne *suis* pas *d'humeur* à rebuter les gens qui me demandent quelque chose ; il n'*est* pas *d'humeur* à souffrir une insulte » ; on entend par là le tempérament, le naturel, une disposition ordinaire et habituelle. Mais quand on dit : « Je ne *suis* pas *en humeur* d'écrire, de me promener, de faire des visites » ; on veut dire seulement qu'on n'est pas disposé à tout cela dans le moment qu'on parle. (Bh.)

ÊTRE EXCELLENT. V. *Exceller*.

ÊTRE PRÉSENT. V. *Assister*.

ÉTRÉCIR, RÉTRÉCIR. *Rétrécir* s'emploie plus souvent qu'*étrécir* ; cependant ce dernier mot convient mieux lorsqu'il s'agit d'objets ayant une dimension relativement moindre, ou bien d'un moindre rétrécissement. D'après la valeur de la préfixe *re*, *rétrécir*, signifie rigoureusement, rendre plus étroit ce qui l'était déjà, ou rendre très-étroit (5, page 3).

ÉTROIT, STRICT. On dit au physique *étroit* et non *strict :* un habit *étroit*, une voie *étroite*, etc. *Étroit* sert aussi à désigner, au figuré, des relations intimes ou de fortes liaisons : alliance *étroite*, *étroite* amitié, etc. *Strict* n'a point cette acception. — Mais on dit, le sens *étroit* ou *strict* d'une proposition, un droit *strict* ou *étroit*, devoir *étroit* ou *strict*, une obligation *stricte* ou *étroite*, etc. *Etroit* signifie alors rigoureux, sévère, et c'est la signification propre de *strict*. *Étroit* est du discours ordinaire ; *strict* est du style des théologiens, des philosophes, des jurisconsultes. *Strict*, comme terme dogmatique, est d'une précision plus rigoureuse qu'*étroit*. *Étroit* se dit par opposition au sens *étendu*; et *strict*, par opposition au sens *relâché*. Le sens *strict* est très-*étroit*; c'est le sens le plus sévère. — Il me semble qu'*étroit* désigne plutôt ce que la chose est en soi ; et *strict*, la manière dont on la prend. Ainsi, une obligation est *étroite* ou rigoureuse en elle-même; et on prend une obligation dans le sens *strict*, ou dans toute la rigueur de la lettre. On dit qu'un homme a la conscience *étroite* et non *stricte*, pour marquer qu'il a des principes sévères ou des sentiments scrupuleux; mais on dit qu'il est *strict* et non *étroit*, pour marquer qu'il prend tout à la rigueur, au pied de la lettre, dans la plus régulière exactitude. (R.)

ÉTUDIER, APPRENDRE, S'INSTRUIRE. *Étudier*, c'est travailler à acquérir ou compléter des connaissances : *apprendre*, c'est les acquérir. « On *étudie* pour *apprendre*, dit l'abbé Girard; et l'on *apprend* à force d'*étudier*. » On peut d'ailleurs *étudier* sans fruit; alors on n'*apprend* rien.

*S'instruire*, c'est aussi acquérir des connaissances en *étudiant* : mais, premièrement, on *s'instruit* toujours par soi-même, et l'on *apprend* le plus souvent d'un maître, de quelqu'un; en second lieu, *s'instruire* ne se dit que des travaux de l'intelligence, des vérités ou des faits qui éclairent l'esprit; *apprendre* a un sens plus général : on *apprend* la musique, la danse, une nouvelle, un événement; on ne s'en *instruit* pas. Enfin la volonté intervient toujours et nécessairement dans l'acte de *s'instruire*; et l'on *apprend* quelquefois sans le vouloir : le bruit public nous *apprend* souvent des choses que nous ne cherchions pas à savoir.

ÉVADER (S'). V. *Échapper (s')*.

ÉVEILLER, RÉVEILLER. *Éveiller* est l'acte simple et naturel; il se fait quelquefois sans le vouloir : *réveiller* marque ordinairement du dessein. Le premier suppose une heure réglée, ou une cessation spontanée du sommeil : « le second emporte quelque chose d'irrégulier ou de subit, ou une affaire qui survient tout à coup, ou un bruit qu'on n'est pas accoutumé d'entendre ». (Bh.)

*Réveiller*, dit Marmontel, est plus vif, plus prompt; dans certains cas il suppose des efforts, de la résistance (5, page 3), comme dans cette phrase de Bossuet : « Le lendemain à l'heure marquée, il fallut *réveiller* d'un profond sommeil cet autre Alexandre. » On *réveille* une personne qui a le sommeil dur, le plus petit bruit *éveille* celle qui a un sommeil léger.

*Réveiller* signifie aussi *éveiller* une seconde fois (5, page 3), après que l'on s'est rendormi; et au figuré, il s'emploie dans le sens d'exciter, de faire revivre : « Cela *réveilla* leur courage ». (Acad.)

**ÉVÉNEMENT, ACCIDENT, AVENTURE.** *Événement* se dit en général de tout ce qui arrive dans le monde, soit au public, soit aux particuliers; et il est le mot convenable pour les faits qui concernent l'État ou le gouvernement. *Accident* se dit de ce qui arrive de fâcheux, soit à un seul, soit à plusieurs particuliers; et il s'applique également aux faits qui ne sont pas personnels comme à ceux qui le sont. *Aventure* se dit uniquement de ce qui arrive aux personnes, soit que les choses viennent inopinément, soit qu'elles soient la suite d'une intrigue; et ce mot marque quelque chose qui tient plus du bonheur que du malheur. Il me semble aussi que le hasard a moins de part dans l'idée d'*événement*, que dans celle d'*accident* et d'*aventure*. — La vie est pleine d'*événements* que la prudence ne peut prévoir. La plupart des *accidents* n'arrivent que par défaut d'attention. Il est peu de gens qui aient vécu dans le monde sans avoir eu quelque quelque *aventure* bizarre. (G.)

ÉVÊQUE. V. *Pontife*.

ÉVIDENT. V. *Manifeste*.

ÉVITER. V. *Fuir*.

ÉVOQUER. V. *Appeler*.

EXACTITUDE. V. *Attention* et *Correction*.

EXALTATION. V. *Enthousiasme*.

EXCÉDANT. V. *Excès*.

**EXCELLER, ÊTRE EXCELLENT.** *Exceller* suppose une comparaison, met au-dessus de tout ce qui est de la même espèce, exclut les pareils, et s'applique à toutes sortes d'objets. *Être excellent* place simplement dans le plus haut degré sans faire de comparaison, souffre des égaux, et ne convient bien qu'aux choses de goût. Ainsi, l'on dit que le Titien a *excellé* dans le coloris, Michel-Ange dans le dessin, et que Silvia *est excellente* actrice. — Quelque mécanique que soit un art, les gens qui y *excellent* se font un nom. Plus un mets *est excellent*, plus il est quelquefois dangereux d'en trop manger. (G.)

EXCEPTÉ. V. *Hors*.

**EXCÈS, EXCÉDANT.** L'*excès* est la quantité d'unités dont un nombre abstrait surpasse un autre. Ce mot n'est guère employé au propre et dans le sens où nous le prenons ici, que comme terme d'arithmétique pour signifier le résultat d'une soustraction. L'*excédant* est ce qui excède une quantité concrète (20 et 40, pages 7 et 12) : « S'il se trouve plus de cinq cents francs, vous aurez l'*excédant* ». (Acad.)

Le mot *excès* est fréquemment employé au moral, pour signifier ce qui excède les bornes de la raison, de la justice, de la bienséance; ce qui passe la mesure accoutumée, le degré ordinaire : « *Excès* de bonté; *excès* de froid, de chaleur ». (Acad.)

**EXCESSIF, EXORBITANT.** *Excessif*, qui *est* avec *excès*; *exorbitant* (de *ex*, hors de, et *orbita*, orbite, cercle) qui sort de la ligne tracée par la loi, qui dépasse les limites posées par la raison.

*Exorbitant* dit plus qu'*excessif* : un prix *excessif* est un prix très-élevé, sans toutefois être déraisonnable; un prix *exorbitant* est un prix qui dépasse toutes les bornes, et contre lequel proteste la raison.

*Exorbitant* ne saurait se dire des choses auxquelles l'homme ne peut assigner des limites : un vent, un froid sont *excessifs* et non *exorbitants*. Il ne se dit pas non plus des sensations, des sentiments, des passions, des facultés; une douleur, une joie, une ambition, ne sont pas *exorbitantes*, elles sont *excessives*.

EXCESSIF, IMMODÉRÉ. V. *Immodéré*.

EXCITER, INCITER, POUSSER, ANIMER, ENCOURAGER, AIGUILLONNER, PORTER. La plupart de ces mots ne sont synonymes que dans le sens figuré; et ils y sont assez indifféremment employés l'un pour l'autre, parce qu'on n'en prend que l'idée commune, peut-être souvent faute d'en avoir saisi les propriétés distinctives. — Dans *exciter*, la préposition *ex* marque particulièrement l'action de *pousser dehors, en dehors*; et la préposition *in*, dans *inciter*, celle de pousser intérieurement, et d'induire en action. Rigoureusement parlant, on *excite* à sortir d'un état, d'une situation; on *incite* à passer dans un autre. La grâce nous *excite* à sortir de l'état du péché; elle nous *incite* à rentrer dans la voie du salut. — Dans l'acception figurée dont il s'agit, *exciter*, c'est *pousser* vivement, presser fortement quelqu'un pour l'engager à poursuivre un objet, ou à le poursuivre avec plus d'ardeur. *Inciter*, c'est s'insinuer assez avant dans l'esprit de quelqu'un et le solliciter assez fortement pour le déterminer, l'attacher, l'entraîner, le *porter* à la poursuite d'un objet. *Pousser*, c'est donner une impulsion, imprimer des mouvements, forcer le penchant, prêter ses forces à quelqu'un pour le faire aller ou avancer plus vite vers un but. *Animer*, c'est inspirer une nouvelle activité, exciter une passion ou un sentiment vif dans l'âme de quelqu'un pour qu'il agisse avec empressement et avec constance. *Encourager*, c'est aider la faiblesse, élever le cœur, animer et ranimer le courage, donner une nouvelle énergie à quelqu'un pour que rien ne le détourne d'un objet, ou ne l'arrête dans sa poursuite. *Aiguillonner*, c'est piquer quelqu'un dans les endroits sensibles, le solliciter avec des traits perçants, l'exciter par les moyen les plus pressants, pour qu'il fournisse une carrière. *Porter*, c'est déterminer le penchant ou la volonté de quelqu'un, l'emporter par son ascendant, le mener sans résistance, disposer en quelque sorte de lui, et lui faire faire ce qu'on veut. — On *excite* celui qui ne songe point à la chose, celui qui manque de résolution, celui qui agit languissamment, celui qui s'arrête ou se rebute. On *incite* celui qui n'est pas disposé à la chose, qui ne s'y intéresse guère, qui ne s'y attache pas, qui ne la prend pas à cœur. On *pousse* celui qui ne veut pas ou ne veut que faiblement la chose, celui qui balance, celui qui ne se hâte pas, celui qui agit mollement. On *anime* celui qui manque du côté de l'âme, celui qui ne sent pas vivement, celui qui manque de chaleur et d'ardeur. On *encourage* celui qui est lâche et timide, celui qui se défie de lui-même, celui qui s'exagère les difficultés, celui qui se lasse, celui que les mauvais succès rebutent. On *aiguillonne* celui qui ne peut vaincre sa paresse ou son inertie, celui qui est d'une humeur récalcitrante, celui qui va mollement ou nonchalemment, celui qui succombe ou qui se cabre. On *porte* celui qui est dominé ou subjugué, celui qui a un caractère trop facile, celui qui se laisse mener plutôt que de se conduire lui-même, celui qui est seulement mû comme un être passif. (R.)

EXCURSION, INCURSION, IRRUPTION. *Excursion*, dit l'Académie, course au dehors; *incursion*, course des gens de guerre *en* pays ennemi. En effet *ex* signifie hors, au dehors; et *in* signifie *en*, *dans* (9 et 6, page 4). Dailleurs *excursion* vient du latin *excurrere*, courir hors de; et *incursion* vient d'*incurrere*, courir dans, vers ou sur.

Ainsi *excursion* convient toutes les fois que l'on a en vue le point de départ, le lieu d'où l'on sort; et *incursion*, lorsque l'on a présent à l'esprit le lieu où l'on se porte. Ces mots se disent non-seulement des expéditions d'hommes armés, mais aussi des courses, des voyages que l'on fait dans un pays; ils s'emploient en outre au figuré.

Le mot *irruption* est formé aussi de la préposition *in;* mais son radical qui vient du latin *ruptum*, supin de *rumpere*, rompre, le distingue parfaitement de son synonyme *incursion*.

« L'*irruption*, dit Roubaud, est l'action de rompre, de forcer les barrières, et de fondre avec impétuosité sur un nouveau champ, pour y porter et y répandre le ravage. L'*incursion* est faite, comme une course, dans un esprit de retour; et l'*irruption* est un acte de violence fait dans un esprit de destruction ou de conquête. Un peuple barbare fait des *incursions* dans un pays pour le piller; il y fera des *irruptions* pour s'en emparer, s'il le peut, ou pour le dévaster, tant qu'il ne sera pas repoussé ».

EXCUSE, PARDON. On fait *excuse* d'une faute apparente : on demande *pardon* d'une faute réelle. L'un (*excuse*) est pour se justifier, et part d'un fond de politesse; l'autre est pour arrêter la vengeance ou pour empêcher la punition, et désigne un mouvement de repentir. (G.)

EXÉCRABLE. V. *Détestable.*

EXÉCRATION. V. *Imprécation.*

EXÉCUTER. V. *Réaliser.*

EXEMPLES (IMITER *ou* SUIVRE LES). V. *Suivre.*

EXEMPTION. V. *Immunité.*

EXHAUSSER. V. *Élever.*

EXIGU, PETIT. *Exigu* veut dire fort borné, moins grand, plus petit qu'il ne devrait être. C'est une sorte d'ellipse. On dit un repas *exigu*, une somme *exiguë*, un logement *exigu*, c'est-à-dire insuffisant. On dira que les moyens d'un homme sont *exigus* au moral et au physique, pour exprimer qu'il manque d'esprit et de biens : en un mot c'est l'insuffisance que ce mot rappelle, plutôt que la petitesse. — *Petit* exprime l'état réel de petitesse, sans désigner l'insuffisance, à moins qu'il ne soit comparé. On dira, c'est un *petit* enfant, on ne dira pas qu'il est *exigu*, à moins qu'en parlant de ses proportions on ne veuille dire qu'il a la poitrine, la capacité trop *exiguë*. La fortune d'un homme est *petite*, il pourra vivre; si elle est *exiguë*, elle ne suffira pas, de quelque économie qu'il use. (R.)

EXILÉ, BANNI, RÉFUGIÉ, PROSCRIT. « Selon l'usage relatif à nos mœurs, l'*exil* est prononcé par un ordre de l'autorité, et le *bannissement* par un jugement de la justice. Le *bannissement* est la peine infamante d'un délit jugé par les tribunaux : l'*exil* est une disgrâce encourue sans déshonneur. L'*exil* vous éloigne de votre patrie, de votre domicile : le *bannissement* vous en chasse ignominieusement. Les Tarquins furent *bannis* de Rome par un décret public; Ovide fut *exilé* par un ordre d'Auguste ». (R.)

*Réfugié* et *proscrit* se disent des personnes qu'un parti politique contraire, après s'être rendu maître du pouvoir, a forcées de quitter leur patrie et de chercher leur sûreté à l'étranger. Le *proscrit* diffère du *réfugié* en ce que son nom a été porté par le pouvoir sur une liste de proscription, liste rendue publique et ayant un caractère officiel. Du reste, le mot de *proscrit*, pas plus que celui de *réfugié* n'emporte aucune idée de flétrissure; car malheureusement il n'arrive que trop souvent comme l'a dit un poëte,

Que les proscripteurs de la veille
Sont les *proscrits* du lendemain.

EXISTER. V. *Être*.

EXORBITANT. V. *Excessif*.

EXPÉDIENT, RESSOURCE. L'*expédient* est un moyen de se tirer d'embarras ou de lever une difficulté quelconque : la *ressource* est un moyen de relever d'une chute ou de sortir d'une grande détresse. La *ressource* supplée à ce que nous avons perdu ou à ce qui nous manque; l'*expédient* vient à bout de ce qui s'oppose à nous, de ce qui résiste. L'*expédient* facilite le succès; la *ressource* remédie au mal. — La *ressource* agit plus en grand et avec une plus grande vertu, et dans des conjonctures plus critiques que la *ressource*. Dans l'embarras des finances, le moyen qui ne fait face qu'aux besoins du moment n'est qu'un *expédient*; celui qui étend sa bénigne influence sur l'avenir est une *ressource*. (R.)

EXPÉDITIF. V. *Diligent*.

EXPERIENCE, ESSAI, ÉPREUVE. L'*expérience* regarde proprement la vérité des choses; elle décide de ce qui est ou de ce qui n'est pas, eclaircit le doute et dissipe l'ignorance. L'*essai* concerne particulièrement l'usage des choses; il juge de ce qui convient ou ne convient pas, en fixe l'emploi, et détermine la volonté. L'*épreuve* a plus de rapport à la qualité des choses; elle instruit de ce qui est bon ou mauvais, distingue le meilleur, et guérit de la crainte d'être trompé. Ainsi l'*expérience* est relative à l'existence; l'*essai*, à l'usage; l'*épreuve*, aux attributs. Nous nous assurons par l'*expérience* si la chose est; par l'*essai*, quelles sont ses qualités; par l'*épreuve*, si elle a la qualité que nous lui croyons. (*Enc.*)

**EXPLIQUER.** V. *Éclaircir.*

**EXPLOIT.** V. *Prouesse.*

**EXPOSITION, EXPOSÉ.** Il y a entre ces deux mots à peu près la même différence qu'entre *énonciation* et *énoncé*. L'*exposition* consiste surtout dans la forme, dans la manière dont les choses sont exposées; l'*exposition* admet des développements, entre dans les détails; l'*exposé* consiste dans le fond même des choses; il est simple, nu, succinct, froid, comme un procès-verbal.

**EXPRÈS, EXPRESSÉMENT.** *Exprès* signifie à certaine fin, à dessein, avec intention : « Il le fait *exprès* pour me fâcher ». (Acad.) *Expressément* signifie en termes exprès : « Je lui avais défendu *expressément* de faire telle chose ». (Id.)

**EXPRESSION.** V. *Mot.*

**EXPRIMER.** V. *Énoncer.*

**EXTÉNUER.** V. *Atténuer.*

**EXTÉRIEUR, DEHORS, APPARENCE.** L'*extérieur* est ce qui se voit de la chose; il fait partie de la chose, mais la plus éloignée du centre. Le *dehors* est ce qui environne; il n'est pas proprement de la chose, mais il en approche le plus. L'*apparence* est l'effet que la vue de la chose produit; ou l'idée qu'on s'en forme par cette vue. Les toits, les murs, les jours et les entrées, font l'*extérieur* d'un château; les fossés, les cours, les jardins et les avenues en font les *dehors*; la figure, la grandeur, la situation et le plan de l'architecture en font l'*apparence*. — Dans le sens figuré, *extérieur* se dit plus souvent de l'air et de la physionomie des personnes; *dehors* est plus ordinaire pour les manières et pour la dépense; et *apparence* semble être plus d'usage à l'égard des actions et de la conduite. L'*extérieur* prévenant n'est pas toujours accompagné du vrai mérite. Les *dehors* brillants ne sont pas des preuves certaines d'une fortune solide. Les pratiques de dévotion sont des *apparences* qui ne décident rien sur la vertu. (G.)

**EXTÉRIEUR, EXTERNE, EXTRINSÈQUE.** V. *Intérieur, interne.*

**EXTIRPER, DÉRACINER.** De *stirps* (souche), avec la préposition *ex* (hors), *extirper*, arracher la souche ou une plante avec la souche. De *radix* (racine), avec la préposition *de*, *déraciner*, arracher les racines, une plante avec ses racines. — Ainsi, rigoureusement parlant, on *extirpe* ce qui est implanté, ce qui tient à une forte souche : on *déracine* ce qui est *enraciné*, ce qui tient par des racines. Une dent est *déracinée* sans être arrachée : un polype n'est *extirpé* qu'autant qu'il est enlevé avec toutes ses racines. — L'action d'*extirper* demande toujours une force et un effort que n'exige pas toujours l'action de *déraciner*; car il n'y a souvent, pour *déraciner*, qu'à détacher des racines faibles et superficielles, au lieu que pour *extirper*, il faut enlever le corps entier, et arracher une souche plus ou moins forte et capable de résistance. — Au figuré, ces mots signifient détruire entièrement des choses surtout pernicieuses, des abus, des maux, des habitudes, des erreurs, des hérésies, etc. On *déracine* ce qui a jeté des racines profondes : telles sont les habitudes invétérées; on les *déracine* en détruisant ce qui les produit et les nourrit. On *extirpe* ce qui a pris beaucoup de consistance et de force, des passions, par exemple; on les *extirpe* en les détruisant sans en laisser aucune trace. (R.)

EXTRAORDINAIRE. V. *Singulier*.

EXTRAVAGANT. V. *Fou*.

EXTRÉMITE. V. *Bout*.

# F

FABLE. V. *Conte*.

FABRICATEUR, FABRICANT. Un *fabricant* est un homme qui fait ou qui fait faire des ouvrages de fabrique : « Un *fabricant* de bas, de chapeaux » (Acad.); ce mot ne s'emploie qu'au propre. *Fabricateur* ne se prend qu'en mauvaise part, et ne se dit guère au propre que dans ces phrases : *fabricateur* de fausse monnaie, de faux billets de banque. Cependant La Fontaine a dit : « Le *fabricateur* souverain nous créa besaciers tous de même manière ». On le dit aussi figurément : « *Fabricateur* de fausses nouvelles ». (Acad.)

FABRIQUE, FABRICATION. Manière dont les choses sont fabriquées. Le mot *fabrique* exprime le résultat de la *fabrication*; il est relatif à la qualité de l'objet fabriqué : « La *fabrique* en est belle, en est bonne ». (Acad.) Le mot *fabrication* est relatif à l'opération et aux procédés employés (20, page 7) : « La *fabrication* de cette étoffe est soignée ». (Id.)

FABRIQUE, MANUFACTURE. La *fabrique* roule plutôt sur des objets plus communs et d'un usage plus ordinaire; la *manufacture* sur des objets plus relevés et d'une plus grande recherche. On dit des *fabriques* de bas, de bonnets; et des *manufactures* de glaces, de porcelaines; des *fabriques* de draps communs, et des *manufactures* de draps superfins. Il y a des *manufactures* royales et non des *fabriques* royales. — Dans le même genre de fabrication ou d'ouvrage, la *fabrique* est une *manufacture* en petit; et la *manufacture* est une *fabrique* en grand. Mais il ne faut pas toujours s'en rapporter aux noms; le faste ne prouve pas la richesse : le mot de *fabrique* est donc modeste; *manufacture* est un grand mot. (R.)

FABULEUX, FAUX. *Fabuleux* (du latin *fabula*, fable) qui tient de la fable, de la fiction, de l'invention. On appelle histoire *fabuleuse* celle qui a rapport aux fables que l'on trouve dans l'origine d'un peuple. — *Faux*, qui est contraire à la vérité, à la réalité. Les métamorphoses d'Ovide sont des histoires *fabuleuses*, parce qu'elles sont tirées des fables qui ont eu cours parmi les Romains; mais ce ne sont pas des histoires *fausses*, parce que leur croyance a été réellement établie chez ce peuple. L'histoire de la papesse Jeanne est *fausse*, parce qu'elle n'a pas été tirée des fables qui ont été reçues parmi un peuple, mais qu'elle a été inventée pour tromper les peuples, et leur faire regarder comme vrai ce qui ne l'était pas. — *Fabuleux* se dit aussi des histoires, des narrations que l'on invente et que l'on arrange de manière à plaire et à instruire. Les aventures des romans sont *fabuleuses*, parce qu'on les a inventées et arrangées en manière de fable, et qu'on les a données pour telles. Mais si l'on donne pour vraies des aventures, des événements qui ne le sont pas, on dit qu'ils sont *faux*. Les miracles de Mahomet, que l'on a donnés pour vrais, ne sont pas des événements *fabuleux*, ce sont des événements *faux*, quoiqu'ils aient été inventés : parce qu'on ne les a pas donnés comme des fictions, mais comme des choses réellement arrivées. (L.)

FACE (EN) et FACE A FACE. V. *Vis-à-vis*.

FACE, FAÇADE. Côté d'un édifice. — Le mot *face* se dit d'un côté quelconque et n'a de rapport qu'à la situation, à la direction ou à la dimension : « La *face* du côté du levant; les *faces* latérales. Ce bâtiment a tant de mètres de *face* ». (Acad.) La *façade* est le côté où se trouve la principale entrée, celle qui se présente au spectateur avec des ornements d'architecture formant un ensemble qui distingue cette *face* de toutes les autres (21, page 7). Ce mot d'ailleurs ne se dit guère que d'un grand édifice, d'un bâtiment remarquable, comme une église, un palais, un château, etc. : on dit *face* dans tous les cas, lorsqu'on parle d'une maison tout à fait ordinaire.

FACE, VISAGE, FIGURE. Partie antérieure de la tête, qui comprend le front, les yeux, le nez, la bouche et le menton. *Visage* désigne plutôt la forme générale et la surface : *figure* désigne plutôt les détails et l'ensemble qui résulte du rapport des différentes parties (23, page 8). Le *visage* est large, long, ovale, rond, plein, maigre bouffi, blême, pâle, rouge, enflammé, illuminé, etc. : la *figure* est jolie, belle, laide, plaisante, sotte, agréable, etc. On dit que le *visage* est le miroir de l'âme : tout miroir n'est qu'une surface réfléchissante.

Le mot *face* ne diffère de *visage*, qu'en ce qu'il est du style tout à fait familier; excepté cependant lorsqu'il est employé comme terme d'anatomie ou de médecine, et quant on parle de Dieu : « Dieu détourne sa *face* des pécheurs ». (Acad.)

FACÉTIEUX. V. *Plaisant*.

FACHÉ. V. *Affligé*.

FACHEUX. V. *Importun*.

FACILE. V. *Aisé*.

**FAÇON, FIGURE, FORME, CONFORMATION.** La *façon* naît du travail et résulte de la matière mise en œuvre : l'ouvrier la donne plus ou moins recherchée, selon qu'il est habile dans l'art. La *figure* naît du dessin, et résulte du contour de la chose; l'auteur du plan la fait plus ou moins régulière, selon qu'il est capable de justesse. La *forme* naît de la construction, et résulte de l'arrangement des parties; le conducteur de l'ouvrage la rend plus ou moins naturelle, selon qu'il sait régler son imagination. La *conformation* ne se dit guère qu'à l'égard des parties du corps animal : elle naît de leur rapport, et résulte de la disposition qu'elles ont à s'acquitter de leurs fonctions; la nature la produit plus ou moins convenable, selon la concurrence accidentelle des causes physiques. — La *façon* de l'ouvrage l'emporte souvent sur le prix de la matière. On ne donne guère en architecture la *figure* ronde aux pièces uniques et isolées. Le paganisme a peint la divinité sous toutes sortes de *formes*. La tournure de l'esprit dépend de la *conformation* des organes. — *Conformation* n'est point employé dans le sens figuré : *façon*, *figure* et *forme* le sont; avec cette différence, qu'alors le premier de ces mots se dit particulièrement à l'égard de l'action personnelle; le second, à l'égard de la contenance (c'est-à-dire de la tenue, du maintien); et le troisième, à l'égard du cérémonial. Chacun à sa *façon* propre de penser et d'agir. Un homme qui souffre, fait une triste *figure* avec des gens en pleine santé, qui ne respirent que la joie. La *forme* devient souvent plus essentielle que le fond. (G.)

**FAÇON, MANIÈRE.** Nous appelons *façon* le travail qui rend la chose propre à quelque service; nous appelons *manière* ce que les Latins appelaient *mode* ou modification : la *manière* est une modification particulière de la *façon*. La *façon* dit quelque chose de général ; elle détermine le genre ou l'espèce : la *manière* dit quelque chose de particulier; elle détermine les singularités distinctives, une industrie propre. — On donne une *façon* à un champ, et il y a différentes *manières* de la donner. La *manière* est ici, comme dans mille autres cas, à l'égard de la *façon*, ce que la *manipulation* est à l'égard de l'*opération* totale ou de l'ouvrage entier. La *manière* est le moyen particulier employé à cette *façon*. — Une chose est faite en *façon* d'une autre, c'est-à-dire dans les mêmes formes, ou d'une fabrique semblable. On trouve dans un ouvrage la *manière* ou la main de l'ouvrier, c'est-à-dire le trait particulier qui distingue son industrie. — Chaque art a sa *façon*, ses formes, ses procédés, son industrie, son genre d'ouvrage. Chaque ouvrier a sa *manière*, ou quelque chose qui lui est particulier dans ce genre de travail, d'industrie et d'ouvrage. La *façon* caractérise l'ouvrage en général; et la *manière*, l'esprit de l'ouvrier. — Tous les grammairiens appellent *façon de parler*, des locutions, des phrases, soit régulières, soit irrégulières, consacrées par l'usage. On appellera fort bien *manière de parler*, une phrase, une locution singulière ou hasardée en passant, selon les circonstances du discours. (R.)

**FAÇONS, MANIÈRES, AIR.** V. *Air*.

**FACTION, PARTI.** Ces deux termes supposent également l'union de plusieurs personnes, et leur opposition à quelques vues différentes des leurs : c'est en cela qu'ils sont synonymes. Mais *faction* annonce de l'activité et une machination secrète, contraire aux vues de ceux qui n'en sont point : *parti* n'exprime qu'un partage des opinions. — Les amis de César formèrent d'abord une *faction*, parce qu'ils étaient obligés de cacher leurs menées aux yeux du gouvernement ; dès qu'ils furent suffisamment en force, le secret devint inutile et impossible, et ils formèrent un *parti*. Descartes n'eut jamais de *faction*, parce qu'il ne fallut jamais recourir à des vues obliques ou ténébreuses pour être cartésien ; cela ne tient qu'à la diversité des opinions : il eut un *parti*. — Le terme de *parti* par lui-même n'a rien d'odieux : celui de *faction* l'est toujours. (B.)

**FACULTÉ.** V. *Pouvoir, puissance*.

**FADE, INSIPIDE.** Ce qui est *fade* ne pique pas le goût : ce qui est *insipide* ne le touche point du tout. Ainsi le dernier enchérit sur le premier ; il ne manque à l'un qu'un degré d'assaisonnement, et tout manque à l'autre. — Dans les ouvrages d'esprit, ils sont tous les deux très-éloignés du beau : mais le *fade*, paraissant en affecter et en chercher les grâces, déplaît et choque ; l'*insipide*, ne paraissant pas même le connaître, ennuie et rebute. (G.)

**FAIBLE, DÉBILE.** *Faible* est, tant au propre qu'au figuré, d'un usage infiniment plus étendu que *débile*. Un soutien, un appui, un moyen, un ressort, un roseau, un mur, une poutre, une monnaie, un ouvrage, un discours, un raisonnement, etc., sont *faibles* et non *débiles* ; c'est par le privilége du poëte que Boileau dit un *débile* arbrisseau. Ce mot ne s'applique guère qu'aux animaux, à leurs facultés, à leurs membres, et, par analogie, à certaines facultés spirituelles de l'homme : ainsi l'on dira que l'esprit devient *débile*, comme le corps, à mesure qu'on vieillit. L'emploi figuré de ce mot est très-bon, lorsqu'il s'agit de désigner, dans le moral, un rapport actuel et intime avec le physique. — Le sujet *faible* n'a pas assez de force relative : le sujet *débile* est d'une grande faiblesse. Le premier, fort jusqu'à un certain point, ne remplit bien qu'une certaine carrière : le second, avec l'air toujours *faible*, ne la remplit que difficilement. Une vue *faible* ne soutient pas le grand jour : le jour fatigue une vue *débile*. Un estomac *faible* digère bien une certaine dose d'aliments ; un estomac *débile* digère toujours mal. — L'esprit *faible* n'a pas assez de force pour résister, pour penser et agir d'après lui contre le vœu d'un autre ; il est subjugué par l'ascendant que vous prenez sur lui. L'esprit *débile* n'a pas la force de se déterminer, de penser, d'agir par lui-même et avec suite ; il obéit à l'impulsion que le premier objet lui donne. Le premier n'est pas loin de la bêtise ; le second touche à l'imbécillité. (R.)

**FAIBLE, FRAGILE.** V. *Fragile*.

**FAIBLE (AME, CŒUR, ESPRIT.)** V. *Ame*

**FAILLIR.** V. *Manquer.*

**FAILLITE.** V. *Banqueroute.*

**FAIM, APPÉTIT.** La *faim* n'a rapport qu'au besoin précisément, soit qu'il vienne d'une trop longue abstinence, ou qu'il naisse de la voracité naturelle de l'animal. L'*appétit* a plus de rapport au goût; il a sa cause dans la disposition qu'ont les organes à trouver du plaisir à manger, jointe à une grande capacité d'estomac. — La première est plus pressante; mais elle se contente quelquefois de peu de nourriture. Le second attend plus patiemment; mais il exige pour se satisfaire quantité d'aliments. — Tout mets apaise la *faim*; aucun ne l'excite. L'*appétit* est plus délicat; tout mets ne le satisfait pas, et il est souvent irrité par les ragoûts. — Il est également dangereux pour la santé, de souffrir la *faim* trop longtemps et d'éteindre l'*appétit* par trop de bonne chère. (G.)

Cette dernière phrase indique un caractère distinctif que l'abbé Girard n'a pas assez fait ressortir : la *faim* est une disposition accidentelle et qui dépend des circonstances; l'*appétit* est une disposition habituelle qui tient à ce que les organes de la nutrition accomplissent bien leurs fonctions.

**FAINÉANT.** V. *Indolent, nonchalant.*

**FAIRE, AGIR.** On *fait* une chose; on *agit* pour la *faire*. — Le mot *faire* suppose, outre l'action de la personne, un objet qui termine cette action et qui en soit l'effet. Celui d'*agir* n'a point d'autre objet que l'action et le mouvement de la personne, et peut de plus être lui-même l'objet du mot *faire*. L'ambitieux, pour *faire* réussir ses projets, ne néglige rien; il *fait* tout *agir*. La sagesse veut que dans tout ce que nous *faisons*, nous *agissions* avec réflexion. (G.)

**FAIRE, CONTREFAIRE.** Imiter une personne ou un caractère. Dans ce sens, *faire* a plusieurs acceptions. Il signifie : 1° Chercher à paraître ou feindre d'être ce qu'on n'est pas : « *Faire* l'homme de bien; *Faire* le malade ». (Acad.) 2° Mettre de l'affectation à se montrer avec telle ou telle qualité : « *Faire* le généreux ». (Id.) 3° Se donner certains airs, certaines manières : « Il *fait* l'impertinent. » (Id.)

*Contrefaire*, c'est *faire de son côté* (18, page 6) ce que fait ou comme fait un autre : « *Contrefaire* la voix, les gestes d'une personne». Il signifie aussi feindre d'être ce qu'on n'est pas : « *Contrefaire* l'homme de bien ». (Acad.) En ce sens il diffère du mot simple *faire*, pris dans les acceptions précédentes, en ce qu'il énonce un dessein formel de feindre continuellement dans le but de tromper. Celui qui *fait* l'homme de bien l'imite, pour ainsi dire en passant, dans telle circonstance, et ne suit pas en cela un plan de conduite : celui qui *contrefait* l'homme de bien, l'imite constamment, en toute occasion, en suivant un plan arrêté d'avance et avec la ferme intention de tromper tout le monde. On voit pourquoi l'on ne dit pas *contrefaire*, mais *faire* le malade, le mort.

**FAIRE CHOIX.** V. *Choisir.*

**FAIRE CROIRE.** V. *Croire.*

**FAIRE SAVOIR.** V. *Avertir.*

**FAITE.** V. *Sommet, cime.*

**FAIX.** V. *Charge, fardeau.*

**FALLACIEUX, TROMPEUR, IMPOSTEUR, SÉDUCTEUR, INSIDIEUX, CAPTIEUX.** *Fallacieux,* du latin *fallaciosus,* habile ou habitué à tromper, plein de fourberie : la terminaison de cet adjectif équivaut au superlatif de *trompeur* (44, page 13). — Ce qui trompe ou induit à erreur de quelque manière que ce soit, est *trompeur :* ce qui est fait pour tromper, abuser, jeter dans l'erreur par un dessein formé de tromper avec l'artifice et l'appareil imposant le plus propre pour abuser, est *fallacieux. Trompeur* est un mot générique et vague ; tous les genres de signes et d'apparences incertaines sont *trompeurs : fallacieux* désigne la fausseté, la fourberie, l'imposture étudiée ; des discours, des protestations, des raisonnements sophistiques, sont *fallacieux.* Ce mot a des rapports avec ceux d'*imposteur,* de *séducteur,* d'*insidieux,* de *captieux,* mais sans équivalent. *Imposteur* désigne tous les genres de fausses apparences, ou de trames concertées pour abuser ou pour nuire ; l'hypocrisie, par exemple, la calomnie, etc. *Séducteur* exprime l'action propre de s'emparer de quelqu'un, de l'égarer par des moyens adroits et insinuants. *Insidieux* ne marque que l'action de tendre adroitement des piéges et d'y faire tomber. *Captieux* se borne à l'action substile de surprendre quelqu'un et de le faire tomber dans l'erreur. *Fallacieux* rassemble la plupart de ces caractères. (R.)

**FAMEUX, CÉLÈBRE, ILLUSTRE, RENOMMÉ.** *Fameux* du latin *fama,* rumeur publique, n'indique autre chose qu'une réputation distinguée des réputations communes, en ce qu'elle existe ou a existé d'une manière marquante dans un grand nombre de contrées et pendant un long temps. Il fait abstraction de toute qualité bonne ou mauvaise, et peut par conséquent être pris en bonne ou en mauvaise part. — *Célèbre* vient de *célébrer,* qui veut dire louer avec éclat, donner une grande réputation par des louanges publiques, extraordinaires. *Célèbre,* signifie dont la réputation est établie depuis longtemps et en plusieurs lieux, par les louanges et les éloges de ceux qui sont capables d'en juger. — *Illustre* vient du latin *lux,* qui signifie lumière. On est *illustre* par des talents ou des actions d'éclat qui ont procuré des avantages importants à un pays, à un État, au genre humain. Il ne faut pas croire Girard lorsqu'il dit qu'*illustre* ne s'applique qu'aux personnes : on dit une action *illustre,* une origine *illustre,* une ville *illustre.* — *Renommé* marque une espèce de préférence fondée sur l'opinion que le grand nombre a du mérite, de l'habileté des personnes, ou de la bonté, de l'excellence de certaines choses. Un artiste est *renommé* dans son art, lorsque l'opinion lui attribue plus d'adresse, plus d'habileté, de talents qu'aux autres artistes, et par cette raison on préfère ses ouvrages aux leurs. Des vins sont *renommés* lorsqu'un grand nombre de personnes les croient meilleurs que d'autres et les préfèrent. — En résumé, on est *fameux* par l'étendue de la réputation; *célèbre* par un long concours de louanges et d'éloges dans plusieurs lieux; *illustre* par l'éclat, l'importance et l'utilité générale des actions; *renommé* par l'opinion qu'un grand nombre de personnes ont du talent, de l'habileté, de la science des personnes ou de la bonté des choses. (L.)

FAMILLE. V. *Race.*

FAMINE, DISETTE. *Famine* ne signifie jamais que manque de vivres : *disette* se dit d'un manque de vivres ou de choses quelconques.

*Disette* pris dans le sens de manque de vivres, dit moins que *famine*. Ce mot fait entendre qu'il y a rareté, quantité très-faible de substances alimentaires : la *famine* est l'état où se trouvent des gens qui, manquant entièrement ou presque entièrement de vivres, souffrent de la faim ou en meurent. Les vivres sont très-chers dans la *disette* : dans la *famine*, il n'y a plus ou presque plus de vivres, et tout sert d'aliments.

La *disette* amène la *famine*, lorsque les vivres sont épuisés.

FANÉ, FLÉTRI. Ces deux mots diffèrent entre eux du plus au moins; le second enchérit au-dessus du premier. Une fleur qui n'est que *fanée* peut quelquefois reprendre son éclat; mais une fleur *flétrie* n'y revient plus. (G.)

FANFARON. V. *Menteur.*

FANFARONNADE, FANFARONNERIE. La *fanfaronnade* n'est que le fait même d'une vanterie en paroles, un acte de fanfaron : la *fanfaronnerie* est le caractère du fanfaron, l'habitude de faire, de dire des *fanfaronnades* (22, page 7). Un homme peut faire par extraordinaire une *fanfaronnade*, il n'est pas pour cela un fanfaron; mais celui qui en fait souvent est d'une *fanfaronnerie* presque toujours ridicule.

FANTAISIE. V. *Humeur.*

FANTASQUE, BIZARRE, CAPRICIEUX, QUINTEUX. Le *fantasque*, le *bizarre*, le *capricieux* sont plutôt singuliers ou extraordinaires par un travers d'esprit ou d'imagination; et le *quinteux*, par un vice d'humeur. — Le *fantasque* est sujet à des fantaisies ou à des goûts singuliers et déraisonnables; et ses goûts le mènent. Le *bizarre* est sujet à des disparates choquantes ou aux variations les plus extraordinaires et les plus inconcevables; et le besoin de changer le tourmente. Le *capricieux* est sujet à des changements subits et à de petites manies déréglées et absolues; et son idée devient sa volonté. Le *quinteux* est sujet à des lubies ou à des accès d'humeur violents et opiniâtres; et le mal le subjugue et le tyrannise. — Le *fantasque* vous démonte; vous ne savez comment vous y prendre avec lui : on ne le dissuade pas. Le *bizarre* vous confond; vous ne savez comment l'entendre;

c'est d'un moment à l'autre un autre homme. Le *capricieux* vous déroute; vous ne savez sur quoi compter : il vous échappe à tout bout de champ. Le *quinteux* vous excède; vous ne savez comment tenir avec lui : il est intraitable. (R.)

**FANTOME.** V. *Simulacre.*

**FARDEAU.** V. *Charge.*

**FAROUCHE.** V. *Sauvage.*

**FASCINER.** V. *Infatuer.*

**FASTE.** V. *Luxe.*

**FASTES.** V. *Histoire.*

**FASTIDIEUX.** V. *Ennuyeux.*

**FAT.** V. *Sot.*

**FATAL, FUNESTE.** Ils signifient également une chose triste et malheureuse; mais le premier est plus un effet du sort, et le second est plus une suite du crime. Les gens de guerre sont en danger de finir leurs jours d'une manière *fatale;* et les scélérats sont sujets à mourir d'une manière *funeste.* — Ces mots ont souvent un sens augural; je veux dire qu'on s'en sert pour marquer quelque chose qui annonce un fâcheux événement ou qui en est l'occasion. Alors *fatal* ne désigne qu'une certaine combinaison, dans les causes inconnues, qui empêche que rien ne réussisse et fait toujours arriver le mal plutôt que le bien. *Funeste* présage ou caractérise des accidents plus grands et plus accablants : « La hardiesse fait la fortune des uns et devient *fatale* aux autres. Toute liaison nouée par le vice est *funeste.* (G.)

**FATIGUÉ.** V. *Las.*

**FATIGUER.** V. *Lasser.*

**FAUT (IL).** V. *Il faut.*

**FAUTE, PÉCHÉ, CRIME, FORFAIT, DÉLIT.** « La *faute,* dit l'abbé Girard, tient de la faiblesse humaine; elle va contre les règles du devoir. Le *péché* ne se dit que par rapport aux préceptes de la religion; il va proprement contre les mouvements de la conscience. »

Le *crime* et le *forfait* sont de très-mauvaises actions, des actions exécrables, contraires aux lois de la religion, de la morale, ou à la loi civile, et qui partent de la méchanceté, de la perversité, de la scélératesse, ou d'une corruption entière du cœur. Le *forfait* est un grand *crime,* un *crime* rare, éclatant.

*Délit* est un terme de jurisprudence, qui signifie violation plus ou moins grande de la loi : « *Délit* capital, *délit* politique ». (Acad.) Dans un sens plus restreint, il se dit d'une infraction que la loi punit des peines correctionnelles: le vagabondage, la contrebande sont des *délits.*

**FAUTE, DÉFAUT, DÉFECTUOSITÉ, IMPERFECTION, VICE.** *Faute* renferme dans son idée un rapport accessoire à l'auteur de la chose, en sorte qu'en marquant le manquement effectif de l'ouvrage, il désigne aussi le manquement actif de l'ouvrier. (G.)

L'idée est juste : mais le *manquement* est, à proprement parler, de l'ouvrier, de l'auteur; et il produit dans la chose, dans l'ouvrage, un *manque*. — Le *défaut* est ou le manque d'une bonne qualité, d'un avantage qu'il convient, mais qu'il n'est pas absolument nécessaire d'avoir, pour être bien; ou une qualité positive, répréhensible et désavantageuse, qui contrarie, qui affaiblit, offusque ce qu'on a de bien. C'est un *défaut* de n'avoir pas ce qu'il *faut*, ou d'avoir ce qu'il ne *faut* pas pour être conforme à la règle, au modèle du bien, du beau, en ayant toutefois les conditions les plus essentielles à la règle, et les traits les plus caractéristiques des modèles. La *défectuosité* est uniquement un *défaut de forme*, de conformation, de configuration, ou tout autre accident qui ôte à la chose une propriété. C'est une *défectuosité* dans un acte que de n'être point paraphé à toutes les apostilles; ce *défaut de forme* rend l'acte *défectueux* et sujet à contestation. Une *défectuosité*, un accident empêche qu'un bloc de marbre ne soit taillé en statue. Ce mot ne se dit pas dans le sens moral, où les formes ne font rien. La *défectuosité* rend la chose informe, difforme, ou non conforme, ou peu propre à sa destination. — *Imperfection* n'exprime proprement qu'un *défaut* négatif, l'absence, la privation, le manque : s'il désigne quelquefois des *défauts* graves c'est de la manière la plus douce et la plus modérée, comme si l'on ne pouvait pas exiger qu'une chose fût parfaite. — L'*imperfection* fait que la chose n'a pas le degré de perfection qu'elle doit ou peut avoir. Le *défaut* fait que la chose n'a pas toute l'intégrité, toute la rectitude ou toute la pureté qu'elle doit avoir. La *défectuosité* fait que la chose n'a pas tout le relief, toute la propriété, tout l'effet qu'elle doit avoir. L'*imperfection* laisse quelque chose à désirer et à ajouter. Le *défaut* laisse quelque chose à reprendre et à corriger. La *défectuosité* laisse quelque chose à réformer ou à suppléer. — L'abbé Girard observe que le *vice* est un mal qui naît du fond ou d'une disposition naturelle de la chose et qui en corrompt la bonté. Le *vice* est en effet une mauvaise qualité interne, principe de mal, de dépravation, de corruption, quelle qu'en soit la cause ou la source, car le *vice* se contracte. Le *vice* est comme le *défaut*, un mal et un écart de la règle; mais le *vice* corrompt et le *défaut* ne fait qu'altérer sans corrompre essentiellement. Avec un *vice*, la chose est mauvaise; avec un *défaut* la chose est encore essentiellement bonne; mais elle l'est moins qu'elle ne doit l'être, elle ne l'est pas entièrement. (R.)

FAUTE, MANQUE. V. *Manque*.

FAUX. V. *Fabuleux*.

FAVEUR. V. *Crédit* et *Grâce*.

FAVORABLE, PROPICE. Ce qui penche vers nous, ce qui est bien disposé pour nous, ce qui nous seconde ou nous sert, nous est *favorable*. Ce qui est sur nous ou près de nous pour nous protéger ou nous assister, ce qui vient avec empressement à notre secours, ce qui détermine l'événement ou nous fait réussir, ce qui a la puissance et la réduit en acte, nous est *propice*. Une influence plus importante, plus grande, plus puissante, plus immédiate, plus efficace, plus salutaire, distingue ce qui est *propice* de ce qui n'est que *favorable*. — Les puissances qui font ou déterminent ou assurent les grands succès, sont *propices* : les causes secondaires, subalternes, auxiliaires, les circonstances mêmes, tout ce qui a quelque rapport avec l'événement, est *favorable*. Un client prie un patron de lui être *favorable* : le pécheur prie Dieu de lui être *propice*. Caton est *favorable* à Pompée : les dieux sont *propices* à César. L'occasion nous est *favorable*, et le destin *propice*. Les personnes qui nous sont *favorables*, nous accordent ou nous procurent quelque faveur; les personnes qui nous sont *propices*, nous accordent ou nous procurent de grandes grâces. — Nous dirons également un temps une occasion, une saison *favorable* ou *propice*. La saison *favorable* est un temps propre pour la chose; la saison *propice* est le temps propre de la chose. Il convient d'agir dans le temps *favorable* : il faut agir dans le temps *propice*. (R.)

FÉCOND, FERTILE, FÉCONDANT. « Le mot *fécond* donne l'idée de la cause ou de la faculté de produire, d'engendrer, de créer; et le mot *fertile*, celle de l'effet ou des produits, des fruits, des résultats. La *fertilite* déploie, étale les richesses de la *fécondité*. L'abondance est l'idée accessoire ou plutôt secondaire de ces termes. — Ainsi les engrais *fécondent* réellement la terre, parce qu'ils lui apportent des principes de *fécondité*; mais les labours la *fertilisent* et ne la *fécondent* pas, car ils ne font que la disposer à recevoir ces principes. Le soleil *féconde* la nature; car il la rend, par sa chaleur vivifiante, capable de produire, et l'on ne dira pas qu'il la *fertilise*. L'industrie humaine *fertilise* jusqu'aux rochers; mais elle ne les *féconde* pas. — Les idées de cause et d'effet sont si propres, l'une à la *fécondité* et l'autre à la *fertilité*, qu'il est d'un usage très-ordinaire de donner aux causes l'épithète de *fécondes*, et aux effets celle de *fertiles* exclusivement. Nous disons une pluie, une chaleur *féconde*, parce que la pluie, la chaleur donne ou augmente la *fécondité*, la force de produire : nous disons des vendanges, des moissons *fertiles*, lorsque les produits sont abondants; et nous ne dirons pas une pluie *fertile* ou une moisson *féconde*. — Au figuré, ces mots conservent leur différence : par celui de *fécond*, vous réveillez l'idée de vertu productive; tandis que par celui de *fertile*, vous arrêtez les regards sur l'abondance des productions. Une plume sera ou *fertile* ou *féconde* : si vous ajoutez qu'elle enfante, produit, crée, vous direz plutôt, avec Voltaire, qu'elle est *féconde*, que vous ne direz, avec Boileau, qu'elle est *fertile*. Un auteur est *fécond* par l'abondance et la richesse de ses productions; par la multitude de ses œuvres ou de ses livres, il n'est que *fertile*. — La force productive étant le trait distinctif de *fécond*, ce mot figurera mieux en général que celui de *fertile*, lorsque la grande énergie de la cause méritera d'être particulièrement remarquée : il sera bien placé dans le grand; et *fertile* dans les choses communes ou médiocres, si les circonstances ne s'y opposent pas. Un esprit serait donc *fertile* en pensées, et *fécond* en grandes pensées. — « Cette méthode, ce principe, « ce sujet, dit Voltaire, est d'une grande *fécondité*, et non d'une grande « *fertilité* : la raison est qu'un principe, un sujet, une méthode, pro- « duisent des idées qui naissent les unes des autres, comme des êtres « successivement enfantés. » (R.)

*Fécondant*, adjectif verbal venant du verbe *féconder*, emporte avec lui l'idée de l'action exprimée par ce verbe (40, page 12). *Fécond* employé dans un sens analogue à celui de *fécondant*, n'indique que la propriété de favoriser la *fécondité*. « Une pluie douce et *féconde* ». (Acad.) *Fécondant* exprime la qualité qu'a le sujet de faire lui-même l'action de *féconder*, c'est-à-dire de communiquer à un germe le principe, la cause de son développement : « Le pollen est la poussière *fécondante* renfermée dans la partie de l'étamine des fleurs qui est appelée anthère ». (Id.)

FEINDRE. V. *Cacher*.

FELICITATION, CONGRATULATION. *Félicitation* et *féliciter* étaient tenus pour barbares à la cour, du temps de Vaugelas : on disait alors *congratulation*, *congratuler*, du latin *congratulari*. Aujourd'hui ces deux derniers mots ne se disent guère qu'en plaisantant. Roubaud croit cependant qu'il serait bon de les remettre en honneur, parce qu'ils ont leur signification propre, différente de celle des mots *félicitation*, *féliciter*.

« Les *félicitations*, dit-il, ne sont que des compliments ou des discours obligeants faits à quelqu'un sur un événement heureux : les *congratulations* sont des témoignages particuliers du plaisir qu'on ressent avec lui, et d'une satisfaction commune qu'on éprouve. *Féliciter* ne peut, par la constitution du mot, désigner que l'action de dire ou d'appeler quelqu'un heureux, au lieu de l'action de le faire ou de le rendre tel. Mais *congratuler*, par la valeur de ses éléments, signifie exactement se *conjouir* ou se réjouir *avec*, *ensemble* (4, page 3), d'un événement agréable à la personne, et lui en témoigner la joie que l'on partage avec elle ; il faut convenir que les compliments de *congratulation* s'accordent bien avec ceux de *condoléance*. — Ces mots diffèrent entre eux comme *démonstration* et *témoignage* d'amitié (V. *Démonstration*). Les *félicitations* ne sont donc que des paroles obligeantes : les *congratulations* sont des marques d'intérêt. La politesse *félicite*, l'amitié *congratule*. Les compliments de *félicitation* supposent ce que les compliments de *congratulation* expriment. » (R.)

FÉLICITÉ. V. *Bonheur*.

FERME. V. *Constant*.

FERME, FERMEMENT. D'une manière ferme, avec force, avec vigueur. — *Ferme* a rapport à l'objet ou aux circonstances de l'action; il est propre à marquer l'état ou l'effet produit, ce qui n'empêche pas qu'il puisse accompagner des verbes d'action : *fermement* a rapport à l'action même. « Tenir quelque chose bien *ferme* » (Acad.), c'est la tenir de manière qu'elle soit dans cet état, *bien ferme*. « Attacher *fermement* une chose » (Id.), exprime la force et la volonté du sujet qui fait l'action d'attacher. « Cela tient *ferme* dans la muraille » (Id.), c'est l'état de la chose. « Frapper *ferme*, parler *ferme* » (Id.), c'est frapper un coup *ferme*, parler d'un ton *ferme* (60, page 18); le mot *ferme* est ici relatif aux circonstances de l'action. Il en est de même dans cette phrase : « Soutenir une chose fort et *ferme* » (Id.), c'est-à-dire *d'un ton fort et ferme*.

On dit : « Il tint *ferme* contre l'ennemi » (Id.), parce qu'on veut peindre l'état, la contenance *ferme* de l'homme qui résiste. On a dit de là par extension : « Il tient *ferme* pour telle opinion ». (Id.) Mais avec un verbe qui exprime une opération de l'esprit ou un sentiment, on se sert de l'adverbe *fermement* : « Persister *fermement* dans sa résolution, dans son opinion ». (Id.)

**FERMER, CLORE.** L'idée propre de *clore* est de joindre et de serrer ensemble les choses ou leurs parties, de manière à ne laisser entre elles aucun vide, aucun interstice, pour bien cacher, couvrir, envelopper. Celle de *fermer* est de former une barrière, une défense, une garde à un passage, à une ouverture, de manière que la chose soit fortifiée et assurée, pour préserver des atteintes qu'on pourrait craindre, ou leur opposer une résistance. — En général la *clôture* est plus vaste, plus rigoureuse, plus stable que la *fermeture*. — La *clôture* est en général plus vaste. Une ville est *close* de murailles; un jardin est *clos* de murs; un champs l'est de haies. Un passage est *fermé*, des portes sont *fermées*, une trappe l'est aussi. Un *clos* est un grand espace de terre *fermé* dans son circuit. — La *clôture* est plus rigoureuse. Une fenêtre est *fermée*, et pourtant elle peut n'être pas bien *close*. Il n'y a point de jour, d'issue, de passage dans ce qui est *clos*; s'il s'y trouve des passages, des issues, des ouvertures, on les *ferme*. Un livre est *fermé*, il n'est pas *clos*. Quand on *ferme* la bouche à quelqu'un, il ne dit plus rien; quand on la lui *clôt*, il n'a plus rien à dire, il ne peut plus rien dire. Les différentes manières d'employer les deux termes soit au propre, soit au figuré, prouvent assez que *clore* dit quelque chose de plus sévère et de plus strict que *fermer*. — Enfin *clôture* est plus stable. Ce qui est *clos* est *fermé* à demeure : ce qui se *ferme* s'ouvre. On ouvre et on *ferme* les portes, les fenêtres, un coffre, etc.; mais les places *closes* et les choses employées pour la *clôture*, les murs, les palissades, les haies, les cloisons, etc., ne s'ouvrent point ou ne sont pas faites pour s'ouvrir et se *fermer* alternativement. Vous *fermez* votre lettre qui doit être ouverte; mais ce qui ne doit pas être su, c'est *lettre close*. La main, qui se *ferme* et s'ouvre, ne se *clôt* pas; il en est de même des yeux, des oreilles, dans le discours ordinaire. Cependant vous dites *je n'ai pas* fermé *ou* clos *l'œil de toute la nuit*; mais vous ne l'avez pas *fermé*, s'il est toujours resté ouvert; vous ne l'avez pas *clos*, si vous ne l'avez pas tenu *fermé* un certain temps : la première manière de parler annonce une plus grande insomnie. (R.)

FERMER, ENFERMER. On dit : « *Fermer* une ville, un parc, un jardin. La grande muraille qui *ferme* la Chine au nord ». (Acad.) Mais alors *fermer* n'éveille aucune idée d'*intériorité* ni d'enceinte; il signifie simplement empêcher l'entrée, le passage, l'accès, comme l'indique parfaitement le dernier exemple de l'Académie. *Enfermer*, c'est entourer d'une enceinte qui met en sûreté ce qui est en dedans (6, page 4), qui le protége contre toute attaque. Ainsi, *fermer* une ville, c'est proprement la couvrir de fortifications, d'un ou de plusieurs côtés seulement; *enfermer* une ville, c'est la fortifier d'une enceinte continue.

FERMETÉ, CONSTANCE. *Fermeté* est pris ici dans le sens particulier de qualité de l'homme qui persiste dans ses résolutions.

« La *fermeté* est le courage de suivre ses desseins et sa raison; et la *constance* une persévérance dans ses goûts. L'homme *ferme* résiste à la séduction, aux forces étrangères, à lui-même : l'homme *constant* n'est point ému par de nouveaux objets, et il suit le même penchant qui l'entraîne toujours également. On peut être *constant* en condamnant soi-même sa *constance* ; celui-là seul est *ferme*, que la crainte des disgrâces, de la douleur, de la mort même, l'espérance de la gloire, de la fortune, ou des plaisirs, ne peuvent écarter du parti qu'il a jugé le plus raisonnable et le plus honnête. — Dans les difficultés et les obstacles, l'homme *ferme* est soutenu par son courage et conduit par sa raison : l'homme *constant* est conduit par son cœur ». (*Enc.*)

La *fermeté* est plutôt une qualité de l'esprit, et la *constance* une qualité de l'âme. On est *ferme* dans ses desseins, dans ses opinions, dans sa manière de voir et de juger : on est *constant* dans ses affections, dans sa foi, dans tout ce qui naît du sentiment plutôt que de l'intelligence. V. *Constant, ferme.*

FERMETÉ, ENTÊTEMENT, OPINIATRETÉ. Il ne faut pas confondre la *fermeté* avec l'*entêtement*. L'homme *ferme* soutient et exécute avec vigueur ce qu'il croit vrai et conforme à son devoir, après avoir mûrement pesé les raisons pour et contre : l'*entêté* n'examine rien; son opinion fait sa loi. — L'*opiniâtreté* ne diffère de l'*entêtement* que du plus au moins. On peut réduire un *entêté* en flattant son amour-propre; jamais un *opiniâtre*, il est inflexible et arrêté dans ses sentiments. D'où il suit que l'*entêtement* comme l'*opiniâtreté* sont des vices du cœur ou de l'esprit, quelquefois aussi d'une mauvaise méthode de raisonner. (*Enc.*)

On est *ferme* dans ses résolutions, c'est le fruit de la sagesse, *entêté* de ses prétentions, c'est un effet de la vanité; *opiniâtre* dans ses sentiments, c'est une suite de l'amour-propre qui fait que l'on s'identifie avec ses propres pensées. (B.)

FEROCITÉ. V. *Barbarie.*

**FERS.** V. *Chaînes.*

**FERTILE.** V. *Fécond.*

**FESTIN.** V. *Banquet.*

**FÊTER, FÊTOYER.** *Fêter* quelqu'un, c'est l'accueillir avec empressement. *Fêtoyer* renchérit sur *fêter : fêtoyer* une personne, c'est non-seulement l'accueillir avec empressement, mais avec joie; c'est la bien traiter, lui faire bonne chère.

**FEU, DÉFUNT.** Tous deux expriment cette idée : *qui est mort*. Mais *feu* annonce un certain respect pour la mémoire du mort : *feu* mon père, ma *feue* mère, sont des locutions plus convenables que *défunt* mon père, ma *défunte* mère.

Il faut remarquer en outre que quand on dit le *feu* pape, le *feu* roi, la *feue* reine, on désigne toujours par là le pape dernier mort, le roi dernier mort, la reine dernière morte; ce que ne ferait pas entendre le mot *défunt*.

L'adjectif *feu* n'a pas de pluriel.

**FEUILLÉE, FEUILLAGE.** La *feuillée* est un couvert formé de branches d'arbres garnies de feuilles : « Danser sous la *feuillée* ». (Acad.) *Feuillage* est un nom collectif désignant la réunion, l'ensemble des feuilles attachées aux branches d'un ou de plusieurs arbres (24, page 8) : « Le *feuillage* de cet arbre est très-beau ». (Id.) Il se dit aussi de petites branches garnies de feuilles et détachées de l'arbre ou d'un amas de feuilles cueillies : « Un arc de triomphe fait de *feuillage;* un lit de *feuillage* ». (Acad.)

**FIDÉLITÉ.** V. *Constance.*

**FIER.** V. *Glorieux* et *Rogue.*

**FIER (SE), SE CONFIER.** Mettre sa confiance en quelqu'un. *Se fier* marque une confiance réservée, restreinte à une seule affaire et sans abandon. *Se confier* témoigne une confiance pleine, entière, complète, sans restriction (*Com*, 4, 2°, page 3). Dans ce sens, on dit également bien *se confier en* ou *dans*, et *se confier à* : « Il *s'est confié en* ses amis. *Se confier au* hasard ». (Acad.) On dit aussi quelquefois *se confier à* quelqu'un, pour signifier lui faire une confidence; mais alors *se confier* n'est pas synonyme de *se fier*.

**FIERTÉ, DÉDAIN.** Le premier de ces mots se dit également en bien et en mal; je ne le prends néanmoins ici qu'en mauvaise part, parce que c'est dans ce seul sens qu'il est synonyme avec l'autre. Ils dénotent alors tous les deux un sentiment qui nous empêche de nous familiariser, et qui nous éloigne des personnes que nous croyons au-dessous de nous, soit par la naissance, les biens ou les talents : avec cette différence, que la *fierté* est fondée sur l'estime qu'on a de soi-même; et le *dédain* sur le peu de cas que l'on fait des autres, ce qui rend celui-ci plus odieux et plus insupportable. — Il faut éviter de parler et encore plus de badiner avec les personnes *fières :* pour les *dédaigneuses*, il faut les fuir. (G.)

**FIGÉ.** V. *Caillé.*

**FIGURE.** V. *Face* et *Façon.*

**FILETS.** V. *Lacs, rets.*

**FILOU.** V. *Larron.*

**FIN, BOUT.** V. *Bout.*

**FIN, DÉLICAT.** Il suffit d'avoir assez d'esprit pour concevoir ce qui est *fin*; mais il faut encore du goût pour ce qui est *délicat*. Le premier est au-dessus de la portée de bien des gens; et le second trouve peu de personnes qui soient à la sienne. — Un discours *fin* est quelquefois utilement répété à qui ne l'a pas d'abord entendu; mais qui ne sent pas le *délicat* du premier coup, ne le sentira jamais. On peut chercher l'un, et il faut saisir l'autre. — *Fin* est d'un usage plus étendu; on s'en sert également pour les traits de malignité comme pour ceux de bonté. *Délicat* est d'un service comme d'un mérite plus rare; il ne sied pas aux traits malins, et il figure avec grâce en fait de choses flatteuses. Ainsi, l'on dit une satire *fine*, une louange *délicate*. (G.) V. *Finesse, délicatesse.*

**FIN, SUBTIL, DÉLIÉ.** Un homme *fin* marche avec précaution par des chemins couverts. Un homme *subtil* avance adroitement par des voies courtes. Un homme *délié* va d'un air libre et aisé par des routes sûres. — La défiance rend *fin*. L'envie de réussir, jointe à la présence d'esprit, rend *subtil*. L'usage du monde et des affaires rend *délié*. — Les Normands ont la réputation d'être *fins*. Les Gascons passent pour être *subtils*. La cour fournit les gens les plus *déliés*. (G.)

**FIN (A LA)** *et* **FINALEMENT.** V. *Enfin.*

**FINESSE, ADRESSE.** V. *Adresse, souplesse.*

**FINESSE, DÉLICATESSE.** La *finesse* dans les ouvrages d'esprit, comme dans la conversation, consiste dans l'art de ne pas exprimer directement sa pensée, mais de la laisser aisément apercevoir : c'est une énigme dont les gens d'esprit devinent tout d'un coup le mot. — La *délicatesse* exprime des sentiments doux et agréables, des louanges fines. — Un chancelier offrant un jour sa protection au parlement, premier président se tourna vers sa compagnie : « Messieurs, dit-il, remercions M. le chancelier; il nous donne plus que nous ne lui demandons ». C'est là une répartie très-fine. — Quand Iphigénie, dans Racine, a reçu l'ordre de son père de ne plus revoir Achille, elle s'écrie :

> Dieux plus doux, vous n'aviez demandé que ma vie!

Le véritable caractère de ce vers est plutôt la *délicatesse* que la *finess* (Voltaire.) V. *Fin, délicat.*

**FINESSE, FINASSERIE.** Ruse, artifice, adresse d'esprit. *Finasserie* est un terme familier signifiant petite ou mauvaise *finesse*, qui se devine ou s'aperçoit facilement, et dont l'effet ne doit avoir que peu d'importance (37, page 11).

**FINI.** V. *Accompli.*

**FINIR, ACHEVER.** V. *Achever.*

**FINIR, CESSER, DISCONTINUER.** On *finit* en achevant l'entreprise : on *cesse* en l'abandonnant : on *discontinue* en l'interrompant. — Pour *finir* son discours à propos, il faut le faire un moment avant que d'ennuyer. On doit *cesser* ses poursuites, dès qu'on s'aperçoit qu'elles sont inutiles. Il ne faut *discontinuer* le travail, que pour se délasser et pour le reprendre ensuite avec plus de goût et plus d'ardeur. (G.)

**FLAGELLER.** V. *Fouetter.*

**FLAGORNER.** V. *Caresser.*

**FLAIRER, FLEURER, SENTIR.** *Flairer* ne se dit que du sujet qui perçoit l'odeur : *fleurer* ne se dit que de l'objet qui l'exhale : *sentir* se dit du sujet et de l'objet.

Relativement au sujet, il y a cette différence entre *flairer* et *sentir*, que le premier suppose toujours le dessein de percevoir l'odeur, à cause du plaisir qu'on y prend; tandis que *sentir* exprime simplement le fait. Vous *flairez* avec délices une rose dont l'odeur vous est très-agréable; vous *sentez* une fleur qui flatte peu votre odorat, ou même pour savoir si elle est odorante et si son odeur est agréable. On *flaire* toujours volontairement, on *sent* bien des fois sans le vouloir.

Relativement à l'objet, *fleurer* ne se dit que de ce qui exhale une odeur agréable : *sentir* se dit d'une bonne comme d'une mauvaise odeur : « Cela *sent* la fleur d'orange. Cela *sent* le brûlé ». (Acad.) D'ailleurs *fleurer* n'est guère usité que dans ces locutions : *Fleurer bon.* Cela *fleure comme baume*, soit au propre, soit au figuré.

**FLAMBER, FLAMBOYER.** Jeter de la flamme. *Flamber* exprime simplement cette idée. *Flamboyer* dit davantage : il signifie jeter une flamme brillante, vive, agitée, ou bien briller comme une flamme très-vive. Il se dit surtout, dans ce dernire sens, de l'éclat des armes ou des pierreries.

**FLATTER.** V. *Caresser.*

**FLATTEUR, ADULATEUR.** *Flatter*, c'est dire des choses agréables: la musique *flatte* l'oreille dans le sens propre. Le mot *aduler* veut dire, littéralement, être *doux* (*dulcis*) à quelqu'un : c'est l'*adulari* du latin. Ce mot n'a donc pas par lui-même un sens défavorable. Mais comme le mot *flatter* se prend en bonne et en mauvaise part, nous n'avons pas pu emprunter un nouveau mot, portant une idée semblable, sans le distinguer par une idée particulière; et nous avons employé *aduler* en mauvaise part, et comme pour désigner quelque chose de doucereux, de fade, de fastidieux, telle qu'une louange plate. Ce verbe ne se dit guère que dans la conversation, et en badinant; c'est tout le contraire d'*adulateur*, beau mot fort cher aux orateurs et aux poëtes, et qui désigne un *flatteur* bas, vil, lâche, servile, impudent et grossier, un louangeur à outrance et sans fin. R.)

**FLÉTRI** V, *Fané.*

FLEUR (LA). V. *Élite (l')*.

FLEURER. V. *Flairer*.

FLEXIBLE, SOUPLE, DOCILE. *Flexible*, ce qui fléchit, ce qu'on peut fléchir. *Souple*, ce qui se plie et replie en tout sens. *Docile*, qui reçoit l'instruction. Ce dernier mot ne peut se dire proprement que des personnes : il se dit du corps et de l'esprit; on l'applique aussi aux animaux :

Les coursiers du soleil à sa voix sont *dociles*. (Boileau.)

L'osier, le jonc, sont *flexibles* : des étoffes, des gants, sont *souples*; un enfant, un élève sont *dociles*. — Le corps, la voix, les fibres sont *flexibles* ou capables de ployer par une grande *flexibilité*, ou naturelle, ou acquise. Par une grande facilité à exécuter divers mouvements, ils sont *souples*. Par leur *flexibilité* naturelle, ils sont *dociles* au travail, à l'exercice, au manége, et deviennent *souples*. — Au figuré, la différence de ces termes est la même. La *flexibilité* est une facilité de caractère qui ne permet pas d'opposer une longue et forte résistance, et qui se tourne avec aisance d'un sens dans un autre. La *souplesse* est une versatilité de caractère qui fait qu'on prend avec une dextérité ou une adresse singulière, la manière d'être et d'agir que l'on juge la plus convenable aux circonstances et pour soi, ou qui fait qu'on se montre habilement tel qu'on veut paraître plutôt que tel qu'on est. La *docilité* est une douceur de caractère qui nous rend propres à recevoir et à suivre les leçons, les conseils, les avis, les instructions, les réprimandes, les corrections, les volontés, les ordres d'autrui, et par là même à nous laisser guider ou conduire. — L'homme *flexible* se prête; l'homme *souple* se plie et se replie; l'homme *docile* se rend. (R.)

FLOTS. V. *Ondes*.

FLUET. V. *Grêle*.

FLUIDE. V. *Liquide*.

FOI. V. *Croyance*.

FOIS (A LA). V. *Ensemble*.

FOISON (A). V. *Beaucoup*.

FOLATRE, BADIN. *Folâtre* (diminutif de *fol*) qui fait de petites folies, qui se livre à une folie amusante, à la manière des enfants. *Badin* (du vieux français *bade*, jeu), qui aime à jouer, qui cherche à rire, en jouant comme un enfant. — On a l'humeur *folâtre* et l'esprit *badin*. L'humeur *folâtre* fait qu'on agit sans raison, mais avec assez d'agrément pour se passer de raison : l'esprit *badin* fait qu'on joue sur les choses, quelquefois avec de la raison, mais en l'égayant. — La vivacité du sang, la gaieté, la pétulance, rendent *folâtre*. La légèreté de l'esprit, l'enjouement, la frivolité, rendent *badin*. Le *folâtre* est plus agissant, plus remuant, plus sémillant, plus volage : le *badin* est plus plaisant, plus rieur, plus varié ou plus facile en amusements ou amusettes. — Une personne posée n'est pas *folâtre* : une personne sérieuse n'est pas *badine*. On ne *folâtre* pas sans des manières *folâtres* : on *badine* quelquefois sans avoir l'air *badin*, et souvent on n'en *badine* que mieux. (R.)

FOLIE. V. *Démence*.

FOMENTER. V. *Entretenir*.

FONCTION. V. *Office*.

FONDATION, FONDEMENT. Travaux relatifs à la base d'un édifice, d'un bâtiment; cette base elle-même.

« *Fondement* se dit de la partie d'un mur renfermée dans la terre jusqu'au rez-de-chaussée; *fondation* est l'action de poser ces fondements. » (L.)

Il faut ajouter à cela que la *fondation* comprend tous les travaux, tels que le fossé, la tranchée, etc., que l'on fait pour asseoir les *fondements*. On dit faire les *fondations* et poser les *fondements* : ce qui prouve que *fondation* a rapport à l'action, et que *fondement* est le nom de l'objet (20, page 7). *Fondement* se dit seul au figuré.

FONDER, INSTITUER, ÉTABLIR. *Fonder* signifie, au propre, jeter les fondements ; et, au figuré, créer le premier quelque chose qui doit avoir de l'accroissement, du développement : « *Fonder* un empire, un royaume, une colonie, un ordre religieux, une manufacture, une religion, une doctrine philosophique, un système, etc. » (Acad.) Il signifie particulièrement donner un fonds suffisant pour l'établissement et l'entretien de quelque chose de louable, d'utile : « *Fonder* une église, un hôpital, un collége, une messe, un service; *Fonder* des prix dans une Académie ». (Id.)

*Instituer*, c'est établir quelque chose de nouveau, mais qui est complétement achevé dès le moment de l'institution : « Jésus-Christ a *institué* le sacrement de l'Eucharistie; Henri III *institua* l'ordre du Saint-Esprit. *Instituer* des tribunaux ». (Id.) On *institue* aussi des personnes : « Ces magistrats furent *institués* pour rendre la justice ». (Id.)

*Établir*, c'est, proprement, asseoir et fixer une chose en quelque endroit et l'y rendre stable : « Ce mur est bien *établi* sur le roc ». (Acad.) Au figuré, il a une signification très-rapprochée de celle d'*instituer* : il en diffère en ce que *instituer* se dit des choses tout à fait nouvelles, inconnues jusqu'alors; tandis qu'*établir* se dit des choses qui étaient déjà connues, qui existaient ailleurs. Ainsi *instituer* des tribunaux, fait entendre que ces tribunaux sont d'un nouveau genre; et quand on dit : « *Établir* un tribunal dans une ville » (Acad.), cela signifie doter cette ville d'un tribunal tel qu'il y en a ailleurs.

« *Établir* se dit encore, figurément, au sens moral, des lois, des opinions, des doctrines et autres choses semblables, dont on est l'auteur, ou que l'on fait adopter, auxquelles on commence à donner cours. » (Acad.) Dans ce sens il est fort synonyme de *fonder* : mais *fonder* une religion, une doctrine, annonce quelque chose de plus sérieux, de plus solide qu'*établir* une religion, une doctrine. On ne *fonde* que ce qui repose sur des *fondements* : le caprice, le goût, les besoins du moment *établissent* des choses qui n'ont souvent que peu de durée. On *établit* une nouvelle façon de parler, on ne la *fonde* pas.

FONTE, FUSION. On opère la *fusion* et il en résulte la *fonte;* aussi le mot *fonte* se dit-il du fer fondu et de certains métaux composés : canon de *fonte,* mortier de *fonte,* etc. Ainsi, *fusion* exprime essentiellement l'action de fondre ou de se fondre (20, page 7) : Les métaux entrent en *fusion,* c'est-à-dire commencent à fondre. *Fonte* se dit relativement au résultat, à l'effet produit par l'action, à la nature de l'objet qui a été soumis à la *fusion :* on fait des ouvrages en *fonte,* on jette une statue en *fonte,* et l'on veille à ce que la *fusion* se fasse bien.

On dit la *fonte* des neiges, la *fonte* des humeurs, parce que dans ce qui fond naturellement, on ne considère pas l'action, mais l'effet produit, le résultat.

*Fusion* s'emploie aussi au figuré. On fait la *fusion* de deux partis, de deux systèmes, c'est-à-dire que l'on opère la réunion, l'alliance de deux partis, que l'on réunit en un seul les deux systèmes.

FORCE. V. *Énergie.*

FORCER. V. *Obliger.*

FORCER A *ou* DE. V. *Obliger à.*

FORÊT. V. *Bois.*

FORFAIT. V. *Faute, péché.*

FORME, FAÇON. V. *Façon.*

FORME, FORMULE, FORMALITÉ. Manière de faire, de procéder, en matière d'écrits authentiques.

La *forme* d'un acte, d'une lettre de change, etc., s'entend des conditions prescrites par la loi ou par les règlements : ainsi la lettre de change doit être datée, elle doit énoncer la somme à payer, le nom de celui qui doit payer, l'époque et le lieu où le paiement doit s'effectuer, etc. La *formule* est le modèle qui contient les termes formels et exprès dans lesquels l'écrit doit être conçu, et qu'il suffit de copier pour que l'écrit soit dans la *forme* légale. On voit que la *forme* est générale, et que la *formule* est la *forme* restreinte, la *forme* déterminée.

*Formalité* désigne certaines formes dont l'écrit doit être subsidiairement revêtu pour avoir un caractère légal ou pour remplir certaines conditions. *Formalité* se dit aussi de la manière de procéder dans les affaires judiciaires, administratives ou religieuses; et il signifie, en style familier, cérémonie, acte d'une civilité recherchée.

En outre, *formule* se dit par extension de certaines façons de s'exprimer dont on se sert habituellement dans les diverses relations de la vie : « Des *formules* de politesse ». (Acad.)

FORT, FORTEMENT. *Fort* a deux sens bien distincts; il signifie 1° vigoureusement : « Frappez *fort,* poussez *fort* » (Acad.); 2° extrêmement, beaucoup, bien : « Il pleut *fort;* Cela lui tient *fort* au cœur;

Elle est *fort* aimable » (Id.). *Fortement* signifie, au propre, vigoureusement, solidement : « Il le saisit *fortement* par le milieu du corps et l'enleva de terre. Attacher *fortement* une chose à une autre » (Acad.); c'est-à-dire attacher *solidement*. Au figuré, *fortement* signifie *avec énergie, avec ardeur* : « Il a insisté *fortement* sur ce point ». (Id.)

Ces explications et ces exemples suffiraient pour bien fixer l'esprit sur l'emploi de ces deux adverbes : il ne faut pas néanmoins perdre de vue les considérations générales qui sont exposées dans l'introduction, page 18, n° 60, et que nous avons appliquées aux mots *cher, chèrement*. En réalité, *fort* et *fortement* ne sont synonymes que dans le sens de *vigoureusement* : or, comme nous l'avons dit, *frappez fort*, c'est frappez d'*un coup fort*; *poussez fort*, c'est poussez d'*un coup fort*, d'*une impulsion forte*. Ainsi, *fort* est relatif aux circonstances de l'action; mais *fortement* est relatif à l'action du sujet : cela se voit assez dans cette phrase : « Il le saisit *fortement* par le milieu du corps et l'enleva de terre ». On ne devra pas oublier non plus que *fort* dit moins que *fortement*, et que *je crois fort* ne signifie pas du tout la même chose que *je crois fortement* (60, page 19).

FORT, FORTERESSE. Lieu fortifié contre les attaques de l'ennemi. Le *fort* est un ouvrage en terre ou en maçonnerie, à peu de distance d'une place *forte*, ou très-éloigné de toute autre fortification, et qui n'est occupé que par une garnison. La *forteresse* est une petite ville fortifiée qui a non-seulement une garnison, mais aussi des habitants. La *forteresse* est souvent protégée par des *forts* détachés.

FORT, TRÈS. V. *Très*.

FORT, VIGOUREUX. V. *Vigoureux*.

FORTUITEMENT. V. *Accidentellement*.

FORTUNE. V. *Hasard*.

FORTUNÉ, HEUREUX. Selon la valeur intrinsèque des mots, *fortuné* signifie favorisé de la fortune; *heureux*, jouissant du bonheur ou d'un bonheur. On est donc proprement *fortuné* par de grands avantages ou par des faveurs signalées de la fortune : on est *heureux* par la jouissance des biens qui font le bonheur ou y concourent. — Les biens extérieurs rendent *fortunés*, lors même qu'ils ne rendent pas vraiment *heureux*. La satisfaction intérieure rend vraiment *heureux* sans rendre *fortuné*. Celui à qui tout rit et succède, celui qui est entouré de l'abondance et de la joie, est *fortuné* : celui qui est content de son sort et de lui-même, celui qui jouit dans son cœur de la paix, est *heureux*. *Fortuné* ne partage point avec *heureux* ce sens particulier. Ainsi les prétendus *heureux* du siècle ne sont en effet que *fortunés*. L'ambition peut être *fortunée* : la modération seule est *heureuse*. — Nous appelons aussi quelquefois *fortuné* et *heureux* ce qui nous est favorable ou avantageux, ce qui contribue à nous rendre *heureux* ou *fortunés*, avec la même différence. (R.)

FOSSÉ, FOSSE. Le *fossé* est une excavation faite en long pour clore, pour enfermer quelque espace de terre, pour faire écouler les eaux, pour la défense d'une place, pour empêcher le passage, etc. *Fosse* se dit de toute excavation qui n'a qu'une médiocre longueur et autour de laquelle on peut aisément circuler. On fait des *fosses* pour construire des puits, des caves, des citernes, pour planter des arbres, etc.

FOU, EXTRAVAGANT, INSENSÉ, IMBÉCILE. Le *fou* manque par la raison, et se conduit par la seule impression mécanique. L'*extravagant* manque par la règle, et suit ses caprices. L'*insensé* manque par l'esprit, et marche sans lumière. L'*imbécile* manque par les organes, et va par le mouvement d'autrui sans aucun discernement. — Les *fous* ont l'imagination forte : les *extravagants* ont les idées singulières : les *insensés* les ont bornées : les *imbéciles* n'en ont point de leur propre fond. (G.)

FOUDRE. V. *Tonnerre*.

FOUETTER, FUSTIGER, FLAGELLER. *Fouetter*, terme générique, se dit à l'égard de tous les instruments et de quelque manière qu'on les emploie, même des mains. *Fustiger*, c'est toucher rudement avec des verges. *Flageller*, c'est *fouetter* ou plutôt *fustiger* violemment et même ignominieusement. — Nous attachons *ordinairement* et *particulièrement* au *fouet* l'idée de peine ; à la *fustigation*, celle de correction ; à la *flagellation* celle de pénitence. — *Fustiger* et *flageller* ne s'appliquent qu'aux personnes ; mais *fouetter* se dit des animaux et même des objets inanimés. On *fouette* les chevaux, les chiens, pour les faire obéir ; l'enfant *fouette* sa toupie avec une lanière pour la faire tourner. (R.)

FOUGUE *et* FOUGUEUX. V. *Impétuosité*, *impétueux*.

FOULE. V. *Affluence*.

FOURBE, FOURBERIE. La *fourbe* est le vice du fourbe, dit l'Académie, l'habitude de tromper, la disposition à tromper. La *fourberie* est une action particulière du fourbe, ou, comme le dit l'Académie, une tromperie coupable qui tient de la *fourbe*.

*Fourbe* se dit aussi dans le sens de *fourberie* ; mais avec plus de force, pour exprimer une tromperie basse et odieuse, la tromperie d'un homme profondément fourbe. Réciproquement, *fourberie* se dit quelquefois de la disposition à tromper, mais disposition moins grande, moins caractéristique, défaut plutôt que vice.

FOURCHU, FOURCHÉ. Qui est en fourche. — *Fourchu*, adjectif du substantif *fourche*, exprime simplement l'état ; il se dit de ce qui est naturellement en fourche, ou de ce qui l'est dans toute son étendue. Une barbe *fourchue* (Acad.) l'est naturellement ; un menton *fourchu* est un menton qui de sa nature se trouve divisé en deux par un léger sillon à sa surface ; des arbres *fourchus* le sont dès leurs racines et en sortant de terre.

*Fourché*, participe passé du verbe *fourcher*, exprime l'état passif et se dit de ce qui a été fait ou disposé en forme de fourche, ou bien de ce qui étant d'abord en droite ligne, se bifurque, en quelque sorte de soi-même, à une de ses extrémités. Des cheveux *fourchés* (Acad.) sont des cheveux que l'on a disposés d'une certaine façon ; un arbre *fourché* est en forme de fourche à la partie supérieure du tronc; un pied *fourché* l'est à son extrémité, tels sont les pieds des chèvres, des moutons, etc.

FOURVOYER (SE), S'ÉGARER. Se *fourvoyer*, formé du vieux mot français *fors* (du latin *foras*), hors, dehors, et de *voie* (latin *via*), signifie sortir de la voie, quitter le bon chemin et en prendre un qui ne conduit pas au but, ou qui n'y conduit pas directement. S'*égarer* (probablement du latin *evagari*, errer, aller çà et là), signifie ne plus reconnaître son chemin, et ne savoir comment faire pour retrouver le bon, ni de quel côté se diriger.

Qui se *fourvoie* peut rentrer dans la bonne voie, sinon il court le risque de s'*égarer* : qui s'*égare* s'est nécessairement *fourvoyé* auparavant.

La différence est la même au figuré.

FRAGILE, FAIBLE. L'homme *fragile* diffère de l'homme *faible*, en ce que le premier cède à son cœur, à ses penchants; et le second, à des impulsions étrangères. La *fragilité* suppose des passions vives; et la *faiblesse* suppose l'inaction et le vide de l'âme. L'homme *fragile* pèche contre ses principes; et l'homme *faible* les abandonne, il n'a que des opinions. L'homme *fragile* est incertain de ce qu'il fera, et l'homme *faible* de ce qu'il veut. — Il n'y a rien à dire à la *faiblesse;* on ne la change pas. Mais la philosophie n'abandonne pas l'homme *fragile* : elle lui prépare des secours, et lui ménage l'indulgence des autres; elle l'éclaire, elle le conduit, elle le soutient, elle lui pardonne. (*Enc.*)

La religion est donc supérieure à la philosophie; car tout ce que celle-ci se vante de faire en faveur de l'homme *fragile*, et qui n'est que trop souvent inefficace dans ses mains, la religion le fait d'une manière bien plus sûre et bien plus abondante. Elle fait plus, elle n'abandonne même pas l'homme *faible*, qui devient fort dans celui qui le fortifie. Dieu a choisi ce qu'il y avait de *faible* parmi les hommes, pour confondre ce qu'ils avaient de fort : et le triomphe de la religion a été d'inspirer à l'âge et au sexe le plus *faible*, un courage invincible au milieu des tourments; et aux âmes les plus *fragiles*, une fermeté inébranlable contre les tentations les plus séduisantes, les plus constantes, les plus dangereuses. (B.)

FRAGILE, CASSANT, FRÊLE. *Fragile*, qui se *brise* facilement; *cassant*, qui est sujet à se *casser*, qui se *casse* aisément. Or une chose *brisée* est mise en pièces, en différents morceaux, en éclats : il suffit qu'il y ait solution de continuité pour qu'un objet soit *cassé*. Vous *brisez* un vase de porcelaine ou de verre, si vous le mettez en pièces : vous le *cassez*, si par un coup vous le fendez ou en détachez un morceau.

On peut donc dire de certains corps, tels que le verre ou la porcelaine, qu'ils sont *fragiles* ou qu'ils sont *cassants*, suivant l'idée que l'on veut exprimer. Mais vous ne diriez pas de certains métaux, comme le fer aigre, qu'ils sont *fragiles*, vous diriez qu'ils sont *cassants*.

« Un corps *frêle* est celui qui, par sa consistance élastique, molle et déliée, est facile à ployer, courber, rompre : ainsi la tige d'une plante est *frêle*, la branche de l'osier est *frêle*. Il y a donc entre *fragile* et *frêle* cette petite nuance, que le terme *fragile* emporte la faiblesse du tout et la raideur des parties; et *frêle* pareillement la faiblesse du tout, mais la mollesse des parties. » (*Enc.*)

*Cassant* ne se dit qu'au propre : *frêle* et *fragile* s'emploient souvent au figuré.

« Nous disons d'un appui, d'un soutien, d'un support, en général de tout ce qui porte, qu'il est *frêle*. Nous disons des biens périssables, passagers, sujets à se dissiper, à s'évanouir, qu'ils sont *fragiles*. » (R.)

« Une santé qui s'altère aisément et que peu de chose dérange, est *frêle* : la fortune, les richesses, les grandeurs de ce monde, la plupart de nos espérances sont des choses *fragiles*. » (B.)

FRAIS, FRAICHEUR. V. *Froid*.

FRANC. V. *Loyal*.

FRANC, FRANCHEMENT; NET, NETTEMENT. On a vu dans l'Introduction, page 18, nº 60, que *parler franc*, *parler net*, c'est parler d'un ton *franc*, d'un ton, d'un langage ou d'un style *net*. Ces phrases, de même que celles-ci : « Il le démentit *franc* et *net* » attirent l'attention sur les circonstances qui accompagnent l'action : ce qui frappe, c'est le ton, c'est la forme du langage. S'agit-il, au contraire, de caractériser l'action en la présentant comme l'effet des sentiments qu'éprouve ou doit éprouver le sujet, des pensées qui l'occupent ou doivent l'occuper, on emploiera les adverbes *franchement*, *nettement* : « Parlons *franchement*; Je lui ai dit *nettement* la vérité». (Acad.)

FRANCHISE, LIBERTÉ. V. *Liberté*.

FRANCHISE, SINCÉRITÉ. V. *Sincérité*.

FRANCHISE, VÉRACITÉ. La *franchise* est dans le caractère; elle se trahit souvent elle-même : la *véracité* est dans les principes qui nous guident moralement; elle ne se montre que quand elle doit et qu'elle veut se montrer.

« L'homme *vrai* dit fidèlement ce qui est; l'homme *franc* dit librement ce qu'il pense : le premier est incapable de fausseté; le second est incapable de dissimulation. Vous opposerez à celui-là le personnage faux, à celui-ci le personnage dissimulé. — L'homme *vrai* dit sa pensée, parce qu'elle est la vérité : l'homme *franc* dit la vérité, parce qu'elle est sa pensée. — La *véracité* tient à la droiture naturelle du cœur, ou à un sentiment profond de l'ordre, qui ne permet pas de trahir la vérité. La *franchise* appartient à un esprit dominé par sa pensée et secondé par une humeur brusque, vive, indocile, libre de toute contrainte, qui ne lui permet pas de dissimuler ce qu'il pense. — Soumis à cette règle, l'homme *vrai* ne parle que quand il le veut, et ne dit que ce qu'il doit dire. Mené par son penchant, l'homme *franc* parlera quelquefois quand il faudra se taire, et dira ce qu'il ne devra pas dire. » (R.)

FRAPPER. V. *Battre.*

FRAYEUR. V. *Appréhension.*

FRÊLE. V. *Fragile.*

FREQUEMMENT. V. *Souvent.*

FRÉQUENTER, HANTER. L'idée propre de *fréquenter* est celle de concours, d'affluence; l'idée distinctive de *hanter,* celle de société, de compagnie. Rigoureusement parlant, c'est la multitude, la foule qui *fréquente;* et elle *fréquente* des lieux, des places; c'est une personne, ce sont des particuliers qui *hantent;* et ils *hantent* des personnes, des assemblées. — Nous disons qu'un port, un marché, un chemin sont *fréquentés,* parce qu'il y aborde, il y accourt, il y passe beaucoup de monde. Nous ne disons pas qu'une place, une rue, un bois sont *hantés,* parce que ce mot n'exprime pas un concours de monde qui va, mais l'habitude d'une personne ou de quelques personnes qui vont dans un certain monde, une certaine société. — Par extension, l'on a dit, en parlant d'un particulier, *fréquenter les personnes;* et l'on a dit *fréquenter les lieux,* sans y ajouter l'idée d'un concours de monde. Mais une personne en *fréquente* une autre qu'elle visite souvent, tandis qu'elle *hante* plutôt une classe, un ordre de gens avec lesquels elle vit, bonne ou mauvaise compagnie. On *fréquente* un lieu quel qu'il soit : on *hante* proprement des lieux d'assemblée, les églises, les cabarets, etc. Un dévot *fréquente* les églises; assidu aux offices publics, aux assemblées du peuple, il les *hante.* On dit *fréquenter* les sacrements, pour dire aller souvent à confesse, à la sainte table : on ne dira pas les *hanter,* car il ne s'agit pas là de se familiariser ou de se réunir avec des sociétés. (R.)

FRIAND. V. *Gourmand.*

FRICHES. V. *Landes.*

FRIPON. V. *Larron.*

FRIVOLE, FUTILE. Les objets sont *frivoles,* quand ils n'ont pas nécessairement rapport à notre bonheur ni à la perfection de notre être. Les hommes sont *frivoles,* quand ils s'occupent sérieusement des objets *frivoles,* ou quand ils traitent légèrement les objets sérieux. — Un objet est *futile,* lorsqu'il n'est d'aucune importance, lorsqu'il ne vaut pas le moindre des soins qu'on pourrait prendre pour l'acquérir ou pour le conserver. Un homme est *futile* lorsqu'il s'attache à ces sortes d'objets. — *Frivole* se dit donc proprement des objets qui n'ont point de solidité; qui trompent toujours nos espérances; qui satisfont pour un moment nos fantaisies, et sur lesquels l'esprit vole sans méditer, sans s'éclairer; qui amusent un moment sans attacher, sans fixer, ou plutôt qui font passer de distractions en distractions. — *Futile* se dit proprement des choses qui n'ont point de consistance, qui sont vaines et fugitives, qui ne produisent aucun résultat utile. — Un homme *frivole* s'occupe de sa parure, de jeux, des plaisirs, lorsqu'il devrait s'occuper des devoirs de son état : un homme *futile* parle et agit sans raison, sans réflexion, inconsidérément, sans but utile. (L.)

Une chose qui ne mérite pas notre attachement, ni notre estime, ni nos recherches, est *frivole*. Un bien qui ne tient qu'à l'opinion, à la fantaisie, à l'illusion, est *futile*. — La science, avec les spéculations même les plus hautes, mais sans influence sur les mœurs, serait *frivole*. La science des mots, sans l'application aux choses, serait *futile*. (R.)

FROID, FROIDEUR, FROIDURE; FRAIS, FRAICHEUR. Le *froid* est à la *froideur* et le *frais* est à la *fraicheur*, ce que le *chaud* est à la *chaleur* : ainsi ce qui a été dit touchant ces deux derniers mots, s'applique parfaitement aux autres. (V. *Chaud, Chaleur.*)

La *froidure* est le nom particulier du *froid* répandu dans l'air, et ce mot s'emploie pour indiquer l'état habituel de l'atmosphère dans telle saison ou dans tel pays.

Au figuré, le *froid*, la *froideur* se disent des personnes. Le premier exprime le flegme, l'indifférence naturelle d'un caractère que rien ne peut jamais émouvoir; le second marque l'indifférence d'une personne qui n'est point remuée dans tel moment, mais qui peut l'être dans un autre; ou bien encore la lenteur, l'indifférence, la mollesse dans l'action : « Il lui répondit avec son *froid* ordinaire. La *froideur* d'un accueil ». (Acad.)

On dit prendre le *frais*, parce que ce mot exprime la sensation agréable que produit la *fraicheur* : on ne dit pas prendre la *fraicheur*, pas plus qu'on ne dit avoir la *chaleur*. La *fraicheur* produit le *frais*, comme la *chaleur* produit le *chaud*. « Si les effets de la *fraicheur* sont agréables et salutaires, c'est le *frais*; s'ils sont nuisibles, c'est encore la *fraicheur* : « En entrant dans cette cave, on sent une *fraicheur* qui saisit ». (Laveaux.)

FROTTAGE, FROTTEMENT. *Frottage* ne se dit que du travail d'un frotteur d'appartement, ou de l'action de frotter un objet pour le rendre poli, luisant. *Frottement* est le terme propre dans tout autre cas; il s'emploie seul au figuré.

FRUGAL. V. *Sobre*.

FRUSTRER. V. *Priver*.

FUGITIF. V. *Fuyard*.

FUIR, ÉVITER, ÉLUDER. On *fuit* les choses et les personnes qu'on craint, et celles qu'on a en horreur. On *évite* les choses qu'on ne veut pas rencontrer, et les personnes qu'on ne veut pas voir ou dont on ne veut pas être vu. On *élude* les questions auxquelles on ne veut ou l'on ne peut répondre. — On *fuit* en courant; on *évite* en se détournant; on *élude* en donnant le change. — La peur fait *fuir* devant son ennemi; la prudence en fait quelquefois *éviter* la présence; et l'adresse en fait *éluder* les attaques. — On dit *fuir* et *éviter* le danger : mais le *fuir*, c'est ne pas s'y exposer; l'*éviter*, c'est n'y pas tomber. (G.)

FUNÈBRE, FUNÉRAIRE. *Funèbre*, d'après sa terminaison, signifie qui fait, qui constitue les funérailles ou qui en présente l'image (51 page 16); il se dit de tout ce qui compose les funérailles : « Ornements, honneurs *funèbres*; pompe, oraison, convoi, appareil, chant *funèbre* ». (Acad.) *Funéraire* signifie relatif aux funérailles (49, page 15), et ne se dit guère que des frais qu'elles ont occasionnés.

*Funèbre* se dit au figuré dans le sens de triste, sombre, lugubre, effrayant : « Cri *funèbre* ». (Acad.) Il se dit aussi de certains oiseaux nocturnes dont le cri a quelque chose de sinistre.

FUNÉRAILLES, OBSÈQUES, ENTERREMENT. *Enterrement* est le terme général et ordinaire : il se dit soit de l'action d'enterrer le corps, soit des cérémonies qu'on observe pour le porter et le mettre en terre, soit enfin du convoi funèbre. *Funerailles* (du latin *funus*) et *obsèques* (d'*obsequium*), ne se disent que des cérémonies et du convoi, et ajoutent à l'idée générale d'*enterrement*, le premier celle de douleur et de deuil, le second celle de devoirs et d'honneurs.

« C'est la douleur qui préside, pour ainsi dire, aux *funérailles*; et c'est la piété qui conduit les *obsèques*. — Les *funérailles* et les *obsèques* annoncent un *enterrement* fait avec plus ou moins de cérémonies; mais le mot pompeux de *funérailles* annonce surtout des *obsèques* pompeuses. L'église ne fait que des *obsèques*; et le faste en fait des *funérailles*. » (R.)

FUNESTE. V. *Fatal*.

FUREUR, FURIE. « Le mot de *fureur*, dit Vaugelas, dénote davantage l'agitation violente du dedans, et le mot de *furie*, l'agitation violente du dehors ». Ainsi le mot de *fureur* se rapporte à ce qui agit en nous comme cause, et *furie* se rapporte à l'effet produit.

« La *fureur* est en nous, la *furie* nous met hors de nous. La *fureur* nous possède, la *furie* nous emporte. Vous contenez votre *fureur*, à peine il en jaillit des étincelles : vous vous abandonnez à la *furie*, c'est un tourbillon. La *fureur* mène à la *furie*. » (R.)

Quoique *fureur* se dise plus particulièrement des êtres animés, parce qu'ils renferment en eux la cause, le principe de leurs actions, et que *furie*, par la raison contraire, convienne mieux aux choses, cependant le premier peut s'appliquer à des objets inanimés : « parce que, dit Roubaud, il est naturel d'animer et assez ordinaire de personnifier les objets qui, par leur impétuosité naturelle, semblent avoir une sorte de vie; la *fureur* des vents, des vagues, des flammes, des tourbillons. *Furie* s'applique à propos aux hommes et à tous les êtres animés qui, par l'aveuglement, la brutalité, l'énormité de leur *fureur*, semblent entièrement dépourvus de modération ou de frein, et rentrer dans la classe des causes aveugles. Dans tous les cas, la *furie* est toujours un déchaînement de *fureur*; et vous distinguerez l'une de l'autre par le degré de déchaînement. — Par la raison que *furie* marque les plus grands excès, ce mot ne peut être pris qu'en mauvaise part; au lieu que *fureur*, susceptible de modération, peut, avec des modifications particulières, se prendre en bonne part. Ainsi nous disons une noble *fureur*, une *fureur* divine : nous attribuons la *fureur* à Dieu même; nous le prions de ne pas nous juger dans sa *fureur* ».

FURIBOND, FURIEUX. *Furibond* marque une *fureur* ou plutôt une *furie* plus violente et agissant avec plus d'impétuosité (53, page 17). Celui qui est *furibond* manifeste nécessairement sa furie : celui qui est *furieux* peut l'être dans son cœur sans le faire paraître au dehors. En second lieu, comme le dit l'Académie, le *furibond* est celui qui est sujet à de grands emportements de fureur, de colère; et *furieux* signifie simplement qui est en fureur.

Roubaud fait la même distinction et ajoute : « Celui-là est *furibond*, qui jamais n'est maître de lui-même; celui-là est *furieux*, qui cesse de l'être. Il y a dans le second un violent écart; et dans le premier, un vice de caractère ou d'humeur ».

Voilà pourquoi sans doute *furibond* ne se dit jamais des animaux, ni des choses qui n'appartiennent pas aux personnes; tandis que l'on dit un lion *furieux*, un vent *furieux*. En outre, *furieux* marquant un écart de l'esprit, se dit de la folie : « Un fou *furieux* ». On ne dirait pas un fou *furibond*, parce que *furibond* a trait au caractère. L'adjectif *furieux* se dit même quelquefois dans le sens de *fou dangereux*; c'est la signification qu'il a dans cette phrase de Montesquieu : « Avant Vespasien, l'empire avait été successivement occupé par six tyrans également cruels, tous *furieux*, et souvent imbéciles ».

*Furibond* et *furieux* s'emploient tous deux pour qualifier les traits, les gestes, etc.; mais suivant la remarque de l'Académie, *furieux* se dit de ce qui dénote simplement la fureur; et *furibond* de ce qui annonce une grande furie.

FURIE. V. *Fureur*.

FURIEUX. V. *Furibond*.

FUSIL. V. *Mousquet*.

FUSION. V. *Fonte*.

FUSTIGER. V. *Fouetter*.

FUTILE. V. *Frivole*.

FUTUR, AVENIR. Le *futur* est relatif à l'existence des êtres, et l'*avenir* aux révolutions des événements. On peut parler avec certitude des choses *futures*, et prédire celles d'un certain ordre par les seules lumières naturelles : on ne peut que conjecturer sur l'*avenir*, et il est impossible de le prédire sans une révélation expresse. (B.)

Cette distinction est fondée sur la valeur propre des mots : *futur*, temps du verbe *être*, signifie *ce qui sera*, ce qui doit êtr  il ex rime donc l'existence. *Avenir* signifie ce qui est *à venir*, chose contingente, comme ce qui est à faire, à savoir, à *venir* ou arriver; il annonce donc les *événements*. La grammaire dit *futur*, parce qu'elle considère l'ordre nécessaire des temps : la morale dit *avenir*, parce qu'elle considère surtout l'incertitude des choses. — Ainsi des signes vagues et obscurs ne sont que de vains présages de l'*avenir*; mais des signes physiques et nécessaires sont des présages certains d'une révolution *future* dans l'ordre naturel. On dit fort bien les générations *futures*, les races *futures*, les siècles *futurs*; car ils seront comme le présent est : on dira les changements *à venir*, les biens *à venir*, le bonheur *à venir*, lorsqu'on présentera les choses comme incertaines. L'astronomie prédit le *futur*, des éclipses, des conjonctions, des retours, ce qui en effet sera : la divination prédit l'*avenir*, des guerres, des morts, des succès, ce qui peut être ou ne pas être. On a fort bien dit *hasarder le présent pour l'avenir*; et on oppose fort bien *la vie future* à *la vie présente*. (R.)

**FUYARD, FUGITIF.** *Fuyard*, adjectif, signifie qui a coutume de s'enfuir (41, page 12) : « Animaux *fuyards*; troupes *fuyardes* ». (Acad.) Il est aussi substantif et se dit au pluriel de gens de guerre qui s'enfuient du combat, pêle-mêle, précipitamment, et avec une sorte d'ardeur dans la fuite. *Fugitif*, adjectif ou substantif, signifie qui s'est enfui ou qui se trouve actuellement dans tel état, en fuite : « Un criminel *fugitif*: un esclave *fugitif* ». (Id.)

Le mot *fugitif* a tellement un sens attributif de qualité, de manière d'être, qu'il se dit au figuré de tout ce qui est rapide, passager, peu durable : « Une ombre *fugitive*; éclat *fugitif*; bonheur *fugitif* ». (Id.)

# G

**GAGER, PARIER.** *Gager*, opposer dans une contestation *gage* à *gage*, avec la convention que celui du vaincu sera le prix du vainqueur. *Parier*, risquer un objet contre un autre, avec *parité* ou égalité dans des cas incertains et aux mêmes conditions. — La *gageure* est une espèce de défi accepté moyennant le *gage* convenu : le *pari* est une espèce de jeu joué ou censé joué but à but. Le défi de la *gageure* ressemble à celui du combat judiciaire, où l'assaillant jetait son *gage* de bataille : le jeu du *pari* ressemble à celui de *pair ou non*, où l'on met son argent au hasard d'un événement quelconque. — Vous *gagez* particulièrement, quand il s'agit de vérifier, de prouver, d'accomplir un point, un fait, dans la croyance ou la persuasion que votre opinion est bonne, que votre prétention est juste. Vous *pariez* particulièrement, quand il s'agit d'événements contingents, douteux, dépendants, du moins en partie, du hasard ou de causes étrangères, dans l'espérance ou l'augure que le sort favorisera votre parti, que votre parti l'emportera. Celui qui *gage* pèse les raisons, les motifs, les autorités : celui qui *parie* calcule les chances, les probabilités, les hasards de perte ou de gain. Si l'on vous conteste un fait, vous *gagerez* impatiemment qu'il est vrai : si les avis sont partagés sur un événement incertain, vous *parierez* par amusement pour ou contre. L'amour-propre est ordinairement plus intéressé dans la *gageure* que la cupidité ; on veut avoir raison ; la cupidité l'est bien davantage dans les *paris* ; on veut gagner de l'argent. (R.)

GAGES, APPOINTEMENTS, HONORAIRES. « *Gages* n'est d'usage qu'à l'égard des domestiques et des gens qui se louent pendant quelque temps au service d'autrui pour des occupations serviles. *Appointements* se dit pour tout ce qui est place, ou qu'on regarde comme tel, depuis la plus petite *commission* [1] jusqu'aux plus grands emplois et aux premières dignités de l'État. *Honoraires* a lieu pour les maîtres qui enseignent quelque science ou quelques-uns des arts libéraux, et pour ceux à qui on a recours dans l'occasion pour en obtenir quelque conseil salutaire ou quelque autre service que leur doctrine ou leur fonction met à portée de rendre ». (G.)

Ainsi l'on dit les *honoraires* d'un avocat, d'un médecin, d'un professeur. Quant au mot *appointements*, il n'est plus guère usité que dans le commerce : hors de là il a été à peu près entièrement remplacé par le mot de *traitement*, surtout lorsqu'il s'agit de hauts emplois ou de dignités : « *Traitement* d'un ministre, d'un maréchal de France, d'un préfet ».

GAI, ENJOUÉ, RÉJOUISSANT. C'est par l'humeur qu'on est *gai*, par le caractère d'esprit qu'on est *enjoué*, et par les façons d'agir qu'on est *réjouissant*. Le triste, le sérieux et l'ennuyeux sont précisément leurs opposés. — Notre *gaîté* tourne presque entièrement à notre profit : notre *enjouement* satisfait autant ceux avec qui nous nous trouvons que nous-mêmes : mais nous sommes uniquement *réjouissants* pour les autres. — Un homme *gai* veut rire : un homme *enjoué* est de bonne compagnie : un homme *réjouissant* fait rire. (G.)

GAIN, PROFIT, BENÉFICE, ÉMOLUMENT, LUCRE. L'idée commune est celle d'un avantage pécuniaire éventuel. — *Gain* se dit aussi de la rémunération d'un travail non réglé : le commissionnaire du coin de rue, qui fait des courses, scie du bois, porte des fardeaux, etc., seulement quand on a recours à lui, compte le soir le *gain* de sa journée. Dans ce sens, *gain* n'est pas synonyme des autres mots : c'est faute d'avoir fait cette distinction que Laveaux reproche à tort à l'abbé Girard la définition que celui-ci a donnée du mot *gain*, et que voici : « Le *gain* est quelque chose de très-casuel, qui suppose du risque et du hasard : voilà pourquoi ce mot est d'un grand usage pour les joueurs ». De nos jours ce mot n'est même guère usité que pour indiquer ce que l'on a gagné au jeu.

1. *Commission* est pris ici dans le sens d'emploi, de charge *commise*, c'est-à-dire confiée par un supérieur.

« Le *profit* est ce que l'on tire d'utile d'une chose, outre la valeur de la chose même. On tire du *profit* d'un verger par la vente des fruits : on tire du *profit* d'un cheval, d'une voiture, en les louant. » (L.) Mais *profit* se dit aussi de tout ce que l'on retire en sus du revenu fixe : c'est pourquoi les domestiques appellent *profits* les petites gratifications qu'ils reçoivent outre leurs gages. L'abbé Girard fait remarquer que l'on dit les *profits* d'une terre, pour exprimer ce qu'on en retire outre les revenus fixés par les baux.

Le *bénéfice* est le résultat avantageux d'une opération de commerce ou de banque. Je vends 100 fr. ce que j'ai acheté 90 fr.; j'ai 10 fr. de *bénéfice*. Dans les sociétés de commerce, on partage ordinairement le *bénéfice* au prorata des mises.

« L'*émolument*, dit l'abbé Girard, est affecté aux charges et aux emplois; marquant non-seulement la finance réglée des appointements, mais encore tous les autres revenants-bons. » Ce mot emporte donc l'idée non-seulement d'un traitement fixe, mais aussi de tous les *profits* attachés à l'emploi. Il se dit en outre, du *profit* que l'on retire accidentellement d'une affaire à laquelle on a pris part.

« L'idée de *lucre* a quelque chose de plus abstrait et de plus général que celle des autres mots, son caractère consiste dans un simple rapport à la passion de l'intérêt, de quelque manière qu'elle soit satisfaite : voilà pourquoi l'on dit très-bien d'un homme qu'il aime le *lucre*. » (G.)

GAITÉ. V. *Joie*.

GALIMATIAS, PHÉBUS. Ce sont des façons de parler, qui, à force d'affectation, répandent de l'embarras et de l'obscurité dans le discours. Quelle différence y a-t-il entre l'un et l'autre? — « Le *galimatias*, dit Bouhours, renferme une obscurité profonde, et n'a de soi-même nul sens raisonnable : le *phébus* n'est pas si obscur, et a un brillant qui signifie ou semble signifier quelque chose ». — Tous ceux qui veulent parler de ce qu'ils n'entendent point, ne peuvent pas manquer de donner dans le *galimatias*; parce qu'on ne peut rendre d'une manière nette, claire et distincte, que des idées nettes, précises, et conçues distinctement. — Ceux qui, sans avoir étudié les grands maîtres de l'art ni approfondi le goût de la nature, prétendent se distinguer par une élocution brillante, sont en grand danger de ne se distinguer que par le *phébus*; parce qu'il est naturel qu'ils jugent du mérite de leur expression par ce qu'elle leur a coûté, et qu'elle leur coûte d'autant plus qu'elle s'éloigne plus de la nature. (B.)

GARANT, CAUTION. V. *Caution*.

GARANT, GARANTIE. *Garant* se dit des personnes; il signifie alors répondant, qui se porte caution. (V. *Caution*.) Mais il se dit aussi des choses, dans le sens de sûreté, et alors il est synonyme de *garantie*. La différence essentielle qui distingue ces deux mots, c'est que *garant* désigne une chose que l'on présume avoir la vertu de garantir, et qui peut l'avoir ou non; tandis que la *garantie* est une sûreté que l'on donne soi-même, un engagement formel que l'on prend. La *garantie* a donc une certitude que n'offre pas ce qui n'est que *garant* : « Sa conduite passée vous est un sûr *garant* de sa fidélité pour l'avenir; Il veut des *garanties* plus sûres; Il a d'excellentes *garanties*. (Acad.)

GARANTIR, PRÉSERVER, SAUVER. *Garantir*, mettre sous sa *garantie*, tenir dans sa *sauvegarde*, protéger contre l'injure, répondre de la sûreté. *Préserver*, pourvoir à la *conservation*, parer d'avance aux accidents, prémunir contre les dangers, veiller à la sûreté. *Sauver*, rendre sain et sauf, délivrer d'un mal, exempter d'un malheur. — Ce qui vous couvre ou vous protége de manière à empêcher l'impression qui vous serait *nuisible*, vous *garantit*. Ce qui vous assiste et vous prémunit contre quelque danger funeste, qui pourrait survenir, vous *préserve*. Ce qui vous délivre d'un grand mal ou vous arrache à un grand péril, vous *sauve*. Les vêtements qui vous couvrent vous *garantissent* des injures du temps. Les gens armés qui vous accompagnent vous *préservent* de l'attaque des voleurs. La nature, vigoureuse encore, et des remèdes qui la secondent vous *sauvent* d'une maladie. — On est *garanti* par la résistance; elle arrête, rompt ou amortit le coup. On est *préservé* par la vigilance; elle prévient, écarte ou dissipe le danger. On est *sauvé* par les secours; ils combattent, détruisent ou repoussent le mal. (R.)

GARDE, GARDIEN. « Ces deux mots marquent également une personne au soin ou à la garde de qui l'on a confié quelque chose. » (Girard.) — *Garde*, comme mot simple, exprime simplement l'idée et par cela même a un sens très-général : *gardien*, par sa terminaison, ajoute à l'idée commune celle d'office spécial et même de profession, ce que le mot *garde* ne peut signifier qu'avec le secours d'un déterminatif : *garde des sceaux*, *garde du commerce*, etc. Ensuite le *garde* remplit ses fonctions en suivant strictement les ordres prescrits par un supérieur, par un maître, par les lois, par des ordonnances : le *gardien* a ou n'a pas de supérieurs; mais de toute manière, il exerce son office en employant les moyens que de sa propre autorité il juge les plus convenables. « Il y a dans les prisons, dit Laveaux, des *gardes*, c'est-à-dire des soldats qui veillent à la sûreté extérieure, sous les ordres de leurs chefs; et des *gardiens*, c'est-à-dire des agents qui veillent à la sûreté intérieure et qui, par les moyens qu'ils jugent convenables, empêchent les détenus de s'évader. »

De même le *gardien* d'un dépôt le garde comme il l'entend et n'a point à rendre compte de la manière dont il l'a fait : le *garde* peut être repris pour s'être acquitté de ses fonctions d'une manière contraire aux ordres qui lui avaient été donnés.

« On dit un *gardien* et non un *garde* des scellés, parce qu'on impose uniquement à ce *gardien* l'obligation de représenter les scellés entiers, et que sur tout le reste on lui laisse une autorité pleine et entière. On dit *garde* et non *gardien* du trésor royal, parce que cet office exige des devoirs qui sont prescrits par l'autorité, par les lois, par les règlements; et que celui à qui cette garde est confiée doit les remplir de la manière qui lui est prescrite et non de celle qu'il juge convenable. Au figuré on préfère *gardien* à *garde*, parce qu'il ne s'agit point de garder des objets matériels, mais de maintenir et de conserver des objets moraux. Un père est le *gardien* et non le *garde* naturel des mœurs de ses enfants » (L.)

GARDER, OBSERVER. V. *Observer.*

GARDER, RETENIR. On *garde* ce qu'on ne veut pas donner : on *retient* ce qu'on ne veut pas rendre. Nous *gardons* notre bien : nous *retenons* celui d'autrui. L'avare *garde* ses trésors : le débiteur *retient* l'argent de son créancier. (G.)

GASPILLER, DISSIPER, DILAPIDER. *Gaspiller*, du celte *gas*, d'où gâter, dégât, et de *pil*, qui désigne la main et ses différentes actions, celle de piller, de *gaspiller*; latin *expilare*, ôter du monceau, de la *pile*. — *Dissiper*, latin *dissipare*, répandre çà et là, éparpiller, disperser de tous côtés. — *Dilapider*, latin *dilapidare*; de *lapis*, pierre : ôter les pierres d'un champ, épierrer, démolir, disperser les pierres d'un édifice. Ce mot uniquement employé dans notre langue au figuré, ne peut convenir qu'à la destruction d'une grande fortune, d'une fortune bien fondée, bien établie, bien solide, comme un édifice. — Celui qui répand de tous côtés, en dépenses désordonnées, ce qu'il a, son argent, ses revenus, son bien, comme s'il promenait sa fortune dans le tonneau des Danaïdes, *dissipe*. Celui qui dépense les fonds avec les revenus d'une belle fortune, qui la démolit et disperse les matériaux et les ruines, *dilapide*. Celui qui, par une mauvaise administration, laisse gâter, perdre, *piller*, emporter son bien en dégâts et en fausses dépenses, *gaspille*. — Les héritiers d'un avare *dissipent* son héritage, s'ils ont souffert de son avarice. Les gens de la cour et les agents de la fiscalité *dilapideraient* la fortune publique, si on les laissait faire. Un nombreux domestique et les gens d'affaires versés dans leur métier *gaspilleront* les plus grands revenus, si le chef n'en est pas le premier économe. (R.)

GAZOUILLIS, GAZOUILLEMENT. Petit bruit agréable que font les oiseaux en chantant, les ruisseaux en coulant. *Gazouillis* exprime un mélange confus de ces sortes de bruits, l'effet de plusieurs *gazouillements* qui se croisent (25, page 8); c'est pourquoi il ne convient pas, si l'on parle du ramage d'un seul oiseau. Ensuite *gazouillis* n'éveille pas, comme *gazouillement*, l'idée d'une action (19, page 6), et n'est pas relatif à l'objet qui gazouille; aussi l'on ne dit pas faire taire le *gazouillis*, mais faire taire le *gazouillement* des oiseaux.

GÉMISSEMENT. V. *Lamentation.*

GÉNÉRAL, GÉNÉRIQUE. Qui convient au genre. — *Général* signifie qui est commun ou applicable à un très-grand nombre d'individus ou d'objets du même genre. *Générique*, terme didactique, signifie qui appartient à tout le genre. Un terme *générique* est celui qui nomme le genre tout entier, d'une manière précise : l'*humanité,* nom du genre humain, est un terme *générique.* Un terme *général* désigne un individu, un objet, d'une manière vague, ou plusieurs individus, plusieurs objets en général, sans s'appliquer spécialement à celui-ci plutôt qu'à celui-là : le mot *homme* est un terme général dans ces phrases : « L'*homme* est mortel; les *hommes* sont mortels ». Des caractères *génériques* appartiennent essentiellement à tout le genre et le constituent en quelque sorte : des caractères *généraux* conviennent généralement aux individus du genre, au plus grand nombre, sans être constitutifs du genre.

GÉNÉRAL, UNIVERSEL. Ce qui est *général* regarde le plus grand nombre des particuliers, ou tout le monde en gros. Ce qui est *universel* regarde tous les particuliers, ou tout le monde en détail. — Le gouvernement des princes n'a pour objet que le bien *general;* mais la providence de Dieu est *universelle.* Un orateur parle en *général,* lorsqu'il ne fait point d'application particulière : un savant est *universel,* lorsqu'il sait de tout. (G.)

Le *général* comprend la totalité en gros; l'*universel,* en détail. Le premier n'est point incompatible avec des exceptions particulières; le second les exclut absolument. Aussi dit-on qu'il n'y a point de règle si *générale* qui ne souffre quelque exception; et l'on regarde comme un principe *universel* une maxime dont tous les esprits sans exception reconnaissent la vérité, dès qu'elle leur est présentée en termes clairs et précis. — C'est une opinion *generale* que les femmes ne sont pas propres aux sciences et aux lettres : Mme Deshoulières, Mme Dacier, Mme de Grafigny, chacune dans leur genre, font une exception d'autant plus honorable pour le sexe, qu'elle prouve la possibilité de bien d'autres. C'est un principe *universel* que les enfants doivent honorer leurs parents : l'intention du Créateur se manifeste sur cela en tant de manières, qu'il ne peut y avoir aucun cas de dispense. — Dans les sciences le *général* est opposé au particulier; l'*universel,* à l'individu. Ainsi la grammaire *générale* envisage les principes qui sont ou peuvent être communs à toutes les langues, et ne considère les procédés particuliers des unes ou des autres que comme des faits qui établissent les vues *générales :* mais l'idée d'une grammaire *universelle* est une idée chimérique : nul homme ne peut savoir les principes particuliers de tous les idiomes; et quand on les saurait, comment les réunirait-on en un corps? (B.)

GÉNÉROSITÉ. V. *Grandeur d'âme.*

GENIE, ESPRIT. V. *Esprit.*

GÉNIE, TALENT. Avec du *talent*, on peut être, par exemple, un bon militaire; avec du *génie,* un bon militaire devient un bon général. — C'est quelquefois l'assemblage des *talents,* c'est toujours la perfection de celui que la nature nous a donné, qui décèle le *génie.* — On étudie, on cherche son *talent;* souvent on le manque : le *génie* se développe de lui-même. — Le *talent* peut être enfoui, parce qu'il n'a pas des occasions pour éclater; le *génie* perce malgré tous les obstacles : c'est lui seul qui produit, le *talent* ne fait guère que mettre en œuvre. (Turpin de Crissé.)

GENS, PERSONNES. Le mot *gens* est collectif et indéfini; il dit quelque chose de général et de vague; le mot *personne* est en lui-même particulier et individuel; il a quelque chose de déterminé[1]. Ainsi, la phrase *il y a des* gens *qui pensent ainsi*, annonce vaguement que c'est une pensée commune à plusieurs; et la phrase *il y a des* personnes *qui pensent ainsi*, marque distinctement que divers particuliers ont la même pensée. Vous direz plutôt *gens*, lorsque vous parlerez d'une foule ou d'un nombre confus, sans connaître, sans pouvoir spécifier qui : vous direz plutôt *personnes*, lorsque vous pourrez parler de tels et tels, sans vouloir les nommer : un bruit vague, ce sont des *gens* qui le répandent : un rapport particulier, ce sont des *personnes* qui le font. — Le mot *gens* a donc la propriété distinctive de désigner la foule ou la quantité indéfinie, et l'espèce ou les qualités spécifiques des *personnes* collectivement considérées sous ce rapport commun; et le mot de *personnes*, des individus différents et leurs qualités propres, ou sous des rapports particuliers à chacun, ou sous un rapport commun de circonstance, abstraction faite de tout autre. — En disant les *gens du monde*, vous spécifiez la sorte de *gens :* si vous dites des *gens*, sans addition, vous désignez une sorte de *gens*, ou des *gens* d'une sorte particulière, mais sans la spécifier. Vous dites que vous avez vu *plusieurs personnes*, et par là vous n'indiquez entre elles aucun rapport; vous direz que vous les avez vues se promener, et par là vous ne marquez entre elles d'autre rapport que celui d'une action semblable. — Vous direz qu'il y avait à une telle fête *toute sorte de gens*, ou des *gens de toute espèce*, pour marquer la foule et le mélange des états. Vous direz que vous ne connaissez pas les *personnes* qui passent, sans attacher à ce mot d'autre idée que celle d'individus ou de particuliers qui vous sont inconnus. — On demande quel était sous les rois de la première et de la seconde race, l'*état des personnes? L'état des gens* aurait supposé une condition commune, et ce mot n'aurait été ni clair ni noble. — Il y a *gens et gens*, c'est-à-dire différentes sortes ou espèces de *gens :* il y a aussi *personnes et personnes*, c'est-à-dire des *personnes* d'un mérite ou d'un caractère particulier ou différent. — Vos soldats, vos domestiques, votre suite, votre société, vous les appelez

1. *Gent*, *gens*, signifie proprement race, lignée; c'est donc un mot collectif par sa nature. Aussi chez les Latins signifie-t-il peuple, nation : le droit des *gens* est le droit des nations. On disait autrefois la *gent;* Malherbe dit *la gent qui porte le turban*, et La Fontaine *la gent trottemenu*. Quant au mot *personne*, l'homme le moins instruit sait ou sent qu'il indique ce qui est propre, particulier à l'objet, ce qu'il a de *personnel* ou exclusif, ce qui le caractérise et le distingue : une telle *personne* est un tel individu; votre *personne* est vous, etc. (R.)

quelquefois vos *gens*. Considérés à part, sans liaison sociale, sans dépendances, sans rapport d'état, ce sont des *personnes*. (R.)

GENTIL. V. *Mignon*.

GENTILS, PAÏENS. Le mot de *gentils* ne désigne que des gens qui ne croient pas la religion révélée; et celui de *païens* distingue ceux qui sont attachés à une religion mythologique ou au culte des faux dieux. Les *païens* sont *gentils*, mais les *gentils* ne sont pas tous *païens*. Confucius et Socrate, qui rejetaient la pluralité des dieux, étaient *gentils* et n'étaient point *païens*. — Celui qui ne croit point en Jésus-Christ, mais qui n'honore pas de faux dieux, est *gentil* : celui qui honore les faux dieux, et par conséquent a des sentiments tout opposés à la foi, est *païen*. — Dans l'usage commun de ces mots, le nom de *gentils* ne s'applique guère qu'aux nations anciennes, considérées dans leur opposition avec le judaïsme ou le christianisme naissant. La qualification de *païens*, nous la répandons généralement sur tous les peuples qui, dans tous les temps, ont adoré de fausses divinités. (R.)

GÉOMÉTRIQUE, GÉOMÉTRAL. Ce qui est *géométrique* appartient essentiellement à la géométrie : « Méthode *géométrique*, démonstration *géométrique*, esprit *géométrique* ». (Acad.) Ce qui est *géométral* n'a qu'un certain rapport avec la géométrie : aussi ce mot ne se dit que d'un dessin d'architecture qui donne la position, la dimension et la forme exacte des différentes parties d'un objet, d'un ouvrage, abstraction faite des illusions de la perspective : « Plan *géométral*, élévation *géométrale*, coupe *géométrale* ». (Id.)

GÉRER, RÉGIR. *Gérer* ne suppose qu'une autorité subalterne et dépendante, et *régir* une autorité entière et absolue. On *gère* les affaires des autres. On ne dit pas que Dieu *gère* l'univers, mais qu'il le *régit*. Le prince *régit* l'État, un évêque *régit* son diocèse. — *Gérer* ne se dit que des affaires et des emplois; *régir* se dit des biens, des domaines, de toutes les choses qui rapportent du profit ou des intérêts. On *régit* des terres, des domaines, des entreprises, soit que ces choses nous appartiennent, soit qu'on ait reçu du propriétaire une autorité entière pour les soigner et les faire valoir dans les plus petits détails. — Celui qui *gère* est responsable de sa gestion, de la manière dont il a fait les affaires; celui qui *régit* pour un autre est responsable de sa recette, des produits de la chose qu'il *régit*. (L.)

GIBET, POTENCE. La *potence* est un *gibet* de bois et d'une forme déterminée : *gibet* est donc une sorte de genre ou un mot plus vague : aussi nous appelons également *gibet* et la *potence* où l'on étrangle les coupables, et les fourches patibulaires où on les expose; et nous disons même que notre Sauveur est mort sur un *gibet*, et ce *gibet* est une croix. — *Gibet*, plus usité autrefois, est le mot propre, puisqu'il n'a point d'autre acception dans notre langue; au lieu que *potence* sert, dans une foule d'arts, à dénommer différentes pièces analogues quant à la forme. Mais ce dernier est devenu le terme vulgaire; par là même, le premier est devenu plus noble. — Cependant cet usage est bien fondé. Le *gibet* est plutôt le genre de supplice; la *potence* est l'instrument particulier du supplice. On dit proverbialement que le *gibet* ne perd jamais ses droits : le *gibet* n'est là que le signe de la peine; la *potence*, ainsi que la corde ou la hart, sont les moyens d'exécution de cette peine. C'est la *potence* qu'on dresse : la *potence* est, dans toutes les applications du mot, un instrument, un engin, une pièce travaillée. (R.)

GIRON. V. *Sein.*

GLISSER. V. *Couler.*

GLOBE, SPHÈRE, BOULE. Le *globe* et la *boule* sont des corps ronds en tout sens; mais *boule*, terme général et usuel, se dit des objets de cette forme qui sont faits de la main de l'homme pour des usages communs ou vulgaires. *Globe* est surtout un terme de science et annonce quelque chose de spécial : le *globe* de la terre, le *globe* céleste, le *globe* de l'œil. *Globe* se dit aussi de certaines *boules* creuses en verre, en papier, en métal, qui ont un emploi particulier, comme par exemple le *globe* d'une lampe.

*Sphère* est un terme de géométrie et d'astronomie. Voici ce qui distingue ce mot de celui de *globe* : celui-ci fait entendre que l'on considère seulement et matériellement la surface et l'ensemble du corps rond; *sphère* fait considérer le corps au point de vue des conceptions de l'esprit : c'est-à-dire des lignes et des cercles que l'on y conçoit, et des propriétés scientifiques qui résultent des rapports établis entre ces lignes et ces cercles.

GLOIRE, HONNEUR. La *gloire* dit quelque chose de plus éclatant que l'*honneur*. Celle-là fait qu'on entreprend, de son propre mouvement et sans y être obligé, les choses les plus difficiles. Celui-ci fait qu'on exécute, sans répugnance et de bonne grâce, tout ce que le devoir le plus rigoureux peut exiger. Le désir d'acquérir de la *gloire* pousse quelquefois le courage du soldat jusqu'à la témérité; et les sentiments d'*honneur* le retiennent souvent dans le devoir, malgré les mouvements de la crainte. (G.)

GLORIEUX, FIER, AVANTAGEUX, ORGUEILLEUX. Le *glorieux* n'est pas tout à fait le *fier*, ni l'*avantageux*, ni l'*orgueilleux*. Le *fier* tient de l'arrogant et du dédaigneux, et se communique peu. L'*avantageux* abuse de la moindre déférence qu'on a pour lui. L'*orgueilleux* étale l'excès de la bonne opinion qu'il a de lui-même. Le *glorieux* est plus rempli de vanité; il cherche plus à s'établir dans l'opinion des hommes; il veut réparer par les dehors ce qui lui manque en effet. — Le *glorieux* veut paraître quelque chose. L'*orgueilleux* croit être quelque chose. L'*avantageux* agit comme s'il était quelque chose. Le *fier* croit que lui seul est quelque chose et que les autres ne sont rien. (B.)

GLORIFIER (SE). V. *Prévaloir (se)*.

GLOSSAIRE. V. *Dictionnaire*.

GLOUTON. V. *Gourmand*.

GLUANT. V. *Visqueux*.

GOINFRE. V. *Gourmand*.

GONFLÉ. V. *Enflé*.

GOUFFRE. V. *Précipice*.

GOULU. V. *Gourmand*.

GOURMAND, GOINFRE, GOULU, GLOUTON, FRIAND, GOURMET. Le *gourmand* aime à manger, à faire bonne chère ; il faut qu'il mange, mais non sans choix. Le *goinfre* est d'un si haut appétit, ou plutôt d'un appétit si brutal, qu'il mange à pleine bouche, bâfre, se gorge de tout, assez indistinctement ; il mange et mange pour manger. Le *goulu* mange avec tant d'avidité, qu'il avale plutôt qu'il ne mange, ou qu'il ne fait que tordre et avaler, comme on dit ; il ne mâche pas, il gobe. Le *glouton* court au manger et mange avec un bruit désagréable, et avec tant de voracité, qu'un morceau n'attend pas l'autre, et que tout a bientôt disparu devant lui ; il engloutit, on le dirait du moins. Ainsi, le loup est particulièrement appelé un animal *glouton*. — *Gourmand* est un mot générique ; car le vice, pris en général, s'appelle *gourmandise*. Mais l'usage journalier est de le réduire à une espèce particulière de mangeurs ; et cette espèce, c'est celle des gens qui se livrent trop à leur goût, pour les bons morceaux principalement. — Le *friand* aime les morceaux délicats, les savoure et s'y connaît bien. Grande et bonne chère, voilà pour le *gourmand* : chère fine et délicate, pour le *friand*. (R.)

Le *gourmet* est celui qui sait bien connaître et goûter le vin. (Acad.)

GRACE, FAVEUR, SERVICE, BON OFFICE, PLAISIR. *Grâce* dit quelque chose de gratuit, un bienfait gratuit, un service gratuitement rendu : *faveur* dit quelque chose d'affectueux, le gage d'un intérêt particulier, le soin du zèle pour le bonheur ou la satisfaction de quelqu'un. Vous êtes *gratifié* par un bien, par un avantage qui ne vous est point dû : vous êtes *favorisé* par des biens, par des préférences qui vous distinguent. — La *grâce* exclut le droit et par conséquent le mérite strict : la *faveur* fait acception des personnes, sans exclure tout titre. La *grâce* est étrangère à la justice : la *faveur* est opposée à la rigueur. La récompense n'est point *grâce*, car elle est due. Mais par abus on l'appelle *grâce*, dès qu'il y entre de la *faveur*. — « Un *service*, dit Duclos, est un secours par lequel on contribue à faire obtenir quelque bien. » Le propre du *service* est d'être utile à celui à qui on le rend, soit par soi-même, soit par autrui, et avec le dévouement ou l'attachement d'un véritable serviteur. — Le *bon office* est l'emploi de notre crédit, de notre médiation, de notre entremise, ou de nos autres moyens, pour faire valoir, réussir, prospérer quelqu'un. Le propre du *bon office* est de marquer d'une manière affectueuse, et d'inspirer, autant qu'on le peut, l'intérêt qu'on prend à autrui, comme si l'on remplissait un devoir à son égard. — Le *plaisir* est une de ces choses agréables ou obligeantes que l'occasion nous présente à faire pour autrui, et que nous faisons sans cesse les uns pour les autres dans le commerce de la vie civile. Le propre du *plaisir* est de procurer un agrément, une commodité, un contentement, un *plaisir* à quelqu'un, par l'envie que nous avons de lui plaire ou de lui complaire. — La *faveur* distribue des *grâces*. Le zèle rend des *services*. La bienveillance inspire des *bons offices*. La complaisance ou l'honnêteté civile fait des *plaisirs*. (R.)

GRACE, PARDON. V. *Absolution*.

GRACE (DE BONNE). V. *De bon gré*.

GRACES, AGRÉMENTS. Les *grâces* naissent d'une politesse naturelle accompagnée d'une noble liberté : c'est un vernis qu'on répand dans le discours, dans les actions, dans le maintien, et qui fait qu'on plait jusque dans les moindres choses. Les *agréments* viennent d'un assemblage de traits fins que l'humeur et l'esprit animent; ils l'emportent souvent sur ce qui est plus régulièrement beau. — Il semble que le corps soit plus susceptible de *grâces*; et l'esprit d'*agréments*. L'on dit d'une personne, qu'elle marche, danse, chante avec *grâce*; et que sa conversation est pleine d'*agréments*. (G.)

GRACIEUX, AGRÉABLE. L'air et les manières rendent *gracieux*. L'esprit et l'humeur rendent *agréable*. — On aime la rencontre d'un homme *gracieux*; il plait. On recherche la compagnie d'un homme *agréable*; il amuse. — Les personnes polies sont toujours *gracieuses*; et les personnes enjouées sont ordinairement *agréables*. — Qu'il est difficile de ne pas s'attacher où l'on trouve toujours, à la suite d'une réception *gracieuse*, une conversation *agréable!* (G.)

GRACIEUX, AFFABLE. V. *Honnête*.

GRAIN, GRAINE. Ces deux mots sont synonymes en ce qu'ils signifient également une semence qu'on jette en terre pour y fructifier : mais *le grain* est une semence de lui-même, c'est-à-dire qu'il est aussi le fruit qu'on en doit recueillir; *la graine* est une semence de choses différentes, c'est-à-dire qu'elle n'est pas elle-même le fruit qu'elle doit produire. On sème des *grains* de blé et d'avoine pour avoir de ces mêmes *grains*; on sème des *graines* pour avoir des melons, des fleurs, des herbages, etc. — Le mot de *graine* fait précisément naitre l'idée d'une semence propre à germer et à fructifier, ce que ne fait pas celui de *grain*. Ainsi l'on dit que le chènevis est la *graine* du chanvre; mais on ne dit pas qu'il en est le *grain* [1]. Ils conservent même cette analogie de signification dans le sens figuré : « Tel a sa mémoire chargée de sages et prudentes maximes des grands

1. On dit pourtant un *grain* de chènevis; mais comme on dit un *grain* de sable, pour assigner un des éléments individuels ou de la *graine* de chènevis, ou d'un monceau de sable. (B.)

hommes, qui n'a pas lui-même un *grain* de bon sens. Il est difficile que d'une mauvaise *graine* il vienne un bon fruit. (G.)

GRAMMAIRIEN, GRAMMATISTE. Tous deux se disent de celui qui enseigne la grammaire ou qui a écrit sur la grammaire; mais *grammatiste* est un terme de dénigrement (47, page 15); il signifie mauvais *grammairien*.

GRAND, CONSIDÉRABLE. V. *Considérable*.

GRAND, ÉNORME, ATROCE. Ces trois épithètes se rapportent au crime, et marquent ici le degré d'intensité. — *Grand* est une expression générique employée au physique et au moral, pour exprimer la hauteur, l'élévation, l'étendue; elle s'applique aux choses qui surpassent les autres du même genre, mais qui n'excèdent pas les proportions connues. — *Grand* suppose donc une extension déterminée. Il y a des crimes plus ou moins *grands*, comparés avec d'autres de même espèce. — *Énorme*, du latin *enormis*, formé de *norma*, règle, avec l'adversative ou plutôt l'exclusive *e* (9, page 4), signifie littéralement hors de la règle, outre mesure. C'est une expression figurée qui rappelle l'excès. — Le mot *crime* applicable à toutes les infractions du pacte social, n'a qu'une valeur indéfinie. L'épithète *grand* en fixe l'étendue et le classe; celle d'*énorme* le distingue, le met hors des rangs. — *Atroce*, du latin *atrox*, dérivé d'*ater*, noir, horrible, cruel, ajoute à l'idée de *grand* et d'*énorme* celle d'un concours de circonstances qui l'aggravent. Tullie, faisant passer son char sur le cadavre de son père; Néron, faisant assassiner sa mère, commettent des crimes *énormes*; mais Caracalla, faisant poignarder devant lui son frère dans les bras de sa mère; mais Atrée faisant boire à Thyeste le sang de ses enfants, commettent des crimes *atroces*. (R.)

GRAND MONDE (LE). V. *Monde*.

GANDEUR D'AME, MAGNANIMITÉ, GÉNÉROSITÉ. La *grandeur d'âme* est dans les sentiments élevés au dessus des sentiments vulgaires. La *magnanimité* est la *grandeur d'âme* dans toute sa hauteur, sa perfection, sa plénitude. La *générosité* est la qualité qui distingue une bonne race, l'homme d'une âme forte : *gens* race, désigna chez les Latins l'espèce de famille que nous appelons *maison*. — On conçoit assez que la *grandeur d'âme* est cette sorte d'instinct qui nous fait tendre au grand et découvrir le beau. Il est facile de se convaincre que la *générosité* se distingue surtout par ce grand caractère qui nous fait user de nos avantages, relâcher de nos droits, sacrifier nos intérêts en faveur des autres; et c'est par cette idée que ce mot devient quelquefois synonyme de *libéralité*. Mascaron, dans l'oraison funèbre d'Henriette d'Angleterre, trace un si beau portrait du *magnanime*, qu'il craint qu'on ne fasse à son personnage le même reproche qu'un prophète faisait autrefois à un roi : *Tu n'es qu'un homme, et tu fais comme si tu avais le cœur d'un dieu*. — La *grandeur d'âme* fait de grandes choses. La *générosité* fait de grandes choses par des efforts d'un désintéressement sublime et au profit d'autrui. La *magnanimité* fait les grandes choses sans efforts et sans idée de sacrifice, comme le vulgaire fait des choses simples et communes. — La *grandeur d'âme* se détermine par des motifs nobles et honorables. Les motifs les plus purs et les plus sublimes déterminent la *générosité*. La *magnanimité* n'a pas besoin de motifs pour se déterminer : c'est le bien, c'est le vrai, c'est le beau qu'elle considère ; elle y tend comme à son centre. (R.)

GRATITUDE. V. *Reconnaissance.*

GRASSET, GRASSOUILLET. V. *Maigret.*

GRAVE, SÉRIEUX. Un homme *grave* n'est pas celui qui ne rit jamais ; c'est celui qui ne choque point les bienséances de son état, de son âge et de son caractère. L'homme qui dit constamment la vérité, par haine du mensonge ; un écrivain qui s'appuie toujours sur la raison ; un prêtre ou un magistrat attachés aux devoirs austères de leur profession ; un citoyen obscur, mais dont les mœurs sont pures et sagement réglées, sont des personnages *graves* : si leur conduite est éclairée et leurs discours judicieux, leur témoignage et leur exemple auront toujours du poids. — L'homme *sérieux* est différent de l'homme *grave* : témoin don Quichotte qui médite et raisonne *sérieusement* ses folles entreprises et ses aventures périlleuses. — Le *grave* est au *sérieux*, ce que le plaisant est à l'enjoué : il a un degré de plus, et ce degré est considérable. — On peut être *sérieux* par humeur, et même faute d'idées. On est *grave* par bienséance, ou par l'importance des idees qui donnent de la *gravité*. (*Enc.*)

GRAVITÉ, GRAVITATION, PESANTEUR. L'idée commune est celle de la propriete que les corps ont d'être pesants et de s'attirer réciproquement.

« La *gravité*, dit l'abbé Girard, est précisément la même chose que la *pesanteur*, avec un peu de mélange de l'idée de *poids*, c'est-à-dire qu'elle désigne une certaine mesure générale et indéfinie de pesanteur. »

Il me semble que la nuance qui distingue ces mots, est que *pesanteur* désigne purement et simplement la force, le fait naturel ; tandis que *gravité* ajoute à cette idée celle des corps *graves* ou, comme on dit quelquefois, des *graves* soumis à la *pesanteur* : ainsi l'on dit, les lois de la *pesanteur*, et non les lois de la *gravité* ; on dit, au contraire, le centre de *gravité*, et non le centre de *pesanteur*, parce que l'on considère alors un point du corps.

*Gravité* ne se dit que quand on parle de corps très-rapprochés de la terre : *gravitation* se dit des corps célestes, soleil, planètes, comètes, considérés relativement entre eux ; « La *gravitation* d'une planète vers une autre ». (Acad.)

GRÉ (DE BON). V. *De bon gré.*

GRÊLE, FLUET. *Grêle*, du latin *gracilis*, mince, menu, maigre, effilé, élancé, petit : *fluet*, probablement du latin *fluidus*, dont le sens propre est *fluide*, qui coule; et le sens figuré, peu solide, chancelant, sans consistance, mou, amolli, énervé.

*Grêle* se dit de toute chose qui de sa nature est long et menu : « Des jambes *grêles*, une taille *grêle*; la tige de cette plante est *grêle* ». (Acad.) *Fluet* ne se dit guère que du corps, de la constitution ou complexion, de la mine et du visage; et il indique de la faiblesse, un défaut, une infirmité, ou quelque chose de mou, d'efféminé, de trop délicat.

Une chose *grêle* peut cependant, par sa constitution, être forte et résistante. « Le cerf, dit Laveaux, a les jambes *grêles*, mais elles sont fortes et vigoureuses; les vieillards ont ordinairement les jambes *fluettes*, et elles sont faibles et sans action. »

On dit *voix grêle*, c'est-à-dire voix aiguë et faible de sa nature. Si *fluet* pouvait se dire dans ce cas, c'est qu'il s'agirait d'une voix molle, chancelante, languissante.

On dit d'une belette, qu'elle a le corps *fluet*; et ici *fluet* paraît être pris dans le sens primitif du latin *fluidus* : il fait entendre que le corps allongé de l'animal coule, se glisse facilement partout.

GROGNON, GROGNARD, GROGNEUR. Le *grognon* grogne accidentellement et non par défaut de caractère : une personne aimable et même enjouée, peut par extraordinaire être *grognon* à midi; mais elle ne le sera plus une heure après. Les causes du mécontentement du *grognon* sont d'ailleurs assez légères; aussi *grognon* se dit-il fréquemment des enfants.

Les motifs qui mécontentent le *grognard* et le *grogneur* sont plus graves; mais ces deux mots n'ont pas tout à fait la même signification ; le mot *grognard* a plus de rapport à l'humeur, au caractère (41, page 12) : le mot *grogneur* a plus de rapport à l'acte, à la manière de grogner (40, page 12). Le *grognard* est toujours disposé à grogner, à murmurer sourdement; il en cherche, pour ainsi dire, l'occasion, et cela le rend triste et maussade. Le *grogneur* grogne souvent et à haute voix, avec éclat ; il en est fatigant; mais il ne grogne que quand l'occasion se présente.

GRONDER. V. *Quereller*.

GROS, GROSSIER. Qui n'est pas menu, petit, fin, délicat. L'adjectif *gros* s'emploie quelquefois dans un sens qui paraît analogue à celui de *grossier*; mais *gros* qualifie toujours par rapport au volume, et *grossier* par rapport à la façon. Ce qui est *gros* n'est pas menu, petit, fin : une chose *grossière* n'est ni menue, ni fine, ni délicate, ni bien faite; son imperfection vient de ce qu'elle n'a pas été travaillée avec art (48, page 15). Du *gros* drap est du drap épais et fort, bon du reste et bien fabriqué : du drap *grossier* est du drap mal fabriqué et de qualité inférieure. La même différence existe entre *grosse* toile et toile *grossière*, *gros* souliers et souliers *grossiers*.

On dit, au figuré, *gros* mots, *grosses* paroles, c'est-à-dire jurements, paroles offensantes; et discours, propos *grossiers*, paroles *grossières*, c'est-à-dire contraires à la bienséance, à la pudeur; langage *grossier*, rude, barbare, peu civilisé. *Grossier* signifie aussi malhonnête, incivil.

**GROSSIER, IMPOLI.** V. *Impoli.*

**GROTESQUE.** V. *Burlesque.*

**GROTTE.** V. *Antre.*

**GUÈRE.** V. *Peu.*

**GUÉRISON.** V. *Cure.*

**GUERRIER.** V. *Belliqueux.*

**GUETTER.** V. *Épier.*

**GUEULE.** V. *Bouche.*

**GUEUX.** V. *Pauvre.*

**GUIDER, CONDUIRE, MENER.** *Guider* signifie, littéralement, faire voir, enseigner, tracer, montrer la voie, une voie inconnue, cachée. *Conduire* vient du radical *ducere*, qui signifie être à la tête, commander, tirer à soi, diriger la marche; et c'est le sens du mot *conduire*, auquel la préposition *cum* ajoute l'idée d'avec, ensemble, union (4, page 8). *Mener* signifie conduire par la main ou comme par la main (de *manus*, main), faire aller, se faire suivre, entraîner avec soi, se rendre maître ou par force ou par manége. — L'idée propre et unique de *guider* est d'éclairer ou montrer la voie. L'idée de *conduire* est de diriger, régir, gouverner une suite d'actions. Celle de *mener* est de disposer de l'objet ou de sa marche. La lumière seule *guide* . on *conduit* par le commandement comme par l'instruction et par le concours : l'autorité, la force, la supériorité, l'ascendant vous *mènent*. Le mot *conduire* partage avec *guider* l'idée d'enseignement, et avec *mener* celle d'empire. On *guide* celui qui ne saurait pas aller sans guide : on *conduit* celui qui n'irait pas ou qui irait peut-être mal sans conducteur : on *mène* celui qui ne peut pas, ne veut pas, ne doit pas aller seul, sans une main qui le tienne. Il y a dans le premier une pure ignorance; dans le second, de la soumission ou une défiance de soi-même; dans le dernier, de la dépendance, de l'impuissance ou de la faiblesse. — Le sens ordinaire de ces mots est le même au figuré. L'art *guide* le médecin; le médecin *conduit* le malade; et la nature *mène* le malade à la santé ou à la mort. La raison nous *guide* et nous *conduit* : elle nous *guide* en nous montrant ce qu'il faut faire; elle nous *conduit*, lorsqu'elle nous fait faire ce qu'elle juge convenable. Nos passions nous *mènent*, lorsqu'elles nous ravissent la raison, qu'elles nous entraînent avec violence, qu'elles disposent de nous sans nous. (R.)

**GUINGUETTE.** V. *Cabaret.*

# H

HABILE. V. *Adroit* et *Capacité*.

HABILETÉ. V. *Capacité* et *Dextérité*.

HABIT, HABILLEMENT, VÊTEMENT. *Vêtement* se dit au singulier de toute pièce qui sert à couvrir le corps : la chemise est un *vêtement*, le gilet est un *vêtement*, la robe de chambre est un *vêtement* commode. *Vêtement* se dit aussi par opposition à nourriture et à logement : « Tout le nécessaire consiste dans la nourriture, le *vêtement* et le logement ». (Girard.)

L'Académie fait remarquer qu'*habillement* se dit quelquefois de l'action d'habiller, de pourvoir d'*habits* (19, page 6) : « L'*habillement* des élèves d'un collége ». Ce mot a toujours quelque rapport à l'action, même lorsqu'il s'emploie dans le sens de *vêtement*. L'*habillement*, dit Roubaud, est cet ensemble de *vêtements* par quoi on est habillé.

« Outre l'essentiel de vêtir, le mot *habillement* renferme dans son idée un rapport à la forme et à la façon dont on est vêtu; et son *district*[1] s'étend non-seulement à tout ce qui sert à couvrir le corps, mais encore à la parure et à tout ce qui n'est que pur ornement, comme les rubans, les colliers, les pierreries : c'est par cette raison qu'on dit la description d'un *habillement* de cérémonie et de théâtre. *Habit* a un sens bien plus restreint que les deux autres mots; il ne signifie que ce qui est robe ou ce qui tient de la robe; en sorte que le linge, le chapeau et les souliers ne sont pas compris sous l'idée de ce mot : ainsi l'on ne s'en sert que pour marquer ce qui est l'ouvrage du tailleur ou de la couturière. Le justaucorps, la veste, la culotte, la robe, la jupe, le corset, sont des *habits*; mais la chemise et la cravate ne le sont point, quoiqu'ils soient *vêtements*; et l'épée n'est ni *habit* ni *vêtement*, quoiqu'elle soit de l'*habillement* du cavalier. (G.)

HABITER. V. *Demeurer*.

HABITANT, BOURGEOIS, CITOYEN. *Habitant* se dit uniquement par rapport au lieu de la résidence ordinaire, quel qu'il soit, ville ou campagne. *Bourgeois* marque une résidence dans la ville et un degré de condition qui tient le milieu entre la noblesse et le paysan. *Citoyen* a un rapport particulier à la société politique : il désigne un membre de l'État, dont la condition n'a rien qui doive l'exclure des charges et des emplois publics. (G.)

HABITATION. V. *Maison*.

HABITUDE. V. *Coutume*.

1. Terme tout à fait impropre, employé plusieurs fois par l'abbé Girard, et notamment dans cette phrase de la grammaire : « Le *district* du pronom, la portion dont il est doté ». Voltaire cite, comme modèle de mauvais style, cette phrase et plusieurs autres du même auteur.

HABLEUR. V. *Menteur.*

HAINE, AVERSION, ANTIPATHIE, RÉPUGNANCE. Le mot *haine* s'applique plus ordinairement aux personnes. Les mots d'*aversion* et d'*antipathie* conviennent à tout également. On ne se sert de celui de *répugnance* qu'à l'égard des actions, c'est-à-dire, lorsqu'il s'agit de faire quelque chose. — La *haine* est plus volontaire, et paraît jeter ses racines dans la passion ou dans le ressentiment d'un cœur irrité et plein de fiel. L'*aversion* et l'*antipathie* sont moins dépendantes de la liberté, et paraissent avoir leurs sources dans le tempérament ou dans le goût naturel; mais avec cette différence, que l'*aversion* a des causes plus connues, et que l'*antipathie* en a de plus secrètes. Pour la *répugnance*, elle n'est pas comme les autres, une habitude qui dure; c'est un sentiment passager, causé par la peine ou par le dégoût de ce qu'on est obligé de faire. — La *haine* fait tout blâmer dans les personnes qu'on hait, et y noircit jusqu'aux vertus. L'*aversion* fait qu'on évite les gens, et qu'on en regarde la société comme quelque chose de fort désagréable. L'*antipathie* fait qu'on ne peut les souffrir, et nous en rend la compagnie fatigante. La *répugnance* empêche qu'on ne fasse les choses de bonne grâce, et donne un air gêné, qui fait voir que ce n'est pas le cœur qui commande ce qu'on exécute. — Il ne faut avoir de la *haine* que pour le vice; de l'*aversion* que pour ce qui est nuisible; de l'*antipathie* que pour ce qui porte au crime; et de la *répugnance* que pour les fausses démarches ou pour ce qui peut donner atteinte à la réputation. (G.)

HAISSABLE, ODIEUX. « *Haïssable*, dit Roubaud, est infiniment plus faible de haine que *odieux*. Si l'objet *haïssable* est digne de haine, l'objet *odieux* est digne de toute votre haine. La terminaison *eux* marque la plénitude, la force; et la terminaison *able*, la capacité, la disposition » (43 et 44, pages 13).

Cette distinction est fort juste; Laveaux la fait ressortir en ces termes :

« *Haïssable* se dit des défauts qui excitent simplement l'éloignement, le dégoût, l'humeur, l'impatience, et ne vont pas jusqu'à provoquer l'indignation, l'aversion, l'horreur. Celui qui a de vilains défauts est *haïssable;* celui qui se distingue par un fonds de méchanceté, de noirceur, de perversité, est *odieux.* Tout ce qui est contraire à la probité, à la justice, à l'humanité, est *odieux* ».

Remarquons en outre que *haïssable* ne se dit guère que des personnes ou de leurs manières, et dans le style ordinaire; tandis qu'*odieux* se dit, dans tous les styles, des personnes et des choses.

HALEINE, SOUFFLE, RESPIRATION. « Ces mots désignent particulièrement l'émission ou la sortie de l'air chassé des poumons. Ouvrez la bouche et laissez sortir cet air de lui-même ou par le mouvement seul des poumons et sans effort, c'est l'*haleine :* rapprochez les deux coins de la bouche et poussez l'air avec un effort particulier, c'est le *souffle*. — Le *souffle*, pressé et contraint, devient plus fort et plus sensible que la simple *haleine* libre et épandue. Produits d'une manière différente, ils produisent des effets différents : avec l'*haleine* vous échauffez; vous refroidissez avec le *souffle*: votre *haleine* fera vaciller la lumière d'une bougie; votre *souffle* l'éteindra. — L'*haleine* et le *souffle* appartiennent aussi aux vents : mais leur *souffle* est de même plus fort et plus sensible que leur *haleine*. Vous direz le *souffle* des aquilons, et l'*haleine* des zéphyrs. » (R.)

La *respiration* est l'action de respirer : l'*haleine* est l'air chassé dans cette action.

HANTER. V. *Fréquenter*.

HAPPER, PRENDRE, ATTRAPER. « *Prendre*, c'est en général s'emparer de quelque chose : *happer*, c'est saisir brusquement une chose. Un chien à qui l'on présente un morceau de viande le *prend*, lorsque son action n'est accompagnée d'aucun mouvement brusque ou violent : il le *happe* lorsqu'il se jette avidement dessus, et qu'il l'arrache, pour ainsi dire, à celui qui le présente. On *prend* un homme quand on l'arrête sans surprise; on le *happe*, quand on l'épiait et qu'on le saisit brusquement au moment où il s'y attendait le moins ». (L.)

*Attraper* signifie se saisir de quelque personne ou de quelque animal que l'on poursuivait ou que l'on guettait; mais il n'exprime pas une action brusque et soudaine comme *happer* : le chien fait lever un lièvre, le poursuit et l'*attrape*.

HARANGUE. V. *Discours*.

HARASSÉ. V. *Las*.

HARCELER, AGACER, PROVOQUER. *Harceler*, c'est exciter vivement jusqu'à importuner, jusqu'à tourmenter. *Agacer*, c'est exciter par des paroles ou par des gestes, et le plus souvent dans l'intention manifeste de plaisanter : il dit moins que *harceler*. *Provoquer*, au contraire, dit beaucoup plus : c'est attaquer sérieusement quelqu'un et le mettre dans la nécessité de se défendre.

Pour faire agir un homme naturellement paresseux et indolent, il faut souvent le *harceler*. On *agace* quelqu'un par des railleries. Vous vous retenez pour ne pas battre un homme qui vous *provoque* par des injures.

HARDES. V. *Nippes*.

HARDIESSE, AUDACE, EFFRONTERIE. Il y a dans la *hardiesse* quelque chose de mâle; dans l'*audace*, quelque chose d'emporté; et dans l'*effronterie*, quelque chose d'incivil. — La *hardiesse* marque du courage et de l'assurance. L'*audace* marque de la hauteur et de la témérité. L'*effronterie* marque de l'impudence. — Une personne *hardie* parle avec fermeté; ni la qualité, ni le rang, ni la fierté de ceux à qui elle adresse le discours, ne la démontent point. Une personne *audacieuse* parle d'un ton élevé; son humeur hautaine lui fait oublier ce qu'elle doit à ses supérieurs. Une personne *effrontée* parle d'un air insolent; son peu d'éducation fait qu'elle n'observe ni les usages de la politesse, ni les devoirs de l'honnêteté, ni les règles de la bienséance. (G.)

L'homme *effronté* est sans pudeur; l'homme *audacieux*, sans respect ou sans réflexion; l'homme *hardi*, sans crainte. — La *hardiesse* avec laquelle on doit toujours dire la vérité ne doit jamais dégénérer en *audace*, et encore moins en *effronterie*. (*Enc.*)

HARGNEUX, QUERELLEUR. « *Hargneux*, du vieux mot *haryner*, qui signifie exciter à gronder, à disputer. *Querelleur* qui cherche querelle à propos de rien. L'homme *hargneux* a l'humeur aigre et difficile: tout l'offusque, il s'offense de tout; quoi qu'on dise ou quoi qu'on fasse, il est toujours prêt à gronder, à s'emporter, à murmurer. Le *querelleur* ne saurait vivre en paix avec les autres; quand il n'a de querelle avec personne, il en cherche, il en excite » (L.)

L'homme *hargneux* est mécontent de tout le monde et de lui-même: aussi est-il toujours un peu triste. Le *querelleur* n'est mécontent que des autres; et il peut avoir l'humeur gaie, lorsqu'il ne trouve aucun prétexte de quereller quelqu'un.

HASARD, FORTUNE, SORT, DESTIN. Le *hasard* ne forme ni ordre ni dessein: on ne lui attribue ni connaissance ni volonté; et ses événements sont toujours très-incertains. La *fortune* forme des plans et des desseins, mais sans choix: on lui attribue une volonté sans discernement, et l'on dit qu'elle agit en aveugle. Le *sort* suppose des différences et un ordre de partage: on ne lui attribue qu'une détermination cachée, qui laisse dans le doute jusqu'au moment qu'elle se manifeste. Le *destin* forme des desseins, des ordres, et des enchaînements de causes: on lui attribue la connaissance, la volonté et le pouvoir; ses vues sont fixes et déterminées. — Le *hasard* fait: la *fortune* veut: le *sort* décide: le *destin* ordonne. (G.)

Le *destin* a un caractère bien plus imposant que le *sort*. On résiste au *sort*, on peut échapper au *sort*; mais on se soumet au *destin*, on n'échappe pas au *destin*. — On dit les coups du *sort* et les arrêts du *destin*. Le *sort* paraît tellement subordonné au *destin*, qu'on pourrait, je crois, hasarder de dire que les événements du *sort* sont écrits dans le livre du *destin*. (*Enc.*)

HASARDER, RISQUER. Le premier de ces mots n'indique que l'incertitude du succès: le second menace d'une mauvaise issue. — A chances égales, on *hasarde*; avec du désavantage, on *risque*. Vous *hasardez* en jouant contre votre égal: vous *risquez* contre un joueur plus habile. — L'homme froid et prudent *hasarde* peu; l'homme ardent et intrépide *risque* beaucoup. Dans le cours ordinaire des choses, qui ne *hasarde* rien n'a rien, dit le proverbe: dans les cas extrêmes, selon une autre façon de parler proverbiale, on *risque* le tout pour le tout. — Le mot *hasarder* n'indique pas un succès, un événement plutôt que l'autre; tandis que *risquer* sert à indiquer dans la phrase tel genre d'événement, de mauvais succès. Ainsi on *hasarde* son argent ; on *risque* de le perdre, et même, par corrélation, d'en gagner. — *Hasarder* suppose toujours une action libre : vous *hasardez* avec connaissance de cause, et parce que vous le voulez. Mais *risquer* n'exige pas toujours un choix de votre part ; vous *risquez* quelquefois sans le savoir et sans le vouloir. *Hasarder*, c'est mettre au hasard : *risquer*, c'est ou mettre en *risque* ou y être. (R.)

HATER, PRESSER, DÉPÊCHER, ACCÉLÉRER. *Hâter* marque une diligence plus ou moins grande et soutenuè : *presser*, une impulsion forte et de la vivacité sans relâche : *dépêcher*, une activité inquiète et empressée même jusqu'à la précipitation : *accélérer*, un accroissement de vitesse ou un redoublement d'activité. — On *hâte* la chose, quand elle serait trop lente ou trop tardive : on la *presse*, lorsqu'elle *presse* ou qu'on est *pressé* : on la *dépêche*, quand il ne s'agit que de la finir et de s'en débarrasser : on l'*accélère* lorsqu'elle va trop doucement ou qu'elle se ralentit. — Le moyen le plus sûr de faire à propos et bien, est de se *hâter* lentement. A se *presser*, il y a le risque de ne faire ni bien ni bientôt. Pour avoir vite fait la besogne tellement quellement, il n'est que de se *dépêcher*. Faites ce que vous faites, et vous en *accélérerez* la conclusion. — L'homme actif et diligent *hâte*. L'homme ardent et impétueux *presse*. L'homme expéditif et impatient *dépêche*. L'homme prévoyant et soigneux *accélère*. (R.)

HATIF, PRÉCOCE, PRÉMATURÉ. Ces épithètes servent à désigner une maturité avancée. — *Hâtif*, qui se hâte, qui fait diligence, qui vient de bonne heure. *Précoce*, qui prévient la saison, qui mûrit avant le temps, qui arrive avant les autres : mot formé de *præ*, *pré*, avant, et de *coc*, *coctus*, cuit, digéré, mûri : la maturité est l'effet d'une vraie *coction*. *Prématuré*, dont la maturité accélérée prévient la saison, ou dont on prévient la maturité : mot formé de *præ*, *pré*, et de *maturus*, mûr ou mûri, bon à manger. — *Hâtif* indique seulement une chose avancée ; et par la force de la préposition *pré*, *précoce* et *prématuré* marquent la circonstance de devancer ou prévenir la saison, le temps propre, les productions du même genre : *précoce* n'exprime point d'autre idée. *Prématuré* désigne une maturité forcée ou une fausse maturité, quelque chose qui est contre nature : c'est le sens ordinaire que nous lui donnons au figuré. Ainsi, la chose *précoce* arrive avant la saison ; et la chose *prématurée* arrive avant la saison propre et hors de saison ; telle est l'*entreprise prématurée*. Ce qui est *précoce* est hors de l'ordre commun : ce qui est *prématuré* est contre l'ordre naturel. — La diligence et la vitesse distinguent le *hâtif* ; la célérité et l'antériorité, le *précoce* : la précipitation et l'anticipation, le *prématuré*. — Les mots s'appliquent figurément à l'esprit, à la raison, aux qualités et aux objets qui, par la succession de leurs développements et de leurs accroissements, ou par des périodes et des révolutions marquées, ont de l'analogie avec le cours ordinaire de la végétation ; et les mêmes nuances les distinguent encore. Ainsi, la valeur qui n'attend pas le nombre des années, est *hâtive* : la raison qui étonne dans l'enfance est *précoce* : la crainte qui prévoit un danger si éloigné, qu'il n'est, pour ainsi dire, que possible, est *prématurée*. (R.)

HAUSSER. V. *Élever*.

HAUT, HAUTAIN, ALTIER. *Haut* est un mot simple, générique et variable, qui au figuré marque l'élévation en pouvoir, en dignité, ainsi que la grandeur, l'excellence, la supériorité en tout genre, et dans le sens de *hautain*, la fierté et l'orgueil. *Hautain* signifie ce qui vient d'un cœur, d'un esprit, d'un naturel haut; ce qui marque, respire, affecte, affiche la hauteur. *Altier* veut proprement dire très-haut, fort haut, qui a une hauteur décidée, prédominante. — *Haut*, exprimant la hauteur morale de l'homme, se prend en bonne ou en mauvaise part, suivant ses applications; car il y a une hauteur, comme une fierté, un orgueil convenable. *Hautain* se prend ordinairement en mauvaise part. *Altier* peut être pris en bonne part, surtout quand la grande hauteur, la sublime élévation est propre au sujet. La hauteur dans l'homme *haut*, est pure et simple, mais susceptible de toutes sortes de modifications. Dans l'homme *hautain*, elle est vanieuse, boursouflée, dédaigneuse, arrogante, superbe. Dans l'homme *altier*, elle est dure, ferme, imposante, absolue, opiniâtre, inflexible, intraitable. L'homme *haut* souffre impatiemment l'humiliation; le *hautain*, la contradiction; l'*altier*, la résistance.—On a le cœur *haut*, l'âme *haute*, des sentiments *hauts* ou plutôt élevés; il sied de les avoir, et il est des occasions où l'on peut être *haut* avec bienséance. On a aussi l'air *haut*, le ton *haut*, l'humeur *haute*, les manières *hautes*, etc.; et il est bien à craindre que ces symptômes, ces signes, ces apparences n'annoncent des imperfections, des défauts, des vices; ils ne plaisent pas. On a l'humeur, l'air, la mine, le ton, la contenance, la parole, les manières *hautaines* : cette espèce de hauteur est toujours extérieure, apparente, affectée, odieuse, choquante. On a l'air, le ton, le commandement, mais surtout l'humeur, l'esprit, le caractère *altier*. A proprement parler, on est *haut* par air et par sentiment, *hautain* par air, *altier* par caractère. (R.)

HAUT, HAUTEMENT. *Haut* signifie à haute voix, d'un ton fort, intelligible : « Parlez plus *haut* ». (Acad.) On le joint aussi à l'adverbe *clair* pour signifier franchement, nettement : « Il a dit son sentiment *haut et clair* ». (Id.) Enfin il signifie quelquefois *arrogamment* : « Vous le prenez bien *haut* ». (Id.)

*Hautement* signifie hardiment, résolûment, librement : « Il ne le dissimula point, il le dit *hautement* ». (Acad.) On dit *parler haut* et non *parler hautement*; on dit au contraire : « Je vous le déclare *hautement*; je lui dis *hautement* ses vérités ». (Acad.) Pour pouvoir faire entrer le mot *haut* dans ces phrases, il faudrait le faire précéder de *tout* ou de *bien*, ce qui lui donnerait alors la force de l'adverbe *hautement*. V. page 20, à la fin du n° 60.

**HAUTEUR, ÉLÉVATION.** *Hauteur*, distance de la position d'un objet ou d'un point relativement à la surface du sol ou à une surface, ligne ou point quelconque. *Élévation*, action d'élever, de hausser quelque chose.

L'*élévation* augmente la *hauteur* : élevez davantage un objet, il sera plus haut.

*Élévation* s'emploie aussi pour désigner non plus l'action d'élever, mais la dimension verticale et le point supérieur de cette dimension : « Quand on est parvenu à cette *élévation*, le baromètre marque tant de degrés ». (Acad.)

Dans ce sens, *élévation* et *hauteur* sont tellement synonymes, qu'ils s'emploient assez fréquemment l'un pour l'autre. Ainsi les deux mots se disent d'une colline, d'une éminence : mais l'ennemi s'établit sur une *hauteur* qui commande la place assiégée; on parcourt les *hauteurs*; on fait des travaux sur les flancs des *hauteurs*. Dans aucun de ces exemples, le mot *élevation* ne serait bien placé : on dira au contraire, monter sur une *élévation*, parce que le verbe *monter* n'exprime qu'un mouvement, une direction linéaire.

Au figuré, *élévation* se dit de l'âme, des sentiments, de la nature de l'esprit, du style, etc., et se prend toujours en bonne part. *Hauteur* se dit des conceptions de l'esprit ou pour marquer une sorte de fierté, d'arrogance : dans ce dernier sens, *hauteur* se prend en mauvaise part.

**HAVE.** V. *Pâle*.

**HÉRÉDITÉ, HÉRITAGE.** La terminaison *age* désigne la chose; et la terminaison *ité*, la qualité. *Héritage* indique proprement les biens dont on hérite; *hérédite* la qualité ou la destination des biens, en vertu de laquelle on en hérite. L'*hérédité*, à proprement parler, est la succession aux droits du défunt; et l'*héritage*, la succession à ses biens. La propriété ou le domaine [1] que le testament ou la loi vous défère, forme l'*hérédité* : le bien ou le fonds que l'ancien possesseur vous laisse, constitue l'*héritage*. En vous portant pour héritier, vous entrez dans l'*hérédité*, et vous prenez ensuite possession de l'*héritage*. Sans toucher à l'*héritage*, vous vous immiscez dans l'*hérédité* par un acte simple d'*héritier*. — *Hérédité* désigne si bien une qualité distinctive ou un droit particulier à la chose, qu'on dit l'*hérédité* d'une charge ou d'un office, pour annoncer que l'office ou la charge est héréditaire par concession du prince. *Héritage* désigne si particulièrement les biens mêmes, qu'on appelle *héritage*, un domaine, un fonds de terre, et qu'on dit en conséquence, rendre, acquérir, mettre en valeur, améliorer un *héritage*. (R.)

**HÉRÉTIQUE, HÉTÉRODOXE.** L'*hérésie* est une opinion particulière, une erreur à laquelle on s'attache fortement, et par laquelle on

1. C'est-à-dire la faculté, le droit de posséder la chose, d'en être le propriétaire légitime.

se sépare de la communion. L'*hétérodoxie* est dans l'opinion qui s'écarte de l'opinion reçue — *Hérétique* désigne la scission, ce qui fait secte ou appartient à une secte. *Hétérodoxe* n'indique que la discordance, sans aucune idée de parti ou de relation avec un parti. — Il y a dans l'*hérétique* un caractère d'opiniâtreté, de révolte, d'indépendance ; il n'y a dans l'*hétérodoxe* que l'écart de l'erreur, d'une fausse croyance, d'un déréglement d'esprit. — Nous qualifions proprement d'*hérétiques* ceux qui frappés d'anathème par l'Église, en restent opiniâtrément séparés. La qualification d'*hétérodoxe* n'emportera que le reproche ou l'accusation d'erreur. Ce mot ne s'emploie pas substantivement. (R.)

HÉRITAGE. V. *Hérédité*.

HÉSITER. V. *Balancer*.

HÉTÉRODOXE. V. *Hérétique*.

HEUREUX. V. *Fortuné*.

HEURTER. V. *Choquer*.

HISTOIRE, FASTES, CHRONIQUES, ANNALES, MÉMOIRES, COMMENTAIRES, RELATIONS. L'*histoire* est l'exposition ou la narration, tempérée quant à la forme, et savante quant au fond, liée et suivie, des faits et des événements mémorables, les plus propres à nous faire connaître les hommes, les nations, les empires, etc. Il y a des *histoires* universelles, des *histoires* générales d'une contrée, des *histoires* particulières, etc. — Les *fastes* sont des espèces de tablettes ou des notes, des inscriptions, des nomenclatures, en un mot des souvenirs de changements authentiques dans l'ordre public, d'actes solennels, d'institutions nouvelles, d'origines importantes, de personnages illustres, les plus dignes d'être transmis à la postérité. Cneius Flavius compila le premier, à Rome, des *fastes* pour annoncer au peuple les jours de plaidoirie ou de palais. On eut ensuite des *fastes* sacrés, des *fastes* consulaires, etc. Nos modernes abrégés chronologiques peuvent servir à donner une idée du genre et de la manière des *fastes*. — La *chronique* est l'*histoire* des temps, ou l'*histoire* chronologique divisée selon l'ordre des temps. La chronologie est son objet principal[1]. — Les *annales* ont des *chroniques* ou des *histoires* chronologiques divisées par *années*, comme les journaux proprement dits le sont par jours. Les *annales* se bornent à exposer les faits sans ornements: *année* par *année*; au lieu que l'*histoire* raisonne sur ces mêmes faits, dont elle recherche les causes, les motifs, les ressorts, etc. — Les *mémoires* sont, comme le dit fort bien Bacon, les matériaux de l'histoire : aussi plusieurs de ces ouvrages sont-ils intitulés *Mémoires pour servir à l'histoire*. Le style de ce genre est libre; on peut y discuter les faits; on y développe les

1. *Chronique* ne se dit guère que de certaines histoires écrites dans le moyen âge : Les *chroniques* de Saint-Denis, les *chroniques* de Joinville, de Froissart, etc.; et nous appelons *chroniqueurs* les auteurs de *chroniques*.

affaires; on y entre dans les détails. L'historien puise surtout dans les *mémoires* des gens employés aux affaires, acteurs ou témoins dignes de foi, tels que Comines, Sully, etc. — Les *commentaires* sont des canevas d'*histoire* ou des *mémoires* sommaires. Plutarque appelle les *commentaires* de César, des éphémérides qui fournissent le fond ou la matière de l'*histoire*. — La *relation* est le récit ou le rapport circonstancié d'un événement, d'une entreprise, d'une conjuration, d'un traité, d'une fête, d'un voyage, etc. Le mérite de ce genre consiste surtout dans l'exactitude, le choix, l'utilité des détails et la vérité des couleurs. (R.)

HISTORIOGRAPHE, HISTORIEN. *Historiographe*, titre fort différent de celui d'*historien*. On appelle communément en France *historiographe* l'homme de lettres, pensionné, et comme on disait autrefois, appointé pour écrire l'histoire. Alain Chartier fut *historiographe* de Charles VII : depuis ce temps, il y eut souvent des *historiographes* de France, en titre. — Peut-être le propre d'un *historiographe* est de rassembler les matériaux, et on est *historien* quand on les met en œuvre. Le premier peut amasser; le second, choisir et arranger. L'*historiographe* tient plus de l'annaliste simple, et l'*historien* semble avoir un champ plus vaste pour l'éloquence. (Voltaire.)

HOMICIDE. V. *Assassin.*

HOMME (L'), LES HOMMES. « Il est constant, dit Beauzée, qu'un écrivain attentif ne dira pas indifféremment, *L'homme* est raisonnable, ou *Les hommes* sont raisonnables. » En effet le substantif commun employé au singulier, avec l'article *le* ou *la*, sans déterminatif, est le nom même de l'espèce. Comme nom d'espèce, sa signification s'étend à l'universalité des individus qui composent l'espèce : mais il ne présente pas ces individus comme réunis et formant une pluralité ; tout au contraire, il les résume, pour ainsi dire, en un seul individu idéal, qui est le type de l'espèce entière. Quand on dit : « *L'homme* est raisonnable » on entend signifier que l'homme type, que l'homme considéré comme créature sortie des mains de Dieu, a pour attribut essentiel et constitutif de sa nature, la faculté qu'on appelle *raison*.

Le pluriel, par cela même qu'il exprime une idée de pluralité, met en scène l'universalité des individus; mais cette universalité n'est pas si entière, qu'il ne puisse y avoir des exceptions. Si je dis par exemple : « Oh ! que *les hommes* sont injustes ! » j'entends signifier qu'ils le sont généralement; mais je ne prétends point que l'injustice soit un attribut essentiel et constitutif de la nature de l'homme. Ainsi donc, veut-on seulement exprimer cette pensée que les hommes font en général un bon usage de la raison, on dira : « *Les hommes* sont raisonnables » : l'attribut n'étant plus affirmé de l'espèce entière, mais seulement de la pluralité des individus, la proposition donnera à entendre qu'il y a ou qu'il peut y avoir des exceptions.

« Par la même raison, il y a de la différence entre ces deux phrases :

*L'homme* est mortel, *Les hommes* sont mortels. La première annonce la certitude infaillible de la mort; et c'est une vérité que l'on peut prendre comme principe dans un sermon ou dans un traité de morale. La seconde annonce l'incertitude du moment et de la manière de la mort, les uns mourant plus tôt, les autres plus tard; ceux-ci subitement, ceux-là par une maladie longue : c'est une vérité d'où l'on peut partir dans les traités, pour s'autoriser à prendre dans le moment même les précautions convenables. » (B.)

HOMME DE BIEN, HOMME D'HONNEUR, HONNÊTE HOMME. « Il me semble que *l'homme de bien* est celui qui satisfait exactement aux préceptes de la religion : l'*homme d'honneur*, celui qui suit rigoureusement les lois et les usages de la société; l'*honnête homme*, celui qui ne perd de vue, dans aucune de ses actions, les principes de l'équité naturelle. — L'*homme de bien* fait des aumônes; l'*homme d'honneur* ne manque point à sa promesse; l'*honnête homme* rend la justice même à son ennemi. » (*Enc.*)

Puisque l'*homme de bien* satisfait exactement aux préceptes de la religion, il fait tout ce que la religion commande : ainsi non-seulement il fait des aumônes aux nécessiteux et du bien à son prochain; mais encore il est juste, loyal, fidèle : il est donc aussi *homme d'honneur* et *honnête homme*.

HOMME DE SENS, HOMME DE BON SENS. Il y a bien de la différence, dans notre langue, entre un *homme de sens* et un *homme de bon sens*. L'*homme de sens* a de la profondeur dans les connaissances, et beaucoup d'exactitude dans le jugement; c'est un titre dont tout homme peut être flatté. L'*homme de bon sens*, au contraire, passe pour un homme si ordinaire, qu'on croit pouvoir se donner pour tel sans vanité : c'est celui qui a assez de jugement et d'intelligence pour se tirer à son avantage des affaires ordinaires de la société. (*Enc.*)

HOMME SAVANT. V. *Savant homme.*

HONNÊTE, CIVIL, POLI, GRACIEUX, AFFABLE. Nous sommes *honnêtes* par l'observation des bienséances et des usages de la société. Nous sommes *civils* par les honneurs que nous rendons à ceux qui se trouvent à notre rencontre. Nous sommes *polis* par les façons flatteuses que nous avons, dans la conversation et dans la conduite, pour les personnes avec qui nous vivons. Nous sommes *gracieux* par des airs prévenants pour ceux qui s'adressent à nous. Nous sommes *affables* par un abord doux et facile à nos inférieurs qui ont à nous parler. — Il faut être *honnête* sans cérémonie, *civil* sans importunité, *poli* sans fadeur, *gracieux* sans minauderie, et *affable* sans familiarité. (G.)

HONNÊTE HOMME. V. *Homme de bien.*

HONNÊTETÉ. V. *Probité.*

HONNEUR. V. *Gloire.*

HONNIR, BAFOUER, VILIPENDER. *Honn* signifie, en allemand, *déshonorer*, et c'est dans ce sens qu'on a dit *honnir*. Mais est-ce l'idée pure et entière de *déshonorer* que ce mot présente? Je ne le crois pas. Son idée propre est de faire *honte* à quelqu'un, de s'élever et de se récrier contre lui, de le poursuivre de traitements humiliants et flétrissants. Réservé au style comique ou familier, il indique les manières vulgaires de traiter honteusement, surtout par des cris injurieux. — *Bafouer*, c'est proprement *huer* quelqu'un à pleine bouche, s'en jouer sans ménagement, s'en moquer d'une manière outrageante, l'accabler d'affronts et d'injures. — *Vilipender*, mot latin formé de *vilis*, vil, et de *pendere*, estimer. C'est traiter quelqu'un de vil ou comme vil, d'une manière avilissante, avec un grand mépris; le décrier, le dénigrer, détruire sa réputation. — *Honnir* est le cri du soulèvement et de l'indignation; *bafouer* est l'action de la dérision et de l'avanie; *vilipender*, terme familier, est l'expression du mépris et du décri. Vous *honnissez* celui que vous voulez perdre d'honneur et couvrir de honte. Vous *bafouez* celui que vous voulez immoler à la risée et couvrir de confusion. Vous *vilipendez* celui que vous voulez ravaler et fouler aux pieds. (R.)

HONORAIRE ou D'HONNEUR (CONSEILLER ou PRÉSIDENT). Ces qualifications conviennent à des personnes qui ont le titre et les prérogatives honorifiques de *conseiller* ou de *président*, sans en exercer les fonctions.

Un *conseiller honoraire* est un conseiller qui, après avoir rempli quelque temps cette charge, s'en est démis et n'en conserve plus que le titre. *Conseillers d'honneur* se disait autrefois des conseillers privilégiés qui avaient séance et voix délibérative dans certaines compagnies, quoiqu'ils n'eussent point de charge. Ce droit leur était accordé pour leur faire *honneur*, ou parce que leur personne faisait *honneur* à la compagnie. Nous disons encore dans ce dernier sens *président d'honneur*, et nous disons *président honoraire* dans le même sens que *conseiller honoraire*.

HONORAIRES. V. *Gages*.

HONORER. V. *Adorer*.

HONTE, PUDEUR. Les reproches de la conscience causent la *honte*. Les sentiments de modestie produisent la *pudeur*. Elles font quelquefois, l'une et l'autre, monter le rouge au visage; mais alors on rougit de *honte*, et l'on devient rouge par *pudeur*. — Il ne convient point de se glorifier, ni d'avoir *honte* de sa naissance, ce sont des traits d'orgueil; mais il convient également au noble et au roturier d'avoir *honte* de leurs fautes. Quoique la *pudeur* soit une vertu, il y a néanmoins des occasions où elle passe pour faiblesse et timidité. (G.)

HONTE (AVOIR), AVOIR DE LA HONTE. V. *Avoir peine*.

HORMIS. V. *Hors*.

HORREUR (AVOIR), AVOIR DE L'HORREUR. V. *Avoir peine*.

HORRIBLE. V. *Affreux*.

HORS, HORMIS, EXCEPTÉ. *Hors*, autrefois *fors*, du latin *foras*, opposé à *dans*, désigne seulement ce qui *n'est pas dans* le cas présent, ce qui est dans un autre cas; la séparation est bien marquée par le mot, mais sans aucun signe d'*exclusion*. *Hormis*, autrefois *hors-mis*, c'est-à-dire *mis hors*, exprime formellement cette dernière idée, celle d'un cas ou d'un objet particulier qui est ou doit être *mis hors* de la classe dont il s'agit. *Excepté*, du latin *exceptum*, tiré ou distrait de, indique bien qu'il faut distinguer tel objet des autres, et ne pas les confondre ensemble. — *Hors* annonce donc la séparation qui existe entre tel objet et les objets collectivement énoncés : *hormis*, l'exclusion qu'il faut donner à un objet particulier, naturellement compris dans la proposition collective : *excepté*, la distraction particulière qu'il faut faire de la proposition générale. — Le citoyen libre a le pouvoir civil de tout faire pour ses intérêts, *hors* l'injustice : l'injustice est évidemment et par elle-même *hors* du pouvoir civil de l'homme; il ne s'agit point là d'exclure positivement ce qui ne peut être inclus ou renfermé dans la généralité. — Le mahométisme permet toutes sortes d'aliments, *hormis* le vin, et non pas *hors* le vin, comme le dit l'abbé Girard; car la loi de Mahomet *met* le vin *hors* de cette permission, le défend expressément sans quoi il aurait été permis comme tout le reste. — A la venue du Messie, tout était dieu, *excepté* Dieu même. Il faut là distraire *Dieu* de la proposition générale qui le renfermait. — *Hors* explique la proposition générale ou collective, et détermine les objets qu'elle n'embrasse pas, quelquefois jusqu'à la réduire à une proposition particulière. Ainsi dans ce vers si connu : *Nul n'aura de l'esprit*, hors *nous et nos amis*, Molière explique par le dernier membre de sa phrase, à qui effectivement ses personnages refuseront de l'esprit, à qui ils en accorderont; il s'agit de deux partis *séparés*, qui se balancent et se combattent l'un l'autre. — *Hormis* restreint la proposition, et la corrige par des soustractions expresses. Ainsi dans cette phrase, *le testateur appelle ses proches à sa succession*, hormis *tels et tels qui n'ont pas besoin de ses bienfaits ou qui en étaient indignes*, la proposition, vague d'abord, est resserrée dans des bornes fixes par l'exclusion exprimée à la fin, de tels ou tels parents qu'elle aurait compris sans cette addition. — *Excepté* suppose toujours une règle ou une proposition générale qu'elle rend en quelque sorte conditionnelle. Ainsi vous dites que, *dans une ville où il y a toutes sortes de ressources pour ceux qui ne travaillent pas, tout le monde est à son aise*, excepté *ceux qui travaillent*: l'exception signifie, *ceux-ci étant exceptés*, ou *si vous exceptez ceux-ci*. La proposition reste générale malgré l'exception; et la règle est vraie par l'exception même ou avec cette condition. (R.)

HOTEL, HOTELLERIE. V. *Auberge*.

HUMAIN. V. *Benin*.

HUMANITÉ. V. *Benin* et *Bonté*.

HUMEUR, FANTAISIE, CAPRICE. Ces trois mots désignent en général un sentiment vif et passager dont nous sommes affectés sans sujet; avec cette différence que *caprice* et *humeur* tiennent plus au caractère, et *fantaisie* aux circonstances ou à un état qui ne dure pas, et qu'*humeur* emporte outre cela avec lui une idée de tristesse. Une coquette a des *caprices;* un hypocondre, un misanthrope, ont de l'*humeur;* un enfant a des *fantaisies.* — *Fantaisie* a rapport à ce qu'on désire; *caprice,* à ce qu'on dédaigne; *humeur,* à ce qu'on entend ou qu'on voit. — De ces trois mots, *fantaisie* est le seul qui s'applique aux animaux : *humeur,* le seul qui s'applique aux hommes; *caprice,* le seul qui s'applique aux êtres moraux. On dit *les caprices* du sort. (D'Al.)

HUMEUR (ÊTRE EN). V. *Être d'humeur.*

HUMILIER. V. *Abaisser.*

HUTTE. V. *Cabane.*

HYMEN, HYMÉNÉE. *Hymen* annonce purement et simplement le mariage : *hyménée* le désigne dans toute son étendue, ses suites, ses dépendances et ses rapports (28, page 9). L'*hymen,* c'est la célébration du mariage et les noces; les époux sont sous les lois de l'*hyménée :* le premier forme les nœuds, le second les tient indissolublement serrés. (R.)

HYPOCONDRE, HYPOCONDRIAQUE. V. *Colère, colérique.*

HYPOTHÈSE. V. *Supposition.*

## I

IDÉE, NOTION, PENSÉE. « L'*idée* est, selon le sens propre du mot, l'*image,* la représentation des objets, intimement unie à l'âme ou gravée dans son entendement. C'est par l'*idée* ou la représentation immédiate des choses, que l'esprit les aperçoit et les connait : c'est par cette *idée* conservée dans la mémoire, que la mémoire nous les rappelle. Chez les Orientaux et les Grecs, *id* signifie *idée,* image, modèle. — L'*idée* représente l'objet; la *notion* en représente quelques détails. Si l'*idée,* dit Leibnitz, représente ce que l'objet a de commun avec les autres individus de son espèce, c'est alors une *notion;* et en effet elle en considère et compare alors les qualités communes. La *notion* déploie l'*idée* de la chose, mais d'une manière succincte et imparfaite. Nous appelons *notions* communes ces vérités élémentaires, ces principes naturels du sens commun ou du bon sens, que tout le monde conçoit de la même manière. En général la *notion* emporte une explication, mais courte; un développement, mais léger. *Not* signifie connaissance [1]. — Quelques *idées* d'une chose en forment une *notion :* or nous pourrons recevoir cette *notion,* comme nous pouvons

1. *Notion,* en latin *notio :* le verbe est *noscere,* connaître, dont le supin est *notum.*

la donner : des *notions* sont de légères connaissances, du moins quant à la forme. La *notion* peut être considérée comme une *image;* elle est même un petit tableau puisqu'elle expose divers traits de la chose. La *notion* peut donc quelquefois s'appeler *idée;* mais moins parce que ce dernier mot signifie *image*, que parce que dans une acception secondaire, une *idée* se prend souvent pour un court exposé ou pour un assemblage de rapports considérés dans la chose : ainsi l'on donne une *idée*, un petit précis, une légère notice d'une affaire. Dans le sens de *notion*, le mot *idée* est plus vague, et la *notion* sert plutôt à faire connaître la chose par ses éléments, tandis que l'*idée* la représente par divers traits. Une définition est une *notion* rigoureuse et non pas une simple *idée* de la chose; l'*idée* en serait plutôt une légère description. » (R.)

« *Pensée*, dit l'Académie, opération de l'intelligence ». En effet, la *pensée* est le résultat de la faculté qu'a l'esprit de *peser*, d'apprécier les *idées*, et de les mettre en rapport [1]. L'Académie ajoute : « *Pensée* signifie aussi l'acte particulier de l'esprit, ce que l'esprit a pensé ou pense actuellement ». Roubaud dit de son côté : « La *pensée* est une action quelconque de l'esprit, ou un travail qu'il fait sur ses *idées :* considération, réflexion, comparaison, combinaison, décomposition, jugement, etc. Ainsi *pensée* se prend pour *idée;* mais c'est une *idée* produite par l'esprit. *Pensée* se prend pour *opinion;* mais c'est une opinion moins méditée, moins approfondie, moins réfléchie, moins raisonnée, moins appuyée, moins arrêtée. *Pensée* se prend pour *dessein;* mais le dessein est plus combiné, plus concerté, plus décidé, plus achevé, etc. »

IDÉE (DANS L'), DANS LA TÊTE. V. *Dans l'idée*.

IDIOME. V. *Langage*.

IDIOT. V. *Animal*, au figuré.

IGNOMINIE. V. *Infamie*.

IGNORANT. V. *Ane*.

IL FAUT, IL EST NÉCESSAIRE, ON DOIT. La première de ces expressions marque plus précisément une obligation de complaisance, de coutume, ou d'intérêt personnel : « *il faut* hurler avec les loups; *il faut* suivre la mode; *il faut* connaître avant que d'aimer ». La seconde marque plus particulièrement une obligation essentielle et indispensable : « *il est nécessaire* d'aimer Dieu pour être sauvé; *il est nécessaire* d'être complaisant pour plaire ». Le troisième est plus propre à désigner une obligation de raison ou de bienséance : « *on doit* dans chaque chose s'en rapporter aux maîtres de l'art; *on doit* quelquefois éviter dans le public ce qui a du mérite dans le particulier ». (G.)

ILLISIBLE, INLISIBLE. Qu'on ne peut lire. La préfixe *il* est la même

1. *Pensare*, en latin, signifie *peser*, au propre; et au figuré, examiner, apprécier, etc.; et c'est de là que vient *pensée*.

que *in*, et elle est négative dans ces deux mots composés (6, page 4). La différence de forme de la préfixe entraîne une différence de sens très-facile à saisir. *Inlisible* se dit de l'écriture, des caractères qu'on ne peut lire, que l'on ne peut déchiffrer; et *illisible*, des ouvrages qui sont si mauvais qu'on ne peut en supporter la lecture : « Sa main ne forme que des caractères *inlisibles* ». (Voltaire.) Pourquoi ces hommes n'ont-ils écrit que d'*illisibles* ouvrages » ? (La Harpe.)

ILLUSION, CHIMÈRE. L'*illusion* est une exaltation, une fascination des facultés du corps ou de l'âme, qui fait voir ou apercevoir les objets autrement qu'ils ne sont. La *chimère* est un objet formé par l'imagination, et qui nous occupe agréablement par l'espoir trompeur des avantages que nous pouvons en retirer, ou qui nous effraie par les vaines terreurs qu'il nous inspire. — L'*illusion* est un état pendant lequel on est trompé. La *chimère* est un état fantastique par lequel on s'en impose à soi-même. On est dans l'*illusion*, on n'est pas dans la *chimère*. — Il y a les *illusions* des sens, les *illusions* de l'esprit, les *illusions* du cœur. La *chimère* appartient à la seule imagination. — Les *illusions* sont produites par de fausses apparences qui souvent séduisent par leurs attraits; les *chimères* sont formées par de fausses opinions qui entraînent dans de fausses conséquences. (L.)

ILLUSTRE. V. *Fameux*.

IMAGINATIVE, IMAGINATION. Faculté d'imaginer. « L'*imaginative*, dit l'Académie, est la faculté, la puissance par laquelle on imagine : l'*imagination* est la faculté d'imaginer », c'est-à-dire la faculté qui imagine. Dans le premier cas, on a en vue le pouvoir de la faculté, ce qu'elle peut; dans le second cas, c'est l'action de la faculté, ce qu'elle fait (27, page 9). Ainsi, en littérature et dans les beaux-arts, *imagination* se dit particulièrement de la faculté d'inventer, de concevoir, jointe au talent de rendre vivement ses conceptions. (Acad.)

IMBÉCILE. V. *Animal* (au figuré) et *Fou*.

IMITATEUR, IMITATIF. *Imitateur* (féminin *imitatrice*), substantif et adjectif, signifie qui imite, qui s'attache à imiter, et ne se dit que des êtres animés et de l'esprit : « Un esprit *imitateur* ». (Acad.) L'adjectif *imitatif* ne se dit que des choses.

L'*imitateur* imite effectivement : ce qui est *imitatif* n'a que la propriété de paraître imiter (42, page 12) : « Sons *imitatifs*, harmonie *imitative* ».

IMITER, COPIER, CONTREFAIRE. Termes qui désignent en général l'action de faire ressembler. — On *imite* par estime; on *copie* par stérilité; on *contrefait* par amusement. On *imite* les écrits; on *copie* les tableaux, on *contrefait* les personnes. On *imite* en embellissant; on *copie* servilement; on *contrefait* en chargeant. (*Enc.*)

Celui qui *imite* se propose un modèle et tâche de faire aussi bien ou mieux, ou avec autant d'art et d'agrément. Celui qui *copie* se propose un original et en rend exactement les beautés et les défauts. On *contrefait* les personnes pour les tourner en ridicule ou exagérer leurs défauts. (L.)

IMITER LES EXEMPLES. V. *Suivre les exemples.*

IMMANQUABLE, INFAILLIBLE. *Immanquable* ce qui ne peut manquer, ce qui arrivera certainement. *Infaillible*, qui ne peut être en défaut, errer, se tromper ou être trompé. *Immanquable* ne se dit que des choses : un événement est *immanquable*; le succès d'une entreprise bien combinée est *immanquable*. *Infaillible* se dit proprement des personnes, de la science, de l'opinion : un oracle est *infaillible*; la conséquence de deux prémisses évidentes est *infaillible*. — *Infaillible* appliqué secondairement aux choses, diffère d'*immanquable* par son idée propre, par un rapport particulier à la science, au jugement porté sur les choses. *Immanquable* désigne la certitude objective, ou que l'objet est en lui-même certain; et *infaillible*, la certitude idéale qu'on a, une science certaine de l'objet. Suivant la disposition et le cours des choses, il y a une sorte de nécessité qu'un événement *immanquable* arrive; suivant les connaissances et les preuves qu'on a des choses, il est constant et indubitable que l'événement *infaillible* arrivera. — Lorsque vous me dites qu'un effet est *infaillible*, c'est votre jugement que vous m'apprenez, sur le rapport des moyens avec la fin. Si vous me dites qu'il est *immanquable*, c'est la réalité de ce rapport nécessaire que vous me présentez sans l'appuyer de votre croyance. Vous trouviez que le gain d'un procès était *infaillible*, et l'événement vous apprend qu'il n'était pas *immanquable*. Aussi, dans le cas où ces mots peuvent être assez indifféremment employés, *immanquable*, portant sur la nature ou l'ordre naturel des choses, dit-il quelque chose de plus fort et de plus affirmatif qu'*infaillible*, dans lequel il entre toujours de l'opinion, et par là quelque incertitude, lorsque l'un et l'autre terme ne sont pas pris à toute rigueur. (R.)

IMMINENT. V. *Instant, pressant.*

IMMODÉRÉ, DÉMESURÉ, EXCESSIF, OUTRÉ, DÉRÉGLÉ, DÉSORDONNÉ. *Immodéré*, ce qui n'est pas modéré, ce qui est sans modération. *Démesuré*, qui n'est rien moins que mesuré, qui est sans mesure. *Démesuré* dit plus qu'*immodéré* : ce dernier mot est purement négatif, il n'indique qu'un défaut de modération, et l'autre marque l'action positive de passer la mesure et d'aller beaucoup plus loin. — *Excessif*, qui excède ou sort des bornes, qui va trop loin. *Excessif* renferme aussi l'idée d'une chose nuisible, comme *excéder*. — *Outré*, qui passe outre, outre-passe, qui va par delà. *Outre*, jadis *oultre*, est le latin *ultrà*, au delà, par delà, loin de là. — Ce qui passe le juste milieu et tend à l'extrême, est *immodéré*. Ce qui passe la mesure et ne garde plus de proportion, est *démesuré*. Ce qui passe par-dessus les bornes et se répand au dehors, hors de là, est *excessif*. Ce qui passe de beaucoup le but et va loin par delà, est *outré*. — La chose *immodérée* pèche par trop de force et d'action. La chose *démesurée* pèche beaucoup par trop d'étendue et de grandeur. La chose *excessive* pèche par surabondance et abus. La chose *outrée* pèche par violence et exagération. — L'idée de passer un terme et d'aller trop loin distingue ces épithètes de quelques autres semblables, telles, par exemple, que *déréglé* et *désordonné*. Il suffit qu'une chose soit hors de la *règle* ou de l'*ordre*, qu'elle viole la règle ou blesse l'ordre, pour qu'elle soit *déréglée* ou *désordonnée*. Il n'est pas nécessaire qu'elle soit poussée plus loin : il suffit qu'elle n'aille point par la bonne voie; le *déréglement* et le *désordre* n'annoncent proprement que des écarts, avec la différence que les écarts du *déréglement* ne sont relatifs qu'à tel ou tel devoir, et que ceux du *desordre* tombent sur un système, un ensemble, une ordonnance régulière de choses et avec plus d'excès ou plus d'effet. (R.)

IMMOLER. V. *Sacrifier*.

IMMORTEL. V. *Perpétuel*.

IMMUNITÉ, EXEMPTION. L'*immunité* est la dispense d'une *charge* onéreuse : l'*exemption* est une exception à une *obligation* commune. L'*exemption* vous met hors du rang : l'*immunité* vous met à l'abri d'une servitude. — *Immunité* ne se dit proprement qu'en matière de jurisprudence et de finance : c'est une *exemption* de charges civiles ou de droits fiscaux. L'*exemption* s'étend à tous les genres de charges, de droits, de devoirs, d'obligations, dont on peut être affranchi; ainsi on dit *exemption* de soins, de vices, d'infirmités, etc., dans l'ordre moral ou physique. — L'*immunite* est plutôt une sorte de droit établi et fondé sur la nature ou la qualité des choses : l'*exemption* est plutôt une sorte de privilége accordé par faveur ou par des considérations particulières. — *Immunite* s'applique principalement aux *exemptions* dont des corps, des communautés, des villes, un ordre de citoyens jouissent. On dira plutôt *exemption*, lorsqu'il s'agira de priviléges particuliers, personnels, ou attachés à des offices qui ne tiennent point à l'ordre naturel de la société. — *Immunité* marque d'une manière générale, la décharge ou l'*exemption* de charge, sans spécifier de laquelle; c'est au mot *exemption* que cette fonction grammaticale est réservée. On dit l'*exemption* et non l'*immunité* de tailles, de tutèle, d'hommage, etc. On dit l'*immunité* plutôt que l'*exemption* des personnes, des lieux, d'un genre de commerce, d'une communauté. L'*immunité* tombe donc proprement sur les objets qui en jouissent; et l'*exemption* détermine de quels avantages particuliers ils jouissent. La prérogative de l'*immunité* attachée à certains lieux, procure à ceux qui les habitent l'*exemption* de certains droits, de certaines sujétions. (R.)

IMPÉRATIF. V. *Impérieux*.

IMPERFECTION. V. *Faute, défaut*.

IMPERIEUX, ABSOLU. V. *Absolu*.

IMPÉRIEUX, IMPÉRATIF. Ces mots servent, l'un et l'autre, à qualifier le ton, l'air, les gestes de quelqu'un qui commande avec hauteur. — *Impérieux*, par la valeur de sa terminaison, signifie plein d'empire (44, page 18); ce mot exprime donc la force du commandement, quelque chose de plus absolu, de plus hautain : c'est pourquoi il convient mieux en parlant de l'air, du ton d'un supérieur, d'un maître. *Impératif* qualifie simplement : en effet, par sa terminaison il fait entendre seulement que l'air ou le ton a la faculté d'exprimer le commandement (42, page 12). Aussi ce mot s'emploie-t-il bien quand on veut faire entendre que le ton ou l'air de commandement ne convient pas à celui qui le prend; de là vient même qu'il est familier, tandis qu'*impérieux* est même du style élevé.

L'adjectif *impérieux* ne se dit pas seulement de l'air, du ton, des gestes; il se dit aussi : 1° des personnes, de l'esprit, de l'humeur « Homme *impérieux*; c'est-à-dire, altier, hautain, qui commande avec orgueil »; 2° des choses pressantes, auxquelles on ne peut résister : « Nécessité *impérieuse*; besoin *impérieux* ». (Acad.)

IMPÉRITIE. V. *Inaptitude*.

IMPERTINENT. V. *Sot*.

IMPÉTUOSITÉ, VÉHÉMENCE, VIOLENCE, FOUGUE. L'*impétuosité*, en latin *impetus*, désigne la force ou la violence d'un mouvement causé par l'impulsion de plusieurs choses qui se précipitent les unes sur les autres. On dira du vol d'un oiseau, qu'il est rapide; on ne dira pas qu'il est *impétueux*. Un torrent est *impétueux*, parce que son mouvement est causé par ses eaux, qui se précipitent les unes sur les autres. Les vents *impétueux*, dit Buffon, se précipitent avec fureur. On dit qu'un homme a un parler *impétueux*, lorsqu'il parle vite, et que les paroles sortent précipitamment de sa bouche, comme si elles étaient poussées les unes par les autres. — La *véhémence*, du latin *vehere*, *evehere*, porter en haut, élever, se dit d'un mouvement violent qui soulève, qui agit de bas en haut. On dit la *véhémence* des vagues, parce que la nature des vagues est de s'élever avec violence. Ce n'est pas l'*impétuosité*, c'est la *véhémence* des vents qui soulève les flots. — *Violence* vient de *vis*, force. Il marque la force du mouvement, abstraction faite de toute cause et de toute manière. — *Fougue*, du latin *fuga*, ne se dit que des hommes et des animaux. Il signifie un mouvement subit et désordonné causé par la crainte, par l'effroi ou par l'excès extraordinaire d'une passion violente et qui rend incapable d'aucune réflexion, d'aucune retenue. — Ainsi, les flots, les vents, sont *impétueux*, lorsqu'ils opèrent un mouvement violent en se portant les uns sur les autres. Les *vents* sont *véhéments*, lorsqu'ils soulèvent les flots ou qu'ils emportent les objets qu'ils rencontrent sur la terre : ils sont *violents* toutes les fois que leur mouvement a beaucoup de force. Les hommes et les animaux sont *fougueux*, les uns lorsqu'ils sont poussés violemment par l'excès d'une passion qui les aveugle; les autres lorsque quelque crainte ou quelque douleur subite les trouble tellement qu'ils ne sont plus retenus par aucune espèce de frein.

Au figuré, on dit la jeunesse *impétueuse*, un zèle *impétueux*, une colère *impétueuse*, un caractère *impétueux*; et toutes ces expressions supposent des sentiments, des désirs, des passions, des fantaisies qui se poussent avec violence les unes les autres, jusqu'à ce qu'ils se soient manifestés au dehors. Un style *impétueux* est un style dont les idées se pressent avec force les unes sur les autres : un discours *impétueux* est un discours qui est dans ce style. — On dit des passions *véhémentes*, une colère *véhémente*, une action *véhémente*, pour dire des passions, une colère, une action, qui transportent l'âme hors d'elle-même, et l'exaltent d'une manière extraordinaire. — *Violent*, au figuré, se prend toujours en mauvaise part, et marque un excès ou un abus dans quelque genre que ce soit. — Des passions *fougueuses* sont des passions dont les accents violents et momentanés bouleversent la raison et en empêchent l'usage. (L.)

**IMPIE, IRRÉLIGIEUX, INCRÉDULE.** Les véritables *impies* sont ceux qui, croyant à un Dieu, sont assez insensés pour l'outrager. Mais le juif, qui ne croit qu'à un seul Dieu sans division de personnes; le calviniste, qui n'admet pas la présence réelle dans l'Eucharistie; le mahométan, qui ne croit rien de ce qu'enseigne la religion chrétienne, ne sont ni *impies*, ni *incrédules*, ni *irréligieux*. Ils ne passent pour tels que dans les autres religions dont ils n'admettent ni le culte ni les croyances. — Dans chaque religion on appelle *impie*, celui qui méprise et brave l'objet du culte public; *incrédule*, celui qui ne veut pas croire ce qu'elle donne pour des vérités; *irréligieux*, celui qui ne se soumet point au culte reçu. (L.)

IMPITOYABLE. V. *Inexorable*.

IMPLACABLE. V. *Inexorable*.

**IMPOLI, GROSSIER, RUSTIQUE.** C'est un plus grand défaut d'être *grossier* que d'être simplement *impoli*; et c'en est encore un plus grand d'être *rustique*. — L'*impoli* manque de belles manières; il ne plaît pas. Le *grossier* en a de désagréables; il déplaît. Le *rustique* en a de choquantes; il rebute. — L'*impolitesse* est le défaut des gens d'une médiocre éducation; la *grossièreté* l'est de ceux qui en ont eu une mauvaise; la *rusticité* l'est de ceux qui n'en ont point eu. (G.)

IMPORTANT. V. *Suffisant*.

**IMPORTUN, FACHEUX.** Un *fâcheux* et un *importun* sont des hommes dont la présence chagrine et embarrasse. Mais on appelle *fâcheux* celui qui trouble par sa présence des affaires importantes, des occupations agréables; et on donne le nom d'*importun* à celui qui par caractère ou par sottise répète souvent cette sorte d'indiscrétion. — Le *fâcheux* n'est souvent tel que parce qu'il ignore les circonstances qui le rendent *fâcheux*, ou qu'il ne sait pas les discerner : l'*importun* est tel par caractère : il vous embarrasse, vous ennuie, vous fatigue, vous dépite par sa présence, par ses discours et ses actions hors de saison. (L.)

**IMPOSITION.** V. *Impôt.*

**IMPOSSIBILITÉ, IMPUISSANCE.** L'*impossibilité* est le défaut de possibilité dans la chose, c'est la qualité qu'à la chose de ne pas être possible. L'*impuissance* est le manque de pouvoir, de moyens pour faire quelque chose. Vous mettez quelqu'un dans l'*impossibilité* de faire une chose, c'est-à-dire que vous rendez cette chose telle, qu'elle devient impossible, inexécutable : vous le mettez dans l'*impuissance* d'agir, c'est-à-dire que vous lui en enlevez le pouvoir ou les moyens.

**IMPOSTEUR.** V. *Fallacieux.*

**IMPOT, IMPOSITION, CONTRIBUTION.** *Impôt* est le terme générique; il se dit de tout droit, de toute taxe imposée : « *Impôt* sur le vin, sur les fers » (Acad.); *impôt* sur les chiens. Ce mot se prend aussi dans un sens collectif et absolu; quand on dit l'*impôt* public, cela signifie l'ensemble des revenus de l'État, qui proviennent de tous les droits, de toutes les taxes qui ont été établies.

*Imposition* signifie proprement l'action d'imposer ou d'asseoir un *impôt*, et l'acte par lequel le gouvernement l'impose (20, page 7) : « Faire l'*imposition* de la *contribution* foncière ». (Acad.) On a employé ensuite ce mot au pluriel pour désigner d'une manière vague et indéterminée, les divers *impôts* particuliers dont se compose l'*impôt* général. Mais alors cette propriété de pouvoir être dit dans un sens indéterminé suffit pour établir, entre le mot *impositions* et celui d'*impôt* sur telle ou telle chose, une différence bien marquée : ainsi l'on dit, comme nous l'avons vu, l'*impôt* sur les vins, sur les fers; on ne dirait pas les *impositions* sur les vins, sur les fers, et encore moins l'*imposition* sur les vins, etc.

Cet emploi du mot *impositions* dans un sens indéterminé a fait ensuite qu'on s'en est servi, assez abusivement, pour désigner, relativement aux contribuables, la quote-part de l'*impôt* public, que chacun d'eux est tenu de payer; ainsi l'on a dit : « Payer ses *impositions*; Receveur des *impositions* ». On dit beaucoup mieux aujourd'hui : « Payer ses *contributions*; Receveur des *contributions* » : le mot *imposition* éveille toujours l'idée de l'acte du gouvernement qui impose, qui établit l'*impôt*; le mot *contribution* éveille celle du paiement fait par le *contribuable*, qui *contribue* à remplir l'*impôt*.

Il faut observer que *contribution* se dit aussi de ce que sont forcés de payer ou de donner les habitants d'un pays occupé par l'ennemi, pour se garantir du pillage. (Acad.)

**IMPRECATION, MALÉDICTION, EXÉCRATION.** L'*imprécation* est, à la lettre, l'action de prier contre : du latin *precatio*, action de prier, et *in*, contre. La *malédiction* est l'action de maudire : du latin *dictio*, action de dire, et *male*, mal. L'*exécration* est l'action d'exécrer, du latin *secratio*, *consecratio*, action de sacrer ou consacrer, et *ex*, dehors. *Exécration* exprime deux actions différentes, celle de perdre la qualité de *sacré*, et celle d'attirer ou provoquer contre quelqu'un la vengeance divine. Dans un sens relâché, il désigne encore une sainte horreur, l'horreur la plus profonde, ou même l'action digne de cette horreur. Il s'agit de l'*execration* qui réclame la colère du Ciel contre un objet. — L'*imprécation* est donc proprement une prière; la *malédiction*, un souhait ou un arrêt prononcé; l'*exécration* une sorte d'anathème religieux. — L'*imprécation* invoque la puissance contre un objet; la *malédiction* prononce son *malheur*; l'*execration* le dévoue à la vengeance céleste. — Celui qui abuse indignement et impunément de son pouvoir contre celui qui ne peut se défendre, s'attire des *imprécations* : le faible opprimé ne peut qu'appeler au secours. Celui qui se complaît dans le mal qu'il fait aux autres ou même dans celui qu'il leur voit souffrir, s'attire des *malédicions* : la plainte dédaignée se change en cri de haine. Celui qui viole audacieusement ce qu'il y a de plus sacré, s'attire des *exécrations* : le sacrilége est proprement et rigoureusement *exécrable*. — L'*imprécation* part de la colère et de la faiblesse : la *malédiction* vient aussi de la justice et de la puissance : l'*exécration* naît d'une horreur religieuse; et c'est pourquoi ce sentiment s'appelle aussi *exécration*, comme quand on dit, avoir en *exécration*. (R.)

IMPRÉVU, INATTENDU, INESPÉRÉ, INOPINÉ. *Imprévu*, ce qui arrive sans que nous l'ayons *prévu*. *Inattendu*, ce qui arrive sans que nous nous y soyons *attendus*. *Inespéré*, ce qui arrive tandis que nous n'osions l'*espérer*. *Inopiné*, ce qui arrive subitement, sans que nous ayons pu l'*imaginer* ou y *songer*. — *Imprevu* regarde les choses qui forment l'objet particulier de notre prévoyance; tels sont les événements intéressants qui surviennent dans nos affaires, nos entreprises, notre fortune, notre santé : nous tâchons de les prévoir pour nous précautionner, nous prémunir, nous régler, nous conduire. Au milieu de notre course, un obstacle *imprévu* nous arrête. *Inattendu* regarde les choses qui forment l'objet particulier de notre attente; tels sont les événements ordinaires qui doivent naturellement arriver, qui sont dans l'ordre commun, auxquels nous sommes plus ou moins préparés. La visite d'une personne avec qui veus n'êtes plus en société ou en relation d'affaires, est *inattendue*. — *Inespéré* regarde les choses qui forment l'objet de nos *espérances*, et par conséquent de nos désirs; tels sont les événements agréables qui nous délivrent d'une peine, qui nous procurent un plaisir, qui contribuent à notre satisfaction. Un succès est *inespéré*, qui nous paraissait dépourvu de toute apparence. — *Inopiné* regarde les choses qui font le sujet de notre *surprise*; tels sont les événements extraordinaires qui surpassent notre conception, contrarient nos idées, ne nous tombent pas dans l'esprit, et qui arrivent à l'improviste. La chute subite d'un bâtiment neuf est *inopinée*. — Tout est *imprévu* pour qui ne s'occupe de rien. Tout est *inattendu* pour qui ne compte sur rien. Tout est *inespéré* pour qui n'oserait se flatter de rien. Tout est *inopiné* pour qui ne sait rien. (R.)

IMPRIMER. V. *Empreindre.*

IMPROUVER. V. *Désapprouver.*

IMPRUDENT. V. *Malavisé.*

IMPUDENT, EFFRONTÉ, ÉHONTÉ, DÉHONTÉ. *Impudent*, qui n'a point de *pudeur*. *Effronté*, qui n'a point de front. *Éhonté*, qui n'a point de *honte*. — L'*impudent* brave avec une excessive *effronterie* les lois de la bienséance, et viole, de gaîté de cœur, l'honnêteté publique. L'*effronté*, avec une hardiesse insolente, affronte ce qu'il devrait craindre, et franchit les bornes posées par la règle, la raison, la société. L'*éhonté*, avec une extrême *impudence*, se joue de l'honnêteté et de l'honneur, et livrera son front à l'infamie aussi tranquillement qu'il livre son cœur à l'iniquité. — L'*impudent* n'a point de décence; il ne respecte ni les choses, ni les hommes, ni lui. L'*effronté* n'a point de considération; il ne connaît ni frein, ni borne, ni mesure. L'*éhonté* n'a plus de sentiment; il n'y a rien qu'il n'ose, qu'il ne brave, qu'il ne viole de sang froid. (R.)

Tout ce que Roubaud dit de l'*éhonté* s'applique beaucoup mieux au *déhonté* : la préfixe *dé* est plus fortement privative que la préfixe *é*; la première signifie que l'on est tout à fait déchu d'un état; la seconde, qu'on en est sorti, ce qui ne veut pas dire qu'on ne puisse y rentrer. L'*éhonté* agit sans honte, accidentellement et momentanément : le *déhonté* agit sans honte, habituellement, toujours, par vice de caractère; il ne sait plus ce que c'est que la honte.

IMPUDEUR, IMPUDICITÉ. V. *Pudeur, pudicité.*

IMPUISSANCE. V. *Impossibilité.*

IMPUTER. V. *Attribuer.*

INACTION, DÉSŒUVREMENT, OISIVETÉ. Le *désœuvrement* est l'état d'une personne qui ne fait aucun travail utile. L'*inaction* est la cessation ou la suspension de l'action. L'*oisiveté* est l'état de celui qui ne veut pas travailler. — Le *désœuvrement* suppose le manque actuel d'occupation, de quelque cause qu'il provienne. L'*inaction* suppose que la chose est destinée à l'action, et que l'exercice en est empêché, soit par la volonté de celui qui n'agit point, soit par des obstacles qui l'empêchent d'agir : Une armée que l'on envoie dans une province pour agir, reste quelquefois dans l'*inaction*. L'*oisiveté* est uniquement causée par la volonté de celui qui y est adonné : il n'y a personne qui ne puisse en sortir. (L.)

INADVERTANCE, INATTENTION. Selon la valeur propre des mots, l'*inadvertance* désigne le défaut ou la faute de n'avoir pas *tourné* ou porté ses regards sur un objet, de manière qu'on n'a pu traiter la chose comme elle l'exigeait; et l'*inattention*, le défaut ou la faute de n'avoir pas *tendu* et fixé sa pensée sur un objet, de manière à pouvoir traiter la chose comme on le devait. — Dans l'*inadvertance*, vous n'avez pas pris garde; mais vous n'étiez pas averti : dans l'*inattention*, vous étiez averti de prendre garde, et vous ne l'avez pas fait.

Dans le premier cas vous auriez pu, dans le second vous auriez dû éviter la faute. L'*inadvertance* est un accident involontaire; l'*inattention* est une négligence répréhensible. Cependant l'*inadvertance*, si vous avez pu et dû la prévenir, est un tort comme l'*inattention*. Il y aura un défaut de prévoyance dans l'*inadvertance*; il y a dans l'*inattention* un défaut de soin. (R.)

INAPTITUDE, INCAPACITÉ, INSUFFISANCE, INHABILETÉ, IMPÉRITIE. L'*inaptitude* est le contraire de l'*aptitude*; et l'*aptitude* est une disposition naturelle et particulière qui rend fort propre à une chose. — L'*incapacité* est le contraire de la *capacité*; et la *capacité* est une faculté assez étendue, assez grande pour pouvoir saisir, embrasser et contenir son objet; et par analogie la faculté de concevoir, de comprendre, d'exécuter : c'est le sens propre du latin *capax* (capable) et de sa nombreuse famille. — L'*insuffisance* est le contraire de la *suffisance*; et la *suffisance* est le pouvoir proportionnel ou la possession des moyens nécessaires pour réussir. — L'*inhabileté* est le contraire de l'*habileté*; et l'*habileté* est cette qualité par laquelle une puissance exercée réunit à la supériorité d'intelligence la facilité de l'exécution. — L'*inaptitude* exclut tout talent; l'*incapacité*, tout pouvoir et tout espoir; l'*insuffisance*, des moyens proportionnés à la fin; l'*inhabileté*, le talent et l'art qui, dans les difficultés, font les bons et prompts succès. — On peut ajouter à ces mots celui d'*impéritie*, qui désigne l'ignorance de l'art qu'on professe, ou le défaut des connaissances nécessaires pour la fonction publique qu'on exerce, la grande *inhabileté* de celui qui doit savoir. Montesquieu dit que les Romains voulaient rendre les médecins responsables de leur *impéritie*. (R.)

INATTENDU. V. *Imprévu*.

INATTENTION. V. *Inadvertance*.

INCAPACITÉ. V. *Inaptitude*.

INCENDIE, EMBRASEMENT. L'*embrasement* est une sorte de conflagration ou de combustion totale, ou plutôt un feu général. L'*incendie*, au contraire, a des progrès successifs : il s'allume, il s'accroît, il se communique, il gagne, il *embrase* des masses énormes, des maisons, des villages, des bois, des forêts. — Une étincelle allume un *incendie*, et l'*incendie* produit un vaste *embrasement*. L'*incendie* est un courant de feu; l'*embrasement* présente un brasier ardent. L'*incendie* porte, lance de toute part les flammes; dans l'*embrasement*, le feu est partout, tout brûle, tout se consume. (R.)

INCERTAIN. V. *Problematique*.

INCERTITUDE, DOUTE, IRRÉSOLUTION. Dans le sens où ces mots sont synonymes, ils marquent tous les trois une indécision : mais l'*incertitude* vient de ce que l'événement des choses est inconnu; le *doute* vient de ce que l'esprit ne sait pas faire un choix; et l'*irrésolution* vient de ce que la volonté a de la peine à se déterminer. — On est dans l'*incertitude* sur le succès de ses démarches; dans le *doute* sur ce qu'on doit faire; et dans l'*irrésolution* sur ce qu'on veut faire. (G.)

INCITER. V. *Exciter*.

INCLINATION. V. *Aptitude*.

INCOMPRÉHENSIBLE, INCONCEVABLE, ININTELLIGIBLE. Ce qui est *incompréhensible* ne peut être compris. Un jugement est *incompréhensible* quand on ne peut pas apercevoir la liaison des idées qu'il présente. Un raisonnement est *incompréhensible*, quand on ne peut pas apercevoir la liaison des propositions qu'il contient. Un fait est *incompréhensible*, quand on ne peut pas apercevoir la liaison d'un effet avec une cause. — Ce qui est *inconcevable* ne peut être conçu par l'esprit humain, c'est-à-dire que l'esprit humain ne peut se faire une idée claire de l'ordre qui y existe, du dessein qui l'a produit, des effets qui en résultent, et des rapports de ses différentes parties. *Inconcevable* est aussi une expression d'exagération, comme nous en avons une infinité d'autres qui ont perdu toute leur énergie par l'application qu'on en a faite dans des circonstances puériles et communes. Ainsi nous disons d'un poëte qu il a une peine ou une facilité *inconcevable* à faire des vers. — Ce qui est *inintelligible* a particulièrement rapport à l'expression. Ce mot se dit d'une énonciation tellement confuse, tellement équivoque et obscure, qu'on ne peut saisir ni la valeur des termes, ni leurs véritables rapports. (L.)

INCRÉDULE. V. *Impie*.

INCULPER, ACCUSER. Dans le style du palais, *inculper* a surtout le sens particulier d'impliquer, de mêler quelqu'un dans une mauvaise affaire, comme ayant eu quelque part à l'action. Le sens rigoureux d'*accuser*, est de dénoncer ouvertement et de traduire quelqu'un devant un juge, comme auteur ou coupable d'un délit, pour en poursuivre la punition. — Ces termes s'emploient dans le sens de reprocher, blâmer, reprendre, censurer. On *inculpe* proprement en matière légère; il s'agit d'une faute : on *accuse* surtout en matière plus ou moins grave; on *accuse* d'une mauvaise action, d'un vice. On *inculpe*, soit en imputant ce qui est réellement faute, soit en imputant à faute ce qui ne l'est peut-être pas : on *accuse* d'un mal réel, d'une action mauvaise, d'une chose réellement répréhensible ou *reprochable*. — L'*inculpation* a l'air d'être arbitraire, précaire, conjecturale : l'*accusation* est décidée, prononcée, ferme. On impute en *inculpant*; on attaque en *accusant*. (R.)

INCURABLE. V. *Cure*.

INCURSION. V. *Excursion*.

INDÉCIS. V. *Irrésolu* et *Décision*.

INDÉLÉBILE. V. *Ineffaçable*.

INDEMNITÉ, DÉDOMMAGEMENT. Les *indemnités* sont dans l'ordre de la justice, de l'équité, de la probité, du calcul; les *dédommagements* sont accordés par la bonté, par la bienveillance, par la pitié, par la charité, si toutefois ils ne sont pas rigoureusement dus. L'*in-*

*demnité* est par elle-même plus rigoureuse et plus *égale* que le *dédommagement* : le *dédommagement* peut être plus ou moins faible ou léger, eu égard à la perte que l'*indemnité* doit couvrir. On *indemnise* en argent ou en valeurs égales des pertes ou des privations appréciables en argent ou en valeurs égales, celui qui ne doit pas les supporter : par des compensations quelconques, on *dedommage* des pertes ou des privations de toute espèce, celui-là même à qui on aurait pu les laisser supporter. L'*indemnité* vous rend la même somme de fortune : le *dédommagement* tend à vous rendre une somme semblable d'avantage ou de bonheur. (R.)

INDÉPENDANCE, INDÉPENDANT. V. *Liberté*.

INDICATEUR, INDICATIF. *Indicateur*, substantif et adjectif, signifie qui indique réellement et avec participation de la volonté (40, page 12) : le doigt *indicateur* est le doigt au moyen duquel on indique ce que l'on veut indiquer. *Indicatif*, adjectif, ne se dit que des choses qui apparaissent comme des indices naturels de quelque phénomène, et qui par conséquent ont la propriété d'indiquer quelque chose (42, page 12) : « Ce symptôme est *indicatif* d'une crise ». (Acad.)

INDICE, INDICATION. L'*indice* est un signe probable qui se trouve naturellement dans l'objet : « La forme de ces nuages est un *indice* de beau temps. » L'*indication* est d'abord l'action d'indiquer (20, page 7) ; ou bien ce mot signifie désignation, renseignement : mais il s'emploie aussi pour signifier une marque mise à dessein ou un signe certain, assuré : les numéros mis au bas des feuilles imprimées sont des *indications* pour le brocheur et le relieur. « Son embarras est une *indication* de sa faute. » (Acad.)

INDICE, MARQUE. V. *Marquer*.

INDICIBLE. V. *Ineffable*.

INDIFFÉRENCE, INSENSIBILITÉ. Ces deux termes, étant appliqués à l'âme, la peignent également comme n'étant point émue par l'impression des objets extérieurs qui semblent destinés à l'émouvoir. (B.)

L'*indifférence* est à l'âme ce que la tranquillité est au corps ; et la léthargie est au corps ce que l'*insensibilité* est à l'âme : ces dernières modifications sont, l'une et l'autre, l'excès des deux premières et par conséquent également vicieuses. — L'*indifférence* chasse du cœur les mouvements impétueux, les désirs fantasques, les inclinations aveugles : l'*insensibilité* en ferme l'entrée à la tendre amitié, à la noble reconnaissance, à tous les sentiments les plus justes et les plus légitimes. — L'*indifférence*, détruisant les passions ou plutôt naissant de leur non-existence, fait que la raison sans rivales exerce plus librement son empire : l'*insensibilité*, détruisant l'homme lui-même, en fait un être sauvage et isolé, qui a rompu la plupart des liens qui l'attachaient au reste de l'univers. (*Enc.*)

INDIGENCE. V. *Pauvreté*.

INDIGENT. V. *Pauvre.*

INDIGNÉ. V. *Outré.*

INDIQUER. V. *Marquer.*

INDOLENT, MOU. V. *Mou.*

INDOLENT, NONCHALANT, PARESSEUX, NÉGLIGENT, FAINÉANT. On est *indolent* par défaut de sensibilité[1]; *nonchalant* par défaut d'ardeur; *paresseux*, par défaut d'action; *negligent* par défaut de soin. — Rien ne pique l'*indolent,* il vit dans la tranquillité et hors des atteintes que donnent les fortes passions. Il est difficile d'animer le *nonchalant;* il va mollement et lentement dans tout ce qu'il fait. L'amour du repos l'emporte, chez le *paresseux*, sur les avantages que procure le travail. L'inattention est l'apanage du *négligent;* tout lui échappe, et il ne se pique point d'exactitude. — La *paresse* est un moindre vice que la *fainéantise*. Celle-là semble avoir sa source dans le tempérament; et celle-ci dans le caractère de l'âme. La première s'applique à l'action de l'esprit comme à celle du corps : la seconde ne convient qu'à cette dernière sorte d'action. Le *paresseux* craint la peine et la fatigue; il est lent dans ses opérations et fait traîner l'ouvrage. Le *fainéant* aime à être désœuvré; il hait l'occupation et fuit le travail. (G.)

L'*indolence* semble prendre sa source dans une sorte d'apathie, dans l'indifférence; la *nonchalance,* dans la froideur du tempérament, dans la langueur des organes; la *négligence,* dans l'insouciance, dans la légèreté de l'esprit; la *paresse*, dans une sorte d'inertie, dans une grande mollesse; la *fainéantise,* dans la lâcheté de l'âme, dans une éducation et une vie oiseuse. (R.)

INDUIRE A, INDUIRE EN. « *Induire en*, c'est faire aller *dans*, faire tomber *dans; induire à,* c'est faire aller *à* ou *vers*, mettre seulement sur la voie. La préposition *en* exprime l'état où l'on est, et la préposition *à* le but où l'on tend. » (R.)

On dit *induire au mal, au crime, à erreur*, etc.; on ne dit que *induire en erreur*[2], et cette expression signifie tromper à dessein ou forcément, en faisant tomber actuellement dans l'erreur. *Induire à erreur* c'est simplement, à dessein ou non, mettre sur la voie qui conduit à l'erreur. Dans le premier cas, le sujet qui induit est la cause immédiate de l'erreur; dans le second cas, il n'en est que la cause éloignée.

INDUIRE. V. *Inférer.*

INDUSTRIE, SAVOIR-FAIRE. L'*industrie* est un tour ou adresse de la conduite. Le *savoir-faire* est un avantage d'art ou de talent. — Dans

1. Ou plutôt par *indifférence :* car le propre de l'*indolent* est de ne se mettre en peine de rien, ou de se refuser à la peine, ce qui le suppose nécessairement indifférent et non pas nécessairement insensible. (R.)

2. *Induire en tentation* n'est usité que dans le texte de l'Oraison dominicale, où *induire* a un sens tout particulier : *Ne nous induisez point en tentation* signifie ne permettez pas que nous soyons tentés au-dessus de nos forces.

la nécessité, la ressource de l'*industrie* est plus prompte; celle du *savoir-faire* est plus sûre. — On nomme chevaliers d'*industrie* ceux qui, sans biens, sans emplois, sans métier, vivent néanmoins dans le monde d'une façon honnète, quoiqu'aux dépens d'autrui. Il y a dans tous les états un *savoir-faire* qui augmente les profits et les honneurs, et qui s'acquiert plus par pénétration que par maximes. (G.)

INDUSTRIEL, INDUSTRIEUX. *Industriel* signifie qui appartient à l'industrie ou qui provient de l'industrie (45, page 14) : « Les arts *industriels,* les professions *industrielles* ». (Acad.) *Industrieux* signifie qui est plein d'industrie ou d'adresse (44, page 13) : « Un homme très-*industrieux;* un ouvrier *industrieux* ». (Id.)

*Industriel* s'emploie aussi comme substantif pour désigner une personne qui se livre à l'industrie. Les manufacturiers et les fabricants sont des *industriels.*

INDUSTRIEUX, ADROIT. V. *Adroit.*

INÉBRANLABLE. V. *Constant.*

INEFFABLE, INÉNARRABLE, INDICIBLE, INEXPRIMABLE. *Ineffable* de *fari, effari,* parler, proférer. *Inenarrable,* de *narrare,* narrer, raconter. *Indicible,* de *dicere,* dire, mettre au jour. *Inexprimable,* d'*exprimere*, exprimer, représenter fidèlement par la parole. — Ainsi donc on ne peut proférer le mot, parler de la chose qui est *ineffable;* on se tait. On ne peut raconter les faits, rapporter dans toutes leurs circonstances les choses qui sont *inénarrables;* on les indique à peine. On ne peut dire, mettre dans tout son jour ce qui est *indicible;* on le fait entendre. On ne peut exprimer, peindre au naturel ce qui est *inexprimable;* on ne fait que l'affaiblir. — A l'égard des choses *ineffables,* il nous manque l'intelligence des choses ou la liberté d'en parler. A l'égard des choses *inénarrables,* il nous manque la faculté de les concevoir ou bien de les expliquer et de les développer entièrement. A l'égard des choses *indicibles,* il nous manque des idées nettes et des paroles convenables. A l'égard des choses *inexprimables,* il nous manque la force des couleurs ou la suffisance du discours. — Les attributs de Dieu, les mystères de la religion, les grâces divines, les secrets de la Providence, etc., sont *ineffables:* nous ne les comprenons pas, nous ne les pénétrons pas, nous en parlons mal. — Les grandeurs et la gloire de la Divinité, les merveilles de la nature, les prodiges de la création, les ravissements de la béatitude, tous ces objets élevés au-dessus de l'esprit et du langage humain, sont *inénarrables.* Saint Paul, ravi au troisième ciel y voit des choses *inenarrables.* — Les sentiments et les sensations, leur douceur et leur charme, les délices et les voluptés, l'attrait et la suavité de la grâce, le *je ne sais quoi* que l'on sent si bien sans pouvoir en démêler la vertu et en donner une idée, c'est ce qu'on qualifie d'*indicible :* on dit un plaisir, une satisfaction, une joie *indicible;* on sent tout cela, mais on ne peut pas dire, définir, expliquer ce que c'est. — Tout ce qui est au-dessus de l'expression, tout ce qui est si fort, si extraordinaire que la langue ou le discours ne peut le rendre sans l'affaiblir, tout cela est *inexprimable*. (R.)

INEFFAÇABLE, INDÉLÉBILE. *Ineffaçable* est un mot purement français formé du verbe *effacer*. *Indelébile* est un mot purement latin, du verbe *delere*, renverser de fond en comble, détruire entièrement. Les théologiens, qui parlent si souvent latin en français, ont dit *un caractère indélébile*. Par une extension ironique, on a dit que le pédantisme est un caractère *indélébile*, comme on disait le *caractère indélébile de chrétien*. Ce terme est dogmatique : hors de là *ineffaçable* est le mot naturel et propre : le caractère de ministre du roi est *ineffaçable*, il ne se perd point par la cessation de toute fonction ministérielle. Cependant il est des cas où *indélébile* mériterait la préférence, suivant la différence que nous allons remarquer. — *Effacer* est synonyme de *rayer*, *raturer*, *biffer*; il suffit qu'une empreinte ne soit pas nette et entière pour être *effacée*. Le latin *delere* est synonyme de *détruire*, il faut, pour l'appliquer à un objet, que cet objet ne laisse plus de trace ou de vestige qui le fasse reconnaître. Une chose est *indélébile* lorsqu'il est impossible de l'*effacer*, de l'ôter, de l'enlever entièrement. — *Ineffaçable* désigne donc proprement l'apparence de la chose empreinte sur une autre : lorsque cette apparence doit doit toujours être sensible, la chose est *ineffaçable*. *Indélebile* désigne proprement la *ténacité* d'une chose adhérente à une autre : lorsque cette adherence est indestructible, la chose est *indélébile*. — Ainsi la forme est vraiment *ineffaçable*, et la matière *indélébile*. Rien ne fera disparaître aux yeux la marque, l'empreinte *ineffaçable*; rien n'enlèvera de dessus un corps l'enduit, la matière *indélébile* qui le couvre : l'écriture sera *ineffaçable*; et l'encre *indélébile*. (R.)

INÉGALITÉ. V. *Différence*.

INÉNARRABLE. V. *Ineffable*.

INESPÉRÉ. V. *Imprévu*.

INEXORABLE, INFLEXIBLE, IMPITOYABLE, IMPLACABLE. *Inexorable*, qu'on ne gagne point, qu'on ne peut fléchir par des prières. *Inflexible*, qui ne fléchit point, qu'on ne peut ployer : il ne s'agit ici que d'une acception morale de dureté. *Impitoyable*, qui est sans pitié, qu'on ne touche point. *Implacable*, qu'on ne peut apaiser, qu'on ne ramène point. — La sévérité de la justice et la jalouse obstination du pouvoir, rendent *inexorable*. La rigidité des principes et la raideur du caractère, rendent *inflexible*. La férocité de l'humeur et l'insensibilité du cœur, rendent *impitoyable*. La violence de la colère et la profondeur du ressentiment rendent *implacable*. — Il faudrait inspirer de la clémence à celui qui est *inexorable*, de la bénignité à celui qui est *inflexible*, de la pitié à celui qui est *impitoyable*, de la modération à celui qui est *implacable*. (R.)

INEXPRIMABLE. V. *Ineffable*.

INFAILLIBLE. V. *Immanquable*.

**INFAMANT.** V. *Diffamant.*

**INFAMIE, IGNOMINIE, OPPROBRE.** *Infamie*, formé de *in*, non ou sans, et de *fama*, réputation, autrefois *fame*, d'où *famé*, *diffamé*, *infâme*, etc. *Ignominie*, formé de la même négation et de *nomen*, nom. *Opprobre*, formé de *ob*, devant, en face, et de *probrum*, blâme, reproche, affront, grande honte. — Selon la force des termes, l'*infamie* ôte la réputation, flétrit l'honneur; l'*ignominie* souille le nom, donne un vilain renom; l'*opprobre* assujettit aux reproches, soumet aux outrages. — L'*infamie* est une peine infligée par la loi; mais il y aussi une *infamie* de fait. C'est l'opinion d'une profonde humiliation attachée aux supplices ou aux peines des crimes bas, qui fait l'*ignominie*. C'est l'abondance de l'*infamie* ou de l'*ignominie*, versée, pour ainsi dire, à pleines mains, qui consomme l'*opprobre*. — Les idées de honte et de blâme sont communes à ces termes : l'*infamie* aggrave ces idées par celles de décri, de flétrissure, de déshonneur; l'*ignominie* par celles d'humiliation, d'avilissement, de turpitude; l'*opprobre*, par celles de rebut, de scandale, d'anathème. — Une action *infâme* ou qui mérite l'*infamie*, nous l'appelons aussi *infamie* : l'avare fait des *infamies* pour acquérir de l'argent. Mais une action *ignominieuse* ne s'appelle point une *ignominie*, ce mot exprime uniquement une grande humiliation publique. Une action ne s'appellera pas non plus un *opprobre*; mais on dit d'une personne abandonnée aux plus horribles excès, qu'elle est la honte et l'*opprobre* de sa famille, de sa nation, du genre humain. (R.)

**INFATUER, FASCINER, ENTÊTER.** *Infatuer*, latin *infatuare*, signifie, à la lettre, rendre fou, faire perdre le sens, renverser l'esprit. *Fasciner*, latin *fascinare*, signifie littéralement, soumettre par des regards, par des charmes, vaincre par l'œil, éblouir par des prestiges qui font voir les choses autrement qu'elles ne sont. *Entêter*, c'est, littéralement, porter à la tête, troubler la tête : c'est l'effet produit figurément sur la tête prise pour l'esprit. — L'*infatuation* vous remplit si fort l'esprit d'une idée ou d'un objet qui vous plaît ou vous flatte, qu'il n'est guère possible de vous en détacher. La *fascination* vous aveugle ou vous éblouit si fort, que vous ne pouvez plus voir les objets tels qu'ils sont, et que vous les voyez tels que vous les imaginez, sans vouloir même qu'on vous dessille les yeux, et qu'on en ôte le bandeau. L'*entêtement* vous tourne l'esprit et vous possède si fort, qu'on ne sait comment vous faire entendre raison, et que vous ne voulez rien entendre. — Il y a une sorte d'engouement dans celui qui est *infatué*; et l'engouement empêche que la verité ne passe jusqu'à son esprit. Il y a de l'aveuglement dans celui qui est *fasciné*; et l'aveuglement fait qu'on ne croit plus qu'à ses visions. Il y a de la résolution dans celui qui est *entêté*; et sa résolution ne lui permet pas de se départir de son idée. — On *infatue* les gens vains, les têtes qui fermentent, qui s'exaltent. On *fascine* les esprits faibles et superficiels, les gens qu'on subjugue par leur crédulité opiniâtre. On *entête* les gens decidés, ceux qui se persuadent volontiers ce qui leur convient. — On nous *infatue* et nous nous *infatuons*. On nous *fascine*, bien plus que nous ne nous *fascinons*. Nous nous *entêtons*, bien plus qu'on ne nous *entête*. (R.)

INFECTION, PUANTEUR. *Infection* vient du latin *inficere*, teindre, imprégner, souiller, corrompre : c'est la communication d'une mauvaise odeur ou la contagion d'une odeur qui répand la corruption d'un corps sur les autres. L'idée de la mauvaise odeur est propre à la *puanteur*. — Ainsi l'*infection* répand une *puanteur* contagieuse; et la *puanteur* est l'odeur forte et désagréable exhalée des corps sales, pourris, ou de tout autre corps qui, à cet égard, s'assimile à ceux-là. La *puanteur* offense le nez et le cerveau; l'*infection* porte la corruption et attaque la santé. Vous direz la *puanteur* d'un morceau de viande gâtée, et l'*infection* des cadavres. La *puanteur* d'une personne sale vous fait reculer : de grands marais répandent l'*infection* et la maladie dans un village, dans un canton. (R.)

INFÉRER, INDUIRE, CONCLURE. Ces termes indiquent l'action de tirer des conséquences de quelques propositions qu'on a établies. — *Inférer* marque l'action de porter, de transporter, pour ainsi dire, l'esprit sur un autre objet : vous pouvez donc *inférer* d'un principe, d'un raisonnement, quelque chose de très-éloigné qui n'est ni annoncé ni prévu, et dont ensuite il faudra développer et démontrer les rapports avec la thèse ou la vérité posée : par exemple, de ce qu'un homme est libre de droit, j'*infère*, par des raisonnements suivis et d'une conséquence à l'autre, qu'il faut laisser l'ouvrier convenir du salaire avec celui qui veut l'employer. *Induire* marque l'action de conduire à un but par la voie qui doit y mener : vous *induisez* donc par une suite de propositions, de conséquences, qui naturellement et progressivement, rapprochent l'esprit de la vérité à laquelle il s'agit de le faire parvenir : par exemple, la nécessité de renouveler tous les ans les dépenses de la *cultivation*, vous *induit* à celle de prélever ces avances sur les produits de la culture pour la maintenir dans le même état; la nécessité de prélever ces avances vous *induit* à celle de les laisser intactes et exemptes de toute autre charge; la nécessité de les laisser intactes, à celle de rejeter ou d'imposer toute autre charge sur la portion des fruits appartenant au propriétaire, sous peine de dégrader la culture par la soustraction des avances; et c'est où vous en voulez venir. *Conclure* marque le dernier terme du raisonnement ou de l'argument qui prouve la proposition : vous *concluez* donc par la conséquence que vous tirez de l'argument, comme une vérité prouvée qui met fin au raisonnement; par exemple vous dites : *Un être essentiellement bon est essentiellement juste; Dieu est l'être essentiellement bon; donc il est essentiellement juste*; ou bien *Dieu est bon, donc il est juste*. Cette dernière proposition est la *conclusion* qui, par une conséquence, *clôt*, pour ainsi dire, le discours. (R.)

INFERTILE. V. *Stérile*.

**INFINITÉ (L'), L'INFINI.** *L'infini* est l'absolu même, aussi n'admet-il ni qualification, ni relation ou rapport : on ne dit pas un grand, un admirable *infini*; toute quantité, quelque grande qu'elle soit, n'est rien comparée à l'*infini*. *L'infini* n'est susceptible ni d'augmentation, ni de diminution; il est essentiellement constant et invariable.

*L'infinité* est la qualité communiquée par l'*infini*, la qualité de ce qui est infini. Comme nom d'une qualité, ce mot admet des déterminatifs et même des qualificatifs : « *L'infinité* de l'espace. Quelques philosophes soutiennent l'*infinité* de l'esprit » (Acad.); on ne dirait pas l'*infini* de l'esprit.

Le mot *infinité* n'exprimant point essentiellement l'absolu comme le substantif l'*infini*, s'emploie le plus souvent dans un sens relatif pour exprimer l'idée de multitude, de très-grand nombre : « Une *infinité* de personnes; On pourrait vous alléguer une *infinité* de raisons ». (Acad.)

**INFIRME.** V. *Valétudinaire.*

**INFIRMER.** V. *Annuler.*

**INFLEXIBLE.** V. *Constant* et *Inexorable.*

**INFLUENCE.** V. *Pouvoir.*

**INFORMER.** V. *Avertir.*

**INFORMER (S').** V. *Enquérir (s').*

**INFORTUNE.** V. *Malheur, calamité.*

**INGÉNIEUX.** V. *Adroit.*

**INGÉNUITÉ.** V. *Naïveté* et *Sincérité.*

**INGRAT A ou ENVERS.** On est *ingrat aux* choses et *ingrat envers* les personnes : « Une personne *ingrate à* nos soins, une terre *ingrate à* la culture. Achorée ne dit pas que Ptolémée soit *ingrat envers* Pompée ». — *Ingrat à* désigne l'indifférence, l'insensibilité, la résistance de l'objet aux soins, aux esprits, au travail, ou l'inutilité, l'inefficacité, le peu d'effet du travail, des efforts, des soins sur l'objet ingrat. *Ingrat envers* désigne le vice de celui qui manque de gratitude, qui n'est pas reconnaissant. (R.)

**INGUÉRISSABLE.** V. *Cure.*

**INHABILE, MALHABILE.** L'homme *malhabile* montre peu d'habileté; il est maladroit, mais peut-être par défaut d'habitude, et rien ne dit qu'il ne puisse acquérir de l'habileté. *L'inhabile* manque tout à fait d'habileté, et est incapable même de faire mal la chose. Le premier s'acquitte de son œuvre d'une manière qui laisse à désirer, mais il s'en acquitte; le second ne semble pas né pour faire ce qu'il fait; il n'est pas apte à le faire et ne le sera peut-être jamais.

C'est en raison de cette incapacité effective que le mot *inhabile* s'emploie, en jurisprudence, à l'égard de quelqu'un qui n'a pas les qualités requises pour faire une chose : « Un mineur est *inhabile* à gérer son bien ». (Acad.) Il faut remarquer d'ailleurs que *malhabile* se dit plutôt en parlant de la conduite ou des affaires; et *inhabile*, en parlant de l'aptitude, des dispositions.

INHABILETÉ. V. *Inaptitude.*

INHABITÉ. V. *Désert.*

INHÉRENCE. V. *Adhérence, cohérence.*

INHUMER, ENTERRER. *Inhumer* signifie, à la lettre, comme *enterrer,* mettre en terre, déposer dans la terre, du latin *humus,* terre; et *in, en.* Il signifie *enterrer* avec des cérémonies religieuses, rendre les honneurs funèbres, ceux de la sépulture. *Enterrer* distingue donc l'acte matériel de mettre en terre; et *inhumer,* l'acte religieux de donner la sépulture. — On *enterre* tout ce qu'on cache en terre : on *inhume* l'homme à qui l'on rend les honneurs funèbres. Les ministres de la religion *inhument* les fidèles : un assassin *enterre* le cadavre de la personne qu'il a tuée. On *enterre* en tous lieux; on *inhume* proprement en terre sainte ou dans les lieux consacrés à cet usage pieux. — *Inhumer* ne se départ point de son caractère religieux. *Enterrer* prête, par sa valeur physique, à des applications figurées et relâchées. Ainsi, on dit d'un homme qu'il est *enterré,* qu'il s'*enterre tout vivant,* parce qu'il ne vit pas dans le monde et pour le monde. On dit qu'un local, une maison, des fonds, sont *enterrés,* quand ils sont cachés, entourés, dominés de toutes parts. On *enterre* un secret qu'on ne révèle pas. On *enterre* ou plutôt on enfouit un talent dont on ne fait aucun usage. (R.)

INIMITIÉ, RANCUNE. L'*inimitié* est plus déclarée; elle paraît toujours ouvertement. La *rancune* est plus cachée; elle dissimule. — L'*inimitié* n'empêche pas toujours d'estimer son ennemi, ni de lui rendre justice. La *rancune* fait toujours embrasser avec plaisir l'occasion de se venger; mais elle sait se couvrir de l'extérieur de l'amitié, jusqu'au moment qu'elle trouve à se satisfaire. — Il y a quelquefois de la noblesse dans l'*inimitié;* et il serait honteux de n'en point avoir pour certaines personnes; mais la *rancune* a toujours quelque chose de bas; un courage fier refuse nettement le pardon ou l'accorde de bonne grâce. (G.)

ININTELLIGIBLE. V. *Incompréhensible.*

INJONCTION. V. *Commandement.*

INJURIER, INVECTIVER : INJURES, INVECTIVES. *Injurier* quelqu'un, lui dire des *injures* ou des paroles offensantes. *Invectiver* contre une personne ou une chose, se répandre contre elle en *invectives* ou discours véhéments. L'*injure* consiste principalement dans les termes; et l'*invective,* dans les choses et la manière. Des flots d'*injures* ou de choses offensantes vomis sur un objet, sont des *invectives.* Ce mot vient du latin *invehere,* s'emporter contre : la véhémence et l'abondance le distinguent. — Le mépris, l'insolence, la grossièreté *injurient :* la chaleur, la colère, le zèle *invectivent.* Les *injures* appartiennent aux gens du peuple, à ceux qui sont faits pour en être. Les *invectives* sont pour les gens ardents qui s'abandonnent à leur vivacité, sans même abandonner la décence. L'homme qui se respecte n'*injurie* pas; mais, violemment ému, il *invective* avec noblesse et dignité. — On n'*injurie* que les personnes : on *invective* aussi contre les choses, contre les vices, les abus, les mœurs. — *Injurier* désigne particulièrement l'effet produit par le discours, l'offense : *invectiver* désigne proprement la qualité distinctive de l'action, la véhémence. Les *injures* ont quelque chose d'odieux, ou du moins supposent une chose odieuse qui les mérite. Il n'en est pas de même de l'*invective*. (R.)

INLISIBLE. V. *Illisible*.

INOPINÉ. V. *Imprévu*.

INSENSÉ. V. *Fou*.

INSENSIBILITÉ. V. *Indifférence*.

INSIDIEUX, CAPTIEUX. Ces mots annoncent un artifice employé pour surprendre, tromper, abuser : mais cet artifice est figuré, dans le mot *insidieux*, par l'emblème d'une embûche dans laquelle vous êtes poussé ou attiré ; dans le mot *captieux*, par l'image d'une main qui s'empare avec dextérité d'une chose : car *insidieux* vient du latin *insidia*, embûche, piége ; et *captieux* vient de *capto*, capter, prendre. — Dans l'emploi des *moyens insidieux*, l'intention est d'induire en erreur ou en faute : dans celui des *moyens captieux*, elle est d'emporter le consentement ou le suffrage. — Les moyens *insidieux* sont de douces insinuations, des suggestions adroites, des finesses subtiles. Les moyens *captieux* sont des séductions spécieuses, des illusions éblouissantes, de belles apparences. La malice des premiers est cachée, vous n'y voyez rien ; la malice des seconds est parée de dehors trompeurs, vous voyez les choses tout autres qu'elles ne sont en effet. Là le secret, ici la fausseté. — Tout ce qui tend à surprendre, discours, actions, caresses, flatteries, présents, etc., s'appelle *insidieux*. On n'appelle *captieux* que les discours, les raisonnements, les questions, les termes, etc. Ceux-ci n'attaquent que l'esprit ou la raison ; ceux-là vous attaquent de toutes parts. — Ce que les raisonnements les plus *captieux* n'ont pas produit, souvent une caresse *insidieuse* l'opère. (R.)

INSIDIEUX, FALLACIEUX. V. *Fallacieux*.

INSIGNE. V. *Signalé*.

INSINUATION. V. *Suggestion*.

INSIPIDE. V. *Fade*.

INSOLENT. V. *Sot*.

INSPIRATION V. *Suggestion*.

INSTANT, MOMENT. V. *Moment*.

INSTANT, PRESSANT, URGENT, IMMINENT. *Instant*, qui ne s'arrête pas, qui insiste vivement, qui poursuit ardemment ; mot formé de la négation *in*, et de *stans*, qui s'arrête, reste, demeure fixe. *Pressant*, participe de *presser*, serrer de près, pousser fortement contre. *Urgent*, qui étreint ou serre très-étroitement, pique vivement, pousse violemment, contraint durement, du latin *urgere*. *Imminent*, du latin *imminere*, menacer de près, être prêt à tomber dessus, pendre sur, être tout contre. — *Instant* ne se dit que des prières, des demandes, des sollicitations, des poursuites qu'on fait avec vivacité, continuité, persévérance, pour obtenir ou pour amasser ce qu'on désire. *Pressant* se dit de tout ce qui ne souffre aucun délai, ou de ce qui ne laisse point de relâche, des personnes et des choses qui nous portent à l'action, ou qui veulent une prompte exécution. *Urgent* se dit de certaines choses qui nous aiguillonnent et nous travaillent toujours plus fortement, jusqu'à nous plonger dans la peine, la souffrance, le malheur, si nous n'y avons bientôt pourvu. (R.)

*Imminent* se dit d'un danger, d'un péril, d'une disgrâce, de tout mal dont on est menacé.

INSTIGATION. V. *Suggestion.*

INSTITUER. V. *Fonder.*

INSTRUIRE. V. *Avertir* et *Enseigner.*

INSTRUIRE (S'). V. *Étudier.*

INSTRUMENT. V. *Outil.*

INSUFFISANCE. V. *Inaptitude.*

INSULTE. V. *Affront.*

INSURRECTION, ÉMEUTE, SÉDITION, RÉVOLTE. L'*émeute* est le plus léger des mouvements qu'indiquent ces termes, ou du moins celui qui a par lui-même les conséquences les moins importantes. C'est une fermentation momentanée de quelque partie du peuple, causée par quelque mécontentement. Elle s'exhale ordinairement en vains discours et en plaintes violentes; et elle s'apaise souvent aussi aisément qu'elle s'excite. — L'*insurrection* est l'état d'un peuple qui s'est levé et armé pour attaquer l'autorité à laquelle il était soumis et qu'il déclare ne plus vouloir reconnaitre. La *révolte* est une résistance et un soulèvement contre le souverain, contre les lois, contre l'autorité légitime. L'*insurrection* change de nom suivant la manière dont on la considère, et les opinions ou les sentiments de ceux qui la considèrent. Elle conserve le nom d'*insurrection* chez ceux qui y attachent une idée de droit et de justice; elle prend le nom de *révolte* chez ceux qui la regardent comme injuste et coupable. Le maintien du nom d'*insurrection* dépend aussi du succès : Une *insurrection* vaincue, abattue, détruite, n'est plus qu'une *révolte;* une *insurrection* triomphante n'es plus regardée comme une *révolte,* elle conserve le nom d'*insurrection.* — La *sédition* est un esprit général de trouble, d'opposition, qui, inspiré par quelques-uns, se communique rapidement à tous les membres d'un corps, d'une assemblée, ou même d'un peuple, et y entretient une disposition à la résistance et à la *révolte.* (L.)

INTÉGRITÉ. V. *Probité.*

INTELLIGENCE. V. *Esprit.*

INTENTION. V. *Volonté.*

INTERDIT. V. *Confus, déconcerté.*

INTÉRESSÉ. V. *Avare.*

**INTÉRIEUR, DEDANS.** L'*interieur* est caché par l'*extérieur*. Le *dedans* est renfermé par les dehors. — Il faut savoir pénétrer dans l'*intérieur* des hommes pour n'être pas la dupe de leur extérieur. Un bâtiment doit être commode en *dedans*, et régulier en dehors. (G.)

**INTÉRIEUR, INTERNE, INTRINSÈQUE; EXTÉRIEUR, EXTERNE, EXTRINSÈQUE.** L'abbé Girard a remarqué qu'*intérieur* se dit plus particulièrement des choses spirituelles, et qu'*interne* a plus de rapport aux parties du corps. *Intérieur* en effet se dit de l'âme : « Un mouvement *intérieur*, sentiments *intérieurs*, la paix *intérieure*, le for *intérieur*. (Acad.) Mais on emploie aussi fort souvent le mot *intérieur* en parlant des corps : en quoi diffère-t-il alors du mot *interne?*

*Intérieur* exprime une simple idée de situation au dedans et relativement à ce qui est *extérieur* ou au dehors : il fait entendre seulement que la chose est au dedans et non au dehors de l'objet : « Les parties *intérieures* du corps, les provinces *intérieures*, le commerce *intérieur* ». (Acad.) *Interne* se dit absolument et sans idée relative, de ce qui vient du dedans, de ce qui se montre, se manifeste ou agit au dedans, par l'effet de sa nature même ou en vertu de sa qualité, de ce qui regarde le dedans, est tourné vers le dedans : « Vertu *interne*, principes *internes*, douleur *interne*, maladie *interne* »; c'est-à-dire douleur, maladie ayant leur cause au dedans, et se manifestant, agissant au dedans : « Élèves *internes* », qui vivent dans l'intérieur du collége. « Les angles *internes* d'un polygone; la face *interne* du crâne » (Acad.); c'est-à-dire angles, face qui regardent le dedans[1].

*Externe* a le sens contraire d'*interne* et s'emploie de la même manière.

*Intrinsèque* et *extrinsèque* sont deux termes de métaphysique, de scolastique et de commerce. Le premier signifie ce qui fait le fond de la chose, ce qui lui est propre et essentiel, ce qui la constitue. « *Intrinsèque*, dit l'abbé Girard, s'applique à la valeur ou à la qualité qui résulte de l'essence des choses mêmes, indépendamment de l'estimation des hommes ». Aussi ce mot se dit-il particulièrement de la valeur des pièces de monnaie par rapport à leur titre et à leur poids. Quant à *extrinsèque*, il signifie simplement qui vient du dehors : « Maladie qui est due à des causes *extrinsèques* ». (Acad.)

**INTÉRIEUR; INTIME.** *Intérieur*, comme nous le disons dans l'ar-

1. *Interne* se dit des angles du polygone, de la face du crâne, des élèves du collége, absolument, sans relation avec ce qui est *externe*. Les angles *internes* d'un polygone le sont par eux-mêmes, forcément, en vertu de l'existence du polygone et nullement parce qu'on peut, en prolongeant les côtés du polygone, obtenir des angles *externes*; la face *interne* du crâne n'est pas telle relativement à la face externe, mais elle l'est nécessairement et en vertu de la construction et de la forme du crâne, si bien qu'on ne peut la détacher du crâne et en faire un objet distinct. Enfin des élèves *internes* d'un collége sont tels par eux-mêmes, par leur manière d'être et de vivre: ils ne seraient pas moins *internes*, si le collége ne recevait aucun *externe*.

ticle précédent, exprime une simple idée de situation au dedans et relativement à ce qui est *extérieur;* il fait entendre seulement que la chose est au dedans et non au dehors de l'objet. *Intime* se dit de ce qui fait l'essence même de l'objet : « Connaître la nature *intime* d'une chose ». (Acad.) Tous deux se disent, particulièrement, en parlant de l'âme : mais *intime* est une expression superlative qui qualifie ce qu'il y a de plus profond dans l'âme, ce qui lui est en quelque sorte inhérent. On dit : « Mouvements *intérieurs*, sentiments *intérieurs* » (Acad.); mais on dit : « Persuasion *intime*. Le sentiment *intime* de la conscience, ou simplement le sens *intime* ». (Id.)

INTERPRÉTER MAL. V. *Mal interpréter.*

INTERROGER. V. *Questionner.*

INTERVALLE. V. *Espace.*

INTESTINS. V. *Viscères.*

INTIME. V. *Intérieur.*

INTOLÉRANTISME, INTOLÉRANCE. Défaut de tolérance, disposition à violenter, à persécuter ceux avec lesquels on diffère d'opinion. Cette définition est proprement celle du mot *intolérance :* l'*intolérantisme* est la théorie de l'*intolérance*, le système de ceux qui pensent qu'on ne doit permettre ni souffrir aucune doctrine différente de la leur (32, page 9). L'*intolérantisme*, comme tous les systèmes, est dans l'esprit : l'*intolerance* passe des sentiments dans les actions. On professe l'*intolérantisme* et l'on prêche l'*intolérance;* on donne des exemples d'*intolérance,* on est *intolérant.*

INTRÉPIDITÉ. V. *Cœur.*

INTRIGUE, CABALE, BRIGUE, PARTI. *Intrigue,* pratique adroite et secrète qu'on emploie pour faire réussir une affaire. *Cabale*, association d'un certain nombre de personnes qui, sans avoir égard à la justice, emploient avec passion tous leurs efforts pour ou contre une personne ou une chose. « *Brigue,* dit l'Académie, poursuite vive pour obtenir quelque chose par le moyen de plusieurs personnes qu'on engage dans ses intérêts. » *Parti,* réunion de plusieurs personnes qui ont la même opinion ou le même intérêt, contre d'autres personnes dont l'opinion ou l'intérêt sont différents ou opposés. Comme on le voit, ce mot est très-peu synonyme des trois autres. (V. *Faction.*)

L'*intrigue* a quelque rapport avec la *brigue :* mais elle agit toujours sourdement et obliquement, tandis que la *brigue* n'est pas toujours secrète. Ensuite la *brigue* a uniquement pour but de faire obtenir à quelqu'un un emploi, des honneurs, des distinctions, etc. : l'*intrigue,* dont le champ est beaucoup plus vaste, a ordinairement pour but de nuire à quelqu'un, de lui ravir sa position, de faire échouer ses desseins, d'empêcher la réussite d'une affaire, etc.

Ce but est aussi celui de la *cabale;* mais, à la différence de l'*intrigue,* elle agit ouvertement et avec bruit, avec éclat, afin d'entraîner l'opinion publique. L'*intrigue* est calme, modérée et surtout adroite : la *cabale* est entêtée, passionnée, active et impérieuse. V. l'art. *Cabale, intrigue,* où ces deux mots sont comparés entre eux.

INTRINSÈQUE. V. *Intérieur.*

INUTILEMENT. V. *Vainement.*

INVECTIVER, INVECTIVES. V. *Injurier.*

INVENTER, INVENTION. V. *Découvrir.*

INVESTIR. V. *Assiéger.*

INVITER. V. *Convier.*

INVITER A. V. *Prier de.*

INVOQUER. V. *Appeler.*

IRASCIBLE. V. *Irritable.*

IRRAISONNABLE. V. *Déraisonnable.*

IRRÉLIGIEUX. V. *Impie.*

IRRÉSOLU, INDÉCIS. L'*irrésolu* ne sait à quoi se *résoudre;* il est aussi lent à prendre un parti que l'homme *résolu* est leste à le faire. L'*indécis* ne sait à quoi se *décider;* il est aussi lent à avoir un sentiment, que l'homme *décidé* est leste à s'en former un. S'il ne s'agit que d'une *irrésolution* ou d'une *indécision* passagère, on est *irrésolu,* tant qu'on est indéterminé sur ce qu'on doit faire; et *indécis,* tant qu'on est incertain sur ce qu'on doit conclure. Dans le premier cas, on craint et on délibère; dans le second, on doute et on examine. L'*irrésolu* flotte d'un parti à l'autre sans s'arrêter définitivement à aucun; l'*indécis* balance entre des opinions sans se fixer par un jugement. — On est surtout *irrésolu* dans les choses où il s'agit de se déterminer par goût ou par sentiment. On est proprement *indécis* dans celles où il faut se déterminer par raison et après une discussion. — On est quelquefois très-*décidé* sur la bonté d'un parti, sans être *résolu* à le suivre; et quelquefois on est *résolu* à suivre un parti, sans être *décidé* sur sa bonté. L'*irrésolu* hésite plutôt sur ce qu'il fera, et l'*indécis* sur ce qu'il doit faire. — Dans l'*irrésolution,* l'âme n'est affectée d'aucun objet assez fortement pour se porter vers lui de préférence. Dans l'*indécision,* l'esprit ne voit dans aucun objet des motifs assez puissants pour fixer son choix (R.) V. *Décision.*

IRRÉSOLUTION. V. *Incertitude.*

IRRITABLE, IRASCIBLE. *Irritable* signifie susceptible, qui se pique, qui s'irrite facilement: le vrai sens d'*irascible* est qui s'emporte facilement, qui est prompt à se mettre en colère. Or l'irritation n'est pas la même chose que l'emportement, que la colère; elle est dans l'esprit ou dans le cœur, et peut y rester cachée : la colère, comme l'emportement, se produit au dehors par des paroles, par des actes. Cela suffit pour distinguer le sens d'*irritable* et d'*irascible.*

IRRUPTION. V. *Excursion.*

ISSUE. V. *Réussite* et *Sortie.*

# J

**JABOTER.** V. *Causer.*

**JADIS.** V. *Anciennement.*

**JAILLIR, REJAILLIR.** « *Jaillir,* dit Roubaud, marque une action simple, absolue et directe; *rejaillir* signifie le redoublement de cette action. *Rejaillir,* c'est *jaillir* avec force, avec abondance, çà et là, en divers sens, de toute part » (5, page 8). On dit aussi qu'un liquide *rejaillit,* lorsqu'il est renvoyé par un corps contre lequel il avait été dirigé : c'est alors le sens réactif.

**JALOUSIE, ÉMULATION.** La *jalousie* et l'*émulation* s'exercent sur le même objet, qui est le bien ou le mérite des autres, avec cette différence, que celle-ci est un sentiment volontaire, courageux, sincère, qui rend l'âme féconde; qui la fait profiter des grands exemples, et la porte souvent au-dessus de ce qu'elle admire; et que celle-là, au contraire, est un mouvement violent et comme un aveu contraint du mérite qui est hors d'elle; qu'elle va même jusques à nier la vertu dans les sujets où elle existe; ou qui, forcée de la reconnaître, lui refuse les éloges ou lui envie les récompenses : une passion stérile, qui laisse l'homme dans l'état où elle le trouve; qui le remplit de lui-même, de l'idée de sa réputation; qui le rend froid et sec sur les actions ou sur les ouvrages d'autrui; vice honteux et qui, par son excès, rentre toujours dans la vanité et dans la présomption. (La Bruyère.)

Au fond, la basse *jalousie* n'a rien de commun avec l'*émulation,* si nécessaire aux talents : la première en est le poison, celle-ci en est l'aliment; et elle est également glorieuse à ceux qui en sont animés et à ceux qui en sont l'objet. (Bergier.)

**JALOUSIE, ENVIE.** V. *Envie.*

**JAMAIS (A), POUR JAMAIS.** *A jamais,* suivant la définition de l'Académie, signifie *toujours,* et *pour jamais* signifie *pour toujours* [1]. La première locution exprime une durée indéterminée, sans annoncer essentiellement que cette durée n'aura pas de limite : *pour jamais,* c'est la durée éternelle, c'est pour l'éternité. Une chose qui sera *à jamais* sera longtemps, très-longtemps; mais elle peut cesser d'être, elle peut n'être que par intervalles et non avec continuité : une chose qui sera *pour jamais* sera irrévocablement et éternellement, sans changement ni retour possible. On dit qu'un homme est perdu *à jamais* pour faire entendre ou qu'il l'est moralement par ses vices, ou qu'il est complétement ruiné; mais cela ne veut pas dire, comme le prétend Rou-

1. *Jamais,* mot affirmatif qui ne sert à nier qu'en vertu d'une négation exprimée ou sous-entendue. *A-t-on* jamais *vu?* c'est-à-dire, a-t-on vu *quelquefois?* (Génin. — Variations de la langue française.)

baud, que le mal est impossible à réparer : cet homme peut s'amender, devenir meilleur, se corriger plus tard de ses vices, ou réparer ses affaires et ressaisir la fortune ; toute espérance de retour n'est pas entièrement perdue. On a perdu une personne *pour jamais* quand cette personne est morte. Une action mémorable *à jamais* le sera pendant une suite de siècles ; mais le sera-t-elle éternellement? Que d'actions prétendues *à jamais* mémorables, ne sont pas restées bien longtemps dans la mémoire des hommes ! aussi ne dit-on pas qu'une action est mémorable *pour jamais*.

Ainsi la locution *à jamais* est moins précise, moins forte que la locution *pour jamais* : cela est tellement vrai, que pour augmenter l'énergie de la première on dit *à tout jamais, au grand jamais*, tandis qu'on ne dit pas *pour tout jamais* ; c'est que l'expression *pour jamais* désigne la durée éternelle, et que la durée éternelle n'a pas du plus ou du moins.

JARGON. V. *Langage*.

JASER. V. *Causer*.

JOIE, GAITÉ. La *joie* consiste dans un sentiment de l'âme plus fort, dans une satisfaction plus pleine ; la *gaîté* dépend davantage du caractère, de l'humeur, du tempérament : l'une, sans paraître toujours au dehors, fait une vive impression au dedans ; l'autre éclate dans les yeux et sur le visage : on agit par *gaîté*, on est affecté par la *joie*. — Une humeur enjouée jette de la *gaîté* dans les entretiens ; un événement heureux répand la *joie* jusques au fond du cœur. On plaît aux autres par la *gaîté* ; on peut tomber malade et mourir de *joie*. — La *gaîté* est opposée à la *tristesse*, comme la *joie* l'est au *chagrin*. La *joie* et le *chagrin* sont des situations ; la *tristesse* et la *gaîté* sont des caractères. Mais les caractères les plus suivis sont souvent distraits par les situations : et c'est ainsi qu'il arrive à l'homme *triste*, d'être ivre de *joie* ; et à l'homme *gai*, d'être accablé de *chagrin*. (*Enc.*)

JOINDRE. V. *Aborder* et *Assembler*.

JOINT, JOINTURE. Endroit où se joignent deux choses. Le mot *joint* exprime cette idée purement et simplement : le mot *jointure* y ajoute celle d'arrangement, d'agencement des choses jointes (23, page 8) : Toutes les *jointures* du corps. (Acad.)

JOLI. V. *Beau* et *Mignon*.

JONCTION. V. *Union*.

JOUR, JOURNÉE. « Le *jour* exprime une durée et il est susceptible d'être divisé, aussi l'a-t-il été de plusieurs manières par les peuples divers. On appelle *jour* artificiel le temps de la lumière qui est déterminé par le lever et le coucher du soleil, et *jour* naturel celui qui est composé de 24 heures, depuis minuit jusqu'au minuit suivant. Ces diverses acceptions du mot *jour* n'ont rapport qu'à la physique et au temps. Mais l'espace de temps auquel on a donné ce nom a des rapports essentiels avec nous ; et l'on appelle *journée* cet espace considéré sous ce point de vue. Ainsi la *journée* en ce sens est l'espace de temps qui s'écoule pour nous, depuis l'heure où nous nous levons jusqu'à celle où nous nous couchons. Une *journée* est heureuse ou malheureuse, agréable ou désagréable, triste ou gaie, à raison des événements relatifs à nous, qui s'y passent. On donne aussi le nom de *journée* au travail que l'on fait dans le courant d'une *journée*, et souvent au salaire même du travail. Il a fait un beau *jour* se dit relativement à la pureté de l'air, à l'état de l'atmosphère. Il a fait une belle *journée* se dit relativement aux actions, aux travaux, aux desseins que ce beau *jour* a ou doit avoir favorisés. Le lever du soleil nous annonçait un beau *jour*, nous en profitâmes pour faire une partie de chasse, et nous eûmes une belle *journée*. » (L.)

Ajoutons que si l'on dit : « C'est le plus beau *jour* de ma vie », c'est que l'on prend ce jour comme une des unités qui forment le nombre de jours dont se compose la vie.

Beauzée et d'autres synonymistes se sont trompés lorsqu'ils ont dit que le mot *jour* est à *journée* ce que le mot *an* est à *année*. On ne dit pas un *an* heureux, ni un bel *an* : l'on dit fort bien un heureux *jour*, un *jour* malheureux, un beau *jour*, un *jour* superbe. En outre le *jour* se divise en matin et soir, et l'on dit : le matin du second *jour*, le soir du troisième *jour*; tandis qu'on ne dirait pas : le printemps du premier *an*, l'hiver du troisième *an*.

JOUR OUVRIER, JOUR OUVRABLE. *Jour ouvrier* se dit de toute journée pendant laquelle les ouvriers travaillent. *Jour ouvrable* signifie jour où l'Église permet de travailler et d'ouvrir les boutiques. Le premier exprime le fait, le second exprime le droit.

Le dimanche n'est pas un *jour ouvrable*; cependant bien des gens ont le tort d'en faire un *jour ouvrier*.

JOURNALIER. V. *Diurne*.

JOURNÉE. V. *Jour*.

JOYAU, BIJOU. Les *joyaux* sont plus beaux, plus riches, plus précieux; les *bijoux* sont plus jolis, plus agréables, plus curieux. Dans la comparaison on voit le *joyau* plus en grand, et le *bijou* plus en petit. On dit les *joyaux* de la couronne, on les garde dans un trésor; une femme parle de ses *bijoux*, elle les serre dans un écrin. — Le *bijou* est toujours un ouvrage travaillé : le *joyau* n'est quelquefois que la matière brute. C'est surtout la façon que l'on considère dans le *bijou*, et la matière dans le *joyau*. Ainsi la *joaillerie* se distingue de la *bijouterie*, en ce qu'elle comprend dans son négoce les pierreries qui ne sont pas taillées ou montées. On comprend dans la dénomination de *bijoux* une quantité prodigieuse de choses usuelles, telles que des tabatières, des étuis, etc.; et ces objets-là ne sont pas des *joyaux*, comme les diamants, les perles, les pierreries de toute espèce. (R.)

JUGEMENT. V. *Arrêt*, *Discernement*, *Esprit* et *Sens*.

JUREMENT et JURON V. *Serment*.

**JUSTE, JUSTEMENT,** Précisément. Ces mots ne sont synonymes que dans ce sens [1]. *Juste* se rapporte davantage à l'objet ou aux circonstances de l'action : *justement* caractérise l'action et se rapporte davantage au sujet (60, page 18). « Il est arrivé *juste* à l'heure du diner » (Acad.), c'est « il est arrivé à l'heure *juste* »; il n'y a là en quelque sorte qu'une inversion. « Vous arrivez *justement* à l'heure qu'il faut » (Id.); votre action d'arriver a lieu précisément quand il le faut : ici donc l'adverbe caractérise l'action. Ensuite *juste* exprime l'idée de *précisément* avec moins de force que *justement* : « Voilà *juste* ce qu'il vous faut » affirme moins que « Voilà *justement* ce qu'il vous faut ». — Mais *tout juste* équivaut à *justement*; Molière a dit dans l'*Impromptu de Versailles*, pièce en prose : « Voici *tout juste* un lieu propre à servir de scène »; il aurait pu dire tout aussi bien : « Voici *justement* un lieu, etc. [2] ». N'est-ce pas là ce que vous me demandez? *Juste*, *tout juste* ». (Acad.) On peut aussi répondre : *justement*.

**JUSTICE, ÉQUITÉ.** Il s'agit ici de la *justice* comme de l'*équité* naturelle; et il n'y a nulle comparaison à faire entre l'*équité* naturelle et la *justice* légale et distributive, chargée de maintenir les droits de chacun et de punir la violation de ces droits, selon les lois positives ou écrites. — La *justice* proprement dite consiste à observer la règle primitive de se contenir dans les bornes de son droit, qui s'arrête où le droit d'autrui commence. L'*équité* consiste à observer le principe primordial de l'égalité naturelle, en employant, pour le bien des autres, les avantages et les moyens dont la nature et la fortune vous ont favorisé et les ont privés. — L'objet propre de la *justice* est donc le respect de la propriété. L'objet de l'*équité* en général est donc le respect de l'humanité. — Votre existence, vos facultés, vos talents, votre travail, les fruits de votre travail, votre fortune, votre réputation, votre honneur, sont à vous; la *justice* défend qu'on y porte atteinte, elle efface l'atteinte qu'on y a portée. Mes besoins, mes misères, mes erreurs, mes fautes, mes torts, sont de la faiblesse humaine : l'*équité* y compatit; elle vous engage à me faire du bien, quand le bien est de le faire. (R.)

Résumons : *justice*, dérivé de *jus*, droit, est, suivant les jurisconsultes, l'action de rendre à chacun ce que le droit ou la loi lui donne; elle ne peut exister que chez les hommes réunis en société, ayant adopté des règles positives. L'*équité* est la loi naturelle, qui connait moins les règles de convention que le sentiment intime qui nous invite à agir envers les autres comme nous voudrions qu'on en usât envers nous. — La *justice* est inflexible : elle assure la tranquillité des États et veille à la sûreté des citoyens. Mais elle se trouve quelquefois

1. On dit deviner *juste*, raisonner *juste*, chanter *juste*, parler *juste*; mais dans ces locutions, *juste* n'a point le sens de *précisément* et n'est pas synonyme de *justement*.

2. Mais certainement Molière n'aurait pas dit : « Voici *juste* un lieu propre à servir de scène ».

en opposition avec l'*équité*, parce que, jugeant d'après des règles invariables, elle ne doit jamais voir que le fait; au lieu que l'*équité* se rapprochant de l'intention, n'a d'autres lois que celles que la nature ou les circonstances lui dictent. — L'*équité* nous ramène à l'observance des lois naturelles; elles ne sont pas écrites, mais elles se font sentir; et c'est à ce cri du besoin d'aimer et de traiter les hommes en frères, que nous cédons. On n'est homme, dit La Bruyère, que lorsqu'on est *équitable*. (Anonyme.)

JUSTIFIANT, JUSTIFICATIF. *Justifiant*, terme de théologie, n'est guère usité que dans ces deux locutions, la grâce *justifiante*, la foi *justifiante*: c'est-à-dire la grâce, la foi qui rend juste intérieurement. (Acad.) *Justificatif* signifie qui est propre à justifier, qui sert à justifier quelqu'un ou à prouver ce qu'on avance, ce qu'on allègue (42, page 12) : « Les pièces *justificatives* d'une histoire, d'une relation, d'un rapport ». (Acad.)

JUSTIFICATION, APOLOGIE. *Justifier*, montrer, prouver, déclarer l'innocence d'un accusé, la justice d'une demande, son bon droit. *Apologie* est un mot grec qui signifie discours pour la défense de quelqu'un, action de repousser, par écrit ou de vive voix, une inculpation. — La *justification* est le but de l'*apologie*; l'*apologie* est un moyen de *justification*. L'*apologie* n'est que la défense de l'accusé : la preuve ou la manifestation de son innocence fait sa *justification*. — Le terme de *justification* se prend aussi dans le sens d'*apologie*, pour la défense d'un accusé. Mais il annonce alors une preuve complète ou l'assurance du succès; tandis que toute autre défense marque seulement le dessein et la tâche de se disculper. Je fais mon *apologie*, quand je me défends; et ma *justification*, quand je me défends d'une manière victorieuse. — L'*apologie* n'est qu'un moyen particulier de vous justifier : des pièces justificatives, les dépositions de témoins, etc., opèrent aussi votre *justification*. — L'*apologie* est proprement en paroles : cependant, par extension, l'on dit que les choses font votre *apologie* ainsi que votre éloge, comme on dit qu'elles *parlent* en votre faveur. Ainsi ce qui sert à votre *justification* peut s'appeler *apologie*. (R.)

JUSTIFIER, DÉFENDRE, DISCULPER. « *Justifier* et *défendre* veulent dire l'un et l'autre, travailler à établir l'innocence ou le droit de quelqu'un. En voici les différences. *Justifier* suppose le bon droit, ou au moins le succès : *défendre* suppose seulement le désir de réussir. Cicéron *défendit* Milon; mais il ne put parvenir à le *justifier*. L'innocence a rarement besoin de se *défendre*, le temps la *justifie* presque toujours. » (*Enc.*)

*Justifier* est à *disculper* ce que le genre est à l'espèce *Disculper*, formé de la préfixe *dis*, qui marque l'éloignement ou la négation (8, page 4), et du latin *culpa*, faute, signifie *justifier* d'une faute imputée.

# L

**LABEUR.** V. *Travail.*

**LABOUR, LABOURAGE.** « Le *labour* est la façon que l'on donne aux terres en les labourant : le *labourage* est l'art de labourer ou bien l'ouvrage, le travail du laboureur ». (Acad.) Ainsi *labour* exprime le remuement même de la terre; la façon considérée en elle-même ou par rapport à la terre seule : « *Labour* superficiel, léger, profond; il faut donner deux *labours* à cette terre ». (Acad.) *Labourage* a rapport à l'opération de l'ouvrier, à tout ce qui concerne l'art et le travail du laboureur (24, page 8) : « Les instruments du *labourage*. Je donne quatre cents francs pour le *labourage* de ma terre ». (Acad.)

**LABYRINTHE, DÉDALE.** On a donné le nom de *labyrinthe* à de grands édifices des anciens dont il était difficile de trouver l'issue. Ce mot est devenu parmi nous celui des constructions, des plantations, des lieux dont les tours et les détours sont si multipliés qu'on s'y égare et qu'on ne sait où trouver une issue. Il se dit au propre et au figuré. — *Dédale* est le nom d'un fameux ouvrier qui construisit le *labyrinthe* de Crète, et que l'on a appliqué à ces sortes d'ouvrages. Dans le langage ordinaire *dédale* ne s'emploie qu'au figuré pour signifier des choses très-compliquées qu'il est difficile de concevoir et de tirer au net : « Un *dédale* de procédures, un *dédale* de lois ». En poésie et dans le style élevé, il s'emploie au propre dans le sens de *labyrinthe.* (L.)

**LACÉRER.** V. *Déchirer.*

**LACET.** V. *Lacs.*

**LACHE, POLTRON.** On est *lâche* par caractère, par un défaut d'énergie dans l'âme; on est *poltron* par attachement à la vie, par la crainte du mal et de la douleur. Le *lâche* est tellement abattu à la vue du danger, qu'il ne conçoit pas même l'idée de la résistance, qu'il n'ose ni avancer ni se servir de ses armes. Le *poltron* est tellement inquiet sur les suites du danger, qu'il est continuellement aux aguets soit pour le prévoir, soit pour trouver le moyen de s'y soustraire. Le *lâche* ne se bat jamais, il se laisse battre, et n'a recours qu'à la soumission et aux prières : le *poltron* ne se bat qu'à la dernière extrémité, et quelquefois il se bat bien. (L.)

La *lâcheté* suppose l'abandon absolu du devoir, l'icapacité de le remplir : la *poltronnerie*, prévoyance trop inquiète, n'est quelquefois qu'un excès de prudence, au lieu que l'autre est l'excès de la faiblesse. — Ces deux qualifications sont toujours prises en mauvaise part : celle de *lâche*, infiniment plus fâcheuse, conserve toujours la force de son origine, sans jamais être modifiée. — Par *lâche* ou *lâcheté*, on caractérise l'individu, on embrasse pour ainsi dire toutes les actions de sa vie : *poltron* a un sens moins étendu, il ne s'applique qu'à certaines circonstances.

On rit quelquefois d'une *poltronnerie*, mais non pas d'une *lâcheté*: celle-ci est vice, l'autre n'est qu'un défaut. (R.)

LACHER, RELACHER. *Lâcher*, c'est détendre, desserrer d'un coup : «Cette corde est trop tendue, *lâchez*-la un peu». (Acad.) *Relâcher*, c'est, par une action continuée et produisant peu à peu son effet, faire qu'une chose soit moins tendue (5, 4°, page 3) : « La sécheresse fait que les cordes d'un violon se *relâchent*». (Id.)

Dans le sens de laisser aller, laisser échapper, *lâcher* se dit des personnes et des choses : « *Lâcher* un oiseau; *lâcher* un prisonnier». (Id.) *Relâcher* ne se dit guère que des personnes : « *Relâcher* un prisonnier»; (Id.) c'est-à-dire lui rendre sa liberté dans toute sa plénitude et avec le droit d'en jouir; tandis que *lâcher* un prisonnier, c'est simplement le laisser partir, soit par négligence, soit à dessein, mais non en vertu d'un droit ou d'un jugement. On voit que *relâcher* marque alors rétablissement dans un premier état (5, 5°).

LACONIQUE, CONCIS. L'idée commune à ces deux mots est celle de brièveté; voici les nuances qui les distinguent. *Laconique* se dit des choses et des personnes : *concis* ne se dit guère que des choses, et principalement des ouvrages et du style, au lieu que *laconique* se dit principalement de la conversation ou de ce qui y a rapport. Un homme très-*laconique*, une réponse *laconique*, une lettre *laconique*; un ouvrage *concis*, un style *concis*. — *Laconique* suppose nécessairement peu de paroles : *concis* ne suppose que les paroles nécessaires. Un ouvrage peut être long et *concis*, lorsqu'il embrasse un grand sujet : une réponse, une lettre, ne peuvent être à la fois longues et *laconiques*. — *Laconique* suppose une sorte d'affectation et une espèce de défaut; *concis* emporte pour l'ordinaire une idée de perfection : voilà un compliment bien *laconique;* voilà un discours bien *concis* et bien énergique. (*Enc.*)

LACS, LACET. Espèces de piéges. Les *lacs* sont des nœuds coulants au moyen desquels on peut prendre toutes sortes d'animaux même les plus gros; les *lacets* sont de petits *lacs* (33, page 10) qui ne peuvent servir qu'à prendre des oiseaux et tout au plus des lièvres.

Les deux mots s'emploient figurément au pluriel en parlant des personnes : *lacet* se dit alors d'un piége plus fin, plus difficile à apercevoir; *lacs* exprime quelque chose de plus grave, un embarras dont on a plus de peine à se tirer : on tombe dans les *lacs* d'un chicaneur, on se laisse prendre aux *lacets* d'un intrigant.

LACS, RETS, FILETS. Le propre du *filet* est d'envelopper et de contenir; celui des *rets*, d'*arrêter* et de retenir; celui des *lacs*, de saisir et d'enlacer. — Les *lacs* du chasseur sont des nœuds coulants. Les *rets* sont formés d'un lacis, par l'entre-croisement de plusieurs cordes ou ficelles jointes ensemble par mailles et à jour. Les *rets* sont des espèces de *filets* pour la chasse ou pour la pêche : il y en a de différentes sortes : le mot *filet* est le genre à l'égard des *rets*, et autres espèces de piéges tendus aux animaux. — *Filet* est d'un usage aussi étendu en français que *rete* l'était en latin; il a donc borné l'usage du mot *rets* à désigner certains *filets* de chasse et de pêche. Ainsi nous appelons *filet*, le réseau dans lequel on enferme des cheveux et que les Latins appelaient *rete :* le mot de *filet* est là très-bien appliqué, puisque son idée propre est de renfermer et de contenir. — Au figuré nous dirons qu'une personne est prise dans des *lacs*, des *filets*, qu'on lui a tendus, ou bien qu'elle leur a échappé ou qu'elle s'en est tirée. Les *lacs* sont plus fins, plus subtils, moins sensibles, moins compliqués : ils attirent, ils surprennent, ils attachent, selon la valeur et la définition propre du mot : vous tombez dans les *lacs* d'un sophiste. Le *filet* est un piége caché ou déguisé dans lequel on se trouve enveloppé sans pouvoir trouver une issue : il présente donc l'idée d'une capacité qui entoure et renferme comme dans un voile. Ainsi, quand plusieurs objets sont pris et *enveloppés* à la fois, on dit : Voilà un beau coup de *filet*. (R.)

LAIDEUR. V. *Difformité*.

LAINE, TOISON. *Laine*, mot latin (*lana*), vient du celte *lan*, ce qui couvre, enferme, revêt. *Toison* vient de *tondre*, et c'est la *laine tondue*. Ainsi la *laine* est le vêtement des brebis, des moutons : la *toison* est leur dépouille. Une *toison* est la totalité de la *laine* dont l'animal est revêtu; on distingue différentes sortes de *laines* dans une *toison*. — On coupe, on enlève, on lave, on vend la *toison;* mais c'est la *laine* que l'industrie prépare et travaille de mille manières. La *toison* n'est qu'un objet de vente : la *laine* est la matière mise en œuvre par différents arts. Je veux dire que la *toison* redevient *laine*, ou qu'elle en reprend le nom dans les mains de différents fabricants. (R.)

LAMBIN. V. *Lent*.

LAMENTABLE, DÉPLORABLE. *Lamentable*, qui mérite, qui excite des *lamentations*, c'est-à-dire des cris plaintifs, longs et immodérés. *Déplorable*, qui mérite, qui tire des *pleurs* (latin *ploratus*), c'est-à-dire des larmes accompagnées de cris. — On aurait pu appeler *déploration* les pleurs et les cris mêlés de plaintes. Je demande la permission de me servir de ce mot pour la commodité du discours. La *déploration* est plus vive et plus pathétique que la *lamentation*, plus lugubre et plus langoureuse elle-même que la *déploration*. La *déploration* est d'un homme qui se désole, qui se désespère; la *lamentation* d'un homme qui ne peut se modérer, se consoler. Celui qui *déplore* son sort vous touche et vous attache; celui qui *lamente* sur le sien vous attriste et vous afflige. Il est difficile d'affecter la *déploration;* il faut des pleurs et tous les signes d'une douleur naturelle; il est facile de pousser des *lamentations;* il ne faut que des cris et un visage sombre. — L'objet *lamentable* est donc fait pour exciter en vous, par de fortes impressions, des sentiments si douloureux, qu'ils éclatent par des cris et ne s'exhalent que par de longues plaintes ou de longs regrets. L'objet *déplorable* est fait pour exciter en nous, par des impressions touchantes, une sensibilité si vive, qu'il faut non-seulement des cris, mais encore des larmes amères pour exprimer notre douleur. La situation des personnes est *déplorable;* leurs cris mêmes sont *lamentables.* Je veux dire qu'on appelle aussi *lamentables* les signes propres de la *lamentation.* (R.)

LAMENTATION, PLAINTE, GÉMISSEMENT. Le mot *lamentation* exprime des cris ou des *plaintes* très-fortes et soutenues, qui sont causées par une violente affliction. La *lamentation* est une espèce particulière de *plainte;* et toute expression vocale de la souffrance, de la douleur, de l'affliction ou du mécontentement, peut s'appeler *plainte:* ainsi l'on dit qu'un malade qui, sans parler, dans le sommeil même, pousse quelque accent douloureux, se *plaint.* On se *plaint* avec des soupirs et des sanglots, comme avec des *gémissements* et des *lamentations.* — Le *gémissement* est une voix plaintive, tendre, pitoyable, inarticulée; il échappe d'un cœur serré ou oppressé. Les *lamentations* ne sont pas de simples *gémissements.* La *lamentation* est l'effusion d'un cœur qui ne peut ni se contenir ni s'arrêter; elle est grande, sombre, lugubre, opiniâtre. La colombe et la tourterelle *gémissent* et ne se *lamentent* pas. (R.)

LANCER, DARDER. *Lancer,* jeter en avant avec violence, comme quand on porte un coup de *lance. Darder, lancer* avec violence un *dard* ou un trait perçant, frapper avec cette espèce de trait. Ainsi on *lance* toutes sortes de corps pour atteindre au loin : on ne *darde* que des instruments perçants, et on les *darde* pour percer. — *Lancer* n'a que la signification de jeter : *darder* a de plus celle de frapper, percer, pénétrer. La couleuvre des Moluques se suspend à des branches d'arbre pour se *lancer* sur les animaux et les *darder.* — Le soleil *lance* et *darde* ses rayons : il les *lance,* lorsqu'il les répand dans le vide et le vague des cieux; il les *darde,* lorsqu'il les jette à plomb sur un objet, le frappe et le pénètre. — Au figuré, *lancer* est d'un très-grand usage : on *lance* des regards, des eaux, des sarcasmes, des anathèmes, etc. (R.)

*Darder* s'emploie aussi figurément, surtout dans cette phrase : *Le soleil* darde *ses rayons.* (Acad.)

LANCER (SE), S'ÉLANCER. Se jeter en avant avec impétuosité. *S'élancer* éveille une idée de point de départ, c'est proprement *se lancer de* (9, page 4); mais il diffère surtout de *se lancer,* en ce qu'il marque plus de vivacité, plus d'ardeur, plus de violence. On *se lance* en se jetant en avant sans effort, naturellement : un nageur *se lance* dans l'eau; des soldats, sur l'ordre de leur chef, *se lancent* à la poursuite de l'ennemi. Un homme *s'élance* tout habillé pour sauver une personne qui se noie; des troupes enivrées de carnage, irritées, furieuses, *s'élancent* contre l'ennemi et entraînent leurs chefs.

En parlant de choses, on ne dit que *s'élancer :* un torrent impétueux *s'élance* du haut d'un rocher.

**LANDES, FRICHES.** *Lande* annonce une étendue que *friche* ne demande pas. Il y a des *friches* dans des cantons, des *landes* dans des provinces. Les *landes* sont de mauvaises terres qui ne donnent que quelques misérables productions; les *friches* sont des terres incultes ou négligées, auxquelles il ne manque que la culture. Dans un pays neuf, des colons cultivent d'abord les *friches* et laissent les *landes*. La *lande* est telle par sa nature même; la *friche* n'est telle que faute de culture. (R.)

**LANGAGE, LANGUE, IDIOME, DIALECTE, PATOIS, JARGON.** Ce qu'il y a de commun entre ces termes, c'est qu'ils marquent tous la manière d'exprimer les pensées : c'est par là qu'ils sont synonymes; voici les différences par où ils cessent de l'être. — Le mot de *langage* est le plus général, et il ne comprend dans sa signification que l'idée qui lui est commune avec tous les autres, celle de la manière d'exprimer les pensées, sans aucune autre détermination; en sorte que l'on donne le nom de *langage* à tout ce qui fait ou paraît faire connaître les pensées : de là vient que l'on dit même, le *langage* des yeux, un *langage* par signes, tel que celui des muets; le geste est un *langage* muet. — Les autres mots ajoutent à cette idée générale et commune, celle du moyen dont on se sert pour rendre sensible l'expression des pensées; chacun de ces termes suppose que la parole est le moyen, et par conséquent que le *langage* est oral. C'est par cette nouvelle idée qu'ils diffèrent tous du mot *langage* : mais puisqu'elle leur est commune, ils sont encore à cet égard synonymes entre eux; et il faut chercher les idées accessoires qui les distinguent. — Une *langue* est la totalité des usages propres à une nation pour exprimer les pensées par la parole. Tout est usage dans les *langues* : le matériel et la signification des mots, l'analogie et l'anomalie des terminaisons, la servitude ou la liberté des constructions, le purisme ou le barbarisme des ensembles. Les mots en sont consignés dans les dictionnaires; l'analogie en est exposée dans les grammaires particulières de chacune. — Si, dans le *langage* oral d'une nation, on ne considère que l'expression des pensées par la parole, d'après les principes généraux et communs à tous les hommes, le nom de *langue* exprime parfaitement cette idée. Mais si l'on veut encore y ajouter les vues particulières à cette nation, et les tours singuliers qu'elles occasionnent nécessairement dans sa manière de parler, le terme d'*idiome* est alors celui qui convient le mieux à cette idée moins générale et plus restreinte. De là vient que l'on donne le nom d'*idiotisme* aux tours d'élocution qui sont propres à un *idiome*. — Si une *langue* est parlée par une nation composée de plusieurs peuples égaux, et dont les États sont indépendants les uns des autres, tels qu'étaient anciennement les Grecs et tels que sont aujourd'hui les Italiens et les Allemands; avec l'usage général des mêmes mots et de la même syntaxe, chaque peuple peut avoir des usages propres sur la prononciation ou sur la déclinaison des mêmes mots : ces usages subalternes, également légitimes à cause de l'égalité des États où ils sont autorisés, constituent les *dialectes* de la *langue* nationale. — Si, comme les Romains autrefois et comme les Français aujourd'hui, la nation est une par rapport au gouvernement, il ne peut y avoir dans sa manière de parler qu'un usage légitime. Tout autre usage qui s'en écarte dans la prononciation, dans les terminaisons, ou de quelque autre façon que ce puisse être, ne fait ni une *langue* ou un *idiome* à part, ni un *dialecte* de la *langue* nationale : c'est un *patois*, abandonné à la populace des provinces; et chaque province a le sien. — Un *jargon* est un *langage* particulier aux gens de certains états vils, comme les gueux et les filous de toute espèce; ou c'est un composé de façons de parler qui tiennent à quelque défaut dominant de l'esprit ou du cœur, comme il arrive aux petits-maîtres, etc. Le mot de *jargon* fait donc toujours naître une idée de mépris, qui ne se trouve point à la suite des termes précédents; et si on l'emploie quelquefois pour désigner quelque *langage* bien autorisé, c'est alors pour marquer le cas que l'on en fait dans le moment, plutôt que celui qu'il en faut faire dans tous les temps. (B.)

LANGOUREUX. V. *Languissant*.

LANGUE. V. *Langage*.

LANGUISSANT, LANGOUREUX. *Languissant*, qui languit, qui est en langueur : *langoureux*, qui ne fait que languir, qui outre ou affecte la langueur (44, page 15). Ainsi, on est naturellement *languissant*; et on fait artificieusement le *langoureux*. On a bien l'air *languissant*, mais on prend l'air *langoureux*. — S'il n'y a pas de l'affectation dans le *langoureux*, il y a du moins quelque chose d'excessif, d'immodéré, d'habituel, de singulier dans sa manière d'être. Ainsi l'on dira d'un convalescent qu'il est encore un peu *languissant*, et d'un autre, qu'il est encore tout *langoureux*. Vous trouverez *langoureux* celui qui paraît toujours *languissant*. (R.)

LARCIN. V. *Vol*.

LARES, PÉNATES. Les *lares* et les *pénates* sont, dans la mythologie, des dieux ou des génies tutélaires des habitations, des maisons, des villes, des contrées, de tous les lieux. — Les *lares* peuvent être particulièrement considérés comme des dieux protecteurs de l'habitation et de la famille en général; et les *pénates*, comme les dieux tutélaires de la maison intérieure ou de la chose domestique [1]. Les *lares* gardaient surtout la maison, des ennemis du dehors; les *pénates* la préservaient des accidents intérieurs : ils présidaient particulièrement au ménage. — Nous disons poétiquement ou familièrement nos *pénates*, et non pas nos *lares*, pour nos foyers domestiques; on va revoir ses *pénates*, on les salue. (R.)

1. Cicéron, *de naturâ deorum*, II, 68, dit que les *pénates* sont ainsi appelés parce qu'ils résident dans l'intérieur (*penitùs*), ou parce qu'ils veillent à la provision (*penus*) de la maison. (R.

LARGESSE. V. *Libéralité.*

LARMES, PLEURS. *Larme* est la dénomination propre de l'humeur limpide que la compression des muscles fait sortir du sac lacrymal et découler de l'œil. *Pleur,* mot détourné de sa signification naturelle [1], désigne une espèce particulière et une abondance de *larmes,* ou des *larmes* abondantes et accompagnées de cris, de sanglots, de lamentations, des éclats de la douleur. Le rire, la joie, l'artifice, comme la douleur, l'affliction, une surprise extraordinaire, enfin toute cause physique qui produit une compression des muscles de l'œil, fait couler des *larmes.* Les *pleurs* sont toujours marqués par quelque chose de lugubre, par une émotion violente, des signes éclatants, une inspiration et une expiration précipitée. — Voyez ces termes mis en opposition par de bons écrivains : les *pleurs* renchérissent toujours sur les *larmes.* Il ne faut pas, dit Saint-Évremont, que les *larmes* d'une absence soient aussi lugubres que les *pleurs* des funérailles. La tragédie en *pleurs,* dit Boileau, nous arrache des *larmes* pour nous divertir. — Rien n'est plus doux que de douces *larmes ;* tout est amer dans les *pleurs.* Les *larmes* soulagent, et les *pleurs* semblent aigrir la douleur. — On dit une *larme* et non pas un *pleur :* voilà pourquoi j'ai dit qu'il y avait dans les *pleurs* une sorte d'abondance ou de continuité. Il n'appartient qu'à Bossuet de dire un *pleur* [2]; et encore ce *pleur* est une lamentation, suivant le sens naturel du mot. — On dit de *grosses larmes,* et non pas de *gros pleurs :* la *larme* a une forme comme la goutte, comme la *larme* batavique ; mais les *pleurs* se mêlent et se confondent toujours pour former des ruisseaux : on dit aussi des *larmes de sang,* plutôt que des *pleurs de sang ;* parce que le mot *larme* a un rapport particulier à la liqueur qui découle, et que *pleur* ne désigne proprement que l'éclat de la douleur. (R.)

LARRON, FRIPON, FILOU, VOLEUR. Ce sont des gens qui prennent ce qui ne leur appartient pas ; avec les différences suivantes. Le *larron* prend en cachette ; il dérobe. Le *fripon* prend par finesse ; il trompe. Le *filou* prend avec adresse et subtilité ; il escamote. Le *voleur* prend de toutes manières, et même de force et avec violence. — Le *larron* craint d'être découvert ; le *fripon,* d'être reconnu ; le *filou,* d'être surpris ; et le *voleur,* d'être pris. (G.)

LAS, FATIGUÉ, HARASSÉ. Ces trois termes dénotent également une sorte d'indisposition qui rend le corps *inepte* [3] au mouvement et à l'action. — On est *las,* quand on est affecté du sentiment désagréable de cette inaptitude ; et cette *lassitude,* faisant abstraction de toute cause, peut être forcée ou spontanée ; forcée, si elle est l'effet et la suite d'un mouvement excessif ; spontanée, si elle n'a été précédée d'aucun

1. *Pleur* vient du latin *ploratus,* gémissements, lamentations, cris plaintifs. (R.)
2. Là commencera ce *pleur* éternel ; là, ce grincement de dents qui n'aura jamais de fin. *Oraison funèbre d'Anne de Gonzague.*
3. *Inepte,* dans ce sens, ne se dit aujourd'hui que de l'esprit et non du corps.

exercice violent que l'on puisse en regarder comme la cause. — On est *fatigué*, quand par le travail ou le mouvement, on s'est mis dans cet état d'inaptitude. — On est *harassé*, quand on ressent une *fatigue* excessive. (B.) Voir l'article suivant.

**LASSER, FATIGUER.** La continuation d'une même chose *lasse*; la peine *fatigue* : on se *lasse* à se tenir debout; on se *fatigue* à travailler. — Être *las*, c'est ne pouvoir plus agir; être *fatigué*, c'est avoir trop agi. — La *lassitude* se fait quelquefois sentir sans qu'on ait rien fait; elle vient alors d'une disposition du corps, et d'une lenteur de circulation dans le sang. La *fatigue* est toujours la suite de l'action; elle suppose un travail rude, ou par la difficulté ou par la longueur. — Dans le sens figuré, un suppliant *lasse* par sa persévérance, et il *fatigue* par ses importunités. On se *lasse* d'attendre : on se *fatigue* à poursuivre. (G.)

**LAUDATIF.** V. *Louangeur*.

**LE, LES.** V. *Homme (l')*.

**LE, TOUT.** V. *Tout*.

**LÉGAL, LÉGITIME, LICITE.** *Légal*, ce qui concerne la loi; *légitime*, ce qui est entièrement selon la loi, fondé en raison et sur un droit rigoureux; *licite*, ce qui est permis par la loi, laissé à la volonté, abandonné au libre arbitre : une chose est *licite*, dès que la loi ne l'a point déclarée mauvaise. (V. *Licite, Permis*.) — *Légal* se dit proprement des *formes*, des observances, des choses prescrites par la loi positive, sous peine de nullité ou d'animadversion de la part de la loi. *Légitime* se dit proprement des choses fondées sur la *justice* essentielle ou sur la loi sociale dérivée de la *loi naturelle* de justice, en un mot, sur un droit qu'on ne peut violer sans tomber dans l'injustice. *Licite* se dit proprement des actions ou des choses que les lois regardent du moins comme indifférentes, et qu'elles rendraient moralement mauvaises, si elles les défendaient. — Mon action est *légale*, lorsqu'elle est faite dans les formes prescrites. Mon action est *légitime*, lorsque je ne fais qu'user de mon droit sans attenter au droit d'autrui. Mon action est *licite*, lorsqu'elle est autorisée ou qu'elle n'est nullement défendue. — Une élection est *illégale*, si on n'y observe pas toutes les conditions requises par la loi. Une puissance est *illégitime*, si elle exerce la force sans droit, contre notre droit. Un commerce est *illicite*, quoique bon dans l'ordre naturel, si la loi le défend en vertu d'un droit. (R.)

*Légitime*, étant suivant le droit, se dit, par extension, de ce qui est juste, fondé en raison : « Ses vœux sont *légitimes*; Sa douleur est *légitime* ». (Acad.)

**LÉGAT.** V. *Nonce*.

**LÉGÈREMENT, A LA LÉGÈRE.** Nous disons au propre : « Vêtu, armé *légèrement* ou *à la légère* ». L'adverbe *légèrement* a rapport au sujet; il indique l'effet que le sujet éprouve (61, page 20) : *à la légère* a rapport aux vêtements ou aux armes qui, par leur forme et leur nature, constituent une manière particulière d'être vêtu ou d'être armé. Des soldats armés *légèrement* ont des armes et des vêtements qui ne les chargent point : des troupes armées *à la légère* ont une espèce particulière d'armement qui les distingue des autres troupes.

Au figuré, il en est à peu près de ces mots comme des expressions *étourdiment, à l'étourdie*. *Légèrement* fait entendre que le sujet est léger de caractère ou d'esprit : *à la légère* signifie, d'une manière légère, à la manière de ceux qui sont légers. « L'adverbe attribue à l'action ou à la personne un défaut, un vice de légèreté : la phrase adverbiale désigne, dans la personne, l'air, le costume, les manières de la légèreté. L'homme qui ne réfléchit pas agit *légèrement* : l'homme frivole agit *à la légère*. » (Roubaud.)

*Légèrement* s'emploie aussi dans le sens de rapidement, superficiellement, délicatement; et il peut se prendre alors en bonne part. Vous n'avez parlé que *légèrement* d'une chose que vous ne deviez toucher qu'en passant; et, ce faisant, vous n'avez pas agi *à la légère* : tout au contraire, vous avez bien fait.

LÉGISLATEUR, LÉGISLATIF. *Législateur*, substantif et quelquefois adjectif, signifie qui donne ou a donné réellement des lois à un peuple (40, page 12). *Législatif* signifie qui a le pouvoir de faire des lois ou qui porte le caractère des lois (42, page 12). Ce mot est toujours adjectif et ne se joint qu'à un substantif qui n'est point un nom de personne : « Corps *législatif*; Acte *législatif* ». (Acad.)

LÉGITIME. V. *Légal*.

LENT, LAMBIN. Le *lambin* agit lentement par légèreté, par distraction, par paresse : l'homme *lent* agit lentement par faiblesse, par indisposition, faute d'énergie. — Le *lambin* est léger, distrait; il interrompt son travail à chaque instant pour s'occuper d'objets qui n'y ont point rapport. La vieillesse rend un homme *lent* : la légèreté rend les jeunes gens *lambins*. — On obtient rarement d'un *lambin* un ouvrage suivi et bien fait : un homme *lent* travaille souvent avec attention. — *Lambin* est familier; *lent* est de tous les styles. (L.)

LÉSINE, LÉSINERIE. Épargne sordide et raffinée jusque dans les moindres choses. — La *lésine* est ce vice lui-même; la *lésinerie* est un trait, un acte de *lésine* : « Il est d'une *lésine* qui passe toute croyance; Faire des *lésineries* ». (Acad.)

*Lésinerie* se dit aussi quelquefois dans un sens approchant de celui de *lésine* : « Cet homme est d'une *lésinerie* incroyable » (Acad.); mais alors il exprime l'exercice du vice, l'habitude de lésiner, plutôt que le vice lui-même (22, page 7).

LETTRE (A LA). V. *Littéralement*.

LEURRE. V. *Appât*.

LEURRER. V. *Surprendre*.

LEVANT, ORIENT, EST; COUCHANT, OCCIDENT, OUEST; SUD, MIDI; NORD, SEPTENTRION. L'*est*, l'*ouest*, le *sud* et le *nord*, sont les quatre points dits *cardinaux*, ou points mathématiques du cercle appelé *horizon*, déterminés pour l'*est* et l'*ouest* par l'intersection de ce cercle avec celui de l'équateur, et pour le *nord* et le *sud* par une perpendiculaire à la droite qui joint l'*est* et l'*ouest*. L'*est* est donc proprement le point également distant du point *nord* et du point *sud*, et où le soleil se lève à l'équinoxe de printemps et à l'équinoxe d'automne. Le point opposé est l'*ouest*.

*Est* et *ouest*, *nord* et *sud*, sont des termes d'astronomie, de géographie et de navigation.

*Levant* et *orient* désignent proprement le lieu, la partie, la région du ciel où le soleil paraît se lever par rapport à un pays et quelle que soit la saison : ainsi il y a le *levant* ou l'*orient* d'été, et le *levant* ou l'*orient* d'hiver (Acad.); et ces lieux sont bien différents de l'*est* proprement dit. *Levant* est l'abréviation de *soleil levant* : *orient* a la même signification; mais c'est le mot noble, le mot savant, le mot latin *oriens* (d'*oriri* qui signifie *se lever*, quand on parle des astres). Ils ont pour corrélatifs *couchant* et *occident*.

Comme l'un et l'autre indiquent non pas un point fixe, mais un côté du ciel offrant une certaine étendue qui embrasse tous les points des différents levers du soleil dans le cours de l'année, ces mots s'emploient très-bien pour désigner des régions, des pays situés relativement à d'autres du côté où le soleil se lève.

Mais *levant*, terme usuel, est de la langue du commerce et de la conversation. Il se dit particulièrement de la Turquie, de l'Asie-Mineure, de la Perse, de la Syrie et de l'Égypte : « Les marchandises du *Levant*; trafiquer dans le *Levant*; les échelles du *Levant* ». (Acad.) Le mot *orient*, terme plus relevé, est du style de l'histoire, de l'éloquence, de la poésie; et il se dit particulièrement de toute l'Asie méridionale et centrale : « Les régions de l'*Orient*; l'*Orient* est le berceau des fables ». (Acad.)

On ne dirait pas de même, le commerce de l'*Est*, les régions de l'*Est*; parce que l'*est* n'est qu'un point, et ne peut par conséquent désigner une étendue. Mais on pourra dire, avec un régime, les régions à l'*est* de telle autre; car c'est alors l'idée de direction et non d'étendue.

Par la même raison, on dit mieux : les pays, le commerce, les marchandises du *midi*, que les pays, le commerce, les marchandises du *sud*. Mais quoique le *nord* ne soit proprement de même que le *sud*, l'*est* et l'*ouest*, qu'un point mathématique, l'usage, ayant proscrit en quelque sorte le mot *septentrion* comme trop savant ou trop poétique, force a été de dire les pays du *nord*; le commerce, les marchandises du *nord*.

LEVER, ÉLEVER, SOULEVER. Faire aller de bas en haut. *Lever* exprime ordinairement l'idée simple de dresser sans faire quitter le point d'appui, sans transporter à un point supérieur : on *lève* le couvercle ou le dessus d'un coffre ; une échelle est renversée à terre, vous la *levez* pour la dresser et l'appuyer contre un mur.

« *Élever* indique, par sa valeur propre, le lieu, la place d'où l'objet part pour aller en haut; c'est *lever de* (sens de la préfixe *e*, 9, page 4). *Élever* suppose aussi différents degrés de hauteur que l'objet parcourt par une augmentation progressive et qu'il laisse au-dessous de lui. Vous *élevez* une pyramide par différents lits de pierres posées les unes sur les autres ». (R.)

*Soulever* signifie *lever* par *dessous* ou *lever peu* (14, page 5). C'est, dit l'Académie, *élever* quelque chose de lourd et ne le *lever* qu'à une petite hauteur : « *Soulever* un malade dans son lit ». Ce mot indique donc de la résistance et suppose un certain effort : il signifie aussi faire perdre terre et porter en l'air : « Ce fardeau est si pesant, qu'on a peine à le *soulever*. La marée *soulève* les navires qui sont sur la vase, c'est-à-dire elle les détache de la vase et les met à flot ». (Acad.)

*Lever* s'emploie aussi dans le sens de déplacer et même de placer à un point plus haut. « On *lève* un corps, dit Condillac, en l'ôtant d'où il est, et alors on le considère en lui-même et sans aucun rapport aux autres; on l'*élève* en le portant ou en le faisant monter plus haut, et dans ce cas on le considère par rapport aux autres corps qu'il laisse en dessous. » Dans le sens de placer à un point plus haut, *lever* ne suppose pas de peine, pas d'efforts, *élever* en suppose : « *Levez* la main et dites la vérité ». (Acad.) *Élever* signifie aussi placer ou faire monter plus haut : « Ce tableau est trop bas, il faudrait l'*élever* ». (Id.) V. *Élever, Hausser*.

LEVER, ENLEVER. 1° Hausser, porter en haut; 2° ôter une chose de dessus une autre. Dans le premier sens, *enlever* diffère de *lever* par une idée accessoire de force, de violence ou de rapidité, comme *entrainer* diffère de *trainer* (6, page 4), ou bien parce qu'il signifie emporter avec soi en haut ou en levant : « L'aigle *enlève* sa proie ».

Dans le second sens, *enlever* se dit de la chose qui tient, qui adhère à une autre, ou de ce que l'on prend pour emporter : « *Enlever* l'écorce d'un arbre; *enlevez* cela de dessus la table ». (Acad.) On dira au contraire : « *Lever* le couvercle d'une marmite. Le chirurgien a *levé* le premier appareil ». (Id.)

LEXIQUE. V. *Dictionnaire*.

LIAISON. V. *Lien*.

LIBÉRALITÉ, LARGESSE. La *libéralité* est la vertu qui donne *librement*, gratuitement, généreusement, celle d'un homme libre, puissant. Le don ou la chose donnée est une *libéralité*, et c'est ce dont il s'agit ici. Au figuré, on a dit *largesse* pour exprimer les dons faits d'une main *large* (*larga manu*, disent les Latins), ou la grande étendue de ces dons. — La *libéralité* est un don généreux; la *largesse* une ample *libéralité*. Ce qu'on donne *libéralement* n'est pas dû; ce qu'on donne *largement* n'est pas compté ou mesuré. S'il y a dans les *libéralités* de l'abondance, il y aura dans les *largesses* de la profusion. Mais de plus, la *libéralité* est toujours un don, tandis que la *largesse* n'est souvent que profusion dans la dépense. On peut payer *largement* sans avoir le mérite de la *libéralité*. — L'économie peut suffire pour des *libéralités*; pour des *largesses*, il faut de l'opulence. Dans les occasions d'exercer la charité, la bienfaisance, la bienveillance, envers les pauvres, envers un client, envers un ami, on fait des *libéralités*. Dans les occasions d'apparat, des fêtes, des réjouissances, envers la tourbe, la populace, on fait des *largesses*. (R.)

LIBÉRER (SE). V. *Acquitter (s')*.

LIBERTÉ, FRANCHISE. La *liberté* est le pouvoir de réduire en acte ses facultés, ou d'exercer sa volonté. La *franchise* est une exemption de charges ou de conditions onéreuses sur l'exercice de ses facultés et de sa volonté. La *liberté* exige la faculté et la possibilité présente de faire la chose; la *franchise* lui facilite l'exécution entière de la chose par la levée de quelque obstacle ou de quelque difficulté. La *liberté* peut être gênée, restreinte, traversée, arrêtée; la *franchise* la délivre de gêne et d'embarras. — La *liberté* a d'ailleurs un domaine infiniment plus étendu que la *franchise*; je veux dire que l'usage du mot *franchise* est restreint à tel et tel ordre de choses; au lieu que partout où il s'agit de pouvoir faire ou ne pas faire, il y a *liberté*. — La *liberté* sera plutôt dans la règle générale; la *franchise*, dans l'exception particulière. La *liberté* suppose plutôt un droit; la *franchise*, un privilége. C'est pour une province une *liberté* que de s'imposer elle-même; c'est pour un ordre de citoyens une *franchise* que de n'être pas imposé. — Le mot *franchise* s'applique principalement aux exemptions de droits pécuniaires, et c'est là surtout que la *franchise* est bien distinguée de la *liberté*. Un commerce est *libre* dans tous les ports; il n'est *franc* que dans les ports privilégiés : là j'ai la *liberté* de passer avec une marchandise, en payant; un autre qui a la *franchise* passe sans payer. — Au moral, la *franchise* est une *liberté* de parler exempte de toute dissimulation. La *franchise* fait dire ce qu'on pense; la *liberté* fait oser dire ce qu'on dit. C'est la vérité, c'est la droiture qui inspire la *franchise*: c'est la hardiesse, c'est le courage qui inspire la *liberté*. (R.)

LIBERTÉ, INDÉPENDANCE; LIBRE, INDÉPENDANT. La *liberté* morale est le pouvoir que l'homme a de vouloir ou de ne pas vouloir. Tous les hommes qui n'ont pas perdu la raison, sont parfaitement *libres* dans ce sens; mais tous ne sont pas parfaitement *libres* d'agir suivant leur volonté; leurs actes et leurs actions peuvent être modifiés par l'influence des motifs[1]. Vous me proposez de vous accompagner demain à la campagne : je suis *libre* de vouloir ou de ne pas vouloir, de dire *oui* ou *non*. Je dis *oui*; mais le lendemain une affaire imprévue

1. L'action peut même être rendue impossible par des obstacles invincibles; un paralytique veut marcher, et ses jambes s'y refusent. Mais ce fait n'est pas du domaine de la *liberté* morale, qui ne s'exerce que sur les motifs.

survient, qui m'empêche d'aller avec vous : je ne suis plus *libre* dans mon action; et je ne le suis plus, parce qu'il s'est trouvé que mes actions étaient subordonnées à une affaire, à des événements, qu'elles en *dépendaient*, en un mot parce que je n'étais pas *indépendant* de toute influence qui pouvait modifier ma première détermination.

Remarquez néanmoins que, malgré cette dépendance, je ne laisse pas d'être moralement *libre* de toujours dire *oui*, de négliger l'affaire en question et d'aller à la campagne comme je l'avais d'abord résolu. La *liberté* morale de l'homme est donc un fait permanent et absolu; l'*indépendance* morale est un fait changeant et relatif : pour être absolument *indépendant*, il faudrait ne jamais être soumis aux influences extérieures, qui, étant pour nous des motifs que nous pesons, peuvent donner une direction différente à notre volonté, et modifier nos actes ou nos actions. Il n'y a de réellement *indépendant* que Dieu.

On dit, par extension, esprit *indépendant*, caractère *indépendant*, âme *indépendante*, c'est-à-dire qui aime à ne dépendre de personne, qui ne se laisse pas dominer par la volonté d'autrui. Une âme *libre* est celle qui n'est asservie par aucune passion; et avoir l'esprit *libre*, c'est avoir l'esprit dégagé de tout soin, de toute inquiétude qui force à s'occuper de certaines idées plutôt que d'autres.

Considérons maintenant la *liberté* et l'*indépendance* au point de vue de la politique. Un peuple *libre* est celui qui est régi par des lois librement consenties et acceptées, en vertu desquelles chacun peut faire tout ce qui n'étant pas contraire aux droits de tous et de chacun, n'est pas défendu par ces lois. Ainsi, sous l'empire de ces lois, le citoyen est *libre*, mais il n'est pas *indépendant*, car puisqu'il est tenu d'observer ces lois, il est sous leur *dépendance*.

L'*indépendance* d'un peuple consiste en ce qu'il forme un corps politique ayant sa nationalité, son gouvernement propre, un gouvernement non soumis au pouvoir de l'étranger, et disposant librement des forces, des ressources, des richesses du pays, uniquement pour le pays même.

LICITE, LÉGAL. V. *Légal*.

LICITE, PERMIS. On peut faire l'un et l'autre : ce qui est *licite*, parce qu'aucune loi ne l'a déclaré mauvais; ce qui est *permis*, parce qu'une loi expresse l'a autorisé. — Ce qui est *licite*, tant que la loi n'a rien prononcé de contraire, est indifférent en soi : ce qui est *permis*, avant que la loi s'expliquât, était mauvais en vertu d'une autre loi antérieure. — Ce qui cesse d'être *licite* devient *illicite*; et ces deux termes ont un rapport plus marqué à l'usage que l'on doit faire de sa liberté; ils caractérisent les objets de nos devoirs. Ce qui cesse d'être *permis* devient *défendu*; et ces termes ont un rapport plus marqué à l'empire de la loi; ils caractérisent notre dépendance. L'usage de la viande est *licite* en soi; mais l'Église l'ayant *défendu* pour certains jours de l'année, il n'est *permis* alors qu'à ceux qui, sur de justes motifs, sont dispensés de l'abstinence par l'autorité de l'Église même; il est *illicite* pour tous les autres. (B.)

**LIEN, LIAISON.** Le *lien* est l'objet quel qu'il soit, au moyen duquel on fait la *liaison :* la *liaison* est l'action de lier ou l'effet produit. Le *lien* est distinct des choses liées; la *liaison* fait partie de ces choses et forme un seul tout avec elles. « En maçonnerie, dit Condillac, la *liaison* se fait par la manière de poser les pierres les unes sur les autres et par l'emploi du plâtre et du mortier; ainsi elle fait partie du mur. Dans les bâtiments on fait quelquefois usage de *liens* de fer, afin de mieux assujettir les pierres. »

Cette observation suffit pour faire remarquer que le mot *lien* a un sens absolu et que *liaison* a un sens relatif : le *lien* est, existe par lui-même; la *liaison* est entre des objets, et elle n'est que parce qu'on l'a faite. Il en est de même au figuré. Entre des frères, des sœurs, des oncles, des neveux, il existe naturellement un *lien* de parenté : un mariage établit une *liaison* de parenté entre des personnes qui n'étaient point parentes.

**LIER, ATTACHER.** On *lie* pour empêcher que les membres n'agissent ou que les parties d'une chose ne se séparent. On *attache* pour arrêter une chose ou pour empêcher qu'elle ne s'éloigne. — On *lie* les pieds et les mains d'un criminel, et on l'*attache* à un poteau. On *lie* un faisceau de verges avec une corde : on *attache* une planche avec un clou. — Dans le sens figuré, un homme est *lié,* lorsqu'il n'a pas la liberté d'agir; et il est *attaché,* quand il n'est pas en état de changer de parti ou de le quitter. L'autorité et le pouvoir *lient :* l'intérêt et l'amour *attachent.* (G.)

**LIEU, ENDROIT, PLACE.** *Lieu* marque un total d'espace. *Endroit* n'indique proprement que la partie d'un espace plus étendu. *Place* insinue une idée d'ordre et d'arrangement. Ainsi l'on dit, le *lieu* de l'habitation; l'*endroit* d'un livre cité; la *place* d'un convive ou de quelqu'un qui a séance dans une assemblée. — On est dans le *lieu.* On cherche l'*endroit.* On occupe la *place.* — Paris est le *lieu* du monde le plus agréable. Les espions vont dans tous les *endroits* de la ville. Les premières *places* ne sont pas toujours les plus commodes. (G.)

**LIGNÉE, LIGNAGE.** V. *Race.*

**LIGUE.** V. *Alliance.*

**LIMER, POLIR.** Le sens propre de *limer* est d'enlever avec la lime les parties superficielles et saillantes d'un corps dur : celui de *polir* est de rendre, par le frottement, un corps uni, luisant, agréable à l'œil. — *Lime,* au figuré, désigne fort bien la critique qui retranche, réforme, corrige, efface ce qu'il y aurait d'inégal, d'inexact, de dur, de rude dans un ouvrage d'esprit : *poli* désigne bien la dernière façon, la dernière main, la perfection, l'agrément et le brillant qu'il s'agit d'y mettre. *Polir* fait que le travail de *limer* disparaît. L'exactitude, la correction, la précision, l'égalité, font un style *limé :* le style *poli* a de plus beaucoup d'élégance, une grande pureté, une douce harmonie, quelque chose de brillant ou de lumineux. Bossuet et Corneille ne s'occupent point à *limer* leur style; Fénelon et Racine *polissent* le leur avec beaucoup de soin. — Bouhours dit : « Il faut prendre garde de rien ôter de la substance et de l'agrément du discours, à force de le *limer* et de le *polir* ». Voilà l'écrivain qui sent la force des termes et les met à leur place. « Il faut *polir* et *limer* un ouvrage, dit Saint-Évremont, afin d'en ôter la première rudesse qui sent le travail de la composition. » Voilà un écrivain qui intervertit les termes et néglige son style : il est clair que *polir* dit plus que *limer*; qu'il ne s'agit pas de *limer* après qu'on a *poli*, et qu'on ôte la première rudesse de la composition en *limant*, au lieu qu'on *polit* pour ôter toute trace de rudesse. (R.)

LIMITES. V. *Terme*.

LIQUIDE, FLUIDE. *Liquide* se dit de toute liqueur, comme l'eau, le vin, l'huile, etc. *Fluide* (de *fluere*, couler) a un sens plus étendu; il se dit, d'après sa signification étymologique, non-seulement des liquides, mais des gaz, comme l'air, et des corps impondérables : ainsi l'on dit le *fluide* électrique, le *fluide* nerveux, le *fluide* magnétique.

*Fluide* est donc le nom du genre et comprend le *liquide* comme espèce : de sorte que tout ce qui est *liquide* est *fluide*, sans que la réciproque soit vraie.

LITTÉRALEMENT, À LA LETTRE. L'adverbe *littéralement* a rapport au sujet et à la manière dont il rend, traduit, interprète un écrit, selon la force naturelle des termes et la signification grammaticale des expressions (61, page 20). La locution adverbiale *à la lettre* a rapport à l'esprit, à l'intention du discours : elle signifie que le discours est pris dans son sens strict et rigoureux.

« Le mot *littéralement* annonce la fidélité grammaticale la plus exacte; et la phrase *à la lettre*, la fidélité *morale* la plus scrupuleuse. Il ne faut pas prendre *littéralement* ce qui ne se dit que par métaphore : il ne faut pas prendre *à la lettre* ce qui ne se dit qu'en plaisantant. On rend *littéralement* le texte d'un auteur, lorsque les expressions et les phrases correspondantes dans les deux langues ont les mêmes propriétés et font le même effet dans l'une et dans l'autre. On ne prend pas les compliments *à la lettre;* mais on tâche, tant qu'on peut, d'en croire quelque chose. » (R.)

LIVIDE. V. *Pâle*.

LIVRER, DÉLIVRER. Mettre en main; mettre une chose au pouvoir, en la possession de quelqu'un.

« *Livrer* n'exprime que la simple tradition d'une main à l'autre. *Délivrer* exprime l'action de *livrer* dans les formes ou dans les règles, en vertu d'une charge ou d'une obligation dont on s'acquitte. Celui qui *délivre* une chose se libère, s'acquitte en la *livrant*. » (R.)

On voit pourquoi *délivrer* est fort usité au palais; c'est un terme de rigueur, employé aussi en administration pour des actes soumis à des règles, à des formalités : « *Délivrer* des permis, des passe-ports, etc. »

LOCOMOTEUR, LOCOMOTIF. Ce qui est *locomoteur* opère réellement la locomotion (40, page 12) : « Muscles *locomoteurs* ». L'adjectif *locomotif* signifie qui a la propriété de produire la locomotion (42, page 12), et n'est guère usité que dans cette locution : faculté *locomotive*.

On appelle *locomotive* la voiture à vapeur qui traîne les convois sur les chemins de fer ; mais ce mot est alors substantif.

LOGEMENT. V. *Logis*.

LOGER. V. *Demeurer*.

LOGIQUE, DIALECTIQUE. La *logique* est la science qui a pour objet la recherche de la vérité et qui établit les règles du raisonnement : la *dialectique* est l'art d'appliquer ces règles, de les employer de la manière la plus avantageuse au but qu'on se propose. Le *logicien* s'attache à distinguer le vrai du faux : un bon *dialecticien* peut soutenir habilement et de bonne foi une chose fausse ; il est dans ce cas mauvais *logicien*, sans cesser d'être fort en *dialectique*.

LOGIS, LOGEMENT. *Logis* signifie d'une manière absolue 1° le lieu où on loge, le *chez soi* considéré en lui-même, avec tout ce qui le constitue, tout ce qui forme l'ensemble d'une habitation ; 2° la maison même tout entière avec ses dépendances. Le mot *logement* est relatif à la personne et à l'action (19, page 6). « Ce mot, dit Beauzée, renferme l'idée accessoire d'une destination personnelle et s'adapte avec tout ce qui caractérise la destination : mon *logement*, votre *logement*, le *logement* du concierge ». C'est-à-dire, le *logement* qui m'appartient, qui est le vôtre, le *logement* destiné au concierge. On dit : « Penser à son *logement*, pourvoir à son *logement* » ; c'est-à-dire, penser à se loger, chercher le moyen de se loger : on ne dirait pas pourvoir à son *logis* ; et, penser à son *logis* ne signifierait rien autre que penser à son *chez soi*.

Les définitions de l'Académie confirment cette distinction. « *Logis*, habitation, maison. Corps de *logis*, masse ou partie principale d'un bâtiment. *Logis* désigne quelquefois la maison de celui qui parle : On m'attend au *logis* » ; c'est-à-dire, chez moi, à la maison ; On m'attend au *logement*, serait une locution impropre. « *Logis* se dit aussi d'une hôtellerie : Le Cheval-Blanc est un bon *logis* » (Acad.) ; c'est qu'ici on caractérise l'établissement même, la nature, le genre de maison. « *Logement* signifie en général le lieu où on loge et plus particulièrement le domicile habituel, le lieu où on habite ordinairement : Je voudrais trouver un logement pour cette nuit » ; c'est-à-dire, je voudrais trouver à me loger. Son *logement* est sur le jardin » ; c'est-à-dire le *logement* qu'il occupe, etc. Le *logis*, dit Condillac, est une maison où on loge, le *logement* est la partie qu'on occupe dans cette maison.

L'Académie fait encore observer que *logement* se dit des *logis* désignés pour le roi et pour les personnes de sa suite, dans un voyage, ainsi que des troupes qu'on loge chez des particuliers : c'est qu'en effet dans ces deux cas le sens est relatif aux personnes, la destination est parfaitement marquée, ainsi que l'action.

LOGIS, MAISON. V. *Maison*.

LOI, DÉCRET. La *loi* est l'expression de la volonté souveraine. C'est sur ses bases que repose le bonheur public. Le *décret* n'est qu'un acte particulier, qui peut en certains cas déroger à la *loi* générale. — La *loi* n'acquiert son caractère que par le consentement exprimé du souverain. L'Assemblée nationale rendait des *décrets*; c'est par l'acceptation qu'ils acquéraient force de *loi*. Les autres législatures ont fait des *lois*, il n'y avait plus de sanction, d'acceptation. Le conseil des Cinq-Cents ne rendait que des *décrets* : c'était le conseil des Anciens qui leur donnait le caractère de *loi*. — Le *décret*, en matière de justice distributive, diffère de la *loi* comme l'effet diffère de la cause ; il n'est que l'application d'un principe manifesté par la *loi*. (Anonyme.)

*Décrets*, au pluriel, se dit, par extension, de la volonté de Dieu, des arrêts du sort, etc. : « Les *décrets* du ciel; les *décrets* de la Providence; les *décrets* du destin ; les *décrets* éternels ». (Acad.)

LOINTAIN. V. *Éloigné*.

LOISIR, OISIVETÉ. Tous deux sont relatifs au temps et à la faculté d'agir. Le *loisir* est un temps de liberté; on peut en disposer pour agir ou pour ne pas agir, pour un genre d'action ou pour un autre : l'*oisiveté* est un temps d'inaction ; la liberté pouvait en disposer autrement, mais elle a fait son choix. L'*oisiveté* est l'abus du *loisir*. — Le *loisir* d'un homme de bien occasionne souvent beaucoup de bonnes actions : l'*oisiveté* ne peut occasionner que des maux. Les troubles de la république romaine nous ont valu les œuvres philosophiques de Cicéron : quelles leçons nous aurions perdues, si ce grand homme s'était livré à l'*oisiveté*, au lieu de consacrer son *loisir* à l'étude de la sagesse! (B.)

LONGTEMPS, LONGUEMENT. *Longtemps* ne veut pas dire *longuement*; et je doute que *longuement* ait jamais été employé dans le sens pur et simple de *longtemps* : il y ajoute l'idée d'un augmentatif, bien, très, fort, *plus longtemps* qu'à l'ordinaire, que les autres, que la chose ne l'exige. — *Longtemps* désigne seulement une certaine mesure, une durée de temps, d'existence, d'action : *longuement* exprime, à la lettre, une action faite d'une manière plus ou moins *longue*, lente, paresseuse, languissante, etc.; tel est le discours diffus, prolixe, traînant, prolongé au delà des justes limites. — On mange *longuement* quand on est *plus longtemps* à manger ou à table que les autres. Tant qu'on intéresse ou qu'on amuse, on ne parle pas *longuement*, quoiqu'on parle *longtemps*. Avec une abondance d'idées, on parle *longtemps* : avec une abondance de paro[illegible] on parle *longuement*. (R.)

LOR[illegible], QUAND. Selon l'abbé Girard, *quand* paraît plus propre pour marquer la circonstance du temps, et *lorsque* semble mieux convenir pour marquer celle de l'occasion; ainsi il dit : « Il faut travailler *quand* on est jeune. Il faut être docile, *lorsqu'on* nous reprend à propos. Le chanoine va à l'église, *quand* la cloche l'avertit d'y aller; il fait son devoir, *lorsqu'il* assiste aux offices ». — Roubaud dit que Girard a fait ici la plus grande des méprises : il prétend que la propriété de marquer la circonstance du temps appartient à *lorsque*, et que toute autre circonstance peut être aussi indiquée par le mot *quand*. — Il me semble qu'ici Girard et Roubaud ont raison tous deux. *Quand* indique toujours le temps, comme le dit le premier, et *lorsque* indique toujours le temps, comme le dit le second. Mais ni l'un ni l'autre n'a saisi la vraie différence de ces mots : ils sont différents parce qu'ils désignent le temps d'une manière différente. *Quand* désigne le temps comme une époque, comme un point indivisible pris dans la durée; et *lorsque*, de *hora*, certaine durée de temps, indique toujours le temps avec l'idée de durée. — Appliquons ce principe aux exemples que donne Girard, et nous verrons s'il est juste. Si je dis : « Il faut travailler *quand* on est jeune », je m'exprime mal, parce que la circonstance du temps indique ici une durée, c'est-à-dire il faut travailler pendant le temps qu'on est jeune, pendant le temps que dure la jeunesse. Or, l'idée de cette durée doit être indiquée par *lorsque*, à l'heure que, pendant le temps que. Il faut travailler *quand* on est jeune, semblerait indiquer que le temps de la jeunesse n'est pas une durée, mais un point, une époque, un moment dans la durée de la vie. Si je dis : « Il faut être docile *lorsqu'on* nous reprend à propos », j'entends par là que la réprimande a une durée, qu'elle continue pendant un certain temps, et que par conséquent la docilité doit continuer aussi; c'est ce qu'on marque par *lorsque*; mais on peut dire aussi : « Il faut être docile *quand* on nous reprend à propos », et l'on indiquera par là une seule reprimande, une seule correction faite et exécutée sur-le-champ, au moment même. — « Le chanoine va à l'église, *quand* la cloche l'avertit d'y aller ». L'avertissement de la cloche dure quelque temps, c'est une durée, ce n'est pas un point dans une durée; il fallait dire *lorsque* la cloche l'avertit. « Il fait son devoir *lorsqu'il* assiste aux offices », est bien, parce que l'assistance à l'office est une durée. — « *Quand* viendrez-vous? » ne signifie pas dans quelle durée de temps viendrez-vous? mais à quelle époque, à quel point de la durée du temps viendrez-vous? — L'usage ne confond pas la valeur de ces mots, comme le dit Roubaud; ils ne sont pas généralement employés, même par les meilleurs écrivains, tantôt dans un sens tantôt dans un autre. Examinons l'exemple de Racine que Roubaud donne pour preuve de ce qu'il avance, et nous verrons que, loin de confirmer son opinion, il est entièrement conforme à la nôtre :

> Si tu m'aimais, Phédime, il fallait me pleurer,
> *Quand* d'un titre funeste on me vint honorer;
> Et *lorsque* m'arrachant du doux sein de la Grèce,
> Dans un climat barbare on traîna ta maîtresse.

Honorer quelqu'un d'un titre est une action qui ne suppose point une durée, mais qui n'indique qu'un acte particulier fait dans un point de la durée; *quand* était le mot propre, et il paraît que Racine l'a senti. Mais arracher quelqu'un du sein de sa patrie, le traîner dans un climat barbare, est une action qui suppose une durée de temps, une longue suite d'efforts, et Racine a employé *lorsque* pour marquer cette durée. Substituez ici *quand* à *lorsque*, et *lorsque* à *quand*, et vous sentirez que l'expression n'est plus conforme à l'idée, et que par conséquent Racine, loin d'avoir confondu ici ces expressions, les a employées avec choix, et d'une manière conforme à la différence que nous leur assignons. (L.)

LOUANGE. V. *Éloge.*

LOUANGES. V. *Applaudissements.*

LOUANGEUR, LAUDATIF, LOUEUR. *Louangeur* est substantif et adjectif: substantif, il ne se dit que des personnes et il est synonyme de *loueur;* adjectif, il se dit aussi des choses et il est synonyme de *laudatif.* Dans les deux cas il signifie proprement qui donne des louanges, qui loue ou qui a loué réellement et à une époque précise. *Laudatif*, est un adjectif peu usité; et il ne se dit que d'un genre littéraire, des écrits et des discours qui de leur nature sont propres à louer (42, page 12).

*Loueur* est substantif et signifie aussi qui loue, qui fait l'action de louer; mais ce mot exprime simplement le fait et ne se prend pas toujours en mauvaise part: La Fontaine a dit *loueur modeste.* Le substantif *louangeur* désigne l'homme qui a l'habitude de donner des louanges et qui les donne sans dicernement, à tort et à travers, sottement, et comme pour satisfaire le besoin qu'il a de louanger.

LOUCHE (SENS). V. *Ambiguïté.*

LOUER, AFFERMER. V. *Affermer.*

LOUER, VANTER. V. *Vanter.*

LOUEUR. V. *Louangeur.*

LOURD, PESANT. On peut comparer ces mots en les prenant tous deux dans le sens propre ou dans le sens figuré. — Dans le premier sens, tout corps est *pesant*, parce que la *pesanteur* est la tendance générale des corps vers le centre de la terre; mais on ne peut appeler *lourds* que ceux qui ont une pesanteur considérable, relativement ou à leur masse ou à la force qu'on y oppose. Le léger n'est l'opposé que du *lourd*, et ce n'est que par extension que quelquefois on l'oppose au *pesant.* Différents hommes porteront des charges plus ou moins *pesantes*, à raison de la différence de leurs forces; mais un homme faible trouvera trop *lourd* un fardeau qui ne paraît à un homme vigoureux qu'une charge légère. — Dans le sens figuré, et quand il s'agit de l'esprit, il me semble que le mot de *lourd* enchérit encore sur celui de *pesant;* que l'esprit *pesant* conçoit avec peine, avance lentement, et fait peu de progrès; et que l'esprit *lourd* ne conçoit rien, n'avance point, et ne fait aucun progrès. (B.)

**LOURD, LOURDAUD.** Qui manque de légèreté (au figuré), de grâce, etc. — L'adjectif *lourd* se dit figurément en parlant de l'esprit, et signifie qui manque de facilité, de promptitude, de finesse, de grâce : « C'est un homme *lourd*, un esprit *lourd* ». (Acad.) *Lourdaud* a seulement rapport au maintien, aux manières; il signifie grossier et maladroit, et s'emploie toujours comme substantif : « Un *lourdaud* de village ». (Acad.)

**LOYAL, FRANC.** *Franc* est pris ici dans le sens de droit, ouvert, sincère, qui dit sans détour ce qu'il pense. On dit un homme *franc*, une âme *franche*, un cœur *franc*, une conduite *franche*, un caractère *franc*, etc. — *Loyal* vient de *loi*. Il se disait dans le langage féodal, pour désigner un vassal fidèle aux lois qu'il avait juré d'observer envers son seigneur. Il se dit aujourd'hui de la fidélité avec laquelle on observe toutes les lois de la probité et de l'honneur. On dit ordinairement *franc* et *loyal*: ce qui indique que *loyal* dit plus que *franc*. — On est surtout *franc* dans le discours; on est surtout *loyal* dans la conduite. L'homme *franc* dit sans détour ce qu'il pense; il convient de la vérité, même lorsqu'elle peut lui nuire; il se met au-dessus, il s'affranchit de tout ce qui peut l'engager à dissimuler la vérité, à l'affaiblir, à la déguiser. L'homme *loyal*, sincèrement attaché à tous les devoirs de la justice, de l'équité, de la société, fait ouvertement, sans gêne et sans dissimulation, tout ce qu'exigent ces devoirs, et les remplit tous exactement (L.)

**LUCRE.** V. *Gain*.

**LUEUR.** V. *Lumière*.

**LUIRE, RELUIRE.** *Reluire*, c'est *luire* en réfléchissant la lumière (5, page 8). Au figuré, dans le sens de briller, paraître avec éclat, *reluire* exprime une idée de reflet : « Le courage doux et paisible *reluit* dans ses yeux ». (Fénelon.) Quelquefois il est simplement augmentatif.

Quoique *luire* se dise nécessairement de corps lumineux par eux-mêmes, il se dit aussi de ceux qui réfléchissent la lumière avec tout l'éclat des corps lumineux, si bien qu'ils paraissent être eux-mêmes la source, le foyer de cette lumière : « On voyait *luire* de loin les épées et les cuirasses ». (Acad.)

**LUMIÈRE, LUEUR, CLARTÉ, ÉCLAT, SPLENDEUR.** La *lumière* est ce au moyen de quoi les objets sont visibles, ce qui fait le jour, ce qui fait que nous voyons. Les autres mots n'expriment que des modifications et des gradations de la *lumière*. Ainsi la *lueur* est une *lumière* faible et légère; la *clarté*, une *lumière* assez vive et plus ou moins pure; l'*éclat*, une *lumière* brillante ou une vive *clarté*; la *splendeur*, la plus grande *lumière* et le plus vif *éclat*. — La *lumière* fait voir; la *lueur* fait voir imparfaitement et confusément; la *clarté* fait voir distinctement et nettement; l'*éclat* fait voir facilement et parfaitement, mais quelquefois en affectant trop fortement la vue pour qu'elle puisse le soutenir longtemps; la *splendeur* fait voir tout l'*éclat* de la chose, et avec tant d'éclat que les yeux en sont éblouis. — La *lumière* est en opposition avec les ténèbres. La *lueur* perce à travers ces mêmes ténèbres. La *clarté* dissipe l'obscurité. L'*éclat* chasse les ombres. La *splendeur* est toute *lumière*. — Dans l'usage figuré de ces termes, on observera les mêmes différences et la même gradation. (R.)

LUNATIQUE. V. *Maniaque*.

LUSTRE. V. *Éclat*.

LUXE, FASTE, SOMPTUOSITÉ, MAGNIFICENCE. Ces mots désignent de grandes, grosses ou fortes dépenses; le *luxe*, une dépense excessive, désordonnée; le *faste*, une dépense d'apparat, d'éclat; la *somptuosité*, une dépense extraordinaire, généreuse; la *magnificence*, une dépense dans le grand et le beau. — Le *luxe* est malheureusement de tous les états; il y en a jusque chez le bas peuple; il se glisse dans les genres de dépenses les plus communes. Le *faste* ne se trouve proprement que chez les riches, dans leurs bâtiments, dans leurs meubles, dans leurs habillements, dans leurs équipages et leurs trains. La *somptuosité* concerne proprement les festins, les édifices, les monuments, les choses d'éclat : il est peu d'hommes assez opulents pour étaler en tout genre une *somptuosité* habituelle. La *magnificence* ne sied qu'aux grands qui, aux moyens de faire des dépenses extraordinaires, joignent des titres pour les rendre éclatantes, mais par un usage bien entendu, qui les fait estimer, honorer et glorifier, en rendant leur *magnificence* aussi utile qu'agréable au public. (R.)

# M

MACHINATION. V. *Manigance*.

MACHINER. V. *Ourdir*.

MACHINISTE. V. *Mécanicien*.

MAGICIEN, SORCIER. On donnait autrefois ces noms à des imposteurs qui abusaient de la crédulité du peuple pour lui faire croire que, par le moyen de quelque génie ou démon avec lequel ils étaient en commerce, ils pouvaient intervertir l'ordre de la nature. — Le premier ne désignait que ceux qui se disaient en relation avec des esprits bienfaisants; et le second, de ceux qui se disaient en commerce avec des esprits malfaisants. (L.)

*Magicien* se dit encore, par extension, de celui qui, dans un art, a le talent de produire beaucoup de surprise ou de plaisir : « Ce faiseur de tours, ce décorateur, ce peintre est un vrai *magicien* ». (Acad.)

MAGNANIMITÉ. V. *Grandeur d'âme*.

MAGNIFICENCE. V. *Luxe*.

MAGNIFIQUE, SOMPTUEUX, SPLENDIDE. *Magnifique* désigne tout ce qui donne une idée de grandeur et d'opulence. Un homme est *magnifique*, lorsqu'il nous offre en lui-même et dans tout ce qui l'intéresse, un spectacle de dépense, de libéralité et de richesse, que sa figure et ses actions ne déparent point. *Magnifique* se dit aussi des choses. Une entrée est *magnifique*, lorsqu'on a pourvu à tout ce qui peut lui donner un grand éclat par le choix des chevaux, des voitures, des vêtements et de tout ce qui tient au cortége. Une parure est *magnifique*, lorsqu'elle brille par la richesse. — *Somptueux* se dit de ce qui annonce avec éclat une grande dépense. — Ce qui est *spendide* relève la beauté de ce qui est *magnifique* et *somptueux*. — L'idée d'une grande beauté est le caractère de ce qui est *magnifique*; l'idée d'une grande dépense, celui de ce qui est *somptueux*; l'idée d'un grand éclat, celui de ce qui est *splendide*. (L.)

MAIGRET, MAIGRELET. GRASSET, GRASSOUILLET. *Maigret* et *grasset* sont des diminutifs de *maigre* et de *gras* (57, page 18); *maigrelet* et *grassouillet* le sont de *maigret* et de *grasset*, moins toutefois en ce qu'ils annoncent la qualité à un moindre degré, que parce qu'ils se disent des enfants et des jeunes personnes.

MAIGRIR, AMAIGRIR. *Maigrir*, c'est devenir maigre rapidement : « Il *maigrit* à vue d'œil ». (Acad.) *Amaigrir*, c'est littéralement arriver *à maigrir*, aller *à* la maigreur (10, page 5) : il signifie *maigrir* peu à peu : « Le jeûne *amaigrit* ». (Id.) Il faut remarquer en outre que *maigrir* est toujours un verbe neutre, tandis qu'*amaigrir* s'emploie le plus souvent comme verbe actif : « Le travail l'a beaucoup *amaigri* ». (Id.)

MAINT, PLUSIEURS. *Maint* signifie *plusieurs* : mais *plusieurs* marque purement et simplement la pluralité, le nombre; tandis que *maint* réduit la pluralité à une sorte d'unité, comme si les objets formaient une exception, un tout séparé du reste, un corps à part. Quiconque sent la force et l'utilité des mots collectifs doit regretter et recommander celui-là. Il n'y a personne qui ne trouve une différence sensible entre ces deux phrases : *Tout homme est sujet à erreur; tous les hommes sont sujets à l'erreur*. *Tout* désigne la qualité propre de l'espèce, de l'humanité : *tous* ne désigne qu'une qualité commune aux individus, à la généralité. La locution *maint auteur* semble annoncer un nombre d'auteurs qui forment une sorte de classe, et comme s'ils faisaient cause commune : *plusieurs* n'annonce que le nombre, sans désigner aucun rapport particulier entre eux, si ce n'est qu'ils ont la même opinion, la même marche, le même titre, quelque chose de semblable. — *Maint* a le privilége rare de se répéter et d'exprimer par sa répétition un assez grand nombre. On dit *maint* et *maint*, comme *tant* et *tant*. Ces sortes de licences contribuent beaucoup à donner aux langues des formes distinctives qui les rendent intraduisibles quant à la grâce et au génie; et par là elles ont quelque chose de précieux. (R.)

MAINTENANT. V. *A présent*.

MAINTENIR, SOUTENIR. *Maintenir*, c'est à la lettre, *tenir la main* : *soutenir*, c'est tenir une chose *par dessous* ou *en dessous* (14, page 5), la tenir à une place. On *maintient* ce qui est déjà tenu, et qu'il faut tenir encore pour qu'il subsiste dans le même état : on *soutient* ce qui a besoin d'être tenu par une force particulière, et qui courrait risque sans cela de tomber. Vous *maintenez* ce que vous voulez qui dure ; vous *soutenez* ce que vous voulez qui soit assuré. — C'est surtout la vigilance qui *maintient* : c'est surtout la force qui *soutient*. La puissance *soutient* les lois : les magistrats en *maintiennent* l'exécution. — On *soutient* ce qui est faible et chancelant : on *maintient* ce qui est variable, changeant. Vous *soutenez* une famille par vos secours ; vous y *maintenez* la paix par vos soins. — On *maintient* son dire en insistant par sa constance. On *soutient* son opinion en combattant pour elle avec des preuves. — La santé se *maintient* par le régime ; la vie se *soutient* par la subsistance : par la subsistance, vous existez ; par le régime, vous subsistez dans le même état. — Vous *maintenez* donc la chose dans l'état où elle était ; vous *soutenez* la chose pour qu'elle soit en bon état. Des juges vous *maintiennent* dans la possession de vos biens : des amis vous *soutiennent* dans vos entreprises. (R.)

MAINTIEN, CONTENANCE. Ces deux termes sont également destinés à exprimer l'habitude extérieure de tout le corps, relativement à quelques vues ; et c'est la différence de ces vues qui distingue ces deux synonymes. — Le *maintien* est le même pour tous les états, et ne varie qu'à raison des circonstances. La *contenance* varie aussi selon les circonstances, mais chaque état a la sienne. — Le *maintien* est pour marquer des égards aux autres hommes ; il est bon quand il est honnête. La *contenance* est pour imposer aux autres hommes : elle est bonne quand elle annonce ce qu'elle doit annoncer dans l'occasion : celle du prêtre doit être grave, modeste, recueillie ; celle du magistrat, grave et sérieuse ; celle du militaire, fière et délibérée, etc. D'où il suit qu'il ne faut avoir de la *contenance* que quand on est en exercice, mais qu'il faut toujours avoir un *maintien* honnête et décent. Le *maintien* est pour la société, il est de tous les temps : la *contenance* est pour la représentation, hors de là c'est pédantisme. — Il y a une infinité de bonnes *contenances*, parce qu'il y a des états différents et que les positions varient : mais il n'y a qu'un bon *maintien*, parce que l'honnêteté civile est une et invariable. (B.)

MAISON, HABITATION, SÉJOUR, DEMEURE, RÉSIDENCE, DOMICILE. Le mot de *maison* désigne le bâtiment destiné à garantir des injures de l'air. Une *maison* est grande ou petite, vieille ou neuve, faite de pierres ou de briques, etc. — Le mot d'*habitation* caractérise l'usage que l'on fait d'une *maison* relativement à toutes ses dépendances tant intérieures qu'extérieures : une *habitation* est commode ou incommode, saine ou malsaine, riante ou triste, etc. — Les mots de *séjour* et de *demeure* sont relatifs au plus ou moins de temps que l'on habite dans un lieu ; le *séjour* est une *habitation* passagère ; la *demeure*, une *habitation* plus durable : l'un et l'autre ne peut etre que plus ou moins long : si l'on emploie ces mots avec d'autres épithètes, c'est qu'ils sont mis pour *maison* ou pour *habitation*, n'y ayant alors aucun besoin d'insister sur les idées accessoires qui différencient ces synonymes. (B.)

La *résidence* est la *demeure* habituelle et fixe ; le *domicile*, la *demeure* légale ou reconnue par la loi ; la *demeure*, le lieu où vous êtes établi dans le dessein d'y rester, ou même le lieu où vous logez. — Les gens en place, attachés par une charge, un office, un emploi à un tel lieu, ont une *résidence* nécessaire : on ne prétend pas dire qu'ils soient toujours à leur résidence. Les mineurs et les pupilles n'ont d'autre *domicile* que celui de leur père ou de leur tuteur. Il y a des malheureux qui n'ont point de *demeure*. — Il semblerait qu'on peut être en trois endroits à la fois ; car il arrive que des gens qui ont leur *résidence* naturelle dans la province, auront un *domicile* dans la capitale, et feront leur *demeure* habituelle à la cour. — *Résidence* se dit à l'égard des personnes qui exercent un office ou un ministère public. *Domicile* est un terme de pratique ; le *domicile* s'acquiert par tant de temps de *demeure*, et il donne la qualité d'habitant et de citoyen. (R.)

MAISON, LOGIS. Ce sont deux termes également destinés à marquer l'habitation. Mais le mot de *maison* marque plus particulièrement l'édifice ; celui de *logis* est plus relatif à l'usage. — On *loge* dans une *maison ;* et une *maison* peut avoir plusieurs corps de *logis*, qui peuvent être occupés par différentes personnes : on peut même établir dans une *maison* autant de *logis* qu'il y a de chambres, pourvu que chaque chambre soit suffisante aux besoins de ceux qu'on y *loge*. (B.)

MAISON, RACE. V. *Race*.

MAISON DES CHAMPS, MAISON DE CAMPAGNE. V. *Champs*.

MAJESTÉ, DIGNITÉ. *Majesté*, caractère imposant des êtres qui sont au-dessus des autres, soit par leur nature, soit par le pouvoir suprême qu'ils exercent ou qu'ils peuvent exercer, et qui inspire l'admiration, le respect et la crainte. On dit, la *majesté* de Dieu, la *majesté* divine, parce que Dieu est au-dessus de tout ce qui existe ; la *majesté* de l'Univers, parce que l'Univers offre un spectacle imposant auquel rien ne peut être comparé ; la *majesté* des lois, parce qu'elles sont la source ou plutôt l'expression de l'autorité suprême. — *Dignité*, élévation d'idées et de sentiments qui se manifeste à l'extérieur par les actions, les paroles, etc., et qui fait qu'une personne inspire généralement du respect, de la vénération. La *dignité* est proprement la conformité des actions et des discours avec l'élévation des idées et des sentiments. — *Dignité* et *majesté* se disent des choses, mais toujours avec des relations aux différences que nous venons d'expliquer. On dit : « Cela répond à la *dignité* de son caractère », et cette *dignité* vient des qualités de l'individu. Mais quand on dit : « La *majesté* du trône », *majesté* a rapport à l'autorité suprême. En littérature on dit la *majesté* d'un sujet, et on indique par là qu'il tient à quelque chose de grand et de sublime auquel on peut appliquer le mot de *majesté*. La *dignité* du style signifie sa conformité avec le sujet; la *majesté* du style consiste dans son caractère noble et élevé. (L.)

MALADE, MALADIF. Le *malade* est celui qui est actuellement en proie à la maladie : le *maladif* est celui qui a des dispositions à être souvent malade (42, page 12). Le *maladif*, dit Roubaud, est sujet à être malade; il a un principe particulier et actif de maladie et en éprouve souvent les effets.

MALADIF, VALÉTUDINAIRE. V. *Valétudinaire*.

MALADRESSE, MALHABILETÉ. L'un et l'autre expriment un défaut d'aptitude pour réussir. Mais il y a entre ces deux termes une différence : c'est que la *maladresse* se dit, dans le sens propre, du peu d'aptitude aux exercices du corps; et que la *malhabileté* ne se dit que du manque d'aptitude aux fonctions de l'esprit. Un joueur de billard est *maladroit*; un négociateur est *malhabile*. — Comme nous aimons assez à rendre sensibles les idées intellectuelles, par des métaphores tirées des choses corporelles, on nomme quelquefois, au figuré, *maladresse* le manque d'intelligence et de capacité pour les opérations qui dépendent des vues de l'esprit; mais il n'y a pas réciprocité, et l'on ne nommera jamais *malhabileté* le défaut d'aptitude aux exercices corporels. On peut donc dire qu'un négociateur est *maladroit*; mais on ne dira pas qu'un joueur de billard soit *malhabile*. (B.)

MALAISE, MÉSAISE. *Mésaise* se dit d'un sentiment pénible que l'âme éprouve, d'un état où l'on est privé de l'aise intérieure, sans autre sentiment que le désir vague d'être mieux. Ce mot ne s'emploie guère que relativement à la santé : « L'estomac a un dissolvant qui cause la faim et qui avertit l'homme du besoin de manger; ce dissolvant qui picote l'estomac, lui prépare par ce *mésaise*, un plaisir très-vif lorsqu'il est apaisé par les aliments ». (Fénelon.)

*Malaise* est relatif aux choses du dehors : une personne mal assise, mal couchée, éprouve du *malaise*. On dit, figurément, être dans le *malaise*; c'est-à-dire être mal dans ses affaires.

MALAVISÉ, IMPRUDENT. Celui qui ne s'avise pas des choses dont il doit s'aviser, est *malavisé* : celui qui ne voit pas aussi avant dans la chose qu'il aurait dû y voir est *imprudent*. Le *malavisé* ne regarde pas assez à la chose qu'il fait; il la fait mal : l'*imprudent* ne sait pas bien la valeur de ce qu'il fait; il fait mal. Le premier n'a pas pris conseil des circonstances et des convenances; il les choque : le second n'a pas approfondi les conséquences et les suites de la chose; elle tourne contre lui. Celui-là manque d'attention, de circonspection, de précaution : celui-ci manque de sagesse, d'application, de prévoyance. — Le *malavisé* qui ne se soucie point de voir les difficultés, est un sot. L'*imprudent* qui ne s'embarrasse point de courir des risques, est un fou. — A dire tout ce qu'on pense, sans savoir devant qui on parle, on est fort *malavisé.* A dire des choses qui peuvent offenser, à quelqu'un qui peut se venger, on est fort *imprudent.* (R.)

MALCONTENT, MÉCONTENT. L'Académie définit ainsi ces deux mots : « *Malcontent,* qui n'est pas aussi satisfait qu'il espérait ou qu'il avait droit de l'être ; *mécontent,* qui n'est pas satisfait de quelqu'un, qui croit avoir sujet de s'en plaindre ».

Ainsi *mécontent* dit plus que *malcontent* (17, page 6) ; celui-ci signifie peu content, médiocrement satisfait : on est *mécontent,* quand, loin d'être satisfait, on est fâché et même très-fâché. Un maître est *malcontent* d'un domestique qui le sert maladroitement ; il est *mécontent* d'un domestique qui le trompe, qui lui manque de respect, qui fait mal son service par négligence ou par paresse. Au reste, l'Académie fait observer que *malcontent* a vieilli ; en effet, on dit plutôt : *Je suis peu content* que *je suis malcontent* de vos services, de l'état de mes affaires, etc.

MALÉDICTION. V. *Imprécation.*

MALENTENDU, QUIPROQUO. Le *malentendu* est une erreur qui résulte de ce qu'une personne a dit à une autre personne de faire une chose dans un certain temps, à une certaine époque, de telle ou telle manière, et que celle-ci a mal entendu, mal compris ce qu'a dit la première ; de manière qu'elle a fait une autre chose, ou qu'elle fait la chose dans un autre temps, ou d'une autre manière. Vous m'aviez promis de venir me prendre chez moi à midi, j'ai cru que vous aviez dit à une heure : c'est un *malentendu.* Le *malentendu* est une erreur qui a lieu entre les hommes dans le commerce de la vie : il n'est point applicable à d'autres espèces d'erreurs. — Le *quiproquo* est aussi une erreur qui a lieu dans le commerce de la vie. C'est la méprise d'une personne qui a donné, pris, ou fait, ou dit une chose pour une autre. On appelle précisément *quiproquo* d'apothicaire, la méprise d'un apothicaire qui délivre à une personne un remède préparé pour une autre ; ou qui, dans la composition d'un médicament, emploie une drogue pour une autre. (L.)

MALFAISANT, NUISIBLE, PERNICIEUX. *Malfaisant,* qui fait du mal par sa nature, qui aime à faire du mal. *Nuisible,* qui altère le bien, en empêche le maintien ou le progrès, qui trouble l'ordre. *Pernicieux,* qui est *nuisible* jusqu'à causer à la fin la ruine, la perte, la corruption, la destruction. — Un homme *malfaisant* se plaît à faire du mal aux autres ; un homme *nuisible* se plaît à les traverser dans leurs desseins, à les contrarier dans leurs entreprises ; un homme *pernicieux* les corrompt par ses conseils ou par ses exemples. — On dit aussi des animaux *malfaisants,* pour désigner ceux qui font immédiatement du mal aux hommes : les lions, les tigres, les serpents, sont des animaux *malfaisants.* On dit les animaux *nuisibles,* pour désigner ceux qui détruisent les choses utiles aux hommes : les rats, les souris, les mulots, les taupes, sont des animaux *nuisibles.* — Une chose *mal-*

*faisante* fait du mal; une chose *nuisible* met obstacle au bien; une chose *pernicieuse* corrompt ou détruit sans retour. (L.)

MAL FAIT. V. *Contrefait.*

MALFAMÉ, DIFFAMÉ. Un homme *malfamé* est un homme qui a une mauvaise réputation : un homme *diffamé* est un homme perdu d'honneur, à tort ou à raison. Celui qui est *malfamé* est tel, qu'on en parle mal ; pour que quelqu'un soit *diffamé*, il faut le *diffamer*, c'est-à-dire l'accuser ou le convaincre de quelque action infamante. Un homme *diffamé* peut avoir été calomnié injustement, atteint dans sa réputation : la réputation d'un homme *malfamé* est toujours effectivement et essentiellement mauvaise.

MALGRACIEUX, DISGRACIEUX. *Malgracieux* signifie littéralement, qui est gracieux *mal* ou *peu; disgracieux*, qui n'est point du tout gracieux (8, page 4). Une personne ou une chose est *malgracieuse* par la forme; elle est *disgracieuse* par le fond, par son caractère propre. L'Académie définit ainsi ces mots : « *Malgracieux*, rude, incivil[1] : Cet homme est *malgracieux.* Réponse *malgracieuse.* — *Disgracieux*, qui est désagréable, fâcheux[2] : Un homme *disgracieux*; une aventure *disgracieuse.* »

MALGRÉ. V. *Contre.*

MALHABILE. V. *Inhabile.*

MALHABILETÉ. V. *Maladresse.*

MALHEUR, ACCIDENT. *Malheur*, événement fâcheux, coup du sort : *accident*, ce qui arrive par hasard, *quod accidit.* En effet, *accident* désigne simplement un événement fortuit, événement qui d'ailleurs peut ne pas être fâcheux : il y a des *accidents* favorables, et même des *accidents* heureux; il y a aussi des *accidents* singuliers, bizarres, ridicules; des *accidents* qui, bien loin d'être funestes, sont très-plaisants.

Il est vrai que ce mot se prend ordinairement dans un sens défavorable, lorsqu'il n'est accompagné d'aucune épithète; mais alors il désigne un événement tout à fait imprévu, fâcheux par lui-même et en quelque sorte indépendamment de ses conséquences. Ainsi, vous tombez en marchant dans la rue : c'est un *accident*, quel que soit d'ailleurs le résultat de cette chute. Si elle n'a amené aucun mal, ce n'en est pas moins un *accident :* si vous vous êtes démis un bras, l'*accident* est grave, et l'on peut dire alors que ce résultat est un *malheur.* On voit que le mot *malheur* a plus de force que le mot *accident*, et qu'il désigne le fait considéré dans ses fâcheuses conséquences, plutôt que l'événement fortuit lui-même.

MALHEUR, CALAMITÉ, INFORTUNE. *Malheur* indique un événement fâcheux et dommageable. — Si le *malheur* est grand, et qu'il

1. Il faut entendre dans *la forme.*
2. Et par conséquent non gracieux, nullement agréable.

afflige un grand nombre de personnes, une grande étendue de pays, on l'appelle *calamité*. On lui donne aussi ce nom lorsqu'il tombe sur un particulier et qu'il cause sa ruine totale, sans aucune ressource. — L'*infortune* est une suite de *malheurs* auxquels l'homme n'a pas donné occasion, et au milieu desquels il n'a pas de reproche à se faire. — *Infortune* se dit aussi pour *malheur* ou événement malheureux, mais alors il signifie un événement qui fait partie de la suite des événements malheureux qui causent l'*infortune*. Un nouveau *malheur* suppose quelques *malheurs* arrivés précédemment, mais qui ne causent point l'*infortune*; une nouvelle *infortune* suppose un nouveau *malheur* qui contribue à achever la ruine. (L.)

MALHEUREUSE AFFAIRE, AFFAIRE MALHEUREUSE. V. *Savant homme*.

MALHEUREUX, MISÉRABLE. Ces deux mots expriment l'idée d'une situation fâcheuse et affligeante. Mais *malheureux* présente directement cette idée fondamentale; et *misérable* n'exprime directement que la commisération qui la suppose, comme l'effet suppose la cause. — On peut être *malheureux* par quelques accidents imprévus et fâcheux, sans être réduit pour cela à un état digne de compassion : mais celui qui est *misérable* est réellement réduit à cet état; il est excessivement *malheureux*. — *Malheureux* est donc moins énergique que *misérable*; et il peut y avoir des cas où, pour parler avec justesse, il ne serait pas indifférent de dire, une vie *malheureuse* ou une vie *misérable*. — Ulysse errant sur toutes les mers, exposé à toutes sortes de périls, essuyant toutes sortes d'aventures fâcheuses, cherchant sans cesse sa chère Ithaque, qui semblait le fuir, menait alors une vie *malheureuse*. Philoctète abandonné par les Grecs dans l'île de Lemnos, en proie à la douleur la plus aiguë et aux horreurs de l'indigence et de la solitude, y mena pendant plusieurs années une vie *misérable*. — On est *malheureux* au jeu; on n'y est pas *misérable*; mais on peut devenir *misérable* à force d'y être *malheureux*. — Quelquefois ces mots sont employés, non pas pour caractériser simplement une situation fâcheuse et affligeante, qui est leur signification commune et primitive; mais pour indiquer que l'être auquel on les applique est digne de cette situation : et c'est dans ce second sens que l'on dit d'un méchant, d'un fourbe, d'un homme sans mœurs, sans pudeur, sans aucune élévation d'âme, que c'est un *malheureux* ou un *misérable*; parce qu'en effet il mérite de l'être. Cette seconde acception, qui n'est qu'une extension de la première, ne change rien aux différences qui naissent des idées accessoires que l'on y a déjà distinguées, et dont le choix dépend des besoins de l'énergie. (B.)

MALHONNÊTE, DÉSHONNÊTE. Ce qui est *malhonnête* est contraire à l'honneur, à la probité, ou à la civilité, aux usages du monde : « Il a eu avec moi un procédé *malhonnête*; il a un ton *malhonnête* ». (Acad.) Ce qui est *déshonnête* est contraire à la pudeur, à la pureté des mœurs : « Paroles *déshonnêtes*, gestes *déshonnêtes* ». (Acad.)

*Déshonnête* ne se dit que des choses; *malhonnête* se dit aussi des personnes. Un *malhonnête* homme est un homme sans probité : un homme *malhonnête* est un homme impoli.

MALICE, MALIGNITÉ, MÉCHANCETÉ. MALICIEUX, MALIN, MÉCHANT, MAUVAIS. « Il y a dans la *malice*, de la facilité et de la ruse, peu d'audace, point d'atrocité. Le *malicieux* veut faire de petites peines, et non causer de grands malheurs; quelquefois il veut seulement se donner une sorte de supériorité sur ceux qu'il tourmente : il s'estime de pouvoir le mal, plus qu'il n'a de plaisir à en faire. — Il y a dans la *malignité* plus de suite, plus de profondeur, plus de dissimulation, plus d'activité que dans la *malice*. — La *malignité* n'est pas aussi dure et aussi atroce que la *méchanceté*; elle fait verser des larmes, mais elle s'attendrirait peut-être si elle les voyait couler ». (*Enc.*)

Le propre de la *malice* est de cacher ses desseins et sa marche, dit Roubaud; puis comparant les qualificatifs *malicieux*, *malin*, *méchant* et *mauvais*, il fait remarquer d'abord que *malicieux* est le plus faible de tous, et il continue ainsi.

« On appelle fort mal à propos *malin* un enfant qui fait des *malices* assez ingénieuses. Ses *tours malins* ne sont que des *malices*: il n'est donc que *malicieux*. — Nous disons l'esprit *malin*, de *malignes* influences, une fièvre *maligne*, etc.; et la qualité que nous attribuons alors aux objets est la *malignité* proprement dite. Nuire est leur propriété, leur but, leur effet naturel; mais ils nuisent par des motifs subtils et cachés. — Il y a dans l'homme *malin* de la *malice* et de la *méchanceté*; mais sa *malice* est plus malfaisante et plus profonde que celle de l'homme purement *malicieux*; mais sa *méchanceté* est couverte, dissimulée, artificieuse, sans la brutalité, sans la violence, sans l'abandon de l'homme proprement *méchant*. — Le *mauvais* ne vaut rien. Un homme est *mauvais*, quand au lieu de l'indulgence, de la douceur, de l'humanité, de l'équité, des qualités qui font l'homme bon, il a les vices contraires qui font que dans l'occasion qu'il y a d'exercer ces vertus caractéristiques de l'homme ou de l'espèce, il fait du mal. — Le *méchant* est animé de la haine du bien, de ses semblables, de ce qu'il doit aimer, de ce qu'il doit faire. Le *méchant* est *mauvais*, quand il a occasion de faire du mal; mais de plus, il cherche les occasions d'en faire. » (R.)

MAL INTERPRÉTER, INTERPRÉTER MAL. Ne pas bien comprendre le sens d'un mot ou d'une phrase. — *Mal interpréter*, c'est prendre les paroles en mauvaise part : *interpréter mal*, c'est ne pas bien traduire, ne pas bien expliquer un texte. Il arrive cependant que ces deux locutions s'emploient dans l'un et l'autre sens : mais alors *mal interpréter* dit plus qu'*interpréter mal*; il fait entendre que l'interprétation est complétement fausse (73, page 27).

MALMENER, MENER MAL. Mener autrement qu'il ne convient. — *Malmener*, c'est réprimander, maltraiter de paroles ou d'actions. Il signifie aussi faire essuyer à quelqu'un un grand échec, une grande perte : « On l'a bien *malmené* dans ce procès ». (Acad.) *Mener mal*, c'est conduire mal, diriger mal : « Ce cocher *mène mal* ». (73, page 27).

**MAL PARLER, PARLER MAL.** 1° Médire; 2° mal dire, s'exprimer d'une manière inélégante et incorrecte. — Remarquons d'abord que l'adverbe ne peut précéder le verbe qu'au présent de l'infinitif et aux temps composés de l'auxiliaire et du participe : *mal parler*, *il a mal parlé*; mais on ne dit pas, *il mal parle*, *tu mal parlais*. Cette observation s'étend à tous les verbes auxquels l'adverbe ne s'incorpore pas, comme *mal interpréter*, *mal faire*, *bien faire*, etc.

A l'infinitif, *parler mal* se dit dans les deux sens. « *Parler bien*, dit l'Académie, c'est parler avec élégance et pureté; dans le sens contraire, on dit *parler mal* ». Plus bas elle ajoute : « *Parler bien*, *parler mal* d'une personne, c'est en dire du bien, en dire du mal »; puis elle donne comme exemple dans ce sens cette phrase : « Il ne faut point *mal parler* de son prochain ». Mais à l'infinitif, *mal parler* ne se dit que dans le sens de médire : aux temps composés, les deux formes s'emploient dans le deuxième sens : « Cet orateur *a mal parlé*, *a* fort *mal parlé*, ou *a parlé mal*, fort *mal*, pendant une heure ».

Toutefois dans l'acception de *médire*, on dit plutôt : « Il *a mal parlé* du prochain », que « il *a parlé mal* du prochain ». La raison en est que *mal parler* exprime un acte plus coupable que *parler mal*; et cette distinction a encore lieu lorsque les deux locutions se prennent dans le sens de *médire*.

**MALPLAISANT.** V. *Déplaisant*.

**MAL PROPORTIONNÉ, DISPROPORTIONNÉ.** *Mal proportionné* se dit d'un objet dont les parties n'ont pas des proportions justes, convenables : « Un corps *mal proportionné* ». (Acad.) *Disproportionné* se dit de deux objets qui ne sont point proportionnés entre eux, qui sont *séparés* par un défaut complet de proportion (8, page 4) : « Leurs âges sont fort *disproportionnés* ». (Acad.)

**MALSÉANT, MESSÉANT.** On dit *malséant* quand il s'agit d'une inconvenance de formes dans les choses du dehors; et *messéant*, pour une inconvenance de fonds, dans le moral (17, page 6). Des moustaches, un habillement de jeune dandy seraient des choses *malséantes* pour un ecclésiastique; il est *messéant* que les enfants commandent à leur père. Une posture *malséante* est contraire aux bonnes manières, aux formes imposées par le bon usage; une posture *messéante* est indécente.

**MALTRAITER, TRAITER MAL.** *Maltraiter* quelqu'un, c'est le traiter durement en actions ou en paroles, par des coups, des violences ou des injures. Il signifie aussi faire préjudice à quelqu'un : « Cet homme a bien *maltraité* son fils dans son testament ». (Acad.)

*Traiter mal* quelqu'un c'est agir, en user avec lui d'une manière contraire à la politesse, aux égards, aux attentions qu'on lui doit. Il s'emploie aussi dans le sens de *rudoyer*, mais néanmoins sans que le traitement aille jusqu'à être outrageant ou injurieux : « Un maître qui *traite mal* ses domestiques ». (Acad.) On voit que la place de l'adverbe fait que le verbe *maltraiter* dit plus que la locution *traiter mal* (73, page 27).

MAL VENDRE, MÉVENDRE. *Mal vendre* signifie vendre difficilement, lentement, par petites parties, en faisant crédit à des débiteurs peu solvables. *Mévendre*, c'est vendre à perte, au-dessous de la valeur de la chose (17, page 6).

MANÉGE. V. *Manigance.*

MANIAQUE, LUNATIQUE. « *Maniaque*, possédé de manie, comme *démoniaque*, possédé du démon. *Maniaque* et *lunatique* ont originairement le même sens; car de *man*, lune, les Grecs firent *mania*, fureur maladie causée, à ce qu'ils croyaient, par la lune : de là *maniaque*, *lunatique* chez les Latins, qui par ce mot exprimaient également une fureur produite par les mêmes influences. Mais ils appelaient *lunatique* celui qui n'avait que des accès périodiques de folie; tandis que la folie du *maniaque* n'a rien de régulier. » (R.)

Aujourd'hui qu'on ne croit plus aux influences de la lune sur le cerveau, *lunatique* a cessé de désigner une sorte de folie causée par la lune; et nous entendons par *personne lunatique*, une personne d'humeur changeante et fantasque. Quant à *maniaque*, il se dit encore de quelqu'un qui est atteint de l'espèce de folie appelée *manie*, folie moins complète que la démence et qui se manifeste par des accès intermittents, ou dans laquelle l'imagination est constamment frappée d'une idée particulière : « Sa *manie* est de se croire de verre ». (Acad.)

Mais *manie* signifie aussi, par extension, habitude bizarre, contraire à la raison, ou encore goût singulier porté jusqu'à l'excès : « Il a la *manie* de se faire toujours peindre en habit romain. Sa *manie* pour les tulipes l'a ruiné » (Acad.); et *maniaque* se dit aussi de celui qui est possédé de cette sorte de *manie*.

MANIE. V. *Tic.*

MANIER. V. *Toucher.*

MANIÈRE. V. *Façon.*

MANIÈRES, FAÇONS, AIR. V. *Air.*

MANIFESTE, NOTOIRE, PUBLIC. *Manifeste*, qui est mis en lumière, à portée d'être connu de tout le monde : *manifester*, c'est mettre au jour ce qui était, en quelque sorte, dans les ténèbres. — *Notoire*, qui est fort connu, ce qui l'est d'une manière certaine. Ce qui est *notoire* est si bien connu, qu'il est certain et indubitable : la *notoriété* fait preuve. — *Public* pris adjectivement, s'applique à toute sorte d'objets assez généralement connus. Ce que tout le monde voit, ce que tout le monde dit, ce que tout le monde croit, etc., est également *public*. C'est ici ce que tout le monde sait ou connaît; mais ce mot ne marque que l'étendue de la connaissance, sans établir par lui-même la certitude de la chose; ce qui est propre au mot *notoire*. — Il est donc facile de connaître ce qui est *manifeste* : ce qui est *notoire* est bien et certainement connu : on connaît assez généralement ce qui est *public*. — La chose *manifeste* n'est plus cachée : la chose *notoire* n'est plus incertaine : la chose *publique* n'est pas secrète. — *Notoire* et *public* n'ont rapport qu'à la connaissance qu'on a des choses; mais *manifeste* désigne de plus la qualité des choses considérées en elles-mêmes, dans le sens de ses deux autres synonymes *clair, évident*. (R.) V. l'article suivant.

MANIFESTE, CLAIR, ÉVIDENT. Des principes, des vérités, des raisonnements sont *manifestes, clairs, évidents* en eux-mêmes. — *Clair*, du latin *clarus, clair*, qui a une lumière vive, une clarté pure. *Évident*, du latin *videre*, voir; c'est ce qu'on voit très-distinctement, ce qu'il est impossible de contester, ce qui ravit notre consentement même malgré nous. J'ai dit que *manifester* signifie littéralement et rigoureusement mis en lumière, au jour, à découvert (V. l'article précédent). — Rien de caché dans ce qui est *manifeste*, il n'y a qu'à le considérer. Rien d'obscur dans ce qui est *clair*, il n'y a qu'à le regarder. Rien d'incertain dans ce qui est *évident*, il n'y a qu'à voir, à ouvrir les yeux. — Il y a devant nous des choses très-*manifestes* que nous ne voyons pas; nos yeux sont en quelque sorte distraits. Il y a des choses très-*claires* que nous voyons mal; nous avons quelquefois les yeux troubles. Il y a des choses très-*évidentes* que nous ne voulons pas voir; nous fermons les yeux. — Il est bien facile de connaître ce qui est *manifeste*, de concevoir ce qui est *clair*, de se convaincre de ce qui est *évident*. Un coup d'œil jeté sur des vérités *manifestes* ne nous en donnera peut-être que des perceptions imparfaites et confuses; mais il faut en acquérir, par l'attention, des idées *claires*, distinctes et complètes; et c'est par l'enchaînement et la combinaison de ces idées que le raisonnement méthodique parvient à rendre, dans un foyer de lumière, ces vérités *évidentes*; évidence qui seule exclut la crainte de se tromper, et ravit ainsi notre consentement ou notre assentiment. (R.)

Voici une phrase où ces trois mots se trouvent parfaitement employés : « Fille de faits grands et *évidents*, la gloire est elle-même un fait *manifeste* aussi *clair* que le jour ». (M. Cousin.)

MANIFESTER. V. *Découvrir, déceler*.

MANIGANCE, MACHINATION, MANÉGE. *Manigance* est un mot bas : faudrait-il le rejeter? ne faut-il pas des mots bas pour représenter des choses basses? Ne sont-ils pas plutôt les noms propres de ces choses? *Machination* est au contraire un mot noble : ne cesserait-il pas de l'être, s'il s'appliquait à des choses qui ne peuvent être ennoblies? *Manége* est enfin de mise partout : et ne faut-il pas de ces termes communs pour exprimer des idées communes à divers genres de choses? Sans cette distinction, sans cette variété ou plutôt sans cette diversité, une langue n'aurait qu'une couleur et un style. — Le *manége* est une manière adroite d'agir ou de faire, de manier. La *manigance* est un mauvais *manége*, une manière rusée de faire des choses basses, de vilaines choses, furtivement et sous main. Quant à la *machination*, tout le monde sent que ce mot doit exprimer l'action d'assembler et de combiner des ressorts ou des moyens cachés pour venir à bout d'un dessein qu'on n'oserait mettre au jour. — La *manigance* est donc un emploi de petites manœuvres cachées et artificieuses pour parvenir à quelque fin. La *machination* est l'action de concerter et de conduire sourdement des artifices odieux qui tendent à une mauvaise fin. Le *manége* est une conduite habile ou plutôt adroite, avec laquelle on manie ou ménage si bien les esprits et les choses, qu'on les amène insensiblement à ses fins. (R.)

MANŒUVRE, MANOUVRIER. Ces mots signifient littéralement qui fait œuvre, qui travaille de ses mains. — Le *manœuvre* fait œuvre de ses mains, mais il n'est pas ouvrier, il n'exerce pas un métier; c'est un travailleur, ordinairement un enfant, qui sert les maçons ou les couvreurs. *Manouvrier* est une appellation générale qui s'applique à toutes sortes d'ouvriers travaillant à la journée. Le *manouvrier* travaille pour ceux qui font faire l'ouvrage : le *manœuvre* travaille au service et sous les ordres de certains *manouvriers*.

Comme le *manœuvre* n'est pas ouvrier, comme il ne sait pas un métier, ce mot se dit, figurément et par mépris, d'un homme qui exécute grossièrement et par routine un ouvrage d'art.

MANQUE, DÉFAUT, FAUTE, MANQUEMENT. On a coutume de distinguer *manque* et *défaut* de *faute* et *manquement* : des idées particulières m'obligent à traiter de tous ces mots dans le même article, et j'espère qu'il n'en résultera aucune confusion. — Le *manque* est l'absence de la quantité qu'il devrait y avoir, ce qu'il s'en *manque* pour qu'une chose soit complète ou entière, ce qu'on trouve de *manque* ou de moins qu'il ne faut, par opposition à ce qu'il y aurait de trop. Le *défaut* est l'absence de la chose qu'on n'a pas, de ce qu'on désirerait, de ce qu'on n'a pas en sa possession, par opposition à ce qu'on y a. — Dans un sac qui doit être de mille francs, vous trouvez trente francs à dire, il y a trente francs de *manque*; le *manque*, le déficit est de trente francs. C'est ainsi qu'on parle, et vous ne diriez pas là *défaut* pour *manque*. Le *manque* est donc en effet ce qui s'en *manque* ou ce qui *manque* d'une quantité déterminée, fixée, ordonnée. Mais ces rapports ne sont nullement indiqués par le *défaut* : le *défaut* existe toutes les fois que vous n'avez pas une chose, ou que la chose cesse, comme quand on dit, *le défaut de la cuirasse* ou *au défaut de l'épaule*. Le *manque* est toujours relatif; le *défaut* est plutôt absolu. Par le *manque* vous n'avez pas assez; il n'y a pas ce qui devrait y être : par le *défaut*, la chose n'est pas ou n'est plus; mais il n'est pas dit qu'elle dût être. — Le *manque* d'esprit dit seulement qu'on n'a pas la dose d'esprit ordinaire ou convenable : le *défaut* d'esprit exprime une privation quelconque et même la nullité. L'argent vous *manque* en route, et ce *manque* vous oblige à vous arrêter; vous n'en aviez pas assez : le *défaut* d'argent annonce simplement que vous n'en avez pas; et en conséquence vous ne pouvez rien entreprendre. Le *manque* suppose donc une règle ou une mesure donnée; ce qui le distingue de *défaut* qui en fait abstraction. — La *faute* est synonyme de *manquement*. Le *manquement* est, dit-on, une *faute* d'omission, tandis que la *faute* est tantôt de commettre ce qui n'est pas permis, et tantôt d'omettre ce qui était prescrit. Ne nous y trompons pas : le *manquement* n'exclut point l'action positive : une insulte est un *manquement* de respect, or l'insulte est une action, une *faute* très-positive. Il faut donc dire que la *faute* s'appelle *manquement*, lorsqu'on la considère comme une action par laquelle on *manque* à une règle, à une loi. Par la *faute*, on fait mal : par le *manquement*, on n'observe pas la règle. Dans la *faute*, il y a toujours une omission, et c'est cette omission qui forme le *manquement* proprement dit. Le *manquement* est fait à la règle; ainsi nous disons *manquement de foi, de respect, de parole :* nous ne disons pas une *faute de parole, de respect, de foi;* ce terme marque l'opposition au bien, le mal. — Comme on dit *manquement*, on dit *manque* de foi. *Manque* exprime la nature, l'espèce de la chose, d'une manière générale : *manquement* exprime l'action (19, page 6) ou l'omission particulière par laquelle on est coupable de ce *manque*. On dit *le manque de foi* et un *manquement de foi :* le *manque de foi* n'existe que par et dans le *manquement*. (R.)

**MANQUER A** *ou* **DE.** *Manquer à*, c'est ne pas faire ce qu'on doit à l'égard de quelqu'un ou de quelque chose : « *Manquer à* son devoir, *à* ses amis » (Acad.); la préposition *à* nous montre le devoir, les amis, comme les objets que nous devons avoir en vue, comme le but des égards que nous leur devons et que nous leur refusons (75, page 27).

*Manquer de* signifie omettre, oublier de faire quelque chose : « Je ne *manquerai* pas *de* faire ce que vous voulez ». (Id.) Il signifie aussi courir quelque risque, être sur le point d'éprouver quelque accident : « Il a *manqué d'*être tué ». (Id.) La préposition *de* et l'infinitif qui la suit forment ici un simple complément déterminatif du premier verbe.

**MANQUER, FAILLIR.** Tous deux se disent d'un événement qui a été sur le point d'avoir lieu; mais *manquer* ne se dit que d'un événement fâcheux, d'un malheureux accident; tandis que *faillir* se dit aussi de quelque chose d'heureux ou de favorable. Ainsi l'on dira : « Nous avons *manqué* de verser, ou nous avons *failli* de verser » et, en retranchant la préposition, « Nous avons *failli* verser »; mais on devra dire : « Il *faillit* être ministre (Acad.); j'ai *failli* avoir le prix » et non, il *manqua* d'être ministre; j'ai *manqué* d'avoir le prix.

**MANSUÉTUDE.** V. *Bonté*, *bienveillance*.

**MANUFACTURE.** V. *Fabrique*.

**MARCHANDISE, DENRÉE.** Le mot *marchandise* sert souvent,

comme terme générique, à désigner en gros tous les objets de commerce; mais souvent aussi on le met en opposition avec *denrée*, et alors il doit indiquer une classe particulière d'objets de commerce. — Les *denrées* sont les productions de la terre, qui, brutes ou préparées, se vendent ou se débitent, jusque dans le plus petit détail, pour les besoins de la vie, et se consomment au premier usage : les *marchandises* opposées aux *denrées* sont les matières premières travaillées, façonnées, manufacturées, simples ou combinées, appropriées par l'industrie à divers usages, ou faites pour l'être, et qui ne se consomment que par un usage plus ou moins long. — Divers vocabulistes définissent la *denrée*, ce qui se vend pour la nourriture et pour la subsistance des hommes et des bêtes : ces objets se détruisent au premier usage qu'on en fait. Mais les métaux, les lins, les chanvres, les draperies, les merceries, les toiles, les bonneteries, etc., sont purement des *marchandises* et non des *denrées*; parce qu'ils forment des matières durables, ou des ouvrages d'industrie destinés à d'autres besoins que ceux de notre subsistance journalière, et qui ne s'usent que par une consommation lente. (R.)

MARCHE, DÉMARCHE. Action, mouvement de celui qui marche. *Marche* exprime simplement l'action de faire des pas : « *Marche* lente, rapide, précipitée ». (Acad.) La *démarche*, c'est l'allure, c'est-à-dire la manière, la façon de marcher; c'est la tenue, le port et les gestes de celui qui marche : « Il venait à nous d'une *démarche* fière, d'une *démarche* contrainte, embarrassée ». (Id.)

MARCHE, DEGRÉ. V. *Escalier*.

MARCHÉ. V. *Traité*.

MARI, ÉPOUX. « On désigne par ces deux mots une personne engagée dans les liens du mariage; mais *mari* ne se dit que de l'homme, et *époux* s'applique également à l'homme et à la femme. On appelle *époux* l'homme et la femme qui contractent ou qui ont contracté les nœuds du mariage : « Les deux *époux* furent mariés par l'officier de l'état civil ». On appelle en particulier l'homme *époux* et la femme *épouse*, si on les considère simplement comme unis par une cérémonie civile ou religieuse; et on les appelle *mari* et *femme*, si on les regarde comme formant une société dont le premier est le chef. (L.)

Les mots *époux* et *épouse* ne sont guère usités aujourd'hui qu'en style de pratique et d'administration, ou dans la poésie. Le bon usage est de dire *mari* et *femme*. La femme mariée dit *mon mari*, et non *mon époux* : l'homme marié dit *ma femme*, et non *mon épouse*.

MARITIME, MARIN. *Maritime* signifie qui est proche de la mer, ou qui navigue sur mer, qui est relatif à la mer (54, page 17) : « Les provinces, les villes, les peuples *maritimes*; le commerce *maritime*, législation *maritime* ». (Acad.) *Marin*, qui est de mer : « Monstre *marin*, plante *marine*, sel *marin* ». Il signifie aussi qui est spécialement destiné à la marine : « Carte *marine*, aiguille *marine*, montre *marine;* » et il se dit substantivement d'un homme dont la profession est de servir à bord des navires : « Habile *marin* ».

MARQUER, INDIQUER, DÉSIGNER. MARQUE, INDICE, SIGNE. *Marquer* vient de *marque,* qui signifie empreinte, caractère, note, signe distinctif qui fait reconnaître la chose. Ainsi *marquer* veut proprement dire mettre une *marque;* mais dans l'acception dont il s'agit, c'est faire reconnaître un objet à certaine *marque,* à certain trait distinctif. — *Indiquer* signifie donner un *indice,* montrer comme avec le doigt, donner des lumières sur une chose. L'*indice* met sur la voie. — *Désigner* vient de *signe,* latin *signum.* Le *signe* annonce, décèle, avertit par des rapports particuliers avec la chose. *Désigner* signifie faire connaître par des *signes,* des traits, des circonstances propres ou relatives à la chose. — Le propre du verbe *marquer* est de distinguer et de faire discerner un objet par des caractères particuliers, de manière qu'on ne puisse pas le méconnaître ou le confondre avec un autre. Le propre d'*indiquer* est de donner des lumières, des renseignements sur un objet qu'on ignore ou qu'on cherche, de manière à diriger nos regards, nos pas, nos soins, nos pensées pour le voir, le remarquer, le trouver. Le propre de *désigner* est d'enseigner ou d'annoncer la chose cachée, par le rapport de certains *signes* avec elle, de manière que, sans la mettre sous nos yeux, nous la sachions et nous en soyons certains. — Le cadran *marque* les heures; le baromètre *marque* les degrés de pesanteur de l'air; votre lingère *marque* votre linge; les rides *marquent* la vieillesse : toutes ces *marques* ou empreintes, ou tracées, ou appliquées, vous font distinguer l'objet de tout autre, ou ses qualités exclusives. — L'index d'un livre *indique* la division et la place des matières; une carte vous *indique* votre route; des écriteaux *indiquent* des objets à vendre : tous ces *indices,* souvent étrangers à l'objet ou éloignés de l'objet, ne font que vous aider à y parvenir. — La fumée *désigne* le feu : le signalement *désigne* la personne; les symboles *désignent* des choses cachées : tous ces *signes* sensibles, liés à l'objet par des rapports connus, vous donnent avis et connaissance de la chose. (R.)

MARTIAL. V. *Belliqueux.*

MASQUER. V. *Déguiser.*

MASSACRE. V. *Boucherie.*

MATÉRIALISME, MATÉRIALITÉ. V. *Spiritualisme.*

MATIÈRE, SUJET. « La *matière,* dit l'abbé Girard, est ce qu'on emploie dans le travail : le *sujet* est ce sur quoi l'on travaille. La *matière* d'un discours consiste dans les mots, dans les phrases et dans les pensées. Le *sujet* est ce qu'on explique par ces mots, par ces phrases et par ces pensées ». L'auteur prend évidemment ici la *matière* pour les *matériaux;* or, *matière* n'est point, dans cette acception, synonyme de sujet. On ne dira jamais que les mots, les pensées, les raisonnements, sont le *sujet* d'un discours; c'est la *matière* dont ils sont composés. Mais, outre cette *matière* ou ces *matériaux* qu'on met en œuvre, il y a une *matière* sur laquelle on travaille, dont on traite, qu'on explique; et c'est celle-là qui est synonyme de *sujet :* le *sujet* est la *matière* particulière dont nous traitons. — La *matière* est le genre d'objets dont on traite; le *sujet* est l'objet particulier qu'on traite. Un ouvrage roule sur une *matière,* et on y traite divers *sujets*. Les vérités de l'Évangile sont la *matière* des sermons; un sermon a pour *sujet* quelqu'une de ces vérités. Les *matières* philosophiques, théologiques, politiques, présentent une multitude innombrable de *sujets* particuliers à éclaircir. (R.)

MATIN, MATINÉE; SOIR, SOIRÉE. Il y a entre ces mots la même différence qu'entre *an* et *année* (voir ces deux derniers mots). Quand on dit le *matin*, le *soir*, on considère ces parties du jour en elles-mêmes comme des éléments indivisibles du temps; mais la *matinée*, la *soirée* ont de la durée, sont des espaces divisibles et comprennent des événements qui se succèdent (28, page 9).

MATINIER, MATINEUX, MATINAL. *Matinier* n'est usité que dans cette expression : l'*étoile matinière*. *Matineux* ne se dit que des personnes, et, en vertu de sa terminaison (44, page 13), il signifie qui a l'habitude de se lever matin. *Matinal* exprime simplement le fait de s'être levé matin. Appliqué aux choses, il signifie qui est du matin, qui appartient au matin (45, page 14) : « Rosée *matinale;* fraîcheur *matinale* ».

MATURITÉ, MATURATION. La *maturité* est la qualité de ce qui est mûr (29, page 9) : la *maturation* est l'action de mûrir (20, page 7). Les définitions de l'Académie marquent bien cette distinction. « *Maturité,* dit-elle, état où sont les fruits, les grains, les légumes, quand ils sont mûrs. *Maturation,* progrès successif des fruits vers la *maturité* ». *Maturité* se dit seul au figuré.

MAUVAIS. V. *Chétif* et *Malice*.

MAXIME. V. *Axiome*.

MÉCANICIEN, MACHINISTE. Le *mécanicien* trouve, invente, calcule, combine : c'est alors un savant ou un inventeur; ou bien il exécute et dispose les pièces de la machine, il la gouverne et la dirige : c'est alors un ouvrier *mécanicien*. Le *machiniste* est un ouvrier qui travaille aux machines d'après les indications et sous les ordres d'un autre; mais ce mot ne se dit plus aujourd'hui que de ceux qui, sur les théâtres, sont chargés des machines.

MÉCHANCETÉ, MÉCHANT. V. *Malice*.

MÉCONTENT. V. *Malcontent*.

MÉDIATION. V. *Entremise*.

MÉDIOCRE, MODIQUE. *Médiocre,* qui est entre le grand et le petit, entre le bon et le mauvais. *Modique,* renfermé dans les bornes de la modicité. — *Médiocre* se dit des qualités, et exprime un milieu entre les deux extrêmes : *modique* est relatif à la quantité, et se dit de ce qui suffit à peine à remplir la destination. — *Médiocre* se rapproche du mauvais : « Un tableau *médiocre* ». *Modique* se rapproche du besoin : « Un bien *modique* ». Un revenu est *modique* lorsqu'il suffit à peine aux besoins essentiels de la vie. (L.)

MÉDITER, PRÉMÉDITER. Projeter quelque chose. C'est dans ce sens seulement que *méditer* est synonyme de *préméditer;* ainsi l'on dit : « *Méditer* un projet, une entreprise, une bonne, une mauvaise action, la ruine de quelqu'un; *préméditer* une action, etc. » (Acad.) La seule différence qu'il y ait dans le sens de ces deux mots, c'est que *préméditer* enchérit sur *méditer;* la préfixe *pré* fait entendre que la chose projetée l'est ou l'a été longuement, bien avant l'exécution (13, page 5); aussi lorsqu'il s'agit d'une mauvaise action, la *préméditation* est-elle une circonstance aggravante, parce qu'elle démontre une plus grande participation de la volonté.

MÉDITER, RÉFLÉCHIR, RUMINER. *Méditer,* c'est considérer attentivement dans son esprit; *réfléchir,* c'est porter sa réflexion sur une chose; *ruminer,* c'est revenir sur une idée, en examiner tous les détails. — *Méditer* un projet, *méditer* sur un projet. Il y a cette différence entre ces deux expressions, que celui qui *médite* un projet, une bonne, une mauvaise action, cherche les moyens de l'exécution; au lieu que la chose est comme faite pour celui qui *médite* sur un projet : il s'efforce seulement de le connaître, afin d'en porter un jugement sain. (L.)

MÉFIANCE, DÉFIANCE. L'Académie définit ainsi ces mots : « *Défiance,* soupçon, crainte d'être trompé ; *méfiance,* disposition à soupçonner le mal, crainte habituelle d'être trompé ». La *méfiance* est donc plus que la *défiance* et en diffère essentiellement. La *méfiance* est une disposition naturelle à tout craindre, à prendre tout en mauvaise part, à se tenir continuellement sur ses gardes. « La *défiance* est un doute que les qualités qui nous seraient utiles ou agréables soient dans les hommes, dans les choses ou en nous-mêmes » ; (*Enc.*) et ce doute peut fort bien être fondé.

« La *méfiance* est l'instinct du caractère timide et pervers : la *défiance* est l'effet de l'expérience et de la réflexion. On naît *méfiant;* pour être *défiant,* il suffit de penser, d'observer et d'avoir vécu. » (*Enc.*) Voir l'article suivant *Méfier (se), se Défier.*

MÉFIANT. V. *Ombrageux.*

MÉFIER (SE), SE DÉFIER. « Ce sont deux expressions dont la première a rapport à la *méfiance*, et la seconde à la *défiance* (Voir ci-dessus l'article *Méfiance, Défiance*). — On *se méfie* de quelqu'un par suite d'un caractère méfiant, et quoiqu'on n'ait aucune raison particulière qui puisse justifier la méfiance. On *se défie* de quelqu'un parce qu'on a des raisons particulières de douter de la probité, de la sincérité, de la capacité, etc., de ce quelqu'un. — *Se méfier* de quelqu'un n'attaque pas aussi directement la personne que *se défier* de quelqu'un. Le premier ne suppose que le caractère méfiant de celui qui *se méfie;* le second indique quelque soupçon, quelque opinion désavantageuse à celui dont on *se défie.* » (L.)

Nous nous *défions* de nous-mêmes, de nos propres forces, de nos ressources, de nos talents, etc. : nous ne nous en *méfions* pas; car on n'a pas de la *méfiance* contre soi-même.

**MÉLANCOLIQUE, ATRABILAIRE.** Le *mélancolique* et l'*atrabilaire* sont tourmentés d'une bile noire et tenace, qui, adhérente aux viscères, trouble les digestions, envoie des vapeurs épaisses au cerveau, arrête et vicie les humeurs, et cause enfin le plus grand désordre dans toute l'économie animale. — Les deux mots *mélancolique* et *atrabilaire*, l'un latin, l'autre grec, désignent le même état des personnes, car *mélan* et *ater* signifient *noir*, *bilis*, et *cholê, bile.* Mais la *mélancolie*, susceptible de gradations, ne va que par excès jusqu'à l'*atrabile* (qu'on me permette ce mot). Il y a une *mélancolie* douce, agréable même : l'*atrabile* est toujours cruelle et terrible. Une simple tristesse vous donne l'air *mélancolique* qui intéresse ; mais l'habitude de l'âme et la férocité des traits donnent cet air *atrabilaire* qui effraye. — Le *mélancolique* est dans un état de langueur et d'anxiété; sa tristesse est morne et inquiète. L'*atrabilaire* est dans un état de fermentation et d'angoisse; sa tristesse est sombre et farouche. Le *mélancolique* évite le monde, il veut être seul : l'*atrabilaire* repousse les hommes, et il ne peut vivre avec lui-même. — On est d'un tempérament *mélancolique*; on a l'humeur *atrabilaire.* (R.)

**MÉLANGER.** V. *Mêler.*

**MÊLER A ou AVEC.** *Mêler à* ne se dit qu'au figuré, dans le sens de joindre, unir : « *Mêler* les affaires *aux* plaisirs ». (Acad.) Dans ce cas, on peut joindre par la conjonction *et* les parties du complément multiple : « Cet auteur a *mêlé* l'agréable *et* l'utile dans ses ouvrages ». (Acad.)

*Mêler avec* ne se dit qu'au propre, et signifie mettre ensemble deux ou plusieurs choses et les brouiller : « *Mêler* l'eau *avec* le vin ». (Id.)

**MÊLER, MÉLANGER, MIXTIONNER.** *Mêler* est le verbe simple et le genre : *mélanger* et *mixtionner* sont des dérivés; ils modifient et restreignent l'idée simple. — *Mêler*, c'est mettre ensemble, avec, dans, entre, etc., à dessein ou sans dessein, avec art ou sans art, avec une sorte de confusion quelconque, toute sorte de choses, de quelque manière que ce soit, en brouillant, en joignant, en incorporant, en déplaçant, en alliant, etc. *Mélanger*, c'est assembler, assortir ou composer, combiner, à dessein et avec art, des choses qui doivent naturellement se convenir, pour obtenir par leur agrégation et leur variété, un résultat avantageux et un nouveau tout. *Mixtionner*, c'est *mélanger*, fondre des drogues dans des liqueurs, de manière qu'elles restent incorporées, et que la composition produise des effets particuliers. — On *mêle*, on incorpore ensemble des liqueurs; on *mêle*, on bat les cartes; on *mêle*, on brouille maladroitement des écheveaux. Le peintre *mé-*

*lange* habilement ses couleurs : le *mélange* industrieux des couleurs fait la peinture. L'on *mixtionne* artificiellement des substances étrangères les unes aux autres; et c'est proprement la drogue qui distingue la *mixtion :* un breuvage *mixtionné* est dénaturé. — Vous *mêlez* le vin avec de l'eau pour boire : vous *mélangez* différentes sortes de vins pour les corriger ou les améliorer l'un par l'autre, et en faire un autre vin : vous *mixtionneriez* le vin que vous frelateriez avec des drogues. (R.)

**MÉMOIRE, SOUVENIR, RESSOUVENIR, RÉMINISCENCE.** La *mémoire* embrasse, comme le *souvenir,* tout ce dont on se souvient, tout ce dont on a conservé la *mémoire*. On perd le *souvenir* comme la *mémoire* des faits indifférents : on conserve la *mémoire* comme le *souvenir* d'un bienfait. Mais le mot de *mémoire* ne sert proprement qu'à désigner la faculté intellectuelle qui nous rappelle les objets ou l'action de cette faculté; il est pris dans un sens métaphysique : on a ou on n'a pas la *mémoire;* le mot *souvenir* n'exprime que l'action, sans idée métaphysique de faculté : on lui applique ordinairement les accessoires ou les modifications particulières de l'action : on a des *souvenirs* agréables ou fâcheux. La *mémoire* nous représente simplement l'objet : cet objet est douloureux ou doux à notre *souvenir;* ainsi de tout autre rapport. — *Réminiscence,* latin *reminiscentia,* vient de *mens*, esprit, intelligence, *mémoire*. La *mémoire*, latin *memoria*, est mot à mot, l'esprit, l'intelligence qui retient, qui garde : de *mens*, esprit, et de *mor*, radical de *mora,* d'où *morari*, arrêter, retenir. *Mémoire* est un mot générique : toute idée rappelée à l'esprit est la *mémoire* de la chose; comme toute idée retenue dans l'esprit est un dépôt de la *mémoire*. La *réminiscence* est des choses qui n'ont fait qu'une impression si faible, ou dont l'impression a été si fort effacée, qu'à peine est-il possible d'en retrouver ou d'en reconnaître les traces. — Le *souvenir* est littéralement ce qui revient dans l'esprit. Le *ressouvenir* est manifestement un *souvenir* nouveau ou renouvelé (5, page 3). Le *souvenir* pur est plutôt d'une chose plus ou moins présente à l'esprit, plus ou moins facile à rappeler, plus ou moins fidèlement représentée : le *ressouvenir* est plutôt d'une chose plus ou moins oubliée, plus ou moins difficile à retrouver, plus ou moins imparfaitement retracée. Le *souvenir* est quelquefois involontaire : le *ressouvenir* est quelquefois l'ouvrage de notre volonté : nous cherchons avec soin à nous *ressouvenir* d'une chose cachée dans notre *mémoire*[1]. — Ainsi donc, la *réminiscence* est le plus léger et le plus faible des *souvenirs;* ou plutôt c'est un *ressouvenir* si faible et si léger, qu'en nous rappelant une chose, nous ne nous rappelons pas ou nous ne nous rappelons qu'à peine d'en avoir eu peut-être quelque idée. Le *ressouvenir* est le *souvenir* renouvelé d'une chose plus

1. *Ressouvenir*, suppose dans ce cas, que l'on fait des efforts pour se rappeler une chose qui a eu lieu dans un temps éloigné ou qui n'a laissé dans notre esprit qu'une trace faible ou obscure (5, 3°, page 5).

ou moins éloignée du moins de notre esprit, oubliée autant de fois que rappelée, et difficile soit à retrouver soit à reconnaître. Le *souvenir* est l'idée d'une chose qui, plutôt détournée de notre attention qu'absente de notre esprit, nous redevient présente par la *mémoire* et rappelle notre attention. La *mémoire* est un acte quelconque de cette faculté qui nous rappelle nos idées[1]. (R.)

MÉMOIRES. V. *Histoire*.

MÉNAGE, ÉCONOMIE. V. *Économie*.

MÉNAGEMENTS. V. *Égards*.

MENDIANT. V. *Pauvre*.

MENER. V. *Guider*.

MENER MAL. V. *Malmener*.

MENSONGE, MENTERIE. *Menterie* est formé directement du verbe *mentir*, et exprime simplement le fait de ne point dire la vérité. Ce mot, dit l'Académie, est plus familier que *mensonge* et s'applique à des choses moins graves. Le *mensonge* est une grande *menterie*; il est inspiré par quelque intérêt et vise à un but : la *menterie* n'a pas les mêmes motifs; c'est, comme le dit Roubaud, un mensonge léger, badin ou sans conséquence. La *menterie* est dite sans aucune mauvaise intention, par légèreté, par plaisanterie, dans le dessein de faire une petite tromperie innocente, ou pour s'amuser et amuser les autres. Le fourbe fait des *mensonges*, le hâbleur dit des *menteries*.

MENSONGER, MENTEUR. Ces deux adjectifs ne sont synonymes que quand ils se disent des choses, et ils signifient *contraire à la vérité*[2]. — *Mensonger* est moins fort que *menteur* : le premier est formé directement du substantif *mensonge*; le second vient du verbe *mentir* et rappelle l'action marquée par ce verbe (40, page 12). *Menteur* suppose l'intention de tromper, de ne pas tenir ses promesses, de faire tomber dans un piége; *mensonger* signifie simplement qui renferme des mensonges ou qui n'est pas conforme à la vérité. Celui qui fait un récit *menteur*, le fait avec dessein de tromper; car il sait bien qu'il dit des choses fausses : celui qui fait un récit *mensonger*, le fait sans mauvaise intention; car il le croit vrai, il en ignore la fausseté : le premier trompe, le second se trompe ou a été trompé.

MENTERIE. V. *Mensonge*.

MENTEUR, HABLEUR, FANFARON. Ces trois mots indiquent dans l'homme trois espèces de défauts qui offensent la vérité. — Le *menteur* cache la vérité pour son avantage et dans le dessein de tromper : le *hâbleur* invente et exagère par habitude et par intempérance de langue : le *fanfaron* ment par vanité, se vante par amour-propre des qualités qu'il n'a pas, ou exagère sans pudeur le mérite de celles qu'il a. (L.)

1. *Mémoire* est aussi le nom même de cette faculté.
2. *Mensonger* ne se dit que des choses; *menteur* se dit aussi des personnes.

**MENTEUR, MENSONGER.** V. *Mensonger.*

**MENU.** V. *Mince.*

**MÉPRISE.** V. *Bévue.*

**MÉPRISER, DÉPRISER.** *Mépriser,* c'est croire mauvais, indigne d'estime, d'attention ; ne faire aucun cas d'une personne ou d'une chose : « Il est horrible de *mépriser* les pauvres, les malheureux. Cet avis n'est pas à *mépriser* ». (Acad.) *Dépriser* signifie priser moins ou peu, mettre une chose au-dessous de sa valeur : L'envieux *déprise* les belles actions ; mais il ne les *méprise* pas. L'Académie fait observer que *dépriser* se dit surtout en parlant des marchandises.

**MERCENAIRE.** V. *Vénal.*

**MERCI, MISÉRICORDE.** Nous disons demander, crier *merci, miséricorde,* c'est-à-dire grâce et pardon. L'on demande *merci* à celui à la discrétion de qui l'on est, et qui fait trop sentir sa supériorité : l'on implore la *miséricorde* de celui qui peut punir et pardonner, perdre et sauver. Le faible demande *merci;* le criminel implore la *miséricorde.* On implore la *miséricorde* de Dieu, celle du prince : on demande *merci* au plus fort. — On est, on se remet, on s'abandonne à la *merci,* à la *miséricorde* de quelqu'un, c'est-à-dire à sa discrétion. On est à la *merci* des bêtes sauvages, des causes aveugles, comme des êtres intelligents : la *miséricorde* n'appartient qu'aux êtres sensibles, bons par leur nature, capables de pitié. (R.)

**MÉRIDIONAL, DU MIDI; SEPTENTRIONAL, DU SEPTENTRION OU DU NORD; ORIENTAL, DE L'ORIENT; OCCIDENTAL, DE L'OCCIDENT.** Nous disons : « Les peuples, les pays *de l'orient, de l'occident, du midi, du nord;* et les pays, les peuples *orientaux, occidentaux, méridionaux, septentrionaux.* La première locution convient mieux pour désigner la position absolue; et la seconde, la position relative. Je m'explique : les peuples *du midi, du nord,* etc., sont réellement au *midi,* au *nord,* etc., du globe ; et les peuples *méridionaux, septentrionaux,* sont plutôt au midi, au septentrion, relativement à celui qui parle et au pays dont il parle. L'Allemagne n'est pas *au midi,* ce n'est pas un pays *du midi;* mais elle est *méridionale* à l'égard des pays plus *septentrionaux,* elle est à *leur midi.* Les provinces *méridionales* de la France sont à *son midi* et non *au midi* absolu. Les pays *du midi* appartiennent *au midi;* les pays *méridionaux* regardent *le midi.* (R.)

**MÉRITER, ÊTRE DIGNE.** Le *mérite* est proprement dans les actions, les œuvres, les services qui, selon la raison, la justice, l'équité, mènent à la récompense, exigent un prix, donnent un droit. *Digne* signifie qui est distingué par ses qualités, soit par la naissance, soit par sa place, par son talent, par sa vertu, par son *mérite* [1]. — Ainsi l'on *mérite* par ses actions, par ses services ; l'on est *digne* par ses

1. C'est le sens qu'il a dans les locutions comme celle-ci : *un digne magistrat.*

qualités, par sa supériorité. Le *mérite* donne une sorte de droit; la *dignité* donne un titre. Ce qu'on *mérite* est récompensé dans quelque sens : on est aussi *digne* de récompense, et même d'une faveur. Celui qui *mérite* s'est rendu *digne* par sa conduite, ses travaux, le bon emploi de ses qualités et de ses talents. — S'agit-il d'une place qui se donne aux services? celui qui a rendu le plus de services la *mérite*. Ne faut-il pour une place que de la capacité? celui qui a donné le plus de preuves de capacité en *est* le plus *digne*. — *Mériter, être digne*, se prennent en bonne et en mauvaise part. (R.)

MERVEILLE. V. *Prodige*.

MÉSAISE V. *Malaise*.

MESSÉANT. V. *Malséant*.

MÉSUSER. V. *Abuser*.

MÉTAMORPHOSE, TRANSFORMATION. La *métamorphose* appartient à la mythologie; le mot dénomme les changements de formes opérés par les dieux de la Fable. La *transformation* appartient également à l'odre naturel et à l'ordre surnaturel; le mot indique tout changement de forme quelconque, même dans le langage des sciences exactes. — *Métamorphose* n'exprime, au propre, qu'un changement de forme : *transformation* désigne encore quelquefois d'autres changements, comme la transmutation ou la conversion des métaux. — La *métamorphose* emporte toujours une idée de merveilleux; et il n'en est pas de même de la *transformation*. Ainsi, au figuré, la *métamorphose* est un *transformation* merveilleuse, extraordinaire, étonnante; un changement prodigieux, inattendu, incroyable, de manières, de conduite, de sentiments, de caractère ou de mœurs. La *métamorphose* est d'ailleurs une *transformation* si entière, que l'objet ne conservant aucun de ses traits, il est absolument méconnaissable. La *transformation* sera plus simple et plus facile; elle s'arrête même ordinairement aux apparences et aux manières. Le libertin se *transforme* quelquefois par respect humain; il est *métamorphosé* par la conversion. (R.)

MÉTIER, PROFESSION. Le *métier* fait l'ouvrier, l'homme de travail : la *profession* fait l'homme d'un tel ordre, d'une telle classe. Le *métier* demande un travail de la main; la *profession*, un travail quelconque. Ainsi vous dites le *métier* de boulanger, le *métier* de chaudronnier, le *métier* de maçon. Mais on dit la *profession* de commerçant, d'avocat, de médecin, et non pas le *métier*; car ces gens-là ne travaillent pas de la main. — Cependant le mot de *métier* est quelquefois relevé par son régime : ainsi on dit *le métier des armes, le métier de roi*. — On dit également *le métier des armes, la profession des armes*. Le *métier des armes* désigne un usage habituel, ou l'habitude acquise par l'exercice et l'expérience. La *profession des armes* marque l'emploi auquel on s'est consacré. — La *profession* se prend pour la livrée que l'on porte ou l'affiche qu'on se donne : ainsi l'on dit faire *profession* d'être honnête homme, homme d'honneur, bon citoyen : on est bel esprit, joueur, ivrogne de *profession*. (R.)

Dans l'emploi ordinaire et propre de ces mots, *profession* est le terme générique; le *métier* est une *profession* d'un ordre inférieur : la *profession* de l'ouvrier. « *Profession* se dit de tous les différents états et de tous les différents emplois de la vie civile, dit l'Académie. » Ce mot, comme l'a fait remarquer Roubaud, indique la classe des personnes : « Il s'y trouva des gens de toutes sortes de *professions*; Il est tailleur de *profession*, de sa *profession* ». (Acad.)

**METTRE, POSER, PLACER.** *Mettre* a un sens plus général; *poser* et *placer* en ont un plus restreint : mais *poser*, c'est *mettre* avec justesse, dans le sens et de la manière dont les choses doivent être mises; *placer*, c'est les mettre avec ordre, dans le rang et dans le lieu qui leur conviennent. Pour bien *poser*, il faut de l'adresse dans la main : pour bien *placer*, il faut du goût et de la science. — On *met* des colonnes pour soutenir un édifice : on les *pose* sur des bases; on les *place* avec symétrie. (G.)

**METTRE A L'ÉCART.** V. *Éloigner.*

**MEUBLES (LES), LE MOBILIER.** Les *meubles* sont les différents objets qui servent à garnir un appartement, une chambre; et encore ne comprend-on point ordinairement dans cette appellation les glaces, les tapis, etc. Le *mobilier* est l'ensemble non-seulement des meubles de toutes les pièces de l'appartement ou de la maison, mais aussi des glaces, des tapis, des pendules, et même de tous les objets que l'on ne désigne pas ordinairement comme *meubles*, tels que les ustensiles de cuisine, ceux du foyer, etc. Vous achetez deux fauteuils et une commode, ce sont des *meubles* que vous ajoutez à votre *mobilier* : vous ne diriez pas de même, si vous y ajoutiez une pendule, des flambeaux, des tableaux, des porcelaines ou autres objets qui ne sont pas qualifiés de *meubles*, quoique faisant partie du *mobilier* (64, page 23).

**MEURTRIER.** V. *Assassin.*

**MEURTRISSURE.** V. *Contusion.*

**MÉVENDRE.** V. *Mal vendre.*

**MIDI, SUD.** V. *Levant.*

**MIDI (DU).** V. *Méridional.*

**MIGNON, MIGNARD, GENTIL, JOLI.** « Une élégante régularité dans de petites formes, la délicatesse des traits, les agréments propres de la petitesse, constituent le *mignon*. La délicatesse et la douceur dans les traits animés, l'air et les manières gracieuses, une expression tendre, distinguent le *mignard*. Un assortiment de traits fins, qui sied ou ne messied pas; cette vivacité franche qui, par ses façons, donne de l'agrément et semble donner de l'esprit à tout; cette facilité naturelle de manières, qui a toujours de la grâce et fait disparaître les défauts, caractérisent le *gentil*. L'élégance et la finesse du *mignon*, la douceur tendre du *mignard* ou la vivacité riante du *gentil*, l'air de la grâce ou d'un ensemble formé pour les grâces, brillent dans le *joli*. — Le *mignon* est la miniature du grand; le *mignard* est une sorte de naïveté touchante; le *gentil* est au corps ce que l'esprit est à la raison; le *joli* est le rival du beau. On est plutôt *mignon* et *joli* par les traits et les formes; on est plutôt *mignard* et *gentil* par les manières. (R.)

*Mignon* énonce tout à la fois les idées exprimées séparément par les adjectifs *petit*, *délicat*, *joli* et *gracieux* : aussi peut-il s'appliquer à toutes sortes de petits ouvrages travaillés délicatement. *Mignard* ne se dit pas des objets matériels. Ajoutons que la terminaison *ard* exprimant l'excès et même l'abus (41, page 12), il est arrivé que le mot *mignard* a presque cessé de s'employer dans un sens favorable, et qu'il ne se dit plus guère aujourd'hui que des manières ou des actes dans lesquels on remarque un mélange de gracieux et d'afféterie : « Langage *mignard*; manières *mignardes* ». (Acad.)

MILIEU. V. *Centre*.

MINCE, MENU. *Mince* exprime le manque de dimension seulement dans le sens de l'épaisseur : ce qui est *mince* n'est pas épais; il peut d'ailleurs être long et large : « Cette doublure est bien *mince* ». (Acad.) *Menu* vient du latin *minutus*, participe du passif de *minuere*, diminuer; il signifie donc qui a été fait ou qui se trouve être d'un petit volume (52, page 16). Ce qui est *menu* manque de grandeur dans tous les sens ou au moins dans deux dimensions : « *Menu* bois; grêle *menue* ». (Acad.) « De l'écriture fort *menue* » (Id.); c'est-à-dire, petite en largeur et en hauteur : « Cette corde est fort *menue* » (Id.); c'est-à-dire, manque de grandeur dans le sens de la largeur et de la hauteur ou épaisseur; elle peut du reste avoir une grande longueur.

Les deux mots s'emploient, au figuré, dans le sens de faible, peu considérable, médiocre; mais l'adjectif *mince* qualifie quant à la nature de la chose : « *Mince* héritage; *mince* savoir; esprit *mince* ». (Acad.); *menu* qualifie quant au fait d'être de peu de conséquence : « *Menus* frais; *menues* dépenses; *menus* détails ». (Id.)

MINE. V. *Air*.

MINISTÈRE. V. *Office*.

MINUTIE, BABIOLE, BAGATELLE, VÉTILLE, MISÈRE. *Minutie* désigne la qualité de fort peu de chose, de chose de peu de conséquence, de ce qui n'est pas essentiel, qui ne fait rien au gros de l'affaire. *Babiole*, hochet, joujou d'enfant, ce qui n'est pas digne d'un homme fait. *Bagatelle* désigne une chose qui n'a point de valeur ou qui n'a que fort peu de prix. Les *vétilles* sont de petites choses qui gênent, embarrassent, arrêtent. Je ne sais pourquoi les vocabulistes négligent de remarquer l'acception de *misère*, pris pour une *bagatelle*, un rien, une chose méprisable, qui ne doit faire aucune sensation : on dit sans cesse qu'une chose n'est qu'une *misère*, qu'il ne faut faire aucune attention à de petites *misères*, qu'une chose qui n'en vaut pas la peine est une *misère*. — Ainsi, *minutie* désigne proprement la petitesse, le peu de conséquence d'une chose qu'on néglige, qu'on laisse de côté : *babiole*, la puérilité, le peu d'intérêt d'une chose qui ne peut occuper, qui ne convient qu'à des enfants : *bagatelle*, le peu de valeur, la frivolité d'une chose qu'on ne peut estimer, dont on ne saurait faire cas : *vétille*, la futilité, le peu de force d'une chose dont on ne doit pas s'embarrasser, à laquelle il ne faut pas s'arrêter : *misère*, la pauvreté, la nullité d'une chose que l'on compte pour rien, qui ne doit pas affecter, que l'on méprise. (R.)

**MIRACLE.** V. *Prodige*.

**MIRER, VISER.** *Mirer*, regarder, considérer attentivement : *viser*, tendre, diriger la vue vers un point. *Mirer* n'exprime que l'action de considérer : *viser* indique la fin ou le terme de l'action. On *mire* un objet et on *vise* à un but. *Mirer* ne se dit guère qu'au propre ; et *viser* s'emploie souvent au figuré, pour désigner les *vues* que l'on a, l'objet qu'on a en *vue*. — Un canonnier *mire* une tour et *vise* à l'abattre. Nous avons beau *mirer* les objets, nous y sommes toujours trompés plus ou moins : Nous avons beau *viser* droit à un but, les voies qui y mènent n'y mènent pas toujours. (R.)

**MISÉRABLE.** V. *Malheureux*.

**MISÈRE.** V. *Minutie*.

**MISÉRICORDE.** V. *Merci*.

**MITIGER.** V. *Adoucir*.

**MIXTIONNER.** V. *Mêler*.

**MOBILE, MOTIF.** Ce qui meut et porte à faire quelque chose.

Le *mobile* met en mouvement ; il nous pousse, nous excite à agir : le *motif* est la raison, la cause qui nous détermine à faire ou à ne pas faire. Le premier est nécessairement et toujours cause d'action ; le second est souvent cause d'inaction : « Quel est le *motif* qui vous retient ? » Le *mobile* est le sentiment, la passion qui nous meut : le *motif* est la raison, le pourquoi de nos actes, de nos déterminations, ou bien le but de nos actions : « Par quel *motif* a-t-il fait cela » (Acad.) ? c'est-à-dire, par quelle raison ? « Exposer ses *motifs* » ; c'est-à-dire ses raisons. « Il n'a point eu d'autre *motif* que celui de la gloire de Dieu » (Acad.) ; il n'a point eu d'autre but.

Nous cédons aux *mobiles* ; notre esprit pèse les *motifs*, les apprécie et adopte l'un de préférence à l'autre. Si je dis de quelqu'un : « L'argent est son unique *mobile* » (Acad.), je représente cet homme comme entraîné à agir par son amour de l'argent ; si je dis : « L'intérêt est le seul *motif* qui le fait agir » (Acad.), je le représente comme prenant son intérêt pour but de toutes ses actions et le consultant dans toute affaire.

**MOBILIER, MOBILIAIRE.** Ce qui est *mobilier* est meuble, fait meuble : ce mot s'emploie même comme substantif pour désigner l'ensemble des meubles (V. l'art. *Meubles, mobilier*). « *Mobiliaire*, dit

Roubaud, signifie qui a rapport aux meubles, ou qui est regardé comme meuble, lors même que ce n'est pas un meuble proprement dit (49, page 15). *Mobilier* marque la qualité de la chose; *mobiliaire*, une relation quelconque avec la chose. Les lits, les tables, les chaises, sont proprement des effets *mobiliers;* ils sont la chose même, des meubles : l'argent, les obligations, les récoltes coupées, sont proprement *mobiliaires;* ils ne sont pas meubles, mais on les assimile aux meubles. »

MOBILIER (LE), LES MEUBLES. V. *Meubles* (*les*).

MODE. V. *Vogue*.

MODÈLE, RÈGLE. V. *Règle*.

MODÈLE, TYPE. V. *Type*.

MODÉRER. V. *Adoucir*.

MODIQUE. V. *Médiocre*.

MOINS (AU), DU MOINS. V. *Au moins*.

MOISIR, SE MOISIR. V. *Passer*.

MOISIR, CHANCIR. V. *Chancir*.

MOLESTER. V. *Vexer*.

MOMENT, INSTANT. Un *moment* n'est pas long : un *instant* est encore plus court. — Le mot de *moment* a une signification plus étendue; il se prend quelquefois pour le temps en général, et il est d'usage dans le sens figuré. Le mot d'*instant* a une signification plus resserrée; il marque la plus petite durée du temps, et n'est jamais employé que dans le sens littéral. — Tout dépend de savoir prendre le *moment* favorable; quelquefois un *instant* trop tôt ou trop tard est tout ce qui fait la différence du succès à l'infortune. — Quelque sage et quelque heureux qu'on soit, on a toujours quelque fâcheux *moment* qu'on ne saurait prévoir. Il ne faut souvent qu'un *instant* pour changer la face entière des choses qu'on croyait le mieux établies. (G.)

MONACAL, MONASTIQUE. Ces deux mots se disent de ce qui a rapport aux moines (45 et 46, page 14). Mais *monastique* se dit plutôt du fond; et *monacal* de la forme, des dehors : « Vie, discipline, institution *monastique;* habit *monacal* » (Acad.); air *monacal*.

L'adjectif *monacal* se dit aussi quelquefois de ce qui tient au fond : « Esprit *monacal*, vie *monacale* » (Acad.); mais alors il se prend en mauvaise part.

MONASTÈRE. V. *Cloître*.

MONASTIQUE. V. *Monacal*.

MONCEAU. V. *Tas*.

MONDE, UNIVERS. *Monde*, du latin *mundus*, exprime une idée d'ordre, d'arrangement. *Univers* indique tout ce qui existe *universellement* dans l'espace indéfini : les étoiles, le soleil, les planètes, les comètes, etc., considérés comme formant un tout.

C'est pourquoi le mot *monde* peut désigner des parties de l'Univers : ainsi le système du *monde* s'entend simplement de notre système solaire, et non du système de l'Univers entier. On dit de même le *monde* de Sirius, c'est-à-dire le système planétaire dont Sirius est le soleil.

*Monde* se prend encore dans une signification plus restreinte pour désigner le globe terrestre et même quelques-unes de ses parties. Faire le tour du *monde*, c'est faire le tour de la terre; l'ancien *monde*, c'est l'ancien continent; le nouveau *monde*, c'est l'Amérique; le *monde* maritime, c'est l'Océanie.

Enfin ce mot s'emploie aussi figurément pour désigner la société des hommes en général ou une certaine classe de gens : « Le *monde* est bien corrompu; dans quel *monde* vivez-vous »? (Acad.)

**MONDE (LE GRAND), LE BEAU MONDE.** Le *grand monde*, dit l'Académie, c'est la société distinguée par les richesses, par les dignités de ceux qui la composent; le *beau monde*, c'est la société la plus brillante.

« Le *beau monde* est l'élite du monde poli. C'est la naissance et le rang qui font la grandeur et par conséquent le *grand monde* : c'est une politesse aisée tout à la fois et noble, l'élégance des formes, une certaine fleur d'esprit, l'urbanité dans le langage, un certain charme dans les manières, c'est là ce qui fait le *beau monde*. » (R.)

**MONT, MONTAGNE.** Ces deux mots annoncent également l'idée d'une masse considérable de terre ou de roche fort élevée au-dessus du reste de la surface de la terre. — *Mont* désigne une masse détachée de toute autre pareille, soit physiquement, soit idéalement : *montagne* ne présente que l'idée générale et commune, sans aucun égard à cette distinction. De là vient que pour caractériser individuellement quelque masse de cette espèce, on se sert de *mont*, parce que distinguer les individus, c'est, du moins par la pensée, les séparer des individus de même espèce, s'ils n'en sont même séparés physiquement; ainsi l'on dit le *mont* Olympe, le *mont* Liban, le *mont* Sinaï, le *mont* Parnasse, etc. Mais dès que l'on n'envisage aucune distinction individuelle, on ne parle que de *montagnes* : on monte ou l'on descend une *montagne*; une *montagne* est plus ou moins élevée, plus ou moins escarpée; la cime, la descente, le pied d'une *montagne*; une chaîne de *montagnes*. (B.)

**MONTUEUX, MONTAGNEUX.** Un pays fort inégal, coupé de tertres, de collines, de monticules est *montueux*; un pays couvert de hautes montagnes est *montagneux*. Certaines parties de la Picardie sont *montueuses*; la Savoie est un pays *montagneux*. Ainsi *montagneux* suppose des hauteurs plus considérables et plus nombreuses que *montueux*; aussi dit-on un sol, un terrain *montueux*; on ne dirait pas bien un sol, un terrain *montagneux*.

**MOQUERIE, RAILLERIE, PLAISANTERIE.** La *moquerie* se prend en mauvaise part; la *raillerie* peut être prise en bonne ou mauvaise part, selon les circonstances; la *plaisanterie* en soi ne peut être prise qu'en bonne part. — La *moquerie* est une dérision qui vient du mépris que l'on a pour quelqu'un; elle est plus offensante même qu'une injure qui ne suppose que de la colère. La *raillerie* est une dérision qui désapprouve simplement, et qui tient plus de la pénétration de l'esprit que de la sévérité du jugement : elle peut être offensante, si elle tend à découvrir ou a exagérer les vices du cœur, à dépriser les qualités de l'esprit auxquelles on a des prétentions; hors de là elle peut même être agréable à celui qui en est l'objet. La *plaisanterie* est un badinage fin et délicat sur des objets peu intéressants; l'effet ne peut en être que de réjouir, pourvu que l'usage en soit modéré. — La *moquerie* est outrageuse : la *raillerie* peut être innocente, obligeante, ou piquante : la *plaisanterie* est agréable, si elle est ingénieuse; et fade, si elle manque de sel. (B.)

MORDANT. V. *Caustique.*

MORIBOND, MOURANT. « *Moribond*, dit l'Académie, signifie qui va mourir : *mourant*, qui se meurt. » Ainsi, le premier exprime la disposition à l'acte : le second présente le sujet dans l'acte même. Le *moribond* languit dans un état de mort, flotte entre la mort et la vie (53, page 17) : le *mourant* meurt en effet (40, page 12).

MORNE. V. *Sombre.*

MORT. V. *Trépas* et *Trépassé.*

MORTIFIÉ. V. *Affligé.*

MOT, PAROLE. La *parole* exprime la pensée; le *mot* représente l'idée qui sert à former la pensée. C'est pour faire usage de la *parole* que le *mot* est établi. La première est naturelle, générale et universelle chez les hommes : le second est arbitraire, et varie selon les divers usages des peuples. Le *oui* et le *non* sont toujours et en tous lieux les mêmes *paroles;* mais ce ne sont pas les mêmes mots qui les expriment en toutes sortes de langues et dans toutes sortes d'occasions. — On a le don de la *parole* et la science des *mots*. On donne du tour et de la justesse à celle-là : on choisit et l'on range ceux-ci. — Il est de l'essence de la *parole* d'avoir un sens et de former une proposition : mais le *mot* n'a pour l'ordinaire qu'une valeur propre à faire partie de ce sens ou de cette proposition. Ainsi les *paroles* diffèrent entre elles par la différence des sens qu'elles ont; le mauvais sens fait la mauvaise *parole;* et les *mots* diffèrent entre eux ou par la simple articulation de la voix, ou par les diverses significations qu'on y a attachées; le mauvais *mot* n'est tel, que parce qu'il n'est point en usage dans le monde poli. (G.)

MOT, TERME, EXPRESSION. Le *mot* est de la langue; l'usage en decide. Le *terme* est du sujet; la convenance en fait la bonté. L'*expression* est de la pensée; le tour en fait le mérite. — La pureté du langage dépend des *mots;* la précision dépend des *termes;* et son brillant dépend des *expressions*. — Tout discours travaillé demande que les *mots* soient français, que les *termes* soient propres, et que les *expressions* soient nobles. (G.)

*Mot* me paraît principalement relatif au matériel, ou à la signification formelle qui constitue l'espèce : *terme* se rapporte plutôt à la signification objective qui détermine l'idée, ou aux différents sens dont elle est susceptible. — *Leurrer*, par exemple, est un *mot* de deux syllabes : voilà ce qui en concerne le matériel; et par rapport à la signification formelle, ce *mot* est un verbe au présent de l'infinitif. Si l'on veut parler de la signification objective dans le sens propre, *leurrer* est un *terme* de fauconnerie; et dans le sens figuré, où nous l'employons au lieu de *tromper par de fausses apparences*, c'est un *terme* métaphorique. Ce serait parler sans justesse et confondre les nuances, que de dire que *leurrer* est un *terme* de deux syllabes et que ce *terme* est à l'infinitif; ou bien que *leurrer*, dans le sens propre, est un *mot* de fauconnerie; ou dans le sens figuré, un *mot* métaphorique. — On dit *terme* d'art, *terme* de palais, *terme* de géométrie, etc., pour désigner certains *mots* qui ne sont usités que dans le langage propre des arts, du palais, de la géométrie, etc.; ou dont le sens propre n'est usité que dans ce langage, et sert de fondement à un sens figuré dans le langage ordinaire et commun. — Les *mots* sont grands ou petits, d'une prononciation facile ou embarrassée, harmonieux ou rudes, simples ou composés, primitifs ou divisés, etc. : tout cela tient au matériel du signe, ou à la manière dont il signifie. Les *termes* sont sublimes ou bas, énergiques ou faibles, propres ou impropres, clairs ou obscurs, etc. : tout cela tient aux idées de la signification objective. (B.)

MOTEUR, MOUVANT. Qui produit le mouvement. — *Moteur* (fém. *motrice*) est substantif et adjectif, il signifie qui fait mouvoir, qui donne le mouvement : « Muscles *moteurs*; force, puissance, faculté, vertu *motrice* ». (Acad.) *Mouvant* est toujours adjectif : ce mot se prend dans différentes acceptions; mais il n'est synonyme de *moteur* que quand il signifie qui a la puissance de mouvoir, et dans ce sens il n'est usité qu'avec le mot *force*.

La force *motrice* est celle qui agit par elle-même, ou bien c'est une force considérée dans son action, au moment où elle produit, en effet, le mouvement. La force *mouvante* a bien la propriété de produire le mouvement, la puissance de mouvoir; mais elle n'agit pas d'elle-même, il faut la mettre en action. L'eau est une force *mouvante*; elle ne devient force *motrice* que quand on l'emploie comme *moteur* (40, page 12).

MOTEUR, PROMOTEUR. *Moteur* signifie qui meut; *promoteur* qui meut ou pousse *en avant* (12, page 5). Le *moteur* donne la première impulsion, le *promoteur* soutient, accélère, étend le mouvement. Le *moteur* est la cause première, sans lui la chose n'existerait pas : « Dieu est le premier *moteur* de toutes choses ». (Acad.) Sans le *promoteur*, la chose n'existerait pas moins, seulement elle ne recevrait pas le développement qu'il lui donne.

Cependant, comme le fait observer l'Académie, *promoteur* se dit aussi de celui qui donne la première impulsion pour quelque chose, mais pour quelque chose qui se produit *au dehors* : « Il fut le *promoteur* de cette querelle » (Acad.) ; tandis que *moteur* sera le terme propre pour des choses qui restent cachées, couvertes : « Il fut le principal *moteur* de cette conjuration ». (Id.)

**MOTIF.** V. *Mobile.*

**MOU, INDOLENT.** Un homme *mou* ne soutient pas ses entreprises ; Un *indolent* ne veut rien entreprendre. Le premier manque de courage et de fermeté ; on l'arrête, on le tourne, on l'intimide, et on le fait changer aisément : le second manque de volonté et d'émulation ; on ne peut le piquer ni le rendre sensible. — L'homme *mou* ne vaut rien à la tête d'un parti : l'homme *indolent* n'est pas propre à le former. (G.)

**MOURANT.** V. *Moribond.*

**MOURIR, SE MOURIR.** V. *Passer.*

**MOUSQUET, FUSIL.** « *Mousquet,* arme à feu qui était en usage avant le *fusil,* et qu'on faisait partir au moyen d'une mèche allumée. » (Acad.) Le *fusil* est la même arme à laquelle on a adapté une batterie qui la fait partir, au lieu d'une mèche allumée.

Le mot *fusil* signifie proprement une petite pièce d'acier avec laquelle on bat un caillou pour, comme on dit, en tirer du feu. Lorsqu'à la mèche allumée on substitua la batterie formée d'une pièce d'acier couvrant le bassinet de l'arme, et d'une pierre portée par ce qu'on appelle *le chien,* l'arme à feu s'appela d'abord *mousquet à fusil,* puis simplement *fusil.* Aujourd'hui on a remplacé la pièce d'acier et la pierre par une capsule fulminante, et nous appelons toujours *fusil* cette arme, quoiqu'elle n'ait plus de *fusil* proprement dit.

**MOUVANT.** V. *Moteur.*

**MOYEN.** V. *Voie.*

**MULTITUDE.** V. *Affluence.*

**MUNIR (SE), SE PRÉMUNIR.** Il y a entre ces deux mots la même différence qu'entre *méditer* et *préméditer.* (Voir ces mots.) *Se prémunir,* c'est *se munir* par précaution et bien avant l'événement (13, page 5) : « *Se munir* d'un bon manteau ; *se prémunir* contre les accidents de la fortune ». (Acad.)

**MUR, MURAILLE.** « Le *mur* est un ouvrage de maçonnerie : la *muraille* est une sorte d'édifice. Le *mur* est susceptible de différentes dimensions : la *muraille* est une suite de *murs* (37, page 11), un *mur* étendu dans ses différentes dimensions. L'architecte, le maçon distinguent différentes espèces de *murs ;* ils considèrent surtout les qualités de leur construction. Le voyageur, le curieux, s'arrêteront plutôt à l'espèce appelée *muraille :* ils en considéreront surtout la force, la grandeur ou la beauté, comme à l'égard des *murailles* de Babylone, une des sept merveilles. Le propre du *mur* est d'arrêter, de retenir, de séparer, de partager, de fermer. L'idée particulière de la *muraille* est celle de couvrir, de défendre, de fortifier, ou de servir de rempart, de boulevard. » (R.)

On dit également les *murs* et les *murailles* d'une ville : le premier mot exprime une idée de clôture, le second une idée de défense ; voilà pourquoi l'on ne dit pas la *muraille* d'enceinte, la *muraille* de l'octroi, mais le *mur* d'enceinte, le *mur* de l'octroi. On dit au contraire, la *muraille* de la Chine : « Si l'on disait le *mur* de la Chine, il semblerait qu'on voudrait parler d'un *mur* qui enferme la Chine, comme on parlerait du *mur* d'une ville, et on ne saurait pas ce que cela voudrait dire ». (Condillac.)

MUSÉE, MUSÉUM. « Lieu destiné, soit à l'étude des lettres, des sciences et des beaux-arts, soit à rassembler les productions, les monuments qui y sont relatifs. » — Telle est la définition que l'Académie donne du mot *musée* ; et elle dit que *muséum* a le même sens. Cependant aujourd'hui le mot *musée* ne s'emploie guère que pour désigner une collection publique de tableaux, de statues, de toutes sortes d'objets d'art ou de curiosités : « Le *musée* du Louvre, le *musée* de Cluny » ; le mot *muséum* est réservé pour les collections d'histoire naturelle.

Cette distinction de sens entre ces deux mots est généralement admise; néanmoins quelques personnes disent encore *muséum* en parlant de certains *musées* étrangers : « Le *muséum* du Vatican, le *muséum* britannique ».

MUTATION. V. *Changement*.

MUTUEL, RÉCIPROQUE. Le mot *mutuel* désigne l'échange ; le mot *réciproque*, le retour. Le premier exprime l'action de donner et de recevoir de part et d'autre ; et le second, l'action de rendre selon qu'on reçoit, c'est-à-dire la réaction. — L'échange est libre et volontaire : on donne en échange, et cette action est *mutuelle*. Le retour est dû ou exigé : on paie de retour, et cette action est *réciproque*. — Les choses du même genre, celles qui s'échangent l'une contre l'autre, sont *mutuelles*. Celles même d'un genre opposé ou différent, mais qui sont corrélatives, qui se contre-balancent ou se compensent les unes les autres, sont *réciproques*. — L'affection est *mutuelle*, dès qu'on s'aime l'un l'autre : elle est *réciproque*, lorsqu'on se rend sentiment pour sentiment. Dans le premier cas l'affection est pure et libre : dans le second, il se trouve une sorte de devoir et de reconnaissance. — Des services volontaires, désintéressés, rendus de part et d'autre, sont *mutuels* : des services imposés, mérités, acquittés de part et d'autre, sont *réciproques*. Des amis se rendent l'un à l'autre des services *mutuels* : les maîtres et les domestiques s'acquittent les uns envers les autres par des services *réciproques*. — *Mutuel* ne se dit guère qu'en matière de volonté, de sentiment, de société : *amitié mutuelle, obligation mutuelle, don mutuel*. *Réciproque* s'étend sur une foule de choses éloignées de cette idée : on dit des *termes réciproques*, des *verbes réciproques*, des *influences réciproques*, etc., pour exprimer particulièrement la réaction, la corrélation, le retour, la *réciprocation* ou action de rendre la pareille. (R.)

# N

**NAIF, NATUREL.** Ce qui est *naïf* naît du sujet et en sort sans effort; c'est l'opposé du réfléchi, et c'est le sentiment seul qui l'inspire aux bons esprits. Ce qui est *naturel* appartient aussi au sujet, mais il n'éclôt que par la réflexion; il n'est opposé qu'au recherché, et c'est à la finesse de l'esprit qu'il est donné d'en reconnaître les bornes. — Tel que cette aimable rougeur qui, tout à coup et sans le consentement de la volonté, trahit les mouvements secrets d'une âme ingénue, le *naïf* échappe à un génie éclairé par un esprit juste et guidé par une sensibilité fine et délicate : mais il ne doit rien à l'art; il ne peut être ni commandé ni retenu. On dirait qu'une pensée *naturelle* devrait venir à tout le monde, dit le P. Bouhours; elle paraît aisée à trouver, et ne coûte rien dès qu'on la rencontre; elle vient encore moins de l'esprit de celui qui pense, que de la chose dont on parle. — Toute pensée *naïve* est *naturelle;* mais toute pensée *naturelle* n'est pas *naïve*. (B.)

**NAISSANCE, NATIVITÉ.** « Ces deux mots expriment l'instant ou le jour où une créature humaine vient au monde; mais *naissance* est un terme ordinaire et commun qui s'applique indifféremment à toute créature humaine; et *nativité* est un terme consacré par l'Église, pour signifier la *naissance* de Jésus-Christ ou de quelque saint personnage : La *nativité* de Jésus-Christ, la *nativité* de la Vierge, la *nativité* de saint Jean-Baptiste ». (L.)

*Naissance* peut se dire des animaux et même des plantes; au figuré, ce mot signifie origine, commencement : « La *naissance* d'un État, d'une ville; la *naissance* du jour ». (Acad.)

**NAIVETÉ, CANDEUR, INGÉNUITÉ.** La *naïveté* est l'expression la plus simple et la plus naturelle d'une idée dont le fond peut être fin et délicat; et cette expression simple a tant de grâce et d'autant plus de mérite, qu'elle est le chef-d'œuvre de l'art dans ceux à qui elle n'est pas naturelle. — La *candeur* est le sentiment intérieur de la pureté de son âme, qui empêche de penser qu'on ait rien à dissimuler. — L'*ingénuité* peut être une suite de la sottise, quand elle n'est pas l'effet de l'inexpérience : mais la *naïveté* n'est souvent que l'ignorance des choses de convention, faciles à apprendre, et bonnes à dédaigner; et la *candeur* est la première marque d'une belle âme. (Duclos. Considérations sur les mœurs.)

**NAIVETÉ, SINCÉRITÉ.** V. *Sincérité*.

**NARRATION, NARRÉ.** La *narration*, comme l'*énonciation* et l'*exposition* (V. ces mots), est relative à la personne qui fait le récit, à la forme qu'elle lui donne, etc. Elle admet des développements et des ornements : c'est presque toujours une composition littéraire; c'est toujours un récit où le narrateur se manifeste, et d'après lequel on juge de son talent. Le *narré* consiste, comme l'*exposé*, dans le fond même des choses; il est simple et nu, froid et calme; mais il peut être long, et dans ce cas, il est presque toujours ennuyeux.

NARRER. V. *Conter*.

NATION, PEUPLE. Dans le sens littéral et primitif, le mot *nation* marque un rapport commun de naissance, d'origine; et *peuple* un rapport de nombre et d'ensemble. La *nation* est une grande famille; le *peuple* est une grande assemblée. La *nation* consiste dans les descendants d'un même père; et le *peuple*, dans la multitude d'hommes rassemblés en un même lieu. — La même langue dans la bouche de deux *peuples* éloignés, comme les Bretons et les Gallois, annonce qu'ils ne sont originairement qu'une *nation*. La confusion des langues dans l'idiome d'une *nation*, tel que l'anglais, annonce qu'elle n'est, quant à sa composition, qu'un *peuple* mêlé. — Un *peuple* étranger qui forme une colonie dans un pays lointain, est encore anglais, allemand, français; il l'est de *nation* ou d'origine. — Politiquement parlant, la *nation* et le *peuple* conservent leur caractère propre et leurs différences naturelles. La *nation* est une grande famille politique à l'instar de la famille naturelle : le *peuple* est une grande multitude rassemblée et réunie par des liens communs. La *nation* est le corps des citoyens : le *peuple* est l'ensemble des regnicoles. — Nous considérons particulièrement dans la *nation*, la puissance, les droits des citoyens, les relations civiles et politiques. Nous considérons dans le *peuple* la sujétion, le besoin surtout de la protection, et des rapports divers de tout genre. Les lois se font par les représentants de la *nation* et en son nom; elles ne se font par les représentants du *peuple* que dans la démocratie. — L'État étant conquis et soumis à un nouvel ordre de choses, la *nation* proprement dite est détruite; mais le *peuple* reste. — Le *peuple* est encore distingué quelquefois de la *nation*, comme un ordre particulier de l'État. La *nation* est le tout; le *peuple* est la partie, et cette partie est composée d'une grande multitude. La *nation* se divise en plusieurs ordres, et le *peuple* en est le dernier. (R.)

NATIVITÉ. V. *Naissance*.

NATUREL, NAIF. V. *Naïf*.

NATUREL, TEMPÉRAMENT, CONSTITUTION, COMPLEXION. *Naturel* annonce les propriétés, les quantités, les dispositions, les inclinations, les goûts; en un mot le caractère qu'on a reçu de la nature, avec lequel on est né. Ce mot se prend ordinairement dans un sens moral : on le dit quelquefois dans le sens physique de *constitution*; même au physique, il convient mieux pour désigner les qualités physiques relativement à leurs effets moraux : vous diriez plutôt un *naturel ardent*, qu'un *naturel robuste*. — Le *tempérament* est proprement ce qui fait l'humeur, ce que produit dans le corps animal le mélange avec la dose des humeurs, *tempérées* ou modérées l'une par l'autre. L'humeur dominante forme le *tempérament* sanguin ou bilieux, chaud ou froid, bouillant ou flegmatique, etc. Le bon *tempérament* résulte surtout de l'équilibre des humeurs. — La *constitution* s'étend plus loin : elle consiste dans la composition et l'ordonnance des différents éléments d'un corps, des différentes parties d'un tout, qui le *constituent* ou l'établissent tel, ou qui fondent et forment son existence, son *état*, sa manière propre et *stable* d'être. La *complexion* indique proprement les habitudes formées, les plis pris, les penchants ou les dispositions habituelles, soit qu'elles naissent du *tempérament* ou des humeurs, soit qu'elles naissent de quelque autre élément *constitutif* du corps. — Le *naturel* est donc formé de l'assemblage des qualités naturelles : le *tempérament*, du mélange des humeurs; la *constitution*, du système entier des parties constitutives du corps; la *complexion*, des habitudes dominantes que le corps a contractées. — Le *naturel* fait le caractère, le fond du caractère; le *tempérament*, l'humeur, l'humeur dominante; la *constitution*, la santé, la base ou le premier principe de la santé; la *complexion*, la disposition habituelle du corps. (R.)

NAUTIQUE. V. *Naval*.

NAUTONIER. V. *Nocher*.

NAVAL, NAUTIQUE. *Naval* se dit de ce qui regarde les vaisseaux ou les navires de guerre : *nautique* signifie qui concerne la navigation, la science et la pratique de la navigation. On dit l'architecture *navale* ou qui regarde la construction des navires, et l'astronomie *nautique* ou qui concerne la navigation; on dit par la même raison combat *naval*, victoire *navale*, forces *navales*, cartes *nautiques* et problèmes *nautiques*.

NAVIRE. V. *Nef*.

NÉANMOINS. V. *Pourtant*.

NÉCESSAIRE (IL EST). V. *Il faut*.

NÉCESSITÉ. V. *Pauvreté*.

NÉCESSITEUX. V. *Pauvre*.

NEF, NAVIRE, VAISSEAU. « *Nef* n'est depuis longtemps qu'un terme poétique; il peut être considéré comme le mot simple, et employé comme genre. *Navire* distingue une espèce de bâtiment de haut bord pour aller en mer; et il sert aussi à désigner collectivement tous les grands bâtiments ou les vaisseaux. — *Nef* marque proprement quelque chose d'élevé, de construit sur l'eau; *navire*, une maison flottante, habitation pour aller sur mer. *Nef* distingue l'élévation et la forme : ainsi l'on dit *nef* d'église; *navire* exprime particulièrement l'idée d'aller, de nager, de voguer, de *naviguer* (*navim agere*) : le *navire* est la *nef* qui va (*ire*, aller). » (R.)

*Nef*, dans le sens de *navire*, est aujourd'hui un archaïsme : *navire* est devenu le nom de genre. Quant à *vaisseau*, il ne se dit plus que comme nom d'espèce, pour désigner les plus gros *navires* de guerre.

*Nef* et *vaisseau* se disent aussi en parlant des églises : c'est même uniquement dans ce cas que nous employons aujourd'hui le mot *nef*. La *nef* est la partie de l'église qui s'étend depuis la porte principale jusqu'au chœur : il y a aussi ordinairement dans les grandes églises des *nefs* latérales appelées aussi *bas côtés*. *Vaisseau* désigne l'église entière : « Cette église est un *vaisseau* magnifique ». (Acad.)

NÉGATIVE, NÉGATION, AFFIRMATIVE, AFFIRMATION. La *négative* est en logique une proposition qui a la propriété de nier (27, page 9) : « Persister dans la *négative* ». (Acad.) La *négation* est l'action de nier (20, page 7); c'est l'acte de l'esprit qui nie : toute *négation* consiste à soutenir une proposition *négative*.

En grammaire, ces deux mots se disent des particules *ne, ni, non;* mais quand on dit que ce sont des *négatives,* on entend que ces mots ont la propriété de donner à la phrase le sens *négatif;* et quand on dit que ce sont des *négations*, on les considère comme les signes représentatifs de l'acte que fait l'esprit quand il nie. La différence est la même entre *affirmative* et *affirmation.*

NÉGLIGENT. V. *Indolent.*

NÉGOCE. V. *Commerce.*

NÈGRE. V. *Noir.*

NÉOLOGIE, NÉOLOGISME. Invention de termes nouveaux, ou emploi dans un sens nouveau de mots déjà connus. — Le *néologisme* est l'abus de la *néologie :* celle-ci, qui est bien loin d'être un défaut, crée des termes nécessaires, d'heureuses alliances de mots, des tours nouveaux, légitimés par l'analogie. Corneille a fait de la *néologie* et non des *néologismes,* lorsqu'il a dit : « Ton bras est *invaincu,* mais non pas invincible. Et monté sur le faîte, il *aspire à descendre* ».

Le *néologisme* ne consiste pas seulement à introduire dans la langue des mots nouveaux qui n'y sont point nécessaires; mais encore à détourner des mots anciens de leur acception ordinaire, pour leur donner un sens nouveau que réprouve le bon goût. Un écrivain a dit : « Donner une *attitude* mesurée à son style » ; il voulait dire écrire avec convenance et mesure. Le mot *attitude* signifie, au propre, situation, position du corps, et, au figuré, disposition à l'égard de quelqu'un : comment ce mot pourrait-il se dire du style?

NET, PROPRE. Ces adjectifs sont synonymes, en tant qu'on les oppose à *sale*. — *Net*, ce qui est blanc, clair, poli, sans ordure, sans souillure, sans tache, sans défaut, sans mélange étranger. *Propre* exprime ce qui constitue l'essence, ce qui appartient en propre, ce qui est convenable ou disposé pour une fin; mais par une ellipse particulière à notre langue, il prend la signification de *net, ajusté :* une personne *propre*, un appartement *propre*, c'est-à-dire un objet qu'on a mis dans l'état où il doit être, où il est convenablement; un objet *approprié*, rendu *propre* à être vu, employé. — La *propreté* ajoute donc à la *netteté* l'idée d'un arrangement ou d'une disposition convenable à la destination et à l'usage de la chose. La *netteté* n'est que le premier élément de la *propreté*. Une chose est *propre*, quand elle est *nette* et arrangée comme il convient. On dit d'un gros mangeur qui ne laisse rien dans les plats, qu'il fait les plats *nets* : mais ces plats-là ne sont pourtant pas *propres*, il faut les laver pour qu'on y mange. (R.)

**NET, NETTEMENT.** V. *Franc, franchement.*

**NETTOYAGE, NETTOIEMENT.** Action de nettoyer. Le *nettoyage* est cette action faite en grand; le *nettoiement* est l'action de nettoyer de petits objets, des objets usuels : on doit dire le *nettoyage* des rues, des places publiques, etc., et le *nettoiement* d'un ustensile, d'un peigne, etc.

**NEUF, NOUVEAU, RÉCENT.** Ce qui n'a point servi est *neuf*. Ce qui n'avait pas encore paru est *nouveau*. Ce qui vient d'arriver est *récent*. — On dit d'un habit, qu'il est *neuf*; d'une mode qu'elle est *nouvelle*; d'un fait, qu'il est *récent*. — Une pensée est *neuve*, par le tour qu'on lui donne; *nouvelle*, par le sens qu'elle exprime; *récente*, par le temps de sa production. — Celui qui n'a pas encore l'expérience et l'usage du monde, est un homme *neuf*. Celui qui ne commence que d'y entrer ou qui est le premier de son nom, est un homme *nouveau*. L'on est moins touché des histoires anciennes que des *récentes*. (G.)

**NIER, DÉNIER.** *Nier*, c'est simplement dire qu'une chose n'est pas vraie, soutenir qu'une chose n'est pas. *Dénier*, principalement usité en jurisprudence, exprime une dénégation formelle ou une rétractation; il signifie à peu près, ne pas reconnaître : « *Dénier* un crime; *Dénier* une dette. Au premier interrogatoire, il avait fait plusieurs aveux, plus tard il a tout *dénié* ». (Acad.) La particule *dé* est ici analytique et complétive (7, page 4).

*Dénier* signifie aussi *refuser* : « Ne me *déniez* pas votre secours ». (Acad.) Mais, comme on le voit, dans ce sens, il n'est pas synonyme de *nier*.

**NIPPES, HARDES.** Les *hardes* sont expressément distinguées des *nippes* dans plusieurs passages d'auteurs connus. Ainsi Molière fait dire à son *Avare*, que l'emprunteur prendra, pour une partie de la somme, des *hardes*, *nippes* et bijoux. — Les dictionnaires nous donnent le mot *nippes* pour un terme générique qui se dit tant des habits que des meubles, et de tout ce qui sert à l'ajustement et à la parure; et le mot *hardes* pour un terme collectif qui désigne tout ce qui sert à l'habillement. — *Nippes* indique donc également et des habits et des meubles; et *hardes* n'indique proprement que des habits ou des habillements quelconques. Quand il s'agit de désigner l'habillement, en quoi diffèrent-ils l'un de l'autre? En ce que le mot *hardes* renferme toutes les sortes de vêtements qu'on porte sur soi pour quelque fin que ce soit, pour l'utilité, pour la nécessité, pour l'agrément : mais les *nippes* sont les *hardes* destinées surtout à la propreté et à la parure, comme le linge dont on change et qu'on lave pour être propre. S'il est parlé dans la même phrase de *hardes* et de *nippes*, les *hardes* sont de gros vêtements qui couvrent; et l'on parle de *nippes* pour marquer précisément qu'il y a des *hardes* de parure et de propreté. (R.)

L'Académie dit en effet que *hardes* désigne tout ce qui est d'un usage *nécessaire* et *ordinaire* pour l'habillement.

NOCHER, NAUTONIER, PILOTE. *Nocher* et *nautonier* ne sont guère usités qu'en poésie ou dans le style élevé, et les poëtes les emploient indifféremment l'un pour l'autre. Cependant à proprement parler, le *nocher* est celui qui conduit sa propre barque; le *nautonier* travaille à la manœuvre; il conduit en sous-ordre, ou il n'est pas propriétaire de la barque qu'il conduit.

*Pilote* est le terme ordinaire désignant celui qui dirige la marche d'un navire sur mer, et plus particulièrement l'homme dont la profession est de prendre la direction d'un navire à l'entrée ou à la sortie d'un port, ou bien d'une barque, d'un bateau dans les passages difficiles et dangereux des rivières.

NOIR, NÈGRE. « Les Portugais qui les premiers découvrirent la côte occidentale de l'Afrique, appelèrent *negro* le peuple de couleur *noire*, répandu sur la plus grande partie de cette côte, et le pays *Nigritie*. Les *nègres* étaient auparavant désignés par le nom d'*Éthiopiens*. Le *nègre* est proprement l'homme d'un tel pays, et le *noir* l'homme d'une telle couleur. On fait la traite des *nègres*; et on cherche la cause de la couleur des *noirs*.» (R.)

Les définitions de l'Académie confirment cette distinction : « *Noir* se dit par opposition à blanc : Il y a vingt *noirs* et trois *blancs* dans cette habitation. *Nègre* est le nom que l'on donne en général à la race des *noirs*, et spécialement aux habitants de certaines contrées de l'Afrique et aux esclaves noirs des colonies : La traite des *nègres* est abolie. Il a cent *nègres* dans son habitation ».

NOIR, NOIRATRE. V. *Blanc*.

NOIRAUD, NOIRATRE. V. *Rougeaud*.

NOIRCIR, DÉNIGRER. *Dénigrer* est le latin *denigrare*, composé de *nigrare, noircir*. *Noircir*, actif, rendre noir; *dénigrer*, travailler à rendre noir par décoloration ou dégradation de couleur, comme il arrive à ce qui se ternit, se flétrit, s'obscurcit. *Dénigrer* ne se dit qu'au figuré : *noircir* prend, au figuré, l'idée rigoureuse de *noirceur*. L'idée de *dénigrer* est de peindre en noir, ou avec des traits fort défavorables, c'est décrier indignement : celle de *noircir* est de peindre des plus noires couleurs, ou de la manière la plus flétrissante, c'est diffamer odieusement. — Celui qui vous *dénigre* veut vous nuire; il attaque votre réputation, il ravale votre mérite. Celui qui vous *noircit* veut vous perdre; il attaque votre honneur, il vous perd de réputation : le calomniateur *noircit*, le détracteur *dénigre*. — Par la raison que *noircir* attaque l'honneur, il ne se dit que des personnes ou de leurs actions morales. Par la raison que *dénigrer* s'adresse à tout genre de mérite, il s'applique aux choses; car on tâche à rabaisser leur prix, à les rendre méprisables. On *dénigre* un ouvrage, une marchandise; on ne les *noircit* pas : on *dénigre* et on *noircit* un auteur, un marchand. (R.)

NOIRCIR, SE NOIRCIR. V. *Passer*.

NOISE. V. *Dispute*.

NOM, DÉNOMINATION. V. *Nommer, dénommer*.

NOM, RENOM, RENOMMÉE, RÉPUTATION. « Les trois premiers signifient *ce qu'on publie* de quelqu'un, tandis que *réputation* exprime littéralement *ce qu'on en pense* (de *putare*, penser, estimer, croire), et la *célébrité*, l'éloge qu'on en fait (de *célébrer*, louer, exalter). Mais dans l'usage, le *nom* annonce plutôt une sorte de célébrité, le *renom* se rapporte mieux à la *réputation*; la *renommée* est au-dessus de l'une et de l'autre. — Le *renom* est le *nom* répété, redoublé, répandu suivant la force de la particule réduplicative et intensive *re* (5, page 3); il emporte donc un plus grand *nom*, une plus grande *réputation*. Quand il est employé d'une manière absolue, comme dans ces exemples *homme de renom*, *ville de renom*, il prend le sens de *renommée*, qui ne s'emploie pas de cette sorte. — La *renommée* est un très-grand *nom*, un *nom* partout connu, le *renom* qui a le plus d'éclat et de durée, une *réputation* aussi haute que vaste. Ce mot, par la valeur de sa terminaison, annonce l'assemblage, une réunion, un résultat de divers jugements, d'une foule de suffrages, des différentes *réputations* acquises par une suite de faits, etc. (28, page 9). — Par le *nom* vous êtes connu, distingué : par le *renom*, on fait du bruit, on a de la vogue : par la *renommée*, vous êtes fameux, tout est rempli de votre *nom*, et il est durable. Le *nom* vous tire de l'obscurité; le *renom* vous donne de l'éclat; la *renommée* vous couronne de toute sa gloire. En deux mots, ce que le *nom* commence, le *renom* l'avance, la *renommée* le consomme. » (R.)

La *réputation*, uniquement fondée sur l'opinion que le public a de quelqu'un, a beaucoup plus de rapport à la valeur morale de l'homme que le *nom*, le *renom* et la *renommée*. On peut s'être fait un *nom*, jouir même d'une grande *renommée*, et avoir une très-mauvaise *réputation*.

NOMMER, APPELER. *Appeler* n'est point synonyme de *nommer*, lorsqu'il signifie inviter à venir à soi; mais dans une acception secondaire, il signifie dire le nom de la personne ou lui donner un nom sans l'intention de la faire venir à soi ou à son secours, et c'est alors qu'il devient synonyme de *nommer*. — *Appeler* annonce proprement des signes faits avec la main : l'*appel* est un signal pour faire venir. Mais comme en *appelant*, il est assez ordinaire que l'on *nomme* les personnes, on a dit *appeler* pour *nommer : Comment* l'appelez-*vous? comment se* nomme-*t-il? Nommer* marque le *nom propre* de la personne : *appeler* n'énonce qu'un signe ou une qualification distinctive, quelle qu'elle soit. On *nomme* quelqu'un par son nom; on l'*appelle* de diverses manières. — *Appeler* demande à sa suite quelque nom ou quelque signe particulier, pour qu'il signifie *nommer* : mais on ne *nomme* les gens que par leurs noms propres, ou patronymiques, ou usités ; et on les *appelle* ou de leurs noms, ou par leurs qualités, ou de différentes qualifications. Vous *nommez* Tibère, et vous l'*appelez* monstre. Vous nommez Louis XII, et vous l'*appelez* le père du peuple. Vous *nommez* Bayard et vous l'*appelez* le chevalier sans peur et sans reproche. — Plusieurs anciens peuples (et il en reste des traces dans le Nord), en *nommant* un tel, l'*appelaient* fils d'un tel : il n'y avait pas moyen de renier son père. (R.)

NOMMER, DÉNOMMER. NOM, DÉNOMINATION. *Nommer*, c'est simplement donner un nom, désigner par le nom, ou faire connaître le nom : « Comment *nommez*-vous cet homme? On le *nomme* Pierre ». (Acad.) *Dénommer* est un terme de pratique, qui signifie désigner une personne par tous ses noms, par ses titres et ses qualités, de façon qu'elle ne puisse être confondue avec une autre : la préfixe *dé* est ici analytique, complétive et déterminative (7, page 4).

La même différence existe entre le *nom* et la *dénomination*. Ce dernier est ainsi défini par l'Académie : « Désignation d'une personne ou d'une chose par un nom qui en exprime ordinairement l'état, l'espèce, la qualité, etc. : Donner à quelqu'un une *dénomination* flétrissante ».

NONCE, LÉGAT. Le *nonce* est un prélat que le pape envoie en simple ambassade : le *légat* est un cardinal qu'il envoie avec des pouvoirs extraordinaires à un concile ou auprès de quelqu'un des princes chrétiens.

NONCHALANT. V. *Indolent.*

NONOBSTANT. V. *Contre.*

NORD, SEPTENTRION. V. *Levant.*

NORD (DU), SEPTENTRIONAL. V. *Méridional.*

NOTABLE, REMARQUABLE. *Notable*, qui mérite d'être noté, d'être conservé dans la mémoire, d'être transmis à la postérité. *Remarquable*, qui mérite d'être remarqué. — Une chose *notable* est une chose qui mérite qu'on en prenne note : une chose *remarquable* est une chose qui mérite qu'on l'observe avec plus d'attention, avec plus de soin que les autres choses de la même espèce. (L.)

NOTES, REMARQUES, OBSERVATIONS, CONSIDÉRATIONS, RÉFLEXIONS. Les *notes* servent proprement à éclaircir ou expliquer un texte : les *remarques* à relever dans un ouvrage ou dans un sujet ce qui attire ou mérite particulièrement l'attention : les *observations*, à découvrir par un nouvel examen des choses nouvelles, et à conduire, par de nouveaux développements ou d'un ouvrage ou d'un sujet, à des résultats du moins plus certains : les *considérations*, à développer avec étendue les différents rapports d'un objet intéressant et la raison des choses, en présentant l'objet distinct sous ses différentes faces : les *réflexions*, à creuser les idées ou à tirer de nouvelles pensées du fond des choses. — Les *notes* doivent être claires, courtes, précises, comme les notices et les notions ; car il ne s'agit que d'expliquer des mots, des passages, des allusions, en un mot, de dissiper quelque obscurité ; et si elles étaient fort étendues, elles seraient des commentaires. — Les *remarques* doivent être nouvelles, utiles, critiques ; car il serait peu judicieux de vouloir faire remarquer ce que tout le monde remarque ou ce que personne ne se soucie de remarquer. — Les *observations* doivent être lumineuses, curieuses, savantes ; car c'est pour démêler ce qu'il y a de plus fin, découvrir ce qu'il y a de plus caché, développer ce qui est intéressant qu'on met une attention particulière à observer, qu'on exerce avec constance sa sagacité et sa critique. Il y a plus de recherches dans les *observations* que dans les *remarques* : vous *remarquez* ce qui vous frappe ; et vous *observez* pour découvrir et savoir. Il faut, sans doute, dans les unes et dans les autres, du goût et de la critique ; mais dans les *remarques*, c'est plutôt la critique de l'homme de goût qui sent ; et dans les *observations*, celle d'un savant qui interroge les choses, les détaille, les creuse, les possède. — Les *considérations* doivent être étendues et profondes ; elles ne s'exercent proprement que sur des objets *considérables*, faits pour être *considérés*, dignes de *considération*, selon le rapport naturel que ces mots ont entre eux. — Les *réflexions* doivent être naturelles sans être triviales, neuves ou exprimées d'une manière neuve et piquante, plutôt judicieuses et solides que subtiles et ingénieuses ; car il faut qu'elles naissent du sujet, qu'elles réveillent l'attention, qu'elles instruisent et se gravent dans l'esprit. (R.)

NOTIFIER, SIGNIFIER. *Notifier*, c'est *signifier* formellement et nettement, d'une manière authentique, dans les formes, de façon que la chose soit, non-seulement connue, mais indubitable, constante, notoire. Vous *signifiez* ce que vous déclarez avec une résolution expresse aux personnes : vous *notifiez* ce que vous leur *signifiez* en règle ou avec les conditions propres à donner à votre *signification* la valeur convenable ou le poids nécessaire. Ce qu'on vous a *signifié*, vous ne pouvez pas l'ignorer ; vous ne pouvez pas éluder ce qu'on vous a *notifié*. — On *notifie* des ordres, de manière à ne laisser que la ressource de l'obéissance : on *signifie* ses intentions, de manière à ne pas laisser l'excuse de l'ignorance. (R.)

NOTION. V. *Idée*.

NOTOIRE. V. *Manifeste*.

NOURRICIER. V. *Nourrissant*.

NOURRIR, ALIMENTER, SUSTENTER. *Nourrir*, c'est fournir à la substance des corps vivants, de manière qu'elle soit conservée par vos aliments, qui se transforment en cette substance même. *Alimenter*, c'est fournir à leur subsistance, de manière qu'ils aient toujours des aliments, pour se *nourrir*. *Sustenter*, c'est pourvoir à leurs besoins rigoureux et pressants, de manière que, par vos aliments, ils aient ce qui est nécessaire pour vivre. — L'idée nécessaire d'*alimenter* est d'entretenir d'aliments : aussi n'exprime-t-il point celle d'entretenir immédiatement la vie ou la substance, ou l'existence même des objets, autre acception des mots *nourrir* et *sustenter*. Ainsi l'aliment, le pain, par exemple, n'*alimente* pas; il *nourrit* et *sustente*. Tout aliment, en tant qu'il entretient notre substance, *nourrit* : la nourriture suffisante et nécessaire pour soutenir la vie, *sustente*. Il y a donc une mesure donnée de nourriture pour *sustenter* : mais avec plus ou moins d'aliments, on est *nourri* bien ou mal, trop ou trop peu, ou avec toute autre sorte de modifications. On sait déjà que *nourrir* signifie entretenir la substance par la conversion de l'aliment en cette substance; au lieu que *sustenter* signifie seulement soutenir la vie, sans aucun rapport à la manière dont l'effet est opéré par les aliments. (R.)

NOURRISSANT, NUTRITIF, NOURRICIER. *Nourrisant* qui nourrit, qui nourrit beaucoup. *Nutritif*, qui a la faculté de nourrir, de se convertir en la substance de l'objet (42, page 12.) *Nourricier*, qui opère la nutrition, qui se répand dans le corps pour en augmenter la substance. Le premier de ces mots marque l'effet; le second, la puissance; le troisième, l'action. — Les mets *nourrissants* abondent en parties *nutritives*, dont l'estomac extrait une grande quantité de sucs *nourriciers*. (R.)

NOURRITURE. V. *Subistance*.

NOUVEAU. V. *Neuf*.

NOUVELLE (AVOIR), AVOIR DES NOUVELLES. V. *Avoir nouvelle*.

NUAGE. V. *Nue*.

NUANCER. V. *Nuer*.

NUE, NUÉE, NUAGE. *Nue* est le mot simple; il désigne des vapeurs élevées et condensées dans les airs. *Nuée* est un mot composé; et, comme les substantifs dérivés d'un autre et distingués par cette terminaison, il désigne les circonstances particulières de la chose (28, page 9), un amas de vapeurs épaisses, sombres, menaçantes, grosses de pluie et prêtes à crever. *Nuage* est également composé de *nue*, et par la terminaison *age* (24, page 8) il désigne particulièrement l'action ou l'effet produit par l'interposition de la chose, celui de cacher, de couvrir, d'obscurcir, d'offusquer. (R.)

Ainsi l'idée de *nue* fait penser à l'élévation; celle de *nuée*, à la quantité et à l'orage; et celle de *nuage*, à l'obscurité. On dit donc d'un oiseau qu'il se perd dans les *nues*, pour dire qu'il s'élève fort haut dans la région de l'air; qu'une *nuée* s'étend vers la droite, pour marquer ce qui est exposé aux accidents dont elle menace; et qu'un *nuage* ne tardera point à crever, pour indiquer qu'il est extraordinairement condensé et noir. Ces idées accessoires deviennent presque les principales dans le sens figuré. On dit : « Élever quelqu'un jusqu'aux *nues* » pour dire le louer excessivement; « Tomber des *nues*, pour dire être surpris, étonné, comme on l'est quand on tombe de haut : on voit dominer dans toutes ces phrases l'idée d'élévation. — On dit figurément : « Une *nuée* d'hommes, d'oiseaux, d'animaux »; l'idée de quantité est ici dominante. — Enfin l'on dit : « Un *nuage* de poussière » pour marquer l'obscurcissement de l'air par la quantité de poussière qui y est élevée; « Avoir un *nuage* devant les yeux » pour désigner quelque chose que ce soit qui empêche de voir distinctement; et plus figurément encore; on appelle *nuages* les doutes, les incertitudes et les ignorances de l'esprit humain. Ici c'est l'idée d'obscurité qui est principalement envisagée. (B.)

NUER, NUANCER. « Assortir, disposer des couleurs de manière qu'il se fasse une diminution insensible d'une couleur à l'autre, ou d'une même couleur, en allant soit du clair à l'obscur, soit de l'obscur au clair ». (Acad.)

En premier lieu, *nuer* signifie proprement former des nuances sur un fond de couleur, au moyen de différentes couleurs nouvelles : *nuancer*, c'est assortir les nuances d'une seule couleur, par dégradation de teinte. Secondement, en termes d'industrie, *nuer* un dessin, c'est y marquer les couleurs que l'ouvrier doit employer dans la fabrication; et *nuancer*, c'est reproduire fidèlement les nuances du dessin modèle. « Ainsi, dit Roubaud, le dessinateur *nue* et l'ouvrier *nuance*. » Troisièmement enfin *nuer* se dit des couleurs variées que les objets ont naturellement; et *nuancer*, de la reproduction par l'art de ces mêmes couleurs sur l'imitation de l'objet.

« *Nuer* ne se dit point au figuré; mais on y dit *nuancer*, pour désigner la différence fine, délicate, imperceptible, qui se trouve entre les mots, les idées, les mêmes espèces de choses, comme vertus, passions, etc. » (R.)

NUISIBLE. V. *Malfaisant*.

NUIT. V. *Ténèbres*.

NUL, AUCUN. *Nul, ne ullus, ne unus*, pas un, pas un seul; *aucun, aliquis unus*, quelqu'un [1]. *Nul* porte avec lui sa négation; *aucun* en attend une pour en devenir le synonyme. *Nul* a plus de force exclusive que *aucun*. *Nul* exclut *chacun*, chaque individu, chaque chose, d'une manière déterminée, depuis la première jusqu'à la dernière : *aucun* négatif exclut *quelqu'un*, celui-ci ou celui-là, une chose et une autre, d'une manière indéterminée. *Nul n'ose*, c'est-à-dire qu'il n'y a *pas un seul* qui ose : *aucun* d'eux n'ose, c'est-à-dire qu'il ne se trouve pas *quelqu'un* qui ose. L'homme négatif et sans égards n'a *nul* égard pour vos prières, il les rejette absolument : l'homme honnête et capable

1. *Aucun*, autrefois *alcun*, *aulcun*, en italien *alcuno*. Dans tous nos anciens auteurs *aucun* s'emploie dans le sens de quelqu'un, quelque : *Aucuns*, se sont trouvés (La Fontaine), c'est-à-dire quelques-uns se sont trouvés; et dans cette phrase de l'Académie : « De tous ceux qui se disaient mes amis, *aucun* m'a-t-il secouru? » *aucun* n'a pas d'autre sens que *quelqu'un*.

d'égards, n'a *aucun* égard à vos prières dans telle occasion; il ne s'y rend pas. La justice rigoureuse qui ne fait *nulle* acception des personnes, n'en fera *nulle* en votre faveur : l'équité, moins sévère, qui fait quelquefois acception des malheureux et des faibles, n'en fera *aucune*. Vous n'aurez *nulle* considération, quand vous devrez n'en avoir pas la moindre : vous n'en avez *aucune*, quand vous auriez pu en avoir quelqu'une. — *Nul* ajoute à *aucun* comme *point* à *pas*. Si l'oreille préfère quelquefois *aucun* à *nul*, il n'en faut pas moins que la justesse de l'expression l'emporte, dans les cas graves, sur la délicatesse de l'oreille. (R.)

NUMÉRAL, NUMÉRIQUE. *Numéral* est un terme de grammaire, et signifie qui désigne un nombre : *trois* est un adjectif *numéral*. *Numérique* est un terme de mathématiques, et signifie qui a rapport aux nombres, qui se fait avec des nombres, qui a lieu entre des nombres : une opération *numérique* est une opération faite sur des nombres; une différence *numérique* est celle qui existe entre deux nombres.

NUTRITIF. V. *Nourrissant*.

# O

OBÉISSANCE, SOUMISSION. L'*obéissance* est ou l'action de celui qui obéit ou la disposition habituelle à obéir. C'est dans ce dernier sens qu'*obéissance* et *soumission* sont synonymes, avec cette différence qu'*obéissance* marque particulièrement l'habitude d'obéir aux ordres, aux commandements, à mesure qu'ils sont donnés; et que la *soumission* marque une disposition générale et permanente, non-seulement à exécuter les ordres et les commandements, mais encore à se conformer à toutes les volontés et à toutes les idées des autres, de quelque manière que ces volontés et ces désirs soient connus. — C'est par l'*obéissance* qu'on exécute les ordres qu'on reçoit; c'est par la *soumission* qu'on est disposé à les exécuter. L'*obéissance* tombe sur l'action même, la *soumission* sur la disposition intérieure. On peut *obéir* sans être *soumis*, c'est-à-dire sans plier sa volonté à ce qu'on fait; alors l'*obéissance* est involontaire et forcée. La *soumission*, au contraire, suppose toujours la disposition à l'*obéissance* et la promet. (L.)

OBLIGATION. V. *Devoir*.

OBLIGEANT. V. *Serviable*.

OBLIGER, CONTRAINDRE, FORCER, VIOLENTER. *Obliger*, latin *obligare*, lier tout autour. *Contraindre*, latin *constringere*, serrer de tous côtés, étreindre fortement. *Forcer*, de *fer*, *for* (porter, élever) signifie employer des moyens puissants, efficaces par eux-mêmes, qui ôtent ou ravissent. *Violenter*, de *vis*, force, avec l'augmentatif *ol*, marque l'abus et les excès de la force par les mauvais traitements. —

Ainsi l'*obligation* lie, engage : la *contrainte* moleste, contrarie : la *force* emporte, entraîne : la *violence* maltraite, outrage. L'*obligation* empêche ou entraîne la liberté; la *contrainte* la tourmente; la *force* l'ôte; la *violence* la viole, si on me permet de le dire. — *Obliger* est un acte de pouvoir, qui impose un devoir ou une nécessité. *Contraindre* est un acte de persécution ou d'obsession, qui arrache plutôt qu'il n'obtient un consentement. *Forcer* est un acte de puissance et de vigueur, qui, par son énergie, détruit celle d'une volonté opposée. *Violenter* est un acte d'emportement ou de brutalité, qui emploie le droit et les ressources du plus fort à dompter une volonté rebelle et opiniâtre. — Les préceptes de l'Évangile *obligent*, dès qu'on est chrétien, mais sans *contraindre*; car on est libre d'obéir ou de ne pas obéir. Les persécutions d'un importun vous *contraignent* quelquefois, mais sans vous *forcer*; car vous pouviez y résister encore. Une puissance irrésistible qui vient sur nous quand nous suivons la direction opposée, nous *force* à reculer sans nous *violenter*; car il est naturel que nous nous déterminions, sans attendre la violence, à renoncer à ce que nous ne pouvons pas faire. Un maître inique et absolu qui vous ordonne une chose honteuse ou injuste, vous *violentera* pour vaincre, par de mauvais traitements, votre résistance, et vous mener au crime malgré vos efforts. — On s'*oblige* soi-même, quand on s'engage. On se *contraint*, quand on se gêne fort. On s'efforce plutôt qu'on ne se *force*, dans ce qu'on fait avec répugnance. On ne se *violente* pas; car on ne peut pas vouloir efficacement et faire tout ensemble des choses contraires. (R.)

OBLIGER A, OBLIGER DE. CONTRAINDRE A, CONTRAINDRE DE. FORCER A, FORCER DE. Dans ces locutions la préposition *à* présente l'exécution de la chose comme un but qu'il y a obligation d'atteindre, mais sans aucun rapport déterminé de temps. La préposition *de* marque détermination de l'action, avec rapport à un temps présent ou très-prochain (75, page 27). On dit même au passé, avec la préposition *de* plutôt qu'avec *à* : « Alors on m'*obligea*, on me *contraignit*, on me *força de* faire telle chose ». L'obligation est de tout temps ou dans un avenir indéterminé pour celui qui est *obligé à* faire quelque chose; elle est actuelle, elle a été dans tel moment ou elle sera bientôt pour celui qui est *obligé de* faire.

« Ainsi la religion *oblige* le diffamateur *à* réparer l'honneur de son prochain aux dépens du sien propre; c'est un devoir qu'il doit remplir : mais la justice l'*oblige*, par une condamnation, *de* faire à sa partie réparation d'honneur; c'est une peine qu'il subit. L'ambition *force* le courtisan *à* ramper, il faudra qu'il rampe : quand il rampe, elle le *force de* ramper. Ainsi parlent nos bons écrivains, comme dans les phrases suivantes : La prévoyance *oblige à* faire des épargnes : les impies *forcent* la Providence *à* les punir : la valeur *contraint* la fortune *à* se declarer pour elle; et tout au contraire, votre vainqueur vous *contraint de* fuir : la mauvaise conduite de votre ami vous *force de* l'abandonner; de petites pertes *obligèrent* Alexandre *de* séparer ses troupes. Aussi dit-on *à* plutôt que *de* lorsqu'il ne s'agit que d'une obligation morale et générale à remplir dans l'occasion ; au lieu qu'on dit bien plutôt *de* que *à*, lorsqu'il s'agit d'une nécessité physique et présente dans le temps de l'exécution. Je ne sais même, disait Bouhours, si, quand *obligé* emporte une obligation étroite de conscience, *à* ne serait point mieux que *de*. Oui certes, lorsqu'on ne parle que d'une loi, d'une règle, d'une autorité qui vous impose un devoir ou une nécessité, abstraction faite de la circonstance du temps. Mais dans la circonstance du temps, on est *obligé* par une force *d'*agir ainsi. La charité vous *oblige à* pardonner, lorsque vous serez offensé : vous êtes *obligé de*, dans le cas précis de l'offense. » (R.)

Remarquons en outre que l'on dit plutôt *à* lorsque le verbe est à l'actif, et *de* lorsqu'il est au passif : Vous vous *obligez à* faire une chose, et vous *êtes obligé de* la faire.

OBLIGER, ENGAGER. *Obliger* dit quelque chose de plus fort : *engager* dit quelque chose de plus gracieux. On nous *oblige* à faire une chose, en nous en imposant le devoir ou la nécessité. On nous y *engage* par des promesses ou par de bonnes manières. — Les bienséances *obligent* souvent ceux qui vivent dans le grand monde à des corvées qui ne sont point de leur goût. La complaisance *engage* quelquefois dans de mauvaises affaires ceux qui ne choisissent pas assez bien leurs compagnies. (G.)

OBREPTICE. V. *Subreptice.*

OBSCUR, SOMBRE, TÉNÉBREUX. *Obscur,* faute de *clarté,* de manière que les objets sont au moins plus difficiles à voir ou à distinguer. *Sombre,* faute de *jour,* de manière que la lumière éclaire moins les objets que les ombres ne les effacent. *Ténébreux,* faute de toute *lumière,* de manière qu'on ne voit rien, on ne voit pas. — Un lieu est *obscur,* qui n'est pas assez éclairé. Un bois est *sombre,* dont l'épaisseur, interceptant le jour, n'y laisse pénétrer qu'une faible et triste lumière. L'enfer est *ténébreux,* ou, s'il s'y élève quelque sombre lueur elle ne sert qu'à rendre les ténèbres visibles et plus affreuses. — Des nuages épais et la fuite du jour rendent le temps *obscur :* des nuées *sombres* et l'appareil de la nuit le rendent *sombre :* la nuit, la nuit parfaite le rend *ténébreux.* L'*obscurité* inspire des pensées et des sentiments différents, selon ses degrés et ses modifications. Le *sombre* inspire la tristesse et la crainte. Les *ténèbres* inspirent l'horreur et l'effroi. — Au figuré, un homme est *obscur,* qui n'est pas connu, qui est confondu dans la foule, qu'on ne remarque pas. Sa vie est *obscure,* si elle est cachée, inconnue, sans éclat, sans appareil. Dans tous ces cas, l'*obscurité* empêche de connaître, de remarquer, de distinguer. Il en est de même de l'*obscurité* des temps, du passé, de l'avenir, où l'on ne voit rien de clair. — *Sombre* ne se dit figurément que de l'air du visage, de l'humeur, de l'esprit des personnes, des pensées, etc. (Voir *sombre, morne.*) — *Ténébreux* se dit des actions, des projets, des entreprises odieuses et secrètes, enveloppées de voiles impénétrables. (R.)

OBSCURCIR. V. *Offusquer*.

OBSCURITÉ. V. *Ténèbres*.

OBSÉDER. V. *Assiéger* (au figuré).

OBSÈQUES. V. *Funérailles*.

OBSERVANCE, OBSERVATION. Action d'observer ce qui est prescrit par une loi, par un règlement. — *Observance* n'est usité qu'en matière de religion : *observation* se dit dans tous les cas, même en matière religieuse : « L'*observation* des commandements de Dieu ». (Acad.) Mais par rapport aux choses de la religion, *observance* se dit de la pratique constante, entière, absolue de la loi ou de la règle ; et *observation* se dit d'un acte particulier, d'une action conforme à tel ou tel article du règlement ou de la loi. En effet la terminaison *ance* désigne l'état permanent des choses, et la terminaison *ion* marque l'action et l'acte (26 et 20, pages 8 et 7).

OBSERVATIONS. V. *Notes*

OBSERVER, GARDER, ACCOMPLIR. Ces termes sont synonymes dans le sens de faire, suivre, exécuter ce qui est prescrit par un commandement, une règle, une loi. — Le sens propre d'*observer* est d'avoir sous les yeux, de donner son attention à. Le sens propre de *garder* est de tenir sous sa *garde*, de veiller sur, d'avoir toujours ses *regards* sur l'objet pour le conserver, le maintenir, le défendre. Le sens propre d'*accomplir* est celui d'achever de remplir, de compléter, de consommer. — Vous *observez* la loi par votre attention à exécuter ce qu'elle prescrit : vous la *gardez* par le soin continuel de veiller à ce qu'elle ne soit violée en aucun point : vous l'*accomplissez* par votre exactitude à remplir entièrement et finalement tout ce qu'elle ordonnait. — *Observer* marque proprement la fidélité à son devoir ; *garder*, la persévérance et la continuité ; *accomplir*, la perfection ou la consommation de l'œuvre. — Vous *observez* un commandement et un autre. Par votre constance à *observer* les commandements de Dieu et de l'Église, vous les *gardez*. Par l'observation plénière de ces commandements, vous *accomplissez* la loi. (R.)

OBSERVER, REMARQUER. V. *Remarquer*.

OBSTACLE, EMPÊCHEMENT. *Obstacle* signifie ce qui est, ce qui reste devant : *ob*, devant ; *stare*, être arrêté, rester. *Empêchement* signifie, à la lettre, ce qui embarrasse, entortille, gêne les pieds : *pes*, pied ; et *en*, dans, entre. Mais *empêcher* se dit, dans un sens étendu, de tout ce qui gêne, embarrasse, retient. — L'*obstacle* est devant vous, il vous arrête : l'*empêchement* est çà et là autour de vous, il vous retient. Pour avancer, il faut surmonter, aplanir l'*obstacle* : pour aller librement, il faut ôter l'*empêchement*, le lever. — L'*obstacle* a quelque chose de grand, d'élevé, de résistant ; et c'est pourquoi il faut le vaincre, le surmonter, le renverser; il faut encore le détruire ou passer par-dessus. L'*empêchement* a quelque chose de gênant, d'incommode, d'embarrassant; et c'est pourquoi il faut l'ôter, le lever, ou s'en débarrasser : c'est un lien à rompre. — L'*obstacle* se trouve surtout dans les grandes entreprises et avec de grandes difficultés : l'*empêchement* dans les actions ordinaires et avec des difficultés ordinaires. Les *obstacles* allument le courage; les *empêchements* l'impatientent. — Celui qui craint les difficultés voit partout des *obstacles*. Celui qui manque de bonne volonté a toujours des *empêchements*. (R.)

OBSTINÉ. V. *Têtu.*

OCCASION, OCCURRENCE, CONJONCTURE, CAS, CIRCONSTANCE. « *Occasion* se dit pour l'arrivée de quelque chose de nouveau, soit que cela se présente ou qu'on le cherche, et dans un sens assez indéterminé pour le temps comme pour l'objet. *Occurrence* se dit uniquement pour ce qui arrive sans qu'on le cherche, et avec un rapport fixé au temps présent. *Conjoncture* sert à marquer la situation qui provient d'un concours d'événements, d'affaires, ou d'intérêt. *Cas* s'emploie pour indiquer le fond de l'affaire, avec un rapport singulier à l'espèce et à la particularité de la chose. *Circonstance* ne porte que l'idée d'un accompagnement, ou d'une chose accessoire à une autre qui est la principale. — On connaît les gens dans l'*occasion*. Il faut se comporter selon l'*occurrence* des temps. Ce sont ordinairement les *conjonctures* qui déterminent au parti qu'on prend. Quelques politiques prétendent qu'il y a des *cas* où la raison défend de consulter la vertu. La diversité des *circonstances* fait que le même homme pense différemment sur la même chose. » (G.)

« *Circonstance* signifie, à la lettre, l'état d'*être autour*, de *circum* et *stare*; et *conjoncture*, la disposition à se *joindre avec* une chose, de *cum* et *jungere*. La *circonstance* est donc ce qui environne ou accompagne la chose : la *conjoncture*, ce qui a du rapport avec elle ou de l'influence sur elle. — La *conjoncture* et la *circonstance* sont à la chose comme deux cercles concentriques à un point donné : la *circonstance* est le cercle renfermé dans la *conjoncture*. La *conjoncture* influe de loin sur l'événement : la *circonstance* touche, pour ainsi dire, à l'action. La *conjoncture* est un ordre de choses, une disposition de *circonstances* générales les moins prochaines, favorables ou contraires à la chose : la *circonstance*, distinguée de la *conjoncture*, est une disposition particulière d'une chose qui favorise ou contrarie actuellement le succès. Les *conjonctures* sont disposées avant l'action et indépendamment de l'action; les *circonstances* sont avec l'action même. Il est difficile que le système ou l'ensemble des *conjonctures* change; mais il arrive sans cesse des changements dans les *circonstances*. La *circonstance* est une particularité de la *conjoncture* ». (R.)

L'*occurrence*, du latin *occurrere*, survenir, arriver par accident, est un fait inattendu, un événement fortuit, ou un dénoûment jusqu'alors incertain, et qui change ou pourrait changer l'ordre ou la direction des choses. « Les *conjonctures,* dit Roubaud, préparent et présagent le succès d'une guerre. Une *circonstance* imprévue fait perdre ou gagner une bataille. » Nous pourrions ajouter qu'en cette *occurrence,* le général vaincu doit montrer plus de capacité et d'habileté que le vainqueur; car d'ordinaire, il est plus difficile d'arrêter ou même d'atténuer les suites d'une défaite que de profiter des avantages d'une victoire.

OCCIDENT, COUCHANT. V. *Levant.*

OCCIDENT (DE L'), OCCIDENTAL. V. *Méridional.*

OCCULTE. V. *Caché.*

OCCUPER (S') A ou DE. « *S'occuper à* quelque chose, c'est y travailler : il *s'occupe à* son jardin. *S'occuper d'*une chose, c'est y penser, en avoir la tête remplie, chercher les moyens d'y réussir : il *s'occupe* beaucoup de ses affaires. » (Acad.)

*S'occuper à* marque donc le genre d'action que l'on fait réellement, en montrant l'exécution ou la réalisation de la chose à laquelle on s'occupe, comme le but d'un travail constant et dont la fin est indéterminée. *S'occuper de* annonce l'exécution plus ou moins prochaine de choses qui occupent l'esprit : ici la préposition *de* présente la chose comme déterminative des actes ou des actions. Celui qui *s'occupe de* ses affaires, ne les perd pas de vue et songe continuellement à ce qu'il fait et à ce qu'il doit faire pour les bien mener : ses affaires sont en quelque sorte le point de départ de toutes ses actions; ce sont elles qui motivent et déterminent ses actes.

Il est facile d'après cela de distinguer la différence de sens qu'il y a entre ces deux phrases : « Il *s'occupe à* son jardin; il *s'occupe de* son jardin » (Acad.); et entre celles-ci : « Il *s'occupe à* détruire les abus; il *s'occupe de* détruire les abus ». (Id.)

OCCURRENCE. V. *Occasion.*

ODEUR, SENTEUR. L'*odeur* est l'émanation des corps, sensible à l'odorat; et la *senteur* est cette même émanation, sentie par l'odorat. L'*odeur* peut absolument n'être pas sentie, il suffit qu'elle s'exhale; il faut que la *senteur* le soit, elle frappe le sens. L'*odeur* peut être assez légère et faible pour qu'elle soit insensible; mais la *senteur* est toujours plus ou moins forte ou abondante pour qu'elle affecte l'organe. Aussi n'appelle-t-on *senteur* qu'une *odeur* forte. L'*odeur* est commune à une infinité de corps : la *senteur* est propre à certains corps odoriférants, tels que les aromates, certaines fleurs, certains fruits. On ne dit pas qu'un corps qui ne sent rien n'a point de *senteur;* il n'a point d'*odeur*. La *senteur* se répand au loin, prédomine, absorbe les *odeurs* faibles ou délicates. — *Odeur* est donc le terme générique; et c'est celui qu'on emploie pour exprimer l'espèce particulière d'*odeur* de chaque espèce de corps, au lieu que *senteur* ne se dit guère que d'une manière vague et indéterminée, pour une forte *odeur*. Nous disons l'*odeur* et non la *senteur* du plâtre, du charbon, du thym, etc., pour distinguer les espèces. Un bois a l'*odeur* et non la *senteur* de la rose. — Au pluriel, les *odeurs* et les *senteurs* sont également des parfums agréables destinés à embaumer, à parfumer, à faire sentir bon. — On dit figurément *odeur de sainteté*, l'*odeur des vertus*, etc. *Senteur* ne se dit que dans le sens propre. (R.)

ODIEUX. V. *Haïssable*.

ODORIFÉRANT, ODORANT. Qui donne une bonne odeur. — *Odoriférant* exprime la propriété de produire l'odeur, de l'exhaler de son sein, de la répandre au loin (51, page 16); tandis qu'*odorant* désigne seulement la chose qui a de l'odeur. Le corps *odoriférant* est donc naturellement très-*odorant*. On flaire, on sent ce qui est *odorant*: on n'a pas besoin de flairer ce qui est *odoriférant*, il se fait sentir. Aussi l'Académie dit-elle une fleur *odorante*, un bois *odorant*, et des parfums *odoriférants*, des aromates *odoriférants*. Les corps *odoriférants* parfument, embaument : les corps *odorants* ont une odeur agréable, sentent bon. (R.)

ŒILLADE, COUP D'ŒIL, REGARD. L'*œillade* est un *coup d'œil* ou un *regard* jeté comme furtivement, avec dessein et avec une expression marquée. Le *coup d'œil* est un *regard* fugitif ou jeté comme en passant; le *regard* est l'action de la vue qui se porte sur l'objet qu'on veut voir. — Il y a toujours dans l'*œillade* une intention et un intérêt visible : on jette des *œillades* amoureuses, jalouses, animées, etc. On donne un *coup d'œil* pour voir en gros; on jette un *coup d'œil* à dessein ou par hasard; et il y a des *coups d'œil* très-expressifs. Les *regards* se portent, se jettent, se lancent, se fixent sur les objets; ils forment l'action propre de la vue, et même une sorte de langage naturel. — Les passions dissimulées jettent des *œillades*. La légèreté jette un *coup d'œil* vain; mais la fierté lance un *coup d'œil* dédaigneux. Chaque passion a son *regard*, et le *regard* prend toute sorte de caractères, *regard* de colère, *regard* de pitié, *regard* doux ou sévère, etc. (R.)

ŒUVRE, OUVRAGE. Ce qui est fait, ce qui est produit par quelque agent; ce qui résulte d'un travail. — « *Œuvre* exprime proprement l'action d'une puissance, ce qui est fait, produit par un agent : *ouvrage*, le travail de l'industrie, ce qui est fait, exécuté par un ouvrier. On dit l'*œuvre* de la Création et l'*ouvrage* des six jours : la Création est elle-même l'*œuvre* de la Toute-Puissance; le monde sorti des mains du Créateur dans six jours d'exécution est son *ouvrage*. La force productive est dans l'*œuvre*; l'effet de son action est dans l'*ouvrage*. Nous admirons dans les *œuvres* de la nature son énergie, et dans ses *ouvrages* leur beauté. La puissance et l'action de l'agent font l'*œuvre* : l'*ouvrage* est le résultat du travail et de l'industrie. » (R.)

« Le mot *œuvre* convient mieux à l'égard de ce que le cœur et les passions engagent à faire. Le mot *ouvrage* est plus propre à l'égard de ce qui dépend de l'esprit ou de la science. Ainsi l'on dit : une *œuvre* de miséricorde et une *œuvre* d'iniquité, un *ouvrage* de bon goût et un *ouvrage* de critique. *Œuvres* au pluriel se dit pour le recueil de tous les *ouvrages* d'un auteur; mais lorsqu'on les indique en particulier, on se sert du mot *ouvrages*. » (G.)

Dans ce sens, le mot *œuvres* est relatif à l'auteur, le mot *ouvrage* désigne le travail littéraire considéré en lui-même. « Ainsi, dit Roubaud, on juge l'*ouvrage* et non l'*œuvre* : l'*ouvrage* est bon ou mauvais en lui-même et sans égard à celui qui l'a fait; mais à l'*œuvre* on connaît l'ouvrier, on juge l'homme. »

ŒUVRES (BONNES). V. *Bonnes actions*.

OFFICE, MINISTÈRE, CHARGE, FONCTION, EMPLOI. « *Office*, latin *officium*, ce qui *présente* une chose à *faire*, ce que chacun doit faire : de *facere*, faire, et d'*ob*, devant, présent. Nous traduisons le latin *officium* par *devoir*. — *Ministère* signifie *service* qu'on rend à un supérieur, à un maître, et de même ce qu'on fait en son nom, comme son représentant : latin *ministrare*, servir. — *Charge* signifie fardeau, ce qu'on porte, tant au figuré qu'au propre. Ce mot répond au latin *onus*; et au figuré, dans le sens d'*office*, d'*emploi*, à *munus*, grande charge, charge importante : d'où *munia, fonctions*, obligations dont on doit s'acquitter (*fungi*). — *Emploi* ce à quoi l'on se *ploie*, l'usage qu'on fait d'une chose, l'occupation que l'on suit : du latin *implicare*, entrelacer, mettre en œuvre. L'*emploi* dans le sens de *charge* indique un travail déterminé. — Ainsi l'idée propre d'*office*, c'est d'obliger à faire une chose utile à la société; celle de *ministère* est d'agir pour un autre, au nom d'un autre, d'un maître qui commande : celle de *charge*, de porter un fardeau, ou de faire une chose pénible pour un bien ou un avantage commun : celle d'*emploi*, d'être attaché à un travail qui est commandé. — L'*office* impose un devoir; le *ministère*, un service; la *charge*, des *fonctions*; l'*emploi*, de l'occupation. — L'*office* donne en même temps un pouvoir, une autorité pour faire; le *ministère*, une qualité, un titre pour représenter les personnes, disposer des choses; la *charge*, des prérogatives, des priviléges qui honorent ou distinguent le titulaire; l'*emploi*, des salaires, des émoluments qui payent ou récompensent le travail ». (R.)

La *charge* impose plus particulièrement peut-être des *fonctions*, comme le dit Roubaud; mais *fonctions*, d'après Roubaud lui-même, signifie obligations dont on doit s'acquitter; c'est-à-dire, en précisant davantage le sens de ce mot, que *fonction* signifie proprement l'action de faire ce qu'on est obligé ou tenu de faire, ce que l'on fait en vertu de son titre ou de sa qualité : c'est pourquoi l'on ne dit pas seulement les *fonctions* d'une *charge*; on remplit, on exerce aussi les *fonctions* d'un *emploi*, d'un *ministère*, et même d'un métier. L'*office*, le *ministère*, la *charge*, l'*emploi*, donnent le titre et la qualité; les *fonctions* sont le travail, les actes de la personne : si bien que l'on peut exercer les *fonctions* sans avoir le titre, soit qu'on les ait usurpées, soit qu'on les remplisse par intérim.

On appelait autrefois *offices* ce qu'aujourd'hui nous appelons *charges* : ainsi l'on disait *office* de notaire, nous disons *charge* de notaire. Au propre, le mot *office*, dans le sens où nous le considérons ici, n'est guère employé, de nos jours, que comme *fonctions* par intérim, ou dans le sens de *fonctions* peu honorables : « Il n'a plus de secrétaire, mais un de ses domestiques en fait l'*office*. (Acad.). Faire l'*office* d'espion ».

« L'*emploi* est chose subalterne, quelquefois honnête, souvent ignoble, toujours en sous-ordre. Nous ne disons *ministère* dans le sens de place que de la place de ministre du roi; ainsi ce terme a un caractère bien distingué : mais nous disons le *ministère* public, le *ministère* des autels, avec une idée de noblesse; et le *ministère*, dans le sens d'*entremise*, a quelque chose de plus relevé que l'entremise ordinaire. » (R.)

OFFICE (BON). V. *Grâce*.

OFFICIEUX. V. *Serviable*.

OFFRIR. V. *Présenter*.

OFFUSQUER, OBSCURCIR. *Offusquer*, dit l'Académie, signifie, dans quelques phrases, empêcher d'être vu : « Les nuées *offusquent* le soleil, *offusquent* le jour ». Ce verbe a beaucoup d'autres significations soit au propre, soit au figuré; mais il n'est synonyme d'*obscurcir* que dans l'acception indiquée d'abord par l'Académie. Or, *obscurcir* c'est rendre réellement obscur, amoindrir l'éclat, la lumière, la clarté; tandis qu'*offusquer* le soleil ou le jour, se dit d'un corps qui cache le jour ou le soleil et empêche la lumière ou la clarté de nous arriver. *Offusquer* est d'ailleurs peu usité dans ce sens.

OISELIER, OISELEUR. L'*oiselier* est celui dont le métier est d'élever et de vendre des oiseaux : l'*oiseleur* est celui qui fait métier de prendre des oiseaux à la pipée, aux filets ou autrement.

OISIF, OISEUX. Être *oisif*, c'est ne rien faire pour le moment, n'avoir pas d'occupation : être *oiseux*, c'est, par goût ou par habitude, ne pas chercher à s'occuper ou ne faire que des riens. « On est *oisif*, dit Roubaud, dès qu'on n'est pas en activité; quand on croupit dans l'inaction, on est *oiseux* ». L'homme *oisif* est actuellement dans l'inaction en attendant qu'il travaille : l'homme *oiseux* passe volontairement ses heures à ne rien faire, parce qu'il se plaît à rester dans l'oisiveté.

Ces deux mots se disent aussi des choses; mais alors *oiseux* signifie inutile, vain, qui n'est bon à rien, qui ne sert à rien : « Se livrer à des goûts *oiseux*; des questions, des paroles *oiseuses* ». (Acad.) *Oisif* se dit de certaines choses dont on ne fait point usage pour l'instant : « L'épée du soldat est *oisive* pendant la paix ». (Roubaud.) « Il y a bien des talents *oisifs*. » (Acad.)

OISIVETÉ. V. *Inaction* et *Loisir*.

OMBRAGEUX, SOUPÇONNEUX, MÉFIANT. L'*ombrageux* voit tout en noir, tout l'offusque. Le *soupçonneux* voit tout en mal, tout le choque. Le *méfiant* est toujours en garde, il craint tout. — *Ombrageux* se dit, au figuré, des personnes qu'un rien offusque; il est pris en mauvaise part. C'est le caractère de l'homme timide, que son ombre effraye. Le *soupçonneux* vit de soupçons et conjecture toujours le mal. L'*ombrageux* peut revenir, et lorsqu'il a touché l'objet, il se rassure; mais le *soupçonneux* est inquiet, quand il n'y a même rien qui puisse justifier ses craintes. Le premier se trompe en s'arrêtant à la surface; celui-ci néglige les apparences, et présume le mal lorsqu'il ne le voit pas. L'homme *méfiant* se tient en garde : ce n'est pas de l'ombre, c'est de la personne, c'est de la chose qu'il a peur. (R.)

ONDES, FLOTS, VAGUES. Ces trois mots sont synonymes, si on les applique aux diverses élévations que forment les eaux agitées. — Les *ondes* sont les moindres de ces agitations; elles sont l'effet naturel de leur fluidité, et s'élèvent peu au-dessus de leur surface. Une agitation accidentelle causée par les vents et les tempêtes forme les *flots*, qui roulent avec impétuosité, se portent avec violence du côté où les poussent les vents, et se brisent contre les îles, les rochers, les rivages. Les *vagues* sont produites par une agitation plus violente encore; leur propre est de grossir et de s'élever considérablement. Les *ondes* laissent une idée de calme ou de cours paisible. (L.)

*Onde* ou *ondes*, au pluriel, se dit poétiquement pour désigner simplement l'eau, soit que l'on parle de la mer ou bien d'un fleuve ou d'une rivière. *Flots* désigne souvent aussi l'eau, mais l'eau courante d'une rivière ou d'un fleuve : « Les *flots* du Rhône, les *flots* de la Seine ».

ON DOIT. V. *Il faut*.

ON NE SAURAIT, ON NE PEUT. *On ne saurait* paraît plus propre pour marquer l'impuissance où l'on est de faire une chose. *On ne peut* semble marquer plus précisément et avec plus d'énergie l'impossibilité de la chose en elle-même. C'est peut-être par cette raison que la particule *pas*, qui fortifie la négation, ne se joint jamais avec la première de ces expressions, et qu'elle accompagne souvent l'autre avec grâce. — Ce *qu'on ne saurait* faire est trop difficile : ce *qu'on ne peut* faire est impossible. *On ne saurait* bien servir deux maîtres : *On ne peut* pas obéir en même temps à deux ordres opposés. *On ne saurait* aimer une personne dont on a lieu de se plaindre : *on ne peut* pas en aimer une pour qui la nature nous a donné de l'aversion. (G.)

OPINER. V. *Délibérer*.

OPINIATRE. V. *Têtu*.

OPINIATRETÉ. V. *Fermeté*.

OPINION. V. *Sentiment*.

OPPOSÉ. V. *Contradictoire*.

OPPRIMER et OPPRESSER. V. *Accabler*.

OPPROBRE. V. *Infamie*.

OPTER, OPTION. V. *Choisir*.

ORAGE, TEMPÊTE, OURAGAN, BOURRASQUE. L'*orage* est une violente agitation de l'air, accompagnée de pluie, d'éclairs, de tonnerres, et quelquefois de grêle. La *tempête* est une agitation de l'air encore plus violente, avec pluie ou sans pluie, ou avec du tonnerre et des éclairs. L'*ouragan* est un vent très-violent et étendu qui, s'élevant tout à coup, devient assez fort pour causer de grands ravages. La *bourrasque* est sur mer ce qu'on appelle *ouragan* sur terre. — *Orage* et *tempête* s'emploient au figuré. On dit les *orages* des passions, les *orages* de la vie; les mécontents excitent des *tempêtes* dans les États. — *Bourrasque* se dit au figuré des mouvements brusques et momentanés d'une personne colère ou qui exhale sa mauvaise humeur. (L.)

ORAISON. V. *Discours*.

ORAISON FUNÈBRE. V. *Éloge*.

ORDINAIRE, COMMUN, VULGAIRE, TRIVIAL. Le fréquent usage rend les choses *ordinaires*, *communes*, *vulgaires* et *triviales* : mais il y a à cet égard un ordre de gradation entre ces mots, qui fait que *trivial* dit quelque chose de plus usité que *vulgaire*, qui à son tour enchérit sur *commun*, et celui-ci sur *ordinaire*. Il me paraît aussi qu'*ordinaire* est d'un usage plus marqué pour la répétition des actions; *commun*, pour la multitude des objets; *vulgaire*, pour la connaissance des faits; et *trivial*, pour la tournure du discours. — La dissimulation est *ordinaire* à la cour. Les monstres [1] sont *communs* en Afrique. Les disputes de religion ont rendu *vulgaires* bien des faits qui n'étaient connus que des savants. De tous les genres d'écrire, il n'y a que le comique où les expressions *triviales* puissent trouver place. — Ces mots peuvent être considérés dans un autre sens que dans celui de fréquent usage : ils se disent souvent par rapport au petit mérite des choses; et ils ont encore un ordre de gradation, de façon que le dernier de ces mots est celui qui ôte le plus au mérite. Ce qui est *ordinaire* n'a rien de distingué : ce qui est *commun* n'a rien de recherché : ce qui est *vulgaire* n'a rien de noble : ce qui est *trivial* a quelque chose de bas. (G.)

ORDONNER, COMMANDER. Le *commandement* est la notification de l'*ordre*. Celui qui gouverne *ordonne* : celui qui fait exécuter *commande*. On *ordonne*, en vertu de l'autorité, à celui qui doit obéir : on *commande*, en vertu d'un pouvoir ou d'une charge, à celui qui doit exécuter. — Il faut la puissance, la force, pour *ordonner*; il faut une domination, une supériorité pour *commander*. Un maître *ordonne*, un chef *commande*. La loi, la justice *ordonnent*, la force en main : un général, un officier *commande*, par son grade, une armée, une troupe; comme une citadelle *commmande* une ville, ou une montagne la plaine, par son élévation. Un général *ordonne* un assaut à des troupes; l'officier principal le *commande* ou le conduit. — L'action d'*ordonner* a toujours quelque chose d'absolu, de plus impérieux, de plus pressant que celle de *commander*. La même différence est sensible dans des appli-

1. *Monstre* est pris ici dans le sens latin de *monstrum*, bête féroce.

cations éloignées du ton absolu de l'autorité. Le médecin qui gouverne un malade *ordonne* les remèdes; un particulier qui emploie un artisan lui *commande* un ouvrage. (R.)

ORDRE. V. *Arrangement* et *Commandement*.

ORDRE, ORDONNANCE. Disposition, arrangement. — L'*ordre* est la disposition des objets placés au rang qui leur convient le mieux. L'*ordonnance* est la disposition arrêtée et suivie par celui qui a disposé; c'est un arrangement conçu par lui et qui n'a dépendu que de sa volonté. L'*ordre* peut ne pas exister, c'est alors du désordre : l'*ordonnance*, bonne ou mauvaise, dès qu'elle est produite, existe et constitue un état permanent de choses.

ORGUEIL, VANITÉ, PRÉSOMPTION. L'*orgueil* fait que nous nous estimons. La *vanité* fait que nous voulons être estimés. La *présomption* fait que nous nous flattons d'un vain pouvoir. — L'*orgueilleux* se considère dans ses propres idées; plein et bouffi de lui-même, il est uniquement occupé de sa personne. Le *vain* se regarde dans les idées d'autrui ; avide d'estime, il désire d'occuper la pensée de tout le monde. Le *présomptueux* porte son espérance audacieuse jusqu'à la chimère; hardi à entreprendre, il s'imagine pouvoir venir à bout de tout. (G.)

ORGUEIL, SUPERBE. V. *Superbe*.

ORGUEILLEUX. V. *Glorieux* et *Orgueil, vanité*.

ORIENT. V. *Levant*.

ORIENTAL, DE L'ORIENT. V. *Méridional*.

ORIGINE, SOURCE. L'*origine* est le premier commencement des choses qui ont une suite; la *source* est le principe ou la cause qui produit une succession de choses. L'*origine* met au jour ce qui n'y était point; la *source* répand au dehors ce qu'elle renfermait dans son sein. Les choses prennent naissance à leur *origine*; elles tiennent leur existence de leur *source*. L'*origine* nous apprend dans quel temps, en quel lieu, de quelle manière les objets ont paru au jour; la *source* nous découvre le principe fécond d'où les choses découlent, procèdent, émanent, avec plus ou moins de continuité ou d'abondance. — Il est curieux de savoir les *origines*, si elles peuvent nous éclairer. Il est bon de connaître les *sources*, si nous pouvons y puiser (R.)

OS, OSSEMENTS. Parties composant le squelette de l'homme et de certains animaux. — Les *os* sont ces parties considérées séparément, chacune ayant son nom et son caractère propre. Les *ossements* sont des *os* dépouillés de chair, ne formant plus un ensemble et considérés abstraction faite des corps auxquels ils ont pu appartenir. On dit les *os* et non les *ossements* d'un squelette; mais on dit très-bien un monceau d'*ossements*.

OSCILLATION. V. *Vibration*.

OSTENTATION. V. *Parade*.

OUEST, COUCHANT. V. *Levant*.

OUIR. V. *Entendre, écouter*.

**OURAGAN.** V. *Orage.*

**OURDIR, TRAMER, MACHINER.** Au propre, *ourdir* signifie disposer les fils pour faire une toile; et *tramer* passer les fils entre et à travers les fils tendus sur le métier. — Ces termes ne se confondent point dans le sens propre : mais au figuré, on dit, sans avoir égard à leur idée rigoureuse, *ourdir* et *tramer* un mauvais dessein, une trahison, etc. Cependant il est bien sensible que *tramer* dit plus qu'*ourdir* : c'est un dessein plus arrêté, une intrigue plus forte, des mesures plus concertées, des apprêts plus avancés pour l'exécution. *Ourdir*, c'est commencer; on *ourdit* même une *trame* : *tramer*, c'est avancer l'ouvrage de manière à lui donner la consistance convenable : la chose étant *tramée*, elle est toute prête. — Nous disons aussi dans le même sens, *machiner*, qui marque quelque chose de plus artificieux, de plus profond, de plus compliqué, et même de plus bas ou de plus odieux. (R.).

**OUTIL, INSTRUMENT.** L'*outil* est une invention usuelle, simple, maniable, dont les arts mécaniques et simples se servent pour faire des travaux et des ouvrages simples et communs. L'*instrument* est une invention adroite, ingénieuse, industrieuse, dont les arts plus relevés et les sciences même se servent pour faire des opérations et des ouvrages d'un ordre supérieur ou plus relevé. — On dit les *outils* d'un menuisier, d'un charron; et des *instruments* de chirurgie, de mathématiques. L'agriculture a des *outils* et des *instruments* : la pioche est un *outil*; la grande charrue est un *instrument*. L'*instrument* est en lui-même un ouvrage supérieur à l'*outil*. — L'*outil* est, en quelque sorte, le supplément de la main; elle s'en aide : l'*instrument* est un supplément de l'intelligence ou de l'habileté. L'*outil* ne fait qu'obéir; l'*instrument* exécute avec art. Il y a des *instruments* qui, une fois mis en action, font tout par eux-mêmes : l'*outil* suit la main. — La nécessité a inventé les *outils* : la science a imaginé les *instruments*. En perfectionnant les *outils*, on en vient aux *instruments*. (R.)

**OUTRAGE.** V. *Affront.*

**OUTRAGEUX, OUTRAGEANT.** *Outrageant*, participe présent du verbe *outrager*, converti en adjectif verbal, exprime l'action d'outrager, le fait, l'effet de cette action (40, page 12) : elle outrage, on en est outragé, offensé cruellement. *Outrageux*, formé du substantif *outrage*, espèce particulière d'offense, désigne la nature de la chose, sa propriété ou son caractère, l'effet qu'elle doit par elle-même produire; elle est faite pour outrager, c'est le propre de la chose d'offenser cruellement (44, page 13). Ce qui est *outrageux* est donc *outrageant* par soi-même : il sera même bien *outrageant*, puisqu'il porte en soi l'outrage, et que sa vertu et son efficacité est d'outrager, selon la valeur de sa terminaison, qui sert même à indiquer l'habitude, la plénitude, l'excès. — L'Académie observe qu'*outrageant* ne se dit que des choses, tandis qu'*outrageux* s'applique également aux personnes. Cette observation confirme la distinction précédente; car un homme *outrageux* a l'intention et le dessein, l'habitude et le défaut, le caractère et l'humeur qui porte à outrager. (R.)

OUTRÉ, IMMODÉRÉ. V. *Immodéré.*

OUTRÉ, INDIGNÉ. Ces deux mots indiquent également un sentiment vif et défavorable contre quelqu'un, causé par une offense excessive ou par une conduite très-coupable. — *Outré* suppose, dans celui qui éprouve ce sentiment, une offense très-vive, qui a tellement surmonté toute espèce de modération, d'indulgence, de patience, que le ressentiment en est très-profond, et ne peut être apaisé par l'effet de ces vertus. *Indigné* suppose un sentiment de colère et de mépris qui provient d'une action ou d'une conduite contraire aux sentiments de la probité, de l'humanité, de l'honneur. — On est *outré* de l'excès de l'offense; on est *indigné* des moyens. C'est l'excès de la méchanceté qui *outre;* c'est l'excès de la perversité qui *indigne.* — Nous ne sommes *outrés* que de ce qui nous regarde personnellement; nous sommes aussi *indignés* de ce qui arrive aux autres. (L.)

OUTRE CELA. V. *De plus.*

OUTRE-PASSER. V. *Dépasser.*

OUVRAGE. V. *Œuvre* et *Production.*

OUVRAGE D'ESPRIT. V. *Esprit* (*ouvrage d'*).

OUVRIER. V. *Artiste, artisan.*

OUVRIER (JOUR), JOUR OUVRABLE. V. *Jour ouvrier.*

# P

PACAGE, PATURAGE, PATIS, PATURE. Le *pacage* est un lieu propre pour nourrir et engraisser du bétail. Le *pâturage* est un champ où le bétail pâture et se repait. Le *pâtis* est une terre où l'on met paître le bétail. La *pâture* est un terrain inculte où le bétail trouve quelque chose à paître. On dit de bons *pacages,* de gras *pâturages,* un simple *pâtis,* une vaine *pâture.* — *Pacage* désigne la qualité de la terre et la production propre dont elle se couvre : ainsi le *bocage* est un lieu couvert ou parsemé de bois, de bosquets. *Pâturage* marque et la propriété de la terre, et l'abondance de la production propre au bétail, et l'usage qu'on en fait; le bétail y pâture, c'est-à-dire qu'il y prend la nourriture qui lui convient et qui lui suffit, l'herbe et sa réfection. *Pâtis* rappelle seulement l'action simple de paître; le bétail y trouve à paître, c'est-à-dire de l'herbe à brouter ou à manger sur pied. *Pâture* ne se prend, dans l'acception présente, que pour un lieu vain et entièrement négligé, qui ne peut donner qu'une herbe rare, courte et pauvre. — Les prés et les prairies, ou ces grands prés fertiles, arrosés, couverts d'herbes, forment naturellement des *pacages.* Ces *pacages* soignés, entretenus, employés à leur destination naturelle, couverts de bestiaux, sont des *pâturages*. Les bruyères, les landes, les bois comme les prés, forment des *pâtis*. Des friches, des terrains négligés ou abandonnés, de mauvaises terres qui ne sont ni en prés ni en labour, sont des *pâtures*. (R.)

**PACIFIQUE, PAISIBLE.** *Pacifique*, qui aime la paix, qui est favorable à la paix, et qui est opposé à la guerre, à la lutte, à la querelle. *Paisible*, doux et tranquille, calme, qui n'est pas troublé, agité. Ainsi *pacifique* a plus de rapport au caractère, et *paisible* désigne plutôt l'état. On peut être d'humeur *pacifique* sans rester spectateur *paisible* d'un acte odieux.

Mais *paisible* se dit aussi d'une personne qui par caractère évite les guerres, les querelles dans les relations sociales, en un mot une personne d'humeur *pacifique* ou *paisible*, comme dans cette phrase : « C'est un homme *paisible*, qui ne vous tourmentera pas ». (Acad.) Dans ce sens, *paisible* diffère de *pacifique* en ce qu'il exprime plutôt une qualité en quelque sorte négative, celle d'un caractère doux, calme, tranquille, et même indifférent ou indolent; tandis que *pacifique* exprime surtout la crainte de la guerre, de la lutte, de la discussion.

Quand il s'agit de choses, *pacifique* signifie exempt de guerres, et *paisible* signifie tranquille, non troublé, non agité. Un règne *pacifique* est celui d'un prince qui n'a pas eu de guerre à soutenir; un règne *paisible* est celui qui n'a pas été agité par des troubles intérieurs.

**PACTE.** V. *Consentement*.

**PAIE.** V. *Paye*.

**PAIENS.** V. *Gentils*.

**PAIRE.** V. *Couple*.

**PAISIBLE.** V. *Pacifique*.

**PAIX.** V. *Tranquillité*.

**PALE, BLÊME, LIVIDE, HAVE, BLAFARD.** Faible de coloris ou décoloré par une teinte de blanc sans éclat, un objet est *pâle*. Très-*pâle*, dépouillé de toute la vivacité de ses couleurs, ou plutôt changé de couleur, le même objet est *blême*. Plombé et taché ou chamarré de noir, un objet est *livide*. Morne et défiguré par le décharnement, un objet est *hâve*. *Pâle* jusqu'à l'affadissement, tout blanchi par l'extinction de ses couleurs, un objet est *blafard*. — Le teint d'une personne est *pâle*, dès qu'il n'est pas assez animé. Si les chairs ont perdu leur couleur propre et leur vie, il est *blême*. Il est *livide*, lorsqu'un mélange de blanc et de noir lui donne une couleur sombre ou rembrunie. Quand sa couleur est morte ou effacée par un blanc mat ou inanimé, il est *blafard*. On dira plutôt un air *hâve* qu'un teint *hâve*, parce que le mot *teint* n'exprime que le coloris, et que le mot *hâve* rassemble deux qualités, celle de la couleur, qui est d'un blanc brun, et celle de la maigreur, qui n'est pas applicable au teint. — *Pâle* s'applique aux personnes, aux couleurs, à toute sorte de lumière, aux corps lumineux.

*Blême* ne convient qu'aux personnes et aux êtres personnifiés; et dans les personnes, il n'y a que le visage, le teint ou sa couleur qui soit *blême*. *Livide* se dit du teint, des chairs, de la peau : on appelle aussi *livides* les taches, les marques bleues ou noirâtres qui se forment sur la peau; et il en est de même des tumeurs. *Hâve* ne s'applique aussi qu'aux personnes, et proprement à l'air, au visage, à son ensemble. *Blafard* se dit en général de toute couleur, de toute lumière qui n'a point d'éclat ou de vivacité, de tous les objets qui tirent sur le blanc ou qui blanchissent en se décolorant : le soleil offusqué par des vapeurs qui ne font qu'amortir ses feux sans le cacher, est *blafard*. (R.)

PAMER, SE PAMER. V. *Passer*.

PANÉGYRIQUE. V. *Éloge*.

PARADE, OSTENTATION. Dans les choses morales, *parade* est regardé comme synonyme d'*ostentation*. Ces mots diffèrent en ce que *parade* sert plutôt à désigner l'action et sa fin ou son but; et *ostentation*, la manière de faire l'action et son principe ou sa cause. — On *fait* plutôt *parade* d'une chose qu'on n'en fait *ostentation* : l'usage ordinaire est d'exprimer l'action par le premier de ces mots. On fait une chose, non avec *parade*, mais avec *ostentation*; ce qui désigne la manière de faire. — On se met en *parade* pour être vu ; on s'y montre avec *ostentation*. On fait une chose *pour* la *parade*; on la fait par *ostentation*. *Pour* marque la fin, et *par* le principe. — *Parade* ne désigne que l'appareil extérieur; l'*ostentation* seule est le vice. L'*ostentation* fait *parade* des choses. Une chose de *parade* est faite pour les occasions d'apparat ou avec appareil : une chose d'*ostentation* se fait par vanité, par vaine gloire. — *Parade* se dit au propre dans un sens favorable ou indifférent : *ostentation* réveille toujours l'idée de blâme. On a des habits de *parade* pour la cérémonie : celui qui est réduit à se faire valoir par ses habits, les étale avec *ostentation*. (R.)

PARAITRE, APPARAITRE. *Paraitre* exprime l'idée simple : pour *paraitre* il faut avoir un corps ou quelques qualités capables de frapper les sens. *Apparaitre* (paraître *à*, se manifester *à* : 10, page 5) se dit des objets qui, invisibles par leur nature, font une *apparition*, c'est-à-dire se présentent subitement à la vue sous une forme sensible, puis disparaissent : « L'ange qui *apparut* en songe à Joseph. Le spectre qui lui avait ou qui lui était *apparu* ». (Acad.)

*Apparaitre* se dit également d'une personne ou d'une chose qui se montre inopinément ou soudainement, dont l'aspect fait naître la surprise ou excite l'intérêt : « Une voile *apparut* à l'horizon et rendit l'espoir aux naufragés. Ces génies extraordinaires qui *apparaissent* à de longs intervalles ». (Acad.)

PARAITRE, SEMBLER. V. *Sembler*.

PARALOGISME, SOPHISME. Le *paralogisme* n'est qu'un raisonnement faux, un argument vicieux, une conclusion mal tirée ou contraire aux règles. Le *sophisme* est un trait d'artifice un raisonnement insidieux, un argument captieux. Telle est la distinction qui paraît être reçue. — Le *paralogisme* et le *sophisme* induisent en erreur : le *paralogisme*, par défaut de lumière ou d'application ; le *sophisme*, par malice ou par une subtilité méchante. Je me trompe par un *paralogisme*; par un *sophisme* on m'abuse. Le *paralogisme* est contraire aux règles du raisonnement : le *sophisme* l'est de plus à la droiture d'intention. *Paralogisme* est un terme dogmatique; et par là même il désigne plutôt une opposition aux règles de l'art : *sophisme* est un terme plus familier; et il désigne plutôt l'art d'abuser, ou le métier de chicaner. (R.)

PARASITE, ÉCORNIFLEUR. Gens qu'on appelle trivialement *piqueurs d'assiettes, écumeurs de marmites.* — L'*écornifleur* ne respire, ne convoite que de franches lippées; il escroque, pour ainsi dire, il avale le dîner ou la part des autres : aussi ce terme est-il plus injurieux, plus avilissant que celui de *parasite*. Le *parasite* a du moins l'air de chercher le maître et de s'en occuper; il prend des formes : l'*écornifleur* a l'air de ne chercher que la table et de s'en occuper uniquement; il n'a guère besoin que d'impudence. Il y a des *parasites* qu'on est bien aise de conserver; il n'y a pas un *écornifleur* dont on ne tâche de se défaire. (R.)

PARCIMONIE. V. *Économie*.

PARCOURIR. V. *Courir*.

PARDON. V. *Absolution* et *Excuse*.

PAREIL. V. *Tel*.

PARESSEUX. V. *Indolent*.

PARFAIT. V. *Accompli*.

PARFUM. V. *Aromate*.

PARIER. V. *Gager*.

PARLER MAL. V. *Mal parler*.

PAROLE (LA), LE PARLER. La *parole* est un ou plusieurs mots prononcés; mais *parole* signifie aussi la faculté de parler, et se dit en outre du ton de la voix, selon qu'elle est forte ou faible, douce ou rude, etc. C'est dans ce sens seulement que ce mot est synonyme du substantif verbal le *parler* : ainsi l'on dit également : « Il a la *parole* douce, rude; il a un *parler* doux, un *parler* rude ». En nous en tenant rigoureusement à la définition de l'Académie, il nous sera facile de reconnaître les nuances qui distinguent ces deux substantifs.

Le *parler* est la manière habituelle dont quelqu'un parle : cette manière comprend non-seulement le ton de la voix, mais aussi les expressions, l'accent, en un mot tout ce qui constitue le langage oral; et c'est en vertu de cette compréhension du mot, que le *parler* se dit des idiomes mêmes : « Le *parler* provençal, le *parler* bourguignon ». Ainsi quand on dit de quelqu'un qu'il a le *parler* ou un *parler* niais, on veut dire que sa manière de parler est niaise par les *paroles* qu'il prononce, par le ton dont il les dit, par l'accent qu'il y met, par toutes les circonstances de l'action de parler : une *parole* niaise ne signifie rien autre qu'un terme, qu'une expression dans laquelle il y a de la niaiserie. Un homme qui n'a pas habituellement le *parler* rude et grossier peut, dans un moment de vivacité ou d'humeur, avoir la *parole* rude et grossière, ou bien il peut lui arriver de prononcer une *parole* rude et grossière; mais ensuite il la désavouera.

PAROLE, MOT. V. *Mot.*

PAROLE (DONNER). V. *Promettre.*

PARSEMER. V. *Semer.*

PART, PARTIE, PORTION. La *partie*[1] est ce qu'on détache du tout : la *part* est ce qui doit en revenir : la *portion* est ce qu'on en reçoit. Le premier de ces mots a rapport à l'assemblage; le second au droit de propriété, et le troisième à la quantité. — On dit une *partie* d'un livre, et une *partie* du corps humain; une *part* de gâteau et une *part* d'enfant dans la succession; une *portion* d'héritage et une *portion* de réfectoire. (G.)

PART (PRENDRE). V. *Participer.*

PARTAGER, DIVISER. V. *Diviser.*

PARTAGER, RÉPARTIR. V. *Départir.*

PAR TERRE. V. *Terre (à).*

PARTI. V. *Faction* et *Intrigue.*

PARTIE. V. *Part.*

PARTICIPER, PRENDRE PART. *Participer* à une chose, c'est y avoir une part réelle et effective : On a fait une distribution de deniers à laquelle les deux frères ont *participé*. *Prendre part* à une chose, c'est s'y intéresser de soi-même par amitié, par sensibilité. — Ces deux expressions se disent en bien ou en mal. On *participe* au bien ou au mal qui arrive à quelqu'un, lorsqu'on en éprouve une partie. On *prend part* au bien ou au mal qui arrive à quelqu'un, en se réjouissant de l'un ou en s'affligeant de l'autre. (L.)

PARTS (DE TOUTES). V. *De tous côtés.*

PARURE. V. *Ajustement.*

PARVENIR. V. *Venir.*

PAS, POINT. « *Pas* et *point*, dit avec raison Dumarsais, sont de véritables noms, du moins dans l'origine. Nos pères, pour exprimer le sens négatif, se servirent d'abord, comme les Latins se servaient de *non*, de la simple négative *ne* : « Sachiez nos *ne* venisme por vos mal faire ». (Villehardouin). Dans la suite, pour donner plus de force et plus d'énergie à la négation, ils y ajoutèrent quelqu'un des mots qui ne marquent que de petits objets, tels que *grain*, *goutte*, *mie*, *brin*, *pas*, *point*. Il y a toujours quelque mot sous-entendu en ces occasions : « Je n'en ai *grain* ni *goutte* » ; je n'en ai pour la valeur d'un grain, etc.

1. Ce mot vient du participe latin *partitus*, du verbe *partire*, diviser. On a dit d'abord *res partita*, puis simplement *partita*, d'où *partie*, mot qui exprime le résultat de l'action de diviser un tout. Les mots *part* et *portion* viennent directement des substantifs latins *pars*, *partis* et *portio*, *portionis*.

Ainsi, quoique ces mots servent à la négation, ils n'en sont pas moins de vrais substantifs. « Je ne veux *pas* ou *point*, c'est-à-dire, je ne veux cela même de la longueur d'un *pas*, ni de la grosseur d'un *point*. « Je n'irai *pas* ou *point* »; c'est comme si l'on disait : « Je ne ferai pas un *pas* pour y aller, je ne m'avancerai d'un *point*. C'est ainsi que *mie*, dans le sens de miette de pain, s'employait autrefois avec la particule négative : « Il ne l'aura *mie*. Il n'est *mie* homme de bien ».

Or, un *point* étant moindre qu'un *pas*, le mot *point* donne plus d'énergie à la négation, et c'est ce que constate l'Académie. Voici ce qu'on lit dans son dictionnaire :

« *Point* nie plus fortement que *pas*. On dira également : « Il n'a *pas* d'esprit; il n'a *point* d'esprit »; et on pourra dire : « Il n'a *pas* d'esprit ce qu'il en faudrait pour sortir d'un tel embarras »; mais quand on dit : « Il n'a *point* d'esprit », on ne peut rien ajouter. Ainsi, *point* suivi de la particule *de*, forme une négation absolue; au lieu que *pas* laisse la liberté de restreindre, de réserver. — Par cette raison, *pas* vaut mieux que *point* : 1° Devant *plus*, *moins*, *si*, *autant*, et autres termes comparatifs : « Cicéron n'est *pas moins* véhément que Démosthène. Démosthène n'est *pas si* abondant que Cicéron. 2° Devant les noms de nombre : « Il ne m'en reste *pas* un seul petit morceau. Il n'y a *pas* dix ans ». — *Pas* convient mieux à quelque chose de passager et d'accidentel; *point* à quelque chose de permanent et d'habituel : « Il ne lit *pas* », il ne lit pas en ce moment. « Il ne lit *point* », il ne lit jamais ».

PASSER, SE PASSER. PAMER, SE PAMER. NOIRCIR, SE NOIRCIR. POURRIR, CHANCIR, MOISIR; SE POURRIR, SE CHANCIR, SE MOISIR. MOURIR, SE MOURIR. « Les verbes neutres diffèrent des mêmes verbes accompagnés d'un pronom, en ce que les neutres désignent d'une manière générale la propriété ou la qualité, le sort ou la destination du sujet, l'état de la chose ou le fait et l'événement final : au lieu que les autres désignent d'une manière particulière les changements successifs, l'action progressive, le travail ou la crise qui attaque actuellement le sujet et qui le conduit à l'événement final. Le pronom *se* ne peut être utilement employé qu'à désigner expressément l'action reçue et les changements éprouvés par le sujet dans le temps de l'épreuve. Cette différence est très-sensible dans l'emploi de *passer* et de *se passer*; exemple sur lequel nous nous étendrons davantage, parce que l'usage de ce verbe est sans contredit le plus ordinaire. »

1° « La qualité et le sort des choses qui passent, c'est de n'avoir qu'une existence bornée et définie. L'état actuel et la révolution des choses qui *se passent*, c'est d'être sur leur déclin ou dans une crise de décadence qui amène leur fin. On a dit que *passer* se rapporte à la totalité de l'existence; et *se passer*, aux différentes époques de l'existence : *passer* a bien plus de rapport à la fin de l'existence; et *se passer*, à l'action d'une telle époque, la dégradation. »

« Les fleurs et les fruits *passent*, ils n'ont qu'une saison : les fleurs et les fruits *se passent*, lorsqu'ils se fanent ou se flétrissent.

« Les couleurs *passent*, elles n'ont qu'une certaine durée : elles *se passent* dès qu'elles commencent à s'effacer ou à perdre leur lustre. C'est ainsi que la beauté *passe* et *se passe*. »

« Les modes *passent*, leur nature est de changer : dès qu'elles commencent à *se passer*, elles sont passées. »

« Ces distinctions sont palpables. Ainsi quoiqu'il soit vrai que *passer* et *se passer* s'appliquent souvent aux mêmes objets, il ne suffit pas de dire qu'il y a plusieurs endroits où l'on peut mettre indifféremment l'un et l'autre, mais que néanmoins l'un est quelquefois plus propre et plus élégant que l'autre. L'un et l'autre expriment des idées différentes ; et si l'un est propre dans un cas, l'autre ne saurait l'être. »

« Bouhours observe que s'il s'agissait, par exemple, de la beauté en général, on dirait *la beauté passe;* mais que s'il s'agit d'une belle personne qui commence à vieillir, on dira plus proprement et plus élégamment, *sa beauté se passe*. La raison en est que la proposition générale présente les qualités ou la fin commune aux objets de la même espèce; et que dans les cas particuliers, on considère plutôt le changement ou la révolution opérée, dans les objets individuels. C'est le sort de la beauté en général que de *passer;* mais l'événement particulier à telle beauté, c'est de *se passer* par des altérations successives. »

« Les maux *passent*, et votre mal *se passe*. Le temps *passe*, et le temps de semer ou de recueillir *se passe*. Le goût du monde *passe*, et votre goût pour le monde *se passe* à mesure que vous en essuyez plus de dégoûts. »

« Comme le mot *passer* n'a trait qu'à la durée et à sa fin, on s'en sert particulièrement pour marquer le peu de durée des choses. Comme le verbe *se passer* désigne particulièrement une action ou une révolution, il sert particulièrement à indiquer un rapport à l'emploi des choses. Ainsi quand on parle du temps, seulement pour exprimer la rapidité avec laquelle il s'échappe, on dit le *temps passe*, les *jours passent*, les *années passent;* mais quand on parle du temps avec rapport à l'usage que nous en faisons, on dit qu'il *se passe*. »

« Le temps *passe* sans que nous nous en apercevions : il *se passe* sans que nous en profitions. »

« La vie *passe;* et elle *se passe* à perdre la plus grande partie du temps. »

2° « Voyons quelques autres verbes qui, de même, dans un sens neutre, désignent simplement la qualité, la destination, le résultat ou l'événement; tandis qu'avec la forme réciproque, ils indiquent une succession d'efforts, de changements, de progrès, jusque vers le terme de l'événement final. »

« Celui qui *pâme*, tombe en défaillance : celui qui *se pâme*, se débat, pour ainsi dire, avant de tomber. Le premier verbe désigne le résultat, et le second la crise. On *pâme* de joie ainsi que de tristesse; la joie a, comme la tristesse, la propriété, la vertu de nous jeter dans un état de pâmoison. On *se pâme* à force de rire ou à force de crier; c'est-à-dire que des efforts ou des éclats successifs de cri ou de rire mènent par une progression d'effets jusqu'à la défaillance. »

3° « Les choses sujettes à devenir noires *noircissent*; le teint *noircit* au soleil. Les choses *se noircissent* lorsqu'elles perdent de leur blancheur et qu'elles deviennent noires : le temps *se noircit* à mesure qu'il se couvre de nuages épais et sombres. Un objet pourrait *noircir* tout d'un coup; il ne *se noircit* que par degrés. »

4° « La viande *pourrit*, les confitures *chancissent*, le pain *moisit*, etc.; ce sont des accidents que ces objets doivent éprouver ou même qu'ils éprouvent actuellement. La viande *se pourrit*, les confitures *se chancissent*, le pain *se moisit;* ces objets sont alors dans la crise ou fermentation qui produit la pourriture, la chancissure ou cette pellicule blanche qui se forme sur la surface, la moisissure ou cette efflorescence en mousse ou en duvet qui s'élève sur cette pellicule. »

5° « Un homme *meurt*, qui rend le dernier soupir; un homme *se meurt*, qui se débat contre la mort. » (R.)

PASSER, SURPASSER, DÉPASSER. Excéder, être au-dessus de, avoir quelque chose de plus. *Passer* exprime simplement l'idée : dans *surpasser* la particule *sur* ajoute à *passer* une idée de supériorité plus remarquable ou plus fortement affirmée (15, page 5); *surpasser*, ce n'est pas seulement être ou s'élever au-dessus, c'est dominer, être supérieur de beaucoup. Du reste les deux verbes s'emploient dans des cas analogues; ainsi l'on dit, suivant que l'on veut exprimer l'idée avec plus ou moins de force : 1° Dans le sens d'aller au delà : « La dépense *passe* la recette; cette dépense *surpasse* mes moyens». (Acad.) 2° Dans le sens d'être plus haut, plus élevé : « Cet homme vous *passe* de toute la tête; il est plus grand que lui, il le *surpasse* de toute la tête ». (Id.) 3° Surmonter quelqu'un ou quelque chose : « S'il continue d'étudier, il *passera* tous les savants de son siècle. Il les *surpasse* tous en science ». (Id.) 4° Excéder les facultés de l'esprit : « Cela *passe* ma capacité, mon intelligence. Cette science *surpasse* mon esprit ». (Id.)

*Surpasser* signifie littéralement *passer au-dessus, s'élever au-dessus*; *dépasser* signifie *aller plus loin, aller au delà,* dans une direction quelconque, même vers le bas; ce que ne peut jamais signifier *surpasser*, qui exprime toujours la supériorité. Ainsi, l'on dit : « Le vêtement de dessous *dépassait* l'autre de trois doigts ». (Acad.) Cette maison n'est pas dans l'alignement des autres, elle les *dépasse* d'un décimètre. Dans ces phrases *surpasser* serait tout à fait impropre.

De même l'on dira très-bien : « La hauteur de cette maison *dépasse* de beaucoup celle des maisons voisines ». (Acad.) Ici le verbe *dépasse* exprime simplement l'idée d'excédant; quant à l'idée de direction vers un point supérieur, elle est exprimée par le mot *hauteur* : *la hauteur surpasse* ferait même une sorte de périssologie.

Au figuré, *dépasser* signifie de même *aller plus loin*, et *surpasser*, *aller au-dessus*. Ce dernier dit plus que *dépasser* : un succès qui *surpasse* l'attente est un succès encore plus grand que celui qui a *dépassé* l'attente, parce qu'il y ajoute quelque chose sur quoi l'on ne comp. tait pas.

**PASTEUR.** V. *Berger*.

**PATELIN, PATELINEUR.** Celui qui tâche de faire venir les autre à ses fins par des manières souples et artificieuses.

« Le mot *patelin* marque, sans accessoire, la qualité, le défaut, le vice. *Patelineur* marque, par sa terminaison (40, page 12), l'action de faire le *patelin*, l'acte de pateliner, l'habitude du patelinage. On est *patelin* par caractère, et par un caractère souple et artificieux : on est *patelineur* par le fait et par les manières propres du *patelin*. » (R.)

**PATHÉTIQUE.** V. *Touchant*.

**PATIENT.** V. *Endurant*.

**PATIS.** V. *Pacage*.

**PATOIS.** V. *Langage*.

**PATRE.** V. *Berger*.

**PATRIOTISME.** V. *Civisme*.

**PATURAGE, PATURE.** V. *Pacage*.

**PAUVRE, INDIGENT, NÉCESSITEUX, MENDIANT, GUEUX.** *Je ne suis point pauvre*, disait un bon paysan qui n'avait pour tout bien que ses bras, et sur ses bras une famille; mais à qui l'on offrait la charité, quand il demandait du travail. Il y a le *pauvre* qui demande du travail pour vivre, et le *pauvre* qui demande l'aumône et qui en vit. Le premier est un homme *pauvre*; le second est ce qu'on appelle *un pauvre, un mendiant, un gueux* : *pauvre* de profession, il fait le métier de *mendiant*, et communément avec la livrée du *gueux*; il mendie, il gueuse. — Le *pauvre* a peu; il est mal partagé, il manque de fortune. L'*indigent* n'a point de bien; il éprouve le besoin, il pâtit. Le *nécessiteux* est dans les liens et les douleurs de la nécessité, d'un besoin urgent, d'une détresse dont il ne peut se tirer. Le *mendiant* tend la main en demandant et pour recevoir la charité. — *Gueux* signifie dépouillé, dénué de biens. Nous disons un *gueux revêtu*, par la raison que le propre du *gueux* est d'être nu, dénué, dépouillé : les *guenilles* sont l'équipage du *gueux*. *Gueux* est un mot injurieux; et il indique au physique et au moral, un désordre, un déréglement : vous appelez *gueux* un misérable, un fripon, un homme vil, etc. Les *gueux* sont de vilains *pauvres*, des *mendiants* suspects, des fainéants vagabonds. — Le *pauvre* n'a qu'une existence précaire; il est exposé au besoin. L'*indigent* est dans le besoin; il éprouve de la souffrance. Le *nécessiteux* est dans une extrême détresse; il manque des nécessités de la vie. Le *mendiant* professe pour ainsi dire la misère; il va sollicitant la charité publique. Le *gueux* gueusant étale la nudité ou le dénuement de la *misère* ; il mendie avec l'appareil le plus dégoûtant et le plus révoltant. (R.)

**PAUVRETÉ, INDIGENCE, BESOIN, NÉCESSITÉ.** La *pauvreté* est une situation de fortune opposée à celle des richesses, dans laquelle on est privé des commodités de la vie, et dont on n'est pas toujours le maître de sortir ; c'est pourquoi l'on dit que *pauvreté* n'est pas vice. L'*indigence* enchérit sur la *pauvreté* : on y manque des choses nécessaires ; elle est, dans l'état de fortune, l'extrémité la plus basse, ayant à l'autre bout pour antagoniste, la superfluité que fournissent les biens immenses : il n'y a point d'homme qui ne puisse s'en tirer, à moins qu'il ne soit hors d'état de travailler. Le *besoin* et la *nécessité* ont moins de rapport à l'état et à la situation habituelle que les deux mots précédents : mais ils en ont davantage au secours qu'on attend ou au remède qu'on cherche ; avec cette différence entre eux deux, que le *besoin* semble moins pressant que la *nécessité*. (G.)

**PAYE, PAYEMENT.** Salaire, solde, action de payer. Les deux mots s'emploient dans ces divers sens, quoique *payement* indique plus spécialement l'action (19, page 6). Mais il y a cette différence que la *paye* est réglée, se fait à jour fixe, est une chose habituelle ; tandis que le *payement* est accidentel : « La *paye* des soldats se faisait tous les huit jours. Exiger le *payement* d'une dette ». (Acad.)

*Payement* s'emploie aussi au figuré : « Le témoignage de la conscience est le seul *payement* qui jamais ne vous manque ». (Montaigne.)

**PAYE, SOLDE, SALAIRE.** Il ne faut pas définir la *paye*, ce qu'on donne aux gens de guerre pour leur *solde*, comme si elle ne regardait que les soldats : on dit aussi la *paye* des ouvriers, quand on leur distribue tout à la fois les *salaires* qu'ils ont gagnés, dans un certain temps, par une suite de travaux. — Quoique la *solde* regarde, selon l'usage ordinaire, le soldat, il faut observer que *soldat* vient de *solde*, et non *solde* de *soldat*. Ainsi il y avait des *soldes* avant qu'il y eût des *soldats* ; et l'on dit *soudoyer*, avoir, tenir à sa *solde* des agents, des espions, etc., engagés et payés pour d'autres genres de services. — Le *salaire* concerne proprement l'ouvrier qui, pour gagner chaque jour sa vie, travaille pour autrui chaque jour. Mais ce mot s'applique aussi généralement à toute rétribution légitimement et rigoureusement due pour tout genre de soin : ainsi l'on dit que toute peine mérite *salaire*. — *Paye* désigne particulièrement l'action de payer, de distribuer, de délivrer actuellement la *solde* ou les *salaires* que l'on doit, selon les conventions qui ont été faites. *Solde* désigne surtout l'engagement par lequel on s'est mis au service et sous la puissance d'autrui pour tel genre de service et avec la condition de la *solde*. *Salaire* désigne spécialement un droit et un besoin rigoureux dans celui qui le gagne. (R.)

**PAYENS.** V. *Gentils*.

**PAYER, ACQUITTER.** *Payer*, c'est remplir la condition d'un marché, en livrant le prix convenu d'une chose ou d'un service qu'on reçoit. *Acquitter*, c'est remplir une charge imposée, de manière à être libéré et quitte avec celui envers qui elle était imposée. — On *paye* des denrées, des marchandises, des services, des travaux, etc., ce qu'on reçoit moyennant un prix; mais on n'*acquitte* pas ces objets. On *acquitte* des obligations, des billets, des contrats, ce qui engage et grève à quelque titre; et ce n'est pas dans ce sens qu'on les *paye*. On *s'acquitte* d'un devoir, et on ne le *paye* pas. En *payant* une dette on *s'acquitte* envers son créancier. Le *payement* termine le marché; l'*acquit* décharge la personne ou la chose. — Vous *payez* un droit pour prix de quelque équivalent : vous *acquittez* un droit à titre de charge. Vous *payez* les impôts, le tribut, à raison des avantages que vous retirez de la protection et des dépenses publiques : vous *acquittez* des droits de péage et d'entrée, dans la simple idée d'acquérir ou de recouvrer la liberté de passer et d'entrer. — On ne *paye* pas un bienfait, il est gratuit : mais on *acquitte* envers le bienfaiteur les obligations de la reconnaissance, c'est un devoir. (R.)

PAYS. V. *Région*.

PÉDANT, PÉDANTESQUE. Ces deux mots se disent du ton, de l'air et des manières; mais ce qui est *pédant* est d'une personne naturellement *pédante*, pédante par caractère : ce qui est *pédantesque*, annonce moins le pédant, vient d'une personne qui se montre accidentellement *pédante* et a quelque chose d'étrange, de bizarre, qui tient du pédant, qui sent le pédant (55, page 17) : aussi dit-on un habit *pédantesque*, et l'on ne dirait pas un habit *pédant*. *Pédantesque* se dit aussi d'un travail de pédant.

PÉDANTISME, PÉDANTERIE. A la rigueur *pédantisme* ne devrait désigner que le caractère du pédant (32, page 9); mais l'usage veut qu'il signifie aussi, de même que *pédanterie*, une action de pédant, l'air et le ton pédant, les manières pédantes; d'autre part *pédanterie* se dit aussi du caractère.

Ce qui distingue essentiellement ces deux mots, c'est que *pédanterie* rappelle toujours l'idée d'un agent et de sa manière d'agir : la *pédanterie* d'une personne lui est propre; cette personne est naturellement pédante. Le *pédantisme* est une conséquence de la profession ou de l'éducation. *Pédanterie* signifie aussi érudition pédante : « Ce livre est rempli de *pédanterie* ». (Acad.)

PEINDRE, DÉPEINDRE. *Peindre*, c'est décrire ou représenter vivement, comme dit l'Académie : *dépeindre* c'est, dit Condillac, représenter une chose avec ses détails; c'est *peindre* une chose en la développant : la particule *de* est ici analytique et complétive (7, page 4).

On *peint* à grands traits ou brièvement : « Il a *peint* admirablement les combats dans son poëme ». (Acad.) On *dépeint* soigneusement et avec exactitude, en représentant toutes les qualités, tous les caractères de l'objet, de manière qu'on puisse le reconnaître infailliblement : « *Dépeindre* la vertu avec tous ses charmes, le vice avec tout ce qu'il a de hideux ». (Acad.)

PEINE. V. *Affliction*.

PEINE (AVOIR), AVOIR DE LA PEINE. V. *Avoir peine*.

PÉCHÉ. V. *Faute*.

PÉNATES. V. *Lares*.

PENCHANT. V. *Aptitude*.

PENDANT. V. *Durant*.

PENDANT QUE, TANDIS QUE. « *Pendant que* marque la simultanéité de deux événements, de deux choses : « *Pendant que* vous étiez en Espagne, j'étais en Italie ». *Tandis que* marque non pas la simultanéité de deux événements et de deux choses, mais une opposition, soit entre le temps que cette conjonction indique et un autre temps exprimé ou sous-entendu, soit entre deux actions qui se font simultanément : « Jouissez des plaisirs *tandis que* vous êtes riches, vous ne le serez peut-être pas toujours. Vous faites fort bien, *tandis que* vous êtes jeune, d'enrichir votre mémoire de la connaissance des langues; quand vous serez vieux, il ne sera plus temps de les étudier ». Dans ces phrases il y a opposition entre un temps exprimé et un autre temps qui n'est que vaguement indiqué. « *Tandis que* vous vous divertissez, je me consume dans le chagrin »; ici on ne veut pas marquer précisément la simultanéité de deux choses, mais l'opposition de deux choses qui sont simultanées. » (L.)

Les exemples suivants sont conformes à ces explications :

Ces juifs dont vous voulez délivrer la nature,
Que vous croyez, seigneur, le rebut des humains,
D'une riche contrée autrefois souverains,
*Pendant qu'*ils n'adoraient que le Dieu de leurs pères,
Ont vu bénir le cours de leurs destins prospères. (J. Racine.)

C'est l'asile du juste ; et la simple innocence
Y trouve son repos ; *tandis que* la licence
N'y trouve qu'un sujet d'effroi. (J.-B. Rousseau.)

*Tandis que* s'employait autrefois dans le sens de tout le temps que, d'aussi longtemps que : « *Tandis qu'*il restera des terres libres et incultes, nous ne voudrions pas même défendre les nôtres contre des voisins qui viendraient s'en saisir. (Fénelon.) *Tandis que* les lois subsistèrent dans leur force, personne ne put se plaindre de ce qu'on lui ôtait son fief, puisque la loi ne le lui donnait pas pour toujours ». (Montesquieu.)

« *Tandis que*, dit Roubaud, est employé là dans son sens propre, car c'est le *tamdiù* des Latins. Mais par un usage familier aujourd'hui, et peut-être introduit par l'ignorance de sa valeur propre, il sert particulièrement à marquer des rapports moraux entre deux choses et à faire sortir les oppositions, les contrastes, les disparates, comme si l'on disait *au contraire, au lieu que, au rebours.* » C'est bien le sens qu'il a dans les vers de J.-B. Rousseau qui ont été cités précédemment.

PÉNÉTRANT. V. *Perçant.*

PENSÉE, IDÉE. V. *Idée.*

PENSÉE (LA), LE PENSER. *Pensée* a, comme l'italien *pensata*, une terminaison passive : c'est la chose *pensée*, l'effet ou le produit de l'action de penser. *Penser* au contraire a la forme active du verbe : il désigne l'opération, l'efficacité, la cause productive (66, page 24). — Le *penser* est la *pensée* qui intéresse l'âme, l'attache, l'occupe, la remplit, la tient en *pensement*[1] : l'esprit s'entretient avec ses *pensées* : l'âme s'entretient avec ses *pensers*. — L'on s'égare quelquefois dans ses *pensées*, et l'on s'y perd : l'on s'égare aussi quelquefois dans ses *pensers*, mais on s'y retrouve. Une vaine illusion vous laisse l'esprit vide : une douce illusion laisse le cœur ému. — Le *penser* est proprement la *pensée* du cœur : car les *pensers* sont des *pensées* attachantes, accompagnées de soin, de souci, d'inquiétude, d'émotions, d'intérêt. Ainsi l'italien *pensiero*, qui est notre mot *penser*, signifie inquiétude, souci, soin : le *penser*, c'est-à-dire le chagrin, ne paye pas les dettes, dit un proverbe de cette langue. Avec des *pensées*, on est pensant : avec des *pensers*, on est pensif. (R.)

PENSER, SONGER, RÊVER. *Penser* est un terme vague qui annonce un travail de l'esprit sans indiquer aucun objet particulier. *Songer* et *rêver* sont des imaginations du sommeil, ou des pensées semblables à celles du sommeil; et le *rêve* est plus irrégulier, plus tourmentant, plus bizarre que le *songe*. Les yeux ouverts, on *songe* à la chose qu'on a dans l'esprit, à ce qu'on projette, à ce qu'on doit exécuter, à l'objet qui se présente; mais ce mot rappelle nécessairement l'idée d'une pensée légère, fugitive, superficielle, qui se dissipe facilement, qui n'occupe pas profondément. On *rêve* vaguement, même à un objet déterminé; la *rêverie* absorbe : on *rêve* fort tristement comme on *rêve* agréablement. *Rêver* ne se prend que dans cette acception; et ce caractère distinctif ne permet pas de l'employer selon l'idée simple de *penser*. Vous ne direz pas, *rêvez* à ce que vous faites; comme on dit, *pensez* ou *songez* à ce que vous faites. On vous demandera si vous avez *pensé* ou *songé* à la commission qu'on vous avait donnée, et non si vous y avez *rêvé*. Or quelle différence y a-t-il dans ces cas particuliers entre *songer* et *penser*? — *Penser* signifie vaguement avoir une chose dans l'esprit, s'en occuper, y attacher sa pensée, y donner son attention, réfléchir, méditer. Selon le caractère propre du songe, qu'il ne faut point perdre de vue, *songer* signifie seulement

1. Vieux mot : *Je vécus sans nul* pensement (Régnier); on le trouve aussi dans La Fontaine. Ce mot signifie soins ou soucis qui occupent l'esprit; l'Académie aurait dû le recueillir et le conserver, car il est utile.

rouler une idée dans son esprit, y faire quelque attention, se la rappeler, s'en occuper légèrement, l'avoir présente à la mémoire. Vous ne direz point *songer* profondément, mûrement, fortement : vous direz *penser* toutes les fois qu'il s'agira de réflexion, de méditation, d'occupation suivie. Vous *pensez* à la chose que vous avez à cœur : il suffit qu'une chose soit présente à votre esprit, pour que vous y *songiez*. Quelqu'un qui vous donne une commission vous recommande d'y *songer*, c'est-à-dire, de ne pas l'oublier : si c'est une affaire grave dont vous deviez vous occuper, il vous recommandera d'y *penser*. *Songez* à ce que vous faites, signifie faites-y attention : *pensez* à ce que vous avez à faire, signifie occupez-vous, réfléchissez, délibérez. A l'homme qu'il suffit d'avertir, vous dites *songez-y*; à celui que vous voulez corriger, vous dites *pensez-y* bien. *Songer* a donc meilleure grâce, lorsqu'il s'agit de choses ou de considérations légères, qui ne demandent que de l'attention ou de la mémoire, qui ne font pas des impressions ou ne laissent pas des traces profondes, qui n'ont point de suite ou n'exigent point de tenue : c'est alors le mot propre; et vous le préférez à *penser*, que vous employez dans tout autre cas. (R.)

PENSEUR, PENSIF, RÊVEUR. Le *penseur* est celui qui a l'habitude de réfléchir fortement, qui réfléchit profondément sur un objet bien déterminé, et en appliquant volontairement son esprit sur cet objet. L'esprit de l'homme *pensif* est plongé dans des réflexions vagues : il flotte, incertain du point auquel il doit se fixer, jusqu'à ce que, par l'intervention de la volonté, il s'arrête enfin à quelque chose et sorte ainsi de sa rêverie. On peut avoir l'air *pensif* sans penser réellement : l'esprit est alors préoccupé d'idées tristes ou livré au doute, à l'incertitude, à la crainte. Celui qui est *rêveur*, dit l'Académie, s'entretient de ses imaginations. Les pensées du *rêveur* sont souvent des chimères.

PENSION, PENSIONNAT. Établissement où des enfants sont logés, nourris et instruits, moyennant une certaine somme qui se paye par quartiers. — Le vrai sens du mot *pensionnat* est celui que donne le Dictionnaire de l'Académie : « Lieu où logent les pensionnaires dans un collége ou dans quelque autre maison ». Aussi y a-t-il, dans quelques établissements d'instruction publique, un quartier séparé, interdit aux externes, destiné uniquement au logement des pensionnaires, et que l'on appelle par cette raison le *pensionnat* (39, page 11).

Le premier sens du mot *pension* (du latin *pendere*, payer) est la somme que l'on paye pour être logé et nourri : « Il ne paye que demi-*pension* ». (Acad.) Mais *pension* s'emploie aussi pour désigner l'établissement et même l'ensemble des élèves. Alors encore, l'idée de prix, de payement, n'est point complétement effacée. *Pension* désigne non pas le local, mais la nature de l'établissement : c'est une maison où l'on reçoit des élèves *pensionnaires*, c'est-à-dire payant *pension*; et quand je dis : « Toute la *pension* est en promenade » (Acad.), j'entends parler des *pensionnaires :* tout le *pensionnat* est en promenade serait une location tout à fait impropre.

Le mot *pensionnat* désigne toujours le local occupé par l'instituteur et ses pensionnaires, avec le mobilier et tout le matériel; c'est le siége de l'établissement : le *pensionnat* est vaste, bien situé, etc. On ne dit pas maître de *pensionnat*, parce que cela signifierait maître ou chef du siége, du local, ce qui serait absurde. Mais comme le mot *pension* renferme l'idée de payement, de soins à donner aux enfants, et par conséquent d'administration, de direction, on dit très-bien maître de *pension*, c'est-à-dire chef de l'administration, directeur de l'entreprise qui a pour but l'instruction, le logement et la nourriture des élèves.

PENTE. V. *Aptitude*.

PERÇANT, PÉNÉTRANT. Le mot de *perçant* tient de la force de la lumière et du coup d'œil. Celui de *pénétrant* tient de la force de l'attention et de la réflexion. Un esprit *perçant* voit les choses au travers des voiles dont on les couvre; il est difficile de lui cacher la vérité; il ne se laisse pas tromper. Un esprit *pénétrant* approfondit les choses, sans s'arrêter à la superficie; il n'est pas aisé de lui donner le change; il ne se laisse point amuser. (G.)

PERCEPTIBLE. V. *Apercevable*.

PERCEPTION. V. *Sentiment, sensation*.

PÉREMPTOIRE. V. *Tranchant*.

PÈRES. V. *Ancêtres*.

PERFIDIE. V. *Adresse*.

PÉRIL. V. *Danger*.

PÉRIPHRASE, CIRCONLOCUTION. *Périphrase* signifie en grec ce que *circonlocution* signifie en latin, un circuit, un détour de paroles : *péri, circum,* autour; *phrazô, loqui,* parler. — La *périphrase* (et de même la *circonlocution*) consiste à dire en plus de paroles ce que l'on aurait pu dire en moins, selon la définition de Quintilien. — *Périphrase* est proprement un terme de rhétorique : *circonlocution* est un terme plus simple. La *circonlocution* sera donc la *périphrase* commune, familière, sans prétention de style et de recherche dans l'élocution : la *périphrase* sera la *circonlocution* oratoire ou poétique, faite pour embellir et relever le discours. — Quoique cette distinction n'ait point été faite expressément, il n'est pas moins vrai que les grammairiens et les rhéteurs parlent et traitent plutôt de la *périphrase* que de la *circonlocution;* qu'il est utile de distinguer ce qui appartient proprement à l'art, de ce qui n'a qu'un rapport accidentel avec l'art : il n'est pas moins vrai que, dans une foule de cas, on prend naturellement les détours de la *circonlocution*, sans avoir dessein de faire des *périphrases*. — Dans la conversation ordinaire, nous usons de *circonlocutions* pour faire entendre ce que nous ne voulons pas dire d'une manière expresse; et ces détours ne s'appelleront pas des *périphrases*. Mais vous appelleriez *périphrases*, des *circonlocutions* inutiles, superflues, étudiées, affectées, opposées à la simplicité naturelle de la conversation. (R.)

**PÉRIR, DÉPÉRIR.** *Périr*, c'est prendre fin par quelque accident : « Les vaisseaux *périrent* sur la côte ». (Acad.) *Dépérir*, c'est s'affaiblir, se délabrer, se détériorer, avancer vers sa fin, être près de tomber en ruine (7, page 4) : « Sa santé *dépérit* tous les jours; voilà une maison qui *dépérit* faute d'être entretenue ». (Acad.) *Périr* s'emploie aussi, au propre, dans le sens de *dépérir*; mais alors il ne se dit que des choses et pour les présenter comme s'avançant rapidement vers leur fin : « Les maisons inhabitées *périssent* plus promptement que les autres ». (Id.) Au figuré, il se dit dans ce sens des personnes et des choses : « *Périr* d'ennui; les arts *périssent* s'ils ne sont pas encouragés ». (Id.)

**PERMETTRE.** V. *Tolérer*.

**PERMIS.** V. *Licite*.

**PERMISSION.** V. *Approbation*.

**PERMUTER, PERMUTATION.** V. *Changer*.

**PERNICIEUX.** V. *Malfaisant*.

**PERPÉTUEL, CONTINUEL, ÉTERNEL, IMMORTEL, SEMPITERNEL.** *Perpétuel* désigne le cours et la durée d'une chose qui va ou revient toujours : *continuel*, le cours ou la durée prolongée d'une chose qui ne s'arrête pas, ou une suite longue de choses qui se succèdent rapidement : *éternel*, la durée de l'objet qui n'a ni commencement ni fin, ou du moins qui n'a point de fin : *immortel*, la durée de l'être qui ne meurt pas ou ne passe pas : *sempiternel*, la durée de la chose qui existe toujours ou qui ne périra pas. — Par la valeur propre des termes, *pepétuel* et *continuel* expriment une action ou un cours de choses, avec cette différence que *perpétuel* exclut toute borne à la durée de la chose dans l'avenir; et que *continuel* marque une chose commencée et suivie, sans rien déterminer sur sa durée future. *Éternel*, *immortel*, *sempiternel*, ne font proprement qu'annoncer un état permanent et illimité dans sa durée; mais avec cette différence qu'*éternel* exprime littéralement la durée du temps, *immortel* la durée de la vie, *sempiternel* la durée de l'existence. Dans un sens strict, *éternel* exclut un commencement de même qu'une fin; *immortel* et *sempiternel* font abstraction du commencement. — Le mot *perpétuel* n'exclut ni n'exige la continuation rigoureuse et absolue, sans interruption et sans intermission; ainsi nous disons également le *mouvement perpétuel* (et il ne cesse jamais), et des *rentes perpétuelles* (et elles ne font que revenir à certaines époques). — Le mot *continuel* ne souffre point d'interruption, ou il veut une succession rapide sans autre accessoire : ainsi des pluies sont longues ou *continuelles*, dans une saison; mais à la fin elles cessent. Si des maux *continuels*, ou qui ne laissent point de relâche duraient toujours, ils seraient *perpétuels*. — Le mot *éternel* réunit les idées de *continuité* et de *perpétuité*, toujours avec une idée plus ou moins sévère; ou plutôt il emporte toute la *continuité* et la *perpétuité* du temps; ou même il désigne une durée qui, opposée à celle du temps, n'a ni succession ni changement, ni passé ni futur : c'est dans ce dernier sens que Dieu est *éternel :* dans un autre sens, les peines de l'enfer sont *éternelles*, ou sans cesse et sans fin. — Le mot *immortel* marque la sorte d'éternité de l'être vivant ou d'un être personnifié et de tout objet à qui on attribue la vie : ainsi l'âme est *immortelle;* la gloire qui ne passe point, qui vit dans la mémoire des hommes, est *immortelle*, et de même du nom, des hauts faits, etc. — Le mot *sempiternel* rappelle une sorte d'éternité successive qui parcourt, comme par degrés, toute la suite des temps, pour ainsi dire, jour par jour, tous les jours (*semper*), pour ne jamais finir; mais ce mot purement latin, n'est point usité, et il ne se dit qu'en raillant, d'une femme très-vieille et qui, ce semble, ne peut mourir. — Ces termes se relâchent de leur sévérité, et ne marquent souvent qu'une durée ou un temps plus ou moins long. Ainsi un supérieur de couvent est *perpétuel*, lorsqu'il l'est pour sa vie, et on érige des monuments *perpétuels* qui durent tant qu'ils peuvent : des plaintes très-longues et très-fréquentes sont *continuelles :* ce qui dure outre mesure, contre notre attente ou l'ordre commun, de manière à fatiguer, à excéder, est *éternel :* ce qui mérite ou laisse une longue et glorieuse mémoire, est *immortel;* la personne qui passe les bornes de la vie et qu'on semble ennuyé de voir vivre, est *sempiternelle*. Ces applications en disent assez pour que le lecteur distingue aisément ce qui se prend en bonne ou en mauvaise part. (R.)

PERPÉTUITÉ, PERPÉTUATION. « *Perpétuation*, dit l'Académie, action qui perpétue, ou l'effet, le résultat de cette action » (20, page 7). Ce mot se dit des choses qui durent parce qu'on les renouvelle ou qu'elles sont renouvelées par la loi de la nature : « La *perpétuation* des espèces ». (Acad.) *Perpétuité* est un substantif abstrait (29, page 9) signifiant simplement durée sans interruption, sans discontinuation : « La *perpétuité* de la religion, de la foi ». (Id.)

PERSE, PERSAN, PERSIQUE. De Perse. — Quand on parle des habitants de la Perse, on dit également *Perse* et *Persan;* mais les *Perses* sont les anciens peuples de la Perse, ceux de l'antiquité : les *Persans* sont les peuples modernes.

Les adjectifs *persan* et *persique* servent à qualifier des choses de la Perse; mais *persique* ne se dit que d'un ordre d'architecture et d'un grand golfe qui baigne les côtes de la Perse.

PERSÉVÉRER et PERSISTER. V. *Continuer*.

PERSONNAGE, ROLE. Ces deux termes désignent également l'objet d'une représentation, soit sur la scène soit dans le monde. — Le terme de *personnage* est plus relatif au caractère de l'objet représenté; celui de *rôle*, à l'art qu'exige la représentation : le choix des épithètes dont ils s'accommodent dépend de cette distinction. — Un *personnage* est considérable ou peu important, noble ou bas, principal ou subordonné, grand ou petit, intéressant ou froid, ambitieux, fier, etc. : un *rôle* est aisé ou difficile, soutenu ou démenti; rendu avec intelligence, avec goût, avec feu; ou estropié, exécuté maussadement, froidement, maladroitement, etc. — C'est au poëte à décider les *personnages* et à les caractériser; c'est à l'acteur à choisir son *rôle*, à l'étudier et à le rendre. — Il est presque impossible à un méchant de faire longtemps, sans se démentir, le *rôle* d'homme de bien : ce *rôle* est trop difficile pour lui, parce qu'il le tiendrait dans une contrainte d'autant plus gênante que l'acteur est plus loin de ressembler au *personnage* qu'il veut jouer. (B.)

PERSONNELLEMENT, EN PERSONNE. *Personnellement* désigne la personne morale, la personne de l'esprit, de l'âme : « Il m'a offensé *personnellement*. Être *personnellement* responsable d'une chose ». (Acad.) *En personne* désigne la personne matérielle, la personne, comme on dit, en chair et en os : « J'y étais *en personne*. Le roi commandait le siége *en personne* ». (Id.)

PERSONNES. V. *Gens*.

PERSPICACITÉ. V. *Sagacité*.

PERSUADER, PERSUASION. V. *Convaincre*.

PERSUASION, SUGGESTION. V. *Suggestion*.

PERVERS. V. *Vicieux*.

PERVERSITÉ, PERVERSION. « *Perversion*, changement de bien en mal, en matière de religion et de morale. *Perversité*, méchanceté, dépravation. » (Acad.) Ainsi, le mot *perversion* dit ce qui se fait, ce qui a lieu, et exprime par conséquent une action, l'action de changer en mal (20, page 7) : le mot *perversité* exprime une mauvaise qualité morale.

PESANT. V. *Lourd*.

PESANTEUR. V. *Gravité* et *Poids*.

PESTILENT, PESTILENTIEL, PESTIFÉRÉ. « *Pestilent*, qui tient de la peste, du caractère de la peste, qui est contagieux. *Pestilentiel*, qui est infecté de peste, qui est propre à répandre la contagion. *Pestiféré*, qui produit, porte, communique, répand partout la peste, la contagion. — Une chose est *pestilente*, qui peut exciter ou communiquer un venin : on dit une fièvre *pestilente*, un souffle *pestilent*, un air *pestilent*, etc. *Pestilentiel* tient à *pestilence*, et *pestilence* marque le règne de la peste, une contagion établie, une influence épidémique. » (R.)

Au surplus, *pestilent* n'est plus aujourd'hui qu'un terme didactique, et il est peu usité. Quant à *pestilentiel* et *pestiféré*, le premier se dit de l'air, des vapeurs et des maladies; le second, des lieux infectés, des marchandises, des personnes et de ce qui a été à leur usage.

PETIT. V. *Exigu*.

PETULANCE, TURBULENCE, VIVACITÉ. La *vivacité* est en général la promptitude dans les actions; c'est le genre. La *pétulance* est la *vivacité* d'un être qui tend vivement à quelque chose, qui s'y porte avec promptitude. La *turbulence* est la *vivacité* d'un être sensible qui se porte de côté et d'autre, sans règle, sans réflexion, sans but. — La *vivacité* est le propre de tout être sensible, elle est susceptible de degrés; la *pétulance* est le propre de tout être passionné, privé de lumière et de réflexion, ou trop faible pour en suivre les directions. La *turbulence* est le propre de tout être sensible qui éprouve indéterminément le besoin d'agitation et de mouvement. — La *vivacité* indique la rapidité du mouvement; la *pétulance*, la *vivacité* du désir; la *turbulence*, la vivacité de l'inquiétude vague, du besoin. (L.)

PEU, GUÈRE. *Peu* exprime l'idée de petite quantité; il est opposé à *beaucoup* : *guère* signifie *beaucoup*, comme l'observe très-judicieusement Roubaud [1]; il ne désigne *peu* qu'en vertu de la négation qui l'accompagne toujours : « Il n'y en a *guère* », c'est-à-dire, il y en a *peu*. Ainsi *ne guère*, c'est *peu*; tandis que *ne peu* ou *non pas peu*, c'est *beaucoup*.

Donc en réalité le mot *guère* seul, bien loin d'être synonyme de *peu*, exprime l'idée toute contraire. Il ne peut y avoir synonymie entre *peu* et *guère* qu'autant que ce dernier est inséparablement joint dans l'esprit à la négation : c'est ainsi qu'il est considéré dans l'article suivant.

« *Peu* est l'opposé de *beaucoup*; et *guère* en devient une forte négation. S'il *n'y* a *guère* d'une chose, non-seulement il n'y en a pas beaucoup, mais il n'y en a pas assez, il n'y en a pas ce qu'il faut; il y en a *trop peu*, *fort peu*; il n'y en a presque point. L'usage est parfaitement conforme à cette observation. — *Peu* affirme positivement la petite quantité; *guère* ne fait que l'indiquer ou la supposer. *Peu* détermine une petite quantité, et dès lors il convient au ton positif, à l'assertion formelle, à l'opinion décidée : *guère* ne détermine rien sur la petite quantité; et dès lors il laisse nécessairement une incertitude, un doute, et quelque chose de vague dans l'idée de *peu*. Savoir *peu* et parler *peu* expriment l'opposition formelle à *beaucoup*; ne voir *guère*, n'avoir *guère* à dire, indiquent l'idée vague de *pas grand' chose*; mais l'esprit, invité par cette manière de parler à diminuer l'objet, le réduit presque à rien, comme on le verra par d'autres exemples. — Un homme qui a *peu* d'argent, en a et peut-être assez : un homme qui n'en a *guère* en manque, il en manquera. Vous demandez d'un plat, *peu*? Mais si l'on ne vous en sert pas assez, vous trouverez qu'il n'y en a *guère*, qu'il y en a *trop peu*, *bien peu*. Vous rencontrerez mille exemples

1. « *Guère*, signifiait autrefois *beaucoup*, *bien*, *fort* : « Sans *guère* de perte il fut seigneur de la ville ». (*Chronique* de Chastelain, p. 9.) Nous employons encore aujourd'hui ce mot d'une manière à peu près semblable dans certaines locutions : Il a disparu sans que l'on sache *guère* ce qu'il est devenu. Ce mot est d'origine germanique. — Tudesque : *garo*, beaucoup, bien, fort, entièrement, tout à fait; anglo-saxon : *geara* (*gheara*); allemand *gar*, même signification ». (M. de Chevallet, *Origine et formation de la langue française*.)

semblables où *guère* désigne une quantité insuffisante, tandis que *peu* marque la petite quantité sans accessoire. On vit avec *peu*, on est content de *peu*; mais s'il n'y a *guère* de ce qu'il faut pour vivre ou pour être content, on vit mal et on n'est pas content. — Il y a différents degrés de *peu : bien peu, fort peu, trop peu, très-peu, tant soit peu*, etc. Il n'en est pas ainsi de *guère*, il indique le *peu* comme indivisible : il exclut donc naturellement par son emploi négatif tout ce qu'il peut exclure, et il ne laisse du *peu* que ce qu'il est obligé de laisser, *le moins*. — Avec *peu*, on fait quelquefois *beaucoup :* avec *trop peu*, on ne fait *guère*, on ne fait pas grand' chose. (R.)

PEUPLE. V. *Nation*.

PEUR. V. *Appréhension*.

PEUR (AVOIR). V. *Craindre*.

PEUT (ON NE). V. *On ne saurait*.

PHÉBUS. V. *Galimatias*.

PHYSIONOMIE. V. *Air, mine*.

PIÉGE. V. *Appât*.

PIÉTÉ. V. *Religion*.

PILE, PILIER, PILASTRE. Amas ou construction de plusieurs corps placés les uns sur les autres. — *Pile*, mot simple, est le terme générique; il ne signifie rien autre que amas de corps placés les uns sur les autres, et se dit de toutes sortes d'objets : « *Pile* de bois, *pile* de livres, *pile* d'écus » (Acad.); *piles* d'un pont (Id.), massifs de maçonnerie qui soutiennent les arches d'un pont.

*Pilier* et *pilastre* énoncent une idée de construction : ce sont des *piles* d'une espèce particulière. Voici en quoi ces deux mots diffèrent : « Le *pilier*, dit l'Académie, est une sorte de colonne ronde ou carrée, sans proportion et quelquefois sans ornement, qui sert à soutenir un édifice ou quelque partie d'un édifice. Le *pilastre* est un *pilier* carré auquel on donne les mêmes proportions et les mêmes ornements qu'aux colonnes, et qui ordinairement est engagé dans le mur : quelquefois il est placé derrière les colonnes. » Ces conditions distinctives sont exprimées par la terminaison *astre*, qui vient du verbe latin *astruere*, construire contre ou auprès, et qui est très-rare dans notre langue.

PILER. V. *Broyer*.

PILLAGE, PILLERIE. *Pillage* se dit du saccagement des villes, qui se fait avec violence; on l'emploie aussi par exagération pour une suite de vols dans une maison, dans une administration où il n'y a pas d'ordre. *Pillerie* se dit de *voleries* (V. *Vol, volerie*), d'extorsions secrètes : « Il s'est enrichi par ses *pilleries* ». (Acad.)

PILLARD, PILLEUR. *Pilleur*, comme *pillard*, se dit de celui qui pille ou qui aime à piller. Mais *pillard* indique ou plus d'ardeur au pillage, ou une plus grande passion de faire des pilleries, ou enfin un pillage plus en grand, une répétition plus fréquente d'actions de cette nature (41, page 12) : aussi se dit-il surtout des soldats qui exercent le pillage, soit après la prise d'une ville, soit sur les terres de l'ennemi. *Pillard* s'emploie souvent comme adjectif : *troupe pillarde.*

PILOTE. V. *Nocher.*

PIQUANT, POIGNANT. *Poignant* dit plus que *piquant.* Un point de côté vous *poind* et ne vous *pique* pas : il vous cause une vive douleur avec des élancements, comme si on vous donnait des coups de lancette et non de petits coups d'épingle. Une injure *poignante* pique jusqu'au vif, perce jusqu'au cœur. Le *piquant* est même quelquefois très-agréable; il réveille, il chatouille : on est toujours blessé, toujours souffrant de ce qui est *poignant.* — La différence ordinairement observée dans l'usage de ces mots, consiste en ce que *piquant* s'applique à la cause, à la chose qui pique; et *poignant,* au mal, à la douleur que vous éprouvez. Un trait est *piquant,* et votre mal est *poignant :* vous dites, *une raillerie piquante,* et *une douleur poignante :* une épigramme est *piquante,* et le remords est *poignant.* Ce mot est surtout une qualification de l'effet ou de la cause interne; tandis que l'autre désigne proprement l'action d'une cause extérieure. (R.)

PIQUER (SE). V. *Affecter.*

PIRATE. V. *Corsaire.*

PIRE, PIS. *Pire,* c'est le latin *pejor,* des deux genres, comme *meilleur, melior. Pis* est l'adverbe *pejùs,* formé du neutre *pejus,* comme *mieux* est *meliùs,* du neutre *melius.* Ainsi *pis* est adverbe; *pire* n'est qu'adjectif comme *meilleur : pis* signifie *plus mal;* et *pire, plus mauvais.* — On suppose que *pis* est adjectif dans les phrases suivantes : « Il n'y a rien qui soit *pis* que cela. Ce que j'y trouve de *pis.* Il ne saurait rien arriver de *pis* ». Or, ces exemples ne prouvent rien. *Pis* est adverbe dans ces phrases, comme *mieux* dans celle-ci : « Il n'y a rien qui soit *mieux* que cela. Ce que j'y trouve de *mieux,* etc. » *Pis* est l'opposé de *mieux,* et il se place de même dans les mêmes cas, comme adverbe : *pire* est l'opposé de *meilleur,* et il s'emploie de même seul, comme adjectif. — *Pis* et *pire* s'emploient substantivement et dans le degré superlatif; mais celui-ci comme adjectif, et celui-là comme adverbe. On dit *le pis,* comme *le mieux;* et *le pire,* comme *le meilleur.* Dans ces manières de parler elliptiques, *pire* suppose un substantif sous-entendu dont il exprime la qualité et auquel il se rapporte : *pis* suppose un verbe sous-entendu dont il modifie l'expression. — *Le pis, qui pis est, ce qu'il y a de pis, le pis-aller,* toutes ces locutions et autres semblables annoncent par le mot *pis* ce qui est, ce qu'il y a, ce qui arrive, ce qui se fait de *plus mal. Pis* qualifie l'espèce d'action ou d'existence qui serait exprimée par le verbe sous-entendu. On fait *du pis* qu'on peut, quand on fait *aussi mal* ou autant de mal qu'on peut, comme on fait *du mieux* qu'on peut. L'un prend les choses *au pis, aussi mal* qu'il est possible, tandis que l'autre les prend *bien,* ou *en bien* autant que cela se peut. Ce que vous trouvez *de pis* est ce qui vous paraît être *plus mal,* ce qu'il peut arriver de *plus mal.* — Le *pire* réveille toujours l'idée d'un substantif par lequel vous expliquerez votre phrase. Qui choisit prend *le pire*, c'est-à-dire le plus mauvais parti, l'objet le plus mauvais. Il n'y a point de degré du médiocre *au pire*, c'est-à-dire entre le degré médiocre ou moyen, et le degré *pire* ou le plus bas. Toujours *le pire* se rapporte à un mal ou à un autre substantif équivalent et suffisamment indiqué; et c'est *le pire* ou le plus grand des maux comparés. (R.)

PITEUX, PITOYABLE. Qui est à faire pitié. — *Piteux* signifie proprement qui est de telle sorte, dans un état tellement fâcheux, qu'il excite fortement la pitié, mais une sorte de pitié dédaigneuse et méprisante; c'est pourquoi ce terme est familier : « Ton *piteux*; *piteux* état; faire *piteuse* chère ». (Acad.)

*Pitoyable* signifie qui est très-propre à exciter la pitié, la compassion (43, page 13). Il se prend au sérieux et fait entendre que la chose a réellement le droit d'inspirer la commisération : « Il a une santé *pitoyable* » (Acad.) Cependant il s'emploie aussi comme terme de dénigrement, dans le sens de méprisable, pour qualifier ce qui est mauvais dans son genre : « Style *pitoyable*, raisonnement *pitoyable*, conduite *pitoyable*, peintre *pitoyable* ». (Acad.)

PITIÉ, COMPASSION, COMMISÉRATION. La *pitié* est proprement la qualité de l'âme qui dirige sur les malheureux le sentiment de la bienveillance ou plutôt de la charité universelle. La *compassion* est le sentiment de *pitié* actuellement excité dans l'âme par des malheureux dont la douleur nous frappe droit au cœur. La *commisération* est l'expression sensible d'un vif intérêt qui, excité dans l'âme par la *compassion*, se répand sur les malheureux avec plus ou moins d'effet. — La *pitié* nous conduit naturellement au grand précepte de ne pas faire aux autres ce que nous ne voudrions pas qu'on nous fît : elle nous apprend par sentiment ce que la raison démontre à la rigueur, que l'intérêt de chacun est celui de tous, et que l'intérêt de l'humanité est celui de chacun. La *compassion* ou la *pitié* appliquée à des cas particuliers, fournit de si fortes preuves de ces vérités, qu'elle va jusqu'à désarmer l'ennemi furieux, qui se croit alors et se trouve en effet plus heureux de sauver sa victime suppliante que de l'immoler à sa colère. Voyez Marcellus, considérant ce peuple infortuné qu'il vient d'écraser et d'ensevelir sous les ruines de Syracuse; il frémit de sa gloire, et il en est puni, comme d'un grand crime, par les larmes amères d'une *commisération* stérile et désespérée. (R.)

PITIÉ (AVOIR), AVOIR DE LA PITIÉ. V. *Avoir peine*.

PLACE. V. *Lieu*.

PLACER. V. *Mettre*.

PLAGIAIRE. V. *Copiste*.

PLAIE. V. *Blessure*.

PLAIN. V. *Uni*.

PLAINTE, COMPLAINTE. Expression de la peine, de la douleur

que l'on ressent. La *plainte* ne consiste qu'en quelques mots et souvent en un seul cri que la douleur arrache. La *complainte* est une suite et, pour ainsi dire, une accumulation de plaintes, ou un ensemble de lamentations ennuyeuses et fatigantes (4, page 3)

PLAINTE, LAMENTATION. V. *Lamentation*.

PLAIRE, COMPLAIRE. *Plaire*, c'est simplement être agréable ou faire plaisir : *complaire*, c'est s'accommoder, se conformer au sentiment, au goût, à l'humeur de quelqu'un pour lui plaire; c'est aussi acquiescer à ce qu'il souhaite. On peut *plaire* au premier abord; mais pour *complaire*, il faut des soins, des attentions et quelquefois beaucoup de complaisance (4, 3°, page 3).

PLAISANT, BOUFFON, FACÉTIEUX. « *Plaisant* (qui plaît, récrée, divertit), répond assez exactement au *facetus* des Latins. De l'augmentatif ou fréquentatif *facetosus*, nous avons fait *facétieux*, fécond en facéties, plein de facétie, espèce de plaisanterie qui divertit beaucoup, qui inspire la joie, qui fait rire. » (R.)

*Bouffon* vient de l'italien *buffa*, grosse facétie : ce qui est *bouffon* est grossier : un *bouffon* est un acteur ou un homme grossièrement plaisant.

« *Facétieux* dit plus que *plaisant* et dit mieux que *bouffon*. Scarron, *bouffon* si souvent, est souvent aussi très-*facétieux*. — Molière n'est pas seulement *plaisant*, il est *facétieux*, quand il veut l'être; car alors sa plaisanterie est non-seulement agréable, mais vive, enjouée, piquante et très-comique. Une action, une parole est agréable sans être *plaisante*; elle peut être *plaisante* sans être absolument *facétieuse*. Le *plaisant* plaît et récrée par sa gaieté, sa finesse, son sel, sa vivacité et sa manière piquante de surprendre : il excite un plaisir vif et la gaieté. Le *facétieux* plaît et réjouit par l'abandon d'une humeur enjouée, un mélange heureux de folie et de sagesse; en un mot, par la plus grande gaieté comique, il excite le rire et la joie. » (R.)

PLAISANTERIE. V. *Moquerie*.

PLAISIR, DÉLICE, VOLUPTÉ. L'idée de *plaisir* est d'une bien plus vaste étendue que celle de *délice* et de *volupté*, parce que ce mot a rapport à un plus grand nombre d'objets que les deux autres; ce qui concerne l'esprit, le cœur, les sens, la fortune, enfin tout est capable de nous procurer du *plaisir*. L'idée de *délice* enchérit, par la force du sentiment, sur celle de *plaisir*; mais elle est bien moins étendue par l'objet : elle se borne proprement à la sensation, et regarde surtout celle de la bonne chère. L'idée de *volupté* est toute sensuelle; et semble désigner, dans les organes, quelque chose de délicat qui raffine et augmente le goût. — Tout ce que je viens de dire ne regarde ces mots que dans le sens où ils marquent un sentiment ou une situation agréable de l'âme. Mais ils ont encore, surtout au pluriel, un autre sens, selon lequel ils expriment l'objet ou la cause de ce sentiment, comme quand on dit d'une personne, qu'elle se livre entièrement aux *plaisirs*, qu'elle jouit des *délices* de la campagne, qu'elle se plonge dans les *voluptés*. Pris dans ce dernier sens, ils ont également, comme dans l'autre, leurs différences et leurs délicatesses particulières; alors le mot de *plaisirs* a plus de rapport aux pratiques personnelles, aux usages et aux passe-temps, tels que la table, le jeu, les spectacles, etc. Celui de *délices* en a davantage aux agréments que la nature, l'art, l'opulence fournissent; telles que de belles habitations, des commodités recherchées, et des compagnies choisies. Celui de *voluptés* désigne proprement des excès qui tiennent de la mollesse, de la débauche et du libertinage, recherchés par un goût outré, assaisonnés par l'oisiveté, et préparés par la dépense; tels qu'on dit avoir été ceux où Tibère s'abandonnait dans l'île de Caprée. (G.)

PLAISIR, GRACE. V. *Grâce*.

PLATONICIEN, PLATONIQUE. V, *Stoïcien*.

PLAUSIBLE, PROBABLE, VRAISEMBLABLE. « *Plausible*, qu'on peut approuver; *probable*, qui peut se prouver; *vraisemblable*, qui a l'apparence de la vérité. — Une raison est *plausible* lorsqu'elle paraît bonne et conforme à l'équité; une opinion est *probable*, quand elle offre beaucoup de preuves en sa faveur; un fait est *vraisemblable* quand toutes ses circonstances ressemblent à la vérité. » (L.)

Le sens étymologique de *probable* est en effet *qui peut se prouver;* mais ce mot s'emploie presque uniquement dans le sens de qui a de la *probabilité*, c'est-à-dire qui peut être, qui peut arriver, qui paraît fondé en raison, qu'il est raisonnable de supposer, de conjecturer : « Il est *probable* qu'il renoncera à ce dessein. Il n'est pas *probable* que cela arrive ». (Acad.) « Cette opinion est beaucoup plus *probable* que l'autre », (Id.) c'est-à-dire paraît plus fondée en raison.

PLEIN, REMPLI. Il n'en peut plus tenir dans ce qui est *plein :* on n'en peut pas mettre davantage dans ce qui est *rempli*. Le premier a un rapport particulier à la capacité du vaisseau; et le second à ce qui doit être reçu dans cette capacité. — Aux noces de Cana, les pots furent *remplis* d'eau; et par miracle, ils se trouvèrent *pleins* de vin. (G.)

PLEURARD, PLEUREUR. V. *Braillard*.

PLEURS. V. *Larmes*.

PLIER, PLOYER. Mettre certaines choses en plusieurs doubles, ou en rouleau, en paquet; dans un autre sens, fléchir, courber.

« Au propre, *plier*, c'est mettre en double ou par plis, de manière qu'une partie de la chose se rabatte sur l'autre : *ployer*, c'est mettre en forme de boule ou d'arc, de manière que les deux bouts de la chose se rapprochent plus ou moins. On *plie* à plat; on *ploie* en rond. — Nous disons *plier* dans le sens de *ployer*, courber, fléchir ou de céder; et ce n'est pas sans raison, lorsque la chose, en *ployant*, forme un pli, un coude, un angle. Ainsi on dira fort bien *plier* comme *ployer* le genou, le bras, parce que le bras et le genou *ployés* forment un vrai pli, le pli du jarret, le pli du coude, comme l'on dit. Dans une génuflexion profonde vous *pliez* le genou; il faut le *ployer* pour marcher. *Plier* dit un effet plus grand, plus marqué, plus approchant du pli rigoureux que *ployer*. Pour marquer qu'une personne *ploie* beaucoup le corps sans pouvoir se relever, on dira qu'elle est *pliée* en deux. Une armée ne fait que *ployer*, tant qu'elle résiste et s'efforce de reprendre sa place, sinon elle *plie* ou s'enfonce, il ne lui reste que la retraite. Ainsi donc au figuré, il suffit de fléchir, de faiblir, de mollir pour *ployer;* on *plie* quand on ne sait plus que céder, obéir, succomber. — *Plier* et *ployer* emportent quelquefois une idée secondaire d'arrangement avec une fin ou une destination particulière; mais on ne doit encore dire *plier* que des choses qui se mettent en plis, ou bien par lits et par couches semblables à des plis, telles que des nippes, des toiles, des vêtements, des étoffes : *ployer* convient mieux à ce qui se met en paquet, en bloc, en peloton, de ce qui se roule, s'enveloppe sans avoir besoin de plis. Un marchand de drap *plie* sa marchandise : un marchand de porcelaine *ploie* la sienne. » (R.)

PLUS, DAVANTAGE. Ces mots sont également comparatifs et marquent tous deux la supériorité; c'est en quoi ils sont synonymes : voici en quoi ils diffèrent. — *Plus* s'emploie pour établir explicitement et directement la comparaison; *davantage* en rappelle implicitement l'idée et la renverse : après *plus* on met ordinairement un *que* qui amène le second terme ou le terme conséquent du rapport énoncé dans la phrase comparative; après *davantage* on ne doit jamais mettre *que*, parce que le second terme est énoncé auparavant. — Ainsi l'on dira par une comparaison directe et explicite : « Les Romains ont *plus* de bonne foi que les Grecs. L'aîné est *plus* riche que le cadet ». Mais dans la comparaison inverse et implicite, il faut dire : « Les Grecs n'ont guere de bonne foi, les Romains en ont *davantage*. Le cadet est riche, mais l'aîné l'est *davantage* ». (B.)

PLUS (DE). V. *De plus*.

PLUSIEURS. V. *Beaucoup* et *Maint*.

POIDS, PESANTEUR. Le *poids* d'un corps est ce qu'il pèse, c'est-à-dire l'effort qu'il exerce contre une surface qui le soutient et l'empêche de tomber vers la terre : la *pesanteur* est la force qui le sollicite à tomber, c'est-à-dire l'attraction terrestre. Le *poids* est la mesure de l'action que la *pesanteur* exerce sur le corps : ainsi la *pesanteur* est la cause, le *poids* est l'effet produit.

POIGNANT. V. *Piquant*.

POINT. V. *Pas*.

POINT DU JOUR (LE), LA POINTE DU JOUR. *La pointe du jour* est le premier rayon du jour qui commence à *poindre* et à percer les ténèbres, c'est la naissance du jour : *le point du jour*, est le premier instant qui commence à marquer la division des époques différentes de la journée ou du jour considéré dans sa durée, c'est l'origine du temps. Le *point du jour* est le commencement de la durée, comme le midi en est le milieu : la *pointe du jour* est le commencement de la clarté, comme le grand jour en est la plénitude ou l'éclat. Ainsi, quand nous parlons de l'époque ou de l'emploi du temps, nous disons le *point du jour;* nous dirons la *pointe du jour*, quand il s'agira de distinguer le degré ou l'effet de la clarté. L'observateur se lève avant le *point du jour* pour considérer la petite *pointe du jour*. Vous partez *au point du jour*, à cette époque; et vous marchez à *la pointe du jour*, ou à la clarté du jour naissant. Vous mesurez le temps par *le point du jour; la pointe du jour* vous fait distinguer les objets. (R.)

POISON, VENIN. « On désigne par là certaines choses qui peuvent attaquer les principes de la vie par quelque qualité maligne; c'est le sens propre et primitif : dans le sens figuré, on le dit des choses qui tendent à ruiner les principes de la religion, de la morale, de la subordination politique, de la société, ou de l'honnêteté civile. — *Poison*, dans le sens propre, se dit des plantes ou des préparations dont l'usage est dangereux pour la vie : *venin* se dit spécialement de certaine liqueur qui sort du corps de quelques animaux. » (B.)

*Venin* se disait aussi autrefois du suc de certaines plantes, et Beauzée donne cet exemple : « La ciguë est un *poison*, le suc qu'on en exprime en est le *venin* ». *Venin* ne se dit plus aujourd'hui que de la liqueur venimeuse que distillent certains animaux. (Voir le dictionnaire de l'Académie.) On disait aussi le *venin* d'une maladie contagieuse; on dit aujourd'hui le *virus*.

« Au figuré, *poison* désigne une malignité préparée avec art, ou cachée du moins sous des apparences trompeuses; au lieu que le terme de *venin* ne réveille que l'idée de malignité subtile et dangereuse, sans aucune attention aux apparences extérieures. — Certains philosophes modernes affectent de répandre dans leurs écrits un *poison* d'autant plus séduisant, qu'ils font continuellement l'éloge de l'humanité, de la raison, de l'équité, des lois : mais au yeux de la saine raison, qu'ils outragent en l'invoquant, rien n'est plus subtil que le *venin* de cette audacieuse philosophie, qui attaque en effet les fondements de la société même. » (B.)

POLI. V. *Honnête*.

POLIR. V. *Limer*.

POLITESSE. V. *Civilité*.

POLTRON. V. *Lâche*.

PONTIFE, PRÉLAT, ÉVÊQUE. *Pontife*, qui fait ou dirige les choses saintes, celles de la religion : le latin *pontifex* qualifie l'homme chargé des choses sacrées, puissant en matière de religion, chef religieux. Le *pontife*, dit Cicéron, préside aux choses sacrées. — *Prélat*, qui est élevé au-dessus des autres, placé dans un haut rang, distingué par sa place, selon la valeur du latin *prælatus*, qu'il nous a plu d'appliquer à l'ordre ecclésiastique exclusivement à tout autre. Il y a dans l'Eglise deux ordres de *prélats :* les *évêques* forment le premier : le second est composé d'abbés, de généraux d'ordre, de doyens, etc., qui ont des droits honorifiques, tels que celui de porter la crosse et la mitre. — *Évêque*, espèce de magistrat qui, par une consécration ou destination particulière, exerce une juridiction et veille au gouvernement d'un district, d'un diocèse. C'est le grec *épiskopos*, latin *épiscopus*, inspecteur, surveillant. — Ainsi, vous êtes *pontife* par la puissance et par la hauteur des fonctions que vous exercez dans l'Église : vous êtes *prélat* par la dignité et par le rang que vous occupez dans la hiérarchie ecclésiastique : vous êtes *évêque* par la consécration et par le gouvernement spirituel que vous avez d'un diocèse. Le *pontificat* est une domination; la *prélature*, une distinction; l'*épiscopat*, une charge. — Dans le langage ordinaire, le nom de *pontife* n'est donné qu'au *souverain pontife* (au pape), aux *pontifes* de l'ancienne Rome ou autres anciens, aux saints *évêques* dont l'Église fait l'office : ces cas-là exceptés, *pontife* ne se dit que dans le style relevé, pour désigner un *évêque*; et ce nom imprime toujours la vénération. *Prélat* est de tous les styles, et surtout du style poétique. *Évêque* est le nom propre et vulgaire des *prélats* chargés de la conduite spirituelle d'un diocèse. (R.)

PORTER, EXCITER. V. *Exciter*.

PORTER, SUPPORTER. 1° Soutenir; 2° souffrir, endurer. — *Porter* et *supporter* ont bien d'autres acceptions; mais ils ne sont synonymes que dans les deux sens que nous indiquons ici.

1° *Porter* exprime simplement le fait de soutenir : « Des colonnes qui *portent* une galerie ». (Acad.) *Supporter* (porter *par-dessous* ou *en dessous*, 14, page 5) marque quelque chose de fort lourd relativement à la chose qui *porte*, et appelle l'attention sur cette chose : « Il n'y a qu'un seul pilier qui *supporte* toute la voûte ». (Id.)

2° La différence entre ces deux mots est à peu près la même dans la seconde acception. Quand on dit : « Il *porte* impatiemment sa disgrâce » (Acad.), on montre la personne comme assez forte pour réagir, pour lutter contre la disgrâce, dont le poids ne suffit pas pour l'accabler. On dira au contraire : « Il *supporte* son mal, son affliction patiemment » (Id.); et par là on exprime la résignation de la personne endurant un mal, une affliction contre laquelle elle est impuissante, et qui ne cherche pas à lutter. On dira aussi *supporter* une injure, parce qu'une injure est toujours une chose pesante, difficile à endurer.

PORTER, TRANSPORTER. Prendre d'un lieu et remettre ou faire aller à un autre. — *Porter* exprime l'action ordinaire, sans aucune idée accessoire, et il n'a rapport qu'au lieu où l'objet est porté : « *Portez* ces papiers dans mon cabinet ». (Acad.) *Transporter*, c'est littéralement *porter au delà* et d'un lieu à un autre (16, page 6); il a donc rapport non-seulement au lieu où l'objet est porté, mais encore à l'endroit où il est pris. Il exprime d'ailleurs des idées accessoires de manière et de moyens, d'efforts ou de difficultés, en raison du poids considérable ou de la quantité, de la nature des objets, des précautions à prendre, etc. : « *Transporter* par terre, par eau. On *transporta* le malade à l'hôpital sur un brancard. *Transporter* des marchandises d'un pays dans un autre ». (Acad.)

Il en est de même au figuré. On dit d'un conquérant : « Il a *porté* la guerre dans l'Asie » : (Id.) ici l'idée principale, celle qui frappe, est celle du pays où la guerre est portée. Mais on dit : « Constantin *transporta* le siége de l'empire romain à Constantinople. *Transporter* un mot du propre au figuré » (Id.), parce que l'idée prédominante est celle d'un déplacement, d'un contraste, et que les deux termes, point de départ et point d'arrivée, sont parfaitement indiqués.

**PORTION.** V. *Part*.

**POSÉ.** V. *Tranquille*.

**POSER, METTRE.** V. *Mettre*.

**POSER, REPOSER.** Être appuyé sur quelque chose, porter sur cette chose. — *Poser* marque simplement que l'objet est porté par un appui, un soutien ; *reposer* a un sens augmentatif (5, 3°, page 3) ; il se dit de ce qui est fortement soutenu et annonce une grande solidité. Il s'emploie fréquemment au figuré dans ce sens.

**POSER, SUPPOSER.** Faire une hypothèse, admettre qu'une chose soit. — *Poser* s'emploie dans ce sens en parlant de certaines choses dont on ne demeure pas d'accord, mais que l'on veut bien *supposer*, afin de pouvoir procéder à la discussion du reste : « Vous prétendez que cela est, je n'en demeure pas d'accord ; mais *posons* que cela soit ». (Acad.)

*Supposer* (poser *dessous*, 14, page 5) présente l'hypothèse comme une base sur laquelle on établit son assertion. *Supposer*, dit l'Académie, c'est *poser* une chose pour établie, pour reçue, faire une hypothèse, afin d'en tirer quelque induction : « Je *suppose* que la guerre éclate l'année prochaine, alors il faudra, etc. ».

Ainsi, on *pose* hypothétiquement un fait, un principe que l'on n'admet pas comme vrai ; on *suppose* un fait, un principe que l'on admet comme vrai, comme possible ou vraisemblable.

**POSITIF.** V. *Effectif*.

**POSITION, POSTURE, ATTITUDE.** État, situation du corps. — La *position* du corps est la manière dont on se tient naturellement debout, assis ou couché : « Vous vous tenez longtemps debout, c'est une *position* qui devient fatigante ». *Position* se dit aussi de toute attitude prescrite pour faire certains exercices : « La *position* du soldat sous les armes, du cavalier sur son cheval ; la première *position* du danseur ». *Position* est le genre ; *posture* et *attitude* sont les espèces.

« La *posture* est une manière de poser le corps, plus ou moins éloignée de son habitude ordinaire : l'*attitude* est une manière de tenir le corps, plus ou moins convenable à la circonstance présente. La *posture*, même la plus commode, n'est jamais sans gêne, et on en change : l'*attitude*, même la moins ordinaire, est dans la nature ou la convenance des choses, et on s'y maintient; sinon l'*attitude* devient *posture*. La *posture* de suppliant est une *attitude* fort contrainte. — La *posture* est singulière; elle a toujours quelque chose qui, sortant de la nature ou de l'état ordinaire du corps, se fait remarquer. L'*attitude* est pittoresque; elle est l'expression naturelle du caractère, de la passion, de l'état actuel de l'âme. — Les *positions* forcées, outrées, bizarres, celles de la caricature ou de la charge, s'appelleront des *postures*. Les formes nobles, agréables, expressives du maintien et de la contenance, s'appelleront des *attitudes*. Les baladins font des *postures* ridicules pour exciter le rire : les acteurs prennent des *attitudes* nobles pour représenter leur personnage. — *Posture* est le terme vulgaire; *attitude* est un terme d'art, employé par le peintre, le sculpteur, etc. (R.)

POSITION, SITUATION. V. *Situation*.

POSSÉDER. V. *Avoir*.

POSTER, APOSTER. *Poster*, c'est placer des hommes ou quelqu'un en un lieu, soit pour observer ce qui se passe, soit pour combattre avantageusement. *Aposter* (poster *pour*, 10, page 5) marque une intention plus formelle, et exprime la préméditation d'un mauvais coup ou d'une mauvaise action, d'une chose illégale. La troupe est *postée*, dit l'abbé Girard; l'assassin est *aposté*.

POSTURE. V. *Position*.

POTENCE. V. *Gibet*.

POUDRE, POUSSIÈRE. La *poudre* est la terre desséchée, divisée et réduite en petites molécules : la *poussière* est la *poudre* la plus fine que le moindre vent soulève, qui s'envole, se dissipe, s'attache aux corps qu'elle rencontre. Si vous réduisez un corps en *poudre*, il s'en élève une *poussière* incommode et souvent dangereuse. On dit du tabac en *poudre*, quand il est trop fin, que c'est de la *poussière*. — Dans le style hyperbolique, il suffit de renverser et de détruire pour mettre en *poudre*; il faut renverser de fond en comble et dissiper pour réduire en *poussière*. — Nous appelons *poudres*, différentes sortes de compositions ou de substances broyées, pulvérisées, réduites en petits grains, en petites parcelles, et semblables à la *poudre* : ainsi nous disons *poudres de senteur*, *poudres officinales*, *poudre à canon*, *poudre à poudrer*, etc. Nous appellerons *poussière* tout ce qu'il y aura de plus subtil et de plus fin, comme cette matière qui s'élève sur les étamines des fleurs pour les féconder. (R.)

POUR, AFIN. Ces deux mots sont synonymes dans le sens où ils signifient qu'on fait une chose en vue d'une autre : mais *pour* marque une vue plus présente; *afin* en marque une plus éloignée. On se présente devant le prince *pour* lui faire sa cour : on lui fait sa cour, *afin* d'en obtenir des grâces. — Il me semble que le premier de ces mots convient mieux, lorsque la chose qu'on fait en vue de l'autre en est une cause plus infaillible; et que le second est plus à sa place, lorsque la chose qu'on a en vue en faisant l'autre en est une suite moins nécessaire. On tire le canon sur une place assiégée *pour* y faire une brèche, et *afin* de pouvoir la prendre par assaut ou de l'obliger à se rendre. — *Pour* regarde plus particulièrement un effet qui doit être produit. *Afin* regarde proprement un but où l'on veut parvenir. (G.)

POUR JAMAIS. V. *Jamais*.

POUR MOI. V. *Quant à moi*.

POURQUOI (C'EST). V. *Ainsi*.

POURRIR, SE POURRIR. V. *Passer*

POURRITURE, PUTRIDITÉ. V. *Rancidité*.

POURSUIVRE. V. *Continuer*.

POURTANT, CEPENDANT, NÉANMOINS, TOUTEFOIS. *Pourtant* a plus de force et plus d'énergie, il assure avec fermeté malgré tout ce qui pourrait être opposé. *Cependant* est moins absolu et moins ferme; il affirme seulement contre les apparences contraires. *Néanmoins* distingue deux choses qui paraissent opposées; et il en soutient une sans détruire l'autre. *Toutefois* dit proprement une chose par exception; il fait entendre qu'elle n'est arrivée que dans l'occasion dont on parle. — Que toute la terre s'arme contre la vérité, on n'empêchera *pourtant* pas qu'elle ne triomphe. Quelques docteurs se piquent d'une morale sévère; ils recherchent *cependant* tout ce qui peut flatter la sensualité. Corneille n'est pas toujours égal à lui-même, *néanmoins* Corneille est un excellent auteur. Que ne haïssait pas Néron? *toutefois* il aimait Poppée. (G.)

POUSSER, V. *Exciter*.

POUSSIÈRE. V. *Poudre*.

POUVOIR, AUTORITÉ, PUISSANCE. L'idée propre d'*autorité* est celle de supériorité, d'ascendant, de domination, d'empire. La preuve en est qu'elle se retrouve dans toutes les manières reçues d'employer ce mot, soit en matière d'administration, soit sous tout autre rapport. L'*autorité* n'appartient qu'au supérieur. Le mari est supérieur à la femme, comme le père au fils : de là l'*autorité* de l'un et de l'autre. L'*autorité* de la raison, des preuves, des témoignages, des monuments, des auteurs, etc., annonce l'ascendant, la prépondérance, l'empire qu'ils ont sur les esprits, le droit d'être crus. — L'idée propre de *puissance* est celle de force et de faculté, et c'est aussi ce sens qu'il conserve dans toutes ses applications. La *puissance, potentia,* dit Cicéron, est la faculté capable de conserver et d'acquérir. La *puissance,* dit-il encore, est dans la force et dans les armes. Nous appelons *puissances,* en mécanique, les forces mouvantes; en politique, la somme des forces de la société : nous qualifions de *puissances* maritimes les nations qui mettent de grandes forces en mer, etc. — *Pouvoir* a deux sens, tantôt réunis, tantôt séparés; et ces idées sont relatives, l'une à celle d'*autorité,* l'autre à celle de *puissance*. Avec l'*autorité*, le titre nécessaire, vous avez un *pouvoir,* le *pouvoir* juste ou légitime, la voie de droit : avec la *puissance*, la force, vous avez un *pouvoir,* le *pouvoir* physique ou exécutoire, la voie de fait. Le premier de ces *pouvoirs* émane donc de l'*autorité*; le second, de la *puissance* : l'un annonce l'*autorité* qui exerce son droit; et l'autre la *puissance* qui exerce son action. Le *pouvoir* ordonne en vertu de l'*autorité* : le *pouvoir* exécute en vertu de la *puissance*. Vous aurez le premier de ces *pouvoirs* sans *puissance*, si vous n'avez pas les moyens efficaces d'exécution : vous aurez le second sans *autorité*, si vous n'avez pas les titres nécessaires pour une exécution légitime. L'*autorité* délègue, distribue des *pouvoirs* ou le droit de faire : la *puissance* laisse un *pouvoir* ou le moyen et la liberté prochaine de faire. L'une a des mandataires; l'autre, des exécuteurs. La *puissance* ne se partage pas; l'*autorité* ne se divise pas : si elles se communiquent, c'est par des *pouvoirs* particuliers. Enfin dans le sens d'*autorité*, comme dans celui de *puissance*, le *pouvoir* a un rapport particulier à l'acte, une idée particulière d'efficacité, et le soin de l'exécution. — Citons quelques phrases qui établissent les diverses acceptions du mot *pouvoir*. « Le *pouvoir* des pères sur leurs enfants est de droit naturel » : voilà le sens analogue à celui d'*autorité*. « Il n'est pas au *pouvoir* de l'esprit humain de concevoir la profondeur des mystères de la foi » : voilà l'idée de *puissance*. « La première chose qu'on demande aux ambassadeurs, c'est la communication de leurs *pouvoirs* » : voilà le *pouvoir* délégué, et l'acte de délégation appelé *pouvoir*. (R.)

POUVOIR, AUTORITÉ, EMPIRE, ASCENDANT, INFLUENCE. Tous ces mots expriment ce que l'on peut sur l'esprit des autres. *Pouvoir* est ici le terme général; mais il a aussi un sens particulier qui, dans certains cas, le fait employer de préférence à ses synonymes.

« La supériorité du rang et de la raison donnent de l'*autorité* : c'est ordinairement par la persuasion qu'elle agit; ses manières sont engageantes et nous déterminent en faveur de ce qui nous est proposé. L'attachement pour les personnes contribue beaucoup au *pouvoir* qu'elles ont sur nous : c'est par des instances qu'il obtient; son action est pressante, et fait que nous nous rendons à ce qu'on désire de nous. L'art de trouver et de saisir le faible des hommes forme l'*empire* qu'on prend sur eux : c'est par un ton affecté qu'il réussit; ses airs sont tantôt souples, tantôt impérieux, et toujours propres à soumettre nos idées à celles qu'on veut nous insinuer. — L'*autorité* laisse plus de liberté dans le choix. Le *pouvoir* paraît avoir plus de force. L'*empire* est plus absolu. » (G.)

L'*ascendant* participe de l'*autorité*; mais il est moins légitime et plus absolu, sans l'être néanmoins autant que l'*empire*. « Dans celui qui l'exerce, dit Laveaux, l'*ascendant* est une *autorité* habituelle qui dirige à son gré la volonté d'un autre; dans celui qui y est soumis, une habitude irréfléchie de céder aux impulsions d'un autre, soit par l'opinion confuse qu'on a de son mérite et de ses lumières, soit par timidité, par crainte, par faiblesse, par pusillanimité, ou par quelque autre cause qu'on ne saurait expliquer. L'*empire* est une espèce d'*ascendant*, mais plus fort que l'*ascendant* ordinaire et dont on peut mieux assigner la cause ».

L'*influence* est le plus faible et le plus doux de tous les *pouvoirs*. Son caractère est voisin de celui de l'*ascendant* : mais l'*ascendant* domine et commande; l'*influence* use d'adresse et agit surtout par voie d'insinuation.

**POUVOIR, PUISSANCE, FACULTÉ.** Les deux premiers mots ne sont pas pris ici dans le sens politique ou social, mais dans le sens philosophique et pour désigner, ainsi que le mot *faculté*, une disposition dans l'homme, par laquelle, dit l'abbé Girard, il est capable d'agir ou de produire un effet.

« Le *pouvoir* vient des secours ou de la liberté d'agir : la *puissance* vient des forces; et la *faculté* vient des propriétés naturelles. L'homme sans la grâce n'a pas le *pouvoir* de faire le bien. La jeunesse manque de sagesse pour délibérer, la vieillesse manque de *puissance* pour exécuter. L'âme humaine a la *faculté* de raisonner, et en même temps la facilité de s'en acquitter tout de travers. — Le *pouvoir* domine : la *puissance* s'affaiblit : la *faculté* se perd. — L'habitude diminue beaucoup le *pouvoir* de la liberté. L'âge n'affaiblit que la *puissance* et non le désir de satisfaire ses passions. L'âme ne perd de ses *facultés* que par des accidents qui arrivent dans les organes du corps ». (G.)

**PRÉCÉDENT.** V. *Antérieur*.

**PRÉCÉDER.** V. *Devancer*.

**PRÉCIPICE, GOUFFRE, ABIME.** On tombe dans le *précipice*. On est englouti par le *gouffre*. On se perd dans l'*abîme*. Le premier emporte avec lui l'idée d'un vide escarpé de toutes parts, d'où il est presque impossible de se retirer quand on y est. Le second renferme une idée particulière de voracité insatiable, qui entraîne, fait disparaître, et consume tout ce qui en approche. Le troisième emporte l'idée d'une profondeur immense, jusqu'où l'on ne saurait parvenir, et où l'on perd également de vue le point d'où l'on est parti, et celui où l'on voulait aller. — Le *précipice* a des bords glissants et dangereux pour ceux qui marchent sans précautions, et inaccessibles pour ceux qui sont dedans; la chute y est rude. Le *gouffre* a des tours et des circuits dont on ne peut se dégager dès qu'on y a fait un pas; et l'on y est emporté malgré soi. L'*abîme* ne présente que des routes obscures et incertaines, qu'aucun but ne termine : on s'y jette quelquefois tete baissée, dans l'espérance de trouver une issue; mais le courage rebuté y abandonne l'homme, et le laisse dans un chaos de doutes et d'inquiétudes accablantes. — Le chemin de la fortune est à la cour environné de mille *précipices*, où chacun vous pousse de son mieux. La débauche est un *gouffre* de malheurs : tout y périt, la vertu, les biens et la santé. Souvent la raison du philosophe, à force de chercher de l'évidence en tout, ne fait que se creuser un *abîme* de tenebres. (G.)

PRÉCIS, CONCIS, SUCCINCT. (PRÉCISION, CONCISION). Il y a la *précision* des pensées et la *précision* des expressions. La *précision* des pensées consiste à se renfermer tellement dans le sujet dont on parle, qu'on ne dit rien de superflu. « Le discours *précis*, dit Girard, ne s'écarte point du sujet, rejette les idées étrangères, et méprise tout ce qui est hors de propos ». La *précision* des expressions consiste dans le choix des termes les plus propres à exprimer l'idée.

« La *concision* est purement grammaticale. Elle consiste à employer le moins de mots qu'il est possible pour exprimer une idée; au lieu que la *précision* dans les expressions consiste à employer les termes qui rendent l'idée avec le plus de vérité, de clarté, de force, d'énergie. — Le *succinct* consiste à resserrer un sujet de manière à en présenter tout l'essentiel, sans entrer dans les détails qui pourraient servir à le développer. Le *précis* d'idées doit les resserrer pour leur donner plus de force et d'énergie : le *précis* d'expression doit choisir les termes les plus propres et les tours les plus convenables; le *succinct* doit présenter le sujet en raccourci, sans rien omettre d'essentiel; c'est un portrait en miniature. Un discours est défectueux, lorsqu'il n'a de *précision* ni dans les idées, ni dans les expressions. Un discours n'est pas défectueux pour ne pas être *succinct* : il a une autre espèce de mérite, lorsqu'il est développé avec art. Un discours *concis* est un discours où toutes les idées sont clairement énoncées avec le moins de mots qu'il est possible. (L.)

PRÉCOCE. V. *Hâtif.*

PREDÉCESSEUR, DEVANCIER, PRÉCURSEUR. *Prédécesseur* est simplement dans l'ordre du temps; *devancier* est de plus relativement au progrès d'une œuvre que l'on continue. Nous suivons nos *prédécesseurs* : nous faisons, mieux ou plus mal, ce que nos *devanciers* ont fait avant nous. Henri III fut le *prédécesseur* de Henri IV : dans son œuvre de constituer fortement la monarchie, Richelieu eut pour *devancier* Louis XI. Les poëtes tragiques Habert, Garnier, etc., furent les *prédécesseurs* de Corneille au théâtre; mais ils ne furent guère ses *devanciers*, car c'est Corneille qui a véritablement créé la tragédie en France.

Le *précurseur* vient avant quelqu'un pour en annoncer la venue : mais *précurseur* se dit aussi d'un homme célèbre qui a paru avant un autre par lequel il a été surpassé. Ce qui distingue du mot *devancier*, le *précurseur* pris dans ce sens, c'est que ce dernier mot garde toujours quelque chose de sa signification première. Si le *précurseur* n'annonce pas précisément celui qui doit le surpasser, du moins il en prépare la venue par la loi du progrès, et il en est suivi en quelque sorte immédiatement; l'intervalle entre le *devancier* et celui qu'il précède peut être considérable : Quand on lit *le Menteur*, on peut dire que Corneille a été le *précurseur* de Molière.

**PRÉDICATION, SERMON.** On s'applique à la *prédication;* et l'on fait un *sermon.* L'une est la fonction du prédicateur; l'autre est son ouvrage. — Les discours faits aux fidèles, pour annoncer l'Évangile, se nomment *prédications.* Ceux qui sont faits aux chrétiens pour nourrir leur piété, sont des *sermons.* (G.)

**PRÉDICTION, PROPHÉTIE.** *Prédiction,* du latin *præ,* avant, d'avance; et *dicere,* dire : *prophétie,* du grec *pro,* même sens que *præ;* et *phèmi,* dire. Les deux mots expriment donc l'annonce de ce qui doit arriver; mais la *prophétie* prédit les choses futures par inspiration divine, et c'est ce qui la distingue de la simple *prédiction.* L'astronome *prédit* une éclipse; tout homme sagace peut *prédire* le résultat d'un procès pendant ou d'une mesure prise : ce sont là des *prédictions :* les *prophéties* d'Isaïe avaient annoncé la ruine de Jérusalem par Titus.

L'Académie fait remarquer que *prophétie* se dit aussi fréquemment de l'annonce d'un événement futur faite par conjecture ou par hasard : « Ma *prophétie* s'est malheureusement accomplie ».

**PRÉÉMINENCE, SUPÉRIORITÉ.** La *prééminence* est une qualité idéale par laquelle une personne ou une chose paraît, brille au-dessus des autres personnes ou des autres choses. La *supériorité* est une qualité réelle par laquelle une personne ou une chose en surpasse une autre. — Le ministre a la *prééminence* sur les fonctionnaires qui lui sont subordonnés; tel employé a la *supériorité* sur le ministre par son esprit et ses talents. — La *prééminence* suppose plusieurs individus au-dessus desquels on est élevé; la *supériorité,* un degré de qualité que l'on a au-dessus d'un autre ou de plusieurs autres. Otez un homme d'une place éminente, et il perd toute sa *prééminence.* Il ne perd point sa *supériorité,* si ses qualités personnelles l'ont mis au-dessus des autres. (L.)

**PRÉFÉRER et PRÉFÉRENCE.** V. *Choisir.*

**PRÉJUDICE.** V. *Tort.*

**PRÉJUGÉ.** V. *Préoccupation.*

**PRÉLAT.** V. *Pontife.*

**PRÉMATURÉ.** V. *Hâtif.*

**PRÉMÉDITER.** V. *Méditer.*

**PREMIER, PRIMITIF.** *Premier* se dit en parlant de plusieurs êtres, réels ou abstraits, entièrement distingués les uns des autres, mais que l'on envisage seulement comme appartenant à la même suite. *Primitif* se dit en parlant des différents états successifs d'un même être. — L'enchaînement des révolutions occasionnées par les évenements et préparés par les passions, ramène enfin Rome à son gouvernement *primitif* qui était monarchique. Depuis qu'elle eut chassé les rois jusqu'au temps où elle fut asservie par les empereurs, elle fut gouvernée par deux chefs, sous le nom de consuls, dont l'autorité suprême était annuelle; les deux *premiers* furent L. Junius Brutus et L. Tarquinius Collatinus. — La langue que parlaient Adam et Ève est la *première* de toutes les langues; et si les différents idiomes qui distinguent les nations ne sont que différentes formes de cette langue, elle est aussi la langue *primitive* du genre humain. (B.)

PRÉMUNIR (SE). V. *Munir (se)*.

PRENDRE, COMPRENDRE. Entendre, concevoir. — *Prendre*, c'est saisir rapidement et sans effort le sens de quelques paroles ou d'un texte très-peu étendu : « Vous *prenez* mal mes paroles. Les commentateurs *prennent* ce passage en des sens très-opposés ». (Acad.) *Comprendre*, c'est saisir l'ensemble dans toutes ses parties (4, page 3). Vous pouvez bien *prendre* chaque phrase d'un texte et ne pas bien *comprendre* tout le texte lui-même; mais en général pour bien *comprendre* l'ensemble d'un discours, il faut bien *prendre* chacune des phrases qui le composent.

PRENDRE, HAPPER. V. *Happer*.

PRENDRE PART, PARTICIPER. V. *Participer*.

PRENDRE, SURPRENDRE. Attraper ou attaquer à l'improviste, être subitement témoin inattendu. — Dans ce sens *prendre* énonce simplement le fait, l'action, sans préciser la manière : « Je l'ai *pris* à voler des fruits dans votre jardin ». (Acad.) On dira de même à une personne qui fait quelque chose qu'elle désapprouve d'ordinaire : « Je vous y *prends* à votre tour ». Lorsqu'on veut préciser davantage, insister sur la manière, on dit *prendre* sur le fait, *prendre* au dépourvu.

*Surprendre* (prendre sur) dit tout seul autant que *prendre* sur le fait, *prendre* au dépourvu, à l'improviste : « *Surprendre* un voleur qui force un secrétaire. On l'a *surpris* en flagrant délit ». (Acad.)

On dit également bien : « La pluie nous a *pris* en chemin, et la pluie nous a *surpris* en chemin ». La première locution énonce simplement un accident qui était probable et qui n'a excité aucune surprise; la seconde fait entendre qu'on n'avait pas présumé qu'il dût pleuvoir, qu'on ne s'y attendait pas.

PRÉOCCUPATION, PRÉVENTION, PRÉJUGÉ. *Pré*, d'avance, par anticipation (13, page 5). *Préoccupation* désigne l'action d'occuper, de saisir l'esprit mal à propos; *prévention*, celle de prévenir, de disposer d'avance l'esprit; *préjugé*, celle de juger, de croire trop tôt. — La *préoccupation* est l'état d'un esprit si plein, si possédé de certaines idées, qu'il ne peut plus en entendre ou en concevoir de contraires. La *prévention* est une disposition de l'âme telle, qu'elle l'a fait pencher à juger plus ou moins favorablement ou défavorablement d'un objet. Le *préjugé* est un jugement anticipé, ou une croyance établie sans un examen suffisant ou une connaissance convenable de la chose. — La *préoccupation* ôte la liberté de l'esprit : elle l'absorbe. La *prévention* ôte l'impartialité du jugement; elle suborne. Le *préjugé* ôte le doute raisonnable; il tranche. — La *préoccupation* n'est jamais bonne à rien; elle fait tort même à la vérité par là même qu'elle empêche l'erreur de se défendre. Il y a des *préventions* justes et raisonnables : ainsi la justice et la raison veulent que nous consultions nos *préventions* pour l'homme d'une probité reconnue et contre l'homme suspect de mauvaise foi, si nous avons à traiter avec eux. Les *préjugés* seront légitimes, lorsque fondés sur des présomptions fortes, ils ne formeront que des jugements provisoires sur lesquels l'esprit se repose, en attendant une instruction plus ample : le *préjugé* n'est plus alors qu'une opinion. (R.)

**PRÉPARATIFS.** V. *Appareil, apprêts.*

**PRÉPARER.** V. *Apprêter.*

**PRÉROGATIVE, PRIVILÉGE.** Le *privilége* est une exception au droit commun : la *prérogative* au contraire existe comme chose de droit, ou par la nature même du sujet qui la possède. Ce mot d'ailleurs, comme le dit l'abbé Girard, regarde plus particulièrement les honneurs et les préférences personnelles; tandis que *privilége* regarde plutôt quelque avantage d'intérêt.

Les créanciers ordinaires d'un failli perdent au prorata du montant de leurs créances; la loi accorde un *privilége* à certains créanciers qui ne peuvent rien perdre. Dans les monarchies constitutionnelles, dit l'Académie, la *prérogative* royale consiste dans les droits et les honneurs assurés au roi par la constitution de l'État.

On dit les *priviléges* de la naissance, parce que les avantages de la naissance dans la société sont une exception au droit naturel, en vertu duquel tous les hommes naissent égaux. On dit que la raison et la parole sont les plus belles *prérogatives* de l'homme, parce que ces avantages, qui constituent la nature même de l'homme, sont en quelque sorte de droit naturel.

**PRÈS, PROCHE.** *Proche* exprime le superlatif, une grande proximité, un étroit voisinage. Nous disons qu'un homme a approché *fort près, très-près* du but; il en a été *proche* ou *tout proche.* — La préposition *de* se met quelquefois devant *près*, et non pas devant *proche :* Voir *de près,* suivre *de près,* serrer *de près*, tenir *de près,* toucher *de près,* etc., et non *de proche.* Dans ces cas-là, *près* acquiert la valeur de *proche,* celle d'une grande proximité; et par là même il en exclut l'usage. — Le mot *près* se prend donc adverbialement; il n'en est pas de même de *proche;* mais *proche* se prend adjectivement, et il n'en est pas de même de *près.* (V. *Proche, prochain*). — Je sais qu'on a coutume de dire que *proche* est, ainsi que *près,* adverbe dans ces phrases : « Ces deux villages sont tout *proche* ou tout *près;* ces deux amis logent assez *près* ou assez *proche* ». Mais il est aisé de remarquer que dans ces cas-là, le régime est seulement sous-entendu, et qu'on entend alors *près* ou *proche d'ici,* ou l'*un de l'autre.* — On dit *près* et non *proche* de faire, de tomber, de partir, de parler, de périr, et autres verbes. — *Proche* ne s'emploie qu'au propre et dans le langage ordinaire, pour exprimer une proximité de lieu ou de temps; et il est beaucoup moins usité que son synonyme. *Près* est très-usité dans tous les genres de style; et il s'emploie selon diverses acceptions et dans une foule d'acceptions figurées. (R.)

**PRÉSAGE.** V. *Augure.*

**PRÉSENT.** V. *Don.*

**PRÉSENT (ÊTRE).** V. *Assister.*

**PRÉSENT (A), PRÉSENTEMENT.** V. *A présent.*

**PRÉSENTER, OFFRIR.** *Présenter* signifie littéralement mettre devant, sous la main, devant ou sous les yeux de quelqu'un : *présent*, ce qui est devant, en *présence*; de *præ*, devant, *ens*, qui est. *Offrir* signifie porter devant, mettre en avant : *offre*, ce qu'on met en avant, ce qu'on propose; de *ferre*, porter, et *ob*, devant, en avant. — Il n'y a personne qui ne conçoive d'abord la différence qu'il y a entre faire une *offre* et une *présentation* : on sait donc ce qui distingue *offrir* de *présenter*. Vous *présentez* à quelqu'un ce que vous avez à lui donner de la main à la main; vous ne *présentez* que ce qui est *présent* : vous *offrez* ce que vous désirez de donner ou de faire, sans qu'il soit nécessaire de livrer ou d'exécuter actuellement la chose; vous *offrez* ce qui n'est pas *présent*, comme ce qui l'est. *Présenter*, c'est *offrir* une chose *présente* : *offrir*, c'est proposer une chose quelconque présente ou absente. Vous *présentez* ce que vous avez à la main, sous la main; vous *offrez* ce que vous avez à votre disposition, en votre pouvoir. *Présenter* un bouquet, c'est *offrir* un présent. Vous *présentez* des hommages par des signes actuels de respect et de soumission : vous *offrez* des services par la proposition d'en rendre, quand l'occasion s'en présentera. Rien n'est plus simple et plus palpable; on ne confond pas une *présentation* avec une *proposition*. — On *présente* donc à une personne, afin qu'elle reçoive ou qu'elle prenne, comme de la main à la main : on lui *offre* afin qu'elle accepte ou qu'elle agrée. (V. *Recevoir, accepter*). — On *offre* de faire, de dire, d'aller, etc., choses à venir : on *présente* les remerciements qu'on fait, l'hommage qu'on rend, le placet qu'on donne, choses qu'on rend présentes. On *offre* de payer, et on *présente* l'argent en paiement. (R.)

**PRESERVER.** V. *Garantir.*

**PRÉSIDENT HONORAIRE.** V. *Honoraire.*

**PRÉSOMPTION, CONJECTURE.** *Présomption*, action de *présumer*, c'est-à-dire, de prendre d'avance un avis, une opinion; ou l'opinion prise d'avance, un jugement préalable. *Conjecture*, de *conjicere, conjectare*, jeter ensemble ou avec, augurer, deviner, interpréter, par une allusion marquée, à l'action de jeter les dés, de tirer au sort. — La *présomption* est une opinion fondée sur des motifs de crédibilité : la *conjecture* est une opinion établie sur de simples apparences. La *présomption* est plus forte de raison que la *conjecture*. La *présomption* forme un préjugé légitime; la *conjecture* n'est qu'un simple pronostic. — La *présomption* est réelle, je veux dire fondée sur des faits certains, des vérités connues, des commencements de preuves : la *con-*

*jecture* est idéale, je veux dire tirée par des raisonnements, des interprétations, des ruppositions. La *présomption* est donnée par les choses : la *conjecture* est trouvée par l'imagination. — La *présomption* attend la certitude : la *conjecture* tend à la découverte. La *présomption* a lieu surtout à l'égard des faits positifs, dans les affaires civiles, pour des actions morales à juger : elle est familière au jurisconsulte et à l'orateur. La *conjecture* s'exerce principalement sur des choses cachées, des vérités inconnues, des principes éloignés à découvrir : elle est familière au philosophe et au savant. Il ne suffit pas de *présumer*, il faut prouver : il ne suffit pas de *conjecturer*, il faut trouver. La *présomption* doit se changer en conviction; la *conjecture* en réalité. (R.)

**PRÉSOMPTION, VANITÉ,** V. *Orgueil.*

**PRESQUE.** V. *Quasi.*

**PRESSANT.** V. *Instant.*

**PRESSENTIR, SE DOUTER, SOUPÇONNER.** *Pressentir*, prévoir confusément une chose avant qu'elle arrive, soit par les pures lumières du raisonnement, soit par un mouvement naturel, secret et inconnu que nous éprouvons en nous, et qui semble nous avertir de ce qui doit nous arriver : « Il *pressentait* sa fin ». — *Se douter*, c'est avoir une croyance vague et accompagnée de doute de l'existence présente ou future d'une chose cachée, d'après la nature même de la chose, et les rapports de cette nature avec les circonstances. « Je connais le caractère, les inclinations, la faiblesse de cet homme; je me *doutais* qu'il ferait cette sottise. Je me *doute* de son embarras ». — *Soupçonner*, c'est être disposé à croire l'existence présente ou future d'une chose cachée, d'après de légers indices. « Je *soupçonne* que cet homme me trompe ». — *Se douter* suppose la pénétration. *Soupçonner* suppose l'inquiétude et la facilité à se laisser prévenir. *Pressentir*, si le sentiment qu'il exprime est l'effet du raisonnement, suppose un esprit éclairé; si le sentiment est un mouvement secret dont on croit la cause inexplicable, il suppose l'ignorance et une sorte de superstition. (L.)

**PRESSER.** V. *Hâter.*

**PÉTENDRE.** V. *Aspirer.*

**PRÉTEXTE (SUR ou SOUS LE).** On fonde, on établit, on appuie *sur* : on couvre, on dissimule, on cache *sous*. Ainsi on fonde, on appuie ses desseins, ses actions *sur* un prétexte; on cache ses desseins, ses motifs *sous* un prétexte. Le *prétexte* est une raison fausse, feinte, apparente et mauvaise. Quand on fait une chose sans raison, on la fait *sur* un prétexte : quand on la fait pour des raisons qu'on dissimule, on la fait *sous* un prétexte. Dans le premier cas, on veut s'autoriser, se disculper; dans le second, se déguiser, en imposer. On prendra une résolution *sur* un prétexte plausible : on déguise ses vrais motifs *sous* un prétexte spécieux. (R.)

**PRÊTRISE, SACERDOCE.** La *prêtrise* et le *sacerdoce* désignent, dans les idées de la religion, l'ordre et le caractère indélébile en vertu duquel on a le pouvoir d'offrir le saint sacrifice de la messe et d'administrer divers sacrements. Mais avec la simple *prêtrise*, on n'a pas le pouvoir de conférer les ordres, ni celui de donner la confirmation, ni même celui d'exercer, sans une juridiction ou sans une approbation particulière, le pouvoir de confesser; tandis que cette approbation est accordée et que ces deux sacrements sont administrés par l'évêque en vertu d'une consécration spéciale; et c'est ce qui le constitue dans la plénitude du *sacerdoce*, qui, dans toute son étendue, renferme plus de pouvoirs et de droits que la simple *prêtrise*. — *Sacerdoce* est aussi un mot générique qui s'applique également à tous les genres de prêtres chrétiens, juifs et païens; au lieu que *prêtrise* n'a d'usage qu'à l'égard des prêtres de la religion chrétienne, quoique nous disions les prêtres païens ou juifs, faute d'avoir adopté le mot *sacerdos*. Enfin *prêtrise* est le mot vulgaire, et *sacerdoce* est un mot noble. (R.)

PRÉVALOIR (SE), SE GLORIFIER, SE TARGUER. On *se prévaut* de ce qui est ou de ce que l'on croit être un droit : on *se glorifie* de ce qui est un mérite ou de ce que l'on considère comme tel : on *se targue* follement d'un avantage réel ou imaginaire et dont on s'exagère l'importance.

Celui qui *se prévaut* veut l'emporter sur les autres; celui qui *se glorifie* veut satisfaire son amour-propre et s'élever lui-même; celui qui *se targue* croit humilier les autres et ne fait que se rendre ridicule.

PRÉVENIR. V. *Avertir*.

PRÉVENTION. V. *Préoccupation*.

PRIER, SUPPLIER. C'est demander avec ardeur et avec soumission à ceux qui sont en état d'accorder ce que l'on désire. — *Supplier* est beaucoup plus respectueux que *prier*, et marque dans celui qui demande un désir plus vif et un besoin plus urgent d'obtenir; nous *prions* nos égaux et nos amis de nous rendre quelque service; nous *supplions* le roi et les personnes constituées en dignité de nous accorder quelque grâce ou de nous rendre justice. — En parlant des grands ou en leur adressant la parole, on doit également se servir de *supplier* : « J'ai *supplié* le roi de, etc. Sire, je *supplie* Votre Majesté de, etc. » Mais s'il s'agit de Dieu, on ne dit que *prier* en parlant de lui, et l'on peut dire *prier* ou *supplier* en lui adressant la parole : « Je *prie* Dieu que cela soit. Mon Dieu, je vous *prie* d'avoir pitié de moi. Je vous *supplie*, ô mon Dieu, d'avoir pitié de moi ». Le degré d'ardeur décide du choix entre ces deux dernières phrases. (B.)

PRIER DE, PRIER A, INVITER A. Ces trois phrases, qui semblent d'abord signifier la même chose, parce qu'en effet il y a un sens fondamental qui leur est commun, ont pourtant des différences qu'il ne faut pas confondre. — *Prier*, en général, suppose moins d'appareil qu'*inviter*, et *prier de dîner* en suppose moins que *prier à dîner*. —

*Prier* marque plus de familiarité; et *inviter*, plus de considération: *prier de* dîner est un terme de rencontre et d'occasion; et *prier à* dîner marque un dessein prémédité. — Si quelqu'un avec qui je puis prendre un ton familier, se trouve chez moi à l'heure du dîner, et que je lui propose d'y rester pour faire ce repas avec moi tel qu'il a été préparé pour moi, je le *prie de* dîner. Si je vais exprès ou si j'envoie chez lui pour l'engager à venir chez moi, alors je le *prie à* dîner, et je dois ajouter quelque chose à l'ordinaire. Mais si je fais la même démarche à l'égard de quelqu'un à qui je dois plus de considération, je l'*invite à* dîner, et ma table doit avoir une augmentation marquée. Quand on *invite à* dîner, l'apprêt doit sentir la cérémonie. (B.)

PRIMITIF. V. *Premier*.

PRINCIPAL. V. *Capital*.

PRINCIPE, ÉLÉMENT. *Principe*, du latin *principium*, est ce par quoi les choses existent. C'est la cause; avant le *principe* il n'y a rien. — *Élément*, du latin *elementum*, dérivé d'*alere, allactare*, nourrir des premiers aliments que la nature présente, de la chose à laquelle nous devons accroissement et conservation. — *Élément*, en physique, prend la qualité de *principe*. Nous disons *élément* en parlant d'un corps simple qui entre dans la composition de la matière, et par le moyen duquel elle existe dans son intégralité. — Les *éléments* des sciences et des arts sont les premières règles qui dérivent des *principes*, c'est-à-dire de l'objet. La nécessité fut le *principe* de la formation des langues, c'est dans la grammaire qu'on en trouve les *éléments*. Dans tous les cas, le *principe* est aux *éléments* ce que la cause est à l'effet. Les *éléments* n'existeraient pas sans le *principe*, mais celui-ci peut exister sans effet. (R.)

PRISER. V. *Apprécier*.

PRISONNIER. V. *Captif*.

PRIVÉ, APPRIVOISÉ. L'animal *apprivoisé* devient *privé*, c'est-à-dire familier; car *apprivoiser* signifie rendre *privé*, familier, traitable. Les chiens et autres animaux qui naissent au milieu de nous, sont naturellement *privés*: votre moineau, votre serin, vos tourterelles, ne sont *privés* que parce que vous les avez *apprivoisés*. L'éléphant *apprivoisé* devient si *privé*, qu'il rend avec docilité une foule de services domestiques, et qu'un enfant le mène facilement avec une baguette. — Le lion guéri d'une blessure par l'esclave Androclès devint si *privé* et si bénin, qu'il parcourait assez librement les rues de Rome, sans donner aux enfants même le moindre sujet de crainte. Un lion *apprivoisé* valut au Carthaginois Hannon, son maître, la peine de l'exil, que lui infligèrent ses compatriotes, tremblants qu'un homme capable de dompter une bête féroce ne captivât bientôt le peuple. (R.)

PRIVER, FRUSTRER. En *privant* quelqu'un de quelque chose, on lui ôte une chose dont il jouissait, dont il avait besoin, qui lui était nécessaire ou utile: en le *frustrant* de quelque chose, on l'empêche d'obtenir ce qui lui était dû, ce sur quoi il comptait, ce qu'il espérait. On *prive* une mère de son enfant, lorsqu'on le lui enlève; on *frustre* un ouvrier de son salaire, lorsqu'on refuse de le lui payer. — On peut *priver* justement quelqu'un d'une chose dont il jouissait sans qu'elle lui appartînt. On *frustre* ordinairement injustement. Cependant lorsque *frustrer* est joint au mot *espérance*, il n'emporte pas toujours une idée d'injustice; car l'espérance peut être ou n'être pas fondée; et dans le dernier cas, on *frustre* les espérances sans commettre d'injustice. (L.)

PRIVER (SE). V. *Abstenir (s')*.

PRIVILÉGE. V. *Prérogative*.

PRIX, RÉCOMPENSE. *Prix* désigne proprement la valeur des choses, l'estime qu'on en fait, ce qu'on en donne. La *récompense* est ce qu'on rend, ce qu'on *dispense*, en *compensation*, pour rétribution. — Dans le sens naturel et rigoureux, le *prix* est la valeur vénale d'une chose; la *récompense* est le retour dû au mérite. Le *prix* est ce que la chose vaut; la *récompense*, ce que la chose mérite. Vous payez le *prix* de la chose que vous achetez : vous donnez une *récompense* pour le service qu'on vous a rendu. — Le *prix* est l'avantage naturel qu'on retire de sa chose, selon la qualité de la chose : la *récompense* est un avantage quelconque que l'on tient des personnes, et selon la reconnaissance des personnes. Les *prix* sont estimés, réglés, convenus; c'est affaire de justice : les *récompenses* sont plus ou moins arbitraires, volontaires, variables; c'est affaire d'équité. La concurrence détermine les *prix* : les convenances déterminent les *récompenses*. — J'ai dit que le mot *prix* marquait naturellement la comparaison, le concours, l'estimation, la préférence. Ainsi l'on met des *prix* au concours : ces *prix* sont de nobles salaires assignés à de nobles travaux; et la justice est censée les adjuger. On propose, on promet aussi des *récompenses*; mais les *récompenses* semblent toujours avoir une teinte de faveur et de grâce : vous les donnez et les distribuez toujours à votre gré. (R.)

PRIX, VALEUR. V. *Valeur*.

PROBABLE. V. *Plausible*.

PROBITÉ, INTÉGRITÉ, HONNÊTETÉ. La racine latine *prob* renferme les idées de *preuve*, d'*épreuve*, d'*approbation*, de *probité*. La *probité* est l'espèce de bonté qui empêche de faire du tort : c'est une vertu à l'*épreuve* et digne de toute *approbation*. — L'*intégrité* est la qualité d'*intègre*, c'est-à-dire entier, intact. Le propre de cette qualité est d'exclure l'altération, la corruption, le vice, le manquement. — L'*honnêteté* est de faire ce qui est bon en soi, ce qui mérite d'être *honoré*, le bien qui nous est imposé. Tel est le sens propre qu'il s'agit de considérer ici dans ce terme. C'est de l'*honnête* que je parle, c'est-à-dire de ce qui est conforme à la raison et à la vertu, comme le dit Cicéron. — La *probité* est une vertu de société; elle ne s'exerce qu'envers les autres hommes. L'*intégrité* est la vertu pure de son état : tantôt elle n'intéresse que nous seuls, tantôt elle intéresse les autres, comme l'*intégrité* d'un juge. L'*honnêteté* est la vertu de l'homme dans tout état possible : on est honnête pour soi comme pour autrui; on l'est seul comme dans la société. — La *probité* défend ; elle défend de faire tort à personne, ou même de faire aux autres ce que nous ne voudrions pas qu'ils nous fissent. L'*intégrité* se défend et se conserve ; elle se défend contre les atteintes qu'on voudrait lui porter. L'*honnêteté* défend, comme la *probité*; elle commande plus que l'*intégrité* : elle commande de faire à autrui ce que nous voudrions qu'il nous fût fait à nous-mêmes; car cela est conforme à la raison et à la vertu. — La *probité* exclut toute injustice; l'*intégrité*, la corruption; l'*honnêteté*, le mal et même les mauvaises manières de faire le bien. Celui qui viole la *probité* est un coquin (c'est le mot) : celui qui a perdu son *intégrité* est vicieux : celui qui n'a pas l'*honnêteté* dans le cœur est au moins mauvais. (R.)

PROBLÉMATIQUE, DOUTEUX, INCERTAIN. *Problématique*, du grec *problèma*, proposition à éclaircir. *Douteux*, latin *dubius*, de *du*, *duo*, deux, et de *via*, changé en *bia*, qui a deux voies, l'embarras entre deux chemins. *Incertain*, qui n'est pas certain, qui peut être combattu, qui n'a pas une vérité irrésistible. — Il n'y a point encore de raison de prononcer dans les choses *problématiques* : il n'y a pas des raisons suffisantes pour se décider dans les choses *douteuses* : il n'y a pas assez de raisons de croire dans les choses *incertaines*. Vous chercherez la solution de ce qui est *problématique*, la vérification de ce qui est *douteux*, la confirmation de ce qui est *incertain*. (R.)

PROCÉDER. V. *Venir, provenir*.

PROCHE, PRÈS. V. *Près*.

PROCHE, PROCHAIN. Ces deux mots marquent la proximité dans l'espace ou dans le temps. — On dit des villes *proches* de la mer, et la ville *prochaine*; des époques *proches* l'une de l'autre, et le mois *prochain*, la semaine *prochaine*. Malgré tous les efforts des synonymistes, la différence entre ces mots n'a pas encore été bien marquée; voyons si nous serons plus heureux.

*Proche* exprime toujours une idée de petite distance entre *deux points* de l'espace ou de la durée : c'est pourquoi ce mot prend nécessairement un complément qui désigne le terme, le point d'où la chose est distante : « Ces maisons sont *proches* l'une de l'autre. (Acad.) La ville la plus *proche* du hameau. La vieillesse est *proche* de l'enfance ». (Roubaud.) Ce complément peut ne pas être exprimé, mais alors il est nécessairement sous-entendu et l'esprit le rétablit facilement : Quelle est la ville la plus *proche*? c'est quelle est la ville la plus *proche d'ici*? Roubaud l'a parfaitement senti : « Nous disons : Ces deux domaines sont *proches*, mais en sous-entendant *l'un de l'autre*, comme nous sous-entendons quelquefois le régime après la préposition *proche* :

L'ennemi est *proche*; l'esprit comprend aussitôt la réticence et y supplée » [1].

*Prochain* ne signifie pas autre chose que *non éloigné*, et il rejette tout complément : c'est qu'il exprime la proximité essentiellement, par lui-même et sans qu'il soit nécessaire d'énoncer à la fois deux termes dont on marque la distance. *Prochain* fait entendre que la proximité est considérée dans la chose même comme une qualité, comme la propriété de se présenter ou de devoir arriver la première ou bientôt. Ce moi est qualificatif au même titre et de la même manière que tout adjectif exprimant la qualité : on dit la chose *prochaine*, comme on dit la chose *bonne* ou *mauvaise*, *petite* ou *grande*, etc. : la ville *prochaine*, comme la *vieille* ville et la ville *neuve*. Ainsi le port le plus *prochain*, c'est le port le plus *non éloigné*, c'est-à-dire, en définitive, le moins éloigné.

On a cru que *prochain* ne pouvait figurer comme attribut; c'est une erreur; il le peut très-bien [2], puisqu'il exprime la qualité; et l'Académie donne ces deux exemples : « Son départ est *prochain*; son arrivée est *prochaine* »; c'est-à-dire, doit avoir lieu bientôt, prochainement.

*Proche* et *prochain* s'emploient aussi comme substantifs : « Mes *proches* », c'est-à-dire mes parents, ceux qui tiennent à moi par les liens du sang; ici la relation est parfaitement et étroitement établie entre deux termes, moi et mes parents. « Il faut aimer son *prochain* comme soi-même »; ici la relation de lui à moi n'existe plus étroitement : le *prochain* est simplement un homme quelconque, un homme comme moi, mon inférieur ou mon supérieur, et je peux ne jamais avoir eu de rapports avec lui, ne pas même le connaître; sa proximité de moi existe sans doute, mais devant Dieu, aux yeux de qui tous les hommes sont égaux : c'est en quelque sorte la proximité absolue, car tout est absolu devant Dieu.

PRODIGE, MIRACLE, MERVEILLE. Ces trois termes indiquent quelque chose de surprenant et d'extraordinaire. Mais le *prodige* est un phénomène éclatant qui sort du cours ordinaire des choses; le *miracle*, un étrange événement qui arrive contre l'ordre naturel des choses; la *merveille*, une œuvre admirable qui efface tout un genre de choses. Le *prodige* surpasse les idées communes; le *miracle*, toute notre intelligence; la *merveille*, notre attente et notre imagination. Le *prodige* annonce un nouvel ordre de choses et les grandes influences d'une cause secrète; le *miracle* annonce un ordre surnaturel de choses et les forces irrésistibles d'une puissance supérieure; la *merveille*

1. De même, dans ces phrases de l'Académie : « Le temps est *proche* où nous serons réunis pour ne plus nous quitter. Il sentit que sa dernière heure était *proche* ; » c'est le temps, l'heure qui est proche du moment actuel, du moment où l'on parle, où l'on sent.

2. Du moins quand il est relatif au temps.

annonce le plus bel ordre de choses et les curieux artifices d'une industrie éminente. Ainsi une cause cachée fait les *prodiges;* une puissance extraordinaire, les *miracles;* une industrie rare, les *merveilles.* — Que, sans cause connue, le soleil perde tout à coup sa lumière, c'est un *prodige.* Que, sans moyen naturel, le muet parle au sourd étonné de l'entendre, c'est un double *miracle.* Que par un savant artifice, l'homme s'élève dans les airs et les parcoure, c'est une *merveille.* (R.)

PRODIGUE, DISSIPATEUR. Le *prodigue* pousse sa dépense à l'excès, au delà des bornes. Le *dissipateur* ne garde dans la sienne ni règle, ni mesure, ni bienséance. Le premier s'écarte des règles de l'économie; le second donne dans l'extrémité opposée à l'avarice. Les dépenses du *prodigue* peuvent-être en elles-mêmes brillantes et bonnes, mais il y a excès : l'homme trop libéral est *prodigue.* Les dépenses du *dissipateur* sont folles et extravagantes : le *prodigue* devient *dissipateur.* Toute dépense inutile, toute profusion peut être regardee comme *prodigalité:* toute dépense destructive est *dissipation.* La *prodigalité* commence la ruine, la *dissipation* la consomme. — *Dissipateur* ne se dit qu'en mauvaise part. *Prodigue,* suivant l'application qu'on en fait, ne prend pas ce caractère : on dit, en forme de louange, *prodigue* de ses soins, de ses services, de son sang, de sa vie, etc. (R.)

PRODUIRE. V. *Causer.*

PRODUCTIONS, PRODUITS. Ces mots ne sont synonymes que quand ils sont employés pour désigner les objets propres à la consommation ou à l'usage de la vie. Le mot *productions* est plus général que le mot *produits :* il se dit non-seulement de ce qui est produit par le travail de l'homme, mais aussi de ce qui est donné par la nature seule, comme par exemple, les métaux, les pierres, les eaux minérales, les végétaux non cultivés, etc. Le mot *produits* ne se dit que des *productions* de l'agriculture et de l'industrie, considérées au point de vue de l'économie politique et comme richesse publique créée par le travail : « Exposition générale des *produits* français et étrangers; *produits* chimiques, *produits* manufacturés ».

PRODUCTION, OUVRAGE. *Produire,* ou plutôt le latin *producere,* signifie littéralement mettre en avant, au dehors, au jour, au loin ou au long. Une de ses acceptions principales est celle d'engendrer, enfanter, donner naissance, tirer de soi, causer par son efficacité propre; et c'est ici l'acception particulière du mot *production.* Ainsi, nous disons les *productions* de la terre, de la nature, de l'esprit, du génie, de toute cause qui produit par elle-même, qui donne l'être à ce qui ne l'avait pas, qui tire une chose de sa propre substance ou de son fonds. *Ouvrage* est le latin *opera,* ce qu'on fait, travail, ce qu'opère l'industrie : ainsi le mot *ouvrage* peut bien désigner une *production;* mais il sert à désigner en général tous les genres de travaux et d'objets d'industrie. On dit des *ouvrages* de menuiserie, de broderie, de tapisserie; et ce ne sont pas là des *productions.* Dans les *productions,* c'est la substance de la chose que l'on considère; et dans les *ouvrages*, la forme. La *production* et l'*ouvrage*, mis en opposition, diffèrent comme le *producteur* et l'*ouvrier*. Le *producteur* donne l'être; l'*ouvrier* travaille la *production* ou la chose *produite*. — La *production* est l'œuvre de la fécondité; l'*ouvrage* est le résultat du travail. La *production* sort du sein de la cause productive; l'*ouvrage* sort des mains de l'ouvrier industrieux. La *production* reçoit l'être; et l'*ouvrage* la forme. — L'Univers est la *production* ou la création d'une puissance infinie qui l'a fait de rien : il est l'*ouvrage* d'une intelligence infinie qui a donné à la matière ces formes merveilleuses et cette ordonnance faite pour jeter dans l'extase l'âme sensible. (R.)

PROFANATION, SACRILÉGE. La *profanation* est un abus des choses saintes ou sacrées, ou une irrévérence commise contre les choses de la religion. Le *sacrilége* est une action impie, un crime contre la divinité elle-même.

Celui-là ne commet qu'une *profanation* qui ignore ou ne reconnaît pas la sainteté des choses dont il abuse ou qu'il traite avec irrévérence : celui-là commet un *sacrilége* qui les reconnaît. Aux yeux des catholiques une église profanée par les infidèles n'est qu'une *profanation*; par des catholiques mêmes, ce serait un *sacrilége*.

« La *profanation*, dit Laveaux, a plus de rapport à la chose sainte qui a été souillée; le *sacrilége* en a davantage au crime de celui qui l'a souillée sciemment. La *profanation* peut avoir pour cause l'ignorance ou l'erreur : le *sacrilége* a toujours pour cause une intention criminelle ».

PROFÉRER, ARTICULER, PRONONCER. *Proférer*, c'est prononcer des paroles à haute et intelligible voix. *Articuler*, c'est prononcer distinctement ou marquer les syllables en les liant ensemble. *Prononcer*, c'est exprimer ou faire entendre par le moyen de la voix. — L'homme seul *profère* des paroles, car seul il parle pour exprimer ses pensées. Quelques oiseaux *articulent* parfaitement des syllables, des mots et plusieurs de suite; mais il ne s'agit ici que du matériel des mots. La différence des climats et des habitants fait que les habitants d'une région ne peuvent pas *prononcer* ce que d'autres *prononcent* avec une grande facilité : cependant le travail triomphe de l'organe même le plus ingrat. — Une personne confuse ou interdite ne pourra pas *proférer* une parole; c'est tout si elle balbutie. Lorsque le canal du nez est obstrué par l'enchifrènement, il n'est plus possible de bien *articuler* les lettres et les syllables nasales. Les peuples qui parlent la même langue ne la *prononcent* pas tous de même. — Tandis qu'on ne *profère* que tout haut, on *prononce* ou haut ou bas. Nous disons *proférer* des formules, *proférer* des blasphèmes, pour marquer le poids qu'on veut donner aux paroles, ou l'éclat qu'on leur donne. Nous disons *prononcer* un discours, *prononcer* un jugement, pour marquer la solennité de l'acte, l'autorité de la personne; idées accessoires qu'il me suffit d'indiquer. (R.)

On dit aussi, en termes de palais, *articuler* des faits, c'est-à-dire les énoncer par articles : dans la langue ordinaire, *articuler* un fait, c'est affirmer positivement et circonstancier ce fait.

**PROFESSION.** V. *Métier.*

**PROFIT.** V. *Gain* et *Utilité.*

**PROGRÈS, PROGRESSION.** Ces mots ne sont guère synonymes que dans ces locutions : « Les *progrès* de l'esprit humain, la *progression* de l'esprit humain ». La *progression* est la marche, le mouvement en avant (20, page 7) : le *progrès* est le résultat de ce mouvement. La *progression* amène le *progrès :* on suit l'esprit humain dans sa *progression;* on constate les *progrès* qu'il a faits.

**PROHIBITION.** V. *Défense.*

**PROIE, BUTIN.** Le mot *proie* sert proprement à désigner ce que les animaux carnassiers ravissent et mangent, leur chasse : le mot *butin* est proprement affecté à désigner ce qu'on a pris en guerre ou sur l'ennemi, des dépouilles. Mais l'un et l'autre sont le plus souvent employés dans des sens plus vagues, le premier avec son idée distinctive de *destruction*, le second avec son idée caractéristique de *pillage.* — L'appétit féroce cherche une *proie :* l'avide cupidité cherche le *butin.* L'animal carnassier court à sa *proie* pour la déchirer et en faire sa pâture : l'abeille diligente vole au *butin* pour l'enlever et l'emporter dans sa ruche. Le chasseur poursuit sa *proie :* le maraudeur fait du *butin.* Un édifice est en *proie* aux flammes qui le consument : le glanage est un *butin* que l'on ravit au propriétaire du champ, s'il ne le donne lui-même. Dans toutes ces applications la destruction et le pillage sont distinctement exprimés et marqués fortement. (R.)

**PROJET, DESSEIN, ENTREPRISE.** Le *projet* est l'idée de la chose qu'on voudrait faire; le *dessein,* cette même idée jointe à l'intention de la faire; l'*entreprise* est l'ensemble des moyens combinés pour la faire. — On fait un *projet;* on conçoit un *dessein;* on calcule une *entreprise* sous tous ses rapports. — L'*entreprise* ne suppose pas plus un commencement d'action, que le *projet* et le *dessein.* J'ai fait un *projet,* j'ai conçu un *dessein*, il en est résulté dans mon esprit l'idée d'une *entreprise* que je vous propose; rien n'indique ici un commencement d'action. — Le *projet* est moins fixe, moins déterminé; le *dessein* l'est davantage; l'*entreprise* l'est davantage encore. (L.)

Le *projet* regarde quelque chose de plus éloigné, et le *dessein* quelque chose de plus près. On fait des *projets* pour l'avenir : on forme des *desseins* pour le temps présent. Le premier est plus vague; l'autre est plus déterminé. — Le *projet* d'un avare est de s'enrichir; son *dessein* est d'amasser. — Un bon ministre d'État n'a d'autre *projet* que la gloire du prince et le bonheur des sujets. Un bon général d'armée a autant d'attention à cacher ses *desseins* qu'à découvrir ceux de l'ennemi. (G.)

**PROLIXE.** V. *Diffus.*

**PROLONGATION, PROLONGEMENT.** *Prolongation* se dit du temps qu'on ajoute à la durée fixe de quelque chose : « Après la *prolongation* de la trêve ». (Acad.) Le *prolongement* est la continuation de quelque portion d'étendue : « *Prolongement* d'une ligne, d'un chemin, d'un mur ». (Id.)

**PROLONGER.** V. *Allonger*.

**PROMENADE, PROMENOIR.** Lieu ou l'on se promène. — « *Promenade* signifie proprement l'action de se promener, et par extension le lieu où l'on se promène. La terminaison substantive *ade* désigne l'action de faire telle chose marquée, ou tel genre d'action, etc. (21, page 7). *Promenoir* signifie uniquement et à la lettre un lieu destiné pour la *promenade* » (36, page 11). (R.)

La différence essentielle qu'il y a entre ces deux mots, c'est que la *promenade* est un lieu public où tout le monde a le droit de se promener, tandis que le *promenoir* est un lieu particulièrement destiné à la promenade et non public.

**PROMETTRE, S'ENGAGER, DONNER PAROLE.** Ces trois expressions ont rapport à des obligations plus ou moins fortes que l'on contracte envers les autres. — *Promettre* est la plus légère de ces obligations. C'est s'obliger par le discours à faire à un autre quelque avantage dont on lui donne l'espérance, sans cependant que rien puisse forcer à l'accomplissement. *S'engager*, c'est contracter une obligation par écrit de faire quelque chose, obligation en vertu de laquelle on peut être contraint. *Donner sa parole*, c'est promettre sur son honneur. — Celui qui manque à ses *promesses* perd la confiance; celui qui manque à ses *engagements* perd le crédit; celui qui manque à sa *parole* perd l'honneur. (L.)

**PROMOTEUR.** V. *Moteur*.

**PROMPT.** V. *Diligent*.

**PROMPTEMENT.** V. *Vite*.

**PROMPTITUDE, CÉLÉRITÉ, VITESSE, DILIGENCE.** La synonymie de ces termes consiste en ce que primitivement ils énoncent tous un mouvement expéditif. — La *promptitude* fait commencer aussitôt; la *célérité* fait agir de suite; la *vitesse* emploie tous les moments avec activité ; la *diligence* choisit les voies les plus courtes et les moyens les plus efficaces. — La *promptitude* exclut les délais; la *célérité* ne souffre point d'interruption; la *vitesse* est ennemie de la lenteur ; la *diligence* met tout à profit et fuit les longueurs. — Il faut obliger avec *promptitude*, faire ses affaires avec *célérité*, courir avec *vitesse* au secours des malheureux, et travailler avec *diligence* à sa propre perfection. (B.)

**PROMPTITUDE, VIVACITÉ.** V. *Vivacité*.

**PRONONCER.** V. *Proférer*.

**PRONONCIATION, PRONONCÉ.** L'idée commune est celle que renferme le verbe *prononcer* ; mais ces mots ne sont synonymes que quand cette idée est relative à un arrêt, à un jugement en justice.

La *prononciation* d'un jugement est l'action même de le prononcer (20, page 7) : le *prononcé* du jugement est la décision du tribunal. Pendant la *prononciation* de l'arrêt faite par le président, un sténographe peut prendre le *prononcé* textuel; il le transcrit ensuite en caractères ordinaires.

PROPENSION. V. *Aptitude.*

PROPHÈTE. V. *Devin.*

PROPHÉTIE. V. *Prédiction*

PROPICE. V. *Favorable.*

PROPRE. V. *Net.*

PROPRE A, PROPRE POUR. *Propre à* désigne des dispositions plus ou moins éloignées, une aptitude ou une capacité nécessaire, mais peut-être insuffisante, une vocation ou une destination encore imparfaite. *Propre pour* marque des dispositions prochaines, une capacité plutôt qu'une aptitude entière et absolue, une vocation ou une destination immédiate. En deux mots, la première de ces locutions désigne plutôt un pouvoir éloigné; et la seconde, un pouvoir prochain. — Ainsi l'homme *propre à* une chose a des talents relatifs à la chose : l'homme *propre pour* la chose a le talent même de la chose. Un savant en état de donner de bonnes leçons est *propre pour* une chaire; un jeune homme en état de recevoir ses instructions est *propre aux* sciences. On est tout formé à l'égard de la chose *pour* laquelle on est *propre :* il faudra se former à l'égard de la chose *à* laquelle on est *propre.* Le fer est *propre à* divers usages, c'est-à-dire qu'il peut recevoir différentes formes d'une utilité différente : un couteau est *propre pour* couper, c'est-à-dire qu'actuellement il peut couper. — La locution *propre pour* laisse le sens actif au verbe qui la suit; tandis que la locution *propre à* donne après elle un sens passif au même verbe actif. *Propre pour* signifie *propre pour faire, pour agir; propre à* signifie *propre à devenir, à être fait.* Un bois est *propre pour* teindre ou donner la teinture : une étoffe est *propre à* teindre ou à recevoir la teinture. (R.)

PROPRES TERMES. V. *Termes propres.*

PROROGER. V. *Allonger.*

PROSCRIT. V. *Exilé.*

PROSPÉRITÉ. V. *Bonheur.*

PROSTERNATION, PROSTRATION. Ces mots expriment l'action de se *prosterner devant* quelqu'un, ou de se baisser, par une profonde révérence, jusqu'à ses genoux, jusqu'à ses pieds. Le verbe latin *sterno* signifie étendre ou jeter par terre, coucher de son long, mettre bas, joncher. — Mais la *prosternation* est proprement l'action par laquelle on se prosterne; la *prostration,* l'action par laquelle on est prosterné. — Il résulte de là que *prosternation* n'indique qu'un acte de respect; et que *prostration* marque un état ou une posture plus ou moins durable de respect. Dans la *prosternation* simple, on s'incline profondément et on se relève : dans la *prostration*, on reste profondément incliné. — Aussi le mot *prostration* sert-il à marquer une sorte de culte, tandis que celui de *prosternation* n'annonce qu'une humble révérence. Le premier se prend plutôt dans un sens religieux que le second. On salue avec *prosternation* : on adore avec *prostration*. (R.)

PROTÉGER. V. *Défendre*.

PROUESSE, EXPLOIT. La *prouesse* n'est plus proprement que l'action d'un chevalier, d'un paladin : l'*exploit* est d'un grand capitaine, d'un général. Le roman racontera les *prouesses* d'Amadis et d'Esplandian; et l'histoire dira les *exploits* d'Alexandre et de César. Il n'y a qu'un aventurier qui fasse des *prouesses*, et qu'un homme ridiculement vain qui parle de ses *prouesses* : le héros, le conquérant fait des *exploits*; et c'est aux *exploits* que la renommée et la gloire s'attachent. (R.)

*Prouesse* est vieux et ne se dit que par plaisanterie. On le dit aussi figurément de certains excès, et toujours par plaisanterie. (Acad.)

PROVENIR. V. *Venir*.

PROVERBE, ADAGE. Le *proverbe* est une sentence populaire ou un mot familier et plein de sens : l'*adage* est un *proverbe* piquant et plein de sel. Le *proverbe* annonce une vérité naïve, tirée de l'observation : l'*adage* donne à cette vérité une pointe pour la rendre plus pénétrante. Il n'y a que du sens et de la précision dans le *proverbe*; il y a de l'esprit et de la finesse dans l'*adage*. Le *proverbe* instruit; l'*adage* excite. Le *proverbe* qui joint à l'instruction des motifs d'agir est un *adage*. — *Tout ce qui reluit n'est pas or; nul n'est prophète dans son pays; tel maître, tel valet* : voilà de simples *proverbes*, qui nous apprennent ce qui est, ce qui se passe, ce qu'on a observé, sans autre circonstance remarquable que la précision des phrases. *Bonne renommée vaut mieux que ceinture dorée; un tiens vaut mieux que deux tu auras; la mélancolie ne paye pas les dettes; faites bien, bien vous vient* : voilà des *proverbes* qui deviennent *adages* par une tournure singulière, par l'invitation qu'ils nous font, par la règle de conduite qu'ils nous donnent. (R.)

PROVOQUER. V. *Harceler*.

PRUDENCE. V. *Sagesse*.

PUANTEUR. V. *Infection*.

PUBLIC. V. *Manifeste, notoire*.

PUBLIC (EN), PUBLIQUEMENT. V. *Secrètement*.

PUBLIER. V. *Découvrir, déceler*.

PUBLIQUEMENT. V. *Secrètement*.

PUDEUR, HONTE. V. *Honte*.

PUDEUR, PUDICITÉ; IMPUDEUR, IMPUDICITÉ. *Pudeur, pudicité* : qualité d'une personne chaste et modeste dans les mœurs, dans les actions et dans les discours. *Impudeur, impudicité* : vice contraire à la pudeur, à la pudicité. — Il y a entre ces mots, pris deux à deux, à peu près la même différence qu'entre *rigueur* et *rigidité*. (V. *Rigueur*.)

La *pudeur* est active, elle se montre dans la conduite, on la voit dans ses effets : la *pudicité* est inhérente à l'âme; elle est dans la nature, dans le caractère de la personne.

« La *pudeur*, dit Roubaud, est l'aversion marquée de la corruption, de tout ce qui est déshonnête et honteux; une honte chaste et naïve qui s'exprime ordinairement par la rougeur du visage; la modestie naturelle d'un cœur pur. La *pudicité* se manifeste, se défend et se conserve par la *pudeur;* c'est la qualité qui empêche de faire des choses dont on doive rougir : elle ne connaît que le plaisir honnête. »

PUDIBOND, PUDIQUE. Celui qui est *pudique* a de la pudeur; il est chaste et modeste dans les mœurs, dans les actions et dans le discours : celui qui est *pudibond* a beaucoup de pudeur, est *pudique* à l'excès (53, page 17) : voilà pourquoi ce mot ne se dit que par plaisanterie et dans le langage familier.

PUÉRIL. V. *Enfant*.

PUÉRILITÉS. V. *Enfantillages*.

PUIS. V. *Après*.

PUISSANCE. V. *Pouvoir*.

PULVÉRISER. V. *Broyer*.

PUNIR et PUNITION. V. *Châtier*.

PURETÉ, PURISME. Ces deux mots se disent du style et signifient exactitude dans le choix et l'emploi des termes, correction. — La *pureté* est une qualité : le *purisme* est l'affectation d'un langage scrupuleusement correct; c'est un défaut (32, page 9). Le *purisme*, dit Voltaire, est toujours pauvre.

PURGER, PURIFIER, ÉPURER. *Purger* signifie agir pour rendre *pur*, travailler à ce qu'une chose soit pure, faire en sorte qu'elle le devienne. *Purifier* signifie donner ou rendre à la chose sa *pureté*, la faire par soi-même *pure*, exécuter et consommer l'action propre de sa *purification*. *Épurer* signifie rendre la chose toujours plus *pure*, à force de la dépouiller de ce qui l'empêche de l'être parfaitement. Ainsi l'action de *purger* tend à procurer ou à opérer la pureté; celle de *purifier* rend ou produit la pureté; l'action d'*épurer* tend à perfectionner ou à consommer la pureté. — Cherchons maintenant, dans les acceptions particulières de chacun de ces termes, l'idée propre et distinctive qui leur est affectée par l'usage. — Quelle est l'idée commune des différentes acceptions du mot *purger?* Celle de débarrasser ou de délivrer la chose de ce qui s'y trouve de sale ou de nuisible. Ainsi on *purge*, on se *purge* en évacuant, en expulsant du corps ce qui est contraire à la santé; on *purge* les laines dont on détache les ordures; on *purge* les métaux en les séparant des matières étrangères qui les dégradent; on *purge* un jardin des mauvaises herbes qu'on arrache pour qu'elles ne nuisent pas aux bonnes; on *purge* une terre des hypothèques qui la grèvent; on *purge* la mémoire d'un mort en la déchargeant de ce qui l'a flétrie; on *purge* une contrée, une société, des voleurs, des fripons dont on la délivre; on *purge* sa conscience de ce qui la charge; on *purge* son esprit d'erreurs et de préjugés funestes ou pernicieux. On *purge* donc en ôtant ce qui gâte et nuit, mais surtout les matières étrangères qui forment un grossier alliage ou un désagréable mélange avec la chose. — L'idée commune des différentes acceptions du mot *purifier*, est de dissiper ou de détruire ce qu'il y a de mauvais et de vicieux dans la substance de la chose. Le feu *purifie* les métaux qu'il met en fusion. Les vents *purifient* l'air qui se corrompt, comme l'eau, dans le calme. Les eaux, en se divisant et se filtrant, déposent les principes de leurs mauvaises qualités et se *purifient*. Le cœur se *purifie* par la pénitence qui le brise, le réforme, et l'anime d'un feu nouveau. Des principes purs et salutaires *purifient* les mœurs, les actions, les intentions, l'âme. Toutes ces applications ordinaires du mot *purifier* supposent une cause ou une vertu active, pénétrante, efficace, qui s'insinue dans les substances, consume ou dissipe ce qu'elles ont d'impur, les raffine, les *subtilise*, les spiritualise, les change en bien et en mieux. — L'idée propre à toutes les acceptions du mot *épurer*, est celle de donner un nouveau degré de pureté, de bonté, d'agrément, de netteté, de clarté, de finesse, de délicatesse, d'élévation, en un mot, de perfection : c'est donc en enlever non-seulement ce qui est impur ou mauvais, mais encore ce qui n'est pas assez pur, assez bon. Les métaux s'*épurent* par des fusions réitérées qui les raffinent de plus en plus. Les liqueurs deviennent plus claires, plus limpides, plus parfaites, à mesure qu'elles s'*épurent*. Une diction plus nette, plus châtiée, plus élégante, *épure* le style. Le langage qui s'*épure*, se polit. Le goût le plus *épuré* est le plus fin et le plus delicat. Le cœur, les sentiments, l'âme, les idées, la foi, s'*épurent* en s'ennoblissant, en se réformant, en se perfectionnant. *Épurer* ne désigne que l'effet sans le rapport déterminé que *purifier* marque avec la cause et les moyens de le produire. (R.)

PUTRIDITÉ, POURRITURE. V. *Rancidité*.

# Q

QUAND. V. *Lorsque*.

QUANT A MOI, POUR MOI. *Quant à moi* signifie autant que la chose me regarde ou me concerne, selon l'intérêt que j'y prends; c'est la phrase latine *quantùm ad me spectat, attinet*. *Pour moi*, c'est-à-dire pour ce qui est de moi, de ma personne, ou pour en dire mon avis; c'est le latin *ego verò*, mais moi, or moi.

« La première de ces locutions marque donc littéralement un intérêt à la chose et un rapport établi, et la seconde n'indique qu'un jugement ou un fait. Ces locutions, en même temps qu'elles servent de liaisons ou de transitions, annoncent la division, le partage, l'opposition, la différence. *Quant à moi*, inspiré par un intérêt particulier, prend un air plus décidé, plus tranchant; *pour moi*, ne désignant aucun motif, n'a ni faste, ni prétention. Vous direz modestement et avec un air de doute : *Pour moi*, je penserais, je ferais; vous direz avec fermeté et d'une manière résolue : *quant à moi*, je pense, je fais. On se met sur son *quant-à-moi* pour dire *quant à moi;* car pourquoi le *quant-à-moi* marquerait-il la fierté, la hauteur, la suffisance, si ce n'est par l'espèce de ton important ou d'autorité qu'on prend en disant *quant à moi?* (R.)

QUASI, PRESQUE. *Quasi*, mot purement latin, est dit elliptiquement pour *quâ ratione si*, de même que si, de la même manière, comme si. *Presque* est la même chose que *près de, près d'être.* « Il est *quasi* homme », c'est comme s'il était homme; « Il est *presque* homme », il est *près* d'être homme. — *Quasi* marque donc la ressemblance; il suppose peu de différence entre un objet et un autre : *presque* marque l'approximation; il suppose peu de distance entre un objet et un autre. *Quasi* est un terme de similitude, et *presque* un terme de mesure. « Parmi les méchants, celui qui n'est pas méchant est *quasi* bon ou *comme* bon. Parmi ceux qui courent, ceux qui ont *presque* atteint le but, ou qui ont été *près de* l'atteindre, ne sont pas plus avancés que ceux qui n'ont pas couru. » — *Quasi* désigne un rapport de mœurs, de traits, de manières, des tableaux comparés; et *presque* un rapport d'étendue, de quantité, d'avancement, des grandeurs comparées. Si l'on n'a point d'égard à ces caractères distinctifs, et qu'on les réduise à leur idée commune d'*à peu près* ou *peu s'en faut*, sans spécifier la nature des rapports, *quasi* ne laissera que la plus petite différence, tandis que *presque* laissera une différence toujours petite, mais plus ou moins. La raison de ce jugement est que *quasi* signifie *de la même manière*, et qu'il exige par conséquent une grande conformité; au lieu que *près* est susceptible de plus ou de moins, et que dès lors il ne saurait avoir, sans addition, un sens aussi étroit et aussi rigoureux. Ainsi ce qui n'arrive *presque* jamais, arrive rarement, très-rarement; ce qui n'arrive *quasi* jamais, arrive le plus rarement, si rarement que c'est comme s'il n'arrivait jamais. Un homme est *presque* mort, lorsqu'il est *près* de mourir ou qu'il a peu de temps à vivre; il est *quasi* mort, lorsqu'il est comme mort, mort ou autant vaut. Ce n'est *presque* rien ou pas grand'chose; ce n'est *quasi* rien ou comme rien. (R.)

QUELQUES, CERTAINS. Expressions vagues que l'on met devant des substantifs pour les désigner d'une manière indéterminée et sans les nommer : « *Certaines* gens pensent; *quelques* personnes prétendent ». — *Certains* a plus de rapport à des qualités particulières des personnes ou des choses qu'on veut indiquer indéterminément; *quelques* en a davantage au nombre. *Certaines* personnes pensent, c'est-à-dire des personnes qui ont telle ou telle opinion, tel ou tel sentiment. *Quelques* personnes, c'est-à-dire une nombre indéterminé de personnes. (L.)

**QUERELLE.** V. *Dispute.*

**QUERELLER, GRONDER.** Ces deux mots signifient réprimander, reprocher à quelqu'un une faute qu'il a faite ou qu'on croit qu'il a faite; et c'est en ce sens qu'est pris ici le verbe *quereller*. Mais *quereller* suppose toujours de l'aigreur, de la malveillance, de l'envie d'humilier; et *gronder*, susceptible d'une grande extension, ne suppose souvent que l'intérêt qu'on prend aux gens, la tendresse que l'on a pour eux, le désir de les corriger, et tout au plus un peu d'humeur. — On *gronde* et on *querelle* ses domestiques, ses subordonnés; on ne *querelle* pas ses amis, on les *gronde*. Dès que la *gronderie* éclate en reproches amers, elle devient *querelle*. Un père *gronde* son fils pour une faute qui peut se réparer; il le *querelle* pour une faute qui le déshonore. (L.)

**QUERELLEUR.** V. *Hargneux.*

**QUESTIONNER, INTERROGER, DEMANDER.** On *questionne*, on *interroge*, on *demande* pour savoir; mais il semble que *questionner* fasse sentir un esprit de curiosité, qu'*interroger* suppose de l'autorité; et que *demander* ait quelque chose de plus civil et de plus respectueux. — *Questionner* et *interroger* font seuls un sens; mais il faut ajouter un complément à *demander*; c'est-à-dire que pour faire un sens parfait, il faut marquer la chose qu'on *demande*. — L'espion *questionne* les gens. Le juge *interroge* les criminels. Le soldat *demande* l'ordre au général. (G.)

**QUINTEUX.** V. *Fantasque.*

**QUIPROQUO.** V. *Malentendu.*

**QUOTIDIEN.** V. *Diurne.*

# R

**RABAISSER.** V. *Abaisser.*

**RABATTRE.** V. *Abattre* et *Déduire.*

**RABÊTIR.** V. *Abêtir.*

**RACCOMMODER.** V. *Accorder.*

**RACCOURCIR.** V. *Accourcir.*

**RACE, LIGNÉE, LIGNAGE, FAMILLE, MAISON.** *Race* a trait particulièrement à une souche, à une extraction commune : *lignée*, à la filiation, à la descendance commune; *famille*, à une vie, à une existence commune; *maison*, à un berceau, à des titres communs. — La *race* rappelle son auteur, son fondateur; la *lignée*, les enfants, les descendants; la *famille*, les chefs et les membres; la *maison*, l'origine et les ancêtres. — Nous disons la *race* des Héraclides, issus d'Hercule; la *race* des Capétiens, issus d'Hugues Capet : indice de la source. Nous disons la *lignée* d'Abraham, la *lignée* de Saint-Louis, dans la généalogie de leurs descendants en *ligne* directe : indice d'une succession suivie. Nous disons la *maison* royale, la *maison* de Lorraine, la *maison* de

Saxe, pour distinguer les grandes familles sorties du même lieu, de la même *maison* : indice d'une habitation commune et paternelle, relevé par une idée accessoire de grandeur. — Il y a toutes sortes de *races* : je veux dire que *race* est susceptible de toute sorte de qualifications morales ou civiles, honorables ou injurieuses. Il y a de bonnes et de mauvaises *races*, des *races* patriciennes ou plébéiennes, mais surtout des *races* anciennes et illustres. On se sert quelquefois du mot *race* pour qualifier une espèce de gens qui, par un caractère distinctif, semblent avoir été jetés dans le même moule et frappés au même coin : *race* d'usuriers, *race* de pédants, *race* de vipères, etc. — *Lignée* ne se dit que dans le sens propre : un homme laisse une *lignée* nombreuse : un autre ne laisse point de *lignée*. On disait autrefois un grand, un haut *lignage*, une grande, une haute *lignée*. *Lignage* est inusité aujourd'hui; *lignée* subsiste encore, surtout en généalogie. Le mot *lignage* diffère de celui de *lignée*, en ce que sa terminaison marque ce qui fait la ligne; et celle de *lignée*, le résultat du *lignage*, ou la ligne formée par la succession des personnes. — Le mot de *famille* a diverses acceptions si connues, qu'il serait inutile de s'y arrêter. Dans l'ordre civil, il y a des *familles* notables, honnêtes, bonnes, bourgeoises, roturières, plébéiennes, tout comme des *familles* nobles, grandes, illustres, puissantes. — Il n'y a que des *maisons* illustres ou très-nobles : il n'y a de *maisons* que dans les sociétés civiles où il se trouve une grande inégalité de conditions. (R.)

RACONTER. V. *Conter*.

RADIEUX, RAYONNANT. D'abord le corps *radieux* est tout *rayonnant* de lumière. L'effusion abondante de la lumière rend le corps *radieux*; et l'émission de plusieurs traits de lumière le rend *rayonnant*. Vous distinguez les rayons du corps *rayonnant*; dans le corps *radieux*, ils sont tous confondus. Le soleil est *radieux* à son midi : à son coucher il est encore *rayonnant*. L'éclat suppose la sérénité; mais des rayons épars ne l'exigent pas. Ainsi l'objet *rayonnant* n'a pas besoin d'être serein, comme l'objet *radieux* doit l'être; et au figuré, cette sérénité, signe de la satisfaction et de la joie, c'est précisément ce qui éclate dans l'air, dans le visage, sur le front *radieux*. — A proprement parler, les rayons émanent du corps *radieux*; et ils environnent un corps *rayonnant*. En optique, le point *radieux* jette de son sein une infinité de rayons : le cristal frappé d'une vive lumière est tout *rayonnant*. Enfin le mot *radieux* marque la propriété, la qualité de la chose; et le mot *rayonnant*, une circonstance de la chose; le fait présent. — Nous disons familièrement d'un homme qui a un air de bonne santé, de contentement, de jubilation, qu'il est *radieux* : nous disons de quelqu'un qui vient de remporter un avantage honorable, un grand prix, une victoire, qu'il est tout *rayonnant* de gloire. Le premier est plein de satisfaction ou de joie : les hommages, les honneurs environnent le second. (R.)

RADOUCIR. V. *Adoucir*.

RAILLERIE. V. *Moquerie*.

RAISON. V. *Esprit*.

RALE, RALEMENT. Ces deux mots, véritables onomatopées, imitent parfaitement le bruit ou les sons rauques qui sortent de la gorge, lorsque les canaux de l'expiration sont obstrués ou embarrassés, surtout dans l'agonie.

« *Râle* exprime le bruit que l'on fait en râlant, et *râlement* marque la crise qui fait qu'on râle, qui donne le *râle* (19, page 6). Un agonisant a le *râle*, et il est dans le *râlement*. Vous entendez le *râle*; et vous voyez la poitrine oppressée, la gorge embarrassée, l'expiration troublée par le *râlement*. » (R.)

RAMAS, RAMASSIS. Assemblage de diverses choses. *Ramas* se dit d'objets que l'on regarde comme étant de peu de valeur ou réunis sans goût, sans discernement : « Il a fait un *ramas* de toutes sortes de vieux livres ». (Acad.) Le *ramassis* est un assemblage de choses sans valeur aucune et ramassées sans choix (25, page 8) : « Un *ramassis* de papiers inutiles ». (Id.)

Dans un *ramas*, il peut se trouver de bonnes choses; tout est mauvais dans un *ramassis*. Le contraire paraît avoir lieu quand ces mots se disent des personnes : « Un *ramas* de bandits, de vagabonds. La population de ce quartier est un *ramassis* d'étrangers ». (Acad.)

RAMOLLIR. V. *Amollir*.

RANCIDITÉ, RANCISSURE; PUTRIDITÉ, POURRITURE. *Rancidité*, *rancissure*. Ces termes désignent la corruption des graisses et des huiles qui ont contracté un goût fort et âcre, une odeur puante et désagréable, et ordinairement une couleur jaune, soit en vieillissant, soit par la chaleur. La terminaison *ité* marque la qualité, *ure* marque l'effet (29 et 23, pages 9 et 8). La *rancidité* est donc la qualité du corps rance; la *rancissure* est donc l'effet éprouvé par le corps ranci. La *rancidité* gît dans les principes qui vicient le corps; la *rancissure* est dans les parties qui sont viciées. Il faudrait combattre la *rancidité* comme on combat la *putridité*, cause du mal; il faut ôter la *rancissure*, s'il est possible comme on ôte la *pourriture*, produit du mal (R.)

RANCUNE. V. *Inimitié*.

RANG, RANGÉE. Disposition de plusieurs objets sur une même ligne. *Rang* se dit des personnes et des choses; et *rangée*, seulement des choses. (Acad.) Ces mots ne peuvent donc être synonymes que dans le sens que nous avons d'abord indiqué.

*Rang* exprime la ligne considérée en elle-même : « Une écurie à un ou plusieurs *rangs* de chevaux. Remettez un livre à son *rang* ». (Acad.) c'est-à-dire sur la ligne où il se trouvait d'abord. *Rangée* présente la ligne avec l'idée des choses qui y entrent, qui forment un tout bien ordonné (28, page 9). Aussi *rangée* ne s'emploie-t-il qu'avec les noms désignant les objets qui la composent : « Une *rangée* d'arbres, une *rangée* de maisons » (Acad.); tandis que *rang* s'emploie très-bien seul et absolument : « Garniture à deux *rangs* ». (Id.)

RANGÉ. V. *Réglé.*

RANGER, ARRANGER. *Ranger* c'est simplement mettre des objets en rang ou une chose à sa place. *Arranger* signifie littéralement *ranger à côté* (10, page 5), et exprime par conséquent un rapport. On *arrange* quand on classe les objets, quand on les dispose bien relativement à leur nature, quand on leur assigne la place qui leur convient. *Arranger* sa bibliothèque c'est réunir d'une part tous les livres d'histoire, d'autre part les livres de science, etc., et fixer la place qu'ils devront occuper : on les *range* ensuite, en mettant en rang, sur des rayons, les livres ainsi classés.

RAPIDITÉ. V. *Vélocité.*

RAPIÉCER, RAPIÉCETER, RAPETASSER. *Rapiécer*, c'est mettre des pièces ou remettre une pièce, sans modification. *Rapiéceter*, c'est remettre sans cesse de nouvelles pièces ou mettre beaucoup de petites pièces; *et* marque dans ce verbe la réduplication ou un diminutif. *Rapetasser*, c'est mettre grossièrement de grosses pièces et les entasser. On *rapièce* un bas, du linge, un meuble, auquel on met proprement une pièce : on *rapiécète* les meubles, le linge, les vêtements qu'on est toujours à *rapiécer*, où l'on ne voit que pièces et petites pièces. On *rapetasse* de vieilles hardes, de vieux effets qui ne sont plus que des lambeaux recousus ensemble ou appliqués les uns sur les autres. (R.)

RAPINE. V. *Vol, volerie.*

RAPPORT, ANALOGIE. Les choses ont *rapport* l'une à l'autre par une sorte de liaison, soit de conséquence, d'hypothèse, de motif, ou d'objet. Elles ont de l'*analogie* entre elles par une simple ressemblance dans quelqu'une de leurs propriétés, soit dans la forme, dans l'origine, dans l'usage, ou dans la signification. (G.)

RAPPORT A, RAPPORT AVEC. Une chose qui a *rapport à* une autre s'y rattache, en dépend, s'y rapporte ou y tend comme vers un but, vers une fin : « Les effets ont *rapport aux* causes », ils en dépendent; « Cette pièce a *rapport à* votre affaire », elle s'y rattache, elle en dépend. Une chose qui a *rapport à* nous se rapporte à nous, nous concerne, nous regarde; nous sommes en quelque sorte le terme où tend cette chose.

Une chose qui a *rapport* ou du *rapport avec* une autre, a de l'analogie, de la ressemblance, de la conformité ou de la proportion *avec* cette autre; ces deux choses sont ou peuvent être comparées l'une *avec* l'autre : « La langue italienne a un grand *rapport avec* la langue latine » (Acad.); c'est-à-dire qu'il y a entre elles une grande analogie, beaucoup de ressemblance. « Ses dépenses sont en *rapport avec* ses revenus », sont en proportion *avec* ses revenus. « Ce que vous dites aujourd'hui n'a aucun *rapport avec* ce que vous disiez hier » (Acad.), n'a aucune conformité *avec*, etc. « Une copie en matière de peinture, dit Bouhours, a *rapport avec* l'original, si elle lui ressemble et qu'elle en présente tous les traits; mais bien qu'elle soit imparfaite, elle ne laisse pas d'avoir *rapport à* l'original. »

On dit aussi que des choses ont des *rapports* les unes *avec* les autres, quand on veut faire entendre qu'il y a entre elles réciprocité d'action, d'influence ou de relations continuelles : « Les divers États de l'Europe ont des *rapports* les uns *avec* les autres et *avec* les États des autres parties du monde ».

RASER. V. *Abattre, démolir.*

RASSEMBLER. V. *Assembler.*

RASSIS. V. *Tranquille.*

RASSURER. V. *Assurer.*

RATURER. V. *Effacer.*

RAVAGER, DÉSOLER, DÉVASTER, SACCAGER. L'idée rigoureuse de *ravager* est d'enlever, renverser, emporter, entraîner les productions et les biens par une action violente, subite, impétueuse : celle de *désoler* est de dissiper, chasser, exterminer, détruire la population jusqu'à faire d'une contrée une solitude, ou à la réduire à un sol nu, par des attentats ou par des influences malignes, funestes et mortelles : celle de *dévaster* est de tout moissonner, renverser, écraser, détruire dans une étendue plus ou moins vaste de pays, de manière à n'y laisser qu'un désert sans habitants et sans trace de culture, avec une fureur sans frein, sans arrêt et sans borne : celle de *saccager* est de livrer au carnage, remplir de meurtres, inonder de sang une ville, des lieux peuplés, avec une férocité armée d'instruments de mort, de désolation, de destruction. — Les torrents, les flammes, les tempêtes *ravageront* les campagnes. Les guerres, la peste, la famine, *désoleront* un pays. Tous ces moyens terribles, la tyrannie fiscale surtout, des inondations de barbares, *dévasteront* un empire. Des soldats effrénés, des vainqueurs féroces, de barbares, *saccageront* une ville prise d'assaut. — Rien ne résiste au *ravage;* il est rapide et terrible. Rien n'arrête la *désolation;* elle est cruelle et impitoyable. La *dévastation* n'épargne rien; elle est féroce et insatiable. Le *saccagement* ne respecte rien; il est aveugle et sourd. (R.)

RAVALER. V. *Abaisser.*

RAVI. V. *Aise.*

RAVILIR. V. *Abaisser.*

RAVIR. V. *Arracher* et *Charmer.*

RAYER. V. *Effacer.*

RAYONNANT. V. *Radieux*.

RÉALISER, EFFECTUER, EXÉCUTER. *Réaliser*, c'est accomplir ce que des apparences ont donné lieu d'espérer. *Effectuer*, c'est accomplir ce que des promesses formelles ont donné droit d'attendre. *Exé-*

*cuter*, c'est accomplir une chose conformément au plan que l'on s'en est formé auparavant. — Ainsi *réaliser* a rapport aux apparences; *effectuer*, à quelque engagement; et *exécuter*, à quelque dessein. — On ne *réalise* guère dans le monde la bienveillance dont on affecte si fort de donner de vaines démonstrations : la bonne foi y est si rare, qu'on y est réduit à encourager par des éloges ceux qui ont assez de droiture pour *effectuer* les engagements qu'ils ont *contractés* : il semble qu'il y ait un projet universel d'anéantir toute probité, et que l'on travaille à l'envi à l'*exécuter*. (B.)

RÉBELLION, RÉVOLTE. *Rébellion* marque la désobéissance et le soulèvement; *révolte*, la défection et la perfidie. L'objet du *rebelle* est de se soustraire ou d'échapper à la puissance : l'objet du *révolté* est de renverser et détruire la puissance et les lois qu'il a reconnues. La *rébellion* fait résistance : la *révolte* fait une révolution. La *rébellion* secoue le joug : la *révolte* l'a brisé. — Si nous oublions cette différence essentielle et primitive des mots, nous les distinguerons encore par leur formation. Selon sa terminaison, *rébellion* marque l'action des personnes (20, page 7); *révolte* marque l'état des choses. Un acte de résistance ferme fait *rébellion* : une *rébellion* ouverte et soutenue par des actes éclatants et multipliés de violence, fait *révolte*. La *rébellion* est la levée de boucliers : la *révolte* est la guerre déclarée. Dans un sens spirituel, un péché est une *rébellion* contre Dieu; l'impiété constante, une *révolte*. — Enfin, la *révolte* a toujours quelque chose de grand, de violent, de terrible et de funeste; tandis que la *rébellion* n'est quelquefois qu'une désobéissance, une opposition, une résistance, coupable sans doute et punissable, mais sans de grands troubles et de grands dangers (R.)

REBOURS. V. *Rétif*.

REBUT, REBUFFADE. Action de rebuter, mauvais accueil. — « *Rebuffade*, dit l'Académie, mauvais accueil, refus accompagné de paroles dures et d'actions de mépris. » « Les *rebuts*, dit Condillac, sont des obstacles qu'on nous oppose, parce qu'on ne fait pas cas de nous; ils nous mortifient. Les *rebuffades* sont des refus qu'on nous fait avec mépris, elles nous humilient. » Ainsi, essuyer des *rebuffades*, c'est beaucoup plus qu'essuyer des *rebuts*, à cause de la manière dont se fait l'action dans le premier cas (21, page 7).

RÉCALCITRANT. *Rétif*.

RÉCENT. V. *Neuf*.

RECEVOIR, ACCEPTER. *Recevoir*, c'est prendre ce qu'on vous donne : *accepter*, c'est consentir à ce qu'on vous propose. *Recevoir* emporte, pour ainsi dire, une prise de possession de la chose, tandis qu'*accepter* n'exprime que le consentement ou l'agrément donné à la chose. Ce que vous avez *reçu*, vous l'avez; mais vous n'avez fait qu'autoriser ce que vous avez *accepté*. Un négociant *accepte* et ne *reçoit* pas une lettre de change. Vous *recevez* même malgré vous; mais vous n'*acceptez* que de plein gré. On refuse ce qu'on ne *reçoit* pas : on rejette ce qu'on n'*accepte* point. (R.)

RÉCHAPPER. V. *Échapper*.

RECHUTE, RÉCIDIVE. Elles marquent l'action de *retomber* : mais la *rechute* est de retomber dans un état funeste; et la *recidive*, de retomber dans un mauvais état. — L'idée de *tomber* est essentielle et rigoureuse dans la *rechute*, et non dans la *récidive*. On dit se relever d'une *chute* : après qu'on s'en est relevé, on retombe par la *rechute*. Mais on dit se mettre dans un mauvais *cas*; et après qu'on s'en est tiré, on s'y remet par la *récidive*. Il résulte de là que la *rechute* marque la faiblesse ou la légèreté; et la *récidive*, l'opiniâtreté ou l'imprudence. C'est parce qu'on n'est pas assez ferme ou assez constant qu'on fait une *rechute* : c'est parce qu'on ne veut pas se corriger ou s'observer, qu'on passe à la *récidive*. Guéri ou rétabli jusqu'à un certain point dans son premier état, on *retombe*; puni ou pardonné vainement, on *récidive*, ou recommence. Il y a donc en général plus de malice dans la *récidive* que dans la *rechute*, et plus de malheur dans la *rechute* que dans la *récidive*. (R.)

RÉCIPROQUE. V. *Mutuel*.

RÉCLAMER, REVENDIQUER. *Réclamer*, se récrier contre, s'opposer en criant, appeler hautement ou à grands cris, protester ou revenir contre. *Revendiquer*, réclamer, répéter sa chose, son bien, sa propriété; *réclamer* la force, l'autorité, la justice, pour ravoir sa chose; en poursuivre le recouvrement par les voies de droit et de fait contre celui qui l'a usurpée ou qui la retient. — Vous *réclamez* à quelque titre que ce soit, et vous *réclamez* l'indulgence, l'amitié, la bienfaisance et ses secours, comme la justice et vos droits : vous *revendiquez* à titre de propriété, et en *réclamant* la justice et la force. Dans un cas litigieux, vous *réclamez* ce que vous *revendiqueriez* avec un droit certain et reconnu. — Vous *réclamez* en vous opposant à toute sorte de prétention : vous *revendiquez* en vous opposant à l'usurpation. La *réclamation* est une demande, un appel : la *revendication* est une action, une poursuite. La *réclamation* conserve vos droits : la *revendication* poursuit la restitution d'un bien. (R.)

RÉCOLTER, RECUEILLIR. *Recueillir* ne porte point l'idée propre de *récolter*; et *récolter* est une manière très-particulière de *recueillir*. *Récolter* nous dit ce qu'on *recueille* : des grains, des fruits, les productions de la terre. On ne *récolte* pas ces productions comme on *recueille* des raretés, des suffrages, des nouvelles, des pensées, des débris, une succession, etc. — On peut même *recueillir* des fruits de la terre sans les *récolter* : celui qui glane après la moisson ne *récolte* pas, mais il *recueille* ou ramasse des épis. *Récolter*, c'est *recueillir*, suivant les procédés de l'économie rurale, toute une sorte de grains et d'autres productions cultivées qui sont sur pied, dans la saison de leur maturité, pour les serrer ou les arranger de manière à les conserver. — On ne *récolte*, entre les productions de la terre, que celles de la culture; et on ne fait proprement que *recueillir* les autres. Ainsi on *récolte* du blé, et on *recueille* du sel. L'un *récolte* des grains, l'autre *récolte* des vins : celui-ci *recueille* des laines, celui-là *recueille* des soies. (R.)

RÉCOMPENSE. V. *Prix*.

RECONCILIER. V. *Accorder*.

RECONNAISSANCE, GRATITUDE. *Reconnaissance*, composé de *connaissance*, marque littéralement le ressouvenir qu'on a d'un objet, la mémoire d'un objet qu'on a *connu*, l'aveu par lequel on *reconnaît* et on certifie une chose, ou enfin une sorte de compensation dont on se confesse redevable. La *reconnaissance* rappelle la *connaissance*. *Gratitude* désigne le *gré* qu'on sait à quelqu'un, l'affection qu'on ressent d'une *grâce*, le sentiment qui nous rend un bienfait cher et agréable. L'idée de *reconnaissance* est ici relative aux services, aux bienfaits qui demandent de la *gratitude*. — La *reconnaissance* est le souvenir, l'aveu d'un service, d'un bienfait reçu : la *gratitude* est le sentiment, le retour inspiré par un bienfait, par un service. — Il suffirait, ce semble, d'être juste pour avoir de la *reconnaissance* : il faut être sensible pour avoir de la *gratitude*. La *reconnaissance* est le commencement de la *gratitude*; et la *gratitude* est le complément de la *reconnaissance*. — La *reconnaissance* rend ce qu'elle doit, elle s'acquitte : la *gratitude* ne compte pas ce qu'elle rend, elle doit toujours. — La *reconnaissance* est due au bienfait; la *gratitude* l'est à la bienfaisance. Service pour service, c'est la *reconnaissance* : sentiment pour sentiment, c'est la *gratitude*. (R.)

RÉCRÉATION. V. *Amusement*.

RECTITUDE, DROITURE. *Rectitude* désigne la juste direction, le vrai sens, l'ordre parfait des choses physiques, soit de la nature, soit de l'art. Des objets physiques, il a naturellement passé aux objets métaphysiques; et on a dit la *rectitude* d'un jugement, comme la *rectitude* d'une ligne. — *Droiture* ne se dit proprement que de l'âme, pour marquer la probité, la bonne foi, des vues honnêtes et pures; et si ce mot s'applique à l'esprit, c'est seulement par rapport à la probité, et non à l'égard de l'intelligence. Ainsi la *droiture* de l'esprit n'est que la suite ou le complément de la *droiture* du cœur. La *droiture* est donc proprement une qualité morale : la *rectitude* est une qualité intellectuelle ou physique. La *rectitude* d'un jugement sera dans sa justesse; et sa *droiture*, dans sa justice. La *rectitude* est d'un bon esprit; la *droiture*, d'un cœur honnête. Un esprit de travers manquera de *rectitude*; un esprit partial, de *droiture*. — La *droiture* montre le but et la voie : la *rectitude* conduit au but en suivant constamment la voie. La *rectitude* applique jusqu'à la fin ce que la *droiture* enseigne : l'une dirige, l'autre exécute. La *droiture* est donc plutôt dans l'intention, dans le dessein, dans le conseil : la *rectitude* est dans l'action, dans la conduite, dans l'application constante de la règle. L'abbé de Vertot distingue parfaitement ces deux termes, en disant que Coriolan, content de la *droiture* de ses intentions, allait au bien sans ménagement; et que peut-être ce défaut de ménagement entraînait quelquefois dans sa conduite un défaut de *rectitude*. (R.)

RECUEIL, COLLECTION. 1° *Recueil* signifie rigoureusement l'amas des choses recueillies : *collection* exprime proprement l'action de rassembler plusieurs choses. C'est par la *collection* que vous formez le *recueil*, comme par le travail vous faites l'ouvrage. *Recueil* ne marque pas l'action de recueillir : on a voulu que *collection* désignât les choses mêmes rassemblées. — 2° *Recueil* exprime l'idée redoublée de *recueillir* ou de réunir ensemble, en latin *recolligere* ; *collection* n'exprime que l'idée simple de *cueillir* ou de mettre ensemble, en latin *colligere*. Ainsi le *recueil* n'est pas une simple *collection* : les choses que la *collection* met ensemble, le *recueil* les unit, les lie, les resserre plus étroitement. La *collection* forme un amas, un assemblage : le *recueil* forme un corps ou un tout. Il y a du moins plus de liaison, de dépendance et de rapport entre les parties d'un *recueil* qu'entre celles d'une *collection*. — D'un *recueil* de pensées vous faites un livre : avec une *collection* de livres vous composez une bibliothèque. Ce *recueil* est un ouvrage particulier : cette *collection* n'est qu'un assemblage de choses. — Par cette raison, l'on dit plutôt un *recueil* de poésies, d'anecdotes, de chansons, de pièces ou imprimées ou manuscrites, réunies en un corps; et une *collection* de plantes, de coquilles, de médailles, d'antiquités rassemblées dans un cabinet. — 3° On appelle plutôt *recueil* une petite *collection*; et *collection*, un grand *recueil*. Vous donnerez un *recueil* de pièces fugitives, de pensées choisies, de quelques œuvres d'un auteur : vous donnerez la *collection* des conciles, des Pères, des historiens, des ouvrages d'un auteur fécond, ou des divers auteurs qui ont travaillé dans le même genre. — La raison de cette différence est dans la valeur même des mots. L'action de *recueillir*, par la force réduplicative du terme, marque plus de réflexion, de recherches et de soins que celle de rassembler. Vous faites un *recueil* de choses d'élite, que vous croyez dignes d'être conservées : vous faites une *collection* de tout ce qui se présente sur un sujet traité par divers auteurs, ou sur divers sujets traités par le même. Le *recueil* doit être choisi; la *collection* doit être complète, autant qu'il est possible. (R.)

RECUEILLIR. V. *Récolter*.

RECULADE, RECULEMENT. *Reculade* se dit ordinairement de plusieurs voitures qui reculent, et ce mot emporte une idée de confusion, d'embarras ou de danger (21, page 7). *Reculement* ne se dit jamais que d'une seule voiture. *Reculade* se dit aussi, au propre et au figuré, de ceux qui, s'étant trop avancés, sont obligés de faire des pas en arrière.

RECULER, RÉTROGRADER. *Reculer*, suivant la force étymologique du mot, c'est aller dans une direction opposée à celle du visage : *rétrograder*, c'est littéralement marcher (*gradi*) en arrière (*retrò*), ou retourner sur ses pas. — Il résulte de cette distinction littérale, que *reculer* suppose uniquement une direction contraire à la direction ordinaire et naturelle de la marche, au lieu que *rétrograder* suppose déjà une avancée, suivie d'un mouvement contraire. Le canon, au moment de son explosion, *recule* et ne *rétrograde* pas. Lorsque vous faites plusieurs tours de promenade dans une allée, on ne dira pas que vous avancez et que vous *reculez*; car *avancer*, à proprement parler, signifie s'approcher d'un but, et *reculer*, c'est s'en éloigner. Alors vous allez et vous venez. — *Reculer* est le mot vulgaire; il tient aux mots *recul*, *reculons*, *reculement*, *reculade*. Les hommes, les animaux, les voitures, etc., *reculent*. — *Rétrograde* appartient à la géométrie et à la physique; il en est de même de *rétrograder* et de *rétrogradation*. On dit que certaines planètes *rétrogradent*, lorsqu'elles semblent *reculer* et se mouvoir dans un sens opposé à l'ordre des signes, c'est-à-dire d'Orient en Occident. Cependant il est propre à donner plus de précision au discours dans certains cas. — *Reculer* prend assez souvent un sens accessoire et moral; au lieu que *rétrograder* n'a qu'un sens physique et rigoureux. Le lâche *recule*, le brave *recule* aussi : l'un parce que la peur l'entraîne, l'autre pour mieux prendre l'avantage. Dans ces applications et autres semblables, il se joint une idée morale au mot *reculer*, mais quand il ne s'agira que du sens physique, *rétrograder* sera mieux placé. — Il y a une façon d'aller en arrière que *rétrograder* n'exprime pas, et que *reculer* n'exprime qu'amphibologiquement; c'est celle de l'écrevisse, ou celle d'aller le dos tourné vers un objet. On dit alors *aller à reculons*. (R.)

REDOUTER. V. *Craindre*.

RÉEL. V. *Effectif*.

RÉFLÉCHIR. V. *Méditer*.

RÉFLEXIONS. V. *Notes*.

RÉFORME, RÉFORMATION. V. *Amendement*.

REFUGE. V. *Asile*.

REFUGIÉ. V. *Exilé*.

REGARD. V. *Œillade*.

REGARDS TENDRES, TENDRES REGARDS. V. *Savant homme*.

REGARDER, CONCERNER, TOUCHER. Une chose nous *regarde* lorsqu'elle doit être faite, soignée, dirigée par nous, soit à cause de ses rapports naturels avec nous, soit à cause de l'autorité que nous avons sur elle. L'éducation d'un enfant *regarde* son père et sa mère; les affaires d'un mineur *regardent* son tuteur. — Une chose nous *concerne* lorsqu'elle fait partie de celles dont nous prenons soin, de celles qui sont soumises à notre vigilance, à notre inspection, qui font partie de nos attributions, qui doivent nous intéresser. On dira : « J'ai a vous parler d'une chose qui vous *concerne* », c'est-à-dire d'une chose qui est du nombre de celles qui doivent vous intéresser, qui ont un certain rapport à votre personne, à vos biens, etc. Ainsi ce qui nous *regarde* a un rapport plus direct, plus déterminé avec nous que ce qui nous *concerne*. Si l'on m'avertit d'une chose qui me *regarde*, je dois y faire attention sur-le-champ pour la faire, pour la soigner, etc. : si l'on m'avertit d'une chose qui me *concerne*, je dois examiner d'abord si j'y prends ou si je dois y prendre quelque intérêt, ou si elle fait réellement partie d'un soin qui m'a été confié, et agir ensuite suivant cet intérêt ou ce soin. — Une chose nous *touche*, lorsqu'elle a rapport à nos affections, à nos intérêts les plus chers. On m'a calomnié dans le public; mon honneur y est intéressé, c'est une chose qui me *touche*. — On dit d'un homme qui veut se mêler de nos affaires, sans y avoir aucun droit, qu'elles ne le *regardent* pas; à un fonctionnaire qui veut agir hors du cercle de sa juridiction, que cela ne le *concerne* pas; et d'une affaire où il s'agit de notre vie ou de notre fortune, qu'elle nous *touche* de près. (L.)

REGARDER, VOIR. V. *Voir*.

RÉGÉNÉRATION. V. *Renaissance*

RÉGION, CONTRÉE, PAYS. *Région*, grande étendue de terre habitée ou inhabitée, considérée seulement par rapport à sa position ou à la température qui y règne. Relativement à la position, on distingue les *régions* septentrionales, méridionales, etc.; relativement à la température, on distingue les *régions* brûlantes, les *régions* glacées, les *régions* tempérées, lesquelles n'ont d'autres bornes que celles de ces diverses températures. — *Contrée*, étendue de terre plus ou moins vaste, considérée sous quelque rapport physique ou moral qui en fait un tout : « Une *contrée* fertile; les *contrées* toutes sablonneuses qui sont vers la mer Baltique ». (Voltaire) C'est la fertilité, ce sont les sables, qui forment l'étendue et les bornes de ces *contrées*. — *Contrée* se dit aussi d'une certaine étendue de pays où sont rassemblés plusieurs habitants, réunis entre eux par les mêmes usages, par les mêmes mœurs, par le même gouvernement, etc. Les *contrées* ont plus ou moins d'étendue selon les différents points de vue sous lesquels on les considère; une *contrée* fertile n'a d'étendue que par rapport à la fertilité; et dès que celle-ci cesse, c'est une autre *contrée*, une *contrée* peu fertile ou une *contrée* stérile. Mais des *contrées* quelquefois peu étendues font partie de *contrées* plus grandes que l'on considère sous le rapport du gouvernement, des mœurs, etc. : « Il y a quelques *contrées* fertiles dans ce département; et ce département est une des plus belles *contrées* de la France ». — *Pays* se dit d'une étendue de terre habitée, plus ou moins grande, par rapport à ceux qui l'habitent et à tout ce qui a rapport à eux : « *Pays* abondant, bon *pays*, *pays* qui ne fournit point de subsistances. — On dit une *contrée* fertile et un *pays* fertile, une *contrée* froide, un *pays* froid. Mais dans les premiers exemples *fertile*, *froid* sont considérés par rapport à la constitution physique de la *contrée*; et dans les seconds, par rapport aux avantages ou aux inconvénients qui peuvent résulter de ces choses pour ceux qui habitent le *pays*. — Ainsi les *régions* sont considérées sous le rapport d'une température ou d'une situation commune et distincte; les *contrées* sous le rapport de leur constitution physique ou des liaisons morales des habitants entre eux; les *pays*, sous le rapport des avantages ou des désavantages qu'y éprouvent les habitants. (L.)

**RÉGIR.** V. *Gérer*.

**RÈGLE, MODÈLE.** L'un et l'autre ont pour objet de diriger, mais en diverses manières. La *règle* prescrit ce qu'il faut faire; le *modèle* le montre tout fait : on doit suivre l'une et imiter l'autre. — La *règle* parle à l'esprit, elle l'éclaire, elle lui fait connaître ce qui doit se faire; mais elle est froide et sans force. Le *modèle* échauffe l'âme, la met en mouvement, fait disparaître toutes les difficultés, anéantit tous les prétextes. — « Il y a des endroits, dit le P. Bouhours, où l'on peut employer également les deux mots de *règle* ou de *modèle*, par exemple, on peut dire : La vie de N. S. est la *règle* des chrétiens, ou le *modèle* des chrétiens. » Cela peut se dire sans doute, mais ce ne sont pas moins deux expressions différentes par la forme et par le sens : la première signifie que de la vie de N. S. nous pouvons conclure quelles sont les véritables *règles* de la vie chrétienne : la seconde, que dans la vie de N. S. nous trouvons un *modèle* qui nous porte à nous conformer aux *règles* de la vie chrétienne, et qui nous en montre la manière. La première expression est pour ainsi dire, de pure théorie; la seconde est de pratique : ainsi il y a encore un choix qui dépend des circonstances, et qui n'échappera pas au bon goût. (B.)

**RÈGLE, RÈGLEMENT.** Principe, loi, statuts : ce qui sert à conduire, à diriger.

« La *règle* regarde proprement les choses qu'on doit faire; et le *règlement*, la manière dont on les doit faire. Il entre dans l'idée de l'une quelque chose qui tient plus du droit naturel; et dans l'idée de l'autre, quelque chose qui tient plus du droit positif. » (G.)

« Les *règles* s'étendent à toutes les actions : elles veillent jusque sur les plus indifférentes, et déterminent ce qu'on doit faire chaque jour. Les *règlements* corrigent les abus et déterminent plus ce qu'on doit éviter que ce qu'on doit faire. » (Condillac.)

Ainsi le sens du mot *règle* est plus général, plus absolu; celui de *règlement* est plus particulier, plus relatif : aussi dit-on qu'on *se soumet* à la *règle*, et qu'on *se conforme* au *règlement*. *Règlement* se dit aussi de ce qui établit ou interprète la *règle*. — On ne prescrit des *règlements*, dit Condillac, que pour ceux qui s'écartent des *règles*.

**RÉGLÉ, RANGÉ.** On est *réglé* par ses mœurs et par sa conduite. On est *rangé* dans ses affaires et dans ses occupations. — L'homme *réglé* ménage sa réputation et sa personne; il a de la modération, et il ne fait point d'excès. L'homme *rangé* ménage son temps et son bien; il a de l'ordre, et il ne fait point de dissipation. — A l'égard de la dépense, à laquelle l'on applique souvent ces deux épithètes, elle est *réglée* par les bornes qu'on y met, et *rangée* par la manière dont on la fait. Il faut la *régler* sur ses moyens, et la *ranger* selon le goût de la société où l'on vit; de façon néanmoins que les commodités domestiques ne souffrent point de l'envie de briller. (G.)

RÉGLÉ, RÉGULIER. Ce qui est *réglé* est assujetti à une règle quelconque, uniforme ou variable, bonne ou mauvaise. Ce qui est *régulier* est conforme à une règle uniforme et louable. — Le mouvement de la lune est *réglé* puisqu'il est soumis à des retours périodiques égaux : mais il n'est pas *régulier* parce qu'il n'est pas uniforme dans la même période. Toutes les actions des chrétiens sont *réglées* par l'Évangile; mais elles ne sont pas toutes *régulières*, parce qu'elles ne sont pas toutes conformes à ces régles sacrées. — Il semble qu'en parlant de la vie, de la conduite, des mœurs, le mot *réglé* dit autre chose que celui de *régulier*. Une vie *réglée* peut s'entendre au physique ou au moral : au physique c'est une vie assujettie à une règle suggérée par des vues de santé ou d'économie; au moral, c'est une vie extérieurement conforme aux règles de morale que le monde même exige : mais une vie *régulière* est conforme aux principes de la morale et aux maximes de la religion. C'est à peu près la même différence, en parlant de la conduite et des mœurs. — Hors de la morale, ce qui est *régle* était originairement libre, et n'est soumis à une règle que par un choix libre ou par convention; c'est ainsi qu'il faut l'entendre d'une dispute *réglée*, d'un ordinaire *réglé*, d'un commerce *réglé*, d'un temps *réglé*, etc. : ou bien il s'agit d'une règle établie par le fait et dont il est difficile ou impossible de rendre raison, comme quand on parle d'une fièvre *réglée*. Mais tout ce qui est *régulier* doit être conforme à la règle, et tend au vicieux dès qu'il s'y soustrait; tels sont un bâtiment, un discours, un poëme, une construction, une procédure, etc. (B.)

RÉGLÉMENT, RÉGULIÈREMENT. Quand on ne veut marquer que la persévérance à faire toujours de la même manière, ces deux adverbes se prennent indifféremment l'un pour l'autre : ainsi l'on peut dire d'un homme de cabinet, qu'il étudie *réglément* ou *régulièrement* huit heures par jour; que tous les jours il se lève *réglément* ou *régulièrement* à cinq heures, etc. — Mais il y a des circonstances où l'on ne doit pas prendre l'un pour l'autre. *Réglément* veut dire alors, d'une manière égale, que l'on peut regarder comme règle et qui semble soumise à une règle : *régulièrement* veut dire d'une manière conforme à une règle réelle ou aux règles en général. — *Réglément* indique de la précision, et suppose de la sagesse et de l'ordre; *régulièrement* désigne de l'attention, et suppose de la soumission et de l'obéissance. — Vivre *réglément* est un moyen assuré de ménager tout à la fois sa bourse et sa santé. Vivre *régulièrement* est le moyen le plus efficace d'assurer son bonheur dans ce monde et dans l'autre. (B.)

REJAILLIR. V. *Jaillir*.

RÉJOUISSANT. V. *Gai*

RELACHE, RELACHEMENT. « *Relâche* se prend toujours en bonne part : c'est la discontinuation de quelque exercice pénible, soit pour le corps, soit pour l'esprit. *Relâchement*, employé seul, se prend souvent en mauvaise part : c'est la diminution de l'activité dans le travail ou dans quelque exercice, ou de la régularité dans ce qui concerne les mœurs ou la piété. En fait de mœurs et de discipline, le moindre *relâchement* est dangereux. » (B.)

Ainsi le *relâche* est une interruption imposée en quelque sorte par les besoins du corps ou de l'esprit; le *relâchement* est un effet immédiat de la volonté, c'est l'action de se relâcher de ses devoirs. L'homme infatigable, dit l'abbé Girard, travaille sans *relâche* : l'homme exact remplit son devoir sans *relâchement*.

RELACHER. V. *Lâcher*.

RELATION. V. *Histoire*.

RELIGION, PIÉTÉ, DÉVOTION. Le mot de *religion* n'est pas pris ici dans un sens objectif, qui signifie le culte que nous devons à la Divinité et le tribut de dépendance que nous lui rendons; mais dans un sens formel, qui marque une qualité de l'âme et une disposition de cœur à l'égard de Dieu : ce n'est que dans ce seul sens qu'il est synonyme avec les deux autres; et cette disposition fait qu'on ne manque point à ce qu'on doit à l'Être Suprême. La *piété* fait qu'on s'en acquitte avec plus de respect et plus de zèle. La *dévotion* ajoute un extérieur plus composé. — La *religion* est plus dans le cœur qu'elle ne paraît au dehors. La *piété* est dans le cœur et paraît au dehors. La *dévotion* paraît quelquefois au dehors, sans être dans le cœur. — Où il n'y a point de probité, il n'y a point de *religion*. Qui manque de respect pour les temples, manque de *piété*. Point de *dévotion* sans attachement au culte des autels. (G.)

RELUIRE. V. *Luire*.

REMARQUABLE. V. *Notable*.

REMARQUER, OBSERVER. On *remarque* les choses par attention, pour s'en ressouvenir. On les *observe* par examen, pour en juger. — Le voyageur *remarque* ce qui le frappe le plus : l'espion *observe* les démarches qu'il croit de conséquence. Le général doit *remarquer* ceux qui se distinguent dans ses troupes, et *observer* les mouvements de l'ennemi. — On peut *observer* pour *remarquer*; mais l'usage ne permet pas de retourner la phrase. Ceux qui *observent* la conduite des autres pour en *remarquer* les fautes, le font ordinairement pour avoir le plaisir de censurer, plutôt que pour apprendre à rectifier leur propre conduite. (G.)

REMARQUES. V. *Notes*.

**REMERCIER.** V. *Renvoyer.*

**REMETTRE, COMMETTRE.** Confier; donner en garde, en dépôt. — *Remettre* signifie simplement livrer, faire passer aux mains d'autrui ce que l'on possédait; c'est comme une nouvelle mise en possession : « Je lui ai *remis* tout l'argent que j'avais ». (Acad.) *Commettre* dit beaucoup plus; il signifie confier aux soins, à la vigilance de quelqu'un un objet précieux ou important : « J'ai *commis* cela à vos soins (Id.) Les rois, faisant eux-mêmes les grâces, ont *commis* à des magistrats particuliers la distribution des peines ». (Montesquieu

**REMETTRE, RENDRE.** V. *Rendre.*

**RÉMINISCENCE.** V. *Mémoire.*

**RÉMISSION.** V. *Absolution.*

**REMONTRER.** V. *Représenter.*

**REMORDS.** V. *Contrition.*

**REMPART.** V. *Boulevard.*

**REMPLI.** V. *Plein.*

**REMPLIR.** V. *Emplir.*

**REMPORTER.** V. *Emporter.*

**RENAISSANCE, RÉGÉNÉRATION.** *Renaissance* signifie nouvelle naissance (V. *re*, 5, page 3). Il s'emploie quelquefois au propre : « La *renaissance* du phénix est une fable » (Acad.); mais il est principalement d'usage au figuré, et se dit du renouvellement d'une chose, comme si, après avoir cessé d'être, elle naissait une seconde fois, de nouveau : « La *renaissance* des lettres, des arts; la *renaissance* de la verdure ». (Acad.)

*Régénération* ne s'emploie au propre que comme terme de médecine et de physiologie, et signifie reproduction : « La *régénération* des chairs ». Au figuré, ce mot exprime la double idée de renouvellement et d'amélioration ou réformation : « La *régénération* des mœurs; la *régénération* d'un peuple ». (Acad.) Il se dit dans un sens analogue et comme terme de religion, en parlant du baptême : « La *régénération* en Jésus-Christ ». (Id.)

**RENCHÉRIR.** V. *Enchérir.*

**RENCONTRE (ALLER A LA).** V. *Aller.*

**RENCONTRER, TROUVER.** *Rencontrer* exprime sensiblement l'idée de *trouver* en allant à l'*encontre*, *contre*, dans la direction *contraire* à celle de l'objet, face à face. *Trouver* est exactement le latin *invenire*, *venire in*, parvenir dans le lieu, à l'endroit où est la chose, où on voulait atteindre. Ainsi vous *rencontrez* une chose dans votre chemin, en chemin faisant; et vous la *trouvez* à sa place, où elle est. — La personne que vous allez voir chez elle, vous ne l'y *rencontrez* pas, vous l'y *trouvez* : vous la *rencontrerez* dans les rues. Vous allez à la promenade, dans l'espérance d'y *rencontrer* votre ami : vous indiquez à celui qui cherche quelqu'un, le lieu où il le *trouvera*. Un torrent entraîne tout ce qu'il *rencontre* sur son passage : des voleurs emportent tout ce qu'ils *trouvent* dans une maison. Des armées se *rencontrent*, et *trouvent* sous leurs pas un effroyable cimetière. — Le moyen de *rencontrer*, c'est d'aller au-devant : le moyen de *trouver*, c'est de chercher. Mais vous *trouvez* aussi ce que vous ne cherchiez pas : vous *rencontrez* aussi ce que vous cherchiez, et par une sorte de bonne fortune, par un cas fortuit, par un hasard heureux, qui fait qu'il se *trouve* comme en passant sur le chemin où vous passiez. (R.)

RENDRE, REMETTRE, RESTITUER. Nous *rendons* ce qu'on nous avait prêté ou donné; nous *remettons* ce que nous avons en gage ou en dépôt; nous *restituons* ce que nous avons pris ou volé. — On doit *rendre* exactement, *remettre* fidèlement, et *restituer* entièrement. On emprunte pour *rendre*; on se charge d'une chose pour la *remettre*; mais on ne prend guère à dessein de *restituer*. — L'usage emploie et distingue encore ces mots dans les occasions suivantes. Il se sert du premier à l'égard des devoirs civils, des faveurs interrompues, des présents, etc. : on *rend* hommage à son seigneur suzerain, son amitié à qui en avait été privé, etc. Le second se dit à l'égard de ce qui a été confié, et des honneurs, emplois ou charges dont on est revêtu : on *remet* un enfant à ses parents; le bâton de commandement, les sceaux et les dignités au prince. Le troisième se place pour les choses qui, ayant été ôtées ou retenues, se trouvent dues : on *restitue* à l'innocent accusé son état et son honneur; on *restitue* un mineur dans la possession de ses biens aliénés. (G.)

RENFERMER. V. *Enfermer*.

RENIER. V. *Renoncer*.

RENOM, RENOMMÉE. V. *Nom*.

RENOMMÉ. V. *Fameux*.

RENONCEMENT. V. *Abandon*.

RENONCER, RENIER, ABJURER. On *renonce* à des maximes et à des usages qu'on ne veut plus suivre, ou à des prétentions dont on se désiste. On *renie* le maître que l'on sert, ou la religion qu'on avait embrassée. On *abjure* l'erreur dans laquelle on s'était engagé, ou dont on faisait profession publique. — Philippe V a *renoncé* à la couronne de France. Saint Pierre a *renié* Jésus-Christ. Henri IV a fait *abjuration* du calvinisme. — *Abjurer* se dit toujours en bonne part; c'est l'amour de la vérité et l'aversion du faux, ou du moins de ce que nous regardons comme tel, qui nous engagent à faire *abjuration*. *Renier* s'emploie toujours en mauvaise part; un libertinage outré ou un intérêt criminel fait les renégats. *Renoncer* est d'usage de l'une et de l'autre façon, tantôt en bien tantôt en mal : le choix du bon nous fait quelquefois *renoncer* à nos anciennes habitudes, pour en prendre de meilleures; mais il arrive encore plus souvent que le caprice et le goût dépravé nous font *renoncer* à ce qui est bon, pour nous livrer à ce qui est mauvais. — L'hérétique *abjure*, quand il rentre dans le sein de l'Église. Le chrétien *renie*, quand il se fait mahométan. Le schismatique *renonce* à la communion universelle des fidèles, pour s'attacher à une société particulière. (G.)

RENONCIATION. V. *Abandon*.

RÉNOVATION, RENOUVELLEMENT. Rétablissement d'une chose dans son premier état. (Acad.) — « *Rénovation*, dit Condillac, marque plus l'action de la cause qui renouvelle; *renouvellement*, l'état de la chose renouvelée » (20, page 7). En effet on dit : *renouvellement* de l'année, de la lune, et non *rénovation*, parce qu'ici on n'a dans l'esprit aucune idée de cause ni d'action; on exprime simplement l'effet. Mais on dit : « La *rénovation* de l'homme par la grâce », (Acad.) parce que l'idée dominante est l'idée de la grâce, cause de la *rénovation*.

RENTE, REVENU. L'idée commune de ces deux termes est celle d'une recette annuellement renouvelée. — La *rente* est ce qu'on vous *rend*, ce qu'on vous paye annuellement, comme prix ou intérêt d'un fonds ou d'un capital aliéné ou cédé : le *revenu* est ce qui *revient*, ce qui est annuellement reproduit à votre profit, comme fruit de votre propriété et de vos avances productives. Vous direz que votre *rente* vous *revient* chaque année; oui, le payement de votre *rente*, et il vous *revient* par une nouvelle distribution d'argent. Mais le *revenu revient* dans toute la force du terme; il est reproduit; ce sont les fruits qui repoussent sur l'arbre. La terre ne vous donne pas une *rente*, mais elle vous donne un *revenu* par ses productions renaissantes annuellement. On vous paye une *rente*; et vous recueillez un *revenu*. Pour payer une *rente*, il faut, chaque année, un *revenu* nouveau ou une richesse nouvelle : car, sans cela, sur quoi la payer? — Les *rentes* ne sont que des charges du *revenu*. Les *rentes* publiques sont des charges du *revenu* public : sans un *revenu*, essayez de payer les *rentes*. La *rente* est la représentation d'un droit sur le *revenu*. — On dit le *revenu* d'une charge, d'un office, d'une place, comme d'une terre; mais les émoluments des places ne sont pas plus *revenus* que *rentes*; ce sont des salaires, des bénéfices. (R.)

RENVERSER. V. *Abattre* et *Bouleverser*.

RENVOYER, CONGÉDIER, REMERCIER. *Renvoyer* marque du mécontentement et de la défaveur, ou tout au moins un manque d'égards et de ménagement pour ceux qu'on *renvoie*. — On *congédie* les personnes avec lesquelles on s'est entretenu pendant quelque temps, en finissant l'entretien et en indiquant qu'on leur a dit tout ce qu'on avait à leur dire. Un supérieur *congédie* les personnes qui lui sont attachées par quelques fonctions, par quelque service, en leur déclarant ou en leur faisant connaître qu'il ne veut pas ou qu'il ne peut pas les maintenir dans ces fonctions, dans ce service. On *congédie* ceux qu'on ne veut pas ou qu'on ne peut pas retenir plus longtemps. Cette expression n'emporte aucune idée de mécontentement ou de défaveur. — *Congédier* et *renvoyer* s'emploient aussi relativement aux places, aux fonctions, aux emplois. — On *congédie* un ministre, un savant, un homme de lettres, etc. ; on *renvoie* un employé, un domestique. — *Remercier* indique une manière honnête d'ôter à quelqu'un la place ou l'emploi qu'il occupe. (L.)

RÉPANDRE. V. *Épandre* et *Verser*.

RÉPARER. V. *Rétablir*.

REPARTIE. V. *Réponse*.

RÉPARTIR. V. *Départir*.

REPENTIR. V. *Contrition*.

RÉPLIQUE. V. *Réponse*.

RÉPONDANT. V. *Caution*.

RÉPONDRE, CORRESPONDRE. Avoir du rapport, de la conformité. — *Correspondre* signifie littéralement *répondre ensemble* (4, page 3), et se dit de deux objets qui *répondent* l'un à l'autre, réciproquement et considérés sous le même point de vue : « Ces deux pavillons se *correspondent* », (Acad.) c'est-à-dire, symétrisent ensemble.

*Répondre* marque un rapport moins parfait, moins étroit : « Toutes les portes de cet appartement se *répondent* »; (Acad.) cela ne veut pas dire qu'elles sont faites de même et qu'elles symétrisent, mais qu'elles sont simplement vis-à-vis les unes des autres.

Il n'y a pas de *correspondance* possible entre des choses de nature différente ; mais l'une peut très-bien *répondre* à l'autre : « Le style de cet ouvrage *répond* à la hauteur du sujet ». (Acad.)

RÉPONSE, RÉPLIQUE, REPARTIE. La *réponse* se fait à une demande ou à une question. La *réplique* se fait à une *réponse* ou à une remontrance. La *repartie* se fait à une raillerie ou à un discours offensant. — Les scolastiques enseignent à proposer de mauvaises difficultés, et à y donner de plus mauvaises *réponses*. Il est plus grand d'écouter une sage remontrance et d'en profiter, que d'y *répliquer*. On ne se défend jamais mieux contre des paroles piquantes, que par des *reparties* fines et honnêtes. — Le mot de *réponse* a, dans sa signification, plus d'étendue que les deux autres. Le mot de *réplique* a un sens plus restreint : il suppose une dispute commencée à l'occasion des diverses opinions qu'on suit, ou des différents sentiments dans lesquels on est, ou des partis et des intérêts opposés qu'on a embrassés : on *réplique* à la *réponse* d'un auteur qu'on a critiqué, aux réprimandes de ceux dont on ne veut pas recevoir la correction, et aux plaidoyers ou aux écritures de l'avocat de la partie adverse. Le mot de *repartie* a une énergie propre et particulière, pour faire naître l'idée d'une apostrophe personnelle contre laquelle on se défend. (G.)

REPORTER. V. *Transporter*.

REPOSER. V. *Poser*.

RÉPRÉHENSIBLE. V. *Blâmable*.

REPRENDRE. V. *Corriger*.

REPRÉSENTER, REMONTRER. Le sens littéral de *représenter*, c'est de *présenter* de nouveau (5, page 3), de rendre présent, de remettre devant les yeux. Celui de *remontrer*, c'est de *montrer* de nouveau, de faire bien remarquer, d'avertir avec force. — Dans l'acception présente, *représenter* signifie exposer, mettre sous les yeux de quelqu'un, avec douceur ou modestie, des motifs ou des raisons pour l'engager à changer d'opinion, de dessein, de conduite : *remontrer* signifie exposer, retracer aux yeux de quelqu'un avec plus ou moins de force, ses devoirs et ses obligations pour le détourner ou le ramener d'une faute, d'une erreur, de ses écarts. Vous me *représentez* ce que je semble oublier : vous me *remontrez* ce que je dois respecter. La *représentation* porte instruction, avis, conseil : la *remontrance* porte instruction, avertissement, censure ou répréhension honnête. C'est surtout à m'éclairer que votre *représentation* tend; et c'est proprement à me corriger que tend votre *remontrance*. La *remontrance* suppose un tort, une action mauvaise, un acte répréhensible; la *représentation* n'exige absolument qu'un danger, un inconvénient, un mal à craindre. — On *représente* également à ses inférieurs, à ses égaux, à ses supérieurs : on *remontre* surtout à ses inférieurs, à ses égaux aussi, et même à ses supérieurs, mais avec les égards et les respects d'une humble supplication. (R.)

RÉPRIMANDER. V. *Corriger*.

RÉPROUVER. V. *Désapprouver*.

RÉPUGNANCE. V. *Haine*.

RÉPUTATION. V. *Nom*.

RÉSERVE, DISCRÉTION. V. *Discrétion*.

RESERVE, RETENUE. « La *réserve* est une sorte de prudence par laquelle on ne se hâte pas de dire ou de faire connaitre ce qu'on pense. La *retenue* est une qualité par laquelle on est tellement maître de ses paroles et de ses actions qu'on ne fait rien qui ne soit conforme aux règles de la prudence, de la modération et de la discrétion. » (L.)

La *réserve* se tient sur ses gardes et évite de s'avancer : la *retenue* craint de se livrer et gouverne ses paroles, ses actes, tous ses mouvements, pour ne dire ni ne faire rien qui ne soit à propos et convenable.

RÉSERVER, CONSERVER. *Réserver*, c'est mettre à part un objet pour s'en servir plus tard, le garder pour y revenir et en faire usage : « Il est bon de *réserver* quelque argent pour les besoins imprévus ». (Acad.)

*Conserver* signifie simplement ne pas se défaire de la chose, ne pas y renoncer : « Il n'a *conservé* de ses livres que ceux qui lui étaient absolument nécessaires ». (Id.) Il signifie aussi maintenir en bon état, apporter le soin nécessaire pour empêcher qu'une chose ne se gâte, ne dépérisse, ne prenne fin.

RÉSIDENCE. V. *Maison, habitation*.

RÉSOLUTION. V. *Décision*.

**RESPECT.** V. *Vénération.*

**RESPIRATION.** V. *Haleine.*

**RESPIRER APRÈS, SOUPIRER APRÈS.** Ces mots désignent figurément le désir, l'ardeur, la passion dont le cœur est si plein qu'il semble l'exhaler ou par une *respiration* forte ou par des *soupirs* répétés. Cette explication seule donne la différence des deux expressions. La *respiration* forte marque la force du désir; et le *soupir* exprime la peine du cœur. La même passion, dans son impatience, ne *respire* qu'après l'objet, après lequel elle *soupire* dans son affliction. — *Respirer après* marque un désir plus vif, plus impatient, plus empressé; et *soupirer après*, un désir ou un regret plus inquiet, plus triste, plus affectueux. Le malade dont le courage renait avec les forces, ne *respire* qu'après la santé; un malade trop débile encore et abattu, ne fait que *soupirer* après elle. — *Respirer après* n'exprime proprement que le désir d'un bien qu'on voudrait posséder; tandis que *soupirer après* exprime fréquemment le regret d'un bien qu'on a eu le malheur de perdre. (R.)

**RESSEMBLANCE, CONFORMITÉ.** *Conformité,* rapport de conformation entre des objets; ou rapport d'action, de penchant, d'inclination dans des facultés de même nature : « La *conformité* de deux écritures; la *conformité* des caractères, des goûts, des inclinations, des humeurs ». *Ressemblance,* jugement de l'esprit qui déclare des choses ressemblantes d'après les *conformités* qu'il y a remarquées. — *Conformité* ne se dit que des choses de même nature : « La *conformité* de deux vases; la *conformité* de deux caractères ». *Ressemblance* se dit quelquefois de choses de nature différente : on dit la *ressemblance* et non la *conformité* d'un portrait avec l'original. — On dira que deux hommes ont de la *ressemblance,* ou qu'il y a beaucoup de *conformité* dans leurs traits. Par la dernière expression, on indiquera les formes comparées; par la première, le jugement porté d'après cette comparaison. — La *conformité* est dans les choses, la *ressemblance* est dans l'esprit; c'est-à-dire que les formes comparées par l'esprit existent réellement dans les objets, et que de la *conformité* qu'il y trouve, il forme la *ressemblance,* il les juge ressemblants. — Il suit de là qu'on peut dire de deux choses qu'elles ont de la *conformité,* si l'on veut indiquer seulement les rapports de leurs formes; et qu'elles ont de la *ressemblance,* si l'on veut dire que de cette *conformité* on peut juger qu'elles sont ressemblantes. (L.)

**RESSEMBLANT, SEMBLABLE.** *Ressemblant* est le participe présent du verbe *ressembler;* il indique le fait, qu'un objet ressemble à un autre. *Semblable* indique la propriété qu'a l'objet de pouvoir être comparé à un autre; car la terminaison *able* marque la propriété, la faculté, la capacité de faire ou d'être fait (43, page 13). Ainsi deux objets *ressemblants* ont la même apparence, la même forme, la même figure, les mêmes rapports sensibles : deux objets *semblables* sont seulement propres à être comparés, dignes d'être assimilés, faits pour aller ensemble ou de pair, à cause des rapports communs qu'ils ont également. Un portrait est en lui-même *ressemblant;* et quand vous comparez deux choses ensemble, vous les trouvez *semblables.* — En second lieu, *re* marque la réduplication (5, page 3) : *ressemblant* annonce donc une conformité redoublée, c'est-à-dire une conformité plus grande et plus parfaite que ne le promet le mot *semblable.* Si nous n'avions pas oublié le mot *semblance,* nous sentirions que la *ressemblance* est, pour ainsi dire, une double *semblance,* une *semblance* très-exacte. Les mots simples abandonnés, il a fallu que les composés, pour prendre leur place et en tenir lieu, perdissent leur force réduplicative : mais *semblable* nous est resté, et *ressemblant* a conservé une partie de son énergie propre. — Aussi appliquons-nous le mot *ressemblant* à des objets qui semblent faits sur le même modèle, jetés dans le même moule, formés sur le même dessin, copiés l'un sur l'autre; tandis qu'il suffit de certaines apparences, de quelques traits marqués, de divers rapports sensibles, pour que cette sorte de conformité imparfaite rende des objets *semblables* ou comparables. Ainsi, un portrait est *ressemblant,* qui rend bien la figure; deux étoffes sont *ressemblantes,* que l'on prendrait l'une pour l'autre. Mais un homme quoique *semblable* à un autre, ne lui est pas toujours *ressemblant;* Achille n'est pas *ressemblant* à un lion, quoiqu'on dise qu'il lui est *semblable;* nos *semblables* non-seulement ne nous sont pas toujours *ressemblants,* mais il y a de très-grandes différences entre eux et nous. — Cette application nous conduit à une troisième remarque : c'est que le mot *ressemblant* désigne plutôt une ressemblance physique de figure, de forme, d'ordonnance, d'ensemble qui frappe les yeux de la même manière; au lieu que *semblable* sert également à désigner des rapports métaphysiques, moraux, géométriques, l'espèce, le nombre, la qualité, la valeur, la propriété uniforme ou commune de tout genre. Les malheureux ont des *semblables* et non des gens *ressemblants :* deux raisonnements sont *semblables* sans qu'on puisse les appeler *ressemblants;* des figures de géométrie ont des propriétés, non *ressemblantes,* mais *semblables.* (R.)

RESSENTIR. V. *Sentir.*

RESSOURCE. V. *Expédient.*

RESSOUVENIR. V. *Mémoire.*

RESTAURER. V. *Rétablir.*

RESTE, RESTANT. Ce qui demeure d'un tout, d'une plus grande quantité. — *Reste* s'emploie au sens physique et au sens moral : « Voilà le *reste* de son argent; j'emploierai le *reste* de ma vie à vous prouver ma reconnaissance ». (Acad.) *Restant* ne se dit que des choses matérielles : « Je vous payerai le *restant* avec les intérêts (Id.); mais dans ce cas même, comme le fait observer l'Académie, on dit plus ordinairement le *reste*. On voit d'ailleurs, par cet exemple, que le mot *restant* s'emploie d'une manière absolue, sans complément : il est mieux de dire c'est le *reste* que c'est le *restant* de ma fortune. En arithmétique on dit le *reste* et non le *restant*.

RESTE (AU), DU RESTE. V. *Demeurant (au)*.

RESTER. V. *Demeurer*.

RESTITUER. V. *Rendre*.

RÉTABLIR, RESTAURER, RÉPARER. Ces verbes expriment l'idée commune de refaire, renouveler, mettre de nouveau en état. — *Rétablir*, *établir* de nouveau (5, page 8), signifie proprement mettre de nouveau sur pied, remettre une chose en état, en bon état, dans son premier état : *restaurer*, remettre à neuf, restituer une chose dans son intégrité, dans sa force, dans son éclat : *réparer*, raccommoder, redonner à une chose sa forme, sa première apparence, son ancien aspect. — Le travail de *rétablir* est relativement plus grand que celui de *restaurer*; et le travail de *restaurer*, plus grand que celui de *réparer*. On *rétablit* ce qui est renversé, ruiné, détruit ; on *restaure* ce qui est dégradé, défiguré, déchu ; on *répare* ce qui est gâté, endommagé, détérioré. Par le *rétablissement*, les choses sont remises sur pied et en état : par la *restauration*, elles sont remises comme à neuf et dans leur intégrité : par la *réparation*, elles sont remises comme elles étaient, dans les parties qui avaient souffert de l'altération. — Nous disons *rétablir*, *restaurer*, *réparer* ses forces. On *rétablit* ses forces qu'on avait perdues, en les recouvrant avec le temps : on *restaure* ses forces qui étaient fort affaiblies, en les ranimant par un moyen efficace : on *répare* ses forces diminuées, en les reprenant petit à petit. (R.)

RETENIR, GARDER. V. *Garder*.

RETENIR, TENIR. V. *Tenir*.

RETENUE. V. *Réserve*.

RÉTIF, REBOURS, REVÊCHE, RÉCALCITRANT. *Rétif*, *restif*, dans la basse latinité *restivus*, qui *résiste*, reste à la même place, refuse d'avancer. Cette épithète s'applique proprement aux chevaux et aux autres animaux qui servent de monture ou qui sont employés à tirer. — *Rebours*, qui est à contre-sens, qui prend le contre-pied, qui est *rebroussé* ou relevé en sens contraire. Les ouvriers appellent bois *rebours* celui qui a des nœuds ou de longues fibres croisées, ce qui le rend très-difficile à travailler. — *Revêche*, qui est âpre, rude, rebutant. On dit des vins, des fruits acerbes, âpres, qui grattent, qu'ils sont *revêches*. — *Récalcitrant*, qui regimbe, rue, se débat : de *calx*, talon, pied, les Latins, firent *recalcitrare*, remuer les talons, jeter les pieds, donner des coups de pied. — Le *rétif* refuse d'obéir ou de céder même à l'aiguillon ; il se roidit et se cabre. Le *rebours*, hérissé contre vous, ne donne aucune prise ; qui s'y frotte, s'y pique. Le *revêche* vous rebute et vous repousse ; si vous le pressez, il se révolte ou se soulève. Le *récalcitrant* se débat et se défend ; ce n'est pas lui qui ne *mord ni ne rue.* — Le *rétif* est fantasque, indocile, têtu. Le *rebours* est farouche, morose, intraitable. Le *revêche* est aigre, difficile, entier. Le *récalcitrant* est volontaire, colère, indisciplinable. — L'enfant gâté, accoutumé à faire sa fantaisie, est *rétif*. L'homme bourru, accoutumé à se livrer à son humeur sans contrariété, sera *rebours*. Une personne haute, accoutumée à l'empire et aux déférences, pourra bien être *revêche*. Un jeune homme ardent, accoutumé à l'indiscipline et à l'impunité, se trouvera *récalcitrant*. (R.)

RETIRER. V. *Tirer*.

RETOURNER. V. *Revenir*.

RÉTRACTER (SE). V. *Dédire (se)*.

RÉTRÉCIR. V. *Étrécir*.

RÉTROGRADER. V. *Reculer*.

RETROUSSER. V. *Trousser*.

RETS. V. *Lacs*.

RÉUSSITE, SUCCÈS, ISSUE. 1° La *réussite* est le *succès* final et une *issue* prospère. Il y a divers *succès*, divers événements *successifs* jusqu'à la *réussite*, qui est le dernier événement et le *succès* décisif. Il y a de bonnes et de mauvaises *issues*, comme de bons et de mauvais *succès*; mais la *réussite* est heureuse, selon la valeur propre du mot, c'est un *succès* réel, le vrai *succès*. *Issue* ne désigne en aucune manière la nature du dénoûment : *réussite* la désigne par lui-même, et tant qu'une modification forcée et contraire à l'esprit de la chose, n'en altère pas l'idée propre : *succès*, dans un sens absolu, désigne aussi quelquefois bonne *issue*, mais précairement et non par sa propre vertu, comme le fait *réussite*. — 2° L'*issue* est la fin propre de la chose : l'entreprise a une *issue*; mais la personne n'en a pas. Le *succès* est ou le moyen ou la fin des personnes et de leurs actions : les personnes, leurs efforts, leurs entreprises, ont également du *succès*, des *succès*, un bon ou un mauvais *succès*. La *réussite* est la fin des choses et le but des personnes : l'objet de la personne est la *réussite* de l'affaire. — 3° L'*issue* est le terme relatif et opposé à l'entrée ou au commencement : la voie est la communication d'un terme à l'autre. Le *succès* roule sur les oppositions et les résistances à vaincre jusqu'à la fin; et un *succès* est contraire à un autre. La *réussite* est un résultat du travail, elle est naturellement opposée à la disgrâce d'échouer. On ne s'engage pas dans une affaire sans en prévoir l'*issue* : il n'y a point proprement de *succès* là où il n'y a point d'obstacles à surmonter : on travaille de toutes ses forces pour la *réussite* et à la *réussite*; mais la fortune se mêle de tout. — 4° *Réussite* est un terme simple et modeste : il se dit à l'égard des affaires, des entreprises, des événements et des *succès* communs, ordinaires, qui n'ont rien d'éclatant ou de bien remarquable. Mais on dit de grands, de brillants *succès*, des *succès* éclatants, glorieux. *Issue*, au figuré, sied bien dans le style noble : mais il ne désigne que le *succès* bon ou mauvais; et il s'emploie à l'égard des affaires et des entreprises difficiles, compliquées, embarrassées, périlleuses, dont il est au moins très-malaisé de sortir, de se tirer, de sortir avec *succès*, de se tirer avec honneur. (R.)

RÊVE, RÊVERIE. Action ou état de l'esprit qui rêve. — *Rêve*, au propre, signifie songe pendant le sommeil. Il se dit, au figuré, des projets sans fondement, des idées chimériques. *Rêverie* se dit 1° de l'état de l'esprit occupé d'idées vagues qui l'intéressent : « S'abandonner à de longues rêveries » ; 2° des pensées riantes ou tristes auxquelles se laisse aller l'imagination : « S'enfoncer dans une sombre *rêverie* ». (Acad.) Il signifie aussi idée extravagante et chimérique ; enfin il se dit encore du délire d'un malade. On voit que *rêve* et *rêverie* ne sont synonymes que quand ils se disent d'idées chimériques ou qui paraissent telles. Voici en quoi diffèrent alors ces deux mots.

Les *rêveries* sont des idées folles, extravagantes, sans fondement, sans raison, sans but, ou dont le but est évidemment impossible à atteindre, des idées dont l'esprit s'occupe follement et à tort (22, page 7) : « Les *rêveries* des astrologues ». (Acad.) Le *rêve* a quelque chose de plus suivi, de plus raisonnable ; c'est moins l'œuvre de la fantaisie ; son but est moins impossible, on peut même l'atteindre : « Ce projet est le *rêve* d'un homme de bien. Puisse cette idée n'être pas un *rêve* ». (Id.) « Le *rêve* du bonheur, de l'immortalité. Ce qui n'est qu'un *rêve* aujourd'hui peut demain être une vérité ou un fait accompli ».

RÊVE, SONGE. L'homme éveillé fait des *rêves*, on ne dira pas qu'il fait des *songes*. Les *rêves* du délire ne s'appellent pas des *songes*. Nous disons des *rêves* plutôt que des *songes* politiques. Les chimères, les imaginations, les idées fantastiques d'un visionnaire ressemblent assez à des *songes* ; mais elles ne sont que des *rêves*. Le *songe* n'est que du sommeil : le *rêve* est de la veille comme du sommeil. — Mais les *rêves* faits en dormant ne diffèrent-ils pas des *songes?* Ils en diffèrent en ce que les *rêves*, plus vagues, plus étranges, plus incohérents, plus désordonnés, n'ont aucune apparence de raison, et ne laissent guère de trace, parce qu'ils n'ont guère de suite ; tandis que les *songes* plus frappés, plus sentis, plus liés, plus séduisants, semblent avoir une apparence de raison, et laissent dans le cerveau des traces plus profondes. Vous direz un mot de vos *rêves*, trop décousus et trop extravagants pour être retenus ; vous raconterez vos *songes*, assez présents et assez remarquables pour être rapportés. — Il y a eu des *songes* prophétiques : la preuve en est dans l'histoire de Joseph et autres récits de l'Écriture. Il y a des *songes* qui s'accomplissent, tels que celui de Calpurnie sur la mort de César. Mais on ne dira pas que les *rêves* prédisent ou s'accomplissent ; ils ne sont jamais que de fausses visions, des imaginations folles, des idées creuses. Le *songe* est donc plus spécieux et imposant que le *rêve*. — Dans un sens figuré, nous disons d'une chose ridicule ou invraisemblable que c'est un *rêve*, une fable, une chimère : nous disons d'une chose fugitive, vaine, illusoire, d'une chose qui n'a ni solidité ni durée, quoique réelle, que c'est un *songe*. Nos projets sont des *rêves*, et la vie est un *songe*. Tout s'accorde à mettre les *rêves* fort au-dessous des *songes*. (R.)

REVÊCHE. V. *Rétif*.

RÉVEILLER. V. *Éveiller*.

RÉVÉLER. V. *Découvrir, déceler*.

REVENDIQUER. V. *Réclamer*.

REVENIR, RETOURNER. On *revient* au lieu d'où l'on était parti : on *retourne* au lieu où l'on était allé. On *revient* dans sa patrie : on *retourne* dans son exil. On dit aussi *revenir* à la vertu, *retourner* au crime. (G.)

REVENU. V. *Rente*.

RÊVER. V. *Penser*.

RÉVÉRENCE. V. *Vénération*.

RÉVÉRER. V. *Adorer*.

RÊVERIE. V. *Rêve*.

RÊVEUR. V. *Penseur*.

REVÊTIR. V. *Vêtir*.

REVÊTU. V. *Vêtu*.

REVOIR, REVISER. Voir de nouveau. — *Revoir* un compte, un travail d'esprit, c'est les examiner de nouveau pour voir s'ils ne renferment pas des erreurs ou des parties défectueuses qu'il conviendrait de changer, de retrancher, de remplacer : *revoir* une feuille d'impression, c'est la lire de nouveau, pour corriger les fautes qui auraient échappé à une première lecture. *Reviser* un compte, un travail d'esprit, une feuille d'impression, c'est les remanier, c'est-à-dire y ajouter ce qui manque, retrancher ce qu'il y a de trop, y faire des changements qui portent sur le fond même de la chose. En un mot, *revoir*, c'est examiner et corriger la forme : *reviser*, c'est examiner et corriger le fond. *Revoir* un article d'un règlement, d'une loi, c'est en voir et en corriger au besoin la rédaction : le *reviser*, c'est le modifier dans sa teneur, changer les prescriptions qu'il renferme, ou même les supprimer. Enfin *reviser* est le terme propre, lorsque à l'idée de *revoir* se joint celle de droit ou d'autorité supérieure : une commission, un conseil spécialement institué pour cela, *revise* une affaire, un procès, etc.; la Cour des comptes *revise* les comptes de toutes les administrations publiques.

RÉVOLTE. V. *Insurrection* et *Rébellion*.

REVOLUTION. V. *Changement*.

RÉVOQUER. V. *Annuler*.

RHÉTORICIEN, RHÉTEUR. Un *rhétoricien* est un homme qui sait la rhétorique, c'est-à-dire qui connaît les règles de l'art de bien dire; ou bien c'est un écolier qui étudie en rhétorique. Ce dernier sens est presque le seul usité de nos jours. Un *rhéteur* est un homme qui non-seulement sait la rhétorique, mais qui l'enseigne, qui donne des règles, des préceptes d'éloquence, soit de vive voix, soit par écrit : « Quintilien est le premier des *rhéteurs* romains ». (Acad.)

Ce mot se dit aussi, en mauvaise part, d'un homme dont toute l'éloquence consiste dans un style apprêté, emphatique et déclamatoire.

RIDICULE, RISIBLE. *Ridicule,* qui doit exciter la risée, qui l'excite : *risible,* qui est propre à exciter le rire, qui l'excite. La *risée* est un rire éclatant, long, méprisant et moqueur. On rit de ce qui est *risible;* on se rit de ce qui est *ridicule. Risible* se prend en bonne et en mauvaise part, tandis que *ridicule* ne se prend qu'en mauvaise part. Il y a des choses qui font rire, parce qu'elles sont déplacées, désordonnées, immodérées; et celles-là sont *risibles* et *ridicules :* il y a des choses qui doivent faire rire pour remplir leur destination, leur objet et leur fin[1]; et celles-là sont *risibles* et non *ridicules.* — Un objet est *ridicule* par un contraste frappant entre la manière dont il est et celle dont il doit être, selon le modèle donné, la règle, les bienséances, les convenances. Un objet est *risible* par quelque chose de plaisant et de piquant, qui vous cause une surprise et une joie assez vive pour se manifester par des signes extérieurs et indélibérés. Un travers d'esprit vous rendrait *ridicule :* ce travers est au moins un commencement de folie. Une singularité comique vous rendra *risible :* cette singularité peut être fort raisonnable. — *Risible,* pris en mauvaise part, dit beaucoup moins que *ridicule.* La chose *risible* peut faire rire, la chose *ridicule* le fait. (R.)

RIGIDITÉ. V. *Rigueur.*

RIGOUREUX. V. *Austère.*

RIGUEUR, RIGIDITÉ. Noms de qualité exprimant un mélange de sévérité, de fermeté, de dureté et même de rudesse. — La *rigueur* est dans les actes, elle se fait sentir : la *rigidité* est dans le caractère, dans la nature du sujet; elle se montre par la *rigueur* que l'on met dans l'action : on est *rigide,* et en conséquence on agit avec *rigueur,* on use de *rigueur,* on traite avec *rigueur.*

« On a, dit Roubaud, des principes, des mœurs *rigides :* on a la conduite, l'empire *rigoureux.* La *rigidité* est la raideur d'une vertu ou d'une rectitude d'âme invariablement attachée aux règles les plus sévères. La *rigueur* est une raideur de jugement et de volonté qui fait qu'on pousse le droit ou le pouvoir aussi loin qu'ils peuvent aller; qu'on prend toujours dans la sanction, sans aucun égard, le sens le plus strict et les peines les plus rudes; qu'on ne donne aucun accès à la pitié, à la clémence, à l'indulgence dans l'exercice de la justice. »

Une loi, une morale, sont *rigides,* ont de la *rigidité;* c'est là leur caractère. Un arrêt, un châtiment, sont *rigoureux;* une maxime est *rigoureuse,* a de la *rigueur :* ici domine l'idée d'action : un arrêt doit

1. Telles sont les comédies et les bonnes farces.

s'exécuter, le châtiment est l'action de châtier, une maxime est une règle de conduite, un principe en conformité duquel on agit ou on doit agir.

RIGUEUR, SÉVÉRITÉ. V. *Sévérité*.

RIMEUR, RIMAILLEUR. Versificateur. — Ces deux mots s'emploient ordinairement en mauvaise part; mais *rimeur* se prend aussi quelquefois en bonne part : « C'est un excellent *rimeur* » (Acad.); c'est-à-dire, c'est un poëte qui n'emploie que des rimes très-riches dans ses vers. *Rimailleur* est toujours un terme de mépris; il enchérit sur *rimeur* : celui-ci est un poëte fort médiocre; le *rimailleur* est un méchant poëte qui fait beaucoup de très-mauvais vers (37, page 11).

RIS, RIRE, RISÉE. Le substantif *ris* exprime proprement l'effet de l'action de rire, le bruit que l'on fait en riant; on entend les *ris* : le substantif *rire* exprime l'action et la manière habituelle dont on rit. Le *ris* désigne aussi la manière de rire, mais la manière accidentelle, l'effet produit par l'influence d'un sentiment de l'âme dans un cas particulier : *ris* dédaigneux, *ris* moqueur.

« L'on a le *rire* agréable, dit Roubaud, et l'on fait des *ris*. Vous qualifiez le *rire* d'une personne selon sa manière habituelle de *rire*, et vous qualifiez ses *ris* selon la manière dont elle rit actuellement. Chacun a son *rire*, comme son maintien habituel : la forme du *ris* varie comme la contenance, suivant les occasions ».

Nous avons aussi le substantif *risée*; mais ce mot n'est guère synonyme des deux autres. Il signifie un grand éclat de rire que font plusieurs personnes ensemble, en se moquant de quelqu'un ou de quelque chose; il se dit aussi d'une simple moquerie et de la personne qui en est l'objet : « Il fut la *risée* de toute la compagnie ». (Acad.)

RISIBLE. V. *Ridicule*.

RISQUE. V. *Danger*.

RISQUER. V. *Hasarder*.

RIVAGE. V. *Bord*.

RIVALITÉ. V. *Émulation*.

RIVE. V. *Bord*.

RIXE. V. *Dispute*.

ROBUSTE. V. *Vigoureux*.

ROC, ROCHE, ROCHER. Masse de pierre très-dure qui tient à la terre. — *Roc* exprime cette idée sans aucune autre idée accessoire; ce mot simple est le genre à l'égard de la *roche* et du *rocher*. La *roche* est moins dure que le *roc*; elle entre moins avant dans la terre, et elle est quelquefois isolée; c'est le plus souvent un fragment détaché du *roc* ou du *rocher*.

« Le *rocher* est un *roc* très-élevé, très-haut, très-escarpé, scabreux, raide, hérissé de pointes, et terminé en pointe. On monte sur une *roche*, on grimpe sur un *rocher*. La *roche* est quelquefois plate, mais le *rocher* est pointu. On bâtit une ville sur une *roche* et une forteresse sur un *rocher*. Le *rocher* est même quelquefois inaccessible. — *Roc* désigne proprement la nature de la pierre : cette pierre est très-dure; il est difficile de tailler dans le *roc* vif. Aussi le *roc* est-il ferme et inébranlable : on est *ferme comme un roc*. L'idée de force est particulièrement dominante dans le *rocher*. C'est un écueil; on se brise contre un *rocher*. » (R.)

En géologie, le mot *roche* a un sens particulier et se dit des grandes masses de substances minérales, plus ou moins dures, qui composent la croûte du globe terrestre : « Le granit est une *roche* composée ». (Acad.)

ROGUE, ARROGANT, FIER, DÉDAIGNEUX. Vous reconnaissez l'homme *rogue* à sa hauteur, à sa roideur, à sa morgue; l'*arrogant* à sa morgue, à ses manières hautaines, à ses prétentions hardies; le *fier* à sa hauteur, à sa confiance dans ses forces, au cas qu'il fait de lui; le *dédaigneux* à sa hauteur, à son affectation de dignité, au grand mépris qu'il témoigne pour les autres. — Le *rogue* affecte dans son air la supériorité. L'*arrogant* affecte dans ses manières et ses entreprises la domination. Le *fier* affecte dans ses habitudes une orgueilleuse indépendance. Le *dédaigneux* affecte dans l'accent de toute sa personne une opinion injurieuse des autres. — Le *rogue* laisse tomber sur vous ses regards. L'*arrogant* lance sur vous des regards impérieux, si je puis ainsi parler. Le *fier* ne daigne pas tourner vers vous ses regards. Le *dédaigneux* promène tout autour de lui des regards insolents. — Voyez cet homme étonné et enorgueilli de son élévation, comme il est *rogue!* Voyez celui-là devenu présomptueux et hautain par ses succès, comme il est *arrogant!* Voyez celui-ci qui prend sa fortune pour son mérite, comme il est *fier!* Voyez cet autre qui croirait n'être rien s'il vous comptait pour quelque chose, comme il est *dédaigneux!* Considérez-les tous, comme ils sont sots! (R.)

ROLE. V. *Personnage*.

ROMAN. V. *Conte*.

ROMANESQUE, ROMANTIQUE. *Romanesque* signifie qui tient du roman; qui est étrange ou merveilleux comme les aventures de roman, ou exalté comme les personnages de roman, comme les sentiments qu'on leur prête. *Romantique*, adjectif, se dit des lieux, des paysages qui rappellent à l'imagination les descriptions des poëmes et des romans. Il se dit aussi d'une école littéraire par opposition à l'école dite *classique* : « Poëte *romantique*, poésie *romantique*, style *romantique* ».

ROMPRE. V. *Casser*.

RONDEUR, ROTONDITÉ. « *Rondeur* exprime l'idée abstraite d'une figure ronde; et la *rotondité* est la *rondeur* propre à tel ou tel corps. Ainsi *rondeur* ne désigne que la figure, *rotondité* sert encore à désigner la grosseur, l'ampleur, la capacité de tel ou tel corps rond. » (R.)

D'ailleurs *rotondité* ne s'emploie guère que dans le style familier, en parlant d'une personne fort grosse : « Il remplit un grand fauteuil de sa *rotondité* ». (Acad.)

ROT, ROTI. Le *rôt* est le service des mets *rôtis :* le *rôti* est la viande *rôtie.* Les viandes de boucherie, la volaille, le gibier, etc., cuits à la broche, sont du *rôti :* les différents plats de cette espèce composent le *rôt :* les grosses pièces, le gros *rôt,* et les petites, le menu *rôt.* On sert le *rôt* et vous mangez du *rôti.* Le *rôt* est servi après les entrées : le *rôti* est autrement préparé que le bouilli. (R.)

ROTONDITÉ. V. *Rondeur.*

ROUGE, RUBICOND. Par sa terminaison l'adjectif *rubicond* signifie tout *rouge* ou plein de *rouge* (53, page 17); il ne se dit que du visage et de la face, et presque toujours en plaisantant.

ROUGEAUD, ROUGEATRE ; NOIRAUD, NOIRATRE. *Rougeaud* signifie qui est un peu rouge, et *noiraud,* qui est un peu noir (59, page 18). Ce qui est *rougeâtre* ou *noirâtre* tire aussi sur le rouge ou sur le noir; mais n'est pas d'une couleur pure, d'une couleur franche : la brique est *rougeâtre* et la suie est *noirâtre* (56, page 17). Au surplus, *rougeaud* et *noiraud* ne se disent que des personnes; *rougeâtre* et *noirâtre* ne se disent que des choses. Un *rougeaud* est une personne qui a naturellement le visage rouge, un peu haut en couleur; un *noiraud* est celui qui a les cheveux noirs et le teint brun.

ROULER. V. *Couler.*

ROUTE. V. *Voie.*

RUBICOND. V. *Rouge.*

RUDE. V. *Austère.*

RUINE (LA), LES RUINES; EN RUINE, EN RUINES. « *La ruine* est la destruction de la chose, dit Roubaud; *les ruines* sont les débris de la chose détruite ». *Ruine* se dit aussi, au singulier, du dépérissement, de la destruction lente, de la perte des choses. Un édifice est en *ruine,* tombe en *ruine,* s'en va en *ruine,* menace *ruine,* c'est-à-dire est dans un état de délabrement qui exige des réparations ; un édifice en *ruines* est un édifice détruit, qui est hors d'usage et ne présente plus que des *ruines.*

On dit aussi au singulier, en termes de peinture ou d'architecture, une belle *ruine,* pour signifier le dessin, la représentation d'un édifice en *ruines.*

RUINES, DÉBRIS. V. *Débris.*

RUINER. V. *Abattre, démolir.*

RUMINER. V. *Méditer, réfléchir.*

RURAL, RUSTIQUE. *Rural* ne marque qu'un rapport de lieu; il signifie simplement qui est aux champs ou qui concerne la campagne : des biens *ruraux* sont des biens situés dans la campagne et non à la ville ; on dit les mœurs *rurales* par opposition aux mœurs de la ville; le code *rural,* le recueil des lois qui concernent la campagne. *Rustique* marque un rapport plus essentiel avec la nature des champs : il signifie qui appartient aux manières de vivre de la campagne, au caractère, aux occupations de ceux qui y vivent : « Travaux *rustiques,* air *rustique,* danse *rustique* ».

On dit vie *rurale* par opposition à la vie de la ville, et vie *rustique* pour signifier manière de vivre à la campagne.

RUSE. V. *Adresse*.

RUSTAUD. V. *Rustre*.

RUSTIQUE. V. *Impoli* et *Rural*.

RUSTRE, RUSTAUD. « Gens fort rustiques, qui ont toute la rusticité ou toute la grossièreté et la rudesse des gens de la campagne. — *Rustaud* ne s'applique qu'aux gens de la campagne ou du peuple, qui ont conservé tout l'air et les manières de leur état, sans aucune éducation. *Rustre* s'applique même aux gens qui, ayant reçu de l'éducation et ayant vécu dans un monde bien élevé, ont néanmoins des manières semblables à celles du paysan ou de la populace qui a manqué totalement de culture. Le manant est *rustaud* ou *rustre;* le bourgeois ou autre est *rustre* et non *rustaud.* — Ainsi, c'est faute d'éducation, faute d'usage qu'on est *rustaud,* c'est par humeur, par rudesse de caractère qu'on est *rustre.* Le *rustaud* ne se gêne point; il est hardiment ce qu'il est : le *rustre* ne ménage rien; il est rudement ce qu'il est. » (R.)

Les manières du *rustaud* sont ses formes; elles déplaisent, mais elles n'offensent pas : les manières du *rustre* sont ses mœurs; elles choquent et elles offensent.

## S

SACCAGER. V. *Ravager*.

SACERDOCE. V. *Prêtrise*.

SACRIFIER, IMMOLER. *Sacrifier* signifie rendre *sacré,* se dépouiller d'une chose pour la consacrer à la divinité, la dévouer de manière qu'elle soit perdue ou transformée. *Immoler* signifie offrir un *sacrifice* sanglant, égorger une victime sur l'autel, détruire ce qu'on dévoue : ce mot vient de *mola,* nom de la pâte sacrée qu'on mettait sur la tête de la victime avant de l'égorger. — Il y a différentes sortes de *sacrifices;* l'*immolation* est le plus grand des sacrifices. On *sacrifie* toute sorte d'objets : on n'*immole* que des victimes, des êtres animés. L'objet *sacrifié* est voué à la divinité : l'objet *immolé* est détruit à l'honneur de la divinité. Le *sacrifice* a généralement pour but d'honorer; et l'*immolation* a pour but particulier d'apaiser. Les persécuteurs du christianisme naissant obligeaient les chrétiens à *sacrifier* aux faux dieux, non en leur faisant *immoler* des animaux, mais seulement en exigeant d'eux un acte de culte, comme de brûler de l'encens, de goûter des viandes consacrées. — Si nous dérobons à ces termes leur idée religieuse, si nous en adoucissons la force dans un sens profane et figuré, ils conservent néanmoins encore leur différence. Vous *sacrifiez* tous les genres d'objets ou de choses auxquelles vous renoncez volontairement, dont vous vous dépouillez, que vous abandonnez pour quelque autre intérêt ou pour l'intérêt d'un autre; vous *immolez*, pour votre satisfaction ou pour la satisfaction d'autrui, des objets animés ou des êtres personnifiés, que vous traitez comme des victimes, que vous dépouillez de ce qu'ils ont de plus précieux, que vous vouez à la mort, à l'anathème, au malheur, etc. L'idée de *sacrifier* est plus vague, plus étendue; et celle d'*immoler*, plus forte et plus restreinte. — Le poids du *sacrifice* tombe quelquefois tout entier sur celui qui le fait, mais l'action d'*immoler* pèse toujours sur la victime qu'on *immole*. Quand vous *sacrifiez* vos prétentions, vos droits, votre fortune, vous seul en souffrez : si vous *immolez* votre ennemi à votre vengeance, le mal est pour votre victime. *Sacrifier* n'exprime qu'un renoncement de votre part : *immoler* exprime la destruction ou la dégradation de l'objet. (R.)

SACRILÉGE. V. *Profanation*.

SAGACITÉ, PERSPICACITÉ. *Sagire*, sentir, voir, savoir finement, clairement, distinctement : d'où *sagacitas*. *Perspicere*, voir à travers, pénétrer dans toute l'étendue, connaître pleinement, parfaitement; d'où *perspicacitas*. — Ainsi le mot de *perspicacité*, beaucoup plus fort et plus expressif, marque la profonde pénétration qui donne la connaissance parfaite; et celui de *sagacité*, le discernement fin qui acquiert une connaissance claire. — La *sagacité* voit bien la chose malgré tous les obstacles : la *perspicacité* voit parfaitement dans la chose, malgré sa résistance. La *sagacité* agit proprement sur les choses obscures ou embrouillées : la *perspicacité* sur les choses difficiles ou rebelles par elles-mêmes. Il faut surtout de la *sagacité* dans les affaires, et de la *perspicacité* dans les sciences. La *perspicacité* est toute intelligence : la *sagacité* sera quelquefois un goût ou un tact très-fin. En belles-lettres, le goût est une sorte de *sagacité* naturelle qui fait sur-le-champ distinguer le beau, le bon, de ce qui ne l'est pas : le *génie* est la *perspicacité* d'une intelligence supérieure qui voit d'un coup d'œil ce que l'œil ordinaire ne saurait voir. — Avec de la *sagacité* on démêle, on trie le fil d'une affaire, d'une intrigue embrouillée; avec de la *perspicacité*, on perce à travers les obstacles : l'une arrive au but par la ligne droite, l'autre l'atteint en suivant les replis. La *perspicacité* est plus prompte, l'autre est peut-être plus sûre. (R.)

SAGE (LE), LES SAGES. Dans le cas où l'adjectif est pris substantivement, le singulier s'emploie souvent pour indiquer l'être abstrait, idéal, qui réunit nécessairement et au plus haut degré la qualité exprimée par l'adjectif : ainsi *le beau* est ce qui a essentiellement et le plus possible le caractère de la beauté. De même, *le sage* est l'homme idéal que notre esprit se représente comme le type de la sagesse parfaite : mais *les sages* sont des hommes qui existent ou ont existé réellement, et qui ont pris pour modèle le vrai *sage, le sage* idéal : « La mort ne surprend point *le sage*. (La Fontaine.) *Les* sept *sages* de la Grèce ». (Acad.)

SAGESSE, PRUDENCE. La *sagesse* fait agir et parler à propos : la *prudence* empêche de parler et d'agir mal à propos. La première, pour aller à ses fins, cherche à découvrir les bonnes routes, afin de les suivre. La seconde, pour ne pas manquer son but, tâche de connaître les mauvaises routes, afin de s'en écarter. — Il semble que la *sagesse* soit plus éclairée, et que la *prudence* soit plus réservée. Le *sage* emploie les moyens qui paraissent les plus propres pour réussir; il se conduit par les lumières de la raison. Le *prudent* prend les voies qu'il croit les plus sûres; il ne s'expose point dans des chemins inconnus. (G.)

La *sagesse* propose ce qui est juste; la *prudence* détermine le choix des moyens. La *sagesse,* éclairée par la science, dicte des préceptes certains : la *prudence,* aidée de l'expérience, donne des règles approuvées par la raison. La *sagesse* voit bien et en grand : la *prudence* voit jusque dans les plus petits détails et prévoit; l'une pense bien, l'autre agit bien. La *sagesse* n'a que l'économie générale du savoir, tandis que la *prudence* est une sorte de *providence* humaine prête à tout événement. La *prudence,* souvent incertaine et souvent trompée, emploie la circonspection, la diligence, la finesse même, l'art, l'industrie, enfin toutes les ressources légitimes, quand la *sagesse* ne suffit pas. (R.) V. l'article suivant.

SAGESSE, VERTU. Ces deux termes, également relatifs à la conduite de la vie, sont synonymes sous ce point de vue, parce qu'ils indiquent l'un et l'autre le principe d'une conduite louable : mais ils ont des différences bien marquées. — La *sagesse* suppose, dans l'esprit, des lumières naturelles ou acquises; son objet est de diriger l'homme par les meilleures voies. La *vertu* suppose dans le cœur du penchant pour le bien moral et de l'éloignement pour le mal; son objet est de soumettre les passions aux lois. (B.)

La *sagesse* consiste à se rendre attentif à ses véritables et solides intérêts, à les démêler d'avec ce qui n'en a que l'apparence, à choisir bien, et à se soutenir dans des choix éclairés. La *vertu* va plus loin : elle a à cœur le bien de la société; elle lui sacrifie au besoin ses propres avantages; elle sent la beauté et le prix de ce sacrifice; et par là ne balance point de le faire, quand il le faut. (*Enc.*)

SAIGNEUX, SAIGNANT. *Saigneux* signifie taché de sang, rempli de sang (44, page 13) : *saignant* signifie qui saigne, qui dégoutte de sang (40, page 12).

SAIN, SALUBRE, SALUTAIRE. Pour qu'une chose soit *saine,* il suffit qu'elle ne nuise pas à la santé; pour qu'elle soit *salubre* ou *salutaire,* il faut qu'elle soit bonne pour la santé, qu'elle lui soit favorable. Voyons donc ce qui distingue *salubre* de *salutaire.*

*Salubre*, en vertu de sa terminaison, signifie qui porte en soi la santé (51, page 16) : *salutaire*, qui a rapport à la santé (49, page 15). Ce qui est *salubre* contribue à la santé par une influence constamment hygiénique : l'air, l'eau, les aliments, le régime, sont ou ne sont pas *salubres*. Ce qui est *salutaire* a la vertu de rendre la santé à un malade : « Remède, médicament *salutaire* ». (Acad.) Une eau que l'on boit habituellement est ou n'est pas *salubre* : une eau que l'on prend comme médicament est ou n'est pas *salutaire*. L'air pur est *salubre* : des médecins prétendent que l'air que l'on respire dans les étables à vaches est *salutaire* pour les poitrines faibles.

*Salubre* ne se dit qu'au propre : *salutaire* s'emploie souvent au figuré dans le sens d'utile, avantageux : « Avis *salutaire*; doctrine *salutaire* ». (Acad.)

SALAIRE. V. *Paye, solde.*

SALUBRE. V. *Sain.*

SALUT, SALUTATION. « *Salut*, en latin *salus*, signifie proprement *santé*, état dans lequel on se porte bien. Le *salut* pris pour l'action de saluer est donc le *bonjour* qu'on donne, le signe du souhait. Le *salut* est une démonstration extérieure de civilité, d'amitié, de respect, faite aux personnes qu'on rencontre, qu'on aborde, qu'on visite. La *salutation* est le *salut* particulier, tel qu'on le fait dans telle occasion, surtout avec des marques très-apparentes de respect ou d'empressement. » (R.)

Le mot *salutation* exprime beaucoup mieux que *salut* l'action et la manière dont elle est faite (20, page 7); aussi Roubaud dit-il avec raison que, tout en faisant le même *salut* un homme ne salue pas comme un autre, et que des *salutations* particulières on peut tirer des inductions sur le caractère, l'éducation et les affections présentes des personnes.

SALUTAIRE. V. *Sain.*

SALUTATION. V. *Salut.*

SANG-FROID, SENS RASSIS. Être de *sang-froid*, c'est être parfaitement calme et maître de soi-même; faire quelque chose de *sang-froid*, c'est la faire en sachant bien ce que l'on fait, et sans y être entraîné par aucun mouvement passionné. Être de *sens rassis*, c'est ne pas avoir le jugement troublé : le *sens* est ici l'intelligence, l'esprit; c'est ainsi que l'on dit, perdre le *sens*, être dans son bon *sens*, etc.

*Sang-froid* se dit de tout ce qui intéresse le cœur; et *sens rassis* de tout ce qui a rapport à l'esprit. Un brave marche de *sang-froid* à la mort : le bon général observe de *sens rassis* les mouvements inquiétants de l'ennemi.

On peut être en même temps de *sang-froid* et de *sens rassis*. « Cet homme, dit l'Académie, est toujours en colère, il n'est jamais de *sens rassis* »; c'est-à-dire que la colère de cet homme trouble son intelligence. On pourrait dire aussi qu'il n'est jamais de *sang-froid*;

c'est-à-dire alors, que sa colère allume son sang, excite son indignation, et l'entraîne à faire ou à dire des choses qu'il ne ferait ni ne dirait, s'il était calme et maître de lui-même.

SANGLANT, ENSANGLANTÉ. *Sanglant*, simple adjectif, exprime l'état : ce qui est *sanglant* est taché de sang, souillé de sang. *Ensanglante*, adjectif passif venant du verbe *ensanglanter*, signifie qui a été couvert, arrosé, rempli de sang (52, page 16). Ensuite, la préfixe *en* a dans ce mot une valeur augmentative qui donne à l'expression quelque chose d'emphatique et de redondant : aussi *ensanglanté* ne se dit-il guère que dans le style au-dessus du familier et en parlant de choses qui offrent une certaine étendue; ainsi l'on dit : « Un mouchoir *sanglant;* votre cravate est toute *sanglante* » (Acad.), et non mouchoir *ensanglanté*, cravate tout *ensanglantée*.

SARDONIEN, SARDONIQUE. « Se disent l'un et l'autre d'une sorte de ris convulsif causé par une contraction dans les muscles du visage. » (Acad.)

Cette sorte de ris se produisait, dit-on, lorsqu'on mangeait une certaine herbe de l'île de Sardaigne, et on l'a appelé *sardonien* par rapport au lieu où cette herbe croissait : ainsi, ris *sardonien* signifie, littéralement, ris de Sardaigne. *Sardonique* qualifie par rapport au caractère, à la nature du ris. Au surplus, comme de nos jours on n'a plus à parler du ris causé par la plante, mais seulement d'un ris qui ressemble à celui-là, la locution est figurée, et on n'emploie pour cela que le mot *sardonique*.

SATIRIQUE. V. *Caustique*.

SATISFACTION, CONTENTEMENT. SATISFAIT, CONTENT. La *satisfaction* est, mot à mot, l'action de faire qu'on en ait *assez* (latin *satis*), que la chose soit à un degré suffisant, qu'on ait ce qu'on désire : ainsi l'homme *satisfait* est celui qui a ce qu'il désirait; votre désir accompli fait votre *satisfaction*. Le *contentement* est, mot à mot, ce qui fait qu'on s'en *tient avec* ce qu'on a (de *tenere* et de *cum*, tenir avec, s'en tenir à), qu'on a de la joie à posséder l'objet, que sa possession empêche actuellement de former un nouveau désir : ainsi l'homme *content* est celui qui ne désire pas davantage : la jouissance de l'objet fait votre *contentement*. — La *satisfaction* suppose donc nécessairement le désir; le *contentement* n'exprime que le plaisir de posséder. Vous êtes *satisfait* d'obtenir ce que vous souhaitiez, ce que vous poursuiviez : vous êtes *content* d'avoir ce que vous avez, soit que la chose ait rempli, soit qu'elle ait prévenu vos désirs et vos recherches. Votre *satisfaction* est d'obtenir ou d'avoir obtenu : votre *contentement* est de jouir, et de jouir en paix. — La *satisfaction* mène au *contentement;* mais il faut que l'objet le procure. Vous êtes *satisfait*, quand on vous donne ce que vous vouliez : vous êtes *content*, quand l'objet vous donne le plaisir que vous vous promettiez. — Il faut en avoir *assez*, c'est-à-dire en raison de vos désirs, pour être *satisfait*. Il suffit de peu, quand on sait borner ses désirs, pour être *content*. (R.)

**SAURAIT (ON NE).** V. *On ne saurait.*

**SAUVAGE, FAROUCHE.** *Sauvage* est le latin *silvaticus*, qui appartient aux bois : du latin *silva*, bois. Les bois sont des lieux incultes, ainsi que leurs productions. Une plante s'appelle *sauvage*, lorsqu'elle vient sans culture : un pays inculte et inhabité est *sauvage* : un animal est *sauvage*, qui vit solitaire et cherche les bois : on appelle *sauvages* les peuples qui, n'étant point civilisés et attachés à la terre, errent et vivent à la manière de bêtes : une personne qui fuit la société et qui n'en a pas les manières, est *sauvage*. — *Farouche*, en latin *ferus* emporte l'idée de brutalité, de dureté, de cruauté même, ainsi que de fierté. — Ainsi un objet est *sauvage* par défaut de culture : un animal est *farouche* par un vice d'humeur. Le *sauvage* serait *farouche*, s'il avait dans le caractère et dans les mœurs de la rudesse, de la dureté, de la brutalité, de l'inflexibilité. Apprivoisez l'animal *sauvage* il deviendra domestique, Domptez l'animal *farouche*, il paraîtra soumis. — L'homme *sauvage* évite la société parce qu'il la craint : l'homme *farouche* la repousse, parce qu'il ne l'aime pas. (R.)

**SAUVER.** V. *Garantir.*

**SAVANT.** V. *Érudit.*

**SAVANT HOMME, HOMME SAVANT. TENDRES REGARDS, REGARDS TENDRES. MALHEUREUSE AFFAIRE, AFFAIRE MALHEUREUSE, ETC.** 1° « Lorsque vous dites un *savant homme*, vous supposez que cet homme est savant; et lorsque vous dites un *homme savant*, vous assurez qu'il l'est. Dans le premier cas vous lui donnez la qualification par laquelle il est distingué; dans le second, celle par laquelle vous voulez le faire distinguer. Là, sa science est hors de doute; ici, vous voulez la faire connaître. »

« Si un homme est renommé par sa science, ou si vous venez de parler de sa science éminente, vous direz plutôt ce *savant homme*; sinon vous direz plutôt cet *homme savant* ou qui est savant. Après que vous avez parlé des émotions qu'une mère éprouve à la vue de son enfant, vous direz ses *tendres regards* plutôt que ses *regards tendres* : les regards d'une mère émue sont nécessairement tendres, et c'est ce que vous exprimez par de *tendres regards*; mais lorsque la qualité des regards n'est point déterminée, vous la distinguez en mettant après le sujet l'épithète de *tendres*. »

« Vous allez raconter une *affaire malheureuse*, et après le récit vous dites, voilà une *malheureuse affaire* : dans la première position, le substantif précède l'adjectif, par la raison qu'il est naturel que le sujet soit annoncé avant sa qualité, le principal avant l'accessoire; l'esprit reste d'abord en suspens sur la nature de l'affaire. Dans la seconde position, l'adjectif précède le substantif, parce que l'esprit est déjà instruit et décidé sur la nature de l'objet, et que les deux idées sont déjà indissolublement liées ensemble; et que si la qualification suivait le sujet, elle paraîtrait oiseuse et lâche, à moins que vous n'y ajoutassiez une modification; voilà, par exemple, *une affaire bien malheureuse*, ce qui présenterait une idée nouvelle d'estimation. »

2° « L'adjectif préposé est à l'égard du substantif comme le prénom à l'égard du nom; son idée devient principale, essentielle, caractéristique, inséparable de celle du substantif, de manière que des deux idées et des deux mots il semble ne résulter qu'une idée complète et un mot composé. L'adjectif postposé, au contraire, n'est jamais au substantif que comme l'accident à l'égard de la substance; son idée n'est qu'accessoire, secondaire, indicative, et susceptible d'une suite de modifications différentes qui présentent divers points de vue de l'objet. Dans le *savant homme*, vous considérez surtout et vous présentez l'*homme* comme *savant*; aussi cette construction ne souffre-t-elle guère des qualifications subséquentes : dans l'*homme savant* vous remarquez et vous faites remarquer la science sans y attacher votre discours et notre attention; aussi cette tournure admet-elle souvent une suite d'épithètes diverses étrangères à celle-là. »

« J'appelle Démosthène un *éloquent orateur*, si je veux traiter de son talent et de son génie; et cette idée caratéristique l'accompagnera dans la suite de mon discours : je l'appellerai *orateur éloquent*, si mon dessein n'est que de détailler ses qualités particulières, et il se présentera successivement sous différentes faces. Rarement ajouterez-vous d'autres épithètes, lorsque vous en aurez placé une de la première façon, elle semble tout absorber ou tout exclure : vous en ajouterez tant qu'il vous plaira, lorsque l'adjectif suivra le substantif; ce n'est point alors une idée exclusive ou dominante par sa position. Vous dites, c'est un *excellent ouvrage*, sans addition : vous direz c'est un *ouvrage excellent*, profond, lumineux. Comment se sont formés tant de mots composés d'un adjectif et d'un substantif, encore bien distingués l'un de l'autre, tels que *petit-maître*, *gentil-homme*, *sage-femme*, si ce n'est parce que la position des adjectifs les rendait caractéristiques et singulièrement propres à faire corps avec le substantif. »

3° « L'idée de l'adjectif suivi du substantif est si bien caractéristique et en quelque sorte nécessaire au sujet, que vous rendrez quelquefois l'idée totale de l'expression par l'adjectif seul, lorsque la langue permettra de l'employer substantivement, tandis qu'elle n'aura pas la même propriété s'il ne paraît qu'à la suite. Un *savant homme* est *un savant*; un *homme savant* n'est que *savant*. La première expression indique *spécificativement* une classe, une espèce particulière d'hommes à laquelle appartient celui-là, la classe *des savants* : la seconde ne fait qu'attribuer une qualité individuelle qui distingue un homme de plusieurs autres. »

« Vous trouverez dans plusieurs autres exemples la valeur de l'adjectif augmentée, et sa force redoublée par la première tournure. Un *sage philosophe* est *un sage*, ou tout près de l'être; un *philosophe sage* est encore loin de là, il travaille à y parvenir : dans la classe des *sages* de la Grèce, il n'y a eu que sept hommes. Un *dévot personnage* est un dévot de profession; un *personnage dévot* ne professe pas la dévotion quoiqu'il la pratique. »

« En disant un *triste accident*, une *malheureuse aventure*, une *fâcheuse affaire*, vous distinguez l'espèce d'affaire, d'aventure, d'accident; car il y a des accidents heureux, des aventures agréables, des affaires utiles, etc. Mais en disant un *accident triste*, vous désignez seulement la circonstance qui le rend désagréable à la personne. Nous dirons simplement un *homme fin*, une *femme fine*, pour exprimer une qualité; et pour exprimer un genre de caractère, le haut degré de la finesse, on dira familièrement un *fin matois*, une *fine mouche*. Vous distinguerez de même un *sanglant* ou un *léger combat*, d'un combat *sanglant* ou *léger*. La *chagrine vieillesse* est le caractère commun de l'âge : un individu a une *vieillesse chagrine*. »

4° « Le choix est encore quelquefois déterminé par des considérations particulières. Par exemple, nous souffrirons la tournure *vaillant héros*, parce que l'idée la plus faible, celle de *vaillant*, va se perfectionner, se confondre, se perdre dans celle de *héros* : nous supporterions difficilement celle de *héros vaillant*, où l'adjectif n'est pas rehaussé par un terme de comparaison, parce que l'idée de *héros* renferme celle de *vaillant*, et que l'idée de *vaillant* est au-dessous de celle de *héros*. »

« Mais c'est l'oreille surtout qui ordonne la disposition du sujet et des épithètes. L'euphonie nous fait la loi, et souvent elle nous force à nous écarter de la règle : de là une foule d'exceptions qui semblent la combattre. Ainsi nous disons, pour plaire à l'oreille, *habile avocat* plutôt qu'*avocat habile*, *affaire grave* et non *grave affaire*, *bonne personne* plutôt que *personne bonne*, *hautes pensées* mieux que des *pensées hautes*, *lieu charmant* et non *charmant lieu*, etc. Nous évitons surtout le repos sur les manosyllases, ainsi que les bâillements, le choc des syllabes rudes. » (R.)

SAVOIR, SCIENCE. Ils se disent tous deux des connaissances acquises. — L'Académie définit ainsi ces mots : « *Science*, ensemble, système de connaissances sur quelque matière; *savoir*, érudition, connaissance acquise par l'étude, par l'expérience ». On dit également d'un homme qu'il a de la *science* ou du *savoir* : il a du *savoir*, s'il a acquis sur une matière d'étude plus de connaissances que n'en a le vulgaire; il a de la *science*, si son esprit s'est rendu maître d'un système entier de connaissances.

« Le *savoir* n'est naturellement donné à personne : c'est le fruit du travail et des enquêtes; on l'acquiert en écoutant les maîtres, en étudiant les règles que les autres suivent, et en faisant chacun à part ses propres remarques. La *science* est tout entière dans l'entendement. » (B.)

On possède la *science* quand on a acquis assez de *savoir* pour connaître les lois générales qui constituent toute *science*.

SAVOIR (FAIRE). V. *Avertir*.

SAVOIR-FAIRE. V. *Industrie*.

SAVOUREUX, SUCCULENT. *Savoureux*, qui a beaucoup de saveur, un très-bon goût : *succulent*, qui est plein de *suc* et très-nourrissant. Ainsi le mot *savoureux* exprime la propriété du corps, relative au sens du goût; et le mot *succulent*, la nature de l'aliment et sa propriété nutritive. Je dis la *nature de l'aliment;* car *succulent* ne s'applique qu'aux viandes, mets, potages, etc.; au lieu que tout corps peut être appelé *savoureux*, dès qu'il a du goût. Un mets *succulent* est sans doute *savoureux :* mais il y a beaucoup de mets *savoureux* qui ne sont nullement *succulents*. — *Insipide* est le contraire de *savoureux*. Ce qui est sec ou plutôt desséché est opposé à ce qui est *succulent*. (R.)

SCIENCE. V. *Savoir*.

SCRUPULEUX, CONSCIENCIEUX. L'homme *scrupuleux* est l'exagération de l'homme *consciencieux*. Celui-ci s'attache à remplir ses devoirs suivant les lumières de sa conscience; l'autre, quoiqu'il les remplisse avec minutie, craint encore que sa conscience ne l'ait pas suffisamment éclairé. Le *consciencieux* a une marche ferme et assurée : le *scrupuleux* s'inquiète toujours de la voie qu'il doit suivre, et s'interdit même des satisfactions fort légitimes, que la raison et la probité la plus rigoureuse ne sauraient condamner.

SEC. V. *Aride*.

SÉCHER, DESSÉCHER. *Sécher* exprime simplement l'action d'enlever l'humidité sans altérer l'objet, sans lui ôter rien d'essentiel : « Faire *sécher* du linge ». (Acad.) *Dessécher* exprime une dessiccation telle, que le corps qui la subit, perdant son humidité, son suc, sa séve, etc., devient dur ou sans saveur, sans vie, et se trouve dénaturé ou complétement changé (7, page 4) : « *Dessécher* un marais : *dessécher* des plantes pour les conserver dans un herbier ». (Id.)

SECOURIR, AIDER, ASSISTER. *Secourir*, latin *succurrere*, composé de *currere*, courir au secours de quelqu'un, le relever, le soutenir, le défendre, le tirer de la presse, etc. *Aider*, latin *adjuvare*, ajouter ou plutôt joindre ses forces à celles d'un autre, le seconder, le servir. *Assister*, latin *assistere* ou *adesse*, être présent ou près, s'arrêter ou rester auprès de quelqu'un, veiller sur lui, pourvoir à ses besoins; ce mot est pris ici dans cette dernière acception. — Ainsi, suivant le sens littéral, vous courez pour *secourir;* vous prêtez la main, des forces pour *aider;* vous vous arrêtez, vous vous tenez en présence pour *assister*. — Je vois dans le mot *secourir;* le grand empressement, l'extrême diligence de l'action, soit que le zèle vous emporte, soit que la nécessité soit urgente : dans le mot *aider*, l'action propre de seconder ou partager le travail d'autrui et de le soulager : dans le mot *assister,* le désir de connaître les besoins de quelqu'un et d'y remédier autant qu'il est en vous. (R.)

L'action de *secourir* suppose un danger imminent; c'est la célérité, le courage qui la caractérisent. L'œil, l'esprit et la main agissent; c'est à la mort, au péril, à la douleur, c'est au malheur qu'on vous arrache. — *Aider* suppose un partage de forces et de moyens. On *aide* le faible; ce n'est pas la main protectrice du *secours,* c'est la force agissante qui allége. — *Assister* suppose la présence du besoin; ce n'est pas la main active du *secours,* ce n'est pas le partage de vos maux, c'est la main bienfaisante qu'on vous tend. — On *secourt* dans le danger, on vous y arrache; on *aide* à la faiblesse, on partage ses maux et ses travaux; on *assiste* dans le besoin, on soulage. (Anonyme.)

SECRET. V. *Caché.*

SECRÈTEMENT, EN SECRET. PUBLIQUEMENT, EN PUBLIC. L'adverbe exprime une qualité distinctive de l'action énoncée par le verbe, et la phrase adverbiale, une circonstance particulière de l'action (61, page 20). « De manière, dit Roubaud, que *secrètement* doit marquer une *action* secrète, cachée, mystérieuse, insensible : et *en secret,* quelque particularité secrète de l'action. Or, *en secret* signifie proprement *dans un lieu secret,* ou du moins *à part, en particulier, tout bas,* en sorte qu'il y a quelque chose de caché, de secret dans l'action que vous faites. Ce que vous faites *secrètement,* vous le faites à l'insu de tout le monde, de manière que votre action est absolument ignorée ; ce que vous faites *en secret* vous le faites en particulier, en sorte que la chose se passe sans témoins. Vous faites *en secret* beaucoup d'actions naturelles et légitimes, que la bienséance ne permet pas de faire devant tout le monde; mais vous ne les faites pas *secrètement,* car vous ne vous en cachez pas, et tout le monde peut savoir ce que vous faites. Au milieu d'un cercle, vous parlez à une personne en particulier et tout bas : vous ne lui parlez pas *secrètement,* car on voit que vous lui parlez; vous lui parlez *en secret* ou à part, car on n'entend pas ce que vous lui dites ».

En résumé, *secrètement* est relatif au sujet et marque l'intention, le dessein qui fait agir : *en secret* exprime une circonstance, la manière particulière dont la chose se fait.

*Publiquement* est l'opposé de *secrètement; en public* est l'opposé de *en secret.* « On fait une chose *publiquement,* au vu et au su de tout le monde, sans aucune espèce de mystère et de réserve, de la manière la plus manifeste : on la fait *en public,* dans un lieu public, devant une assemblée publique, pour le public ». (R.)

SECTAIRE, SECTATEUR. *Sectaire* se prend toujours en mauvaise part et se dit de celui qui est d'une secte religieuse condamnée par la communion principale, dont elle s'est détachée. On l'emploie surtout en parlant d'une secte encore nouvelle qui s'efforce, par des prédications ou autrement, de faire prévaloir ses opinions, ses doctrines.

*Sectateur* se prend le plus souvent en bonne part, ou du moins n'est jamais dépréciatif ou flétrissant comme *sectaire;* il a à peu près le sens de *disciple, partisan,* et se dit de celui qui fait profession de suivre l'opinion de quelque philosophe, de quelque docteur, ou même de quelque hérésiarque : « Les *sectateurs* de Platon; Arius eut un grand nombre de *sectateurs* ».(Acad.)

**SÉDITION.** V. *Insurrection.*

**SÉDUCTEUR, SÉDUISANT.** Qui séduit. — *Séducteur* (fém. *séductrice*) est un substantif signifiant celui qui fait tomber en erreur ou en faute. Il s'emploie aussi comme adjectif : « L'esprit *séducteur,* c'est-à-dire le diable ». (Acad.) *Séduisant* est toujours adjectif; il signifie qui est propre à séduire, et se dit ordinairement en bonne part, dans le sens d'agréable, qui plaît, qui flatte, qui attire. *Séducteur,* au contraire, se prend toujours dans une mauvaise acception : il suppose l'emploi de la ruse, de l'artifice et un but coupable. Un discours *séducteur* engage à faire le mal et entraîne à le faire; il plaît aux uns, mais il déplaît aux autres : un discours *séduisant* n'entraîne pas; il flatte l'humeur, l'opinion des adhérents, ébranle la conviction des adversaires, et il plaît à tous.

La même différence existe à peu près entre un ton *séducteur* et un ton *séduisant.* Il faut remarquer en outre que *séduisant* est le terme propre, lorsqu'il s'agit d'un sujet qui a naturellement des qualités *séduisantes* sans artifice de sa part et sans dessein de les faire valoir : alors encore le véritable sens de ce mot est *qui plaît,* et il peut se dire même des défauts : « Il y a des défauts *séduisants* ». (Acad.)

**SÉDUCTEUR, TROMPEUR.** V. *Fallacieux.*

**SEDUIRE, SUBORNER, CORROMPRE.** *Séduire* et *suborner* ne se disent que dans un sens figuré : c'est donc dans ce sens que nous considérerons le mot *corrompre.* — *Séduire* se dit à l'égard de l'esprit, de la raison, du jugement, en parlant d'opinions, de préjugés, d'erreurs : il en est même de *corrompre. Suborner* ne regarde que des actions morales, les seules que nous ayons donc à considérer ici. — *Suborner* et *séduire* ne s'appliquent qu'aux personnes, tandis que l'on *corrompt* aussi les choses. On *corrompt* les mœurs et les lois; on ne les *séduit* ni ne les *suborne.* — *Séduire,* latin *seducere,* signifie tirer à part, mener à l'écart, conduire hors de la voie. Ainsi l'idée propre de *séduire* est d'attirer et de conduire au mal, de détourner quelqu'un de ses voies et de son devoir, de l'égarer ou de le faire donner dans des écarts. — *Suborner* est aussi un verbe latin; *subornare* signifie préparer et disposer secrètement les esprits, les prévenir et les instruire pour qu'on fasse ou qu'on dise. *Sub* veut dire en dessous, secrètement, d'une manière cachée. L'idée propre de *suborner* est de pratiquer, pour ainsi dire, les esprits, de les gagner par des manœuvres sourdes, de les mettre artificieusement dans vos intérêts pour les faire servir à de mauvais desseins. — *Corrompre,* latin *corrumpere,* signifie *rompre* *avec* ou *ensemble*, l'ensemble; changer la forme, détruire le tissu, diviser la substance, vicier le fond des choses, altérer leurs qualités essentielles, en un mot changer de bien en mal. Au moral, un homme *corrompu*, comme on l'a fort bien dit, est celui dont les mœurs sont aussi malsaines en elles-mêmes qu'une substance qui tend à tomber en pourriture. — Conduire ou induire quelqu'un au mal, en lui imposant et en l'abusant par des moyens spécieux, c'est le *séduire*. Engager quelqu'un à une mauvaise action, en l'y intéressant et en le gagnant par des manœuvres sourdes, c'est le *suborner*. Inspirer à quelqu'un le goût du vice, en l'infectant de mauvais sentiments, de mauvais principes, c'est le *corrompre*. — Celui qui est *séduit* ne songeait pas à l'être: il est la dupe et la victime du *séducteur*. Celui qui est *suborné* a bien voulu l'être; il est le complice ou l'instrument du *suborneur*. Celui qui est *corrompu* était exposé à l'être; il est la proie ou la conquête du *corrupteur*. Le premier est tombé dans un piége, le second a cédé à la tentation, le dernier a succombé dans le danger. (R.)

SÉDUISANT. V. *Séducteur*.

SEIN, GIRON. *Giron*, au propre, signifie l'espace qui est depuis la ceinture jusqu'aux genoux, dans une personne assise; et comme terme d'architecture, il désigne la surface horizontale de la marche d'un escalier. Au figuré, *giron* ne se dit plus que dans cette expression consacrée, *le giron de l'Église*; c'est-à-dire la communion de l'Église catholique.

On ramène au *giron* de l'Église le fidèle qui s'en écartait à son insu et sans mauvaise intention : on fait rentrer dans le *sein* de l'Église ceux qui en étaient tout à fait sortis : par exemple, l'hérétique qui abjure, l'excommunié qui se soumet, etc.

SEING, SIGNATURE. « Le *seing*, dit Roubaud, est le *signe* qu'une personne met au bas d'un écrit pour en garantir ou reconnaître le contenu. La *signature*, selon la terminaison du mot (23, page 8), est le résultat de l'action de *signer* ou de mettre son *seing*. »

Le mot *signature* est donc plus relatif à la personne, que le mot *seing*. En effet la *signature* est le nom même de la personne qui signe et la manière dont elle l'écrit : le *seing* peut n'être qu'un simple signe, une croix, une marque quelconque; et lors même qu'il consiste dans le nom, il peut différer de la *signature* : deux frères, par exemple, signent du même nom; leur *seing* est le même, mais leur *signature* est différente. « Le *seing* ordinaire des rois d'Espagne est *Io, el Ré*; Moi, le Roi. L'écriture distingue la *signature* particulière de chacun d'eux. » (Roubaud.)

SÉJOUR. V. *Maison, habitation*.

SELON, SUIVANT. La préposition *suivant* signifie *en suivant, si l'on suit*, etc. : elle exprime l'action de parler ou d'agir après ou d'après, une suite, une conséquence. *Selon* revient aux mots ou aux différentes manières de parler *ainsi que, comme, à ce que, conformément à ce que*, etc. :

« *Selon* Aristote » ; c'est-à-dire à ce que dit, ainsi que le dit Aristote ; « *Selon* votre volonté » ; comme vous voudrez ; « Soit fait ainsi on *selon* qu'il est requis ». — Je dirais plutôt *selon* saint Thomas, *selon* Scot, pour citer les auteurs et les autorités ; et *suivant* la doctrine de saint Thomas, *suivant* la doctrine de Scot ; parce qu'en effet on dit *suivre la doctrine*, et que c'est dans ce sens qu'on dit *suivre un auteur*. — *Selon* exprime quelque chose de plus fort, de plus déterminé, de plus positif, de plus absolu que *suivant*. Aussi désigne-t-il mieux une autorité, une règle à laquelle il faut obéir, se conformer; tandis que *suivant* laisse plus de liberté et d'incertitude. Il s'en faut donc bien que *suivant* marque la nécessité indispensable, et *selon* une simple convenance, comme l'a prétendu l'abbé Girard. Vous jugez *selon* la loi, quand la loi est formelle; vous jugez *suivant* la loi, quand vous en suivez l'esprit ou la lettre. J'agis *selon* vos ordres, quand je les exécute ; j'agis *suivant* vos ordres, quand je les suis : à proprement parler, je suis un conseil, et j'obéis à un ordre. — Ainsi je dis plutôt *selon* Bossuet, *selon* Pascal, *selon* l'Académie, lorsque j'adopte les pensées des auteurs, lorsque je m'appuie de leur autorité. Je dirai plutôt *suivant* Ménage, *suivant* l'abbé Girard, *suivant* quelques grammairiens, quand je ne prends point de parti, ou quand je prends un parti contraire. — Nous mourrons tous, *selon* la loi de la nature; c'est une nécessité inévitable. Un jeune homme doit survivre à un vieillard, *suivant* le cours ordinaire de la nature, si elle suit son cours ordinaire. — L'harmonie décide souvent du choix des mots, surtout quand il suffit d'exprimer l'idée capitale : on ne dira pas *selon Longin*, *suivant le Divan*. (R.)

SEMBLABLE. V. *Ressemblant* et *Tel*.

SEMBLER, PARAITRE. *Paraître* n'est synonyme de *sembler* que quand il marque l'apparence d'être tel. — Un objet *semble* et *paraît* beau, bon, agréable. Il *semble* tel par des traits ou des formes de beauté, de bonté, d'agrément : il *paraît* tel par des apparences, les dehors de l'agrément, de la bonté, de la beauté. La chose vous *semble* telle par la comparaison que vous en faites avec le modèle, le type, l'idée que vous avez du beau, du bon, de l'agréable; elle vous *paraît* telle à l'aspect, selon qu'elle vous affecte, par le genre d'impression qu'elle fait sur vous. Ce qui vous *semble* bon ressemble à ce qui est bon : ce qui vous *paraît* bon a l'air de l'être. La *ressemblance* a rapport à la différence; l'*apparence*, à la réalité. Ce qui vous *semble* pourrait bien n'être pas tel que vous le croyez : ce qui vous *paraît* pourrait bien ne pas être en effet ce que vous croyez. — Un ouvrage vous *semble* bien fait, lorsque après quelque examen vous le trouvez conforme aux règles de l'art : il vous *paraissait* bien fait, lorsque vous n'y aviez encore jeté qu'un coup d'œil. Vous jugiez de l'ouvrage qui vous *paraissait* tel, sur les apparences et superficiellement : vous en jugez ensuite, pour qu'il vous *semble* tel, par des traits de comparaison et avec quelque réflexion. — On dit impersonnellement, *il paraît, il me paraît; il semble, il me semble*. La différence est toujours la même. Il me *paraît* ne désigne que les impressions faites par les apparences ou de simples conjectures tirées de ces dehors spécieux : il me *semble* annonce plus de persuasion, et des jugements fondés sur quelques motifs qui ont au moins une apparence de raison. — La preuve que *sembler* marque une sorte de réflexion, de persuasion, de raison, toutefois mêlée de doute ou de crainte, c'est qu'il signifie souvent croire et juger, comme dans ces phrases : « Il *semble* à beaucoup de gens inutiles qu'on ne saurait se passer d'eux. Que vous *semble* de ces ennemis réconciliés? » (R.)

SEMER, ENSEMENCER. *Semer* a rapport au grain; c'est le blé qu'on *sème* dans le champ. *Ensemencer* a rapport à la terre; c'est le champ qu'on *ensemence* de blé. Le premier de ces mots a une signification plus étendue et plus vaste; on s'en sert à l'égard de toutes sortes de grains ou de graines, et dans toutes sortes de terrains. Le second a un sens plus particulier et plus restreint; on ne s'en sert qu'à l'égard des grandes pièces de terres préparées par le labourage. Ainsi l'on *sème* dans ses terres et dans ses jardins; mais l'on n'*ensemence* que ses terres et non ses jardins. — On dit dans le sens figuré : *semer* de l'argent, *semer* la parole. *Ensemencer* n'est jamais employé que dans le sens propre et littéral. (G.)

SEMER, PARSEMER. Répandre, jeter çà et là. *Parsemer* ajoute au sens de *semer* l'idée de profusion ou tout au moins de grande abondance (11, page 5). « Le ciel est *parsemé* d'étoiles ». (Acad.) On dit également : « *Semer* de fleurs le chemin, et *parsemer* un chemin de fleurs » (Id.); mais la dernière locution fait entendre que les fleurs sont en très-grand nombre, qu'il y en a partout sur le chemin.

SEMPITERNEL. V. *Perpétuel*.

SENS, JUGEMENT. Le *sens* intellectuel doit, selon le mot et par une analogie évidente, être dans l'esprit, ce que le sens matériel est dans le corps : c'est la faculté de prévenir, connaître, distinguer, discerner les objets, leurs qualités, leurs rapports. Lorsque cette faculté lie, combine ces rapports et prononce sur leur existence, c'est le *jugement*. — Le *sens* est, ce me semble, l'intelligence qui rend compte des choses; et le *jugement*, la raison qui souscrit à ce compte. Ou si l'on veut, le *sens* est le rapporteur qui expose le fait ou le témoin qui en dépose; et le *jugement*, le juge qui décide. Nous *jugeons* sur le rapport de nos *sens*. — Le *jugement* est selon le *sens*. Qui n'a point de *sens*, n'a point de *jugement*; qui a peu de *sens*, a peu de *jugement*; qui a perdu le *sens*, a perdu le *jugement*. Il est évident que le *sens*, qui donne la connaissance des choses, règle le *jugement*, qui prononce sur l'état des choses. — Il est facile de comprendre pourquoi le *jugement* et le *sens* sont si souvent confondus : c'est la même faculté de l'esprit appliqué à des opérations différentes, mais liées ensemble. Il est clair que quand cette faculté juge, c'est le *jugement*, et que l'idée de juger est absolument étrangère au mot *sens*, qui ne peut par lui-même énoncer que des idées analogues à celle des sens physiques. — Avec le *bon sens*, on a le *jugement* solide. Un homme de *sens* aura de la profondeur dans le *jugement*. Le *sens commun* promet assez de *jugement* pour qu'on se conduise bien dans les conjonctures ordinaires de la vie. Le *sens*, joint à l'habitude des affaires, rend le *jugement* sûr. — Celui qui n'a point de *sens* est bête ou imbécile : celui qui n'a point de *jugement* est fou, extravagant. Le *sens* fait l'homme sensé : le *jugement*, l'homme judicieux. — Enfin, le *sens* regarde particulièrement la conduite, les affaires, les objets usuels. Le *jugement* embrasse tous les objets de raisonnement, la science comme la conduite ordinaire. (R.)

SENS (BON). V. *Esprit*.

SENS (DOUBLE) et SENS LOUCHE. V. *Ambiguïté*.

SENS RASSIS. V. *Sang-froid*.

SENSATION. V. *Sentiment*.

SENSIBILITÉ. V. *Bonté, humanité* et *Sensible, tendre*.

SENSIBLE, SENSITIF. Appliqué aux objets inorganiques ou aux choses morales, l'adjectif *sensible* signifie qui se fait sentir ou qui se fait remarquer : « Le froid a été très-*sensible* cette année. Le flux de la mer n'est *sensible* que près des côtes. C'est un déplaisir bien *sensible* ». (Acad.) Appliqué aux êtres organisés, il signifie qui a du sentiment, qui reçoit aisément l'impression que font les objets, qui est facilement ému, touché, attendri : « Ce cheval a la bouche fort *sensible*. Une âme *sensible* ». (Acad.)

*Sensitif* est un terme didactique signifiant qui a la faculté de sentir : « Vertu, faculté *sensitive*. L'âme est *sensitive* ». (Acad.)

SENSIBLE, TENDRE. SENSIBILITÉ, TENDRESSE. *Sensible*, capable de faire des impressions sur les sens, ou de recevoir ces impressions : une chose qui s'aperçoit par les sens ou par la raison, est *sensible* dans la première acception ; un objet qui est susceptible de sensation ou de sentiment, l'est dans la seconde. *Tendre*, le contraire de dur, qui est facile à couper, à pénétrer, à affecter. — Dans le sens moral, qu'il s'agit ici de considérer, ces termes expriment l'attribut d'un cœur susceptible d'impressions et d'affections relatives et favorables à autrui. Un cœur est *sensible* par une disposition naturelle à s'affecter de tout ce qui intéresse l'humanité, et à s'y intéresser : un cœur est *tendre* par une qualité particulière qui lui inspire les sentiments les plus affectueux de la nature et leur imprime ce qu'ils ont de plus touchant. — La *sensibilité*, d'abord passive, attend l'occasion de se développer ; il faut l'exciter : la *tendresse*, active par elle-même, cherche les occasions de se développer ; elle nous excite. On s'attache un cœur *sensible* . un cœur *tendre* s'attache lui-même. — L'homme *sensible* a surtout le cœur ouvert à la pitié, à la clémence, à la miséricorde, à la reconnaissance, à tous les sentiments qui nous portent à vouloir du bien aux autres et à leur en faire. L'homme *tendre* a surtout dans le cœur le germe des affections les plus actives, les plus vives, les plus généreuses, l'amour, l'amitié, la bienfaisance, la charité, toutes les passions qui nous font exister pour les autres et dans les autres. (R.)

SENTENCE. V. *Arrêt* et *Axiome*.

SENTEUR. V. *Odeur*.

SENTIMENT, AVIS, OPINION. Dans le genre délibératif et judiciaire, le *sentiment* est l'*opinion* que vous avez prise, ou le jugement que vous portez en vous-même sur les choses mises en délibération ; l'*avis*, la suite que vous donnez à ce sentiment ou la conséquence que vous en tirez, sur le parti qu'il faut prendre ou la décision qu'il faut rendre touchant l'objet de la délibération ; l'*opinion*, la voix ou le vœu définitif que vous donnez pour la décision de l'affaire. Vous exposez votre *sentiment* et vos motifs ; cette exposition vous mène à une conclusion, à un *avis ;* et vous *opinez* pour la décision ou le jugement. — Cette application des termes relative à l'ordre judiciaire nous laisse à désirer leur différence générale. Le *sentiment* est une croyance dont l'esprit est profondément pénétré ; la persuasion l'inspire et le maintient. L'*avis* est un jugement sur ce qu'il convient de faire ; la prudence le suggère et le dicte. L'*opinion* est une pensée ou une connaissance douteuse qu'on adopte comme par provision : la vraisemblance nous la fait agréer et soutenir jusqu'à de nouvelles lumières. — Le *sentiment* n'est pas toujours fondé sur des raisons solides ou apparentes : il y a beaucoup de *sentiments* inspirés, les uns par ce sens naturel qui devrait être commun à tous les hommes, les autres par ce sens moral que nous appelons la conscience, ou par ce sens intellectuel que nous assimilons au goût, etc. ; et le peuple, si ferme dans ses *sentiments*, n'en a guère que par l'éducation, par imitation, par insinuation. L'*avis* dépend de la réflexion, de nos lumières, de notre expérience, de notre manière de voir : aussi les *avis* sont-ils bien souvent partagés, et il faut tout entendre avant que de résoudre ; car « Un sot quelquefois ouvre un *avis* important ». L'*opinion* doit souvent beaucoup à la prévention ; mais elle doit bien davantage à l'intérêt secret que nous avons de nous attacher à l'une ou à l'autre : on a fort bien dit que les *opinions* s'introduisent souvent comme les coutumes, par la seule raison de l'exemple ; que la plupart des gens, quand ils ont besoin d'une *opinion*, l'empruntent ; que la plupart de nos *opinions* sont celles qu'on nous a données, etc. : mais il est certain qu'en général de deux *opinions* probables, la plus probable est celle qui nous accommode le mieux. (R.)

SENTIMENT, SENSATION, PERCEPTION. Impression faite sur l'âme. — « Le *sentiment* appartient au sens intime, et la *sensation* est dans la dépendance des sens corporels. Le *sentiment* est en nous comme une modification de l'âme, comme une chose qui nous est propre : la *sensation* vient du dehors, elle va dans l'âme porter une idée ou réveiller quelque *sentiment*. Le *sentiment* est à l'âme, comme la pensée qu'elle produit : la *sensation* est à l'âme, comme l'idée qu'elle reçoit. Un objet aimable se présente à nous, et par une *sensation* agréable et vive, il va exciter et fixer le *sentiment* dans notre cœur. Vous voyez un enfant dans quelque danger, une *sensation* pénible vous trouble ; et un *sentiment* impétueux vous fait voler à son secours. La *sensation* est proprement physique ; mais le *sentiment* est moral. Les *sensations* ne sont que des accidents : les *sentiments* forment nos affections, nos passions, nos vertus, nos vices, notre naturel, notre caractère, nos mœurs, notre bonheur ou notre malheur ». (R.)

Ainsi la *sensation* précède le *sentiment ;* mais le *sentiment* peut aussi *naître* de nos propres idées, de notre faculté de juger, des opérations de notre intelligence : la solution d'un problème difficile, le récit d'une belle action, excitent en nous un *sentiment* de plaisir, d'admiration. Roubaud fait encore remarquer que la *sensation* est toujours passagère et que le *sentiment* est souvent très-durable : on dit bien *sensation* de frayeur, de douleur ; on ne dirait pas *sensation* de haine, de souffrance.

La *perception* est la faculté qu'a l'âme de *percevoir*, c'est-à-dire de reconnaître l'existence et les qualités des objets qui l'affectent ou qui l'occupent. La *perception* vient à la suite de la *sensation*, pour les objets du dehors qui font impression sur nos sens ; mais, comme l'a fort bien dit Roubaud, « il y a des *perceptions* purement intellectuelles, telles que celles des objets spirituels, des choses abstraites, des notions générales, des objets moraux : elles appartiennent à l'entendement pur, et l'esprit n'a pas besoin de s'en former des images corporelles ».

SENTINELLE. V. *Vedette*.

SENTIR, FLAIRER. V. *Flairer*.

SENTIR, RESSENTIR. SE SENTIR, SE RESSENTIR. *Ressentir*, c'est *sentir* par contre-coup et en quelque sorte par réflexion de l'impression reçue, ou par réaction contre la cause de cette impression (5, page 3). Ainsi *ressentir* se rapporte à une cause différente de l'objet qui sent ; *sentir* se dit plutôt de quelque chose d'intime : « L'âme *sent* ses propres douleurs, et comme le dit Pascal, elle *ressent* les passions du corps ».

La même nuance existe entre *se sentir* et *se ressentir ;* nous nous *sentons* de ce qui est en nous, de l'effet de nos actes : « Je me *sens* bien. Je me *sens* tout autre depuis que j'ai pris ce parti ». (Acad.)

SEPTENTRION, NORD. V. *Levant*.

SEPTENTRIONAL, DU SEPTENTRION ou DU NORD. V. *Méridional*.

SÉPULCRE, SÉPULTURE. V. *Tombe*.

SÉRIEUX. V. *Grave*.

SERMENT, JUREMENT, JURON. « Le *serment* est une affirmation ou une promesse en prenant à témoin Dieu, ou ce que l'on regarde comme saint, comme divin ». (Acad.) Le *jurement* est un *serment* que l'on fait en vain, sans nécessité et sans obligation : « On ne vous croira pas malgré tous vos *jurements* ». (Id.) Il se dit plus ordinairement dans le sens d'imprécations blasphématoires : « Il fit d'horribles *jurements* ». (Id.) Dans ce sens il a pour synonyme *juron*. Le *juron* est un *jurement* habituel, ou plutôt une sorte d'exclamation familière qui n'a pas la gravité du *jurement*. *Ventre-saint-gris* était le *juron* de Henri IV.

SERMENT, VŒU. Ce sont deux actes religieux qui supposent également une promesse faite sous les yeux de Dieu et avec invocation de son saint nom : c'est du moins l'aspect commun sous lequel on doit envisager ces deux mots, quand on les considère comme synonymes ; mais alors même ils ont des différences qu'il est nécessaire de remarquer. — Tout *serment*, proprement ainsi nommé, se rapporte principalement et directement à quelque homme auquel on le fait. C'est à l'homme qu'on s'engage par là : on prend seulement Dieu à témoin de ce à quoi l'on s'engage, et l'on se soumet aux effets de sa vengeance, si l'on vient à violer la promesse qu'on a faite. Mais le *vœu* est un engagement où l'on entre directement envers Dieu ; et un engagement volontaire par lequel on s'impose à soi-même, de son pur mouvement, la nécessité de faire certaines choses auxquelles sans cela on n'aurait pas été tenu. (B. et *Enc.*)

SERMON. V. *Prédication*.

SERVIABLE, OFFICIEUX, OBLIGEANT. *Serviable*, de *service*, *servir* ; qui est toujours prêt à rendre service, de ces services ordinaires que nous nous rendons dans la société. Ce mot est familier et ne comporte pas de hautes idées. — *Officieux*, disposé, empressé à rendre de *bons offices*, c'est-à-dire des services agréables et utiles, qui aident, concourent au succès de vos desseins ; des services que des sentiments et des relations particulières font regarder comme des devoirs, *officia*. — *Obligeant*, qui est disposé à obliger, à rendre des services plus intéressants, plus importants qui ne sont pas dus, et qui vous *lient* en vous *obligeant* à un retour, à un sentiment de bienveillance, de reconnaissance. *Obliger*, *obligare*, composé de *ligare*, lier tout autour, entourer de liens. — L'homme *serviable* est prompt et empressé à vous servir dans l'occasion, comme un serviteur l'est à l'égard d'un maître. L'homme *officieux* est affectueux et zélé comme un client à l'égard de son patron. L'homme *obligeant* est aise et flatté de vous servir dans le besoin, il va au-devant de l'occasion pour vous obliger. — L'homme *serviable* se fait un plaisir d'être utile ; tout ce qu'il peut par lui-même, il le fait, mais il est circonscrit. L'homme *officieux* se fait un devoir de concourir à vos desseins ; mais il peut être intéressé : c'est moins quelquefois par caractère que par habitude et par combinaison. L'homme *obligeant* ne considère que le plaisir de vous rendre heureux. (R.)

**SERVICE.** V. *Grâce.*

**SERVIR (SE).** V. *User.*

**SERVITUDE, ESCLAVAGE, CAPTIVITÉ.** Nous tenons des Romains le mot *servitude*, et vraisemblablement des peuples du Nord celui d'*esclavage*, sans que l'un ait fait négliger l'autre, et sans que ni l'un ni l'autre aient pris d'une manière marquée des nuances différentes. Cependant le mot *esclave* l'a emporté sur celui de *serf*, jusqu'à le réduire à la simple dénomination du paysan lié par le droit du plus fort à la terre, et assujetti à des corvées et autres charges envers le seigneur. Il est assez singulier qu'en parlant même des Romains, nous n'appellions plus qu'*esclaves* ceux que les Romains n'appelaient pas autrement que *serfs* (*servi*). — L'affaiblissement de ce dernier mot a dû s'étendre sur celui de *servitude*, celui-ci a dû perdre encore de sa force en s'étendant des personnes sur les biens. Les champs, les moissons, etc., sont sujets à des *servitudes;* l'*esclavage* n'est que pour les personnes. — Il est certain que l'*esclavage* se présente sous un aspect plus sévère, plus dur, plus effrayant que la *servitude*. Ainsi la *servitude* impose un joug; et l'*esclavage* un joug de fer. Si la *servitude* opprime la liberté, l'*esclavage* la détruit. Dans la *servitude* on n'est point à soi : dans l'*esclavage* on est tout à autrui. La *servitude* abat; l'*esclavage* abrutit. En un mot l'*esclavage* est la plus dure des *servitudes*. — Dans un sens moral et relâché, nous appelons *servitude* un assujettissement pénible et continuel : porté à un certain excès, cet assujettissement serait un *esclavage*. (R.)

*Captivité* exprime l'idée générale de privation de liberté : la *captivité* est l'état de tout homme qui n'est pas libre, que cet homme soit *esclave* ou non. Saint Louis, fait prisonnier par les Sarrasins d'Égypte, était en *captivité :* il ne fut réduit ni en *esclavage* ni en *servitude;* car il ne fut traité ni comme *esclave* ni comme *serf*. V. *Captif.*

**SEUL.** V. *Unique.*

**SÉVÈRE.** V. *Austère.*

**SÉVÉRITÉ, RIGUEUR.** La *sévérité* se trouve principalement dans la manière de penser et de juger; elle condamne facilement et n'excuse pas. La *rigueur* se trouve particulièrement dans la manière de punir; elle n'adoucit pas la peine et ne pardonne rien. — Les faux dévots n'ont de *sévérité* que pour autrui; prêts à tout blâmer, ils ne cessent de s'applaudir eux-mêmes. La *rigueur* ne me paraît bonne que dans les occasions où l'exemple serait de conséquence; il me semble que partout ailleurs on doit avoir un peu d'égard à la faiblesse humaine. (G.)

L'usage a consacré les mots *rigueur* et *sévérité* à de certaines choses particulières : on dit la *sévérité* des mœurs, la *rigueur* de la raison. (*Enc.*) V. *Austère.*

**SIGNAL, SIGNE.** « Le *signal* est un *signe* convenu entre deux ou plusieurs personnes, pour servir d'avertissement. » Cette définition de l'Académie s'accorde parfaitement avec la distictinction établie par l'abbé

Girard entre ces deux mots. « Le *signe*, dit-il, fait connaître; il est quelquefois naturel. Le *signal* avertit; il est toujours arbitraire. Les mouvements qui paraissent dans le visage sont ordinairement les *signes* de ce qui se passe dans le cœur. Le coup de cloche est le *signal* qui appelle le chanoine à l'église. On s'explique par *signes* avec les muets ou les sourds; et l'on convient d'un *signal* pour se faire entendre des gens éloignés. »

*Signal* se dit aussi, figurément, de ce qui annonce et provoque une chose : « Cette émeute fut le *signal* de la révolution ». (Acad.)

SIGNALÉ, INSIGNE. Ce qui a ou porte des signes, des traits qui le font remarquer, reconnaître, distinguer. — *Signalé*, participe du verbe *signaler*, désigne proprement, en cette qualité, que la chose est devenue ou faite telle (52, page 16); *Insigne*, simple adjectif, indique proprement ce que la chose est en elle-même. La chose *signalée* est marquée et remarquée; la chose *insigne* est marquante et remarquable. On est *signalé* par des traits particuliers, et *insigne* par des qualités peu communes. Votre piété est *signalée* par des actions, par des œuvres d'éclat : elle est *insigne* par sa hauteur, par sa singulière éminence. Vous êtes *signalé* par ces actions, et *insigne* par cette éminence de vertu. — On dit une faveur *insigne* ou *signalée*, un *insigne* ou *signalé* fripon, un bonheur ou un malheur *insigne* ou *signalé*, etc. *Signalé* marque l'éclat, le bruit, l'effet que produit la chose : *insigne* n'exprime que la qualité, le mérite, le prix de la chose. Ce qui frappe est *signalé*; ce qui excelle est *insigne*. Ainsi un *insigne* fripon n'est un fripon *signalé* qu'autant qu'il a donné des preuves éclatantes de friponnerie. Un bonheur *insigne* est une grande faveur inespérée de la fortune; et un bonheur *signalé* porte les traits les plus forts et les plus manifestes de cette extrême faveur. Une grâce *insigne* n'est *signalée* qu'autant que tout le prix en est manifesté. (R.)

SIGNATURE. V. *Seing*.

SIGNE, MARQUE. V. *Marquer*.

SIGNE, SIGNAL. V. *Signal*.

SIGNIFIANT, SIGNIFICATIF. Qui signifie bien. — *Signifiant* (fém. *signifiante*) exprime l'idée relativement à l'effet produit : *significatif* l'exprime quant à la propriété de bien signifier (42, page 12). « Cette expression n'est pas assez *signifiante* » (Acad.); c'est-à-dire, ne produit pas l'effet qu'on veut obtenir, n'exprime pas assez ce que l'on veut dire. « Se servir de mots *significatifs* » (Id.); c'est-à-dire, de mots ayant la vertu de bien rendre l'idée ou la propriété de renfermer un grand sens.

SIGNIFIER. V. *Notifier*.

SILENCIEUX, TACITURNE. Sous quelque rapport que les mots *silencieux* et *taciturne* soient considérés, le premier dit beaucoup moins que le second : le *silencieux* est tranquille et en repos, il parle peu; le *taciturne* est muet et sans mouvement, il ne parle pas. Les

Latins désignaient le *silence* le plus profond par l'épithète de *taciturne*, *taciturna silentia*. — Le *silencieux* garde le silence : le *taciturne* garde un silence opiniâtre. Le premier ne parle pas, quand il pourrait parler : le second ne parle pas, même quand il devrait parler. Le *silencieux* n'aime point à discourir : le *taciturne* y répugne. — L'observateur est nécessairement *silencieux*; s'il parle, c'est pour observer. Le mélancolique est naturellement *taciturne*; s'il parle, c'est avec humeur et de ses peines. — Sénèque dit : « Parlez peu avec les autres et beaucoup avec vous-même ». Le *silencieux* remplit ce précepte; le *taciturne* l'outre. (R.)

**SIMILITUDE, COMPARAISON.** A la rigueur, la *similitude* existe dans les choses, et la *comparaison* se fait par la pensée. La ressemblance très-sensible constitue la *similitude*, et le rapprochement des traits de ressemblance forme la *comparaison*. Mais le premier de ces mots sert à désigner, comme le second, une figure de style ou de pensée. — *Comparaison* annonce des rapports plus stricts et plus nécessaires entre les objets *comparés*, que *similitude* n'en suppose entre les objets *assimilés*. La *similitude* n'exige, selon la valeur du mot, que de la *ressemblance* entre les objets : la *comparaison* établit, par la même raison, une sorte de *parité* entre eux. Il ne faut à la *similitude* que des apparences semblables qu'elle rapproche : il faudrait à la *comparaison* rigoureuse, des qualités presque égales qu'elle balancerait. La *similitude*, purement pittoresque, se borne à l'exposition des traits communs aux choses : la *comparaison*, plus philosophique, considère le plus ou le moins, ou les degrés de la chose mise à côté d'une autre. — Vous *assimilerez* sous certains rapports un homme à un animal : vous *comparerez* un héros à un autre, selon le degré de leur valeur et le mérite de leurs exploits. Si je dis qu'Achille est semblable à un lion, c'est une *similitude*; je désigne seulement l'espèce de courage et de furie qu'il fait éclater : si je dis qu'il est tel qu'un lion, c'est une *comparaison*, car je lui attribue les mêmes qualités et au même degré qu'au lion. La *similitude* vous dira qu'une chose est blanche *comme* une autre : la *comparaison* vous dira qu'elle est *aussi* blanche *que* l'autre. Enfin la *similitude* n'est une *comparaison* rigoureuse, qu'autant qu'elle peut se convertir en métaphore par une hardiesse de style. Si je dis seulement qu'Achille *ressemble* à un lion, je suis loin d'oser dire que *c'est* un lion; et j'oserais le dire, si je le trouvais *tel* qu'un lion. (R.)

**SIMPLICITÉ, SIMPLESSE.** Qualité d'une personne qui est simple moralement, c'est-à-dire qui est naturellement bonne, sans malice.

« La *simplicité* est la vérité d'un caractère naturel, innocent et droit, qui ne connait ni le déguisement, ni le raffinement, ni la malice : la *simplesse* est l'ingénuité d'un caractère bon, doux et facile, qui ne connait ni la dissimulation, ni la finesse, ni, pour ainsi dire, le mal. La *simplicité*, toute franche, montre le caractère à decouvert :

la *simplesse*, toute cordiale, s'y abandonne sans réserve. Avec la *simplicité*, on parle du cœur : avec la *simplesse*, on parle de toute l'abondance du cœur. Autant la *simplicité* est naturelle, autant la *simplesse* est naïve. La *simplicité* tient à une innocence pure; la *simplesse*, à une bonhomie charmante. Nicole et La Fontaine étaient des hommes simples : dans Nicole c'était de la *simplicité*, et dans La Fontaine de la *simplesse*. — On pardonne à celui qui a péché par *simplicité* : il a mal fait sans malice. On consolera même celui qui a péché par *simplesse* : il a mal fait sans le vouloir et même à bonne intention. » (R.)

SIMULACRE, FANTOME, SPECTRE. *Simulacre*, ce qui est *simulé*, feint, contrefait, du verbe *simulare*. On a particulièrement appelé *simulacres* les idoles ou les fausses représentations des faux dieux. Le *simulacre* est une représentation ou fausse ou grossière, informe, vaine, qui ne rappelle que quelques traits d'un objet défiguré, si l'objet existe ou a existé : on dit un *simulacre* de ville, de république, de vertu, etc., pour indiquer de fausses ou de vaines apparences. Le *simulacre* vain, celui d'un objet qui n'a rien de réel, devient synonyme de *fantôme* et de *spectre*. — *Fantôme*, mot emprunté du grec : dans l'usage commun, c'est un objet ou une apparition fantastique, ouvrage de l'imagination, sans aucune réalité; c'est une vision extraordinaire de figures fort éloignées de la nature, soit particulièrement par leur grandeur, soit par toute autre singularité apparente. Ce terme s'applique aussi à tout objet destitué de réalité, ou à toute idée destituée de raison : on dit un *fantôme* de roi, un *fantôme* de puissance. — *Spectre* est une figure extraordinaire qu'on voit en effet ou qu'on croit voir; mais une figure horrible, affreuse, effrayante. On le dit aussi d'une personne extrêmement décharnée et défigurée. — Le *simulacre* n'a qu'un caractère vague; et il se dit de tous les objets vains, vides ou faux, et des choses comme des personnes. Le *fantôme* est caractérisé par des formes ou des traits bizarres, étranges, et qui ne sont point dans la nature; et il se dit particulièrement des objets qui paraissent vivants. Le *spectre* a cela de caractéristique qu'il représente des objets défigurés et faits pour inspirer de l'horreur ou de l'effroi; et il se dit proprement de ces objets qui semblent évoqués, suscités, envoyés par une puissance supérieure pour avertir, menacer, tourmenter les hommes. (R.)

SINCÉRITÉ, FRANCHISE, NAIVETÉ, INGÉNUITÉ. La *sincérité* empêche de parler autrement qu'on ne pense; c'est une vertu. La *franchise* fait parler comme on pense; c'est un effet du naturel. La *naïveté* fait dire librement ce qu'on pense; cela vient quelquefois d'un défaut de réflexion. L'*ingénuité* fait avouer ce qu'on sait et ce qu'on sent; c'est souvent une bêtise. — Un homme *sincère* ne veut point tromper. Un homme *franc* ne saurait dissimuler. Un homme *naïf* n'est guère propre à flatter. Un homme *ingénu* ne sait rien cacher. — La *sincérité* fait le plus grand mérite dans le commerce du cœur. La *franchise* facilite le commerce des affaires civiles. La *naïveté* fait souvent manquer à la politesse. L'*ingénuité* fait pécher contre la prudence. (G.)

**SINGULIER, EXTRAORDINAIRE.** *Singulier*, latin *singularis*, seul, unique, rare, distingué des autres, sans concurrence, sans parité. *Extraordinaire*, formé du latin *extra ordinem*, qui est hors de l'ordre commun ou de la mesure commune, hors de rang, hors de pair, non commun, inusité. — Le *singulier* ne ressemble pas à ce qui est; il est d'un genre particulier : l'*extraordinaire* sort de la sphère à laquelle il appartient; il est particulier dans son genre. Le *singulier* n'est pas de l'ordre commun des choses; il fait pour ainsi dire classe à part : l'*extraordinaire* n'est pas dans l'ordre courant des choses; il fait exception à la règle. Il y a quelque chose d'original dans le *singulier*, et quelque chose d'extrême dans l'*extraordinaire*. Des propriétés rares, des qualités exclusives, des traits distinctifs et uniques forment le *singulier* : le plus ou le moins, l'excès ou le défaut, la grandeur et la petitesse en tout sens au-dessus ou au-dessous d'une mesure établie, caractérisent l'*extraordinaire*. *Singulier* exclut la comparaison; *extraordinaire* la suppose. — La boussole a une propriété *singulière* : la vapeur de l'eau bouillante a une force *extraordinaire*. Tout homme qui a un caractère propre, a nécessairement quelque chose de *singulier* : tout homme qui a un caractère énergique et fortement prononcé, a quelque chose d'*extraordinaire*. — Par une conséquence naturelle, pris en bonne part, *singulier* sert plutôt à désigner ce qui se distingue par sa finesse, sa délicatesse, sa rareté, sa recherche, sa subtilité; *extraordinaire*, ce qui se distingue par sa hauteur, sa beauté, sa sublimité, sa supériorité, son excellence. En mauvaise part, le *singulier* est hors de la nature, de la vérité, de la simplicité, de la justesse, des convenances; l'*extraordinaire* est outré, démesuré, excessif, extravagant, révoltant. — Le *singulier* surprend, et l'*extraordinaire* étonne. (R.)

**SINUEUX, TORTUEUX.** *Sinueux*, ce qui fait des S, des plis et des replis, des courbures et des enfoncements; comme le serpent qui rampe, la rivière qui serpente, la robe qui flotte. *Tortueux*, qui ne fait que tourner, retourner, se contourner; qui va de biais, obliquement, de travers; comme un sentier qui va et vient d'un sens à un autre, un labyrinthe qui fait des tours et des détours, un corps qui serait tout tortu, tout tortué. — *Sinueux* indique plutôt la marche, le cours des choses; *tortueux*, leur forme, leur coupe. Le cours de la rivière est *sinueux*; la forme de la côte est *tortueuse*. La rivière, en coulant, s'enfonce dans les terres et fait elle-même ses sinuosités; et la côte, enfoncée de toutes parts, en demeure *tortueuse*. On fait des replis *sinueux*, et on va par des voies *tortueuses*. Cette observation est conforme à l'usage le plus ordinaire des termes, sans être exclusif. — Vous considérez surtout les enfoncements dans la chose *sinueuse*; c'est le sens du mot : vous considérez les obliquités dans la chose *tortueuse*; c'est ce qui la rend telle. — *Sinueux* n'a point un mauvais sens; *tortueux* se prend surtout en mauvaise part. L'objet *sinueux* est plutôt dans l'ordre naturel ou commun de la chose; l'objet *tortueux* est plutôt tel par une sorte de violence, de contrainte, de désordre. Le *sinueux* n'est pas fait pour aller droit; mais le *tortueux* ne devrait pas aller de travers. Aussi ce dernier terme ne s'emploie-t-il au moral que dans le style du blâme et de la censure. (R.)

SITUATION, ASSIETTE. *Situation* et *assiette* ont la même origine : ils viennent de l'ancien verbe *seoir*, mettre en place, placer sur; en latin *sedere*, d'où *sedes* et *situs*. Le verbe *asseoir* ajoute à *seoir* la particularité de poser à *demeure*, de laisser à telle place, d'établir et de reposer l'objet sur le lieu, l'emplacement, la base. *Assis* et *situé* ne s'emploient pas indifféremment : on dira bien qu'un château est *situé* ou *assis* sur une éminence; mais on dit qu'une ville est *située* et non *assise* dans un pays, qu'un jardin est *situé* et non *assis* au nord, etc.; *situé* marque les divers rapports de lieu; *assis* ne marque que la place, l'emplacement : une chose est *située* sur, dans, à, vers, près, etc.; elle n'est *assise* que sur ou dans. — La *situation* embrasse proprement les divers rapports locaux que la chose peut avoir avec les objets qu'elle regarde ou qui la regardent : ainsi en peinture, le *site* marque les aspects, les points de vue, les scènes d'un paysage, etc. L'*assiette* est bornée à la place ou à l'objet sur lequel la chose pose et se repose; ainsi le petit plat appelé *assiette* ne désigne que ce *sur* quoi on sert et on mange. — Une maison de campagne est dans une jolie *situation*, quand les alentours en sont agréables; une place de guerre est forte d'*assiette*, quand sa base est ferme, escarpée, insurmontable. Une ville est dans une *situation* et non dans une *assiette* favorable pour le commerce : un rempart doit avoir assez d'*assiette* ou de pied, et non de *situation*, pour que rien ne s'éboule. — Votre *situation* est l'état où vous êtes actuellement; votre *assiette* est l'état où vous êtes naturellement. Vous êtes accidentellement dans telle *situation*; vous êtes naturellement dans telle *assiette*. (R.)

SITUATION, ÉTAT. L'*état* a rapport à la constitution des choses, aux choses considérées en elles-mêmes; une maison est en bon *état*, lorsque toutes les parties qui la composent sont solides, parfaitement convenables entre elles, et qu'elles concourent à la solidité et à la perfection de l'édifice. La *situation* résulte des rapports que les choses ont avec les objets extérieurs (V. l'article précédent). — Les *états* sont des conditions ou des manières d'être absolues et si propres à l'objet, qu'il faut nécessairement qu'il existe d'une de ces manières; et les *situations* sont des cas particuliers dans lesquels on ne se trouve que fortuitement et par événement, et dont il est naturel de sortir. — Cette différence entre ces deux mots n'est pas moins sensible dans le sens moral ou figuré. L'âme est dans une *situation* tranquille, lorsqu'aucun objet extérieur ne lui cause des inquiétudes, des craintes, des tourments; elle est dans un *état* tranquille lorsque toutes ses facultés agissent de concert, et ne lui causent aucun trouble. — L'*état* d'une affaire consiste dans la question ou les questions qu'elle offre à décider, c'est là son essence. La *situation* d'un affaire consiste dans les rapports extérieurs qui lui sont plus ou moins avantageux ou plus ou moins nuisibles, dans les progrès qui facilitent sa conclusion, ou dans les obstacles qui la retardent : ce sont des circonstances extérieures tout à fait différentes de son *état*. — L'*état* des affaires est la disposition générale ou l'arrangement de leurs parties relativement au but; la *situation* des affaires est leur rapport actuel, avantageux ou désavantageux avec les événements ou les objets extérieurs qui peuvent les favoriser ou leur nuire. — On dit habituellement *état* de la santé, *état* d'enfance, parce que la santé et l'enfance sont des manières d'exister qui résultent des qualités propres et internes du sujet, et non des rapports avec les objets extérieurs. Par une raison contraire, on dit la *situation* d'un infortuné, la *situation* d'un homme poursuivi par ses créanciers; et cette *situation*, qui dépend des rapports extérieurs, est autre chose que l'*état*. (L.)

SITUATION, POSITION, DISPOSITION. L'idée commune aux mots *situation* et *position* est de porter sur une chose, sur une base : la *disposition* ajoute au mot *position* l'idée d'un arrangement, d'une combinaison, d'un ordre particulier de choses, ainsi que d'une inclination, d'une tendance, d'une forte direction vers le but. — La *situation* est une manière générale d'être en place : la *position* est une manière particulière d'être dans un sens. La *situation* désigne plutôt l'habitude entière du corps ou de l'objet : la *position* désigne particulièrement une attitude ou une posture du corps ou de l'objet. La *situation* embrasse les divers rapports de la chose : la *position* n'indique qu'un rapport de direction. La *situation* qui dépend des circonstances, n'a point de règle fixe : la *position* qui tend à un but, a sa règle déterminée; elle est juste, exacte, fausse, irrégulière, droite, oblique, etc. La *disposition* marque la *position* combinée de différentes parties ou de divers objets qui doivent concourir au même dessein, et une tendance particulière au but. — Vous êtes dans une *situation* quelconque : vous prenez une *position* particulière pour dormir à l'aise : votre corps est pour cet effet dans une bonne *disposition*. Une armée est dans telle ou telle *situation*, selon les circonstances et selon les rapports sous lesquels vous la considérez : elle cherche, elle choisit une *position* pour attaquer ou pour n'être point attaquée : elle est dans la *disposition* de se battre, elle fait pour cela ses *dispositions*. Une maison est dans une *situation*, eu égard à ce qui l'environne : elle est dans telle *position*, eu égard à son exposition; elle a une telle *disposition*, eu égard à la distribution des parties qui la composent. — On dit au figuré la *situation*, la *disposition*, plutôt que la *position* des esprits, des affaires, etc. La *situation* ne désigne que l'état actuel des choses, où elles en sont : la *disposition* désigne leur tournure ou leur tendance, le train qu'elles suivent ou qu'elles veulent prendre. (R.)

SOBRE, FRUGAL, TEMPÉRANT. Pas trop pour l'homme *sobre* : peu et des mets simples pour l'homme *frugal* : ni trop ni trop peu pour l'homme *tempérant*. — L'homme *sobre* évite l'excès, content de ce que le besoin exige. Le *frugal* évite l'excès dans la qualité et dans la quantité, content de ce que la nature veut et lui offre. Le *tempérant* évite également les excès, il garde un juste milieu. — *Sobre* prend dans quelques applications un sens plus étendu, celui de réserve, de discrétion, de modération et de retenue : ainsi on est *sobre* dans ses paroles; on est sage avec *sobriété*, comme saint Paul nous le recommande.

> La parfaite raison fuit toute extrémité
> Et veut que l'on soit sage avec *sobriété*. (Molière.

Nous appliquons quelquefois *frugal* aux choses relatives à l'usage de l'homme : vie *frugale*, repas *frugal*, table *frugale*. (R.)

SOCIÉTE. V. *Assemblée*.

SOIGNEUSEMENT, CURIEUSEMENT. Ces deux termes ne sont synonymes que dans certains cas : car *curieux* désigne proprement l'envie de savoir, de découvrir, de voir, de posséder; tandis que *soigneux* désigne la manière de traiter les choses. On dit : *curieux* et *soigneux* de sa parure; garder *soigneusement* et *curieusement* quelque chose; conserver *curieusement* ou *soigneusement* sa santé, etc. La manière *curieuse* est plus recherchée, plus avide, plus minutieuse, plus difficile que la manière purement *soigneuse*. — L'homme *curieux* de sa parure y met de la recherche, de l'importance, une envie de se faire distinguer ou remarquer : l'homme *soigneux* de sa parure y met un soin convenable ou qu'on ne saurait blâmer, une attention soutenue, une envie de ne pas s'exposer à la critique ou au blâme. Vous prendrez pour un petit esprit celui qui est *curieux* dans ses ajustements : vous prendrez pour un homme décent ou propre celui qui est *soigneux* dans son habillement. — On garde *soigneusement* ce qui est utile : on garde plutôt *curieusement* ce qui est rare. (R.)

SOIN, SOUCI, SOLLICITUDE. Le *soin* est une application à faire, une vigilance pour conserver, une attention à servir; et il ne faut pas perdre de vue cette acception du mot. Mais son acception primitive, quoique regardée comme secondaire, est de désigner l'embarras intérieur, la peine d'esprit, le *souci* ou la *sollicitude*. — Ménage tire *souci*, autrefois *soulci*, du latin *sollicitus*, inquiet, tout agité. Les *soins* et les *soucis* (soins inquiets), habituels, constants, vifs et pressants, attachés surtout à un objet particulier, forment la *sollicitude*, qui est l'état d'un esprit sans cesse tourmenté, et, pour ainsi dire, absorbé dans ses pensers et ses soins. Ce mot a le sens du verbe *solliciter*, latin *sollicitare*, exciter fortement, presser vivement, aiguillonner sans cesse. — Le *soin* est un embarras et un travail de l'esprit, causé par une situation critique dont il s'agit de sortir ou même de se garantir, ou par une situation pénible, qu'il faudrait adoucir du moins par sa vigilance, son activité et ses efforts. Le *souci* est une agitation et une inquiétude d'esprit, causée par des accidents qui troublent le calme et la sécurité de l'âme, et la jettent dans une triste rêverie. La *sollicitude* est une agitation vive et continuelle, une espèce de tourment habituel de l'esprit, causé par des attaches particulières ou par des intérêts particuliers qui nous sollicitent sans cesse, et nous obligent à des *soins* sans cesse renaissants, ou à une vigilance constante et laborieuse. — Toute affaire, tout embarras nous donne des *soins*. Toute crainte, tout désir nous donne du *souci*. Toute charge, toute surveillance nous donne de la *sollicitude*. (R.)

SOIR, SOIRÉE. V. *Matin, matinée*.

SOLDE. V. *Paye*.

SOLÉCISME. V. *Barbarisme*.

SOLENNEL, AUTHENTIQUE. *Solennel* et *authentique* ne se trouvent guère confondus, quoique présentés comme synonymes par des vocabulistes. Il est vrai qu'on dit un testamment *solennel* ou *authentique*, un mariage *authentique* ou *solennel*; et ainsi des traités et des divers actes, dans le même sens. Mais l'acte est proprement *solennel* par l'appareil, la cérémonie, la publicité ou la notoriété de la chose; et *authentique*, par les formalités légales, les preuves, l'autorité de la chose. La *solennité* constate l'acte; l'*authenticité* en constate la validité. On ne saurait méconnaître ou révoquer en doute ce qui est *solennel* : on ne saurait se refuser ou refuser sa foi à ce qui est *authentique*. La chose *solennelle* est notoirement vraie et incontestable : la chose *authentique* et légalement certaine et inattaquable. (R.)

SOLIDITÉ (LA), LE SOLIDE. Ces mots sont fort peu synonymes, quoiqu'ils aient la même racine. Le substantif *solidité*, pris dans son sens le plus abstrait, comme lorsqu'on dit la *solidité* d'un discours, d'un raisonnement, d'une preuve, exprime la qualité de ce qui est moralement ferme, inattaquable, plein de force et de raison.

Le *solide*, comme l'a très-bien remarqué l'abbé Girard, a rapport à l'utilité [1]; il se dit de ce qui est réel, effectif, de ce qui est le contraire de vain, de chimérique, de frivole; et il s'emploie particulièrement pour désigner la valeur de tout ce qui contribue à former la richesse : « C'est un homme qui ne s'attache qu'au *solide* »

Ainsi donc un discours qui a de la *solidité* est un discours plein de force et difficile à réfuter; et quand on dit qu'un discours a plus de brillant que de *solide*, il faut entendre que, quoique ce discours

1. Mais l'abbé Girard a eu le tort de ne considérer le mot *solidité* qu'au point de vue de son rapport à la durée, rapport que ce mot n'a guère que dans le sens physique, comme lorsqu'on parle d'un édifice; mais qu'il n'a certainement pas dans cette locution *la solidité d'un raisonnement*. C'est ce qui m'a décidé à faire un article sur ces deux mots, pour rectifier ou du moins compléter celui de Girard.

brille par le style, il n'a cependant point de fond, qu'il est frivole et ne renferme rien d'utile, rien dont on puisse faire profit.

SOLITAIRE. V. *Désert*.

SOLLICITUDE. V. *Soin*.

SOMBRE, MORNE. En général, *sombre* a quelque chose de plus noir, de plus triste, de plus austère ou de plus horrible que *morne*. *Sombre* est synonyme de ténébreux, et non *morne*. Avec une très forte teinte de noir, une couleur est *sombre* : sans lustre et sans gaîté, une couleur est *morne*. Nous disons les *royaumes sombres*, pour désigner l'enfer des païens, le lieu le plus obscur ou plutôt ténébreux, le lieu des ombres; *morne* serait une épithète trop faible. Le soleil est *morne*, quand il est fort pâle et sans éclat : par elle-même la nuit est *sombre* autant qu'elle est profonde. — Les mêmes nuances distinguent ces termes dans un sens figuré. Les passions ardentes et concentrées vous rendent *sombre* : les passions douces et trompées vous rendent *morne*. — *Morne* ne se dit proprement que de l'air et de la contenance. (R.)

SOMBRE, OBSCUR. V. *Obscur*.

SOMME, SOMMEIL. « Le *sommeil* exprime proprement l'état de l'animal pendant l'assoupissement naturel de tous les sens; c'est pourquoi on en fait usage avec tous les mots qui peuvent être relatifs à un état, à une situation : Être enseveli dans le *sommeil*; troubler, rompre, interrompre, respecter le *sommeil* de quelqu'un. — Le *somme* signifie principalement le temps que dure l'assoupissement naturel, et le présente en quelque sorte comme un acte de la vie humaine; c'est pourquoi l'on s'en sert avec les termes qui se rapportent aux actes, et il ne se dit guère qu'en parlant de l'homme : « Un bon *somme*, un *somme* léger, le premier *somme*. On dit faire un *somme*, un petit *somme*; et l'on ne dirait pas de même *faire un sommeil*. » (B.)

Roubaud reproduit l'article de Beauzée et fait remarquer en outre que le *sommeil*, qui est proprement l'état opposé à celui de *veille*, se dit aussi de l'envie, du besoin que nous éprouvons et de la cause qui nous fait dormir : on dit en effet tomber de *sommeil*, le *sommeil* me gagne. Enfin pour mieux faire comprendre que le *somme* est un acte et le *sommeil* un état, le même synonymiste fait observer que l'on achève son *somme*, comme on achève son ouvrage; et que l'on sort du *sommeil*, comme l'on sort du lit.

*Sommeil* s'emploie seul au figuré.

SOMMET, SOMMITÉ. Partie la plus élevée de certaines choses. — Le *sommet* d'une chose entre dans la totalité de cette chose; c'est la partie qui est supérieure à toutes les autres. Ce mot emporte donc une idée d'étendue plus ou moins grande. Le *sommet* est matériel, il est divisible lui-même en parties; il renferme ou peut comprendre des objets divers : « Un *sommet* de forme conique; la partie orientale du *sommet*; le *sommet* de la montagne est couvert d'arbres ».

*Sommité* est un terme abstrait qui éveille simplement l'idée de hauteur (29, page 9) : c'est l'extrémité tout à fait supérieure de la chose, le point culminant. Ce mot s'emploie figurément en littérature pour désigner les points principaux d'un sujet que l'on traite sans l'approfondir.

SOMMET, CIME, COMBLE, FAITE. Le latin *summus* se prend pour le plus haut, extrême, suprême, supérieur. On dit le *sommet* d'une montagne, d'un rocher, de la tête, de tout ce qui est élevé. — La pointe constitue essentiellement la *cime*. Les corps très-élevés sont ordinairement moins larges à leur *sommet* qu'à leur base : mais il faut, pour la *cime*, que cette différence soit très-remarquable et caractéristique. On dit la *cime* d'un arbre, d'un rocher, d'un clocher, d'un corps pyramidal. — Le *comble* est un surcroît, ce qui s'élève par-dessus les côtés ou les supports, comme une voûte : c'est la calotte de l'édifice. Ce mot se dit particulièrement de la couverture d'un bâtiment : mais il est très-usité au figuré pour désigner l'*accumulation* poussée au plus haut degré où les choses puissent aller : latin *cumulus*. — Nous disons proprement *faîte* en parlant des bâtiments, et c'est à la rigueur la plus haute pièce de la charpente du toit : mais on dit aussi le *faîte* comme le *sommet* de la montagne, le *faîte* comme la *cime* d'un arbre, quoique son idée propre soit de former un toit, une couverture, à peu près comme le *comble*. Au figuré, le *faîte* est le plus haut degré, la position la plus élevée dans un ordre de choses. — Ainsi le *sommet* est la partie la plus haute ou l'extrémité supérieure d'un corps élevé : la *cime* est le sommet aigu ou la partie la plus élancée d'un corps terminé en pointe : le *comble* est le surcroît ou le couronnement élevé en forme de voûte au-dessus du corps du bâtiment pour le couvrir : le *faîte* est l'ouvrage ou la place qui fait le complément ou le dernier terme de l'élévation et de la chose. — Le *sommet* est opposé à l'extrémité inférieure; la *cime*, au pied ou à la base; le *comble*, au fond; le *faîte*, au rang le plus bas. — Enfin, au figuré, le *sommet* est toujours le plus haut point de la chose : le *faîte* est le plus haut rang établi ou connu auquel on parvienne : le *comble* est le plus haut période auquel il paraisse possible d'atteindre. (R.)

SOMPTUEUX. V. *Magnifique*.

SOMPTUOSITÉ. V. *Luxe*.

SON DE VOIX, TON DE VOIX. On reconnaît les personnes au *son de* leur *voix*, comme on distingue une flûte, un fifre, un hautbois, une vielle, un violon et tout autre instrument de musique, au son déterminé par sa construction : on distingue les diverses affections de l'âme d'une personne qui parle avec intelligence ou avec feu, par la diversité des *tons de voix*, comme on distingue sur un même instrument les différents airs, les mesures, les modes et autres variétés nécessaires. — Le *son de voix* est donc déterminé par la constitution physique de l'organe; il est doux ou rude, agréable ou désagréable, grêle ou vigoureux. Le *ton de voix* est une inflexion déterminée par les affections intérieures que l'on veut peindre; il est selon l'occurrence, élevé ou bas, impérieux ou soumis, fier ou humble, vif ou froid, sérieux ou ironique, grave ou badin, triste ou gai, lamentable ou plaisant, etc. (B.)

SONGE. V. *Rêve.*

SONGER. V. *Penser.*

SOPHISME. V. *Paralogisme.*

SOPORIFÈRE, SOPORIFIQUE, SOPOREUX, SOPORATIF. En vertu de leur terminaison, *soporifère* et *soporifique* ont absolument la même signification (51, page 16), et il n'y a entre eux d'autre différence que celle de l'usage moins fréquent du premier.

*Soporatif* est dans le cas de *soporifère*, quant à l'usage qu'on en fait; c'est-à-dire qu'on ne s'en sert guère qu'en médecine, et encore les médecins l'emploient-ils moins souvent que *soporifique*. Il en diffère cependant quelque peu par le sens : *soporifique* qualifie par la nature de l'effet produit; *soporatif*, par la puissance de produire l'effet, par la force, par l'énergie de l'action : en effet, la terminaison *if* marque la faculté, le pouvoir d'agir (42, page 12) : une potion peut être plus *soporative* qu'une autre; *soporifique*, ayant plus de rapport à l'effet produit qu'à la puissance de l'agent, ne paraît pas pouvoir former de la même manière un comparatif.

Quant à *soporeux*, quoique terme de médecine, il ne se dit pas des remèdes et il a un sens tout particulier. Ce mot signifie qui cause un assoupissement, un sommeil : « Affection *soporeuse* » (Acad.); on dit de même : « État *soporeux* ». (Id.)

Il faut remarquer que *soporifique* se dit, au figuré, d'un discours ou d'un écrit ennuyeux et qui endort. Ce mot ainsi que *soporifère* et *soporatif* s'emploient aussi substantivement.

SORCIER. V. *Magicien.*

SORNETTE. V. *Baliverne.*

SORT. V. *Charme* et *Hasard.*

SORTIE, ISSUE. *Sortie*, action de sortir, signifie aussi porte de *sortie*, endroit par où l'on sort; et dans ce sens la *sortie* est synonyme d'*issue*. Mais *sortie* désigne seulement l'ouverture ou la porte par laquelle on peut sortir : ainsi l'on dit d'une maison qu'elle a deux *sorties*, l'une sur la rue, l'autre sur la promenade publique. L'*issue* est le passage, la voie que l'on suit pour sortir : par les *issues* d'une ville ou d'une maison, on entend même les dehors et les environs de cette ville ou de cette maison; l'eau trouve une *issue*, c'est-à-dire un passage qu'elle suit pour s'écouler. L'*issue* comporte donc l'idée d'étendue, la *sortie* ne la comporte pas : la *sortie* n'est pour ainsi dire que l'entrée ou l'extrémité de l'*issue*. *Issue* s'entend aussi de la faculté ou droit de passage sur un terrain.

On dit : *à l'issue* du conseil, *à l'issue* de la grand'messe, *à l'issue* du dîner; mais ici *à l'issue* est une locution qui équivaut à *tout de suite après*.

Au figuré, *issue* s'emploie comme synonyme de *réussite*. V. ce mot.

SORTILÉGE. V. *Charme*.

SOT, FAT, IMPERTINENT, INSOLENT. *Sot*, qui n'a point d'esprit, de sens, de jugement; qui se conduit gauchement, ridiculement, follement : le *sot* est une bête, mais qui ne croit pas l'être, et qui n'est pas une bonne bête. Ce mot est ancien; il était connu des Francs et des Anglo-Saxons. — *Fat* est vraiment le latin *fatuus*, fade, insipide, extravagant, qui parle beaucoup, qui croit dire des oracles, etc. — Le *sot* est celui qui croit fermement et qui prétend même avoir tout l'esprit et le jugement qu'il n'a pas, ou du moins qui croit et prétend être doué d'esprit et de jugement autant qu'il en est dépourvu. Le *fat* est une espèce de *sot* vain et maniéré, qui par son ton, son air, son assurance, sa hardiesse, sa suffisance, affecte beaucoup plus d'esprit ou de mérite qu'il n'en a, et qui n'en a que pour imposer à des *sots*. — L'*impertinent* n'a que des rapports éloignés avec le *sot*; le *fat* est bien plus près de lui. « L'*impertinent*, dit La Bruyère, est un *fat* outré. Le *fat* lasse, ennuie, dégoûte, rebute : l'*impertinent* rebute, aigrit, irrite, offense; il commence où l'autre finit. » — On a dit encore que l'*impertinent* est un *fat* enté sur la grossièreté; qu'il parle et agit avec une hardiesse *insolente*. Il résulte de là que le propre de l'*impertinent* est de manquer aux autres. Sa hardiesse *insolente* à manquer aux autres ne l'assimile-t-elle pas à l'*insolent*? En quoi les termes d'*impertinent* et d'*insolent* diffèrent-ils, soit qu'ils s'appliquent aux personnes, soit qu'ils servent à qualifier les actions? — L'*impertinent* manque avec impudence aux égards qu'il convient d'avoir : l'*insolent* manque avec arrogance au respect qu'il doit porter. L'*impertinent* vous choque : l'*insolent* vous insulte. — Quelquefois l'*impertinent* ne fait que mépriser les règles de bienséance; il ne vous en veut pas, à vous. Toujours l'*insolent* affecte de dédaigner les personnes; c'est à vous qu'il en veut. — Les airs de la fatuité, de la prétention, sont *impertinents*. Les airs de hauteur, de dédain, sont *insolents*. (R.)

SOTTISE. V. *Bêtise*.

SOUCI. V. *Soin*.

SOUDAIN, SOUDAINEMENT. *Soudain*, adverbe, signifie dans le même instant ou aussitôt après : « Il reçut l'ordre et *soudain* il partit » (Acad.); c'est-à-dire, et il partit aussitôt après. *Soudainement* signifie subitement : « Il mourut *soudainement*. Il est parti *soudainement* (Id.); c'est-à-dire, il mourut subitement, il est parti subitement.

SOUDAIN, SUBIT. *Soudain* est en soi plus prompt que *subit*. Le premier n'a point de préliminaire; le second semble en supposer. La chose *soudaine* étonne; la chose *subite* surprend. L'événement *soudain* n'a été ni prévu, ni imaginé, ni soupçonné, ni pressenti; il n'a pas même pu l'être. L'événement *subit* a pu l'être absolument; mais il n'a été ni préparé, ni ménagé, ni amené, ni indiqué du moins suffisamment. On ne pouvait pas s'attendre au premier : on ne s'attendait pas, du moins si tôt, au second. Ce qui est *soudain* arrive, pour ainsi dire, comme un coup de foudre dans un temps serein ; ce qui est *subit* arrive comme un coup de foudre inattendu au commencement d'un orage. *Soudain* a quelque chose de plus extraordinaire que *subit*. — L'apparition de l'ennemi est *soudaine*, lorsqu'elle trompe toute votre prévoyance ; elle est *subite*, lorsqu'elle trompe seulement votre attente. — *Soudain* est un terme réservé pour la poésie et pour le style relevé, Il exprime un grand mouvement; et il est fait pour être appliqué à de grands objets. *Subit* est au contraire dans l'ordre commun des choses; il n'exprime que l'idée simple, qui peut se retracer dans tous les styles. Nous voyons tous les jours des accidents et des événements *subits* ; les choses plus rares, plus extraordinaires, plus inopinées, plus frappantes, paraissent plutôt *soudaines*. (R.)

SOUDOYER, STIPENDIER. *Soudoyer* désigne plutôt, par l'étymologie[1], l'entretien ou la subsistance des troupes; et *stipendier*, leur paye ou rétribution en argent. Le *fidèle* des Gaulois était rigoureusement *soudoyé* : le *miles* des Latins était proprement *stipendié*. *Soudoyer* est le vrai terme de notre langue, fait pour notre histoire et pour l'histoire moderne : *stipendier* est un terme emprunté, fait pour l'histoire romaine et pour l'histoire ancienne des autres peuples étrangers. Nous disons communément *soudoyer*, lorsqu'il s'agit de troupes étrangères qu'un prince prend à sa solde : cet usage étranger aux Romains, ne serait pas exprimé si convenablement par le mot *stipendier*. — *Stipendier*, beaucoup moins usité que *soudoyer*, ne se dit guère que dans le style militaire. *Soudoyer* s'applique fort communément à toute espèce de gens mercenaires que l'on tient à ses gages ou dans ses intérêts à prix d'argent, mais souvent avec un esprit d'improbation : ainsi l'on dit *soudoyer* des agents, des espions, des brigands; mais on dit aussi *soudoyer* des puissances. (R.)

SOUFFLE. V. *Haleine*.

SOUFFRIR, ENDURER, SUPPORTER. *Souffrir* se dit d'une manière absolue; on *souffre* le mal dont on ne se venge point. *Endurer* a rapport au temps ; on *endure* le mal dont on diffère à se venger. *Supporter* regarde proprement les défauts personnels ; on *supporte* la mauvaise humeur de ses proches. — L'humilité chrétienne fait *souffrir* les mépris sans ressentiment. La politique fait *endurer* le joug qu'on n'est pas en état de secouer. La politesse fait *supporter*, dans la société, une infinité de choses qui déplaisent. — On *souffre* avec patience. On *endure* avec dissimulation. On *supporte* avec douceur. (G.)

SOUFFRIR, TOLÉRER. V. *Tolérer*.

1. Du celte *sold*, paye ; d'où viennent aussi *solde*, *solder*, *soldat*. *Stipendier*, du latin *stips*, très-petite monnaie, et *pendere*, payer. (R.)

SOUHAITER. V. *Vouloir*.

SOULEVER. V. *Lever, élever*.

SOUMETTRE, SUBJUGUER, ASSUJETTIR, ASSERVIR. *Soumettre, mettre dessous*, sous soi, ranger sous la dépendance, la domination, l'autorité. *Subjuguer, mettre sous le joug* par la force, prendre un empire absolu sur. *Assujettir, mettre dans la sujétion*, la contrainte; soumettre à des obligations, à des devoirs. *Asservir, mettre dans un état de servitude*, réduire à une extrême dépendance. — Il est sensible que *soumettre* et *assujettir* n'ont pas la même dureté de sens qu'*asservir* et *subjuguer*. *Assujettir* et *soumettre* ôtent l'indépendance : *subjuguer* et *asservir* ôtent la liberté. *Soumis* ou *assujetti*, on peut être encore libre : *subjugué* ou *asservi*, on est esclave. On est *soumis* à un prince juste, et *assujetti* à des devoirs légitimes : on est *subjugué* par un ennemi victorieux, et *asservi* par un gouvernement tyrannique. — *Soumettre* est un terme générique qui marque une certaine disposition des choses, mais susceptible de beaucoup de variétés : la *soumission* va depuis la déférence jusqu'à l'asservissement. Mais *assujettir* marque un état habituel ou une habitude d'obéissance, de devoirs, de travaux ou de soins : la *sujétion* désigne une contrainte ou une assiduité constante. *Subjuguer* exprime un empire ou un ascendant plus ou moins absolu, mais sans exiger nécessairement, comme *asservir*, l'oppression ou l'abus : il y a un *joug* doux, un *joug* léger, comme un *joug* pesant, un *joug* de fer. *Asservir* désigne, au contraire, un état violent, une extrême contrainte, la dépendance d'un *serf*, c'est-à-dire d'un homme enchaîné : la *servitude* est un esclavage. Voyez *servitude*. (R.)

SOUMISSION. V. *Obéissance*.

SOUPÇON, SUSPICION; SOUPÇONNER, SUSPECTER. *Soupçon* est le terme vulgaire : *suspicion* est un terme de palais. Le *soupçon* roule sur toutes sortes d'objets : la *suspicion* tombe proprement sur les délits. Le *soupçon* entre dans les esprits défiants; et la *suspicion* dans le conseil des juges. Le *soupçon* peut donc être sans fondement : la *suspicion* doit donc avoir quelque fondement, une raison apparente. Justifiée par des indices, la *suspicion* sera donc un *soupçon* légitime, grave, raisonnable. Le *soupçon* fait qu'on est soupçonné : la *suspicion* suppose qu'on est suspect. — Il résulte de là que le verbe *suspecter*, indiqué par l'adjectif *suspect*, est un mot utile, puisqu'il désigne dans l'objet un sujet de le *soupçonner*. La défiance *soupçonne* les gens mêmes qui n'ont donné aucun lieu au *soupçon* : la prudence *suspecte* ceux qui ont donné matière à la *suspicion*. Un homme vrai peut être *soupçonné* de ne pas dire la vérité dans certains cas : le menteur est justement *suspecté* de dire faux dans le cours ordinaire des choses. On voudra rendre le premier *suspect* : celui-ci l'est à juste titre. (R.)

SOUPÇONNER, PRESSENTIR. V. *Pressentir*.

SOUPÇONNEUX. V. *Ombrageux*.

SOUPIRER APRÈS. V. *Respirer après*.

**SOUPIRER.** V. *Vouloir.*

**SOUPLE.** V. *Flexible.*

**SOUPLESSE.** V. *Adresse.*

**SOURCE.** V. *Origine.*

**SOURIS, SOURIRE.** Ce que nous avons dit de *rire* et de *ris* s'applique naturellement à *sourire* et à *souris.*

« Le *souris* est proprement un acte, l'effet particulier de *sourire* ou du *sourire :* le *sourire* est l'action spécifique de sourire, la manière habituelle de sourire, ou enfin une espèce de rire. Si souvent on les confond, souvent on les distingue; et un usage vicieux ne fait point que l'un ne soit préférable à l'autre, selon les cas. — Le *souris* est une des expressions les plus énergiques du sentiment : le *sourire* est un des attraits les plus touchants de la figure. Le *sourire* est la manière d'exprimer une joie douce, modeste, délicate de l'âme : le *souris* en est l'expression actuelle et passagère. Avec un *souris* fin, il y a de l'esprit jusque dans le silence : avec un *sourire* gracieux, la laideur disparaît. Le *souris* est en quelque sorte plus moral, et le *sourire* plus physique : je veux dire qu'on applique plutôt les qualifications morales au *souris* et les qualifications physiques au *sourire.* Vous ne concevez pas le *souris* sans une intention, un motif, un sentiment, une pensée qui l'anime : vous concevez le *sourire* comme un jeu naturel de la figure, comme un genre d'action physique, familier à l'homme. — On voit le *sourire,* il repose sur le visage : on aperçoit le *souris,* il s'évanouit bientôt. Le *souris* prolongé devient *sourire.* Le *sourire* se fixe, et le *souris* s'échappe. On étale le *sourire;* on cachera son *souris.* Le *souris* est au *sourire* ce que l'accent est à la voix : je veux dire que le *souris* n'est qu'un acte léger, un trait fugitif, au lieu que le *sourire* est une action suivie, un état de la chose. » (R.)

**SOUS ou SUR LE PRÉTEXTE.** V. *Prétexte.*

**SOUTENIR.** V. *Défendre* et *Maintenir.*

**SOUTIEN.** V. *Appui.*

**SOUVENIR.** V. *Mémoire.*

**SOUVENT, FRÉQUEMMENT.** *Souvent* veut dire beaucoup de fois; et *fréquemment* ajoute à cette idée que ces fois sont plus ou moins rapprochées, plus ou moins liées les unes aux autres. *Fréquemment* dit donc plus que *souvent.* Je dirai : « Je vais *souvent* dans cette maison », pour indiquer seulement que j'y vais un grand nombre de fois, sans marquer ni rapprochement de ces actions, ni liaison entre elles; et je dirai : « Je vais *fréquemment* dans cette maison », pour marquer que non-seulement j'y vais beaucoup de fois, mais que ces fois sont rapprochées les unes des autres, et liées entre elles par quelque besoin, par quelque intérêt, par quelque sentiment, etc. Un homme qui va toujours dans la même boutique pour acheter des choses dont il a besoin, y va *souvent* même lorsqu'il est quelque temps sans y aller. Si ses besoins l'y appellent chaque jour ou plusieurs fois par jour, il y va *fréquemment :* non-seulement il fait ces actions très-*souvent,* mais encore il les fait à des époques très-rapprochées les unes des autres, et avec une certaine suite qui les lie à ses besoins. (L.)

*Fréquence* exprime la réitération rapide des mouvements; *fréquenter*, c'est voir ou visiter avec assiduité le même objet; *fréquentatif* marque la répétition des mêmes actes; *fréquemment* a donc, comme tous ces termes, la propriété de désigner cette répétition. — Ce qui ne revient pas *souvent* est plus ou moins rare; ce qui ne revient pas *fréquemment*, peut être néanmoins ordinaire. *Fréquemment* est même particulièrement propre à désigner ce qui se fait ordinairement, mais plus *souvent* qu'à l'ordinaire. Ainsi, dans l'état naturel, le pouls bat *souvent* en une minute; mais si, par accident, les pulsations deviennent plus pressées, plus rapides, plus multipliées, il bat *fréquemment*, il est *fréquent*. — Enfin *fréquemment* indique proprement une action, ce qu'on fait; et *souvent* indique également l'action et l'état, ce qui se fait ou ce qui est. On fait *souvent* ou *fréquemment* certaines choses; on est *souvent* ou *fort souvent* et non *fréquemment* dans une situation. Il y a fort *souvent* du monde dans une maison; et vous y allez vous-même *fréquemment*. (R.)

SOUVERAIN. V. *Suprême*.

SPACIEUX. V. *Vaste*.

SPECTRE V. *Simulacre*.

SPHÈRE. V. *Globe*.

SPIRITUALISME, SPIRITUALITÉ, MATÉRIALISME, MÉTÉRIALITÉ. Le *spiritualisme* est la doctrine de la spiritualité, c'est-à-dire celle qui admet et soutient l'existence de l'esprit (32, page 9). La *spiritualité* est la qualité de ce qui est esprit, c'est-à-dire incorporel (29, page 9): « La *spiritualité* de l'âme ». (Acad.)

Le *matérialisme* est l'absurde doctrine qui n'admet que l'existence de la matière. La *matérialité* est la qualité de ce qui est matière

SPLENDEUR. V. *Lumière*.

SPLENDIDE. V. *Magnifique*.

STATURE. V. *Taille*.

STÉRILE, INFERTILE. *Stérile*, qui ne produit, ne porte, ne rapporte rien, aucun fruit, quoiqu'il soit de nature à produire. *Infertile*, qui n'est pas *fertile*, qui ne porte guère, qui rend fort peu, rien ou presque rien. *Stérile* est par lui-même plus exclusif qu'*infertile*. — Une terre inculte qui ne produit rien ou du moins rien pour notre usage, s'appelle *stérile*: une terre cultivée, mais qui ne paye pas assez les avances de la culture, n'est qu'*infertile*; vous la compterez bientôt parmi les terres *stériles*. — Un sujet, *stérile* pour l'un, ne sera qu'*infertile* pour l'autre: tel esprit fait quelque chose de rien; tel autre ne sait rien faire de quelque chose. — On dit qu'une année est *stérile*, quoiqu'elle ne soit réellement qu'*infertile*; peut-être parce que la plainte exagère toujours les maux. — *Infertile* ne se dit guère au figuré que de l'esprit et d'une matière à traiter: *stérile* y est au contraire d'un grand usage. La gloire est *stérile*, quand on n'en tire aucun fruit; un travail est *stérile*, quand il ne rapporte aucun avantage; une admiration *stérile* se dissipe sans effet; un siècle est *stérile* en grands hommes, etc. (R.)

**STIPENDIER.** V. *Soudoyer*.

**STOICIEN, STOIQUE. PLATONICIEN, PLATONIQUE.** Les deux mots *stoïcien*, *stoïque* renferment dans leur signification l'idée de *stoïcisme*[1]. — *Stoïcien* est substantif ou adjectif : substantif, il ne se dit que des personnes et désigne, suivant l'Académie, un philosophe de la secte de Zénon, et par extension, un homme qui sans être de cette secte, sans même en connaître la doctrine est naturellement ferme, sévère, inébranlable : « C'est un vrai *stoïcien*. Il a souffert en *stoïcien* ». (Acad.) Beauzée et d'autres synonymistes pensent que dans ce dernier cas on doit dire *stoïque* et non *stoïcien*. Nous croyons avec l'Académie que le mot *stoïque* ne peut s'employer, comme substantif, mais nous pensons que comme adjectif, il peut s'appliquer aux personnes ; « C'est un homme *stoïque* », c'est-à-dire, non pas un disciple de Zénon, mais un homme ferme, sévère, comme l'étaient les *stoïciens*. La distinction entre l'adjectif *stoïque* et le mot *stoïcien* pris adjectivement, est d'ailleurs bien marquée. *Stoïcien* se dit de celui qui suit la doctrine de Zénon, qui est disciple de Zénon, ou de ce qui appartient à cette doctrine : *stoïque* signifie qui se fait remarquer par l'insensibilité, la fermeté, la rigidité qu'affectaient les *stoïciens*.

La différence est la même entre *platonicien* et *platonique*; mais *platonique* ne s'emploie que dans les deux locutions suivantes : *amour platonique*, pour signifier une affection mutuelle et purement morale entre deux âmes; et *année platonique*, révolution à la fin de laquelle on suppose que tous les corps célestes seront, dans le même lieu où ils étaient au commencement de cette révolution.

**STRICT.** V. *Étroit*.

**STUPÉFAIT.** V. *Ébahi*.

**STUPIDE.** V. *Animal*, au figuré.

**STYLE.** V. *Élocution*.

**SUBIT.** V. *Soudain*.

**SUBJUGUER.** V. *Soumettre*.

**SUBLIMITÉ (LA), LE SUBLIME.** Le *sublime* est tout ce qui, par sa grandeur, son élévation portée au plus haut degré possible, frappe fortement notre esprit ou émeut vivement notre âme, et excite notre admiration. La *sublimité* est la qualité de ce qui a de la noblesse, de l'élévation, de la grandeur, sans toutefois produire sur nous le même effet que le *sublime* (68, page 25).

1. Le *stoïcisme* est la philosophie de Zénon. Le nom de cette doctrine lui vient du mot grec *stoa*, portique, parce que Zénon donnait ses leçons sous un portique d'Athènes.

En littérature le *sublime* éclate souvent dans une expression fort simple, comme dans ce passage de la Bible : *Dieu dit : que la lumière soit; et la lumière fut.* La *sublimité* du style consiste dans la magnificence et la pompe des expressions, la vivacité des tours, la hardiesse des figures, etc. Le *sublime* d'une pensée est ce qu'il y a de plus élevé, de plus grand possible dans la pensée; telle est celle que rend la phrase tirée de la Bible : en effet l'idée que cette phrase exprime est la plus haute, la plus relevée qu'il soit possible de concevoir de la toute-puissance de Dieu, obéi tout à coup par le néant lui-même. La *sublimité* des pensées consiste dans l'élévation des sujets, des matières qui occupent l'esprit.

On dit le *sublime* d'une action, et non la *sublimité*, parce que la beauté, la grandeur de cette action nous frappe vivement et excite notre admiration. Au contraire, on ne dit pas le *sublime*, mais la *sublimité* d'une science, parce que la science ne nous touche pas vivement, ne nous émeut pas : cette science est vaste, grande, très-élevée, et c'est ce qu'exprime le mot *sublimité*.

SUBORNER. V. *Séduire*.

SUBREPTICE, OBREPTICE. Quoique ces mots soient des termes de palais et de chancellerie, ils sont cependant d'un usage si fréquent et si commun, qu'il ne saurait être hors de propos de les faire connaître ici. Ils servent l'un et l'autre à caractériser des grâces obtenues par surprise, ou de la puissance ecclésiastique, ou de la puissance séculière, ou des magistrats dispensateurs de la justice. — La surprise suppose que ceux qui ont accordé la grâce n'ont pas eu les lumières nécessaires pour se décider avec équité, et que les personnes qui l'ont sollicitée y ont mis obstacle, ce qui peut se faire de deux façons. La première est lorsqu'on avance comme vraie une chose fausse, et alors il y a *subreption* : la seconde est lorsqu'on supprime dans son exposé une vérité qui empêcherait l'effet de la demande, et alors il y a *obreption*. — Un titre *obreptice* peut avoir été obtenu de bonne foi, mais il manque néanmoins de solidité : il ne donne pas un droit réel. Un titre *subreptice* a été obtenu de mauvaise foi; et loin de donner un droit réel, il est sujet à l'animadversion du collateur. Un titre *obreptice* et *subreptice* tout à la fois a les caractères les plus certains de réprobation; et l'*obreption* même peut justement être soupçonnée d'aussi mauvaise foi que la *subreption*. (B.)

SUBSISTANCE, NOURRITURE, ALIMENTS. On fait des provisions pour la *subsistance* : on apprête à manger pour la *nourriture* : on choisit entre les mets les *aliments* convenables. — La *subsistance* est commise aux soins du pourvoyeur ou du maître d'hôtel. La *nourriture* se prépare à la cuisine. Sur les *aliments*, on consulte le goût ou le médecin, selon l'état de santé. — Le premier de ces termes a un rapport particulier au besoin; le second, à la satisfaction de ce besoin; et le troisième, à la manière de le satisfaire. (G.)

**SUBSISTANCES, DENRÉES, VIVRES.** Les *subsistances* sont les productions de la terre qui nous font *subsister*, c'est-à-dire, qui maintiennent la durée de notre existence, ou qui forment notre *subsistance*, composée de la nourriture et de l'entretien. Les *denrées* sont les productions ou les espèces de *subsistances* qui entrent dans le commerce journalier, et qui se vendent couramment en argent (en *deniers*). Les *vivres* sont les espèces de *subsistances* et de *denrées* qui nous font *vivre*, ou qui alimentent et reproduisent, pour ainsi dire chaque jour notre vie par la nourriture. — Le premier de ces noms est tiré de l'utilité générale des choses et de leur effet commun : le second, de la valeur vénale qu'elles ont : le troisième, de l'effet particulier que certaines choses produisent. — Les *subsistances* embrassent nos besoins réels, et surtout les divers objets de nécessité. Les *denrées* sont des objets d'un commerce journalier et d'une consommation commune. Les *vivres* se bornent à la nourriture et aux consommations journalières. — Un pays est fertile en *subsistances*. Un marché est pourvu de *denrées*. Une place est approvisionnée de *vivres*. (R.)

**SUBSISTER.** V. *Être*.

**SUBTIL.** V. *Fin*.

**SUCCÈS.** V. *Réussite*.

**SUCCINCT.** V. *Bref* et *Précis*.

**SUCCULENT.** V. *Savoureux*.

**SUD, MIDI.** V. *Levant*.

**SUDORIFÈRE, SUDORIFIQUE.** Qui provoque la sueur. — Ces deux mots, en vertu de leur terminaison, ont absolument la même signification (51, page 16), et il n'y a entre eux d'autre différence que celle de l'usage moins fréquent du premier. *Sudorifère* appartient exclusivement à la langue de la médecine : *sudorifique* est en outre du langage ordinaire; c'est pourquoi il peut s'employer comme substantif : « On lui a donné un *sudorifique* ». (Acad.)

**SUFFISAMMENT.** V. *Assez*.

**SUFFISANT, IMPORTANT.** Le *suffisant* est celui en qui la pratique de certains détails, que l'on honore du nom d'affaires, se trouve jointe à une très-grande médiocrité d'esprit. Un grain d'esprit et une once d'affaires plus qu'il n'en entre dans la composition du *suffisant* font l'*important*. — Pendant qu'on ne fait que rire de l'*important*, il n'a pas un autre nom; dès qu'on s'en plaint, c'est l'arrogant. (La Bruyère.)

**SUFFOQUER.** V. *Étouffer*.

**SUGGESTION, INSPIRATION, INSINUATION, INSTIGATION, PERSUASION.** *Suggérer*, à la lettre, porter dessous, en dessous, *subgerere* : fournir tout doucement à quelqu'un ce qui lui manque; lui mettre, pour ainsi dire, sourdement dans l'esprit ce qui n'y vient pas. *Inspirer*, à la lettre, souffler dans, faire entrer en soufflant, *inspirare* : introduire dans l'esprit d'une manière insensible, imperceptible. *Insinuer*, à la lettre, mettre dans le sein et d'une manière sinueuse, *insi-*

*nuare :* faire passer adroitement, artificieusement dans l'esprit. *Instiguer*, à la lettre, piquer, imprimer vivement, profondément, *instigare :* exciter, aiguillonner fortement quelqu'un à faire une chose. *Persuader*, à la lettre, couler doucement, pénétrer entièrement, *persuadere :* gagner entièrement l'esprit. La *persuasion* coule, dit-on, des lèvres; elle pénètre, entraîne, charme : on compare l'éloquence à un ruisseau, à un fleuve, à un torrent. — Quelques-uns de ces verbes ne s'emploient que dans le sens figuré, qu'il s'agit de considérer ici dans leurs substantifs, qui expriment des manières de porter, engager, décider, diriger l'esprit de quelqu'un. — La *suggestion* est une manière cachée ou détournée de prévenir et d'occuper l'esprit de quelqu'un d'une idée qu'il n'aurait pas. L'*inspiration* est un moyen insensible et pénétrant de faire naître dans l'esprit de quelqu'un des pensées, ou dans son cœur des sentiments qui semblent y naître comme d'eux-mêmes. L'*insinuation* est une manière subtile et adroite de se glisser dans l'esprit de quelqu'un et de s'emparer de sa volonté, sans qu'il s'en doute. L'*instigation* est un moyen stimulant et pressant d'exciter secrètement quelqu'un à faire ce à quoi il répugne et résiste. La *persuasion* est le moyen puissant et victorieux de faire croire fermement ou adopter pleinement à quelqu'un ce qu'on veut, même malgré des préjugés ou des préventions contraires, et plus par le charme du discours ou de la chose qui intéresse et gagne, que par la force des raisons qui convainquent et subjuguent. — On cède, on obéit à la *suggestion;* adroite ou puissante, elle nous fait agir, pour ainsi dire, sans notre conseil. On est saisi, agité par l'*inspiration;* plus ou moins puissante, il faut agir d'après elle ou se défendre contre elle. On se laisse aller à l'*insinuation,* on ne s'en défend pas; fine et déliée, nous croyons agir d'après nous, quand nous n'agissons que d'après elle. On se défend en vain contre l'*instigation,* ses persécutions lassent; pressante et persévérante, elle nous fait agir malgré nous. On ne résiste point à la *persuasion;* toujours efficace ou par sa douceur ou par sa force, elle nous attache même à ce que nous n'aurions voulu ni croire, ni faire. — *Suggestion* et *instigation* ne se prennent que dans un sens odieux. Cependant *suggérer* se prend quelquefois en bonne part; mais il n'en est pas de même d'*instiguer*, moins usité que son substantif. (R.)

**SUITE**, V. *Continuation*.

**SUIVANT**. V. *Selon*.

**SUIVRE LES EXEMPLES, IMITER LES EXEMPLES.** Bouhours demande si la dernière pureté n'exigerait pas qu'on dît toujours *suivre les exemples* et *imiter* les actions ou les personnes. *Imiter les exemples* est l'expression propre et conforme au sens littéral des mots. *Exemple* signifie *modèle; imiter*, c'est faire l'*image* d'une chose, copier un modèle, retracer la ressemblance. On *imite* donc, à la lettre et à la rigueur, *les exemples*. *Suivre*, c'est aller après, en second, marcher à la suite, sur les traces, dans la même voie : on ne dit donc que par figure *suivre les exemples*, au lieu de suivre les traces, la voie tracée par les *exemples*. — On *suit les exemples* de celui qu'on prend pour guide, pour règle ; on *imite les exemples* de celui qu'on prend pour modèle, pour type. On *suit les exemples* du premier, pour agir avec plus de sécurité et parvenir plus sûrement à un but ; on *imite les exemples* du second, pour lui ressembler et se distinguer comme lui. C'est surtout la confiance qui fait qu'on *suit*; et c'est l'émulation qui fait qu'on *imite*. — Les disciples *suivent les exemples* de leurs maîtres : les petits *imitent* les grands autant qu'ils le peuvent. — La vie de J.-C. est la règle et le modèle du chrétien ; sa règle en ce qu'elle lui retrace ce qu'il doit faire, par les *exemples* qu'elle lui donne à *suivre*; son modèle, en ce qu'elle lui montre ce qu'il doit tâcher d'être, dans les *exemples* qu'elle lui offre à *imiter*. — *Suivre l'exemple* ne se dit qu'en matière de conduite et de mœurs ; en fait d'art ou de belles-lettres, on dit *imiter un exemple*. L'art *imite* des modèles : les mœurs *suivent* une marche. (R.)

SUJET. V. *Matière*.

SUJÉTION. V. *Assujettissement*.

SUPERBE, ORGUEIL. La *superbe* n'est pas l'*orgueil* tout pur, comme le *superbe* n'est pas simplement *orgueilleux*. L'*orgueilleux* est plein de soi : mais le *superbe* en est tout bouffi. Le *superbe* est un *orgueilleux* arrogant qui, par son air et ses manières, affecte sur les autres une supériorité humiliante. C'est l'éclat, c'est le faste, c'est la gloire, qui forme l'idée distinctive de *superbe*. Ce mot annonce la *supériorité* qu'on affecte au-dessus des autres ; *orgueil* n'exprime que la hauteur des sentiments ou la haute opinion qu'on a de soi. — La *superbe* est un *orgueil superbe* ou arrogant, insolent, fastueux, dédaigneux. L'*orgueil* est, selon Théophraste, une haute opinion de soi-même, qui fait qu'on n'estime que soi : la *superbe* est l'ostentation de cet *orgueil*, qui fait qu'en affectant une très-haute opinion de soi-même, l'on témoigne ouvertement un grand dédain pour les autres. Il y a toujours de la sottise dans l'*orgueil* et de l'impertinence dans la *superbe*. (R.)

SUPERFICIE. V. *Surface*.

SUPÉRIORITÉ. V. *Prééminence*.

SUPPLÉMENT. V. *Complément*.

SUPPLIER. V. *Prier*.

SUPPORT. V. *Appui*.

SUPPORTER. V. *Porter* et *Souffrir*.

SUPPOSÉ. V. *Apocryphe*.

SUPPOSER. V. *Poser*.

SUPPOSITION, HYPOTHÈSE. L'Académie a défini la *supposition*, une proposition qu'on pose comme *vraie* ou comme *possible*, afin d'en tirer ensuite quelque induction ; et l'*hypothèse*, la *supposition* d'une chose soit *possible*, soit *impossible*, de laquelle on tire une conséquence. Il résulte de là, et l'usage le confirme, que l'*hypothèse* est une *suppo-*

*sition* purement idéale; tandis que la *supposition* se prend pour une proposition ou vraie ou avouée. L'*hypothèse* est au moins précaire; vous ne direz point, que la chose soit ou puisse être. La *supposition* est gratuite; vous ne prouvez point que la chose soit ou puisse être. Vous soutenez un système comme *hypothèse* et non comme *thèse;* c'est-à-dire que, sans prétendre que le système soit vrai, vous prétendez qu'en le supposant tel, vous expliquerez fort bien ce qui concerne la chose dont il s'agit : vous faites une *supposition*, comme une proposition vraie ou reçue, établie, accordée, de manière que vous ne la mettez pas en *thèse* pour la prouver, parce que vous la regardez comme constante ou incontestable. — L'*hypothèse* est savante; je veux dire que ce mot ne s'emploie qu'en matière de science, en physique, en astronomie, en métaphysique, en logique, etc. La *supposition* est souvent très-familière; je veux dire qu'elle entre jusque dans le discours ordinaire ou dans la conversation commune. Vous tâchez d'éclaircir les grands mystères de la nature par des *hypothèses*, et vos idées particulières par des *suppositions* sensibles. — Enfin *hypothèse* n'a qu'un sens philosophique, relatif à l'instruction, à l'intelligence, à l'explication des choses. *Supposition* se prend dans une acception morale, et en mauvaise part : il signifie alors allégation, production fausse, chose feinte ou controuvée pour nuire; ainsi l'on dit *supposition* de pièces, d'un testament, de nom, de personne, etc. : tant il est vrai que ce mot a spécialement rapport à la vérité ou à la réalité des choses. (R.)

SUPPUTER. V. *Calculer*.

SUPRÊME, SOUVERAIN. C'est l'idée de puissance qui forme l'idée distinctive et caractéristique de *souverain;* tandis que l'idée seule d'élévation, de la plus haute élévation, se trouve dans le mot *suprême*. Dans quelque genre que ce soit, la chose *suprême* est ce qu'il y a de plus élevé : en fait d'autorité, de puissance, d'influence, d'efficacité, ce qui peut tout, ce qu'il y a de pleinement et absolument efficace, est *souverain*. Ainsi l'autorité indépendante et absolue fait le *souverain* et la *souveraineté;* et sans doute cette autorité est *suprême*, puisqu'il n'y a point de pouvoir et de droit qui ne soit au-dessous d'elle. Tout est inférieur en rang à ce qui est *suprême :* tout est soumis à l'influence de ce qui est *souverain*. — Un remède *souverain* est efficace au *suprême* degré : on ne dit pas un remède *suprême*, parce qu'on considère le remède relativement au mal et à la guérison. La loi *suprême* est la première de toutes les lois : la loi *souveraine* est la loi de l'obéissance universelle, et le vrai *souverain* des États. Le bien *suprême* est le plus grand que vous puissiez obtenir : le *souverain* bien est celui qui remplit du sentiment de tous les vrais biens toute la capacité de votre âme. (R.)

SUR, ASSURÉ, CERTAIN. Soit que l'on considère ces mots dans le sens qui a rapport à la réalité de la chose, ou dans celui qui a rapport à la persuasion d'esprit, leur différence est toujours analogique, comme on le remarquera par les traits suivants, où je les place tantôt dans l'un et tantôt dans l'autre de ces deux sens. — *Certain* semble mieux convenir à l'égard des choses de spéculation, et partout où la force de l'évidence a lieu : les premiers principes sont certains, ce que la raison démontre l'est aussi. *Sûr* paraît être très à sa place dans les choses qui concernent la pratique, et dans tout ce qui sert à la conduite : les règles générales sont *sûres*, ce que l'épreuve vérifie l'est également. *Assuré* a un rapport particulier à la durée des choses et au témoignage des hommes : les fortunes sont *assurées*, mais légitimes dans tous les bons gouvernements; les événements ne peuvent être mieux *assurés* que par l'attestation des témoins oculaires ou par l'uniformité des relations. — On est *certain* d'un point de science. On est *sûr* d'une maxime de morale. On est *assuré* d'un fait ou d'un trait d'histoire. — La justesse du raisonnement consiste à ne poser que des principes *certains*, pour n'en tirer ensuite que des conclusions nécessaires. La conduite la plus *sûre* n'est pas toujours la plus louable. La faveur des princes ne fut jamais un bien *assuré*. — L'homme docte doute de tout ce qui n'est pas *certain*. Le prudent se défie de tout ce qui n'est pas *sûr*. Le sage abandonne aux préjugés populaires tout ce qui n'est pas suffisamment *assuré*. (G.)

SUR ou SOUS LE PRÉTEXTE. V. *Prétexte*.

SURFACE, SUPERFICIE. Le mot *surface* est composé de deux mots français; et le mot *superficie* est fait des deux mots latins correspondants, ce qui lui donne un air un peu plus savant. — On dit *surface*, quand on ne veut parler que de ce qui est extérieur et visible, sans aucun égard à ce qui ne paraît point : on dit *superficie*, quand on a dessein de mettre ce qui paraît au dehors en opposition avec ce qui ne paraît pas. — De tous les animaux qui couvrent la *surface* de la terre, il n'y a que l'homme qui soit capable de connaître toutes les propriétés de ce globe : et entre les hommes, la plupart n'en aperçoivent que la *superficie*; il n'y a que l'œil perçant d'un petit nombre de philosophes qui sache en pénétrer l'intérieur. — Cette distinction passe de même au sens figuré; et de là vient que l'on dit de ces esprits vains qui, pour se faire valoir en parlant de tout, font des excursions légères dans tous les genres de connaissances sans en approfondir aucun, qu'ils ne savent que la *superficie* des choses, qu'ils n'en ont que des notions *superficielles*. (B.)

SURMONTER. V. *Vaincre*.

SURPASSER. V. *Passer*.

SURPLUS (AU). V. *Demeurant (au)*.

SURPRENDRE, ÉTONNER; SURPRISE, ÉTONNEMENT. *Surprendre*, prendre sur le fait, lorsqu'on ne s'y attend pas, à l'improviste, au dépourvu. *Étonner*, frapper, émouvoir, ébranler par un grand bruit, par une grande cause. Au physique, ce verbe exprime une violente commotion, un fort ébranlement; et l'on dit que les tremblements de terre *étonnent* les édifices les plus solides. — Ainsi la *surprise* naît de la présence subite d'un objet inattendu, inopiné, imprévu : l'*étonnement* naît du coup violent frappé par un objet puissant, extraordinaire, irrésistible. Comme les choses prévues et calculées ne *surprennent* point, elles n'*étonnent* pas; par la raison qu'on est préparé, et qu'on s'est prémuni contre. Les choses imprévues ne nous *étonnent* pas, quoiqu'elles nous *surprennent*, lorsqu'elles ne sont pas de nature à nous émouvoir fortement. La même chose *surprend*, comme inattendue; tandis qu'elle *étonne*, comme éclatante. Dans le cours ordinaire des choses, il arrive beaucoup de *surprises*; il n'y a de l'*étonnement* que dans un cours de choses extraordinaire. La commotion est plus forte, la secousse est plus vive, l'impression est plus profonde, l'effet est plus grand et plus durable dans l'*étonnement* que dans la *surprise*. Il y a des *surprises* agréables et légères; mais l'*étonnement* n'a rien que de grand et de fort. Enfin l'*étonnement* est une extrême *surprise*, mêlée de crainte, d'admiration, d'effroi, de ravissement, ou de tout autre sentiment distingué par un caractère de grandeur et de force. — Le singulier vous *surprend* : le merveilleux vous *étonne*. Vous êtes *surpris* de la délicatesse d'un travail : vous êtes *étonné* de la grandeur d'une entreprise. Un trait d'esprit nous *surprend* : un coup de génie nous *étonne*. — Nous sommes *surpris* de ce à quoi nous n'avons pas songé : nous sommes *étonnés* de ce que nous ne concevons pas. Si vous avez calculé les possibles, l'événement ne vous *surprendra* pas : dès que vous connaissez les causes, les effets ne vous *étonnent* plus. — On dit *s'étonner* et non *se surprendre* de quelque chose. Il paraît donc que nous sommes quelquefois actifs dans l'*étonnement*, et seulement passifs dans la *surprise*. (R.)

**SURPRENDRE, PRENDRE.** V. *Prendre*.

**SURPRENDRE, TROMPER, LEURRER, DUPER.** Faire donner dans le faux est l'idée commune qui rend synonymes ces quatre mots. Mais *surprendre*, c'est y faire donner par adresse, en saisissant la circonstance de l'inattention à distinguer le vrai. *Tromper*, c'est y faire donner par déguisement, en donnant au faux, l'air et la figure du vrai. *Leurrer*, c'est y faire donner par les appas de l'espérance, en le faisant briller comme quelque chose de très-avantageux. *Duper*, c'est y faire donner par habileté, en faisant usage de ses connaissances aux dépens de ceux qui n'en ont pas ou qui en ont moins. — Il semble que *surprendre* marque plus particulièrement quelque chose qui induit l'esprit en erreur; que *tromper* dise nettement quelque chose qui blesse la probité ou la fidélité; que *leurrer* exprime quelque chose qui attaque directement l'attente ou le désir; que *duper* ait proprement pour objet les choses où il est question d'intérêt et de profit. (G.)

**SURVEILLER.** V. *Veiller à*.

**SUSPICION, SUSPECTER.** V. *Soupçon*.

**SUSTENTER.** V. *Nourrir*.

# T

**TACHER.** V. *Efforcer (s')*.

**TACHER A, TACHER DE.** *Tâcher à*, c'est viser à, tendre à un but, y diriger toutes ses facultés : « Il *tâche* à me nuire » (Acad.); c'est-à-dire, il vise à me nuire, me nuire est le but qu'il se propose. *Tâcher de*, c'est s'efforcer de; cette locution exprime les efforts que l'on fait dans l'exécution même, les soins que l'on se donne en faisant la chose, toutes les ressources que l'on emploie à la faire : « *Tâchez d'*avancer cet ouvrage ». (Acad.) Ce verbe suit donc, dit Roubaud, la règle générale qui distingue le dessein, le but, l'objet éloigné, par la préposition *à*; l'acte, l'exécution, la chose présente ou prochaine par la préposition *de* (75, page 27).

**TACITURNE.** V. *Silencieux*.

**TACT, TOUCHER, ATTOUCHEMENT.** Le *tact* est proprement le sens qui reçoit l'impression des objets, comme la vue, l'ouïe, le goût, l'odorat. Le *toucher* est l'action de ce sens, l'exercice de toucher, palper, manier, ou le sens actif. L'*attouchement* est l'acte de toucher, de palper, l'application particulière du sens actif ou de l'organe et particulièrement de la main. Par le simple *attouchement*, vous éprouvez, ou vous produisez vous-même tel effet. — C'est au *tact* que l'on attribue les qualités distinctives du sens ou de l'organe : on dit la finesse, la grossièreté, la délicatesse, du *tact*. C'est au *toucher* que vous reconnaissez la qualité des choses : on dit qu'un corps est doux ou rude au *toucher*. C'est par l'*attouchement* que vous distinguez les circonstances particulières de tel acte relativement à tel objet : Notre Seigneur guérissait les malades par un simple *attouchement*. — Le mot *attouchement*, trop restreint dans l'usage, n'exprime qu'un *toucher* assez léger, ou simplement l'action douce et légère de tâter, et avec l'intention propre à l'être animé; lorsqu'il s'agit de deux corps insensibles, on dit dogmatiquement *contact*. — Nous disons plutôt *tact* au figuré, pour exprimer un jugement de l'esprit prompt, subtil, juste, qui semble prévenir le raisonnement et la réflexion, et provenir d'un goût, d'un sentiment, d'une sorte d'instinct droit et sûr. Au physique, nous disons plutôt le *toucher*, pour exprimer le sens, et nous ne le disons qu'au physique. Nous donnons pour l'ordinaire à l'*attouchement* un sens moral et mauvais, relatif à la déshonnêteté et à l'impudicité. (R.)

**TAILLE, STATURE.** *Taille* désigne la grandeur, l'étendue figurée, ainsi que la coupe, la configuration, la forme de la chose coupée, *taillée*, dessinée d'une certaine manière. *Stature*, mot latin, vient de *stare*, être debout. — On est ou d'une *taille* ou d'une *stature* haute ou moyenne ou petite : mais la *taille* est noble ou fine, belle ou difforme, bien ou mal prise, svelte ou lourde, etc., et non la *stature*. Les Patagons et les Lapons sont, quant à la *stature*, les deux extrêmes de l'espèce humaine; mais la *taille* des Patagons est bien prise et bien proportionnée; au lieu que celle des Lapons est difforme. — Nous considérons toujours dans la *stature* toute la hauteur du corps; nous ne considérons quelquefois la *taille* que dans la configuration du buste distingué du reste, qui n'en est que le piédestal et le couronnement. Aussi nous parlons peu de la *stature* des femmes, mais beaucoup de leur *taille*. Nous ne nous servons guère du mot *stature* qu'en parlant de la grandeur de quelque nation; et nous disons *taille* lorsqu'il s'agit d'une personne en particulier. (R.)

TAIRE, CELER, CACHER. *Taire* marque le pur silence qu'on garde sur la chose; *celer*, le secret qu'on en fait; *cacher*, le mystère dans lequel on veut s'ensevelir. — Pour *taire* une chose, il suffit de ne pas la dire, quand il y a occasion d'en parler : pour la *celer*, il faut non-seulement la *taire*, mais encore avoir une intention formelle de ne point la manifester, et une attention particulière à ne pas se *déceler* : pour la *cacher*, on est obligé non-seulement de la *celer*, mais même de la renfermer dans le fond de son cœur, et de s'envelopper de manière qu'elle ne puisse pas être découverte. — Il n'y a qu'à retenir sa langue pour *taire* ce qu'il ne faut pas dire : on a quelquefois besoin de feindre et de dissimuler pour la *celer*, avec des gens qui cherchent à tirer votre secret : on est souvent réduit au déguisement, à l'artifice, à la tromperie, pour le *cacher* à des gens pénétrants qui vous sondent et vous retournent de mille manières pour trouver le fond de vos pensées. (R.)

TALENT. V. *Génie*.

TANDIS QUE. V. *Pendant que*.

TAPIR (SE), SE BLOTTIR. *Se tapir*, c'est proprement se cacher, mais derrière quelque chose qui vous couvre, et en prenant une posture raccourcie et resserrée. *Blottir* paraît exprimer proprement l'action de s'accroupir, de se ramasser, de se rouler sur soi-même. — On se *tapit* derrière un buisson ou dans un coin, pour n'être point vu : on dit qu'un enfant est tout *blotti* ou couché en rond dans son lit, et il n'a pas eu l'intention de se cacher. Le froid fait tout naturellement qu'on se *blottit*, sans avoir le dessein de se *tapir*. — Je crois donc que l'idée principale de se *tapir* est de se cacher; et que la manière n'est qu'une idée secondaire; au lieu que cette manière de se ployer en deux ou de se ramasser en un tas, est l'idée première de se *blottir*, et que celle de se cacher n'est qu'une idée accessoire. Le lièvre se *tapit*, se renferme dans son gîte : la perdrix se *blottit*, se pelotonne, pour ainsi dire, devant le chien couchant. (R.)

TAPISSERIE, TENTURE. La *tapisserie* est faite pour couvrir quelque chose; et la *tenture*, pour être tendue sur quelque chose. La terminaison du premier de ces mots désigne un genre particulier de travail ou de chose; la terminaison du second, le résultat d'une action ou d'une opération (23, page 8). La *tapisserie* est *tenture* en tant qu'elle est placée, étendue sur le mur : la *tenture* est *tapisserie* en tant qu'elle revêt et pare le mur. — La *tapisserie* est proprement un genre particulier de fabrication ou de manufacture : on dit les *tapisseries* de Flandre, d'Aubusson, des Gobelins. La *tenture* désigne vaguement tout ce qui est employé au même usage : on dit des *tentures* de *tapisserie*, des *papiers-tentures*, etc. Nos dames font quelquefois de la *tapisserie*, mais pour couvrir quelques siéges. (R.)

TARDER, DIFFÉRER. L'idée propre de *tarder* est celle d'être, de demeurer longtemps à venir, à faire; et l'idée de *différer*, celle de remettre, de renvoyer à un autre temps, à un temps plus éloigné. *Tarder* ne signifie pas seulement *différer* à faire une chose, c'est *différer* en sorte que ce qu'il y a à faire ne se fasse pas à temps ou à propos, dans le temps convenable. *Tarder* ne désigne que le fait sans aucune raison du retard : *différer* annonce une résolution de la volonté qui détermine le délai. Enfin on *tarde*, en ne se pressant pas de faire ou en faisant lentement, sans prendre un certain terme; on *diffère* en renvoyant, en rejetant la chose à un autre temps, ou fixe ou indéterminé. — Ne *tardez* pas à cueillir le fruit, s'il est mûr : s'il n'est pas mûr, *différez*. Il est quelquefois sage de *différer*; il est toujours imprudent de *tarder*. On perd du temps à *tarder*; on en gagne quelquefois à *différer*. Il résulte de là qu'il convient de dire *tarder*, lorsqu'on a tort de *différer*. — Il n'y a pas à *différer*, quand la chose presse Pendant que vous *tardez*, l'occasion est passée. (R.)

TARGUER (SE). V. *Prévaloir* (*se*).

TAS, MONCEAU. Ils sont également un assemblage de plusieurs choses placées les unes sur les autres, avec cette différence que le *tas* peut être rangé avec symétrie, et que le *monceau* n'a d'autre arrangement que celui que le hasard lui donne. — Il paraît que le mot de *tas* marque toujours un amas fait exprès, afin que les choses, n'étant point écartées, occupent moins de place; et que celui de *monceau* ne désigne quelquefois qu'une portion détachée par accident d'une masse ou d'un amas. — On dit un *tas* de pierres, lorsqu'elles sont des matériaux préparés pour faire un bâtiment; et l'on dit un *monceau* de pierres, lorsqu'elles sont les restes d'un édifice renversé. (G.)

TAUX, TAXE, TAXATION. L'idée commune qui fonde la synonymie de ces trois mots, est celle de la détermination établie de quelque valeur pécuniaire. — Le *taux* est cette valeur même : la *taxe* est le règlement qui la détermine : les *taxations* sont certains droits fixes attribués à quelques officiers qui ont le maniement des deniers du roi. —On ne dit que *taux*, quand il s'agit du denier auquel les intérêts de l'argent sont fixés. On dit assez indifféremment *taux* ou *taxe*, en parlant du prix établi pour la vente des denrées, ou de la somme fixée que doit payer un contribuable; mais ce n'est que dans le cas où il n'est pas plus nécessaire de faire attention à la valeur déterminée qu'à l'autorité déterminante : car un contribuable qui voudrait représenter qu'il ne peut payer ce qu'on exige de lui, faute de proportion avec ses facultés, devrait dire que son *taux* est trop haut; et s'il voulait dire que les *impositeurs* [1] ne l'ont pas traité dans la proportion des autres contribuables, il devrait dire que la *taxe* est trop forte. — On ne dit que *taxe*, s'il s'agit du règlement judiciaire pour fixer certains frais qui ont été faits à la poursuite d'un procès, ou d'une imposition en deniers sur des personnes en certains cas. — On dit quelquefois *taxation* au singulier pour signifier l'opération de la *taxe*. (B.)

Ainsi la *taxation* est l'action de taxer, d'établir la *taxe* (20, page 7).

**TAVERNE.** V. *Cabaret*.

**TAXE, TAXATION.** V. *Taux*.

**TEL, PAREIL, SEMBLABLE.** Termes de comparaison. Achille, *tel* qu'un lion, *pareil* à un lion, *semblable* à un lion, poursuivait les Troyens. — *Tel* désigne l'objet qui est de même qu'un autre, qui a les mêmes qualités et les mêmes rapports, qui lui est parfaitement conforme, etc. Pour sentir toute la force du mot et de la comparaison qu'il exprime, il n'y a qu'à rapidement parcourir ses différentes applications usitées. « *Tel* fut le discours d'Annibal à Scipion »; c'est là le discours même d'Annibal. « *Telle* est la condition des hommes, qu'ils ne sont jamais contents de leur sort »; c'est leur nature, leur caractère, leur qualité distinctive. « *Tel* maître, *tel* valet »; c'est comme si l'on disait, autant vaut le maître, autant vaut le valet. *Tel* tient lieu de pronom et de nom : « Un *tel* a dit; *tel* fait des libéralités qui ne paye pas ses dettes ». Toutes ces phrases marquent la qualité, la forme, le caractère propre des choses, la rigoureuse exactitude, la parfaite conformité, la comparaison la plus absolue, et jusqu'à l'identité des choses. — *Pareil* désigne des choses qui, sans être rigoureusement égales entre elles et les mêmes, ont néanmoins de si grands rapports, qu'elles peuvent être mises en parallèle, être comparées ensemble, s'appareiller l'une avec l'autre, de manière que l'une ne diffère guère de l'autre, qu'elle ne paraisse pas le céder à l'autre, qu'elle soit propre à lui servir d'équivalent ou de pendant. — La *ressemblance* n'est pas une égalité ou une conformité parfaite : les choses qui ne sont que *semblables* ne soutiennent pas l'examen et le parallèle que les choses *pareilles* comportent, et elles sont loin d'être *telles* ou les mêmes quant à leur nature, à leur caractère, à leurs formes et leurs qualités distinctives. *Semblable* dit moins que *pareil*, et *pareil* moins que *tel*. — Un objet *tel* qu'un autre ne diffère pas de celui-ci. Un objet *pareil* à un autre ne le cède point à celui-ci. Un objet *semblable* à un autre s'assortit avec celui-ci. — Achille, *tel* qu'un lion, a toute la furie ou la qualité distinctive de cet animal; vous le prendrez pour un lion. *Pareil* à un lion, il a le même degré de furie; vous l'égalerez au lion. *Sem-*

1. Ce mot n'est pas dans le dictionnaire de l'Académie; mais il est dans ceux de Boiste et autres lexicographes.

*blable* à un lion, il en imite la furie; sa vue vous rappelle l'idée du lion. — *Tel* sert proprement à fixer l'idée de la chose par la comparaison exacte avec un objet connu. *Pareil* sert à estimer dans la balance le prix de la chose, par la comparaison juste avec un objet apprécié. *Semblable* sert à donner une sorte de représentation de la chose, par sa comparaison sensible avec un objet familier. (R.)

TÉMOIGNAGE D'AMITIÉ. V. *Démonstration.*

TEMPÉRAMENT. V. *Naturel.*

TEMPÉRANT. V. *Sobre.*

TEMPÉRER. V. *Adoucir, mitiger.*

TEMPÊTE. V. *Orage.*

TEMPLE, ÉGLISE. On appelle *temples* les édifices que les anciens consacraient à leurs divinités. On donne le même nom aux lieux où les protestants exercent leur culte : « Le *temple* de Janus, le *temple* d'Apollon. Il y a dans ce bourg un *temple* de protestants ». — En parlant des édifices consacrés au culte des catholiques romains, on dit *temple* et *église;* mais le premier ne s'emploie que lorsqu'on considère ces édifices comme habités particulièrement par la Divinité; et *église* signifie proprement un édifice commun où s'assemblent les fidèles pour exercer leur culte. Par conséquent, *temple* exprime quelque chose de plus auguste qu'*église.* — Il faut se tenir avec respect dans les *temples,* et songer sans cesse qu'on y est en présence de la Divinité. Tous les dimanches, le peuple s'assemble dans l'*église* pour entendre la messe. — *Temple* se dit au figuré; *église* ne se dit qu'au propre. On dit que l'esprit et le cœur de l'homme sont les *temples* de la Divinité : c'est là qu'elle veut être adorée. (L.)

TEMPS. V. *Durée.*

TENDRE, TENDRESSE. V. *Sensible.*

TENDRES REGARDS, REGARDS TENDRES. V. *Savant homme.*

TÉNÈBRES, OBSCURITÉ, NUIT. Les *ténèbres* semblent signifier quelque chose de réel et d'opposé à la lumière. L'*obscurité* est une pure privation de clarté. La *nuit* est la cessation du jour, c'est-à-dire le temps où le soleil n'éclaire plus. — On dit des *ténèbres,* qu'elles sont épaisses; de l'*obscurité,* qu'elle est grande; de la *nuit,* qu'elle est sombre. On marche dans les *ténèbres,* à l'*obscurité,* et pendant la *nuit.* (G.)

TÉNÉBREUX. V. *Obscur.*

TENIR, RETENIR, CONTENIR. *Tenir* et *retenir* signifient l'un et l'autre *maintenir* dans un certain état; mais *retenir* suppose un danger ou bien de la résistance, et par conséquent plus d'efforts de la part de celui qui maintient (5, 3°, page 3). Vous *tenez* votre cheval au pas; vous *retenez* sur le bord d'un précipice votre cheval lancé au galop; s'il a pris le mors aux dents, vous vous efforcez aussi de le *retenir.*

*Retenir* signifie aussi, comme *contenir,* arrêter ou modérer le mouvement, l'action; réprimer. Mais *retenir,* c'est *tenir* fortement pour empêcher de se mouvoir, d'avancer, de sortir, de se développer; c'est arrêter tout à fait l'action, le mouvement. *Contenir*, c'est simplement modérer, diminuer l'excès du mouvement. Ce que vous *contenez* ne se meut que comme vous le voulez : ce que vous *retenez* ne se meut, n'agit pas du tout. Il en est de même au figuré.

TENTURE. V. *Tapisserie*.

TERME, LIMITES, BORNES. Le *terme* est un point; les *limites* sont une ligne; les *bornes*, un obstacle. (*Enc.*)

Le *terme* est où l'on peut aller. Les *limites* sont ce qu'on ne doit point passer. Les *bornes* sont ce qui empêche de passer outre. — On approche ou l'on éloigne le *terme*. On resserre ou l'on étend les *limites*. On avance ou l'on recule les *bornes*. (G.)

Les *bornes* sont ce qui renferme tellement une chose dans le lieu qu'elle occupe, qu'il l'empêche de s'étendre ou d'être étendue plus loin. On dit, au propre, les *bornes* d'un champ; et au figuré, les *bornes* de la vie, les *bornes* du pouvoir. — Le *terme* est le but où l'on tend, le point où finit la chose ou l'action. Quand on dit les *bornes* de la vie, on entend par là le temps au delà duquel la vie ne saurait s'étendre; et quand on dit le *terme* de la vie, on veut dire le point où finit le cours de la vie. Les *bornes* de la vie n'existent que dans l'extrême vieillesse; le *terme* de la vie peut se présenter à tout âge. — Le *terme* a rapport à l'action qu'on fait ou qu'on a faite; les *bornes*, à l'action qui pourrait se faire. Une chose qui est à son *terme* est finie; une chose qui a des *bornes* ne saurait passer au delà. — Les *limites* supposent une ligne de séparation entre deux choses, de manière qu'on ne peut la passer sans empiéter de l'une sur l'autre.

TERME, MOT. V. *Mot*.

TERMES PROPRES, PROPRES TERMES. Les *termes propres* sont ceux que l'usage a consacrés pour rendre précisément les idées que l'on veut exprimer. Les *propres termes* sont ceux mêmes qui ont été employés par la personne que l'on fait parler, ou par l'écrivain que l'on cite. — La justesse dans le langage exige que l'on choisisse scrupuleusement les *termes propres;* c'est à quoi peut servir l'étude des différences délicates qui distinguent les synonymes. La confiance dans les citations dépend de la fidélité que l'on a à rapporter les *propres termes* des livres ou des actes que l'on allègue. (B.)

TERMINER. V. *Achever*.

TERRAIN, TERROIR, TERRITOIRE. L'idée commune est celle d'une certaine étendue de sol. — Le *terrain* est un espace de terre considéré soit par rapport à quelque ouvrage, à quelque construction qu'on pourrait y faire, comme une maison, une fabrique, soit par rapport à quelque action qui s'y passe. Le *terroir* est le sol considéré par rapport à l'agriculture; c'est la terre mise en culture, destinée à produire des récoltes. Le *territoire* est toute la terre qui forme la circonscription d'une commune, l'étendue d'un département, d'une province, d'un royaume.

**TERRE (A), PAR TERRE.** Dans ces locutions, la préposition *à*, du latin *ad*, signifie *vers;* la préposition *par*, du latin *per*, signifie *le long de*. C'est ce qu'a très-bien compris M. Guérard; voici l'article de sa grammaire : « Suivant quelques grammairiens, *par terre* se dit de ce qui touche à la terre, et *à terre* de ce qui n'y touche pas; un arbre tombe *par terre* et ses fruits tombent *à terre*. Ces deux locutions sont justes; mais, suivant nous, ce n'est point par la raison qu'en donnent ces grammairiens, et que détruit complétement l'exemple que voici : « Il s'est jeté *à terre, par terre* et s'est roulé sur le parquet ». (Acad.) La préposition *à* exprime la direction du mouvement : *tomber à terre* signifie tomber vers la terre, comme le fruit qui se détache de l'arbre. La locution *par terre* présente l'objet comme étendu le long du sol, sur la terre; c'est le cas de l'arbre. Voilà pourquoi l'on dirait d'un enfant qui était debout sur un tabouret et qui s'est laissé choir : *Il est tombé par terre*, quoique cependant l'enfant ne touchât pas d'abord à la terre, au parquet ».

**TERREUR.** V. *Appréhension.*

**TERRIBLE.** V. *Affreux.*

**TERRITOIRE, TERROIR.** V. *Terrain.*

**TÊTE, CHEF.** Le second de ces mots n'est d'usage dans le sens littéral que lorsqu'on parle des reliques des saints, comme quand on dit le *chef* de saint Jean et de saint Denis. Mais ils sont tous les deux fort usités dans le sens figuré : avec cette différence que le mot de *tête* convient mieux, lorsqu'il est question de place ou d'arrangement; et que le mot de *chef* s'emploie très-proprement, lorsqu'il s'agit d'ordre et de subordination. On dit la *tête* d'un bataillon, d'un bâtiment; et le *chef* d'une entreprise, d'un parti. On dit aussi être à la *tête* d'une armée, et commander en *chef*. — Il sied bien au *chef* de marcher à la *tête* des troupes. (G.)

**TÊTE (DANS LA).** V. *Dans l'idée.*

**TÊTU, ENTÊTÉ, OPINIATRE, OBSTINÉ.** *Têtu*, qui a, comme on dit, *une tête*, un esprit, une humeur raide, absolue, décidée; qui s'en rapporte à sa tête; qui s'en tient à son idée, à son caprice, à sa résolution; qui n'en fait qu'à sa tête, à sa volonté, à sa guise. — *Entêté*, qui a fortement une chose en tête; qui en a la tête pleine, possédée, tournée; qui en est préoccupé de manière à ne pas s'en désabuser. *Entêter*, au propre, signifie remplir la tête de vapeurs, l'étourdir, la faire tourner. — *Opiniâtre*, qui est excessivement attaché à son *opinion*, à sa pensée; qui la défend à outrance et contre toute raison; qui n'en démord pas, quoi qu'on dise, même quand son esprit serait ébranlé. L'*opiniâtreté* suppose la discussion; le combat fait qu'on s'*opiniâtre*. — *Obstiné*, qui tient invariablement à une chose, qui ne se départ pas de son opposition, qui résiste à tous les efforts contraires. On *obstine* quelqu'un en le contrariant : on s'*obstine* en persévérant dans son opposition et sa résistance. — Le *têtu* veut ce qu'il veut : vous ne l'empècherez pas d'en croire et d'en faire à sa tête. L'*entêté* croit ce qu'il croit : vous ne lui ôterez pas de l'esprit ce qu'il y a mis une fois. L'*opiniâtre* veut avoir raison contre toute raison : vous le convaincriez de la fausseté de son opinion, qu'il la soutiendrait encore. L'*obstiné* veut malgré tout ce qu'on lui oppose : vous ne ferez, par la contradiction, que l'attacher davantage à ce qu'il veut. (R.)

Le *têtu* adopte la première idée qui le frappe et s'y tient; au lieu que l'*opiniâtre* pèse, juge à sa manière, et ne voit rien au delà. C'est un caractère qui a beaucoup d'analogie avec la fermeté, il ne lui manque que de voir mieux : c'est la fausseté d'esprit. S'il n'est qu'*entêté*, il se rendra, sinon il est *opiniâtre*. — L'*obstiné* tient à son opinion malgré la preuve; il s'élève contre elle, il est inflexible. Il diffère de l'*opiniâtre*, en ce que celui-ci peut être de bonne foi; de l'*entêté*, en ce que celui-ci peut revenir; et du *têtu*, en ce que celui-ci ne sait pas entendre, ni comprendre. — L'*obstiné* ne cède même pas à l'évidence; il a tort, il le sent, mais il ne revient pas. L'*opiniâtre* défend son opinion, qu'il croit la meilleure. L'*entêté* est prévenu : le *têtu* est une borne contre laquelle la raison vient se briser. — Le *têtu* est bête; l'*entêté* est l'homme à manie; l'*opiniâtre* est un sot, et l'*obstiné* un insensé. De toutes ces qualifications, *opiniâtre* est la seule qui puisse ne pas être toujours prise en mauvaise part. (Anonyme.)

TEXTURE, CONTEXTURE. Ces mots s'emploient surtout au figuré dans le sens de liaison, enchaînement. — La *texture* est la disposition, l'arrangement de chaque partie considérée en elle-même. La *contexture* est l'ordonnance et la concordance des rapports que les parties ont les unes avec les autres, d'où résulte l'ensemble, le tout : il y a dans la *contexture* plus de complication que dans la *texture* (4, 2° et 3°, page 3).

« Condamnés, comme nous le sommes, à ignorer l'essence et la *contexture* intérieure des corps, la seule ressource qui reste à notre sagacité, est de tâcher au moins de saisir l'analogie des phénomènes. » (d'Alembert.)

TIC, MANIE. Le *tic* est une mauvaise habitude du corps à laquelle on est comme attaché; on ne peut s'en défaire. Les animaux ont des *tics* comme les personnes. Il y a des mouvements convulsifs et fréquents qu'on appelle *tics*. De mauvais gestes habituels, des grimaces, des habitudes ridicules ou déraisonnables, comme de se ronger les ongles, sont des *tics*. — Nous appelons *manie* une espèce de folie; mais, en adoucissant la force du mot, nous l'avons employé à désigner une passion bizarre, un goût immodéré, une attache excessive et singulière. Nous disons qu'un homme a la *manie* des tableaux, des fleurs, des chevaux, etc. — Ainsi le *tic* regarde proprement les habitudes du corps; et la *manie* les travers de l'esprit. Le *tic* est désagréable : la *manie* est déraisonnable. — *Tic* s'emploie néanmoins quelquefois familièrement au figuré; et *manie* ne se dit guère au physique que de la maladie de ce nom. Au figuré, le *tic* est une petite *manie*, plus puérile, plus ridicule, plus pitoyable que digne d'une censure sérieuse et sévère. — Les petits esprits seront sujets à des *tics;* et les personnes ardentes, à des *manies.* Il y a des gens qui ont le *tic* de mettre la main à tout ce que vous faites, ou leur mot à tout ce que vous dites, et qui ne savent que gâter. Il y a des gens qui ont la *manie* de vouloir tout réformer, tout changer, tout perfectionner, et qui ne feront que bouleverser. (R.)

TIRER, RETIRER. Faire sortir d'un péril, d'une position fâcheuse. — On *tire* une personne d'un danger ou d'une mauvaise position quelconque; on la *retire* d'un grand danger, ou d'un péril où elle s'est fortement engagée, ou enfin d'un danger où soi-même on l'avait exposée.

*Tirer* et *retirer* sont encore synonymes dans le sens de recueillir un avantage, un profit; mais *tirer* exprime simplement le fait, tandis que *retirer* fait entendre que l'on avait prévu ou calculé d'avance ces avantages : « L'instruction, les leçons qu'on peut *tirer* de l'histoire. Il *retire* beaucoup de ce domaine ». (Acad.)

TISSU, TISSURE. Liaison et entrelacement de fils constituant une étoffe. — Le *tissu* est l'ouvrage *tissu*, l'étoffe, la toile même : la *tissure* est la qualité donnée au *tissu*, à l'ouvrage, par la manière dont l'ouvrier a fait le travail (23, page 8). Le *tissu* comprend la matière et ses qualités; il est de soie, de laine, de fil, etc., beau ou laid, fin ou grossier, suivant la matière employée : la *tissure* ne désigne que la qualité de la fabrication, résultant de la main-d'œuvre; elle est lâche ou serrée, égale ou inégale. Au figuré, on n'emploie aujourd'hui que le mot *tissu*.

TOISON. V. *Laine*.

TOLÉRER, SOUFFRIR, PERMETTRE. On *tolère* les choses, lorsque, les connaissant et ayant le pouvoir en main, on ne les empêche pas. On les *souffre*, lorsqu'on ne s'y oppose pas, faisant semblant de les ignorer ou ne pouvant les empêcher. On les *permet*, lorsqu'on les autorise par un consentement formel. — *Tolérer* et *souffrir* ne se disent que pour des choses mauvaises ou qu'on croit telles. *Permettre* se dit et pour le bien et pour le mal. — Les magistrats sont obligés quelquefois de *tolérer* certains maux, de crainte qu'il n'en arrive de plus grands. Il est quelquefois de la prudence de *souffrir* des abus dans la discipline de l'Église, plutôt que d'en rompre l'unité. Les lois humaines ne peuvent jamais *permettre* ce que la loi divine défend; mais elles défendent quelquefois ce que celle-ci *permet*. (G.)

TOMBE, TOMBEAU, SÉPULCRE, SÉPULTURE. La *tombe* et le *tombeau* sont élevés : le *tombeau* est plus élevé que la *tombe*. *Sépulcre* et *sépulture* se distinguent de *tombe* et de *tombeau* par l'idée contraire à celle d'élévation. Notre mot *ensevelir*, tiré du latin *sepelire*, signifie envelopper dans un linceul. La *sépulture* est le lieu où les corps morts sont, suivant sa destination, mis en terre et renfermés. Le *sépulcre* est tout lieu qui renferme profondément, et retient à jamais un corps, comme un gouffre qui l'engloutit. — La *tombe* est proprement la table de pierre, de marbre ou de toute autre matière, élevée ou placée au-dessus de la fosse qui a reçu les ossements, qui contient les cendres des morts. Le *tombeau* est une sorte d'édifice ou un ouvrage de l'art, érigé à l'honneur des morts, pour consacrer et illustrer leur mémoire par l'éloge de leur vie, par des emblèmes, des allégories, etc. Ainsi la *tombe* est humble, simple, modeste devant le *tombeau*. La *tombe* est sous nos pieds, le *tombeau* sur nos têtes : l'une n'est que pour le souvenir, et l'autre est pour la gloire. Ces deux termes se confondent au figuré; mais l'orateur qui sait sa langue, les considère et les emploie sous ces rapports distinctifs : il s'arrête à la *tombe* lorsqu'il parle de l'homme vulgaire; lorsqu'il s'agit des grands, il s'élève au *tombeau*. — L'idée de la *sépulture* n'est pas aussi noire que celle du *sépulcre*. La *sépulture* est proprement le lieu désigné ou consacré, tel que nos cimetières, pour rendre les derniers devoirs aux morts, avec les pieuses et religieuses cérémonies de l'inhumation. Le *sépulcre* est particulièrement le caveau, la fosse, et en général un lieu quelconque qui reçoit, engloutit, consume les corps, les cendres, les dépouilles des morts. La *sépulture* conserve toujours son caractère religieux; mais ce caractère n'est point essentiel au *sépulcre*. Enfin la *sépulture* est commune à plusieurs, à un peuple, à une famille; chaque mort a son *sépulcre*. (R.)

TOMBER. V. *Choir*.

TOMBER A TERRE ou PAR TERRE. V. *Terre*.

TOMBER D'ACCORD. V. *Consentir*.

TOME. V. *Volume*.

TON DE VOIX. V. *Son de voix*.

TONNE, TONNEAU. La *tonne*, dit l'Académie, est plus grande et plus renflée vers le milieu que le *tonneau* : le *tonneau* est donc un diminutif de *tonne* et par conséquent une espèce de *tonne* (35, page 10). En outre l'idée de capacité est plus précise, plus déterminée dans la signification du mot *tonneau*; cette capacité est réglée dans chaque pays, celle de la *tonne* est arbitraire. Par la même raison le mot *tonneau* s'emploie en termes de marine pour désigner la capacité d'un mètre cube ou, ce qui est la même chose, le poids de mille kilogrammes d'eau pure.

TONNERRE, FOUDRE. L'usage vulgaire est d'attribuer au *tonnerre* les propriétés et les effets propres de la *foudre* : cependant il en est aussi essentiellement distingué que l'*éclair*. Le *tonnerre* fait le bruit, comme l'éclair la lumière : *foudre* exprime la matière, ses propriétés, ses effets. Le *tonnerre* est une explosion terrible qui se fait dans les airs; il *tonne* quand la *foudre* éclate. La *foudre* est le feu du ciel, ce feu électrique qui éclate et s'éteint en jetant une vive lumière et avec un bruit *étonnant*. — Un corps va vite comme la *foudre* : un personnage redoutable est craint comme la *foudre* : un héros est un *foudre* de guerre. Ainsi, au figuré, nous conservons à la *foudre* les caractères qu'au propre on attribue vulgairement au *tonnerre*. C'est le bruit qui frappe, effraye, consterne le peuple; et c'est le *tonnerre* qu'il redoute, qu'il fait tomber, qu'il voit frapper et détruire. Cette confusion n'a pas lieu au figuré : nous disons que quelqu'un a une voix de *tonnerre*, pour désigner l'éclat de sa voix; et qu'un orateur lance les *foudres* de son éloquence, pour désigner la force, la véhémence et les effets de son discours. (R.)

TORS, TORTU, TORDU, TORTUÉ, TORTILLÉ, TORTUEUX. « L'idée commune de ces mots est d'aller en *tournant*, au lieu d'aller droit, ou de prendre au lieu de la direction naturelle une direction oblique ou détournée. »

« L'adjectif *tors* indique simplement la direction d'un corps qui va tournant en long et de biais, mais sans marquer un défaut dans la chose *torse* : aussi cette direction est-elle avantageuse dans le fil *tors* pour sa destination, et agréable dans la colonne *torse*. L'ancien usage s'est maintenu de dire col *tors*, jambe *torse* ou *torte*; mais dans ce cas-là même, cette direction n'est qu'accidentellement un défaut que l'épithète n'exprime plus. »

« L'adjectif *tortu* emporte au contraire une idée de défaut ou de censure. Un corps est *tortu*, quand au lieu d'être droit comme il devrait l'être, il est de travers, contrefait, mal tourné. Un homme contrefait ou fait de travers, est *tortu*. On se plaint du chemin *tortu* qui va tout en zigzag : on rejette le bois *tortu*. Au figuré, on dit esprit *tortu*, mal fait, de travers. »

« Un corps peut être ou naturellement ou accidentellement *tortu*. Mais il n'y a de *tordu* que ce qu'on a *tordu* de force, ou en changeant avec effort sa direction propre et naturelle. Ce participe passif suppose l'action de *tordre* et marque l'effet éprouvé par le sujet. Si le corps *tordu* conserve sa tournure accidentelle, il reste *tortu* ou contourné : *tortu* indique l'état habituel ou la direction permanente du corps. »

« Comme le participe *tordu* exprime un rapport à l'action de *tordre*, ou à l'événement de se *tordre*, le participe *tortué* exprime de même un rapport à l'action de *tortuer* et à l'événement de se *tortuer*. Ce dernier verbe signifie tourner en divers sens, fausser, courber, rebrousser des choses solides, qui, par là, se déforment, et qui conservent une direction contraire à leur destination. Vous *tortuez* une aiguille, la pointe d'un compas, une règle, qui ne sont plus propres alors ou qui le sont moins pour l'usage qu'on en fait. »

« *Tortillé* a également le rapport propre au participe. *Tortiller* signifie tordre à plusieurs tours plus ou moins serrés; et il se dit proprement des corps flexibles, faciles à plier. On *tortille* des fils, des cheveux, des brins d'osier, de la filasse, du papier, etc., pour en faire quelque ouvrage ou pour leur donner une forme particulière. Il y a donc un dessein et un objet particulier dans l'objet *tortillé*, et ce mot, comme le mot *tors*, n'emporte pas un défaut. »

« *Tortueux* signifie ce qui fait beaucoup de tours et retours, comme une rivière, un serpent, un chemin qui se détourne pour retourner sur lui-même. Au figuré, il désigne l'obliquité de la marche et des voies de celui qui cache ses desseins et son but. » (R.)

TORT, PRÉJUDICE, DOMMAGE, DÉTRIMENT. *Tort* est l'expression générale : il se dit de toute espèce de perte, de lésion, de dérangement, dans la fortune, dans les projets, les desseins, les entreprises, etc., causés par des personnes à d'autres personnes. — Le *préjudice* est un *tort* qui résulte des rapports désavantageux d'une chose à l'égard d'une autre. Une nouvelle maison de commerce qui fait concurrence à d'autres et leur enlève des bénéfices, leur porte *préjudice*. — Le *dommage* est un anéantissement ou une diminution de valeur, opérée sur un objet ; ce qui devient un *tort* pour le propriétaire de cet objet. Des bestiaux étrangers qui entrent dans un pré ou dans un champ y font du *dommage*. — Le *détriment* est un *tort* qui résulte d'une chose qui en détériore une autre, et tend à l'anéantir ou l'anéantit en effet. *Détriment* ne se dit guère qu'au figuré : j'avais des prétentions à une place ; vous l'avez obtenue à mon *détriment* ; par là mes espérances et mes prétentions ont été détruites. — *Tort*, dans un sens plus restreint, se dit par opposition à *droit*, et c'est ainsi qu'on l'entend dans les tribunaux. Le *tort* en ce sens blesse le droit de celui à qui on le fait. Dans ce sens, on peut causer un *préjudice* à quelqu'un sans lui faire *tort*, c'est-à-dire sans blesser son droit. Je vous cause un *préjudice* en construisant une maison devant la vôtre ; mais je ne vous fais point *tort*, si vous n'aviez pas le droit de m'en empêcher. (L.)

Le *tort* blesse le droit de celui à qui on le fait. Le *préjudice* nuit aux intérêts de celui à qui on le porte. Le *dommage* cause une perte à celui qui le souffre. Le *détriment* détériore la chose de celui qui le reçoit. — L'auteur du *tort* fait son bien ou se satisfait par le mal d'autrui. L'auteur du *préjudice* fait son affaire, dont il résulte quelque mal pour autrui. L'auteur du *dommage* fait une action qui fait le mal d'autrui. L'auteur du *détriment* fait une chose qui devient un mal pour autrui. (R.)

TORTUEUX, SINUEUX. V. *Sinueux*.

TORTUEUX, TORTU. V. *Tors*.

TOT. V. *Vite*.

TOTALEMENT, EN TOTALITÉ. V. *Entièrement*.

TOUCHANT, PATHÉTIQUE. V. l'article suivant.

TOUCHER, ÉMOUVOIR. L'action de *toucher* fait une impression dans l'âme : l'action d'*émouvoir* lui cause une agitation. L'impression produit l'agitation : ce qui vous *touche* vous émeut ; si vous êtes *ému*, vous avez été *touché*. L'orateur a pour objet d'*émouvoir*, et il emploie les moyens de *toucher*. Pour *émouvoir* l'âme il faut la *toucher*, comme il faut *toucher* un corps pour le *mouvoir*. — Ce qui *touche* excite la sensibilité : ce qui *émeut* excite une passion. On est *touché* de pitié, de compassion, de repentir, etc.; on est *ému* de pitié, de peur, de colère, etc. On cherche à vous *toucher* pour vous attendrir, vous gagner, vous ramener, vous inspirer des sentiments favorables, meilleurs, plus convenables : on vous *émeut*, même sans le chercher, et quelquefois en vous offensant, en vous irritant, en vous révoltant, en vous causant des mouvements fâcheux, défavorables, mauvais. L'action d'*émouvoir* s'étend donc plus loin que celle de *toucher*. On est *ému* et non pas *touché* de colère. — L'adjectif *touchant* désigne, comme *toucher*, ce qui excite la sensibilité; et l'adjectif *pathétique* désigne, comme *émouvoir* et littéralement, ce qui excite la *passion*. Le *pathétique* produit des sentiments ou violents ou tendres : le *touchant* ne produit que des sentiments tendres et doux. Un discours *pathétique* vous inspire l'indignation comme la miséricorde : un objet *touchant* ne vous inspire que de l'affection. — *Pathétique* ne se dit que du discours, des mouvements, des sons, des accents, du chant, des signes expressifs et capables d'*émouvoir* le cœur ou les passions : *touchant* se dit également des choses, des objets, des événements qui affectent le cœur de manière à l'intéresser. Le propre du *pathétique* est d'exprimer ou de présenter le tableau le plus fort des objets propres à *toucher*, à *émouvoir*, à exciter les passions : mais un malheureux, un accident, un plaisir est *touchant* par soi-même. Un discours est *touchant* et *pathétique* : une beauté muette est *touchante* et non *pathétique*. L'état de celui qui souffre est *touchant*, et ses accents sont *pathetiques*. — Enfin l'adjectif *touchant* n'indique, par sa terminaison, que ce qui touche, ce qui produit présentement cet effet (40, page 12) : *pathétique* exprime, par la sienne, ce qui a en soi la propriété, la vertu, d'*émouvoir*; ce qui est fait et employé pour *émouvoir*, pour produire cet effet (46, page 14). (R.)

TOUCHER, MANIER. On *touche* plus légèrement : on *manie* à pleine main. On *touche* une colonne pour savoir si elle est de marbre ou de bois : on *manie* une étoffe pour connaître si elle a du corps et de la force. — Il y a du danger à *toucher* ce qui est fragile : il n'y a point de plaisir à *manier* ce qui est rude. (G.)

TOUCHER, REGARDER. V. *Regarder, concerner*.

TOUCHER (LE). V. *Tact*.

TOUJOURS, CONTINUELLEMENT. Ce qu'on fait *toujours* se fait en tout temps et en toute occasion. Ce qu'on fait *continuellement* se fait sans interruption et sans relâche. — Il faut *toujours* préférer son devoir à son plaisir. Il est difficile d'être *continuellement* appliqué au travail. Pour plaire en compagnie, il faut y parler *toujours* bien, mais non pas *continuellement*. (G.)

TOUR, CIRCONFÉRENCE, CIRCUIT. Dans l'acception présente, le *tour* est la ligne qu'on décrit ou l'espace qu'on parcourt en suivant la direction courbe des parties extérieures d'un corps ou d'une étendue, de manière à revenir au point d'où l'on était parti. La *circonférence* est la ligne courbe décrite ou formée par les parties du corps ou de l'espace les plus éloignées du centre [1]. Le *circuit* est la ligne ou le terme auquel aboutissent et dans lequel se renferment les parties d'un corps ou d'une étendue, en s'éloignant de la ligne droite ou en formant des *tours*, des détours, des retours. — Vous faites le *tour* de votre jardin : des remparts font le *tour* de la ville, un bracelet fait le *tour* du bras; c'est-à-dire que ces objets suivent le *tour* ou la direction de la chose en tournant autour d'elle. Vous ne faites pas la *circonférence* d'un corps; mais le corps a sa *circonférence;* elle est marquée par l'extrémité de ses parties, de ses rayons. Vous ne faites pas le *circuit* de la chose; mais la chose fait un *circuit* dans lequel elle se renferme, ou vous tracez le *circuit* qui doit former en quelque sorte son enceinte. — *Tour* est le terme vulgaire, et qui ne se prend pas toujours dans un sens rigoureux : on dit qu'on a fait le *tour* de la ville, quand on a été dans ses différents quartiers. *Circonférence* est un terme de géométrie; et si à toute rigueur ce terme regarde proprement le cercle, il est néanmoins astreint à la rigueur géométrique des rapports que l'on envisage et des calculs que l'on fait, lorsqu'on l'applique à des figures irrégulières dont il désigne la courbure. *Circuit* est un terme détourné de son sens propre, qui est de s'éloigner de la ligne droite ou de faire des détours. — *Tour* se dit indifféremment de toute sorte d'objets : le *tour* du doigt, le *tour* d'une île, le *tour* du monde. *Circonférence* regarde proprement les figures circulaires : la *circonférence* d'un cercle, d'un globe, d'une boule, d'un ballon. *Circuit* s'applique particulièrement à des espaces d'une certaine étendue : le *circuit* d'une ville, d'une forêt, d'une province. (R.)

TOUR, TOURNURE. Au figuré : manière d'être, disposition, tendance, en parlant des affaires, du style, de l'esprit. — Les choses prennent ou reçoivent un certain *tour*, et il en résulte une *tournure* particulière : le mot *tournure* exprime donc quelque chose de particulier; ce que ne fait pas le mot *tour*, dont le sens est très-général et très-vague. « Toute forme, dit Roubaud, a un certain *tour;* mais la *tournure* annonce la forme caractéristique ou habituelle, la manière d'être ou l'état des choses. Selon la *tournure* d'esprit et de caractère des personnes à qui vous parlez, vous donnez un *tour* ou un autre aux choses que vous leur dites. Un écrivain original a sa *tournure* propre et distinctive, sa manière : un vulgaire écrivain n'a que des *tours* communs, l'air d'un copiste ».

Ensuite, comme la terminaison *ure* sert ordinairement à exprimer

1. La *circonférence* est rigoureusement la ligne courbe qui termine le cercle, et dont tous les points sont également distants du centre du cercle. C'est du reste ce que Roubaud fait entendre quelques lignes plus bas.

une idée d'ensemble (23, page 8), on devra préférer *tournure* à *tour* chaque fois qu'il s'agira d'un ensemble, d'un tout formé de la réunion, de l'assemblage de plusieurs choses du même genre. « Vous direz plutôt un *tour* de phrase, et la *tournure* du style ». (Roubaud.) De même : « Cette affaire prend un bon *tour* », c'est-à-dire, elle commence bien, elle s'annonce bien : « Le succès de votre affaire dépend de la *tournure* qu'on y donnera » (Acad.); c'est-à-dire, dépend de la manière dont elle sera présentée dans son ensemble et dans ses détails

TOURMENT. V. *Agitation*.

TOURMENTER. V. *Vexer*.

TOURNER, TOURNOYER. Se mouvoir en rond. — *Tournoyer* est le fréquentatif de *tourner*; il signifie *tourner* en faisant plusieurs tours et irrégulièrement : « Cet homme ne fait que *tournoyer*; ce fleuve après avoir *tournoyé* dans une plaine de longue étendue, se jette dans la mer ». (Acad.)

TOURNURE. V. *Tour*.

TOUS COTÉS (DE), DE TOUTES PARTS. V. *De tous côtés*.

TOUT, CHAQUE. Ces deux mots désignent également la totalité des individus de l'espèce exprimée par le nom appellatif avant lequel on les place. Mais *tout* suppose uniformité dans le détail, et exclut les exceptions et les différences : *chaque* au contraire suppose et indique nécessairement des différences dans le détail. — *Tout homme* a des passions : c'est une suite nécessaire de sa nature. *Chaque homme* a sa passion dominante : c'est une suite nécessaire de la diversité des tempéraments. (B.)

TOUT, TOUT LE, TOUS LES. « Quoique le mot *tout* désigne toujours une totalité, il la marque cependant diversement, selon la manière dont il est construit. »

« *Tout*, au singulier et employé sans l'article *le* devant un nom appellatif, est lui-même article universel collectif; il marque la totalité des individus de l'espèce signifiée par le nom, et les fait considérer sous le même aspect et comme susceptibles du même attribut, sans aucune différence distinctive. »

« *Tout*, au singulier et suivi de l'article indicatif *le* avant un nom appellatif, est alors un adjectif physique qui exprime la totalité, non des individus de l'espèce, mais des parties intégrantes qui constituent l'individu. »

« De là vient l'énorme différence de ces deux phrases : *Tout homme* est sujet à la mort, et *tout l'homme* est sujet à la mort. La première veut dire qu'il n'y a pas un seul homme qui ne soit sujet à la mort, vérité dont la méditation peut avoir une influence utile sur la conduite des hommes; la seconde signifie qu'il n'y a aucune partie de l'homme qui ne soit sujette à la mort, erreur dont la croyance pourrait entraîner les plus grands désordres. »

« *Tous*, au pluriel et suivi de *les* avant un nom appellatif, reprend la fonction d'article universel collectif, et marque la totalité des individus de l'espèce sans exception, comme *tout* sans *le* au singulier : voici la différence qu'il y a alors entre les deux nombres. »

« *Tout*, au singulier, marque la totalité physique des individus de l'espèce, dans les cas où l'attribut est en matière nécessaire ; et c'est pour cela qu'alors on ne doit pas le joindre à *le*, qui a la même destination, V. l'article *Homme* (*l'*) ; il y aurait périssologie, puisqu'il y aurait inutilement double indication du même point de vue. *Tous les*, au pluriel, marque la totalité physique des individus de l'espèce dans les cas où l'attribut est en matière contingente. *Les* est alors le signe convenu de la possibilité des exceptions ; mais cette possibilité peut exister sans le fait ; et pour le marquer, quand il est nécessaire, on joint *tous* avec *les*, afin de déclarer formellement exclues les exceptions que *les* pourrait faire soupçonner. »

« S'il est question, par exemple, d'un détachement de trois cents hommes, que l'on a d'abord crus enlevés avec leurs équipages, il y aura bien de la différence entre dire : *Les soldats* reparurent, mais *les bagages* ne revinrent pas ; et dire : *Tous les soldats* reparurent, mais *tous les bagages* ne revinrent pas. »

« Par la première phrase, on fait entendre seulement que le gros de la troupe reparut, sans répondre numériquement des trois cents ; et que rien des bagages ne revint, ou du moins qu'il en revint bien peu de chose : par la seconde phrase, on assure sans exception que les trois cents soldats reparurent ; mais on fait entendre qu'il ne revint qu'une partie des bagages. » (B.)

TOUT, LE. « *Le* et *tout*, comme on vient de le dire dans l'article précédent, marquent également la totalité physique des individus de l'espèce signifiée par le nom appellatif : ils sont donc synonymes à cet égard, et il faut voir quelles sont les différences qui peuvent les distinguer dans l'usage. »

« *Le* ne marque la totalité des individus que secondairement et indirectement, parce qu'il désigne primitivement et directement l'espèce. *Tout* marque au contraire primitivement et directement la totalité physique des individus, et ne peut désigner l'espèce que secondairement et indirectement. »

« *Le* marque la totalité des individus, parce que l'espèce les comprend tous : *tout* désigne l'espèce, parce que la totalité des individus la constitue. »

« Le choix entre ces deux articles doit donc se régler sur la différence des applications que l'on a à faire de la proposition universelle. »

« *Le* doit être préféré, si l'on veut établir un principe général pour en tirer des conséquences également générales. *L'homme* est faible et continuellement exposé à de dangereuses tentations : il a donc un besoin perpétuel de la grâce pour ne pas succomber. »

« *Tout* est mieux, si l'on veut passer d'un principe général à des conséquences et à des applications particulières. *Tout homme* est faible et continuellement exposé à de dangereuses tentations : par quel privilége particulier prétendez-vous donc n'avoir rien à craindre de celles auxquelles vous vous exposez de gaieté de cœur? » (B.)

TOUTEFOIS. V. *Pourtant.*

TRACE. V. *Vestige.*

TRADUCTION, VERSION. On dit, en parlant des saintes Écritures, la *version* des Septante, la *version* vulgate; et l'on ne dirait pas de même, la *traduction* des Septante, la *traduction* vulgate : on dit au contraire que Vaugelas a fait une excellente traduction de Quinte-Curce, et l'on ne pourrait pas dire qu'il en a fait une excellente *version*. — Il me semble que la *version* est plus littérale, plus attachée aux procédés propres de la langue originale, et plus asservie dans ses moyens aux vues de la construction analytique; et que la *traduction* est plus occupée du fond des pensées, plus attentive à les présenter sous la forme qui peut leur convenir dans la langue nouvelle, et plus assujettie dans ses expressions aux tours et aux idiotismes de cette langue. — La *version* littérale trouve ses lumières dans la marche invariable de la construction analytique, qui sert à lui faire remarquer les idiotismes de la langue originale et à lui en donner l'intelligence, en remplissant ou indiquant le remplissage des vides de l'ellipse, en supprimant ou expliquant les redondances du pléonasme, en ramenant ou rappelant à la rectitude de l'ordre naturel, les écarts de la construction usuelle. — La *traduction* ajoute aux découvertes de la *version* littérale le tour propre du génie de la langue dans laquelle elle prétend s'expliquer : elle n'emploie les secours analytiques que comme des moyens qui font entendre la pensée; mais elle doit la rendre, cette pensée, comme on la rendrait dans le second idiome, si on l'avait conçue de soi-même, sans la puiser dans une langue étrangère. — La *version* ne doit être que fidèle et claire. La *traduction* doit avoir de plus de la facilité, de la convenance, de la correction, et le ton propre à la chose, conformément au génie du nouvel idiome. — L'art de la *traduction* suppose nécessairement celui de la *version*; et c'est pour cela que les premiers essais de *traductions* que l'on fait faire aux enfants dans les colléges, du grec ou du latin en français, sont très-bien nommés des *versions*. — Dans les *versions* latines, grecques, syriaques, arabes, etc., de l'Écriture sainte, les auteurs ont tâché, par respect pour le texte sacré, de le suivre littéralement, et de mettre en quelque sorte l'hébreu même à la portée du vulgaire, sous les simples apparences du latin, du grec, du syriaque, de l'arabe, etc.; mais il n'y a point proprement de *traduction*, parce que ce n'était pas l'intention des auteurs de rapprocher l'hébraïsme du génie de la langue dans laquelle ils écrivaient. — Nous pourrions donc avoir en français *version* et *traduction* du même texte, selon la manière dont on le rendrait dans notre langue; et en voici la preuve sur le verset 19 du premier chapitre de l'Évangile selon S. Jean. — « Les Juifs lui envoyèrent de Jérusalem des prêtres et des lévites, afin qu'ils l'interrogeassent : Qui es-tu »? Voilà la *version*, où l'hébraïsme pur se montre d'une manière évidente dans cette interrogation directe. — Adaptons le tour de notre langue à la même pensée, et disons : « Les Juifs lui envoyèrent de Jérusalem des prêtres et des lévites, pour savoir de lui qui il était » : et nous aurons une *traduction*. (B.)

TRAFIC. V. *Commerce*.

TRAIN, ÉQUIPAGE. Le *train* regarde la suite; et l'*équipage*, le service. On dit un grand *train*, et un bel *équipage*. — Il n'appartient qu'aux princes d'avoir des *trains* nombreux et de superbes *équipages*. (G.)

TRAINARD, TRAINEUR. Ces mots se disent des soldats qui restent en arrière de la troupe avec laquelle ils doivent marcher. — Le *traineur* ne traîne que parce que les forces lui manquent pour le moment; ce n'est pas chez lui une habitude; la fatigue, la maladie ou les blessures trahissent sa volonté. Le *trainard* est *traineur* par caractère; il manque de volonté et d'énergie, et son habitude est d'être toujours en arrière des autres (41, page 12). Comme ce mot indique les dispositions, le caractère du sujet, il se dit, par extension, d'un homme lent ou négligent.

TRAINER, ENTRAINER. Tirer après soi, mener de force. — *Trainer*, c'est l'action simple de tirer après soi : « *Entrainer*, dit Roubaud, c'est *trainer en, dans* ou *avec soi*, dans un lieu ou un nouvel état, malgré l'opposition et la résistance de la chose ». *Entrainer* exprime donc une action moins ordinaire que *trainer*, et suppose des efforts, de la violence de la part du sujet qui agit, et une grande résistance de la part de l'objet (6, page 4); tout au moins il exprime la rapidité de l'action.

« On *traine* en prison l'homme que l'on contraint: on y *entraine* celui qu'on y emporte, pour ainsi dire, malgré tous ses efforts. On *traine* ce qu'on ne peut pas porter, on *entraine* ce qui ne veut pas aller. L'action de *trainer* demande sans doute souvent une force qui triomphe d'une résistance; elle est lente quelquefois. L'action d'*entrainer* demande une grande force qui triomphe de toute résistance; elle a un prompt ou un grand effet. Le ruisseau *traine* du sable, le torrent *entraine* tout ce qu'il rencontre. Des chevaux *trainent* un char; le char *entraine* les chevaux, dans une pente rapide. » (R.)

TRAINEUR. V. *Trainard*.

TRAITE, TRAJET, TROTTE. *Traite* est le latin *tractus*, trait, trainée, ligne tirée : son idée propre est celle de longueur et d'étendue. *Trajet* est le latin *trajectus* : l'idée propre de ce mot est celle de passage à travers. — La *traite* est donc proprement l'étendue de l'espace ou du chemin qu'il y a d'un lieu à un autre, ou entre l'un et l'autre :

le *trajet* est le passage qu'il faut traverser ou franchir pour aller d'un lieu à un autre. — La *traite* vous mène à un lieu; il faut en parcourir la longueur pour arriver au terme. Le *trajet* vous sépare d'un lieu; il faut aller par delà pour parvenir au terme. — On dit proprement *traite* en parlant de la terre; et *trajet* en parlant des eaux. On dit le *trajet* et non la *traite* de Calais à Douvres. Les eaux coupent le chemin, il faut les passer, les *traverser;* c'est un *trajet;* les chemins de terre sont continus, il faut les suivre, c'est une *traite.* — La *traite* et le *trajet* ne sont pas les chemins ou les passages considérés en eux-mêmes; la *traite* est le chemin que nous faisons ou que nous avons à faire; le *trajet* est le passage que nous traversons ou que nous avons à traverser. Je veux dire que ces termes ont un rapport nécessaire à notre marche, à notre action de parcourir, de franchir les distances. Ainsi nous disons *faire une traite, faire un trajet,* pour exprimer et mesurer notre marche. — On dit populairement *trotte* dans ce dernier sens de *traite :* une bonne *trotte* est de même une longue course, mais qu'on fait à grands pas; un long espace, mais qu'il faut parcourir vite, comme au *trot,* en *trottant,* d'une manière incommode et pressée. (R.)

TRAITÉ, DISSERTATION. La *dissertation* est ordinairement moins longue que le *traité.* Dailleurs le *traité* renferme toutes les questions générales ou particulières de son objet; au lieu que la *dissertation* n'en comprend que quelques questions générales ou particulières. Ainsi un *traité* d'arithmétique est composé de tout ce qui appartient à l'arithmétique : une *dissertation* sur l'arithmétique n'envisage cette science que sous quelques-unes de ses faces générales ou particulières. Si l'on compose sur une matière autant de *dissertations* qu'il y a de différents points de vue sous lesquels l'esprit peut la considérer, si chacune de ces *dissertations* est d'une étendue proportionnée à son objet particulier, et si elles sont toutes enchaînées par quelque ordre méthodique, on aura un *traité* complet de cette matière. (L.)

TRAITÉ, MARCHÉ. L'idée propre et dominante du *traité* est celle de fixer les conventions et d'établir les stipulations respectives des parties. L'idée propre et dominante du *marché* est celle de s'accorder sur le prix des choses, et de faire un échange de valeurs ou de services. — On négocie pour faire un *traité;* il y a des intérêts considérables à régler. On marchande pour faire un *marché;* il s'agit d'obtenir un bon prix. Vous ferez un *traité* avec un entrepreneur de bâtiments, pour la construction d'un hôtel : vous avez fait *marché* avec votre cordonnier pour qu'il vous chausse. — Il faut savoir les affaires pour faire des *traités* convenables : il faut savoir la valeur des choses pour faire de bons *marchés.* (R.)

TRAITER MAL. V. *Maltraiter.*

TRAJET. V. *Traite.*

TRAMER. V. *Ourdir.*

**TRANCHANT, DÉCISIF, PÉREMPTOIRE.** On dit des raisons, des arguments, des moyens *tranchants, décisifs, péremptoires.* — *Tranchant*, qui *tranche*, coupe, sépare en coupant, taille, divise en long ou en travers : tout le monde connaît l'effet d'un instrument *tranchant. Décisif*, qui *décide*, juge, résout. *Péremptoire*, qui *périme*, qui fait tomber l'action, l'opposition. On a appelé *péremptoire* ce qui met fin au débat entre les plaideurs, et ne permet plus à un adversaire de tergiverser. Dans le style dogmatique, c'est ce contre quoi il n'y a rien à alléguer, ce qui est sans réplique. — Le mot *tranchant* marque particulièrement ici l'efficacité du moyen et la promptitude de l'effet qu'il produit. *Décisif* annonce la discussion et le moyen qui est propre pour la terminer. *Péremptoire* indique l'opposition et un moyen qui doit la faire cesser. — Ce qui lève les difficultés et aplanit les obstacles tout d'un coup est *tranchant*. Ce qui ne laisse plus de doute et entraîne le jugement, est *décisif*. Ce qui ne souffre plus d'opposition et interdit la réplique, est *péremptoire.* — *Tranchant* et *décisif* se disent des personnes. L'homme *tranchant* ne voit point de difficulté : l'homme *décisif* n'a point de doute. A la confiance de celui-ci, l'autre ajoute l'arrogance. Le personnage *tranchant* veut vous imposer : le personnage *décisif* s'en fait accroire. Celui-là prend un ton et un air d'autorité : celui-ci a le ton sec et un air de mérite. Il n'y a pas à raisonner avec le premier; il n'est pas aisé de raisonner avec le second. (R.) V. *Décidé*.

**TRANQUILLE, CALME, RASSIS, POSÉ.** Ces quatre adjectifs indiquent en général une situation de l'âme exempte de trouble, d'inquiétude, d'agitation. — *Tranquille* exprime cette situation purement et simplement. Un homme est *tranquille*, lorsqu'il n'a rien qui le trouble, qui l'inquiète. — *Calme* a un rapport particulier à une agitation violente qui a précédé. Il se dit des choses et des personnes. La mer est *calme* après une violente tempête; un homme est *calme* après un accès de colère et de fureur; il est *calme* au milieu d'une tempête, d'un grand danger; il est *calme* au milieu des tourments. Ici l'expression marque une opposition avec l'état actuel de trouble et d'agitation au dehors. Lorsqu'un malade, après une agitation médiocre, est rendu à un état moins agité, on dit qu'il est plus *tranquille;* lorsqu'il passe d'une agitation violente à une agitation moins violente, on dit qu'il est plus *calme.* — *Rassis* indique que par la diminution et enfin par la cessation de toute agitation, la chose se retrouve dans son état naturel, et dégagée de toute espèce d'influence étrangère. C'est par cette raison qu'on dit qu'un homme est *rassis*, lorsque l'âge ayant amorti chez lui les passions et les autres mouvements qui pouvaient troubler son âme, il reste le maître de ses facultés intellectuelles, et n'éprouve rien qui en puisse troubler l'exercice. — Une âme *tranquille* n'éprouve aucun trouble, aucune peine, aucune inquiétude; une âme *calme* est sortie d'un état violent, ou reste impassible à la vue ou au milieu des plus grands maux. Un homme *rassis* n'est plus troublé par les passions de la jeunesse ; un homme *posé* a une marche lente et ferme que rien ne peut déranger. (L.)

TRANQUILLITÉ, PAIX, CALME. Ces mots, soit qu'on les applique à l'âme, à l'État, ou à quelque société particulière, expriment également une situation exempte de trouble et d'agitation : mais celui de *tranquillité* ne regarde précisément que la situation en elle-même, et dans le temps présent, indépendamment de toute relation : celui de *paix* regarde cette situation par rapport au dehors et aux ennemis qui pourraient y causer de l'altération : celui de *calme* la regarde par rapport à l'événement, soit passé, soit futur; en sorte qu'il la désigne comme succédant à une situation agitée ou comme la précédant. — On a la *tranquillité* en soi-même, la *paix* avec les autres, et le *calme* après l'agitation. — Les gens inquiets n'ont point de *tranquillité* dans leur domestique[1]. Les querelleurs ne sont guère en *paix* avec leurs voisins. Plus la passion a été orageuse, plus on goûte le *calme*. (G.)

TRANSCRIRE, COPIER. *Transcrire* signifie écrire une seconde fois, transporter sur un autre papier, porter d'un livre dans un autre. *Copier*, c'est, à la lettre, multiplier la chose, en tirer un double ou des doubles, former des exemplaires pour multiplier la chose, l'avoir en abondance, *copia*. — Vous *transcrivez* pour mettre au net, en forme, en règle, en état, dans un endroit convenable. Vous *copiez* pour multiplier, distribuer, répandre, conserver. — Un marchand *transcrira* chaque jour la feuille de ses ventes et de ses achats, sur ses livres de comptes, pour être en règle. Avant l'invention de l'imprimerie, il fallait *copier* les ouvrages à la main. — *Transcrire* annonce une conformité littérale, exacte, parfaite, sauf le cas d'une correction nécessaire : *copier* ne désigne quelquefois qu'une ressemblance plus ou moins frappante. — Il est superflu d'observer que *transcrire* ne se dit qu'à l'égard de l'écriture; et qu'on *copie* des tableaux, des dessins, des manières, des actions, des personnes, tout ce qui s'imite. (R.

TRANSES. V. *Affres*.

TRANSFÉRER. V. *Transporter, transférer*.

TRANSFORMATION. V. *Métamorphose*.

TRANSFUGE. V. *Déserteur*.

TRANSGRESSER. V. *Contrevenir*.

TRANSLATION. V. *Transporter, transférer*

TRANSPARENT. V. *Diaphane*

TRANSPORTER, PORTER. V. *Porter*.

TRANSPORTER, REPORTER. Porter à un autre endroit une note, un passage d'un livre, un nombre écrit, etc. — *Transporter* exprime simplement l'action de porter ailleurs (16, page 6) : « On pourrait

1. C'est-à-dire dans l'intérieur de leur maison, dans leur ménage : « Je ne veux pas qu'on sache ce qui se passe dans mon *domestique* ». (Acad.)

*transporter* cette note à la fin du mémoire ». *Reporter*, c'est 1° porter de nouveau la chose, la répéter (5, page 3) : « Il faudra *reporter* ce total au haut de la page suivante » (Acad.); 2° porter la chose à sa véritable place, là où elle aurait dû être mise d'abord : « Ce paragraphe doit être *reporté* à tel chapitre ». (Id.)

*Se transporter, se reporter* signifient se porter en imagination; mais *se reporter* ne se dit que par rapport à un temps antérieur que l'on connaît déjà, et auquel on revient par la pensée : « Si je me *reporte* aux beaux jours de mon enfance ». (Acad.) *Se transporter* a rapport non-seulement à un temps passé, mais aussi à un temps futur et même à l'espace : « *Transportons*-nous en imagination dans l'avenir; *Transportez*-vous dans le passé ». (Acad.) On *se reporte* à une époque passée pour revoir les faits historiques; on *s'y transporte* pour apprécier convenablement les faits, pour juger impartialement les hommes, d'après les mœurs, les opinions, les croyances de cette époque.

TRANSPORTER, TRANSFÉRER. TRANSPORT, TRANSLATION. *Transporter* et *transférer* supposent également l'action de porter d'un lieu à un autre : mais vous dites *transporter*, toutes les fois que vous voulez rendre l'idée propre de *porter*; et vous dites *transférer*, lorsqu'il s'agit de faire changer de place à un objet, sans le *porter*. On *transporte* des marchandises, des denrées, de l'argent qu'on porte, qu'on voiture; et on ne les *transfère* pas : on *transfère* un marché, une fête, une résidence qu'on change, qu'on place, qu'on établit ailleurs; et on ne les porte ni ne les voiture. On *transporte* ses meubles, et on *transfère* sa résidence; on *transfère* les cimetières, et on *transporte* les ossements. On *transporte* ou l'on *transfère* le siége d'un empire; car au propre on *porte* un siége d'un lieu à un autre. — On *transporte* enfin des choses mobiles : on *transfère* des objets stables par eux-mêmes. Vous *transportez* des provisions, des secours, tout ce qui est portatif : vous *transférez* un tribunal, un établissement, ce qui a par soi une consistance fixe. — Il est clair que la *translation* ne regarde que certains objets, et qu'elle se fait de différentes manières; mais que le *transport* se fait de telle manière et qu'il embrasse un plus grand nombre de choses. Toutes les fois que l'idée physique de *transport* n'est pas assez rigoureusement applicable à l'objet, dans un sens figuré et moral, il convient mieux de dire *translation* : ce qui n'empêche pas qu'on ne dise souvent *transporter* dans le sens particulier et moral de *transférer*; car le premier de ces verbes est comme le genre à l'égard du second. (R.)

TRAVAIL, BESOGNE. *Travail* se dit d'un ouvrage quelconque; il n'a rapport qu'à l'action de faire, de travailler. La *besogne* est un ouvrage que l'on s'est imposé, que l'on s'est engagé de faire, que l'on a besoin de faire, qu'on est obligé de faire : la *besogne* est d'obligation, le *travail* est ordinairement libre. (L.)

TRAVAIL, LABEUR. Ces termes ne se distinguent, dans l'usage

ordinaire, que par les différents degrés de peine que donne un ouvrage. Le *travail* est une application soigneuse; le *labeur* est un *travail* pénible. Le *travail* occupe nos forces; le *labeur* exige des efforts soutenus. — L'homme est né pour le *travail* : le malheureux est condamné au *labeur*. Les difficultés obligent au *travail* : les grands obstacles imposent un *labeur*. Le *travail* assidu vient à bout de tout : le *labeur* opiniâtre (*labor improbus*) triomphe de tout. (R.)

TRAVERS (A), AU TRAVERS. *A travers* marque purement et simplement l'action de passer par un milieu, et d'aller par delà ou d'un bout à l'autre. *Au travers* marque proprement ou particulièrement l'action et l'effet de pénétrer dans un milieu, et de le percer de part en part ou d'outre en outre. Vous passez *à travers* le milieu qui vous laisse un passage, une ouverture, un jour : vous passez *au travers* d'un milieu dans lequel il faut vous faire un passage, faire une ouverture, vous faire jour pour passer. Là vous avez la liberté de passer, rien ne s'y oppose : ici vous trouvez de la resistance, il faut la forcer. — Il est constant que nous disons plutôt passer son épée *au travers* du corps, et passer *à travers* les champs. L'épée passe *au travers* du corps en le perçant d'outre en outre; et vous passez *à travers* les champs, en les parcourant dans un sens d'un bout à l'autre. — Le vent passe *à travers* une porte mal jointe ou mal fermée, par les fentes, par les jointures. La balle d'un fusil passe *au travers* de la porte en la perçant. — Vous passerez *à travers* ou *au travers* de la foule, des obstacles, des flammes, des périls mêmes, selon qu'ils vous laisseront des issues ou qu'il faudra les forcer ou vaincre leur résistance. (R.)

TRAVESTIR. V. *Déguiser*.

TRÉBUCHER, BRONCHER. Ces mots désignent l'accident de faire un faux pas. C'est en ce sens que *trébucher* est synonyme de *broncher*, qui ne se dit que des animaux, au lieu que *trébucher* se dit des choses; mais alors il signifie *tomber*. — On *trébuche*, lorsqu'on perd l'équilibre et qu'on va tomber. On *bronche*, lorsqu'on fait un faux pas, qu'on cesse d'aller droit et ferme, pour avoir *choppé*, heurté contre un corps pointu ou éminent, une souche, des racines, des débris, enfin une pierre d'achoppement. — Celui qui n'a pas le pied ferme est sujet à *trébucher*; celui qui marche dans un mauvais chemin est sujet à *broncher*. Il ne faut qu'un petit caillou pour vous faire *broncher* : si vous perdez l'équilibre, vous *trébuchez*. On peut *broncher* et se redresser tout de suite : si l'on ne tombe pas en *trébuchant*, du moins on chancelle. (R.)

TREILLIS, TREILLAGE. Ouvrage de métal ou de bois formant de petits carrés ou des losanges. « Le *treillis* est un ouvrage de métal ou de bois qui imite les mailles en losange d'un filet, et qui sert de clôture, sans intercepter l'air ni la vue : *Treillis* de fer pour un parloir. Il y a un *treillis* de bois à cette fenêtre. Garde-manger de *treillis*. Le *treillage* est un assemblage de perches, de lattes ou d'échalas posés horizontalement et verticalement, et liés l'un à l'autre par petits carrés pour former des berceaux, des palissades ou des espaliers dans les jardins. » (Acad.)

TRÉPAS, MORT, DÉCÈS. « *Trépas* est poétique, dit l'abbé Girard, et emporte dans son idée le passage d'une vie à l'autre. » Ce mot est formé de *pas*, et de *tré*, *tra*, outre, à un autre lieu : nous disons *passer*, pour rendre les derniers soupirs. — « La *mort*, ajoute le même écrivain, est du style ordinaire, et signifie précisément la cessation de vivre ». La *mort* est la perte du jour, de la lumière, de la vie; l'état où l'on ne voit ni n'agit, un sommeil éternel; et c'est sous l'image du sommeil que les Hébreux surtout représentaient la *mort* : « David, Salomon, s'est endormi avec ses pères ». Le flambeau renversé qui s'éteint était le symbole de la *mort*. — « *Décès* est d'un style plus recherché, tenant un peu de l'usage du Palais, et marque proprement le retranchement du nombre des mortels. » (G.) Je dirais plutôt le retranchement de la société humaine et civile par la cessation de la vie. *Décès* vient du latin *decedere*, s'en aller, quitter une place : nous l'avons restreint à l'action de tout quitter ou tout perdre avec la vie. Par le *décès*, on laisse sa place, ses droits, ses jouissances à d'autres : ce mot désigne une succession d'êtres vivants, de générations, de citoyens, etc. — Le *trépas* est donc le passage de cette vie à une autre vie, le grand passage. La *mort* est l'extinction de la vie, la perte de tout sentiment. Le *décès* est la sortie de la vie, de la société de ce monde; la fin du cours ou de la carrière humaine. — « Le second de ces mots (*mort*) se dit à l'égard de toutes sortes d'animaux (et même des plantes); et les deux autres ne se disent qu'à l'égard de l'homme. Un *trépas* glorieux est préférable à une vie honteuse. La *mort* est le terme commun de tout ce qui est animé sur la terre. Toute succession n'est ouverte qu'au moment du *décès*. » (G.) — En effet tout ce qui a vie *meurt*. L'homme seul *passe* d'une vie à l'autre. Il n'y a que l'homme qui puisse *décéder*, ou sortir de *ce monde*, du monde social. (R.)

TRÉPASSÉ, MORT, DÉFUNT. Il y a les *trépassés* et les *morts*; il y a aussi les *défunts*. *Défunt* signifie, à la lettre, *qui s'est acquitté* de la vie; de *fungi*, s'acquitter d'une charge, faire une fonction, fournir une carrière, remplir sa destination ou son devoir. *Defungi* désigne proprement l'action d'achever sa charge, de terminer sa carrière, mais surtout celle de se délivrer d'un onéreux fardeau. La charge de l'homme, sa charge par excellence, c'est la vie; le *défunt* s'en est acquitté. — Le *défunt* a vécu; il a rempli sa charge. Le *trépassé* vit encore, mais d'une vie nouvelle (V. l'article précédent). Le *mort* n'est plus, il est cendre et poussière. (R.)

TRÈS, FORT, BIEN. *Très* est le mot propre et consacré pour désigner le plus haut degré dans la comparaison. *Fort* n'indique qu'un haut degré indéfini avec une sorte de surprise, sans marquer le plus haut; mais il est en effet affirmatif (comme l'a remarqué l'abbé Girard). *Bien* est également un peu vague; il marque un sentiment d'approbation ou d'improbation par la raison des contraires, et non pas seulement un sentiment d'admiration. — Vous dites qu'un homme est *très*-sage, pour fixer le degré de sa sagesse : vous dites qu'il est *fort* sage, pour assurer qu'il l'est beaucoup, plus qu'on ne le croit, plus que vous ne le présumiez : vous dites qu'il est *bien* sage, pour exprimer votre approbation et votre satisfaction; et vous diriez de même il est *bien* fou, avec des sentiments contraires. — Examinez attentivement le ton et les gestes différents avec lesquels on a coutume de prononcer l'un ou l'autre de ces mots, et vous y reconnaîtrez la différence de leur valeur ou de leur esprit. Se borne-t-on à une estimation simple, à une simple proposition, à un simple jugement? on dit tranquillement et sur le ton ordinaire de la conversation, qu'une ville est *très*-grande, que le jour est *très*-beau. S'agit-il d'exprimer la force de l'impression qu'on a reçue, d'appuyer sur l'assertion que l'on fait, de vouloir persuader ce que l'on avance? on dit d'un ton élevé et avec le geste imposant, que des procédés sont *fort* malhonnêtes, qu'une prétention est *fort* ridicule, qu'un auteur est *fort* supérieur à un autre. Ne voulez-vous enfin qu'exprimer la manière dont les choses vous ont affecté, l'idée favorable ou défavorable que vous en avez conçue, le bien ou le mal que vous en pensez? Vous direz avec le ton propre au sentiment que vous éprouvez, avec le ton de la pitié, qu'un enfant est *bien* chétif; avec les mouvements de l'aversion, de l'indignation, qu'un personnage est *bien* méchant; avec affectation ou admiration, qu'une femme est *bien* belle et *bien* bonne. (R.)

TRISTESSE. V. *Affliction.*

TRIVIAL. V. *Ordinaire.*

TROC. V. *Changer.*

TROMPER, DÉCEVOIR, ABUSER. *Tromper*, c'est induire malicieusement dans l'erreur ou le faux; *décevoir*, y engager par des moyens séduisants ou spécieux; *abuser*, y plonger par un abus odieux de ses forces et de la faiblesse d'autrui. — On vous *trompe* en vous donnant pour vrai ce qui est faux, pour bon ce qui est mauvais; et vous serez *trompé* tant que vous ne serez pas en garde contre les personnes, et que vous ne voudrez pas connaître la valeur des choses. On vous *déçoit* en flattant vos goûts et en connivant à vos idées; et vous serez *déçu* tant que vous croirez facilement ce qui vous plaît et que légèrement vous vous attacherez à ce qui vous rit. On vous *abuse* en captivant votre esprit et vous livrant à la séduction; vous serez *abusé* tant que vous n'apprendrez pas à douter et à craindre, et que vous vous abandonnerez vous-même sans savoir vous défendre. — On *trompe* celui qui s'en laisse imposer. On *déçoit* celui qui se laisse capter. On *abuse* celui qui se laisse captiver. (R.)

**TROMPER, SURPRENDRE.** V. *Surprendre*

**TROMPEUR.** V. *Fallacieux.*

**TROQUER.** V. *Changer.*

**TROTTE.** V. *Traite.*

**TROUBLE.** V. *Agitation.*

**TROUPE, BANDE, COMPAGNIE.** La *troupe* est purement et simplement une multitude de gens rassemblés en un lieu. La *bande* est une *troupe* particulière de gens de la même sorte, séparés du reste et liés ensemble par quelque chose qui leur est commun. La *compagnie* est une association de gens qui forment une espèce de corps, attaché ou appliqué à un certain genre d'occupations ou de soins. — Le nombre seul est essentiel à la *troupe*. Elle peut être composée de toute sorte de gens; on dit une *troupe* de monde, de gens de toute espèce : elle peut être rassemblée par hasard ou avec dessein. On dit une *bande* d'écoliers, d'ouvriers, de commis, de voleurs, etc. : on ne dira pas vaguement : « Il y a une *bande* de monde ». La *bande* suppose qu'il y a d'autres gens de la même espèce dont elle est séparée. Les cours de justice établies pour l'exécution des lois, les sociétés littéraires instituées pour l'avancement des lettres, les associations de gens de commerce ou de finance pour des entreprises, les gens avec qui l'on a l'habitude de se réunir et de vivre, forment des *compagnies*, livrées aux mêmes soins ou liées par les mêmes intérêts. — Ces termes s'appliquent aussi aux animaux : on dit des *troupes* d'oie, des *bandes* d'étourneaux, des *compagnies* de perdrix. La *troupe* est nombreuse : la *bande* va par détachement et à la file : la *compagnie* vit ensemble et forme une sorte de famille. Nous appelons *troupes* les gens de guerre en général. On dit les *bandes* prétoriennes, les vieilles *bandes*, espèce particulière de *troupes* qu'il s'agit de distinguer. Il y a dans les régiments des *compagnies*, divisions particulièrement destinées à agir ensemble sous un chef particulier. — *Troupe* est un mot indifférent qui se prend ou en bonne ou en mauvaise part, selon les circonstances du discours : il y a des *troupes* de brigands, comme des *troupes* de soldats. *Bande*, dans le style ordinaire, est plutôt ignoble et même injurieux; on dit populairement, la *bande* joyeuse, une *bande* de filous, de coquins. *Compagnie* est une appellation honorable, comme on l'a vu dans les exemples que j'ai cités. (R.)

**TROUPE, TROUPEAU.** *Troupe*, terme général, se dit surtout des personnes et seulement des animaux qui vivent librement à l'état de nature : « Une *troupe* d'oies sauvages ». (Acad.) Le *troupeau* est une *troupe* d'une espèce particulière (35, page 10) : c'est, dit l'Académie, une *troupe* d'animaux domestiques de la même espèce, qui sont élevés dans un même lieu.

Ce mot se dit, au figuré, des personnes; 1° dans un sens noble pour désigner l'Église, les fidèles d'un diocèse, d'une paroisse : « Le *troupeau* de Jésus-Christ; le *troupeau* de l'évêque, du curé » (Acad.);

2° dans un sens dépréciatif, comme terme de mépris : « Le servile *troupeau* des imitateurs ». (Id.)

TROUSSER, RETROUSSER. Replier, relever. — *Retrousser*, c'est *trousser* excessivement ou relever avec vivacité (5, 3°, page 3). Il se dit en outre en parlant des cheveux, des moustaches et en général des choses que l'on n'a pas coutume de *trousser*.

TROUVER. V. *Découvrir* et *Rencontrer*.

TUBE, TUYAU. Le *tube* et le *tuyau* sont des corps ronds, longs et creux, en forme de petits canaux et propres à servir de conduits. — *Tube* est un terme de science : *tuyau* est de l'usage ordinaire. Le physicien et l'astronome se servent de *tubes* : nous employons différentes sortes de *tuyaux* pour conduire des liquides. Le géomètre et le physicien considéreront les propriétés du *tube*; nous considérerons l'utilité du *tuyau*. L'ingénieur en instruments de physique et de mathématiques, fait des *tubes* : l'ouvrier en plomb, en fer, en maçonnerie, fait des *tuyaux*. On appelle proprement *tubes* les choses propres aux sciences ou d'un artifice savant; on dit les *tubes* des lunettes : les *tuyaux* sont pour toutes les choses usuelles, communes, familières; on dit le *tuyau* d'une plume. — Le *tube* est en général un corps d'une telle figure : le *tuyau* est plutôt un ouvrage propre pour tel usage. Ainsi nous dirons fort bien le *tube*, le cylindre d'un fusil, d'un canon, et de tout autre corps dont il ne s'agira que de désigner la forme : s'il est question d'un objet de telle forme affecté à un tel emploi, ce sera un *tuyau* dans le style ordinaire. (R.)

TUERIE. V. *Boucherie*.

TUMULTE. V. *Vacarme*.

TUMULTUAIRE, TUMULTUEUX. *Tumultuaire* signifie qui se fait en tumulte, avec précipitation et contre les formes de la loi : « Résolution *tumultuaire* ». (Acad.) *Tumultueux* signifie plein de tumulte (44, page 18), qui se fait avec tumulte, avec bruit et confusion : « Des cris *tumultueux* ». (Id.) Ainsi une assemblée *tumultueuse* est agitée, bruyante et offre l'image de la confusion : une assemblée *tumultuaire* est celle qui s'est formée précipitamment au mépris de la loi ou contrairement aux formes qu'elle prescrit.

La même différence de sens existe entre les adverbes *tumultuairement* et *tumultueusement*.

TURBULENCE. V. *Pétulance*.

TUYAU. V. *Tube*.

TYPE, MODÈLE. *Type* est un mot grec qui signifie proprement trace, vestige, empreinte, et par une conséquence naturelle, figure, forme, image. — *Modus*, en latin, mesure, règle, façon, manière, etc. : de là *modèle*, ce sur quoi l'on doit se régler, la façon propre qui convient aux choses, l'objet qu'il s'agit d'imiter : *modèle* de sculpture, de peinture, d'écriture. — Le *type* porte l'empreinte de l'objet : le *modèle* en donne la règle. Le *type* vous représente ce que les objets sont aux yeux : le *modèle* vous montre ce que les objets doivent être. Le *type* est fidèle, il est tel que la chose : le *modèle* est bon; il faut faire la chose d'après lui. — Vous tirerez des espèces de copies du *type* par impression; vous en ferez du *modèle* par imitation. L'imprimeur ou typographe travaille sur des *types* : le sculpteur, comme le peintre travaille d'après des *modèles*. — *Type* n'annonce que la vérité de la figure sans emporter l'idée de règle ou de *modèle*. Ainsi nous appelons *types* des figures symboliques qui n'ont d'autre rapport avec l'objet figuré qu'une sorte de ressemblance, et qui, loin d'être des *modèles*, ne sont que des signes très-imparfaits. L'agneau pascal est le *type* de Jésus-Christ; le serpent d'airain, celui de la croix, etc. (R.)

# U

**UN, UNIQUE.** *Un*, employé comme dans cet exemple de l'Académie, *Dieu est un*, signifie *seul et n'admettant pas de pluralité*. *Unique* se dit de ce qui se trouve accidentellement être seul, quoique admettant la pluralité : « Fils *unique*; C'est son *unique* héritier ». (Acad.)

Non-seulement ce qui est *un* n'a pas d'égal, de pareil; mais il est impossible qu'il en ait. Ce qui est *unique* aurait pu ne pas l'être ou peut cesser de l'être : au lieu d'un *unique* héritier, il aurait pu s'en trouver plusieurs ; un fils *unique* cesse de l'être s'il lui vient un frère.

*Unique* signifie aussi, au figuré et par exagération, qui est infiniment au-dessus des autres, et auquel les autres ne peuvent être comparés : « Ce musicien est *unique* dans son genre ». (Acad.) V. *Unique, seul*.

**UNANIMEMENT, A L'UNANIMITÉ.** *Unanimement* marque communauté de sentiments et d'opinion : *à l'unanimité* exprime simplement le fait de l'accord de tous les suffrages entre plusieurs personnes qui ont donné leurs voix. Des hommes de partis différents sont loin de penser et d'agir *unanimement*; il peut se faire cependant qu'ils décident une question ou qu'ils prennent une résolution *à l'unanimité*.

**UNI, PLAIN.** « Ce qui est *uni* n'est pas raboteux : ce qui est *plain* n'a ni enfoncement ni élévation. Le marbre le plus *uni* est le plus beau : un pays où il n'y a ni montagnes ni vallées est un pays *plain*. » (G.)

*Plain* est peu usité de nos jours, si ce n'est dans la locution composée *de plain-pied* ; cependant l'Académie donne encore comme exemple de l'emploi de ce mot ces deux phrases : « La Beauce est un pays *plain*. La bataille s'est donnée en *plaine* campagne ».

**UNION, JONCTION.** L'*union* regarde particulièrement deux différentes choses qui se trouvent bien ensemble. La *jonction* regarde proprement deux choses éloignées qui se rapprochent l'une après de l'autre. — Le mot d'*union* renferme une idée d'accord ou de convenance. Celui de *jonction* semble supposer une marche ou quelque mouvement. On dit l'*union* des couleurs, et la *jonction* des armées; l'*union* de deux voisins, et la *jonction* de deux rivières. — Ce qui n'est pas *uni* est divisé : ce qui n'est pas *joint* est séparé. — On s'*unit* pour former des corps de société. — On se *joint* pour se rassembler et n'être pas seuls. — *Union* s'emploie souvent au figuré; mais on ne se sert de *jonction* que dans le sens littéral. L'*union* soutient les familles et fait la puissance des États ; la *jonction* des ruisseaux forme les grands fleuves. (G.)

**UNIQUE, SEUL.** Une chose est *unique*, lorsqu'il n'y en a point d'autre de la même espèce. Elle est *seule*, lorsqu'elle n'est pas accompagnée. — Un enfant qui n'a ni frère ni sœur est *unique*. Un homme abandonné de tout le monde reste *seul*. — Rien n'est plus rare que ce qui est *unique*. Rien n'est plus ennuyant que d'être toujours *seul*. (G.) V. *Un, unique*.

UNIR. V. *Assembler, joindre*.

UNIVERS. V. *Monde*.

UNIVERSEL. V. *Général*.

URGENT. V. *Instant, pressant*.

USAGE, COUTUME. L'*usage*, dans le sens propre du mot, regarde les choses *usuelles, usitées, utiles*, ou dont on se sert, dont on *use* avec des vues d'intérêt, de jouissance, en un mot d'*utilité*. — La *coutume* regarde particulièrement les choses que l'on fait assez souvent, fréquemment, les actions ordinaires, les habitudes, les manières surtout. — L'*usage* est une pratique constante : la *coutume* une habitude familière. — L'*usage* soit par son universalité, soit par son ancienneté, soit par son utilité, a plus d'autorité, plus d'empire en général que la simple *coutume*. Il faut souvent obéir à l'*usage*, quand vous n'avez qu'à suivre la *coutume*. La *coutume* sera votre excuse, et l'*usage* votre justification. — L'*usage* tient plutôt à la raison, aux facultés intellectuelles, aux causes morales ; la *coutume*, à la nature, aux dispositions, aux habitudes, aux causes physiques. Un peuple policé a des *usages* : un peuple barbare a des *coutumes*. — L'*usage* vous détermine quelquefois malgré la raison, et la *coutume* vous entraîne malgré la nature. Les abus ne manquent pas de réclamer l'*usage*, comme la routine d'en appeler à la *coutume*. (R.)

USER, SE SERVIR, EMPLOYER. *User* exprime l'action de faire *usage* d'une chose, selon le droit ou la liberté qu'on a d'en disposer à son gré et à son avantage. *Se servir* exprime l'action de tirer un *service* d'une chose, selon le pouvoir et les moyens qu'on a de s'en aider dans l'occasion donnée. *Employer* exprime l'action de faire une application particulière d'une chose, selon les propriétés qu'elle a, et le pouvoir que vous avez d'en régler la destination. — On *use* de sa chose, de son droit, de ses facultés, à sa fantaisie : on en *use* bien ou mal, selon qu'on en fait un emploi bon ou mauvais. On *se sert* d'un agent, d'un instrument, d'un moyen comme on le peut, comme on le sait : on *s'en sert* bien ou mal, selon le talent ou l'habileté que l'on a, la manière dont on s'y prend, le rapport qu'a le moyen avec la fin. On *emploie* les choses, les personnes, ses moyens, ses ressources, comme on le juge convenable, eu égard à l'objet qu'il s'agit de remplir : on les *emploie* bien ou mal, selon qu'ils sont propres ou non à faire une fonction déterminée, à produire l'effet que l'on désire, à procurer le succès qu'on en attend. — Vous *usez* d'un bien, d'un avantage que vous avez. On *se sert* d'un domestique, d'un meuble, de ce qu'on a, dans quelque sens que ce soit, à son service. Vous *employez* un ouvrier, l'argent, toute sorte de choses à la fonction qui leur convient. (R.)

USURPER, ENVAHIR, S'EMPARER. *Usurper*, c'est prendre injustement une chose à son légitime maître par voie d'autorité et de puissance : il se dit également des biens, des droits, et du pouvoir. *Envahir*, c'est prendre tout d'un coup par voie de fait quelque pays ou quelque canton, sans prévenir par aucun acte d'hostilité. *S'emparer*, c'est précisément se rendre maître d'une chose, en prévenant les concurrents, et tous ceux qui peuvent y prétendre avec plus de droit. — Il me semble aussi que le mot d'*usurper* renferme quelquefois une idée de trahison ; que celui d'*envahir* fait entendre qu'il y a du mauvais procédé ; que celui de *s'emparer* emporte une idée d'adresse et de diligence. — On n'*usurpe* point la couronne, lorsqu'on la reçoit des mains de la nation. Prendre des provinces après que la guerre est déclarée, c'est en faire la conquête et non les *envahir*. Il n'y a point d'injustice à *s'emparer* des choses qui nous appartiennent, quoique nos droits et nos prétentions soient contestés. (G.)

UTILITÉ (L'), L'UTILE. L'AGRÉMENT, L'AGRÉABLE. *Utilité* signifie, suivant l'Académie, profit, avantage. *L'agrément* est la qualité qui fait qu'une personne plaît, qu'une chose fait plaisir et donne de la satisfaction, du bien-être. *L'utile* et *l'agréable* ne sont pas les noms d'être métaphysiques, comme le *juste*, le *bon*, le *beau* (68, page 25) ; ce sont des substantifs qui expriment le plus abstractivement qu'il est possible, *l'utilité* et *l'agrément* des choses. « *L'agrément* et *l'utilité*, dit Roubaud, constituent *l'agréable* et *l'utile* : *l'utile* et *l'agréable* ont en partage et en propre *l'utilité* et *l'agrément*. »

UTILITÉ, PROFIT, AVANTAGE. L'*utilité* naît du service qu'on tire des choses. Le *profit* naît du gain qu'elles produisent. L'*avantage* naît de l'honneur ou de la commodité qu'on y trouve. — Un meuble a son *utilité* : une terre apporte du *profit* : une grande maison a son *avantage*. (G.)

# V

**VACANCES, VACATIONS.** Ces deux noms pluriels marquent le temps auquel cessent les exercices publics. — *Vacances* se dit de la cessation des études publiques dans les écoles et dans les colléges; *vacations*, de la cessation des séances des gens de justice. — Le temps des *vacances* semble plus particulièrement destiné au plaisir; c'est un relâche accordé au travail afin de reprendre de nouvelles forces. Le temps des *vacations* semble plus spécialement destiné aux besoins personnels des gens de justice, c'est une interruption des affaires publiques accordée aux gens de loi, afin qu'ils puissent s'occuper des leurs. Les écoliers perdent le temps durant les *vacances;* les avocats étudient durant les *vacations*. — On peut dire *vacances*, en parlant des séances des gens de justice; parce que ce temps étant abandonné à leur disposition, ils peuvent à leur gré l'employer à leurs affaires personnelles ou à leur récréation : dans le premier cas, ils sont en *vacations*, dans le second cas, ils sont en *vacances*. (B.)

**VACARME, TUMULTE.** *Vacarme* emporte par sa valeur l'idée d'un plus grand bruit; et *tumulte*, celle d'un plus grand désordre. — Une seule personne fait quelquefois du *vacarme;* mais le *tumulte* suppose toujours qu'il y a un grand nombre de gens. (G.)

*Vacarme* ne se dit qu'au propre; *tumulte* se dit au figuré, du trouble, de l'agitation de l'âme. On tient mal une résolution qu'on a prise dans le *tumulte* des passions. (*Enc.*)

**VACATIONS.** V. *Vacances.*

**VACILLER.** V. *Chanceler.*

**VAGUER.** V. *Errer.*

**VAGUES.** V. *Ondes.*

**VAILLANCE, VALEUR; VAILLANT, VALEUREUX.** La terminaison *ance* désigne proprement la manière d'être et la qualité permanente (26, page 8); la terminaison *eur* la manière d'agir et l'énergie de l'action. Ainsi la *vaillance* est la vertu ou la force courageuse qui règne dans le cœur, et qui constitue l'homme essentiellement *vaillant :* la *valeur* est cette vertu qui se déploie avec éclat dans l'occasion de s'*exercer* et qui rend l'homme *valeureux* dans les combats. La *vaillance* annonce la grandeur du courage, et la *valeur*, la grandeur des exploits. La *vaillance* ordonne et la *valeur* execute. Le héros a une haute *vaillance* et fait des prodiges de *valeur*. (R.)

**VAIN, VANITEUX.** Ces deux mots ne sont synonymes que quand ils se disent des personnes. L'adjectif *vain* se dit d'une personne dont la vanité, quoique blâmable, a quelque raison d'être. *Vaniteux*, en vertu de sa terminaison qui exprime l'excès de la qualité (44, page 13), signifie qui a une grande vanité, une vanité puérile et ridicule, qui se montre sottement *vain* dans les plus petites choses.

VAIN (EN). V. *Vainement.*

VAINCRE, SURMONTER. *Vaincre* suppose un combat contre un ennemi qu'on attaque et qui se défend. *Surmonter* suppose seulement des efforts contre quelque obstacle qu'on rencontre et qui fait de la résistance. — On a *vaincu* ses ennemis, quand on les a si bien battus qu'ils sont hors d'état de nuire. On a *surmonté* ses adversaires, quand on est venu à bout de ses desseins malgré leur opposition. — Il faut du courage et de la valeur pour *vaincre*, de la patience et de la force pour *surmonter*. — On se sert du mot *vaincre* à l'égard des passions; et de celui de *surmonter* pour les difficultés. (G.)

VAINCU, BATTU, DÉFAIT. Une armée est *vaincue*, quand elle perd le champ de bataille. Elle est *battue*, quand elle le perd avec un échec considérable, c'est-à-dire en laissant beaucoup de morts et de prisonniers. Elle est *défaite*, lorsque cet échec va au point que l'armée est dissipée, ou tellement affaiblie qu'elle ne puisse plus tenir la campagne. — On a dit de plusieurs généraux qu'ils avaient été *vaincus* sans avoir été *défaits*; parce que le lendemain de la perte d'une bataille, ils étaient en état d'en donner une nouvelle. — On peut aussi observer que les mots *vaincu* et *défait* ne s'appliquent qu'à des armées ou à de grands corps : ainsi on ne dit point d'un détachement, qu'il a été *défait* ou *vaincu*; on dit qu'il a été *battu*. (*Enc.*)

VAINEMENT, EN VAIN, INUTILEMENT. *Vainement* est relatif au sujet; *en vain* est relatif à l'objet (61, page 20); *inutilement*, c'est sans utilité pour personne.

On a travaillé *vainement* lorsqu'on l'a fait sans succès, de sorte que l'on a perdu son temps et sa peine : on a travaillé *en vain* lorsqu'on l'a fait sans atteindre le but qu'on se proposait, à cause de la défectuosité de l'ouvrage. Si je ne puis venir à bout de faire ma besogne, je travaille *vainement*; je perds inutilement mon temps et ma peine. Si ma besogne faite n'a pas l'effet que j'en attendais, si je n'ai pas atteint mon but, j'ai travaillé *en vain*; c'est-à-dire que j'ai fait une chose inutile.

« Si vous me parlez sans que je vous entende, vous parlez *vainement*; si vous parlez sans me persuader, vous parlez *en vain*. — Celui qui ne fait que des choses vides de sens et de raison, de vertu, consume *vainement* le temps; celui qui fait des choses utiles, mais *inutilement* ou sans qu'on en profite, l'emploie *en vain*. » (R.)

On dit aussi que quelqu'un a travaillé *vainement*, lorsqu'il n'est pas récompensé de son travail, ou que ce travail n'est pas agréé ; car dans ce cas le travailleur a perdu son temps et sa peine, sans préjuger aucunement la valeur de son travail, qui peut d'ailleurs être fort bon.

VAISSEAU, NAVIRE. V. *Nef*

VAISSEAU, VASE. V. *Vase.*

VALABLE. V. *Valide.*

VALÉTUDINAIRE, MALADIF, INFIRME, CACOCHYME. *Valétu-*

*dinaire,* du latin *valetudo*, santé et maladie, bonne ou mauvaise santé. Le *valétudinaire* flotte, en quelque sorte, entre la bonne et la mauvaise santé, de l'une à l'autre. — *Maladif*, qui a un principe particulier et actif de *maladie*, et qui en éprouve souvent les effets. V. *Malade*. — *Infirme, non ferme*, faible, qui ne se porte pas d'une manière assurée, qui se soutient mal. *Infirme* ne s'applique proprement qu'aux corps qui sont mal constitués, qui n'ont pas la vigueur convenable, et particulièrement la jouissance ou la liberté de quelque fonction. — *Cacochyme*, mot grec formé de *cacos*, mauvais, et de *chymos*, suc, humeur. La réplétion et la dépravation des humeurs font le *cacochyme*. — Ainsi, le *valétudinaire* est d'une santé chancelante; le *maladif* est sujet à être malade : l'*infirme* est affligé de quelque dérangement d'organes : le *cacochyme* est plein de mauvaises humeurs. (R.)

VALEUR, COURAGE. V. *Cœur*.

VALEUR, PRIX. Le mérite des choses en elles-mêmes en fait la *valeur*; et l'estimation en fait le *prix*. — La *valeur* est la règle du *prix*; mais une règle assez incertaine, et qu'on ne suit pas toujours. — De deux choses, celle qui est d'une plus grande *valeur* vaut mieux; et celle qui est d'un plus grand *prix* vaut plus. — Il semble que le mot de *prix* suppose quelque rapport à l'achat ou à la vente; ce qui ne se trouve pas dans le mot de *valeur*. Ainsi l'on dit que ce n'est pas être connaisseur, que de ne juger de la *valeur* des choses que par le *prix* qu'elles coûtent. (G.)

VALEUR, VAILLANCE. V. *Vaillance*.

VALEUREUX. V. *Vaillance*.

VALIDE, VALABLE. Qui a une valeur légale. — *Valide* signifie qui a bien la valeur qu'il doit avoir d'après les prescriptions de la loi (58, page 18). *Valable* signifie qui doit être reçu en justice en cas de contestation. Un acte *valable* est réputé tel, et devra être admis comme ayant cette qualité; c'est une question de fait à faire admettre : un acte *valide* a une valeur de droit, parce qu'il réunit toutes les conditions exigées par la loi; il a dès à présent une valeur qui ne peut être mise en doute.

*Valable* signifie aussi, par extension, qui est recevable : « Excuse *valable* ». (Acad.)

VALLON, VALLÉE. Espace plus ou moins grand de terre entre des hauteurs. — Le *vallon*, dit l'Académie, est une petite *vallée*, un espace de terre entre deux coteaux : en effet la terminaison *on* indique un diminutif (34, 2°, page 10).

« On dit, la *vallée* de Josaphat, où le vulgaire pense que doit se faire le jugement universel; et l'on dit, le sacré *vallon*, où la Fable établit une demeure des Muses. » (G.)

VANITÉ. V. *Orgueil*.

VANITEUX. V. *Vain*.

VANTER, LOUER. On *vante* une personne pour lui procurer l'estime des autres ou pour lui donner de la réputation. On la *loue* pour témoigner l'estime qu'on fait d'elle ou pour lui applaudir. — *Vanter*, c'est dire beaucoup de bien des gens et leur attribuer de grandes qualités, soit qu'ils les aient ou qu'ils ne les aient pas. *Louer*, c'est approuver avec une sorte d'admiration ce qu'ils ont dit ou ce qu'ils ont fait, soit que cela le mérite ou ne le mérite point. — On *vante* les forces d'un homme : on *loue* sa conduite. — Le mot de *vanter* suppose que la personne dont on parle est différente de celle à qui la parole s'adresse; ce que le mot de *louer* ne suppose point. — Les charlatans ne manquent jamais de se *vanter;* ils promettent toujours plus qu'ils ne peuvent tenir, ou se font honneur d'une estime qui ne leur a pas été accordée. Les personnes pleines d'amour-propre se donnent souvent des *louanges;* elles sont ordinairement très-contentes d'elles-mêmes. — Il est plus ridicule de se *louer* soi-même que de se *vanter :* car on se *vante* par un grand désir d'être estimé, c'est une vanité qu'on pardonne; mais on se *loue* par une grande estime qu'on a de soi, c'est un orgueil dont on se moque. (G.)

VARIATION, CHANGEMENT. L'altération de l'identité d'état est l'idée commune de ces deux mots. (B.)

La *variation* consiste à être tantôt d'une façon et tantôt d'une autre. Le *changement* consiste seulement à cesser d'être le même. — C'est *varier* dans ses sentiments que de les abandonner et les reprendre successivement. C'est *changer* d'opinion que de rejeter celle qu'on avait embrassée pour en suivre une nouvelle. — Les *variations* sont ordinaires aux personnes qui n'ont point de volonté déterminée. Le *changement* est le propre des inconstants. — Qui n'a point de principes certains est sujet à *varier*. Qui est plus attaché à la fortune qu'à la vérité n'a pas de peine à *changer* de doctrine. (G.)

VARIATION, VARIÉTÉ. Diversité d'être ou de manière d'être. — *Variété*, état, qualité de ce qui est divers (29, page 9) : *variation*, action de varier (20, page 7). *Variation* marque le passage par plusieurs états successifs; *variété* marque l'existence de plusieurs objets ou individus d'une même espèce sous des états en partie semblables, en partie différents. « Les changements successifs dans le même sujet, dit l'abbé Girard, font la *variation*. La multitude des différents objets fait la *variété*. Ainsi l'on dit la *variation* du temps, la *variété* des couleurs. »

« Il n'y a point de gouvernement qui n'ait eu ses *variations;* il n'y a point d'espèce qui n'ait une infinité de *variétés*. (d'Alembert.) Si l'on considère les animaux, on y remarquera une *variété* prodigieuse dans leurs parties, leurs fonctions, leur organisation, etc. » (Id.)

VARIÉTÉ, DIVERSITÉ, DIFFÉRENCE. La *variété* consiste dans un assortiment de plusieurs choses différentes, quant à l'apparence ou aux formes, de manière qu'il en résulte un ensemble, un tableau agréable par leurs différences mêmes. La *diversité* consiste dans des différences assez grandes, soit quant à l'objet qui a changé, soit quant à deux ou plusieurs objets qui concourent ensemble, pour qu'ils ne se ressemblent pas, ou ne s'accordent pas, ou ne se rapportent pas l'un avec l'autre, de manière qu'ils semblent former un autre ordre de choses. La *différence* consiste dans la qualité ou la forme qui appartient à une chose exclusivement à l'autre, de manière qu'elle empêche de les confondre ensemble. — La *variété* suppose plusieurs choses dissemblables et rassemblées comme sur un même fond. La *diversité* suppose une opposition ou un contraste. La *différence* suppose la ressemblance. — La *variété* coupe, rompt l'uniformité. La *diversité* détruit, exclut la conformité. La *différence* exclut l'identité ou la ressemblance. — Des couleurs ou des figures différentes répandent la *variété* sur une étoffe. Des collines, des ruisseaux, des bois, jettent sur un paysage non-seulement de la *variété*, mais encore de la *diversité*. La *difference* des figures ne suffit point dans un tableau, si leurs couleurs, leurs attitudes, leur expression ne sont au moins variées. (R.)

VASE, VAISSEAU. Ustensile offrant une capacité intérieure. — *Vase* est un terme général qui se dit non-seulement de toutes sortes d'ustensiles faits pour contenir des liqueurs, des fruits, des fleurs, des parfums, mais aussi de certains ouvrages de sculpture ou de céramique, creux, de forme élégante, qui servent d'ornements dans les jardins, dans les palais, etc. Un *vaisseau* est une sorte de *vase* destiné seulement à contenir des liquides et employé à des usages particuliers. « Les chimistes ont besoin de différents *vaisseaux* pour leurs opérations ». (Acad.)

VASTE, SPACIEUX. Tous deux expriment l'idée d'une grande étendue ; mais *vaste* dit plus que *spacieux*. Des appartements *spacieux* sont de grands appartements, des appartements qui offrent un grand *espace :* de *vastes* appartements ne sont pas seulement grands, ils sont très-grands. On dit la *vaste* mer, et non la mer *spacieuse*, parce qu'il s'agit nécessairement ici d'une très-grande étendue.

VEDETTE, SENTINELLE. Une *vedette* est à cheval : une *sentinelle* est à pied. L'un et l'autre veillent à la sûreté du corps dont ils sont détachés, et pour la garde duquel ils sont mis en faction. (G.)

VÉHÉMENCE, VÉHÉMENT. V. *Impétuosité*.

VEILLER A, VEILLER SUR, SURVEILLER. Ces locutions sont placées ici dans l'ordre progressif de leur énergie : *veiller sur* dit plus que *veiller à*, et *surveiller* dit plus que *veiller sur*.

« On *veille à*, afin que, pour que; on *veille à* une chose, *à* son son exécution, *à* sa conservation; on *veille à* ce qu'elle se fasse, se maintienne. On *veille sur*, au-dessus, par-dessus; on *veille sur* ce qui se fait, *sur* les gens qui font la chose; on *veille sur* les objets, *sur* les personnes, *sur* ce qu'on a dans sa dépendance, sous son inspection, en sa garde. On *surveille* d'en haut, d'office, avec charge ou autorité; on *surveille* à tout, sur tout; on *surveille* les personnes, celles mêmes qui *veillent sur*, et par une inspection supérieure, générale, comme chef, comme conducteur. — Les soldats *veillent à* leurs postes; leurs officiers *veillent sur* la chose et *sur* eux; le général *surveille* à tout, et les *surveille* tous. Vous *veillez à* votre besogne, à vos affaires, à vos intérêts : vous *veillez sur* vos enfants, *sur* vos domestiques, *sur* votre ménage. Quoique vous ayez confié divers soins, différentes inspections à des gens qui doivent *veiller* pour vous, vous *surveillez* et vous réglez tout. » (R.)

VÉLOCITÉ, VITESSE, RAPIDITÉ. La *vélocité* est la qualité du mouvement fort et léger; la *vitesse*, celle du mouvement prompt et accéléré; la *rapidité*, celle du mouvement impétueux et violent. — La *vélocité* marque une grande *vitesse* : elle marque proprement la *vitesse* de ce qui vole, de qui s'enlève dans les airs, de ce qui en parcourt l'espace avec un mouvement très-vif. — La *vitesse* exprime un mouvement pressé, hâté : elle exprime proprement la course prompte et accélérée de l'animal ardent qui s'essouffle. — La *rapidité* est toujours plus ou moins impétueuse, violente, assez forte pour vaincre les obstacles, pour ravager, pour enlever ce qui se rencontre sur son passage. — Ainsi, à proprement parler, vous direz la *vélocité* d'un oiseau, la *vitesse* d'un cheval, la *rapidité* d'un torrent. Vous direz également la *vélocité*, la *vitesse*, la *rapidité* d'un trait, parce qu'un trait vole, siffle et renverse. — On dit en général la *vitesse* d'un mobile; et il y a beaucoup de degrés de *vitesse* qui n'atteignent point à la *vélocité*. On dit la *rapidite* des vents, des courants, etc. ; lorsqu'avec une extrême *vitesse*, avec une grande *vélocité*, ils déploient une force irrésistible. — Vous remarquez la *vélocité* de la pensée; comme elle est légère, comme elle est puissante ! comme elle s'élève jusqu'aux cieux, comme elle parcourt tous les espaces en un instant ! Vous observerez plutôt la *vitesse* physique, comme celle du parler; cependant ce mot peut aussi être employé au figuré, comme *vélocité*. Enfin vous louez la *rapidité* de l'éloquence, du style, etc.; elle force la résistance du cœur, elle entraîne l'esprit, elle ravit ce qu'on lui refuse. (R.)

VÉNAL, MERCENAIRE. La chose *vénale* est à vendre, on l'acquiert, elle est à vous en toute propriété; son effet est toujours absolu. Le *mercenaire*, au contraire, n'est qu'au jour le jour ; il est au plus offrant, aujourd'hui pour et demain contre. On dira que le parlement d'Angleterre est *vénal*, mais non pas qu'il est *mercenaire*. On ne dira pas d'un écrivain qui se vend alternativement, qu'il est *vénal*, mais qu'il est *mercenaire*, et que sa plume est *vénale*, car elle aliène définitivement ce qu'elle émet. — Le caractère de la *vénalité* est de transmettre sa propriété; celui de *mercenaire* n'est que de la louer à temps. Le premier a la capacité, le second l'habitude. Le *mercenaire* fut *vénal*, mais l'homme *vénal* n'est pas toujours *mercenaire*. Celui-ci, moins attaché à la chose qu'au profit, est toujours prêt à la quitter; l'autre, au contraire, n'a plus de choix, il sert la chose. (R.)

**VENDRE, ALIÉNER.** *Vendre*, c'est céder pour de l'argent, pour un certain prix, une chose dont on a la propriété, la libre disposition : *aliéner*, c'est transférer à un autre la propriété d'un bien qu'on lui *vend* ou qu'on lui donne, dont on le rend maître d'une manière ou d'une autre. — On *vend* ce que quelqu'un achète : on *aliène* ce qu'un autre acquiert. — Tout ce qui s'apprécie en argent se *vend*, fonds, mobilier, denrée, marchandise, travail, etc. On n'*aliène* que des fonds, des rentes, des droits, une succession, un mobilier de prix qui tient lieu de fonds. — On n'*aliène* que ce qu'on a ; car comment transférer une propriété qu'on n'a point? Mais on *vendra* fort bien quelquefois ce qu'on n'a pas, comme, par exemple, son crédit, son honneur, sa conscience, etc. : c'est surtout quand on n'en a point qu'on les *vend*. — *Aliéner* a d'autres acceptions, mais qui toutes rappellent l'idée d'*autre*, de rendre *autre*, d'*altérer* à l'excès, de faire perdre ce dont on jouissait, l'affection, l'estime, l'esprit, la raison, etc. (R.)

**VÉNÉNEUX**, V. *Venimeux*.

**VÉNÉRATION, RÉVÉRENCE, RESPECT.** La *vénération* est un profond *respect* ; elle n'a au-dessus d'elle que l'adoration. La *révérence* est une crainte respectueuse : elle impose donc, avec le *respect*, une sorte de frein. Le *respect* est une distinction honorable : c'est le premier ou le moindre degré d'honneur. — La *vénération* exprime une sorte de piété par une sorte de culte : ainsi nous *vénérons* proprement les choses saintes ; mais outre la piété religieuse, il y a la piété naturelle qu'un fils a pour son père, un citoyen pour la patrie, etc., et ses hommages ont quelque rapport avec ceux du culte. La *révérence* exprime un sentiment presque semblable à celui de la crainte filiale, et de la manière dont un fils est en présence d'un père : ainsi les Latins disaient la *révérence* du disciple à l'égard du maître, du citoyen à l'égard du magistrat. Enfin le *respect* de sentiment exprime une estime distinguée par le rang distingué qu'elle affecte aux personnes : l'estime est le cas particulier qu'on fait des objets, et les préférences ou les distinctions honorables marquent l'estime respectueuse. (R.)

**VENIMEUX, VÉNÉNEUX.** *Venimeux* ne se dit que des animaux ou des choses que l'on croit infectées du venin de quelque animal : « La vipère est *venimeuse* ». (Acad.) *Vénéneux* ne se dit que des végétaux : « Des champignons *vénéneux* ».

**VENIN.** V. *Poison*.

**VENIR, PARVENIR.** Se rendre d'un lieu à un autre ; arriver à. — *Venir* exprime simplement l'action sans aucune idée accessoire ; *parvenir* suppose des obstacles au travers desquels il faut passer, des difficultés qu'il faut surmonter (11, page 5) : « Si j'allais à la campagne, il *viendrait* m'y relancer. Après une longue route, ils *parvinrent* au pied des Alpes ». (Acad.)

Il en est de même dans le sens moral et au figuré : « Le printemps *vient* après l'hiver ». (Acad.) Un bruit assez étrange est *venu* jusqu'à moi. (Racine.) « Son nom est *parvenu* jusqu'au roi. Il est difficile de *parvenir* à la perfection chrétienne. » (Acad.)

**VENIR, PROVENIR, PROCÉDER, ÉMANER, DÉCOULER, DÉRIVER.** Ces mots désignent le rapport des choses avec leur origine. — *Venir* exprime simplement et dogmatiquement le fait ou s'emploie pour conclure : « Tous ces malheurs *viennent* de ce que..... De là *vient* qu'il y a si peu de bonne foi dans le monde ». (Acad.) *Provenir*, c'est venir de là *en avant* (12, page 5) : il signifie résulter : « Sa disgrâce *provenait* de sa franchise » ; (Id.) et il établit entre l'effet et sa cause une liaison plus grande, plus intime que *venir*.

« *Provenir* désigne la cause et les moyens ou la manière de produire l'effet. Ainsi, pour savoir d'où les choses *proviennent*, il faut remonter des effets jusqu'aux causes, et expliquer comment les causes produisent les effets. Une éclipse *provient* de l'interposition d'un corps opaque qui intercepte la lumière d'un autre ; la licence *provient* de l'impunité, qui relâche tous les freins. — *Procéder*, aller hors de, en avant, sortir de : *pro*, dehors, en avant, et *cedere*, quitter sa place. *Émaner*, sortir, jaillir d'un lieu, d'un corps, se répandre au dehors, de toutes parts. *Découler*, couler de, couler lentement, par un canal : *col*, tuyau, canal. *Dériver*, se détourner, s'éloigner de la source ou de la *rive*. — *Procéder* marque un principe ou ce qui fait que les choses sont ou sont ainsi : le discours *procède* de la pensée ; le mal *procède* d'un vice. J'ajoute que ce mot emporte une idée d'ordre ; car cette idée se trouve dans ses différentes acceptions, et dans tous les mots de la même famille : ainsi on *procède* avec ordre dans les affaires ; les *procédés* forment la bonne conduite ; un *procédé* de l'art est une méthode, etc. — *Procéder* et *provenir* ont bien plus de rapports ensemble qu'avec les trois autres verbes. *Provenir* est plus du discours ordinaire, et *procéder*, du style philosophique ou savant. On cherche d'où *proviennent* les effets sensibles, communs, physiques ou moraux : on cherche d'où *procèdent* les choses métaphysiques, les objets intellectuels. Ces mots ne se disent qu'au figuré, tandis que les autres s'emploient et dans un sens figuré et dans le sens propre. — *Émaner* indique une source qui repand avec force ou avec abondance, au loin, de toutes parts : caractère d'une puissance active et féconde. C'est ainsi que la lumière *émane* du sein du soleil, que d'un grand principe il *emane* des vérités innombrables, que les actes *emanent* de la puissance. — *Decouler* indique mieux la source d'où les choses découlent et la voie par laquelle elles coulent avec plus de suite que d'activité. C'est pourquoi l'eau *découle* d'une fontaine par un tuyau ; la sueur *decoule* du corps par les pores de la peau ; la conséquence *découle* des prémisses dans un raisonnement ; une douce éloquence *decoule* des lèvres de l'orateur. *Découler* s'applique proprement aux liquides dont l'écoulement est perceptible et successif, tels que l'eau ; mais *emaner* concerne plutôt les émissions abondantes des fluides subtils, tels que la lumière. —

*Dériver* regarde les choses tirées et détournées de leur source, de laquelle elles s'éloignent plus ou moins : idée particulière à ce terme. Ainsi l'eau d'un canal *dérive* ou est *dérivée* d'un ruisseau ; le revenu public *dérive* du revenu territorial ; divers mots *dérivent* d'une racine commune ». (R.)

VÉRACITÉ. V. *Franchise.*

VERDATRE, VERT. V. *Blanc.*

VERDEUR, VERDURE. Qualité de ce qui est vert. — La *verdeur* est l'humeur, la séve qui est dans le bois vert, c'est-à-dire dans le bois qui n'est pas mort ou qui n'est pas encore sec : « Ce bois a encore de la *verdeur* ». (Acad.) *Verdeur* se dit aussi de l'acidité du vin, et figurément, de l'âcreté des paroles, ainsi que de la jeunesse et de la vigueur des hommes : « Dans la *verdeur* de l'âge ». (Acad.)

*Verdure* se dit de la couleur verte que présentent les herbes, les plantes, les feuilles des arbres, surtout au printemps. Il se dit aussi des herbes, des feuilles mêmes, et des plantes potagères dont on mange les feuilles : « La *verdure* des prés, des champs, des bois ; joncher les rues de *verdure* ». (Acad.)

VERDIR, VERDOYER. Devenir vert. — *Verdir* exprime le fait purement et simplement : *verdoyer* peint le fait avec toutes les circonstances qui l'accompagnent ; il présente l'image gracieuse des branches couvertes de jeunes feuilles vertes et formant des masses ondoyantes sous le souffle des zéphyrs.

VERDURE. V. *Verdeur.*

VERIDIQUE. V. *Vrai.*

VERIFIER, AVÉRER. *Vérifier,* employer les moyens de se convaincre, ou de convaincre quelqu'un qu'une chose est *véritable* ou conforme à ce qui est, qu'elle est exacte. *Avérer,* prouver, constater d'une manière convaincante qu'une chose est *vraie* ou réelle, qu'elle existe. (Voir *Vrai, véritable.*) — Vous *vérifiez* un rapport, pour savoir s'il est *véritable* ou fidèle : vous *avérez* un fait, en vous assurant qu'il est *vrai* ou réel. Vous *vérifiez,* par l'examen des pièces, des titres, des dispositions, des probabilités, l'exactitude, la justesse, la fidélité, la force du rapport, et le fait reste *avéré.* La vérité du rapport suppose et prouve la vérité du fait. — L'écriture et la signature d'un billet étant *vérifiées* et reconnues conformes à la main du souscripteur, l'obligation est *avérée* ou constatée. La *vérification* est un moyen d'*avérer* les choses. On n'*avère* que les faits. (R.)

VÉRITABLE. V. *Vrai.*

VERSER, RÉPANDRE. Ces deux verbes, dans leur sens propre et primitif, marquent également le transport d'une liqueur par effusion hors du vase qui la contenait. Ce qui les différencie, c'est que *verser* ne marque que ce transport par effusion, sans rien indiquer de ce que devient la liqueur ; et que *répandre* y ajoute, par idée accessoire, que la liqueur n'est plus en corps, que les éléments en sont épars : tous deux énoncent effusion, mais le second y joint l'idée accessoire de dispersion. — De là vient que *verser* se dit d'une liqueur que l'on épanche à dessein dans un vase, et *répandre* se dit d'une liqueur qu'on laisse tomber sans le vouloir. Ainsi, on dit *verser* du vin dans un verre, non pas *répandre* du vin dans un verre : et on dit à un homme qui porte un vase plein de quelque liqueur : prenez garde de *répandre*, et non pas prenez garde de *verser* : on ne craint pas alors la transfusion de la liqueur, qui se ferait en la *versant* dans un vase; on en craint la perte, qui serait infaillible si on la *répandait*. — Les mêmes nuances subsistent dans le sens figuré. *Verser* l'argent à pleines mains, est une expression qui désigne simplement le transport que l'on fait à d'autres de beaucoup d'argent que l'on possédait ; elle peut marquer la libéralité ou la prodigalité. *Répandre* l'argent à pleines mains, est une expression qui ajoute à la précédente l'idée accessoire d'une distribution, d'un partage; elle peut marquer des vues d'intérêt ou d'économie. — Dieu *verse* ses grâces avec abondance sur ses élus; et il les *répand* comme il lui plaît, selon les vues de sa miséricorde. (B.)

*Verser* exprime proprement un changement de la direction dans la chose; et *répandre*, un étalage de chose. On *verse* en bas; on *répand* en tout sens : vous *versez* de l'eau d'un vase dans un vase inférieur : l'odeur d'une fleur se *répand* dans les airs et de toutes parts. — L'effusion marque une succession, une continuité d'écoulement dans les choses *versées*; et la dispersion, une étendue, une certaine abondance de choses *répandues* çà et là. Le ciel *verse* la pluie sur nos campagnes, et *répand* au loin sa rosée. — On *verse* l'argent par une continuité ou une succession assez rapide de dons ou de dépenses, pour le même objet, ou pour un petit nombre d'objets considérés ensemble. On *répand* l'argent par l'étendue et la multiplicité des dépenses et des dons, çà et là dispersés sur divers objets. — On dira mieux *verser* des larmes, quand elles coulent comme un ruisseau; et *répandre* des larmes, quand elles tombent de tous côtés et à diverses reprises. Les larmes qu'on *verse* sillonnent le visage; et celles qu'on *répand* l'inondent. (R.)

VERSION. V. *Traduction.*

VERT, VERDATRE. V. *Blanc.*

VERTU. V. *Sagesse.*

VESTIGE, TRACE. Ces mots ne sont synonymes que quand ils expriment l'idée de marque laissée par un être animé ou par un corps quelconque.

« A la lettre, le *vestige* est la *trace* du pied, du pas, et par conséquent de l'objet qui marche et qui a passé par le lieu. La *trace* est le trait qui dessine, décrit, indique la chose : on *trace* en imprimant, en ébauchant, en décrivant, en tirant les linéaments, le dessin, le *trait* de la chose. — Le *vestige* est donc l'empreinte laissée par un corps sur l'endroit où il a posé et pesé : la *trace* est un trait quelconque de l'objet imprimé ou décrit d'une manière quelconque sur un autre corps. Tout *vestige* est *trace*, car l'empreinte porte quelque forme de la chose : les *traces* ne sont pas toutes des *vestiges*, car les traits ne sont pas tous formés par l'impression seule du corps. — Le *vestige* n'est jamais qu'une *trace* très-légère et très-imparfaite de l'objet, comme l'empreinte du pied : la *trace* en représente quelquefois la forme entière, ou du moins le dessin, comme l'empreinte d'un corps étendu sur le sable. On ne dit pas de grands *vestiges*, comme de grandes *traces*. Un pas est le *vestige* d'un homme : un sillon est la *trace* d'un peuple policé. — On cherche, on découvre les *vestiges* : on reconnaît, on suit les *traces*. Le *vestige* n'est qu'un trait imprimé ; on le cherche : la *trace* est une ligne plus ou moins prolongée ; on la suit. Le *vestige* marque l'endroit où un homme a passé : la *trace* marque la voie qu'il a suivie. — A proprement parler, les *vestiges* font une *trace* ; et voilà pourquoi l'on ne dit guère *vestige* qu'au pluriel ; et il faudra dire *suivre les vestiges*, tandis qu'il suffit de dire *suivre la trace*. » (R.)

VÊTEMENT. V. *Habit*.

VÉTILLE. V. *Minutie*.

VÊTIR, REVÊTIR. *Revêtir*, c'est proprement mettre un vêtement par-dessus un autre (5, 2°, page 3). « *Vêtu* se dit des habits ordinaires, faits pour le besoin et la commodité, ou même pour les ornements de mode. *Revêtu* s'applique aux habillements établis pour distinguer dans l'ordre civil les emplois, les honneurs et les dignités. » (Girard.) Ces habillements, en effet, se mettent par-dessus d'autres.

On dit *revêtir* les pauvres, c'est-à-dire les vêtir de nouveau, parce que leurs vêtements étaient mauvais.

VÊTU, REVÊTU, AFFUBLÉ. *Vêtu* se dit des habits ordinaires, faits pour le besoin ou la commodité, ou même pour les ornements de mode. *Revêtu* s'applique aux habillements établis pour distinguer dans l'ordre civil les emplois, les honneurs et les dignités. *Affublé* est d'un usage ironique pour les habillements extraordinaires et de caprice, ou pour ceux que portent les personnes qui ont fait le sacrifice de leur liberté. — L'ecclésiastique et le magistrat doivent être *vêtus* décemment, selon le goût qu'exige la gravité de leur état. Le commissaire du quartier était *revêtu* de sa robe, lorsqu'il remplissait les fonctions de sa charge. Pour se déguiser elle s'était *affublée* d'une vieille casaque et d'un bonnet à la polonaise. (G.)

VEUVAGE. V. *Viduité*.

VEXER, MOLESTER, TOURMENTER. Nous nous servons particulièrement du mot *vexer* pour exprimer un abus d'autorité ou de pouvoir par une sorte de persécution, qui tend surtout à exiger des sujets ou des personnes soumises, ce qu'ils ne doivent pas ou plus qu'ils ne doivent. — Ce qui est à charge, ce qu'il est difficile de supporter, ce qui pèse sur nous jusqu'à nous blesser ou nous fatiguer, nous *moleste*. Ce mot vient incontestablement de *moles*, masse, charge. — *Tourmenter* exprime littéralement l'action de causer une agitation violente, qui vous fait, pour ainsi dire, tourner en tout sens, ne vous laisse jamais à la même place, ne vous permet point le repos, et vous tient dans une souffrance, une peine, ou une gêne continuelle. — Vous êtes *vexé* par la violence qui vous tourmente pour vous dépouiller injustement. Vous êtes *molesté* par des charges, des attaques, des poursuites qui vous harcèlent et vous fatiguent. Vous êtes *tourmenté* par toute sorte de peines, dont la force et la continuité ne vous laissent point de repos. — On *vexe* le faible. On *moleste* surtout le débonnaire. On *tourmente* tout le monde. — C'est le fort qui *vexe*. C'est le fâcheux qui *moleste*. Il n'y a pas jusqu'au plus petit insecte qui ne *tourmente*. (R.)

VIBRATION, OSCILLATION. On conçoit plus particulièrement par *vibration*, tout mouvement alternatif ou réciproque sur lui-même, dont la cause réside uniquement dans l'élasticité : tels sont les mouvements des cordes *vibrantes* et des parties internes de tout corps sonore en général. — On entend, au contraire, par *oscillation*, tout mouvement alternatif ou réciproque sur lui-même, dont la cause réside uniquement dans la pesanteur : tels sont les mouvements des corps suspendus, d'où dérive la théorie du pendule. — Le mouvement de *vibration* mesure les sons; celui d'*oscillation* mesure les temps. (*Enc.*)

VICE. V. *Faute, défaut.*

VICIEUX, DÉPRAVÉ, CORROMPU, PERVERS. Un homme *vicieux* est un homme adonné à un vice ou à plusieurs vices, et qui s'y livre sans retenue. — Un homme *dépravé* est un homme dont les facultés morales sont tellement altérées et détournées de l'ordre établi par la nature, qu'il n'a plus de goût pour le bien. — Un homme *corrompu* est un homme dont les facultés morales sont tellement altérées, qu'elles ont perdu leur activité et leur énergie naturelles. — Un homme *pervers* est celui dont les facultés morales sont tellement *dépravées*, que non-seulement il n'a aucun goût pour le bien, mais qu'il a au contraire un penchant décidé pour le mal. — Un homme *vicieux* n'est pas entraîné, en général, par son penchant, à de mauvaises actions, mais seulement à celles qui sont l'objet du vice auquel il est adonné; et hors de ce vice, il en peut faire de bonnes. Un homme *dépravé* n'attache aucun prix aux actions morales; il est indifférent pour le bien comme pour le mal. — L'homme *vicieux* peut rechercher les honnêtes gens, si son vice n'est pas un de ceux qui sont contraires à la probité; l'homme *dépravé* n'évite pas toujours les honnêtes gens, mais il ne sait pas les avantages de leur société; l'homme *corrompu* joue et trompe les honnêtes gens; l'homme *pervers* ne cherche qu'à leur faire du mal, et se réjouit de celui qui leur arrive. (L.)

VIDUITÉ, VEUVAGE. Tous deux se disent à l'égard d'une personne qui a été mariée et qui a perdu son conjoint. — La *viduité* est l'état actuel du survivant des deux conjoints, qui n'a point encore passé à un autre mariage. Le *veuvage* est le temps que dure cet état. — Aussi on ne joint à *viduité* que des prépositions relatives à l'état, et à *veuvage* des prépositions relatives à la durée. — Plusieurs saintes femmes ont passé de la *viduité* à la profession religieuse; mais aujourd'hui que la plupart des mariages se contractent par des vues que la religion et la saine raison proscrivent également, un *veuvage* d'un an paraît un fardeau bien lourd. (B.)

VIEUX, ANCIEN, ANTIQUE. Ils enchérissent l'un sur l'autre : *antique* sur *ancien*, et celui-ci au-dessus de *vieux*. — Une mode est *vieille*, quand elle cesse d'être en usage : elle est *ancienne*, lorsque l'usage en est entièrement passé : elle est *antique*, lorsqu'il y a déjà longtemps qu'elle est *ancienne*. — Ce qui est récent n'est pas *vieux*. Ce qui est nouveau n'est pas *ancien*. Ce qui est moderne n'est pas *antique*. — La *vieillesse* regarde particulièrement l'âge. L'*ancienneté* est plus propre à l'égard de l'origine des familles. L'*antiquité* convient mieux à ce qui a été dans des temps fort éloignés de ceux où nous vivons. — On dit *vieillesse* décrépite, *ancienneté* immémoriale, *antiquité* reculée. (G.)

VIF. V. *Vivant*.

VIGILANCE. V. *Attention, exactitude*.

VIGOUREUX, FORT, ROBUSTE. Le *vigoureux* semble plus agile, et doit beaucoup au courage. Le *fort* paraît être plus ferme, et doit beaucoup à la construction des muscles. Le *robuste* est moins sujet aux infirmités, et doit beaucoup à la nature du tempérament. — On est *vigoureux* par le mouvement et par les efforts qu'on fait. On est *fort* par la solidité et par la résistance des membres. On est *robuste* par la bonne conformation des parties qui servent aux fonctions naturelles. — *Vigoureux* est d'un usage propre pour le combat et pour tout ce qui demande de la vivacité dans l'action. *Fort* convient en fait de fardeaux et de tout ce qui est défense. *Robuste* se dit à l'égard de la santé et de l'assiduité au travail. — Un homme *vigoureux* attaque avec violence. Un homme *fort* porte d'un air aisé ce qui accablerait un autre. Un homme *robuste* est à l'épreuve de la fatigue. (G.)

VIL. V. *Bas*.

VILIPENDER. V. *Honnir*.

VILLE. V. *Cité*.

VIOLEMENT, VIOLATION. « Infraction de quelque devoir considérable. — *Violement* ne se dit que de l'infraction de ce qu'on doit observer. *Violation* se dit plus spécialement des choses sacrées ou très-respectables, quand elles sont comme profanées. » (B.)

La *violation* est donc plus que le *violement*. Condillac fait ressortir une autre nuance distinctive entre ces deux mots : « Ils diffèrent, dit-il, en ce que *violation* me paraît plus relatif à l'action de celui qui viole, et que *violement* me paraît l'être plus à la chose violée. Ainsi, on dira : « Les tyrans autorisent la *violation* des lois, et le *violement* des lois est commun sous les tyrans » ; car dans le premier cas, le sens est que les tyrans autorisent l'action, la conduite de ceux qui violent les lois ; et dans le second, le sens est seulement qu'elles sont violées ». L'Académie dit, que *violement* est peu usité : tant pis, si l'on emploie à sa place *violation*.

VIOLENCE et VIOLENT. V. *Impétuosité*.

VIOLENT, EMPORTÉ. Il me semble que le *violent* va jusqu'à l'action, et que l'*emporté* s'arrête ordinairement aux discours. — Un homme *violent* est prompt à lever la main ; il frappe aussitôt qu'il menace. Un homme *emporté* est prompt à dire des injures, et il se fâche aisément. — Les *emportés* n'ont quelquefois que le premier feu de mauvais ; les *violents* sont plus dangereux. — Il faut se tenir sur ses gardes avec les personnes *violentes* ; et il ne faut souvent que de la patience avec les personnes *emportées*. (G.)

VIOLENTER. V. *Obliger, contraindre*.

VIOLER. V. *Contrevenir*.

VIS-A-VIS, EN FACE, FACE A FACE. *Vis* marque la vue, la vision, le visage. *Vis-à-vis* désigne le rapport de deux objets qui sont en vue l'un de l'autre, en perspective l'un à l'autre ; qui se regardent, qui sont en opposition directe et sur la même ligne de rayon visuel. — La *face* a toujours plus ou moins d'étendue : on dit la *face* de la terre ; on ne dit pas la *face* d'un corps pointu : un point n'est pas *en face* d'un autre ; il est *vis-à-vis*, sur la même ligne. Une maison est *en face* d'un édifice, quoiqu'il n'en regarde que l'aile. Deux objets sont *face à face*, lorsque la *face* de l'un correspond à la *face* de l'autre, dans une certaine étendue. Un objet est *en face* d'un autre ; mais deux objets sont *face à face*, l'un à l'égard de l'autre. La première locution ne marque qu'un simple rapport de perspective ; et l'autre marque fortement un double rapport de réciprocité. Il est clair que l'idée de vue, de vision, de perspective, n'est point exprimée par ces deux expressions, quoiqu'elles supposent les choses en aspect, tandis qu'elle l'est formellement par celle de *vis-à-vis*. — Ainsi *vis-à-vis* marque un rapport ou un aspect plus rigoureusement direct entre les deux objets, qu'*en face* ; c'est pourquoi l'on renforce quelquefois l'indication *vis-à-vis* par le mot *tout : tout vis-à-vis*. Il marque comme *face à face*, une parfaite correspondance, mais abstraction faite de l'étendue des objets, désignée par le mot *face*. — On ne dira pas qu'une maison est *en face* d'un arbre ; un arbre peut être *en face* d'une maison : deux arbres seront *vis-à-vis* l'un de l'autre, et non *face à face*. — Puisque *vis-à-vis* annonce la vue et la perpective, il ne convient proprement qu'à l'égard des objets qui sont, en rapport l'un avec l'autre, dans la portée de la vue, de manière que l'un fasse perspective à l'égard de l'autre. Mais hors de vue, ils seront néanmoins *en face* ou dans la même direction.

Des ports, des côtes, des habitations, des objets, si éloignés les uns des autres que, d'un des deux termes, l'autre ne peut être aperçu, ne seront plus proprement *vis-à-vis*, quoiqu'ils soient *en face.* (R.)

VISCÈRES, INTESTINS, ENTRAILLES. « *Viscère*, nom donné aux divers organes renfermés dans les grandes cavités du corps, et dont l'action est plus ou moins essentielle à l'entretien de la vie. Le cerveau, les poumons, le cœur, etc., sont des *viscères.* » (Acad.)

*Intestin* est formé d'*intùs stare*; ce qui existe dans l'intérieur. On dit guerre *intestine*, fièvre *intestine.* Les *intestins*, proprement dits, sont dans le ventre, ou dans la partie inférieure du tronc. — *Entrailles*, formé d'*intrà*, en dedans, designe particulièrement les *intestins*, mais aussi quelquefois tous les *viscères*, toutes les parties renfermées dans le corps de l'animal. Ce mot est collectif, générique, indéfini. — Les *viscères* se distinguent comme des corps différents, chargés, chacun, d'une fonction particulière, tendante à un but commun. Les *intestins* forment un corps continu (le canal *intestinal*), qu'on distingue en différentes parties, selon leur place, leur grosseur, leur service particulier dans un genre particulier de travail. Vous distinguez surtout les *entrailles* par les sensations que vous éprouvez et par un caractère de sensibilité que vous leur attribuez. — Les *entrailles* ont donc pris un caractère moral : on a des *entrailles*, lorsqu'on a un cœur sensible : on dit des *entrailles* paternelles, les *entrailles* de la miséricorde, etc. Elles semblent alors tenir particulièrement au cœur, comme *præcordia* chez les Latins. (R.)

VISAGE. V. *Face.*

VISER. V. *Mirer.*

VISION, APPARITION. La *vision* se passe dans les sens intérieurs, et ne suppose que l'action de l'imagination. L'*apparition* frappe de plus les sens extérieurs, et suppose un objet au dehors. — Saint Joseph fut averti par une *vision* de fuir en Égypte avec sa famille. La Madeleine fut instruite de la résurrection du Sauveur par une *apparition.* Les cerveaux échauffés et vides de nourriture croient souvent avoir des *visions.* Les esprits timides et crédules prennent quelquefois pour des *apparitions* ce qui n'est rien ou qui n'est qu'un jeu. (G.)

Le premier sens de *vision* est action de voir : « Les philosophes ont beaucoup disputé pour savoir de quelle manière et en quelle partie de l'œil se fait la *vision* ». (Acad.)

VISQUEUX, GLUANT. Le mot latin *viscus* signifie *glu.* La *glu* est une composition qui s'attache fortement, et qui sert à prendre les oiseaux ou à retenir les insectes. *Gluant* nous annonce la *glu*; nom français de la chose : *visqueux* ne nous donne qu'une qualité, puisque le nom de *viscus* nous est étranger. *Gluant* signifie ce qui *glue*, ce qui est ou fait comme de la *glu*, ce qui a ou possède la qualité de s'attacher (40, page 12) : *visqueux* signifie ce qui s'attache avec force, ce qui a la propriété essentielle ou très-énergique de se coller ; ce qui tient fort aux objets auxquels il s'attache (44, page 13). La chose *gluante* est telle : la chose *visqueuse* est faite pour produire un tel effet. — En général ce qui est si tenace qu'il est très-difficile de le détacher d'un corps, s'appelle plutôt *visqueux*. Vous qualifiez plutôt de *gluant* un fluide qui ne fait que s'attacher aux mains, aux habits, à un corps, quand il y touche; et de *visqueux*, ce qui a la propriété de produire une telle adhérence que les objets restent comme attachés, liés, collés, incorporés, pour ainsi dire, ensemble. (R.)

VITE, TOT, PROMPTEMENT. Le mot de *vite* parait plus propre pour exprimer le mouvement avec lequel on agit : son opposé est *lentement*. Le mot de *tôt* regarde le moment où l'action se fait : son opposé est *tard*. Le mot de *promptement* semble avoir plus de rapport au temps qu'on emploie à la chose : son opposé est *longtemps*. —On avance en allant *vite*; mais on va sûrement en allant lentement. Le crime est toujours puni; si ce n'est *tôt*, c'est tard. Il faut être longtemps à délibérer; mais il faut exécuter *promptement*. — Qui commence *tôt* et travaille *vite*, achève *promptement*. (G.)

VITE, VITEMENT. *Il courut* vitement *chez son ami*, marque plus d'empressement que *il courut : il courut vitement* équivaut presque à *il courut bien vite* (60, page 19 à la fin du numéro).

Il suit de là que quand on veut exprimer simplement le fait d'un mouvement rapide, on emploie l'adjectif pris adverbialement : « Cette horloge va trop *vite* ». (Acad.)

VITESSE. V. *Promptitude* et *Vélocité*.

VIVACITÉ, PÉTULANCE. V. *Pétulance*.

VIVACITÉ, PROMPTITUDE. La *vivacité* tient beaucoup de la sensibilité et de l'esprit : les moindres choses piquent un homme *vif*; il sent d'abord ce qu'on lui dit, et réfléchit moins qu'un autre dans ses réponses. La *promptitude* tient davantage de l'humeur et de l'action : un homme *prompt* est plus sujet aux emportements qu'un autre; il a la main légère et il est expéditif au travail. — L'indolence est l'opposé de la *vivacité*; et la lenteur l'est de la *promptitude*. (G.)

VIVANT, VIF. *Vivant*, *vivante*, qui vit, qui accomplit réellement tous les actes de la vie. *Vif*, qui est doué de vie, qui a la propriété d'être en vie, qui est dans l'état de vie et non de mort (42, page 12, à la fin du numéro).

*Vivant* exprime donc le fait, l'acte de vivre : « Il est encore *vivant* » (Acad.); c'est-à-dire, il vit encore. *Vif* exprime la qualité, la propriété d'être dans l'état contraire à l'état de mort : « Il fut brûlé *vif*; il est plus mort que *vif* ». (Acad.)

C'est parce que *vif* exprime la qualité propre, inhérente à l'objet, qu'il se dit souvent des choses dans le sens de qui a quelque principe de vie ou beaucoup de vigueur, d'activité, de force, de violence : chair *vive*, cheval *vif*, froid *vif*, accès de goutte très-*vif*, etc.

VIVRES. V. *Subsistances, denrées.*

**VOCABULAIRE.** V. *Dictionnaire.*

**VŒU.** V. *Serment.*

**VOGUE, MODE.** La *mode* est un usage régnant et passager, introduit dans la société par le goût, la fantaisie, le caprice. La *vogue* est un concours excité par la réputation, le crédit, l'estime, et par préférence aux autres objets du même genre. — Une marchandise est à la *mode;* on en fait un grand usage : le marchand qui la vend a la *vogue;* on y court de toutes parts. — La *mode* vous promet une sorte de renouvellement : il faut bien qu'elle passe vite; les *modes* qui durent deviennent *manières.* La *vogue* vous promet que vous serez mieux servi : on regarde volontiers comme le meilleur ce qui est le plus renommé; si la *vogue* dure, elle en fait la fortune. — On prend la coiffure, le ton, et jusqu'au remède qui est à la *mode*, parce que c'est la *mode.* On prend le médecin, l'avocat, l'ouvrière qui a la *vogue,* parce qu'on croit en tirer un meilleur service. — On fait la *mode;* c'est une invention, bien souvent renouvelée : on donne la *vogue;* c'est une impulsion, quelquefois bien aveugle. La *mode* passe, la *vogue* cesse. (R.)

**VOIE, MOYEN.** *Voie,* latin *via,* lieu par où l'on va, au propre; et au figuré, le plan qu'on suit, la conduite qu'on tient. *Moyen,* latin *modus*, *medium* (manière, milieu), ce qui est entre deux ou au milieu, le ressort ou l'instrument employé pour le succès, ce avec quoi l'on fait une chose. — Voilà pourquoi l'on suit les *voies,* et l'on emploie les *moyens.* La *voie* est une carrière à parcourir par une suite d'actions : le *moyen* est la force ou la puissance mise en action pour obtenir. — Le propre de la *voie* est de tracer ou retracer votre marche, ce que vous avez à faire, ce que vous faites avec suite; et le propre du *moyen* est d'agir, d'exécuter, de produire l'effet. La *voie* est bonne, juste, sage; elle va au but : le *moyen* est puissant, efficace, sûr; il tend à la fin. Sylla veut ramener Rome à la liberté : la *voie* qu'il prend c'est la tyrannie; les proscriptions sont les *moyens* qu'il emploie. — Il y a différentes *voies* pour parvenir : le *moyen* le plus sûr, quelque *voie* que l'on prenne, est une volonté ferme, constante, inébranlable. (R.)

**VOIE, ROUTE, CHEMIN.** La *voie* (via) est tout terrain sur lequel on va et l'on vient, sur lequel on passe pour se rendre d'un lieu à un autre : la *voie* publique est tout aussi bien une rue, une promenade, qu'un *chemin* ou une *route.* *Voie* est donc le terme général.

La *route* est une large et grande *voie :* le *chemin* est une *voie* moins large et moins longue que la *route.* La *route* est nécessairement construite pour que les voitures puissent y rouler facilement : le *chemin* est moins propre au passage des voitures ou ne l'est pas du tout.

La *route* est spécialement construite dans le but de conduire avec toutes les facilités possibles, de tel point à tel autre : le *chemin* peut n'avoir rien de spécial et n'être pas même tracé. La *route* de Paris à Orléans est telle *route* et non telle autre : il y a bien des *chemins* qui vous mèneront à Orléans. Tout *chemin* mène à Rome dit le proverbe.

Nous pouvons conclure de là que le mot *chemin*, du verbe *cheminer*, exprime surtout la ligne, la direction de la marche; tandis que le mot *route* éveille toujours une idée de *voie* large et longue et par conséquent de surface plutôt que de direction. On dit *chemin de fer* et *voie ferrée* : les lignes de rails sont le *chemin* même, car le *chemin* est une ligne, comme nous venons de le dire, et ces lignes sont *de fer*; mais la *voie* est un espace de terrain et non une ligne; ce terrain n'est pas *de fer*, il est garni de fer, il est ferré, c'est une *voie ferrée*.

Au figuré, on dit que le *chemin* du ciel est étroit : le mot *route* ne conviendrait pas dans ce cas, parce que l'idée exprimée par l'adjectif *étroit* serait en désaccord avec celle du mot *route*.

*Voie* se dit aussi des traces parallèles formées par les roues et de l'espace compris entre ces deux traces. Ce mot étant le terme le plus général, s'emploie souvent aussi dans le sens de mode de transport : « Aller par la *voie* de terre. Vous m'enverrez cela par la *voie* du courrier ». Il s'emploie aussi dans le sens abstrait de direction vers le but, *chemin* marquant la direction de la marche : « Après avoir fait bien du *chemin* sur une *route*, on s'aperçoit qu'on n'est pas dans la bonne *voie* ou qu'on n'a pas pris la bonne *voie* ». Ici *chemin* marque simplement la ligne parcourue; *route*, le sol travaillé par l'art des ingénieurs et sur lequel on a parcouru la ligne; *voie*, la direction que l'on a suivie. Cette direction n'est pas la bonne, c'est-à-dire n'est pas celle qu'on aurait dû prendre; ainsi, l'on était dans une mauvaise *voie*, quoique la *route* pût d'ailleurs être excellente.

VOILER. V. *Cacher*.

VOIR, APERCEVOIR. *Voir*, c'est recevoir d'une manière distincte, claire et parfaite, les images des objets par l'organe de la vue. *Apercevoir*, c'est *voir* d'une manière confuse, obscure, imparfaite. Je *vois* un homme qui se présente à moi, qui s'offre à ma vue, s'il reste assez longtemps sous mes yeux pour que j'aie le temps de distinguer ses traits et de ne pas le confondre avec un autre. J'*aperçois* un homme qui passe rapidement devant moi, qui fuit ou qui cherche à se cacher. J'*aperçois* de loin une tour, mais je ne saurais *voir* si elle est ronde ou carrée. On *voit* une chose qui se montre à découvert; on l'*aperçoit*, lorsqu'on la découvre sous une autre chose destinée à la cacher, à la déguiser. On *aperçoit* une chose qu'on commence de *voir*. (L.)

Les objets qui ont quelque durée ou qui se montrent, sont *vus* : ceux qui fuient ou qui se cachent, sont *aperçus*. On *voit* dans un visage la régularité des traits; et l'on y *aperçoit* les mouvements de l'âme. Dans une nombreuse cour, les premiers sont *vus* du prince; à peine les autres en sont-ils *aperçus*. (G.)

**VOIR, REGARDER, CONSIDÉRER.** Nous *voyons* ce qui frappe notre vue, ce qui se présente à nos yeux : nous *regardons* l'objet sur lequel nous portons volontairement nos regards, dans le dessein de prendre une connaissance plus parfaite de cet objet.

Dans l'acte de *voir*, l'âme est passive : elle est active dans l'acte de *regarder*.

*Considérer*, c'est *regarder* attentivement, avec soin et pendant un certain temps. On peut *regarder* rapidement, on peut *regarder* deux ou plusieurs objets en même temps : mais on ne *considère* qu'un seul objet à la fois; et après avoir *considéré* alternativement chacun des deux objets, nous *considérons* dans notre esprit les rapports qui les unissent.

**VOL, VOLÉE, ESSOR.** La terminaison *ée* ajoute, dans *volée*, à l'idée de *vol*, la suite, la succession, le prolongement, la diversité, la liberté, les particularités de l'action. Ainsi, dans une autre acception, la *volée* marque la multitude, la troupe, la bande, la pluralité (28, page 9) : une *volée* de perdreaux.— Le mot *essor* indique la hardiesse, la grandeur, la plénitude du *vol*; mais surtout la force du début. — Le *vol* est donc l'action de s'élever dans les airs, et d'en parcourir un espace : la *volée* est un *vol* soutenu et prolongé ou varié : l'*essor* est un *vol* hardi, haut et long, le plein *vol* d'un grand oiseau. — Le *vol* de la perdrix n'est pas long; les hirondelles passent, dit-on, la mer tout d'une *volée* : le faucon mis en liberté prend quelquefois un *essor* si haut, qu'on l'a bientôt perdu de vue. — Tout oiseau prend son *vol*. Vous donnez la *volée* à celui à qui vous donnez la liberté de s'envoler où il voudra, et de s'enfuir tout à fait : vous le prenez à la *volée*, dans le cours de son *vol*. L'oiseau de proie prend un *essor* d'autant plus véhément, qu'il a été plus longtemps contraint. — Au figuré, une personne prend son *vol* et son *essor* : son *vol*, lorsqu'elle s'affranchit de ses entraves et qu'elle use de toute sa liberté; son *essor*, quand elle essaye librement ses forces et qu'elle s'abandonne à toute leur énergie. Il y a de la hardiesse dans le *vol* : dans l'*essor*, il y a une ardeur égale à la hardiesse. — On prend son *vol* pour s'élever à une certaine hauteur et s'y maintenir : on prend son *essor* pour s'élever fort haut et parcourir une grande carrière. Le *vol* suit l'*essor* : par l'*essor* ou par la manière de s'élever, vous jugez si le *vol* sera haut et soutenu. (R.)

**VOL, VOLERIE, LARCIN, RAPINE.** *Vol* est le terme général; il se dit de l'action et de la chose volée : « *Vol* avec effraction. On l'a trouvé saisi du *vol* ». (Acad.) *Volerie* n'a rapport qu'à l'action; c'est une espèce de *vol* de peu d'importance, fait en secret et adroitement. Au pluriel, *voleries* désigne une suite, une répétition de petits *vols* (22, page 7).

Le *larcin* est le genre de *vol* que commet le filou qui dérobe furtivement avec adresse et sans violence.

La *rapine* (du latin *rapere*, ravir) consiste à s'approprier le bien d'autrui par des moyens que la loi morale condamne, mais qui échappent à l'action de la loi écrite. Les profits illicites, les indemnités que l'on se fait accorder sans y avoir aucun droit, sont de véritables *rapines*.

VOLÉE. V. *Vol*.

VOLER. V. *Dérober*.

VOLERIE. V. *Vol*.

VOLETER, VOLTIGER. *Voleter*, c'est faire des vols de courte durée, de petits vols. *Voltiger*, c'est voler çà et là, sans aucune direction déterminée. Les jeunes oiseaux qui n'ont pas la force de voler longtemps *volètent* : « Les abeilles, les papillons *voltigent* de fleur en fleur ». (Acad.)

*Voltiger* se dit aussi, au figuré, de certaines choses légères que le vent soulève et fait aller çà et là, ainsi que d'une personne inconstante et légère qui change souvent d'occupation, de conversation, d'étude, etc.

VOLEUR. V. *Larron*

VOLONTÉ (LA), LE VOULOIR. Faculté qu'a l'âme de vouloir quelque chose, acte de cette faculté. — Le mot *volonté* exprime la faculté ou l'acte d'une manière relative; le mot *vouloir* les exprime d'une manière absolue : Un homme a une *volonté* ferme, un autre a une *volonté* faible; « Telle est ma *volonté*. L'apôtre dit que c'est Dieu qui nous donne le *vouloir* et le faire ». (Acad.)

Ensuite, *volonté* se dit particulièrement de la faculté en tant qu'elle est agissante, qu'elle se manifeste au dehors : « Ses *volontés* sont des ordres pour moi » (Acad.); *vouloir* ne se dit jamais que de l'acte intérieur : « Il n'a point d'autre *vouloir* que le vôtre ». (Id.) On se rend maître de sa *volonté*, on la dirige, on la modifie; on n'a pas une telle puissance sur son *vouloir*, car le *vouloir* tient du désir, et comme le dit M. Cousin, on n'est pas plus libre dans le désir que dans la sensation qui le précède et le détermine.

VOLONTE, INTENTION, DESSEIN. La *volonté* est une détermination fixe, qui regarde quelque chose de prochain; elle fait rechercher. L'*intention* est un mouvement ou un penchant de l'âme, qui envisage quelque chose d'éloigné; elle y fait tendre. Le *dessein* est une idée adoptée et choisie, qui paraît supposer quelque chose de médité et de méthodique; il fait chercher les moyens de l'exécution. — Quand la *volonté* de servir Dieu vint à l'abbé de la Trappe, ses premières *intentions* furent de faire une austère pénitence; et il forma pour cela le *dessein* de se retirer dans son abbaye et d'y établir la réforme. — Les *volontés* sont plus connues et plus précises. Les *intentions* sont plus cachées et plus vagues. Les *desseins* sont plus vastes et plus raisonnés. — La *volonté* suffit pour nous rendre criminels devant Dieu; mais elle ne suffit pas pour nous rendre vertueux, ni devant Dieu, ni devant les hommes. L'*intention* est l'âme de l'action et la source de son vrai mérite; mais il est difficile d'en juger sainement. Le *dessein* est un effet de la réflexion; mais cette réflexion peut être bonne ou mauvaise. — On dit faire une chose de bonne *volonté*, avec une *intention* pure, et de *dessein* prémédité. (G.)

VOLONTÉ (DE BONNE). V. *De bon gré.*

VOLUME, TOME. « Le *volume* peut contenir plusieurs *tomes*; et le *tome* peut faire plusieurs *volumes* : mais la reliure sépare les *volumes*; et la division de l'ouvrage distingue les *tomes*. — Il ne faut pas toujours juger de la science de l'auteur par la grosseur du *volume*. Il y a beaucoup d'ouvrages en plusieurs *tomes*, qui seraient meilleurs s'ils étaient réduits en un seul. » (G.)

Ainsi les *tomes* résultent de la division établie dans le plan de l'ouvrage par l'auteur lui-même : les *volumes* résultent du travail du brocheur ou du relieur. L'Académie donne cet exemple : « J'ai fait relier deux *tomes* en un *volume* »

VOLUPTÉ. V. *Plaisir.*

VOTER. V. *Délibérer.*

VOUER, DÉVOUER, DÉDIER, CONSACRER. *Vouer*, c'est 1° consacrer, dans le sens propre : « *Vouer* un enfant à Dieu » (Acad.); 2° promettre par vœu ou d'une manière particulière : « *Vouer* obéissance au pape; *vouer* des services au prince ». (Id.)

« *Dévouer* ajoute à *vouer* l'idée d'un détachement, d'un renoncement, d'une abnégation par laquelle on met une chose à la *dévotion*, à la discrétion, à la volonté d'autrui, sans aucune réserve (7, page 4, à la fin du numéro) : le *dévouement* annonce un zèle et une soumission sans bornes; il est entier, parfait et absolu. — *Dédier*, latin *dedicare*, vient de *dicare*, montrer, indiquer, offrir, présenter, etc. : il désigne l'hommage solennel que l'on fait d'une chose, l'action de la mettre sous des auspices, avec certaines cérémonies. — *Sacer*, sacré, saint; d'où *sacrer*, imprimer un caractère sacré, un caractère de sainteté. *Consacrer* désigne une solennité, des cérémonies, des formes, des actes qui mettent la chose au rang des choses saintes, inviolables, religieusement et uniquement dévouées et sacrifiées à Dieu. — Ces termes s'emploient proprement dans le style religieux. Dans un danger, vous *vouez*, vous faites vœu d'offrir une lampe à la Vierge : vous *vouez*, vous engagez par un lien sacré vos enfants à Dieu. Les religieux se *dévouent* ou se *vouent* sans réserve au service de Dieu; les martyrs se *dévouaient* à la mort pour le triomphe de la Religion. On *dédie* une église, une chapelle, un autel, sous l'invocation de quelque saint : on dit aussi *dédier*, destiner, appliquer, donner tout entier à une profession sainte, sous de saints auspices. On ne *consacre* qu'a Dieu; on *consacre* une église avec des cérémonies majestueuses et religieuses : le prêtre *consacre*, à la sainte messe, le pain et le vin. — Ces termes ont passé dans le style profane, et le *vœu* est toujours un engagement inviolable; le *dévouement*, un abandonnement entier aux volontés d'autrui; la *dédicace*, le tribut d'honneur d'un client; la *consécration*, un dévouement si absolu, si inaltérable, si inviolable, qu'il en est comme sacré. — On *voue* ses services à un prince, une éternelle gratitude à un bienfaiteur; on se *voue* à une profession, à un état, etc. On *dévoue* proprement les personnes dont on dispose; on se *dévoue* en *vouant* l'attachement le plus parfait et l'obéissance la plus profonde, jusqu'à tout sacrifier, même sa vie. On *dédie* des monuments qui honorent les personnes; on *dédie* des ouvrages qu'on met sous les auspices de quelqu'un; on *dédie* à un patron. On *consacre* son temps, ses veilles, ses soins, ses jours, etc.; on se *consacre* à des travaux, à des services, à une profession, à l'étude, à des œuvres qui occupent l'homme tout entier et sa vie, qui demandent, dans un parfait dévouement, l'assiduité et la fidélité la plus constante : on *consacre* des monuments, des objets faits pour relever la grandeur, pour perpétuer la mémoire ou l'usage, de manière à attirer plus de respect, à donner plus d'autorité. » (R.)

VOULOIR, AVOIR ENVIE, SOUHAITER, DÉSIRER, SOUPIRER, CONVOITER. Le dernier de ces mots n'est d'usage que dans la théologie morale; et il suppose toujours un objet illicite et défendu par la loi de Dieu : on *convoite* le bien d'autrui. Les autres mots sont d'un usage ordinaire; et la force de leur signification ne dit rien de bon ou de mauvais dans l'objet : elle n'exprime que le mouvement par lequel l'âme se porte vers lui, quel qu'il soit, avec les différences suivantes pour chacun d'eux. On *veut* un objet présent et l'on en *a envie :* mais on le *veut,* ce me semble, avec plus de connaissance et de réflexion; et l'on *a envie* avec plus de sentiment et plus de goût. On *souhaite* et on *désire* des choses plus éloignées : mais les *souhaits* sont plus vagues; et les *désirs,* plus ardents. On *soupire* pour des choses plus touchantes (V. *Respirer après, soupirer après*). — Les *volontés* se conduisent par l'esprit; elles doivent être justes. Les *envies* tiennent des sens; elles doivent être réglées. Les *souhaits* se nourrissent d'imaginations; ils doivent être bornés. Les *désirs* viennent des passions; ils doivent être modérés. Les *soupirs* partent du cœur; ils doivent être bien adressés. — Nous *voulons* ce qui peut nous convenir. Nous *avons envie* de ce qui nous plaît. Nous *souhaitons* ce qui nous flatte. Nous *désirons* ce que nous estimons. Nous *soupirons* pour ce qui nous attire. — On dit de la *volonté,* qu'elle est éclairée ou aveugle; de l'*envie,* qu'elle est bonne ou mauvaise; du *souhait,* qu'il est raisonnable ou ridicule; du *désir,* qu'il est faible ou violent; et du *soupir,* qu'il est naturel ou affecté. (G.)

VOULOIR (LE), LA VOLONTÉ. V. *Volonté.*

VRAI, RÉEL. V. *Effectif.*

VRAI, VÉRIDIQUE. *Vrai* se prend quelquefois dans l'acception de *véridique,* qui *dit la vérité,* qui dit vérité, mais avec un bien plus grand sens. — L'homme *véridique* dit vrai : l'homme *vrai* dit le vrai. L'homme *vrai* est *véridique* par caractère, par la simplicité, la droiture, l'honnêteté, la véracité de son caractère. L'homme *véridique* aimera bien à dire la vérité : l'homme *vrai* ne peut que la dire. — Dieu est *vrai* par essence : l'écrivain inspiré par lui est contraint d'être *véridique*. — Les gens *véridiques* le sont dans leurs récits, dans leurs rapports, dans leurs témoignages : l'homme *vrai* l'est en tout, dans ses actions comme dans ses discours. — L'homme *vrai* est le contraire de l'homme faux : l'homme *véridique* est le contraire du menteur. (R.)

VRAI, VÉRITABLE. *Véritable* signifie proprement, non pas qui est essentiellement vrai, mais qui se montre à nous avec le caractère de la vérité. Une chose *vraie* l'est de sa nature et par elle-même; c'est une chose qui a en elle le *vrai* : une chose *véritable* est celle que nous considérons, que nous présentons comme conforme à la vérité et ne nous trompant point.

La qualité de la chose *vraie* est dans cette chose même; elle ne dépend aucunement de nous : quand nous l'ignorerions ou quand nous ne le croirions pas, il n'en serait pas moins *vrai* que tout triangle est la moitié d'un parallélogramme. La qualité de la chose *véritable* n'existe que relativement à nous et par nous : une relation est *véritable*, parce que l'auteur l'a rendue conforme à la vérité. Je demande si le bruit qui court est *vrai*, c'est-à-dire si tel qu'il est et par lui-même, il représente bien le fait réel; quelqu'un me répond : « Je vous garantis cela *véritable* »; c'est-à-dire que je puis admettre la réalité du fait, attendu que le bruit a été reconnu comme ayant tous les caractères de la vérité.

« *Vrai*, dit Condillac, ne se dit que du fond de la chose, et *véritable* se dit de la chose considérée sous quelque rapport. Par une *vraie* histoire, une *vraie* amitié, on entend seulement que ces choses sont ce qu'elles doivent être; par une *véritable* histoire, une *véritable* amitié, on entend que ces choses ne trompent point. C'est un *véritable* gentilhomme, c'est un *vrai* gentilhomme, ne signifient pas absolument la même chose. Le premier se dit de celui qui joint la noblesse des sentiments à la noblesse de la naissance, c'est-à-dire qui réunit en lui tout ce qu'on est en droit d'exiger d'un gentilhomme. »

Un *vrai* gentilhomme est celui dont les titres de noblesse sont incontestables : il est gentilhomme dès sa naissance et par l'effet de sa naissance, sans aucun rapport à sa manière de vivre, de sentir, de penser et d'agir; si bien qu'un *vrai* gentilhomme peut fort bien ne pas être un *véritable* gentilhomme.

De même, un *vrai* ami est l'homme qui a toutes les qualités essentielles à la nature d'un parfait ami : un *véritable* ami est un ami solide, qui nous a donné de fortes preuves de son amitié, un ami sur lequel nous pouvons compter et qui ne trompera point notre attente.

VRAISEMBLABLE. V. *Plausible*.

VUE. V. *Aspect*.

VUES. V. *But*.

VULGAIRE. V. *Ordinaire*

# Z

ZÈLE. V. *Empressement.*

ZÉLÉ, ZÉLATEUR. *Zélé* est un adjectif et signifie qui est plein de zèle : *zélateur* est un substantif et se dit d'une personne qui agit avec zèle pour la patrie ou la religion. *Zélé* se prend quelquefois substantivement, dans le langage familier; mais il s'emploie alors d'une manière absolue, sans complément, à la différence de *zélateur* qui est du style noble, et exige toujours un complément : « C'est un *zélé;* Grand *zélateur* de la gloire de Dieu ». (Acad.)

ZÉPHYR, ZÉPHIRE. On appelle *zéphyr* toute espèce de vents doux et agréables : « Un *zéphyr* rafraîchissant ». (Acad.) *Zéphire* est le nom que les anciens donnaient au vent d'occident, et au dieu mythologique personnification de ce vent : ce dieu était l'époux de *Flore*, déesse des fleurs.



FIN